JN457898

關防遺蹟의 探究

민 덕 식 저

백산자료원

關防遺蹟의 探究

초판 인쇄 : 2025년 4월 3일
초판 발행 : 2025년 4월 9일

지은이 | 민 덕 식
디자인 | 손 영 섭
펴낸곳 | 백산자료원

등록 1991년 2월 11일(제2-1125호)
주소 | 서울특별시 중구 116 (을지로 3가 334-1)
전화 | 02) 2267-2090 010-5126-0300
팩스 | 02) 2267-7710
E-mail : gando2090@naver.com

값 25,000원
ISBN 978-89-6194-063-4 93910

파본은 교환하여 드립니다. 복제불허

〈표지 설명〉

중국 요령성 환인현 유가구촌에 위치한 오녀산성의 천지이다. 고구려의 시조인 주몽이 나라를 세운 곳이다. 천지는 긴장방형으로 길이 11.5m, 폭 3.3~5m, 깊이 1.5m이다. 동벽 밖에는 연못과 연결되는 돌로 쌓은 박우물이 있다.

목 차

제1부 고대의 관방유적

제1장 고구려의 도성제

머 리 말

일반적으로 도성은 성곽이 갖추어져 있는 도읍이라는 의미로 쓰인다. 그러나 엄밀히 말하면 都란 一國의 수도 즉 중심을 말하며, 先秦時代에는 제후 · 경 · 대부의 읍을 지칭하는 말이었으나, 우리나라에서는 왕이 거주하는 도읍을 말한다. 도성은 도를 둘러싸고 있는 성곽을 지칭한다. 그러나 도와 도성은 함께 통용되고 있다. 한편 삼국시대의 도성은 다양한 지역적 기반을 가진 지방 세력을 중앙정부에 편입, 중앙관료화 함에 따라 지배세력의 거주지를 도성에 조성하고, 거주지에 대한 규정을 엄격하게 지키면서, 거주 지배세력을 통제하기 위해 街路區劃制(里坊制)를 실시하는 등의 특징을 가지고 있었다. 이러한 점은 오늘날의 서울과는 크게 다른 점으로 신분제적, 강제적 성격도 내포되어 있었으며, 지방에 비해 우월적이고, 인구가 집중화되는 현상을 나타내고 있었다. 어떻든 당시의 도성은 행정, 경제, 문화, 종교의 중심지로서 번영을 누렸다.

고구려 도성의 시기구분에 대해서는 여러 견해들이 있으나, 도읍지에 중점을 두고 『삼국사기』의 연대를 기준하면, 초기도성(기원전 37년~기원 후 3년, 졸본 도읍기), 전기도성(3년~427년, 국내 도읍기), 중기도성(427년~586년, 전기평양성 도읍기), 후기도성(586년~668년, 후기평양성 도읍기)으로 구분을 할 수가 있다.

Ⅰ. 도성유적

1. 초기도성

1) 하고성자토성

하고성자토성은 요령성 환인현 육도하자향 하고성자촌에 위치하며, 동남 3㎞에 환인현성, 동북 10㎞에 오녀산성이 위치하고, 本溪에서 환인으로 통하는 국도가 성지의 약 1㎞ 지점을 통과하고 있다. 성의 동은 혼강에 임하고, 서쪽으로는 해자인 水濠(폭 10m)가 있다. 주위의 지면보다 0.5~1m 정도 지세가 돌기하였고, 혼강의 수면보다는 약 5m 정도가 높다.

평면은 장방형이며 북벽 남은 길이 240m, 서벽 길이 170m, 남벽 남은 길이 205m, 동벽 길이 200m 정도(추정)로 현 3면의 총 길이는 615m이고, 본래는 800m 정도였던 것으로 추정되고 있다. 현 성벽의 규모는 가장 높은 북벽 서북모퉁이의 외고가 2m, 내고 1m 정도이다. 현재 성내에는 십자로가 있어 성 밖으로 통하는데, 이는 성문과 관련이 있는 듯하다. 서벽 북단을 절개하였는데 성벽의 규모는 하폭 15.2m, 상폭 8.4m, 현재 높이 1.4m였다. 단면은 사다리꼴로 층위는 弓弧形을 띠었다. 1층은 흑색경작층(두께 12~20㎝), 2층 황갈색점토층(두께 70~180㎝), 3층 흑갈색토층으로 구성되었는데, 3층 중 3A층은 회흑색토로 두께 10~40㎝, 숯과 불탄 흙이 포함되었으며, 이 층위에 성벽이 축조되었다. 3B층은 흑갈색토로 두께는 6~40㎝였다. 토층은 흙다짐이 되었고, 흙다짐에는 황토, 흑회토, 흑색점사질토, 황색사질토 등을 사용하였는데, 흙다짐 정도는 균일하지 않았으며, 대체로 두께는 2~5cm였고, 개중에는 10~20cm 정도를 이루는 곳도 있었으며, 이곳에서는 어떠한 유물도 출토되지 않았다.

한편 성벽 기저부의 3층에서 평면이 반원형인 토광 1기(길이

1.7m, 폭 1.5m, 깊이 50㎝)가 확인되었는데, 갱내(H1)는 회갈색토로 채워져 있었고, 이곳에서 배 위부분에 세로로 대칭된 다리모양의 손잡이가 달린 항아리 등이 출토되었는데, 이런 토기는 오녀산성 3기 문화의 토기 중의 전형적인 기형으로 고구려 건국초기의 유물이라고 한다. 보고자는 이 성의 축조년대가 H1와 같거나 혹은 늦을 수 있어, 고구려 건국 초기와 같거나 이보다 약간 늦은 것으로 보고, 국내성 토루의 축조년대와 크게 다르지 않을 것으로 보았다. 또 성내에서는 고구려 중기에 유행하던 가로로 달린 다리 모양의 손잡이가 있는 토기도 출토되어 고구려 중기에도 이 성이 사용되었음을 알 수가 있었다. 이 밖에도 청동기시대의 석기(석도, 환상석부, 석촉)과 방추차 등이 출토되었고, 요 · 금시대의 암키와, 귀면와, 토기편 등도 채집되었다.1)

2) 오녀산성

오녀산성은 해발 800m 정도의 오녀산에 위치하며, 전체 둘레는 4,754m로 천연 성벽은 4,189m, 석축으로 된 인공 성벽은 565m이다. 남북 길이는 1,540m, 동서 폭은 350~550m이고, 면적은 약 60만㎡에 달한다. 성내의 서남부지역은 비교적 평탄하여 대형 건물지, 병영지, 초소지, 주거지, 못(천지), 망대 등의 성내 유적의 대부분이 이곳에 위치하고, 상하 부분인 성내 동부, 북부, 동남부는 평원하며, 성문으로는 남문, 동문, 서문이 조사되었다.

성내의 문화층은 1기 문화층(신석기시대 말), 2기 문화층(청동기시대 말), 3기 문화층(양한시대, 고구려 조기), 4기 문화층(4세기말~5세기초, 고구려시대), 5기 문화층(금시대)로 구분되었다. 이중 3기 문화층의 대형 건물지는 평면이 장방형으로 길이 13.8m, 폭 6~7.2m의

---

1) 遼寧省文物考古硏究所, 「桓仁縣下古城子高句麗城址1998年調査與試掘報告」, 『五女山城—1996~1999, 2003年桓仁五女山城調査發掘報告』(文物出版社), 2004, 304~315쪽.

지상건물지로 현재 남부에서 동서로 배열된 6개의 초석이 확인되었고, 오수전과 대천오십이 출토되었다. 또 반수혈식으로 평면이 원형이나 타원형이고, 원형의 노지를 갖춘 4기의 주거지(F35는 지름 3.4m, 깊이 30㎝)가 발굴되었고, 평면이 원형이나 타원형의 노지 3기(H11은 지름 2m, 깊이 23㎝)가 확인되었다. 4기 문화층에서는 대형 건물지, 병영지, 초소지, 주거지, 회갱, 철기 저장용 토광 등이 조사되었다. 이중 2호 대형 건물지는 반수혈식으로 평면이 장방형으로 길이는 24.5m, 폭 16m이고, 초석을 갖춘 3호 대형 건물지는 인공 평대(대평대 길이 20.6m, 폭 8m, 소평대 길이 13m, 폭 5.1m) 위에 세워졌다.

병영지는 21기가 조사되었는데 상호 밀집되어 있었다. 대부분 반수혈식으로 평면은 모가 둥근 장방형이었다. 이중 F14는 길이 6m, 폭 4.4m, 깊이 0.2m로, 실내에서는 아궁이, 고래, 굴뚝을 갖춘 온돌시설이 확인되었고, 일반적으로 기둥구멍과 문지는 발견되지 않았으며, 출토품 중에서 병기가 많았다.

초소지는 성내의 산 입구에 위치하였고, 동벽을 따라 골짜기 양측과 성벽에 가까운 산지상에 위치하고, 치(雉)처럼 지형이 밖으로 튀어나온 지점에 위치하였다. 반수혈식으로 아궁이, 고래, 굴뚝을 갖춘 온돌시설과 문길을 갖추고 있었다. 모두 6기가 조사되었는데, 평면은 모가 둥근 방형이나 장방형으로 반수혈식이었다. 이중 F70은 길이 5.8m, 폭 4.8m, 깊이 0.3m였다.

주거지는 8기로 대부분 반수혈식으로 실내에는 아궁이, 고래, 굴뚝을 갖춘 온돌시설이 있었고, 형태는 병영지나 초소지와 기본적으로 같으나 이들과 비교하여 드물게 분포하였고, 남쪽을 향한 평탄지에 분포하였다. 이중 F65는 길이 4m, 폭 3.2m, 깊이 0.7m였다. 이들 건물지, 병영지, 초소지, 주거지의 바닥은 흙으로 굳게 다져 있었다.

회갱는 4기가 확인되었는데 평면이 원형이나 타원형이었다. 이중에서 H1는 길이 1m, 폭 0.84m, 깊이 0.16m였다. 또 철기를 저장한 토광은 평면이 원형에 가깝고, 지름 1.4m, 깊이 0.6m로, 토광 내에 있던 철솥 안에서 191개의 철촉을 포함한 300여 개의 철기가 출토되었다.

남벽은 길이가 424m인데, 외벽은 가공한 사각추형 돌로 수평쌓기를 하였으며 위로 갈수록 안으로 기울게 쌓았다. 체성의 하폭은 5m, 상폭은 2.5~3.5m, 외벽 최고는 4.5m, 내벽고는 2.2~2.6m였다. 적심은 능형석과 길죽한 돌로 面石과 서로 맞물리도록 하였으며, 틈새는 碎石으로 채웠다. 체성의 윗부분을 계단식으로 쌓은 곳이 있는데, 계단간의 거리는 2~3m, 아래층으로 갈수록 체감하였으며, 높이는 0.4~0.6m였다. 또 체성의 상면은 0.2m 두께의 황토로 다졌고, 체성의 기초부와 내탁부도 흙다짐을 하였으며, 흙다짐은 안쪽에서 밖으로 경사를 이루고 있었다.

동벽은 길이가 1,847m인데, 동문 남측의 성벽은 하폭 4~6m, 상폭 3~4m, 외벽고 3~6m, 내벽고 2~4m였으며, 외벽 기초부는 1~5층은 큰돌(길이 2.6m, 두께 0.45m)로 쌓고, 그 위로는 사각추형 돌로 수평쌓기를 하였다. 체성의 기초부는 흙다짐을 하고, 내탁부도 0.3~1.6m 두께를 흙다짐을 하여 상부를 평탄하게 한 후 2m 폭의 내환도

<사진 1> 오녀산성 동벽

(馬道)를 만들었다. 체성 위에는 폭 1.2~1.5m, 남은 높이 0.2~0.6m의 여장이 남아 있었으며, 여장 안쪽에는 1.8~2m 간격으로 평면이 방형 혹은 장방형인 7개의 돌구덩이(石洞, 길이와 폭 0.3m 정도, 깊이 0.3~0.5m)가 있었다. 특히 체성의 상부는 석판을 깔고 석판 위를 황토로 약 0.2m를 깔았다.[2)]

이러한 발굴결과를 토대로 중국에서는 오녀산성을 고구려 건국초기의 도성인 紇升骨城으로 보고 있다.[3)]

2. 전기도성

1) 국내성

국내성[4)]은 길림성 집안시에 위치하고, 압록강 중류의 벌등도 오른쪽의 평야 대지에 있으며, 압록강 중류에서 가장 큰 평지이다. 압록강은 동북쪽에서 성의 남측을 지나 서남으로 흐르고, 노령산맥에서 발원한 통구하는 북으로부터 서벽의 외측을 지나 동남으로 향하여 압록강으로 유입된다. 국내성의 동쪽으로 약 6㎞에 용산이 있고, 북쪽 약 1㎞에 우산, 2.5㎞에 환도산성이 위치하고 있다. 성의 규모는 북벽 730m, 서벽 702m, 동벽 554.7m, 남벽 751.5m로 총 둘레는 2,738.2m이다.[5)] 1984년의 평면도에 따르면 성벽에는 14개(북벽 8, 서벽 2, 남벽 2, 동벽 2)의 치와 동남모서리, 서남모서리, 서북모서리에 각각 각루가 존재했던 것으로 되어 있다.

(1) 성내 유적

---

2) 遼寧省文物考古研究所, 『五女山城—1996~1999, 2003年桓仁五女山城調査發掘報告』(文物出版社), 2004, 3~219쪽.

3) 辛占山,, 「中國遼寧省高句麗城郭研究新資料—桓仁五女山城考古發掘重要成果」, 『제1회 九里高句麗 國際學術會議 發表文集』(구리문화원), 10. 20, 2000, 65~69쪽. 五女山志編纂委員會, 『五女山志』,2004, 3~95쪽.

4) 國內城은 1961년에 吉林省重點文物保護單位가 되었다. 1965년에 輯安이 集安으로 명칭이 바뀌고, 1988년에 集安이 縣에서 市로 승격되었으며, 2001년에는 中國重點文物保護單位가 되었다.

5) 1980년과 2003년의 실측치를 종합한 것이다.

2001년의 발굴에서는 시영화공사유적(100㎡), 동시장구옥개조유적(300㎡), 시제이소학교유적(250㎡), 민정국숙사루유적(50㎡), 동시장종합루유적(100㎡), 계량국남측구옥개조유적(50㎡), 백화대루후측구옥개조유적(75㎡), 시제일유아원신루사유적(150㎡), 시실험소학교유적(260㎡) 등 9개 지역이 발굴조사 되었다. 이 중에서 시제일유아원신루사유적에서는 동북에서 서남으로 뻗은 돌로 쌓은 담장의 기초(폭 0.75m)와 담장 외측에 5㎝ 정도 쇄석을 깔은 노면(폭 약 1.5m)과 폭 0.5m, 깊이 0.35m의 돌로 쌓은 배수구가 확인되고, 시대를 알 수 없는 우물 1기가 확인되었다. 또 시실험소학교유적에서도 동북에 서남으로 뻗은 석축의 배수구가 확인되었다.

2003년에는 집안고구려유지공원건설을 위해 체육장과 문구장지역을 발굴조사 하였다. 국내성의 중심지역인 체육장유적은 국내성 중앙에서 약간 서쪽에 있는데 2,100㎡가 발굴되었고, 338년을 상한 조성년대로 하는 4기의 지상식 건물지가 확인되었다. 1호 건물지는 동서가 넓은 장방형 건물로 동서 폭 약 21m였고, 남북 길이는 확인되

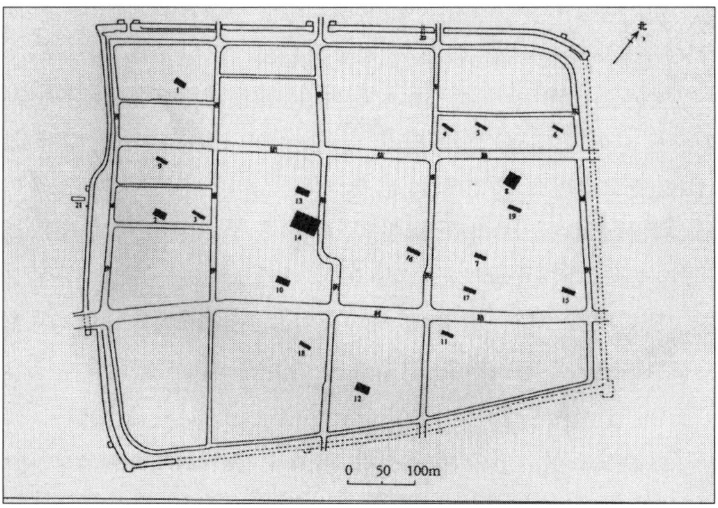

<그림 1> 국내성 평면도 (2003년)

지 않았다. 2호 건물지는 回字形으로 된 내 · 외 담장이 확인되었다. 자갈돌로 쌓은 바깥 담장은 방형으로 남북 길이 14m, 동서 폭 13.5m, 담장 폭 1.2m였다. 안쪽 담장도 방형으로 남북 길이 10m, 동서 폭 10.2m였고, 담장은 작은 자갈돌로 쌓고, 폭은 1.1~1.3m였다. 안쪽 담장 안의 면적은 동서 폭 7.6m, 남북 길이 7.5m로 면적은 57㎡였다. 실내의 지면에서 장방형 벽돌이 산견되었고, 장방형과 원형의 불에 탄 소토면이 있었다. 또 안쪽 담장과 바깥 담장 사이는 0.5~1.1m 사이였고, 장방형 벽돌을 깔은 흔적들이 일부 있었다. 또 바깥 담장 동남 모서리의 남측에서 남북 방향으로 뻗은 벽돌로 만든 배수구(폭 0.15m)가 일부 확인되었다. 한편 동서 바깥 담장 북부에서는 각각 동서로 뻗은 자갈돌을 깔은 폭 1.7m의 도로유구가 일부 확인되었다. 서쪽의 도로는 3호 건물지의 동측 바깥 담장과 서로 접하였다.

3호 건물지은 2호 건물지와 평면이 같은 모양으로 장방형(혹은 방형)으로 회자형으로 내·외 담장으로 이루어졌다. 안쪽 담장은 대략 방형을 띠고 남북 담장 길이 8.5m, 동서 담장 길이 8m였고, 두께는 1~2.5m였다. 축조방법은 2호 건물지의 안쪽 담장과 같았다. 안쪽 담장 안에서는 어떠한 유구도 확인되지 않았다. 바깥 담장은 남쪽 담장 남은 길이 10.3m, 동쪽 담장 남은 길이 10.5m, 서쪽 담장 남은 길이 8.6m였고, 안쪽 담장과 바깥 담장의 간격은 확실하지 않았으며, 건축 공백지대였다. 또 바깥 담장의 서쪽 담장 3m 지점에 3호 건물지의 바깥 담장 서쪽 담장과 남북으로 평행하는 남은 길이 약 10m, 폭 약 1.5m의 또 다른 담장이 확인되었고, 안쪽 담장의 동쪽 담장 중앙에는 동쪽 2호 건물지로 연결되는 자갈을 깔은 도로면이 확인되었다.

4호 건물지는 2 · 3호 건물지의 형태와 같았다. 남북으로 긴 장방형으로 내외 담장으로 구성된 평면이 회자형으로 되어 있었다. 안쪽 담장의 남북 길이는 10.4m, 동서 폭 7.5m였고, 안쪽 담장 안에서는 불에 탄 타원형의 소토층이 발견되었을 뿐 다른 유구는 확인되지 않았다. 바깥 담장은 남북 길이 13.6m였으며, 동서 폭은 12.25m였다. 안쪽 담장과 바깥 담장 사이는 역시 건축 공백지대였으며 폭은 확인할 수 없었다.

또 체육장 발굴구역의 동남부에서는 대체로 2.1m 간격으로 일정한 배치를 이루고 있던 고구려의 동일시기에 조성된 7기의 소형 회갱이 조사되었다. 회갱의 입구는 평면이 원형으로 벽체는 弧壁圜底였으며, 입지름은 0.39~0.46m, 깊이 0.35~0.53m였다. 갱안에는 器皿類의 생활용구로 채워져 있었으며, 흙은 매우 적었다. 기명에서는 고구려에서 생산한 釉陶器가 가장 많았고, 다음으로 자기, 도기의 순이었다. 완형품은 없고 모두 파손되어 있었으며, 파편이 퇴적된 사이에 소량의 흑회색 草木灰가 끼어 있었다. 유도기의 일부는 가로로 달린 파수가 붙어 있었고, 자기편은 모두 청자로 동진 때에 절강지방에서 생산된 것이었다. 보고자는 이들 회갱이 형태가 비슷한 점, 배열에 일정한 규율이 있는 점, 출토유물이 단순한 생활 그릇이고 한 개의 그릇 조각들이 다른 회갱내에 산재하여 있는 경우도 있는 점, 그릇 편들이 2차적인 고온에 의해 변형된 점등으로 보아 불을 동반한 제사의례를 행한 후 제기들을 파쇄하여 이곳에 매장한 것으로 보았다. 또 회갱의 동측 20m 지점에서 회갱과 동일시기의 서북-동남의 돌담장이 조사되었다.

문구장유적은 체육장유적의 동남 144m 거리에 있었는데 445.5㎡를 발굴하였다. 동서에서 2기의 건물지를 발굴하였다. 고구려시대의 건물지인 1호 건물지는 서북-동남향의 담장이 확인되었는데, 담장 내부는 대부분 자갈돌로 채웠다. 남은 길이는 약 28m, 폭은 1~1.25m였다. 담장의 북단 동측에서는 옮겨진 것으로 보이는 원형과 팔각형의 초석이 있었고, 서측에서도 원형과 팔각형의 초석이 확인되었다. 발해의 건물지인 2호 건물지의 담장도 서북-동남향이었으며, 축조방식은 1호 건물지와 같았다. 남은 길이는 16.5m, 폭은 1.1~

1.3m였고, 북부에서 황색점토로 두께 0.1m을 깔은 5×4m 규모의 구역이 조사되었고, 이곳에서 원형 초석이 조사되었다. 담장의 동측에서는 담장과 같은 방향으로 0.3~0.4m의 거리를 두고, 폭 0.5m의 배수구가 약 17m 정도가 확인되었다. 2003년에 발굴된 고구려시대의 건축유적인 체육장유적과 2001년에 발굴조사 된 시제일유아원신루사유적, 시실험소학교유적은 방향이 일치한다는 점과 동일한 층면이라는 점 등으로 보아 서로 관련이 있는 유적임이 밝혀졌다.

(2) 체성과 부속시설

① 체성

1975년 5월부터 1977년 5월까지 조사한 동벽 T6, 북벽 T7 · T8, 서벽 남단 T9 · T10은 1차 건축으로 남은 높이는 0.9~2.2m였다. 성벽의 기초는 거대한 화강암으로 쌓아서 상당히 견고하였다. 면석은 길이 50㎝, 두께 20㎝, 폭 36㎝로서, 10~15㎝ 정도로 계단식으로 들여쌓기를 하였다. 즉 최저 4층(높이 약 1m)에서 11층(높이 약 2.4m)으로 지역에 따라 일정하지 않았다. 이처럼 체성의 외면은 가공된 일정한 형태의 장방형 면석으로 쌓았고, 내면은 불규칙한 면석으로 안으로 기울게 쌓았으나 역시 상당히 정제되었다. 체성의 단면은 사다리꼴로 폭은 5~6m 정도이고, 외면과 내면 사이는 흙과 돌을 섞어서 속채움을 하였다. 계단식 기단 위는 수직으로 성벽을 쌓았다. 이것이 석성으로 처음 개축할 때의 고구려 성벽이었다고 한다. 남벽의 T1 · T3 · T5 체성 외면에서는 두 줄의 성벽을 확인하였다. 상호 거리는 1m 정도였고, T7 · T8의 남은 높이는 1.4~1.8m였으며, 상호 거리는 1.4m였다. 첫 번째 성벽은 석재 규격이 일정하지 않았고, 쌓여진 상태도 견고하지 못하였다. 기존의 성벽 밖에 중화민국년간에 수축된 것이었다. 또 남벽 T4에서는 세 줄의 성벽이 확인되었는데, 바깥의 첫 번째 성벽은 남은 높이 2.8m로 수직으로 쌓았는데, 두 번째 성벽과의 사이에서 1매의 만주국 화폐가 출토되어 이때에 수축된 것임을 알게 되었고, 두 번째 것은 민국년간에 수축된 것이고, 세 번째 것이 국내성 본래의 성벽으로, 최하부 성벽 기단에서 치성의 흔적이 있는 것으로 보아, 이 성벽도 고구려시대에 수축된 것으로 보고 있다.6)

2000년 10월에 동성로가 국내성의 북벽을 통과하는 서쪽의 13개 지점에 대한 성벽의 절개조사를 실시하였다. 성벽은 석축부와 토축부가 결합되어 있었는데, 규모는 하폭 10.1m, 상폭 5.75m, 남은 높이 3.5m였다. 또 동북 모서리의 체성은 하폭이 약 8.5~10m인데, 내벽면에서 약 3.2m 거리의 내측 적심부 바닥에서 내측벽면과 평행하는 또 하나의 고구려시대 사각추형 면석으로 된 1~3단(높이 0.2~0.5m)의 벽면기초가 확인되었으며, 양자의 사이에는 능형석으로 쌓은 후 사이를 자갈돌로 채웠다. 고구려시대에 다시 증축한 것으로 보였다.

② 성문

성문은 조양가와 연결되는 고구려시대의 북벽 중문지는 敵臺形 옹성을 갖추고 있는데, 문폭은 6.5m였다. 동쪽으로 5.3m의 거리에

<사진 2> 국내성 동북각 성벽

6) 集安縣文物保管所, 「集安高句麗國內城址的調查與試掘」, 『文物』 1, 1984, 47~54쪽..

동측 적대가 있었으며, 평면은 옆으로 긴 장방형으로 동서 폭 9.5m, 남북 길이 5.5~6.1m였다. 또 문지에서 서쪽으로 3m 지점에는 서측 적대가 있었는데 평면은 역시 옆으로 긴 장방형으로 규모는 동서 폭 10.25m, 남북 길이 6.25~6.5m였다.

2003년에 새로 확인된 고구려시대의 북벽 서문지는 북벽 서단에서 45m 지점에 있었는데, 폭은 5.9m, 측벽 길이 13m였다. 문지 양측에는 문지 바깥 입구에서 3.15m의 거리에 5.9m 간격을 두고 장방형(길이 10~13cm, 깊이 7㎝)과 원형(직경 15㎝, 깊이 5㎝)의 문초석이 발견되었다. 문지 바닥은 불규칙한 돌로 한 벌 깔았다. 문지 동측 적대는 성문 바깥 입구에서 3.6m 떨어져 있으며, 동서 폭 9.25m, 남북 잔존 길이 6m였고, 서측 적대는 문지 바깥 입구에서 4.1m 거리에 있었으며, 동서 폭 9.3m, 남북 최대 남은 길이는 5.8m였다. 이중 서측 적대는 이미 알려진 것이나, 동측 적대는 서문지와 함께 이번에 새롭게 확인된 것이다.

2003년 승리로와 연결되는 고구려시대의 서벽 문지가 확인되었다. 이 문지는 일찍이 關野貞의 조사에 의하면 어긋문옹성 형태를 취했던 문지였다고 한다. 문지는 엇갈림 사이에 양측 벽에서 치모양으로 돌출하여 만든 것이다. 이번 발굴에서는 엇갈림을 이루는 바깥 서벽 끝 부분과 안쪽 서벽 끝 부분 외측벽 일부와 바깥 서벽과 안쪽 서벽 사이의 돌출부와 양쪽 돌출부 사이의 문지와 문초석이 확인되었다. 그러나 안쪽 서벽의 돌출부는 상당히 파괴되어 문폭도 확인할 수가 없었다.

③ 치와 각루

둥글게 곡선을 이루는 동북 모서리의 북벽 치는 평면이 옆으로 긴 장방형으로 동서 폭 8.9~9.1m, 남북 길이 5.6m로 체성과 함께 구축되었다. 북벽 치에서 동으로 35.75m 거리에 있는 동벽 치도 옆으로 긴 장방형으로 남북 폭 8.9~9.1m, 동서 길이 5.1~5.5m로 체성과 함께 쌓았다. 이들 동북 모서리의 북벽과 동벽의 치는 사각추형 돌로 모서리를 둥글게 쌓았으며, 대체로 아래로부터 2~3단부터 들여쌓기를 하였다. 고구려시대의 서남각루는 곡선을 이루는 서남 모서리에 세웠다. 각루의 규모는 북벽 길이 2.3m, 서벽 길이 10.8m, 남벽 길이 10m, 동벽 길이 4.5m였다. 안은 직경 20~30cm 크기의 자갈돌로 채웠다. 각루지의 상부에는 작은 치와 비슷한 장방형의 건축기초가 있었는데, 불규칙한 돌로 쌓았으며 평편한 면을 밖으로 향하여 쌓았고, 북변 남은 길이 1m, 서변 길이 3.6m, 남변 길이 2.6m, 남은 높이 1.3m였다. 보고자는 후에 성벽을 보수할 때 만든 건축으로 보았다. 각루의 북쪽 33.8m의 서벽 상에는 치를 설치하였다. 이들 사이에는 1.4~1.9m(최고처 약 3m) 높이의 사각추형 돌로 5~9층을 들여쌓기를 한 고구려시대의 서벽 외측면 성벽이 남아 있었다. 치의 평면은 옆으로 긴 장방형으로 체성과 동시에 축조되었으며, 2층 이상은 사각추형 돌을 사용하고 들여쌓기를 하였다. 적심은 불규칙한 돌로 채웠다. 규모는 동서 폭 9.25m, 남북 길이 5.5~5.6m였다.

④ 배수구

서벽 외측에서 확인된 배수구(排水涵洞)는 서벽 서쪽 8~8.8m 지점에서 확인되었다. 즉 서벽 북단의 서쪽 8~8.8m 지점에서는 남북으로 뻗은 성벽의 기초가 확인되었는데, 성벽의 가운데에 본 배수구를 구축하였다. 성벽의 폭은 9.1~9.9m로 안은 불규칙한 돌로 속채움을 하였다. 동서로 향한 배수구는 돌로 쌓았는데, 양벽은 외측면을 반듯하게 쌓았고, 바닥은 석판을 깔았는데 동쪽이 높고, 서쪽이 낮았으며 10°의 경사를 이루고 있었다. 위에는 불규칙한 큰 돌로 된 8개의 뚜껑돌이 남아 있었다.7)

2) 환도산성

환도산성은 국내성 북쪽 2.5km에 위치하고, 노령산맥 줄기의 산

---

7) 吉林省文物考古硏究所・集安市博物館, 『國內城—2000~2003年集安國內城與民主遺址試掘報告』(文物出版社), 2004, 6~157쪽.

봉우리들을 연결하여 자연지세를 잘 활용하여 축조하였다. 최고처는 해발 652m인 환도산이며, 둘레는 6,947m이다. 북면은 지세가 높아 해발 349~652m를 이루다. 즉 동・서・북 3면은 지세가 높고, 반대로 남면은 낮으며 고도차는 약 440m을 이룬다. 특히 남부는 평원대지로서 해발 310m이하이고, 성내의 중요한 유적인 궁전지, 망대, 못(飮馬灣) 등이 위치한다. 성 밖으로는 협곡절벽이며, 성의 형태는 이처럼 남쪽이 트인 포곡형을 이룬다. 동북에서 서남으로 흐르는 통구하가 자연해자를 이루며, 서쪽으로는 소판차령, 서남으로는 칠성산이 있고, 동쪽으로는 0.5km에 산성자촌이 위치한다.

성벽은 화강암을 사용하였으며, 면석은 길이 0.2~0.5m, 폭 0.29~0.4m, 두께 0.1~0.27m 크기의 사각추형 돌을 사용하고, 적심은 양쪽 머리가 뾰족한 길이 0.6m, 폭 0.25m, 두께 0.15~2.5m 크기의 능형석을 사용하였으며, 능형석 사이는 쇄석으로 채웠다. 현재 성벽은 높이 5m 정도 남아 있는 곳도 있다. 남벽은 해발 296~367m로 비교적 평원하며, 밖으로는 통구하곡과 임하였고, 현재 지표에는 3단 정도가 남아있고, 137m 정도만 보존되어 있다. 동벽은 해

<사진 3> 환도산성 북벽

발 367~627m 사이에 있으며, 357.2m 정도만 보존되었고, 성벽의 잔고 4.3m이며, 잔고 0.5~1.2m, 폭 0.8~1m의 여장이 남아 있고, 여장의 내측에는 길이 0.2~0.4m, 깊이 0.35m 정도의 방형 돌구덩이가 남아 있다. 북벽은 해발 627~652m의 험준한 지형에 위치하며, 외측 잔고는 4.7m 성벽이 남아 있는 곳이 있다. 서벽은 해발 296~652m 사이에 있으며, 성벽은 외측 잔고 5m 정도 남아 있는 곳이 있고, 길

<사진 4> 환도산성 남문지

<사진 5> 환도산성 남문지 수구

이 0.5m, 폭 0.32m, 깊이 0.6m의 돌구덩이가 남아 있다. 또 폭 97.3m의 골짜기 입구에 길이 115.1m의 장방형 옹성을 갖춘 남문지를 비롯하여, 서남문지 등 7개소의 문지가 확인되었다.

산성내의 건물지는 궁전지, 망대(모를 죽인 장방형 석축 고대, 길이 6.7×4.5m, 잔고 4.5m), 못(모를 죽인 방형, 길이 35~37.5m, 잔고 1.8m), 병졸 주거지(길이 16m, 폭 9m의 장방형, 22.6m 떨어진 망대 병졸의 주거지 추정) 등이 포함된다. 궁전지는 해발 254m의 남부의 평원대지상에 위치하고, 남문지와는 460m의 거리에 있다. 병사들의

<사진 6> 환도산성 궁전지

주거지, 망대, 못 등이 궁전지의 서남 300~320m 거리에 위치한다. 화재로 인해 소실된 것으로 밝혀진 궁전지에는 둘레에 폭 1.5~3.2m 정도의 돌로 쌓은 궁전의 담장이 있었다. 이 중에서 東墻의 길이는 91m, 서장 96m, 북장 75m, 남장 70m로 총 332m였다. 궁전지와 부속시설의 평면은 불규칙한 방형으로 남북 길이 95.5m, 동서 폭 86.5m로 총 면적은 8,260.75㎡에 달하였다. 1~4호 기단 위에 조성된 건물들은 모두 11채로 1호 기단와 2호 기단 사이에는 장방형의 광장이 있었고, 서장에는 2기의 궁문이 있었으며, 이중 중앙에는 정문격

인 1호 궁문지가 있었다.[8] 이 궁전지는 출토유물을 근거로 평양천도 이후의 행궁지로 보는 설도 있다.

3. 중기도성

1) 안학궁성

안학궁성(북한 국보유적 2호)은 대성산성의 소문봉 남쪽 기슭에 위치하며, 성의 북벽을 넘으면 소문봉의 산줄기가 시작된다. 둘레는 2,488m로 면적은 30여 만㎡가 된다. 성벽의 높이는 동벽과 서벽은 4~6.6m, 남벽은 3.2m, 북벽은 2.7m 정도이나, 발굴자료로 복원하면 본래는 하폭 8.8m, 높이 8~10m, 상폭 4.4m 정도가 되었을 것으로 추측된다. 성안에서는 21채의 궁전터, 31채의 회랑터, 2,590개의 초석이 조사되었다. 궁전은 5개의 건축군으로 구성되었으며, 남문과 북쪽 造山 사이의 남북선을 중심축으로 하여 3개의 궁전군과 북쪽 구역으로 동쪽과 서쪽에 큰 건축군이 하나씩 있었다. 중심선상의 남쪽 건축군을 남궁, 가운데 것을 중궁, 북쪽 것을 북궁, 중심선 동쪽의 건축군을 동궁, 서쪽의 것을 서궁이라고 부른다. 5궁 중에서 가장 큰 남궁의 대지 면적은 88,500㎡로 웅장함을 강조하고, 국가적인 의식이나 대외 관계의 행사 등 공식행사에 쓰였던 것으로 보고 있다. 중궁은 대지 면적이 24,150㎡로 성안의 중심부에 위치하며, 남궁으로부터 북쪽으로 125m 거리에 있다. 중심축에 큰 기본 건물이 있고 좌우와 앞뒤를 회랑으로 두르고, 동쪽과 서쪽에 궁전을 하나씩 짓고 회랑으로 막았으며, 왕이 정사를 보던 궁으로 추측하고 있다. 북궁은 북쪽의 조산 앞에 있는 가장 뒤쪽의 궁전으로 중궁과는 110m 거리에 있다. 북궁은 크고 작은 3개의 건물로 이루어진 복잡한 건축군으로 왕이 사생활을 하던 곳으로 추측된다. 동궁은 건물들이 모두 크고 구조도 복잡하며, 여러 개의 못이 있었던 흔적이 있고, 동궁 남쪽에서

---

8) 吉林省文物考古硏究所・集安市博物館, 『丸都山城—2001~2003年集安丸都山城調査試掘報告』(文物出版社), 2004, 3~179쪽.

는 큰 못자리가 확인되었다. 동궁은 태자의 궁으로 추측되며, 동궁 남쪽에 있던 여러 건물들은 못을 끼고 있는데 왕실의 놀이터로 지은 건물들로 추측된다. 서궁은 북궁의 서쪽 넓은 구역에 있으며, 지형적으로 낮은 지역이다. 일반적으로 보존상태가 좋지 못하며, 북궁이나 중궁과는 달리 궁전 배치의 짜임새가 없고 큰 건물도 없으며, 건물의 구조도 비교적 단순하였다. 궁궐에서 일하던 궁인들이 거처하던 곳으로 추측된다. 남궁에는 조산, 못, 바위(景石)로 구성된 정원이 있었고, 북궁과 북문 사이에는 높이 8m, 동서 폭 120m, 남북 길이 70m의 규모로 북궁의 뒷면을 가리워 주는 인공적인 조산을 만들었으며, 바위들도 배치되어 있었고, 정자도 있었을 것으로 추측하고 있다.

이밖에 안학궁성에서는 남벽 3개소, 동벽・서벽 각 1개소, 북벽 1개소 등 6개소의 성문지가 조사되었고, 남벽의 수구문 자리와 동쪽 해자・서쪽 해자 자리도 조사되었다.[9)]

2) 대성산성

대성산성은 평양의 중심 시가지에서 동북쪽으로 약 6~7㎞ 정도에 위치한 평양시 대성구역의 대성산에 자리 잡고 있다. 대성산은 북쪽으로 자모산, 묘향산, 낭림산 산줄기와 연결되고, 동북쪽으로는 부전령, 마천령 산줄기와 연결된다. 최고봉인 해발 274m의 을지봉을 중심으로 장수봉, 국사봉, 소문봉 등 6개의 봉우리를 연결하여 쌓은 포곡형산성이다. 성의 규모는 동서 2,300m, 남북 1,700m이며, 성 둘레는 7,076m, 성내 면적은 약 2.7㎢에 달한다. 주작봉과 소문봉 사이의 남문은 정문이었던 관계인지 980m 구간을 2중으로 성벽을 쌓고, 주작봉과 국사봉 사이도 3중으로 쌓았는데, 2~3중으로 쌓은 성벽의 길이는 2,208m로 성벽의 총길이는 9,284m가 된다. 성벽은 모두 허물

9) 김일성종합대학출판사, 『대성산의 고구려 유적』, 1973, 106~315쪽.

어져 성돌이 본래의 성벽을 따라 경사진 산비탈에 10~15m 폭으로 쌓여져 있었으나, 1958년 대성산성을 포함한 이 일대를 유원지화 하려는 계획에 따라, 1958~1961년 사이 6회에 걸쳐 발굴조사를 실시한 후 복원하였다.[10]

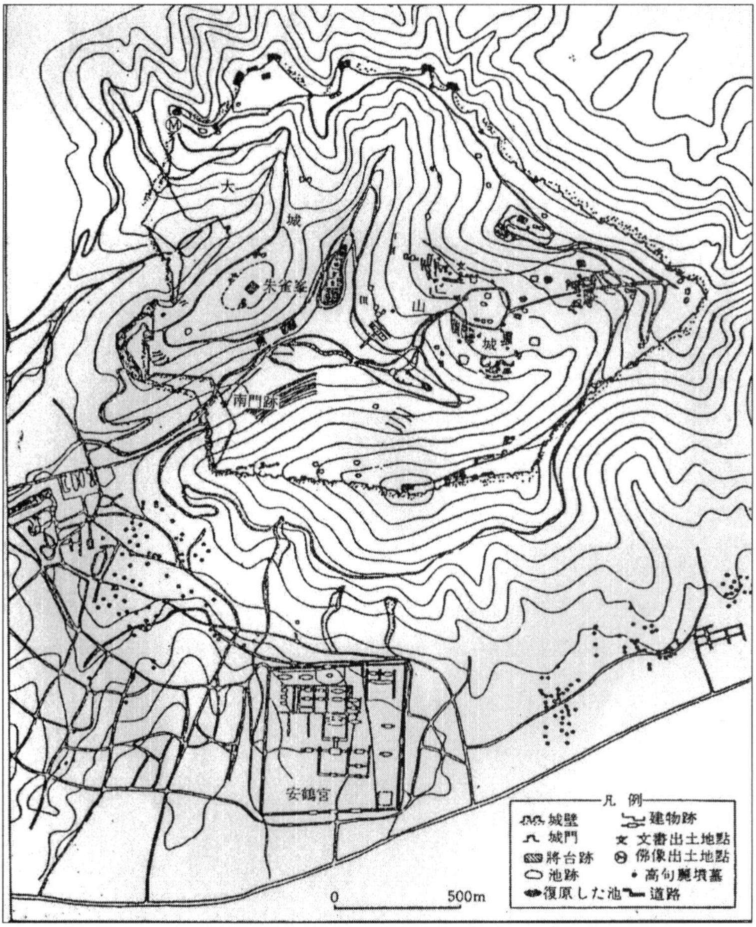

<그림 2> 대성산성과 안학궁성 평면도

10) 김일성종합대학출판사, 위의 책, 14~103쪽.

4. 후기도성

1) 평양성

평양성(長安城, 북한 국보유적 1호)은 북쪽은 금수산 최고봉인 모란봉과 청류벽의 절벽을 끼고 있으며, 동・서・남에는 대동강과 보통강이 둘러 있다. 평양성의 지세가 산과 벌을 끼고 있기 때문에, 외성에서 보면 뒤에 산을 끼고 있는 평지성 같고, 북쪽이나 서북쪽에서 보면 모란봉, 창광산, 서기산 등을 연결한 산성이다. 또 평양성은 북성, 내성, 중성, 외성으로 구성되고, 성벽의 바깥 둘레 약 16km, 성벽의 총 둘레 약 23㎞, 성내의 총면적은 11,850,000㎡(약 12㎢)나 되는 보기 드문 대규모의 석성으로, 삼국시대 성곽 중에서 최대의 규모를 자랑하며, 우리나라의 전체 성곽 중에서도 고려의 개경도성에 버금가는 큰 성이다.

(1) 북성

북성은 을밀대에서 최승대를 돌아서 청류벽 마루를 타고 부벽루를 거쳐 동암문으로 올라와 내성벽에 연결된다. 면적은 약 25만㎡이다. 북성에는 남문인 전금문과 북문인 현무문이 있다. 이 두 성문은 북성에서 남북으로 통하는 큰문이다. 또 부벽루 뒤 오솔길로 통하는 곳에는 암문을 설치하였다. 전체 면적의 2%를 차지하는 북성은 방어적인 면에서는 내성을 배후에서 막아주고 있다. 窺峰을 피하는 한국식산성의 특징으로 보아 북성은 평양성내에서 가장 먼저 축조된 것으로 보인다.

(2) 내성

내성은 을밀대로부터 서남으로 칠성문을 지나 만수대의 서쪽에 이르고, 다시 남으로 향하여 수구동의 서측을 통해 남산재를 지난다. 여기서 동으로 꺾어 주작문을 지나 대동강안에 이르고, 다시 강안을 따라 북으로 향해 대동문과 장경문을 지나 북성에 연결된다. 면적은 약 130만㎡이다.

내성에는 동남쪽에 대동문, 북쪽에 칠성문이 남아 있고, 문자리로

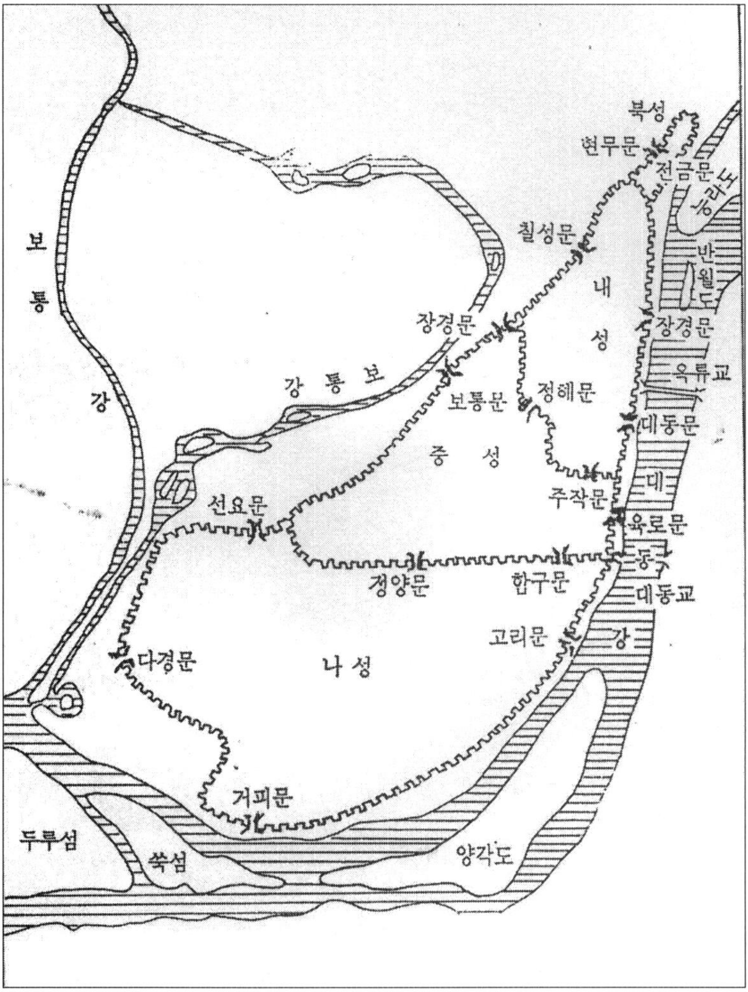

<그림 3> 평양성 평면도

는 서쪽에 정해문, 남쪽에 주작문, 동쪽에 장경문과 동암문이 있는데 홍예로 된 동암문의 축대는 지금도 남아 있다. 대동문의 문루에 쓰인 초석과 축대에 쓰인 성돌 중에는 고구려 때의 것이 있었으며, 문 밑에서는 수많은 고구려 기와조각들이 깔려 있었다. 1959년 대동강

의 호안정리 때에는 대동문의 홍예 앞 약 12.5m 위치에서 옹성을 쌓았던 흔적이 드러났고, 여기에 쓰인 성돌이 고구려 때의 성돌과 동일하였다고 한다. 서문인 정해문 자리는 내성의 서북 모서리 만수대 등성이에서 남으로 뻗은 능선이 일단 끊어졌다가 다시 남산재 언덕으로 이어나간 낮은 지점에 위치한다. 1969년 서문동 도로확장 공사 때에 고구려의 초석과 수많은 고구려 기와조각들이 출토되었다고 한다. 남문인 주작문은 남산재의 등성이가 내성의 서남 모서리에서부터 동쪽으로 굽어 들면서 대동강 가까이에서 낮아진 지점에 있으며, 이미 흔적이 없어졌다. 북문은 칠성문으로 추정되는데, 만수대와 을밀대 능선 가운데서 가장 낮은 지점에 위치한다. 이 칠성문 밖의 고구려 때 성돌로 쌓은 옹벽은 당시의 모습을 잘 보존하고 있다. 내성의 동벽에 사이문으로 추정되는 장경문은 청류벽 밑을 대동강이 흐르고 있어 나루터로는 적당치 못한 것으로 보아, 중성에서 대동강기슭 청류벽 아래 길로 통하던 작은 문으로 추정된다. 또 동암문은 북성으로 통하던 비밀통로로 이용된 것 같다고 한다.[11)]

關野貞은 일찍이 왕궁지로 내성의 조선시대 감영이 있던 지점을 지적하였다. 이곳의 뒷면에는 만수대라는 낮은 대지가 있으며, 남쪽으로는 평지가 넓게 펼쳐져 있는데, 감영 건물에서는 고구려 때의 것으로 보이는 초석이 몇 개 이용되었다고 하였다. 또 그는 북성 내 모란대 가까이의 영명사 부근을 별궁지로 추정하였다. 영명사 내의 1614년에 재건된 부벽루의 초석들은 모두 고구려 때의 초석들을 사용한 것이며, 주위에서는 고구려 말기의 기와조각들이 널려있었다고 하였다.[12)] 한편 채희국은 내성의 중앙지대에 위치하며 지대가 높고

---

11) 최희림, 『고구려 평양성』, 1978, 79~83쪽.

12) 關野貞, 「高句麗の平壤城及び長安城に就いて」, 『朝鮮の建築と藝術』(岩波書店), 1941, 365~367쪽. 그는 일제시대 蒼光山 밑 旅團兵營이 있던 지점도 左右가 약간 小高을 이루는 景勝地이고, 고구려 말기의 많은 기와조각들이 널려 있어 王宮址의 후보 중 하나로 지적하였다.

전망이 좋은 만수대건물지를 왕궁지로 지적하였다.13) 또 최희림도 만수대 남쪽 경사면은 오목한 양지바른 대지로서, 그 지형과 지리적 조건이 궁전이 들어설 수 있는 가장 적합한 위치라고 지적하였다.14)

이처럼 만수대 일대는 고구려 때의 왕궁이 있던 자리로 지적되고 있듯이, 내성은 왕성이며, 특히 산지대를 이용하여 성을 쌓았기 때문에 지대가 비교적 높고 전망이 좋다. 아무튼 전체 면적의 11%를 차지하는 내성 안에는 왕궁이 자리 잡았을 것으로 보인다.

(3) 중성

중성은 만수대의 서록으로부터 보통강을 따라 서남으로 달리고, 대동교에서 동으로 창광산·안산을 가로질러 대동강에 이른다. 면적은 약 300만㎡이다. 중성의 정남문인 정양문은 서쪽에 창광산, 동쪽에 서기산(현 해방산)을 낀 평지대로 중성에서 외성으로 통하는 중심부에 있다. 이 부근에서는 고구려 때의 초석이 발견된 바 있다. 동남문인 함구문은 서기산과 대동강 사이에 위치한다. 서문인 보통문은 현재도 남아 있는데, 1962년 본래의 위치(보통강 옆)에서 동남쪽으로 약 55m 떨어진 현재의 위치로 옮길 때, 홍예석 밑에 가로놓인 기초 장대석들이 칠성문 북쪽의 성벽 기초돌들과 같은 방법으로 다듬어졌음이 확인되었다. 동문인 육로문은 1910년대 초까지 문자리가 남아 있었으며, 이곳은 대동문과 대동교 사이 중앙도서관 앞 도로가 닿는 곳으로, 중성에서 대동문 나루터와 통하는 편리한 지점이다. 북문은 경창문으로 추정되는데, 만수대 서쪽 언덕에서 성벽이 내려오다가 도로가 끊긴 지점이다. 이 문자리에도 고구려 기와조각들이 깔려있었다고 한다.15)

전체 면적의 25%를 차지한다. 중성 남벽(2.7km)의 축조 연대에 대하여는 고구려 축조설과 고려초 축조설이 있다. 1만분의 1로 그려

13) 채희국, 「평양성(장안성)의 축성과정에 대하여」, 『고고민속』 3, 1965, 24쪽.
14) 최희림, 『고구려 평양성』, 110쪽.
15) 최희림, 위의 책, 78~79쪽.

진「평양성지 및 유존석표도」[16]에서 보면 중성 동쪽에 형성된 시가지의 남북도로는 외성내의 남북도로와는 방향이 다름을 볼 수가 있다. 또 여기에는 정양문 부근에서 출토되었다는 초석 2점의 위치를 정양문 동쪽 약 50m지점으로 표시하였다. 이 표시가 얼마나 정확한 것인지는 모르겠으나, 이곳에도 고구려 때의 문지가 있었던 것은 아닌가 싶다. 한편 중성은 전략적 측면에서 내성의 방어에 중요하였다.

(4) 외성

외성은 중성 남쪽의 고구려 도시유적을 감싸면서 대동강과 보통강의 기슭을 돌고 있다. 면적은 약 730만㎡이다.[17] 외성의 남문인 거피문은 평천구역 평천동에 있고, 서문인 다경문은 평천구역 정평동의 강기슭에 위치한다. 이 성문은 양명문으로도 불렸다. 북문인 선요문은 다경문에서 북쪽으로 성벽을 따라 약 2㎞ 지점의 성벽이 끊어진 곳에 위치하였다. 이곳에서는 1968년 도로포장공사 때 수많은 고구려 기와조각과 막새가 깔려있었다고 한다. 동문인 고리문은 대극장 동남쪽에 위치하며, 다경문과 동서로 일직선에 있었다. 또 서남벽에는 대도문, 소통문, 수덕문이 있었다고 한다.[18]

전체 면적의 62%나 차지하는 외성에는 큰 행정구역으로 사신사상과 동방 중시사상을 내포한 명칭을 가지고 있는 내부(황부), 북부(후부, 흑부) 등 5부가 있었으며, 이곳은 사서(士庶)가 거주하던 지역으로 상업・수공업을 비롯한 모든 생산 활동도 이곳에서 이루어졌을 것으로 보고 있다.

---

16) 朝鮮總督府,『高句麗時代之遺蹟』, 圖版 上冊 地圖 2, 1929.

17) 최희림, 「고구려 평양성(장안성)의 성벽축조형식과 시설물의 배치상태」, 『고고민속』 3, 1967,, 20쪽.

18) 최희림, 『고구려 평양성』, 73~76쪽.

Ⅱ. 축조시기 문제

1. 하고성자토성의 축조시기

魏存成, 孫進己, 蘇長靑, 梁志龍 등 대부분의 중국학자들은 하고성자토성의 축조시기를 고구려 早期로 보았다. 그러나 尹龍九는 본래 한의 縣城이었던 것을 고구려가 재사용 하였을 가능성이 높은 것으로 보았고,[19] 田中俊明은 나아가 第一玄菟郡의 一縣城으로 보았다.[20]

한편 1998년 遼寧省文物考古硏究所 · 本溪市博物館 · 桓仁縣文管所의 발굴조사에 따르면 성벽 기저부의 3층에서 평면이 반원형인 鍋底狀의 土壙 1기(길이 1.7m, 폭 1.5m, 깊이 50㎝)가 조사되었는데, 坑內(H1)는 회갈색토로 채워져 있었고, 이곳에서 腹上部에 從으로 대칭 된 橋狀耳가 달린 陶罐 등이 출토되었고, 이런 형식의 토기는 오녀산성 제3기 문화의 토기 중의 전형적인 기형으로, 고구려 건국 초기의 유물이라고 하였다. 또 이 성의 축조년대가 H1와 같거나 혹은 늦을 수 있어, 고구려 건국 초기와 같거나 이 보다 약간 늦은 것으로 보면서, 국내성 토루의 축조년대와 크게 다르지 않을 것으로 보았다. 또 성내에서는 고구려 중기에 유행하던 橫橋狀耳의 토기도 출토되어 고구려 중기에도 이 성이 사용되었음을 알 수가 있었다. 이 밖에도 청동기시대의 석기(石刀, 環狀石斧, 石鏃)와 방추차 등이 출토되었고, 요 · 금시대의 암키와, 귀면와, 도기편 등도 채집되었다.[21]

최근에는 하고성자토성을 부정하면서, 오녀산에 도읍을 하던 시기에는 평지에 토성을 구축하기가 불가능 하였다고 보는 설(王志剛),

---

19) 尹龍九, 『한국 고대의 中國式 土城에 대하여」, 『韓國古代史論叢』 8, 1996.
20) 東潮 · 田中俊明, 『高句麗の歷史と遺蹟』(中央公論社), 1995.
21) 遼寧省文物考古硏究所, 「桓仁縣下古城子高句麗城址1998年調査與試掘報告」, 『五女山城―1996~1999, 2003年桓仁五女山城調査發掘報告』, 2004,

왕성은 오녀산성이고, 정궁 역시 산성에 위치하였다는 설(기경량), 오녀산성의 동쪽 대규모의 고구려고분군이 조성되어 있는 高麗墓子村 부근의 댐의 수몰지구를 졸본의 평지 거점으로 보는 설(여호규), 하고성자토성의 수혈에서 발견된 고구려 초기 토기, 인근 상고성자 고분군의 조영 연대를 고려하여 하고성자토성을 졸본의 왕성으로 보기 어렵다는 설(양시은) 등 다양한 주장들이 제기되었다.[22]

2. 국내성 토루의 축조시기

1975년 5월부터 1977년 5월 사이의 발굴조사 중 북벽 T8, 남벽 T4 · 5에서는 석축 성벽 하부에서 한 줄의 토루가 조사되었다. 토루의 폭은 7~8m, 높이 1.7~2m였다. 단면은 弓形이었고, 토질은 진흙에 모래가 섞인 황갈토였는데 소량의 자갈이 섞여 있었고, 견고한 정도로 보아 인공에 의해 흙다짐된 것으로 보였으나, 흙다짐 과정에서 생기는 막대의 자국들은 보이지 않았다고 한다. 토루내에서는 불에 탄 흙과 灰坑, 토기편들이 출토되었다. 출토유물은 石斧을 포함한 4점의 석기류와 태토에 모래가 섞인 회색 무문으로 복원이 불가능한 14점의 토기편이 출토되었다. 보고자는 토루의 축조시기를 전국시대에서 고구려 건국이전 사이로 보았다.[23]

이에 대해 孫進己는 국내성의 토루가 국내성에서 서쪽으로 15km 떨어진 大平鄕 五道嶺積石墓에서 출토된 전국시기의 유물인 청동단검, 구리거울, 구리도끼, 구리창 등과 밀접한 관련이 있는 것으로 보고, 전국시기에 이곳에 城邑을 건설하였던 것은 전국시기(燕秦時代)에 압록강 상류의 고대민족이었다고 보았다.[24] 魏存成은 서한의 성터라고 보고, 고구려가 기원 3년에 여기에 천도하여 이 성을 借用한 것으로 보았다.[25] 또 李殿福 · 孫玉良은 국내성의 석축 성벽은 서한

---

22) 양시은, 「高句麗 都城制 再考」, 『한국상고사학보』 112, 2021.
23) 集安縣文物保管所, 「集安高句麗國內城址的調査與試掘」, 『文物』 1, 1984.
24) 孫進己 外, 『東北歷史地理 I』(黑龍江人民出版社), 1988.

대 토성의 기초 위에 개축한 것이며, 토성은 玄免郡에 속했던 성이라고 보았다.[26] 이러한 이전복과 손옥량의 주장은 그 뒤 중국학자들의 기본 논리가 되었다. 또 일본의 東潮 · 田中俊明 는 이 성이 한의 토성지라는 데에는 문제가 없다고 보고, 고구려의 발상지역에서 규모가 가장 큰 토성인 점은 高句麗縣의 이름과 어울린다고 보아, 高句麗縣城說을 주장하였다.[27] 한편 국내에서도 余昊奎는 국내성 토성은 국내 천도 이전부터 존재하였을 가능성이 높고, 고구려는 국내성을 평상시의 왕성으로 삼고, 비상시의 군사방어 거점인 尉那巖城을 쌓았으며, 4C 전반에 석성으로 개축을 하였을 가능성이 높다고 보았다.[28]

2000년 10월에 들어 국내성 성벽의 축조방식, 구조, 연대를 규명하기 위해 북벽의 한 곳을 절개하였다. 성벽은 石築部와 土築部가 결합되어 있었는데, 규모는 하폭 10.1m, 상폭 5.75m, 殘高 3.5m였다. 雉가 확인된 외벽면은 방어적인 면을 고려하여 석재를 사용하여 夾築으로 견고하게 구축하였다. 바깥쪽 면석은 밑으로부터 기초부는 5단을 긴장방형돌을 사용하여 수직으로 쌓고, 위로는 사각추형 돌을 사용하여 현재 8단을 들여쌓기를 하였다. 안쪽은 바깥쪽 면석으로부터 4.65m 안으로 비교적 큰 돌로 수직으로 쌓았으며, 현재 10단이 남아 있다. 積心은 판석으로 엇갈려 물리도록 견고하게 쌓았다. 외벽면 밖의 기초부는 성벽 바닥층으로부터 3단까지는 흙, 할석, 자갈돌 등으로 다짐을 하여 성벽의 기초부를 보강하였다. 내벽면에는 들여쌓기를 한 4단의 기단석축이 남아 있었고, 기단석축 바닥의 안팎은 불규칙한 돌을 한 겹 깔아 내벽면의 기초부를 보강하였다. 내벽면의 적심은 외벽면과는 달리 흙다짐을 하였다. 적심의 아래층은 두께가

25) 魏存成, 『高句麗初中期的都城」, 『北方文物』2, 1985.
26) 李殿福 · 孫玉良, 『高句麗簡史』(三星出版社), 1990.
27) 東潮 · 田中俊明, 『高句麗の歷史と遺蹟』, 1995.
28) 여호규, 『고구려성 I 』(국방군사연구소), 1998.

1~1.3m로 황갈색 흙에 많은 깨진 자갈이 섞여 있었으며, 위층은 두께가 0.35~1.25m인데 황갈색 흙에 많은 자갈과 거친 모래가 섞여 있었다. 보고자는 A · B · C · D층이 모두 토질이 비슷하고, 각 층에서 출토된 토기편도 질적인 차이가 없었으며, 제조법이나 형태도 모두 고구려의 특징을 지닌다고 하였다.[29)]

이에 대해 徐吉洙는 북벽의 발굴을 통해 石壁 아래에 토성이 없었다고 단정하고, 중국학계는 전부터 고구려사를 중국사의 일부분으로 하기 위한 작업을 시작하였고, 고구려 이전의 토성을 바탕으로 고구려가 한나라 땅에 세워졌다는 주장을 내세우기 위한 고고학적 성과로 활용하려는 목적이 엿보인다고 지적하였다. 그러나 토축부의 E · D · C층은 토축으로 내벽면을 구축하면서 잘려나가고 남은 토루의 흔적이 아닌지도 모르겠다. 내벽면을 구축할 목적으로 의도적으로 토루를 잘라낸 것은 아닌가 하는 의심이다. 즉 1차 석축 성벽 이전에 토루가 있었다는 기존의 학설을 부정하기는 어렵다. 1975년 5월부터 1977년 5월 사이의 발굴에서 확인된 토루에서 출토된 청동기시대 유물은 토루를 만들 때 흙을 옮겨 온 곳의 토양을 그대로 盛土에 사용하였기 때문에 속에 끼어 든 것으로 볼 수가 있다. 성안의 발굴에서 한대의 유구는 확인이 되지 않았다. 이로써 보면 이 토루는 고구려의 토루로 추정이 된다. 하여튼 석축으로 된 성벽 밑에 토루가 있었다는 集安縣文物保管所의 보고를 부정하는 최근의 주장들은 찬성하기 어렵고, 석축의 1차성벽은 고국원왕 12년(342)에 축조하였다는 『삼국사기』 기록과 부합되는 것으로 추정하고 싶다.[30)]

3. 평양성 중성의 축조시기

평양성 중성 남벽의 축조시기에 대하여는 고구려 축조설과 고려

29) 吉林省文物考古硏究所 · 集安市博物館, 『國內城—2000~2003年集安國內城與民主遺址試掘報告』, 2004.

30) 『三國史記』 권18 高句麗本紀 제6 故國原王 12년 2월.

축조설로 대립되어 왔다. 즉 전자는 고구려시대에 북성, 내성, 중성, 외성이 모두 존재하였다는 주장이고, 후자는 고구려시대에는 중성은 없었다는 주장이다. 전자는 이병도, 崔羲林이 주장하였고, 후자는 關野貞, 蔡熙國, 鄭燦永, 田中俊明 등이 주장하였다. 전자의 최희림은 중성 남벽을 쌓은 형식과 방법이 평양성 내성벽과 외성벽을 쌓은 형식과 성돌의 형태, 다듬은 수법, 성돌 재료, 성벽의 기초 등에 이르기까지 모두 동일하다는 점, 중성의 남문인 正陽門과 동남문인 含毬門은 고구려 때의 大路(9묘로)가 통하였다는 점, 고구려 때 외성의 서문인 多景門을 통하여 중성의 정양문까지 운하가 연결된 점, 정양문터에서 고구려시기의 주춧돌이 출토된 점 등을 들어 중성 남벽이 고구려시대에 축조되었음을 주장하였다.[31]

후자의 關野貞은 중성 남벽의 정양문 부근 성벽 밑에서 매우 훌륭한 고구려시대 초석 2기가 출토되었기 때문에 이 성벽은 고구려시대보다 후에 쌓았음에 틀림이 없고, 고려 태조 때에 평양성이 너무 넓기 때문에 중성 남벽을 쌓아서 평양성을 축소하고, 중성의 남쪽인 외성은 성 밖으로 되었다고 하였다.[32] 또 田中俊明은 중성 남벽으로부터 고구려시대의 기와가 출토된다고 하여도 이것은 성벽 축조의 상한을 나타내는 것에 지나지 않고, 시기 결정의 결정적 수단으로 삼을 수는 없다는 점, 현존하는 성벽간의 비교도 그것이 객관적인 이유가 있다고 하여도 각 성벽의 절대년대를 생각하는데 얼마나 유효할 것이며, 이는 연대 결정에 있어서 절대적인 의의를 갖지 못한다는 점, 刻字城石은 직접적인 유일한 자료라는 점, 고구려시대의 條坊制의 흔적이 외성과 중성에서 모두 나타나고 있다는 점 등을 들어 고구려시대에는 중성의 남벽은 없었다고 주장하였다.

첫째, 성벽의 活用面에서 중성의 남벽(2.7km)은 대동강을 거슬러 침입하여 오는 수군으로부터 왕궁이 있던 내성을 방어하는데 군사적

---

31) 최희림, 『고구려 평양성』, 1978.
32) 關野貞, 「高句麗の平壤城及び長安城に就いて」, 『朝鮮の建築と藝術』, 1941.

으로 매우 중요한 성벽이라는 점이다.

둘째, 가로구획제의 흔적이 외성뿐만 아니라 중성의 안에서도 일부 확인된다는 점은 이상할 것이 없다는 점이다. 즉 曹魏 鄴都北城과 北魏의 洛陽城에서도 왕족들이 거주하던 특수한 구역이 있었기 때문에, 평양성의 중성도 고구려의 왕족들이 거주하던 특수한 구역일 수도 있고, 또 관청이 들어선 皇城으로도 사용하였을 가능성도 생각하여 볼 수가 있다.

셋째, 운하가 정양문 앞으로 연결되었다는 점은 우연한 것이라고 가볍게 생각할 수는 없다는 점이다. 왜냐하면 북한학자들의 증언에 따르면 운하유구를 일부 시굴하여 본 결과 운하의 護岸石築의 축조법과 돌의 治石法이 고구려시대에 쌓은 평양성 성벽의 것과 같았다고 하기 때문이다.

넷째, 평양성 외성에서 발견되었다고 하는 각자성석내의 受地距離는 외성과 중성(북벽 제외)의 둘레를 합한 길이와 대체로 비슷하다는 점이다. 이는 589년부터 내성의 남벽과 共有한 중성의 북벽을 제외한 중성의 성벽과 외성의 성벽이 동시에 축조되기 시작하였다는 것을 의미한다. 실제로 각자성석에 기록된 거리를 현재의 척도로 바꾸기가 어렵다는 문제점은 있으나, 참고로 안학궁성의 예에 따라 1리 1,800척(고구려척)이라고 본다면,[33] 1리는 약 640m가 되고, 각자성석 1 · 2 · 3의 축성거리는 25리로 약 16km가 되어, 평양성 전체 둘레인 약 23km의 약 70%에 해당된다. 이는 외성벽과 중성벽(북벽 제외)을 합한 거리와 대체로 비슷한 수치이다. 아무튼 각자성석은 589년 수의 중국 통일과 때를 맞추어 추진된 중성, 외성, 북성의 축성은 한마디로 비상체제하에서 수에 대한 一戰의 표시이며, 거국적인 대역사였다는 사실을 말해주고 있다.

다섯째, 정양문 부근에서 출토되었다는 2기의 초석은 문초석일

33) 고구려 척은 1보가 5척 설과 6척 설이 있는데, 1보가 5척이면 1리는 360보, 1보가 6척이면 1리는 300보로, 1리는 1,800척으로 동일했던 것으로 추정된다.

가능성을 배제할 수 없다는 점이다. 1만분의 1로 그려진 조선총독부에서 발간한 『高句麗時代之遺蹟』(1929)의 「平壤城址及有存石標圖」에는 정양문 부근에서 출토되었다는 초석 2기의 위치를 정양문의 동쪽 약 50m지점에 표시하였다. 즉 정양문에서 동쪽으로 뻗은 성벽 밑에서 일정한 간격을 두고 나란하게 출토되었다는 것이다. 고구려시대의 대형 초석(지름 102cm) 2기가 성벽 밑에서 출토된 점은 주목된다. 이처럼 2기의 초석이 공교롭게도 성벽 밑에서 성문의 초석처럼 성벽의 진행 방향으로 일정한 간격을 두면서 출토된 점으로 보아 문초석과의 관련성을 완전히 배제하기는 어렵다. 만약 이 초석들이 문초석이라고 한다면, 고구려시대에는 정양문보다 약간 동쪽에 또 하나의 성문이 있었을 가능성이 있을 수 있다. 그러나 이 성문은 고려초 중성 남벽을 개축할 때 폐쇄된 채 성벽 밑으로 묻인 것은 아닌지도 모르겠다.

여섯째, 중성 남벽과 중성 서벽이 만나는 지점의 성벽에 대한 발굴조사에서 고구려시대 성벽 아래의 최하층에서 고조선시대의 성벽이 확인되었으나, 중성 남벽과 외성 서벽이 만나는 지점에서는 최하층에서 고구려시대의 성벽만 발견되는 등 외성 서벽과 중성 서벽은 차이점을 보인다는 점이다. 좀 더 부연하면 중성 남벽과 중성 서벽이 만나는 지점의 성벽에 대한 발굴조사에서 고구려시기 성벽 아래의 최하층에서 고조선시기의 토축 성벽이 확인되고, 중성 남벽과 외성 서벽이 만나는 지점의 최하층에서는 고구려시기의 성벽만 발견되었을 뿐인데, 보고자는 고조선시기에 쌓여진 평양성은 그 규모가 고구려 평양성 중성의 일부 구역을 포괄했던 것으로 보고, 고조선의 수도가 아닌가 추정하였다.34) 이는 이곳에 신도시가 건설되기 이전에 토축으로 된 성곽이 있었다는 것이 된다. 이런 점으로 보면 고구려시기에 중성은 존재하였다고 보여 지고, 고조선시기의 성벽위에

34) 안병찬 · 최승택, 「새로 발굴된 평양성에 대하여」, 『조선고고연구』, 1998-4.

쌓여진 고구려시기의 성벽은 외성의 축조와 함께 축조되었다고 추정된다. 위와 같은 여러 정황으로 보아 중성 남벽은 고구려시대에도 존재하여, 내성의 방어에 중요한 역할을 했던 것이 아닌가 추정된다.

Ⅲ. 검토

1. 하고성자토성의 성격

「광개토왕릉비」에는 고구려의 시조 추모왕(주몽)이 북부여에서 내려와 비류곡 忽本 서쪽 城山(紇升骨城) 위에다 나라를 세웠다고 하였다. 이러한 높은 산 위의 高地性聚落[35]은 생활에 불편하였을 것이다. 이 때문에 어느 시기에는 비류수 가에 취락를 이루고, 취락지 주위에 하고성자토성을 축조한 것이 아닌가 학계에서는 추정하여 왔었다. 전술한 대로 하고성자토성의 발굴보고서에서는 하고성자토성의 축조시기를 고구려 건국 초기와 같거나, 이 보다 약간 늦은 것으로 보면서, 국내성 토루의 축조년대와 크게 다르지 않을 것으로 보았다. 하여튼 하고성자토성에 대한 정밀 발굴조사가 이루어지지 못한 것이 아쉽다. 앞으로도 학계에서 논란이 될 것이다.

『삼국사기』에 의하면 졸본도읍기는 40년에 불과 하기 때문에 이 기간에 평지성인 하고성자토성을 구축할 수 있었을까 하는 의문을 품는 학자도 있었다. 사실 고구려의 건국시기는 B.C.2C경으로 올려보는 학자들도 있다. A.D.3년에 국내로 천도하였다는 『삼국사기』의 기록도 실제와 어느 정도 부합하는지도 고고학적으로 밝혀져야 할 것이다. 졸본에서 국내로의 천도시기에 대해서는 남한 학계에서는 유리왕대설, 태조왕대설, 신대왕대설, 산상왕대설 등 다양하다. 북한과 중국 학계에서는 유리왕대설이 통설이다. 이에 반해 일본 학

---

35) 일본에서는 이러한 취락을 高地性集落이라고 부른다.

계에서는 산상왕(192~227년)대로 보는 것이 통설이다. 武田幸男을 비롯한 일본학자들은 『三國志』 高句麗傳의 「伊夷模(山上王 : 필자)更作新國 今日所在是也」를 근거로 삼은 것이다.36)

『集安高句麗王陵—1990년~2003年集安高句麗王陵調査報告—』에 따르면 왕릉급으로 분류되는 麻線 626호묘의 축조시기를 1~2C, 七星山 871호묘의 축조시기를 2C말 이전으로 추정하고 있기 때문에, 이러한 편년에 따르면 국내로의 천도시기는 1~2C경이 된다.

국내로의 천도 후에도 졸본지역은 前都로서 중요시 되었을 것이고, 하고성자토성은 졸본지역의 치소의 역할을 하였을 가능성도 생각하여 볼 수가 있다. 국내도읍기 이후에도 왕은 시조묘가 있는 졸본으로 순행을 하였는데, 이에 따라 졸본에는 왕의 순행을 위한 행궁이 있었을 것이다.

국내에서 졸본으로 통행하는 길은 通化를 거치는 평지길인 북도와 험한 산길로 지름길인 남도가 있었다. 예전에는 보부상들은 장시의 시간을 맞추려고 지름길인 험한 산길을 많이 이용하였다고 한다. 당시 일반 평민들은 남도가 통행이 힘든 산길이라도 지름길이기 때문에 많이 이용을 하였을 것으로 추정이 된다.

2. 안학궁의 성격

주지하다시피 안학궁의 조영시기에 대하여는 의견이 분분하여, 6C 이전 설, 6C 초반 설, 6C 후반 설, 고구려 후기 설, 고려시대 설 등 여러 주장들이 있어왔다.

북한의 채희국은 안학궁성과 안학궁의 조영을 4C 말~5C 초에는 이루어졌을 것으로 보았다.37) 이 설이 북한의 통설이다.

고구려 말기 설을 주장했던 關野貞은 평양성을 대성산성으로 보

---

36) 『三國志』 권30 魏書30 烏丸鮮卑東夷傳30 高句麗傳.

37) 채희국, 『대성산일대의 고구려 유적에 관한 연구』(사회과학출판사), 1964, 56~58쪽.

면서, 안학궁은 고구려의 늦은 시기의 와당이 출토되지만, 淸岩洞土城에서는 고식의 와당이 출토되는 점을 증거로 왕궁은 안학궁이 아니고, 청암동토성에 있었다고 주장하였다.[38] 田村晃一 역시 대성산성 출토의 수막새 문양이 전체적으로 보아서 청암동토성의 것들과 공통성이 많다고 하면서, 關野貞의 지적대로 청암동토성과 관련시키는 것이 좋을 것이라고 하였다.[39] 하여튼 이들의 주장은 청암동토성을 대성산성과 한 셋트를 이루던 장수왕대의 왕성으로 보면서, 안학궁을 고구려 말기의 별궁이라고 본 것이다.

이들 일본학자들의 견해를 좀 더 살펴보면, 안학궁의 축조년대 추정에 기준이 되고 있는 와당에 대해, 關野貞은 청암동토성 내에서는 古式의 와당들이 출토되는데 반해 안학궁성에서는 늦은 시기의 와당들이 출토된다는 점을 지적하고, 특히 국내성이나 평양에서도 발견되지 않고 고구려 말기에 사용되기 시작한 唐草瓦가 출토된다는 점을 제기하였다. 田村晃一 역시 이곳에서 출토된 와당들이 대성산성에서 출토된 와당의 문양과는 크게 다르다는 점을 지적하고, 특히 대성산성으로부터 발견된 와당의 문양에는 집안의 태왕릉과 장군총으로부터 발견된 와당에서 보이는 輻線과 蓮辦에 가까운 것이 인정되지만, 안학궁으로부터 발견된 와당의 문양에는 인정되지 않는다는 점을 지적하였다. 千田剛道도 암막새는 안학궁을 제외하고는 집안이나 평양지방에서도 출토된 바 없으며, 한국에서 암막새가 성행한 것은 통일신라 및 발해이기 때문에 암막새는 7C 말 내지 8C로 떨어진다는 점을 지적하였다. 또 수막새에서도 안학궁에서 출토된 것 중에는 周縁에 連珠紋을 가진 것이 많고, 中房이 원형을 이루지 않고 4葉의 花瓣狀을 이루고 있는 것이 있는 것은 고구려와당의 일반적인 예가 아니고, 차라리 통일신라의 와당과 공통된 특징이 있다고 하였

38) 關野貞, 「高句麗の平壤城及び長安城に就いて」, 『朝鮮の建築と藝術』(岩波書店), 1941. 369쪽.
39) 田村晃一, 「高句麗の城郭について」, 『百濟硏究』19, 1988. 156쪽.

다. 또 안학궁 출토 수막새와 암막새는 창건 당시에 사용된 것으로 7C 말 내지 8C 이후의 것들과 공통성이 많으므로 고구려와로서는 가장 늦은 시기의 것이고, 안학궁의 궁전배치도 8C의 발해 上京城의 것과 기본적으로 근사하기 때문에, 이러한 점을 종합할 때 안학궁의 창건은 후기 평양시대의 것으로, 7C 후반에서 크게 앞설 것으로 보기는 어렵다고 주장하였다.40)

양정석은 안학궁의 남궁구역을 북위대 궁전제도의 영향을 받아,41) 새롭게 채택된 太極宮 구역으로 설정하고, 제1호 궁전을 正殿인 太極殿, 제2호 궁전을 東堂에, 제3호 궁전을 西堂으로 이해하면서, 안학궁은 국내성의 조영 과정에서 수용된 한나라 未央宮 前殿과 같은 고대 건축 형체를 바탕으로 하고, 그 위에 새롭게 북위를 통해 들어온 태극전과 동서당제를 채용하여 조영된 궁전이라고 하였다.42) 임기환은 장수왕 천도 때에는 청암동토성을 궁성으로 사용하고, 천도 이후 도성의 정비 과정에서 늦어도 문자왕대에는 새로이 안학궁성이 축조되었을 가능성이 있다고 보고, 왕궁성을 조영함과 더불어 본래의 왕궁성으로 사용한 청암동토성 안에 문자왕 7년(498)에 왕실사찰인 金剛寺43)을 건립한 것으로 추정하였다.44) 강현숙은 장수왕의 평양도성은 대성산성과 5C 중 · 후엽을 즈음하여 토성리의 임시 왕

40) 千田剛道, 「淸岩里廢寺と安鶴宮」, 『文化財論叢』(奈良國立文化財研究所創立30周年記念論文集刊行會, 同朋舍), 1983. 1031~1034쪽.

41) 북위의 洛陽城은 493년에 효문제가 낙양을 순무하고 이곳으로의 천도를 결정하고, 도성 축조를 개시하여 495년에 완공되었다(董鑑泓等 編, 成周鐸 譯註, 『中國都城發達史』(學研文化社), 1993, 57~60쪽). 양나라에서 새로 주조된 오수전이 무령왕의 매지권에 사용된 것을 보면, 낙양성의 축조내용도 얼마 되지 않아 고구려에 알려졌을 것으로 추정이 된다.

42) 梁正錫, 「高句麗 安鶴宮 中央 建築群에 대한 考察—前殿 高堂建築 形制의 채용을 중심으로—」, 『中國史研究』 56, 2008, 25~32쪽.

43) 청암리에서 수집한 것으로 기록된 西寺銘 토기편(국립중앙박물관 고1260)의 西寺가 금강사일 가능성이 있고, 이때 궁성을 포함한 중기도성의 중심은 청암동토성의 동쪽에 있었을 것으로 추정이 된다.

44) 임기환, 「고구려 평양 도성의 정치적 성격」, 『韓國史研究』 137, 2007, 17쪽.

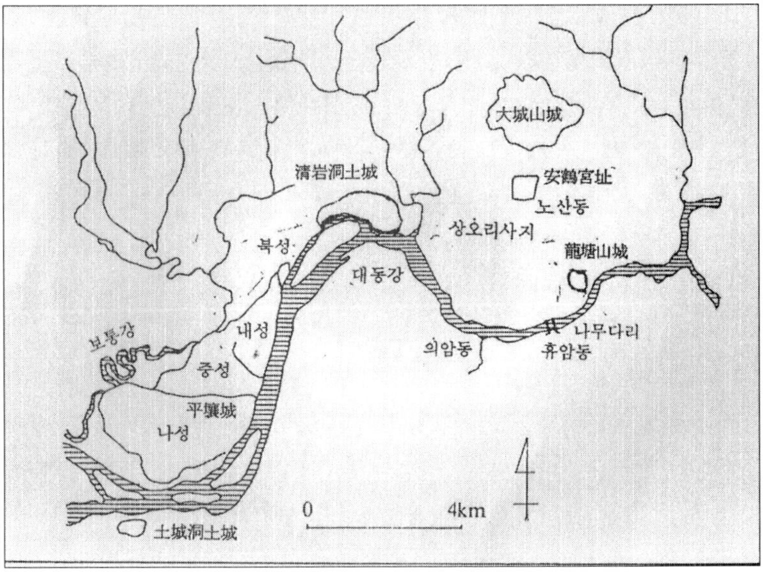

<그림 4> 안학궁성 주변도

성에서 안학궁으로 이거한 것으로 보면서, 대성산성, 안학궁을 중심으로 한 전기 평양도성은 서쪽의 청암리사지(금강사)와 동쪽의 상오리사지 등이 도성의 주요 경관을 구성하였으며, 비슷한 시기에 동명왕릉과 정릉사지를 중심으로 한 능원이 조성되면서, 전기 평양도성의 1차 경관이 완성된 것으로 추정하였다.[45)]

오강원은 문제가 되고 있는 안학궁성 안의 3기의 횡혈식 석실분의 구조는 고구려 전시기에 걸쳐 조영되었을 뿐만 아니라, 동반 된 토기 또한 4C 말에서 5C 중반으로 편년될 수 있다고 하였다.[46)] 강현숙은 안학동 3호분과 같은 동분이혈합장무덤은 통구 분지에서는 4C를 경과하면서 보이는 다장무덤의 한 형태이고, 안학동 3호분에서 출토된 토기인 반구형 구연호는 우산하 3319호분(375년 추정)에서

45) 강현숙, 「고구려 전기 평양도성의 평지왕성에 대한 고고학적 논의」, 『고고학지』 29, 2023. 27쪽.

46) 오강원, 「고분」, 『고구려 안학궁 조사 보고서』(동북아역사재단), 2006, 114쪽.

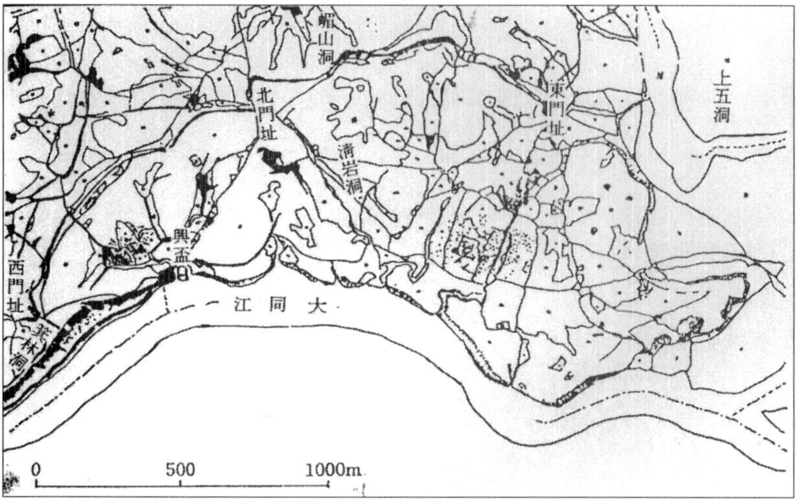

<그림 5> 청암동토성 평면도

출토된 중국 동진 청자와 유사한 기형이며, 안학궁 1호분이나 2호분도 이와 비슷한 시기로 추정되어, 안학궁 안의 석실분 3기는 장수왕의 평양 천도 전에 조성된 것으로 보았다.47)

谷豊信은 안학궁 출토 와당 중에는 5C로 편년할 수 있는 것이 있다고 하였고,48) 최맹식은 안학궁지에서 출토된 평기와 중에서 수목문의 내면에는 삼국시대의 제작기법에서만 보이는 통쪽흔(모골흔)이 보인다고 하였다.49) 또 2000년에 발굴조사 된 국내성 북벽 토축부의 기단석축이 안학궁성의 기단석축과 유사한 점이 있다.50)

양시은은 안학궁이 고구려의 석실분을 파괴하고 조영되었다는 점, 성벽과 성문의 구조나 내부 건축물의 배치구조가 기존에 확인된

47) 강현숙, 「고구려 전기 평양도성의 평지왕성에 대한 고고학적 논의」, 21~23쪽.
48) 谷豊信, 「平壤遷都前後の高句麗瓦に關する覺書—東京國立博物館收藏資料の紹介」, 『MUSEUM』596, 2005. 11~15쪽.
49) 최맹식, 「고구려기와의 특징」, 『고구려』(고려대학교 박물관), 2005, 214쪽.
50) 吉林省文物考古硏究所 · 集安市博物館, 『國內城—2000~2003年集安國內城與民主遺址試掘報告』, 20~24쪽.

고구려 토성유적과 차이가 확인된다는 점, 출토유물이 고구려 후기 또는 고려시대일 가능성으로 인해 청암동토성을 전기평양성 시기의 왕성으로 보았다.[51] 권순홍은 전기평양에는 평지성이 없이 왕만의 공간으로서 대성산성만을 사용한 것으로 보고, 대성구역 거점설[52]에 무게를 두었다.[53]

田中俊明은 안학궁지에서 출토된 와당의 일부가 고려시대에 해당된다고 보고, 안학궁이 고려시대의 左宮에 해당한다고 하는 견해를 내 놓았다. 그는 右宮을 『신증동국여지승람』 평양부 고적조에 舊址가 부의 서쪽 10리에 있다는 珠宮에 비정하면서, 좌궁을 안학궁에 비정한 것이다.[54] 박순발,[55] 기경량,[56] 여호규도 안학궁을 고려시대로 보았다.

1) 정세문제

장수왕은 북위의 동방진출, 전제왕권의 확립, 농업생산력의 확보, 낙랑문화의 수용, 남진정책의 추진, 서해 제해권을 확보한다는 포부로,[57] 427년에 국내에서 전기평양성으로 천도를 단행하였다.[58] 백제 개로왕이 472년에 북위 효문제에게 보낸 국서에는 장수왕이 대신과

---

51) 양시은, 「高句麗 都城制 再考」, 『한국상고사학보』 112, 80~81쪽.

52) 전기평양성의 중심지를 대성산성과 청암동토성을 포함하여, 안학궁 남쪽, 대동강 북쪽 일대로 본 것이다.

53) 권순홍, 「고구려 '평양'의 변천과 전기 평양성의 위치에 관한 쟁점 검토」, 『역사문화연구』 70, 2019, 21~30쪽.

54) 田中俊明, 「高句麗長安城の平面構造」, 『한국사 속의 고구려의 위상』(高句麗硏究財團). 2004.

55) 朴淳發, 「高句麗의 都城과 墓域」, 『韓國古代史硏究』 12, 2012, 73쪽.

56) 기경량, 「평양 안학궁 유적의 축조 시기와 성격 문제 재론」, 『한국학연구』 68, 2023, 293쪽. 기경량, 「평양 안학궁 유적의 성벽 및 건축군 분석을 통한 축조 시기 검토—중국 五代 開封 皇宮 및 高麗 王宮과의 비교—」, 『高句麗渤海硏究』 76, 2023, 122쪽.

57) 압록강 입구에서 강남의 남조로 가려면 북위 수군에게 나포될 우려가 있었다.

58) 북위에서는 이때 平城城(지금의 山西省 大同縣)이 축조되었다.

호족들을 많이 죽였다고 하였다.[59] 여기에 평양천도에 따른 국내에 터전을 둔 귀족들의 심한 반발로 인한 대대적인 숙청이 포함되었다고 추정하기도 하는데, 이러한 추정에 따른다면 평양천도 직후에는 안학궁과 같은 국가적인 대규모 역사를 일으킨다는 것은 사실상 어려웠을 것이다. 고구려가 대내적으로는 정치적 안정이 이루어지고, 대외적으로 남진정책에 따라 소백산맥으로 방어선이 구축된 시기가 가장 적합한 시기가 아닌가 싶다.

고구려는 대내적으로는 6C 중반부터 귀족연립체제가 유지되었고, 대외적으로는 551년에 한수지역을 상실하고, 598년부터는 수나라와 당나라를 상대로 힘겨운 대규모의 전쟁을 벌리는 상황 속에서 이러한 대규모의 별궁을 조성할 여유도 없었을 뿐더러 그럴 이유도 분명하지가 않다.

하여튼 방대한 규모의 안학궁, 안학궁성과 같은 役事에는 강력한 통치력과 국력이 뒤 바침 되어야 했을 것이다. 예를 들어 조선시대 태조와 세종대의 한양도성의 축성에서도 태조와 태종과 같은 강한 통치력과 국력이 없었으면 어려웠을 것이다.[60] 우선 이러한 점들을 염두에 둘 필요가 있다.

2) 개와문제

안학궁의 와당이 초창 때부터 고구려가 멸망할 때까지 건물의 기와에 대한 改瓦가 한 번도 이루어지지 않았다고 단정하기는 어려울 것이다. 조선시대에는 해마다 기와(女防草, 夫防草)가 조금씩 밑으로 밀려나기 때문에, 대체로 50년에 한 번씩은 기와를 걷어내고 걷어낸 기와로 다시 잇는 飜瓦를 하였으며, 또 기와가 비바람에 파손되어 빗물이 새기 때문에 대체로 200년 정도에 한 번씩은 새로운 기와

59) 『三國史記』 권25 百濟本紀3 蓋鹵王 18년.

60) 민덕식, 「한양도성의 축성」, 『關防遺蹟의 硏究』(백산자료원), 2024, 233~261쪽.

로 개와를 했다고 한다. 고려시대의 강원도 양양 陳田寺址도 150년과 160년 사이에 중창된 것이 文字瓦를 통해 확인되었다. 삼국시대의 기와는 이 보다는 燒成度가 낮았기 때문에, 改瓦期間도 보다 짧았을 것으로 짐작된다. 이러한 점으로 보면 이곳에서 출토되는 와당의 문양에만 초점을 두는 편년은 위험성을 안고 있다고 볼 수가 있다.

문헌에는 전기평양성의 궁전은 문자왕 27년(518) 3월에 폭풍으로 왕궁의 남문이 무너졌다고 하였고, 평원왕 13년(571) 8월에 궁실을 중수하던 중 蝗災와 旱災 때문에 공사가 중지되었다고 하였는데, 이 때는 평양 천도 후 145년이 되는 해이다.

3) 고려기 재사용문제

필자가 전에 고려대학교 박물관에서 북한의 유물들을 전시할 때 본 바로는 안학궁지에서 출토된 일부의 와당은 고려기의 것이 아닌가 하는 느낌을 받은 적이 있었다.[61]

고려는 국초에 태조의 사촌 동생인 王式廉을 서경에 보내 서경을 진수하며, 개척하도록 하였다. 정종 2년(947) 봄에는 서경에 왕성을 쌓았다.[62] 서경천도를 목적으로 쌓은 이 때 왕성은 고구려 후기도성인 평양성을 수축을 한 것으로, 평양성이 방대하여 외성을 제외한 것으로 보고 있다. 정종은 처음에 도참을 신빙하여 서경으로 천도할 것을 결심하고, 丁夫들을 징발하여 시중 權直으로 하여금 궁궐을 짓도록 하였다. 이때에 부역이 한이 없었고, 개경의 백성을 뽑아서 서경을 채웠다. 정종이 4년 3월에 죽자, 부역에 나갔던 사람들이 듣고

---

61) 주홍규는 안학궁에서 출토된 다수의 수막새는 고구려의 수막새와는 문양 및 제작기법상의 특징이 다른 것을 확인하고, 안학궁에서 출토된 다수의 수막새의 제작시기를 고구려 멸망 이후일 가능성이 높다고 보았다(주홍규, 「고구려 기와의 분류와 특징에 관한 일고찰」, 『先史와 古代』 41, 2014, 99~103쪽).

62) 『高麗史』 권2 世家2 定宗 2년. 『高麗史節要』 권2 定宗 2년.

서 기뻐 뛰었다고 한다.[63] 정종과 왕식렴에 의해 추진된 서경천도 계획은 이들의 죽음으로 무산되었다. 이때의 궁궐은 평양성 내성안의 長樂宮으로 보고 있는데,[64] 이로 인해 고구려의 궁전지가 많이 파괴된 것은 아닌지 모르겠다.

고려 문종은 동왕 35년(1081) 9월에 서경 궁궐은 오랜 세월이 지나는 사이에 퇴폐한 곳이 매우 많으니, 장인들을 동원하여 수리하도록 하는 동시에, 서경에서 동서로 각각 10리 되는 곳에 좌 · 우 궁궐을 세워서 내가 지방을 순회할 때 머무르는 곳으로 삼게 하라고 명하였다.[65] 예종 2년(1107) 9월에 지추밀원사 吳延寵은 아뢰기를 문종이 명찰함에도 오히려 술수에 미혹되어 서경에 좌 · 우궁을 짓고는 곧 뉘우치고 깨달아 응험함이 없다고 여겨 마침내 巡御하지 않아 재물과 인력만 허비하였다고 하였다.[66] 고려왕들이 서경에서 유숙하던 궁은 장낙궁이었다. 앞서 10리라는 표현은 장락궁을 기준하였다고 볼 수가 있다. 앞서 우궁에 비정되는 주궁에 대한 설명이 빈약한 것으로 보아, 이들 별궁의 규모는 방대하지는 않았던 모양 같다. 田中俊明의 견해대로 이 때 지은 좌궁은 기존 안학궁지의 일부 유구를 재활용한 것은 아닌가 하는 추정도 있을 수가 있다. 안학궁의 서궁과 북궁 일대에 서로 다른 건물 유적 문화층의 중첩도 참고할 필요가 있다.[67]

---

63) 『高麗史』 권2 世家2 定宗 4년 정월. 『高麗史節要』 권2 定宗 4년.

64) 장낙궁은 조선 태조의 어진을 봉안하던 永崇殿 자리에 있었는데, 왕들이 서경을 행행할 때 군신들에게 향연을 베풀던 곳이다. 현종 6년에 왕이 장낙궁에서 여러 신하들에게 연회를 베풀다 전횡하던 金訓, 崔質 등 무신 19명을 처단한 곳으로 유명하다(『高麗史』 권4 世家4 顯宗 6년 3월 甲午).

65) 『高麗史』 권9 世家9 文宗 35년 7월 辛酉.

66) 『高麗史節要』 권7 睿宗 2년 9월.

67) 전제헌 · 손량구, 『고구려력사연구—안학궁유적과 일본에 있는 고구려관계유적, 유물』(김일성종합대학출판사), 1985, 6쪽. 기경량, 「평양 안학궁 유적의 성벽 및 건축군 분석을 통한 축조 시기 검토—중국 五代 開封 皇宮 및 高麗 王宮과의 비교—」, 119~122쪽.

하여튼 장수왕이 427년에 전기평양성으로 천도할 때 기존의 평양성으로 낮은 구릉지를 낀 평지성인 청암동토성을 왕성, 대성산성을 입보산성으로 사용하다가, 고구려의 최 전성기인 문자왕(491~519년) 무렵에 왕성의 협소로 북위 낙양성의 영향을 받아 안학궁을 조영하고, 586년에 후기평양성으로 천도하면서 별궁으로 사용하고, 고려 문종대에 안학궁지의 유구 일부를 재사용한 것은 아닌가 추정하여 본다. 앞으로 고고학, 건축공학, 토목공학, 조경학 등을 동원한 종합적인 연구가 요망된다고 하겠다.

3. 중궐형 도성

국내성의 발굴보고서에는 국내성의 중심구역인 체육장유적 일대를 궁전구역으로 파악하였다. 체육장유적 서남부의 4기의 건물지를 포함하여, 시제일유아원신루사유적, 시실험소학교유적의 건축유구는 부근 대형 궁전의 부속시설로서 도시의 중요한 위치를 차지한다고 보고 있다.[68] 이처럼 체육장유적, 시제일유아원신루사유적, 시실험소학교유적의 건물터는 궁 안의

<사진 7> 국내성 출토 운문수막새

68) 吉林省文物考古硏究所・集安市博物館,『國內城—2000~2003年集安國內城與民主遺址試掘報告』. 181~183쪽.

중심부로서, 그 규모와 위치로 보아 국내성에서 가장 중요한 건물로, 학계에서는 대개 왕궁터로 추정하고 있다. 이로써 보면 고구려 전기 도성에서의 궁전은 中闕形을 취한 것이 아닌가 싶다. 북한의 한인호는 전기평양성도 안학궁을 중심에 두고 설계된 것으로 복원하였다.[69]

국내성에서는 고구려 수막새의 초기양식인 운문수막새가 출토되어 주목이 되는데, 이들 운문수막새는 3C 후반이나 4C 초에 제작된 것으로 추정이 되고 있으며, 羊角形雲文에 속한다.[70] 운문수막새가 출토된 유적은 국내성, 마선묘구, 서대묘, 천추묘, 2100호묘 등지에 국한되어 있다. 국내성 체육장유적지점에서는 「秦」, 「□□年造瓦故記歲」, 시제2소학지점에서 「大吉」, 「大歲□□年造瓦九」와 「大歲□□□□□九」라는 명문이 새겨져 있는데, 이러한 文字瓦는 집안 성리(325년), 집안 서대묘(329년, 미천왕릉 추정), 집안 우산묘구 992호묘(338년)에서도 출토되었다.[71] 특히 앞서 언급한 국내성 출토 문자와가 우산묘구 992호묘 출토의 문자와와 비슷하기 때문에 편년에 도움을 준다.[72] 국내성의 발굴에서 출토된 전술한 문자와의 출토지점이 왕궁지로 추정이 되는 곳이기 때문에 더욱 주목이 되는 것이다.

중국도성의 도시건설에 관한 플랜은 유교사상에 바탕을 두고 춘추전국시대에 편찬되었지만 周代 도시설계의 개황을 반영한 『周禮』 冬官 考工記 匠人條의 「匠人營國 方九里 旁三門 國中九經九緯

---

69) 한인호, 「안학궁부근의 고구려 수도 도시 면모에 대한 복원」, 『조선고고연구』 2, 1998, 16~20쪽.

70) 운문은 춘추 · 전국시대인 동주에서 처음 채용되어 진 · 한대에 성행한 수막새의 시문단위로, 한대에 이르러 정형화되고, 한문화권의 확대에 따라 한반도의 북부 지방까지 전파된 것이다(김성구, 「고구려의 기와와 전돌」, 『고구려』(고려대학교 박물관), 2005, 204~205쪽).

71) 김성구, 위의 글, 204~205쪽.

72) 「□□年造瓦故記歲」의 □□年이 戊戌年일 가능성이 있다는 것이다.

經涂九軌 左祖右社 面朝後市 市朝一夫」에 근거를 두고 있다. 이 중에서 특히 前朝後市(面朝後市), 左朝右社, 中央宮闕, 左右民廛의 4원칙이 중요시되었다. 중앙궁궐은 궁성 및 皇城(朝廷)과 같은 궁궐이 도성의 중앙에 위치하도록 한 것이다. 즉 궁궐의 북반부는 궁성이, 남반부는 황성이 위치한다는 것이다. 궁궐의 위치는 中經之途에 해당하는 것으로, 청나라 戴震의 『考工記圖』卷下 王城圖에도 볼 수 있으며, 『欽定禮記義疏』卷78 禮器圖 卷1 朝市廛里條에도 古人들이 국도를 건설할 때 井田法을 사용하여 九區로 구획하고, 중앙의 1구를 왕궁으로 삼는다라고 하였는데, 이는 중앙을 무겁게 하고, 가벼운 세력을 누른다라는 의미가 내포되어 있는 것으로 지적되고 있다. 이에 대해 村田治郎은 宗廟, 社稷, 前朝 등 부속적인 것은 일찍부터 존재했던 관례에 기초한 것으로, 『고공기』만의 특색은 아니며, 中央宮闕도 중국 고래의 사상이나 帝都建設에 있어서 관습이 아니고, 진한부터 북송까지 응용하지 않았으며, 궁성을 북에 두는 것이 일찍부터 중국 고래의 관습이라고 지적하였다. 실제로 北邊을 尊位로 삼고 南面을 존중하는 군신관계의 예제로 변천함에 따라 曹魏의 鄴都北城, 북위의 平城城, 洛陽城, 수 · 당의 長安城에서는 이와 같은 원칙에서 벗어나 궁성이 중앙으로부터 북쪽에 위치하는 北闕型을 취하였다.[73] 이중 장안성의 도시설계는 발해의 上京城, 일본의 平城京 · 平安京의 건설에 영향을 준 것으로 지적되고 있다.[74] 한편 岸俊男은 중국도성에서 從長하고, 궁이 북에 접하지 않은 도성으로는 북위 이전의 洛陽城(內城), 동위 · 북제의 鄴都南城, 남조의 建康城 등을 지적하였다[75]

4, 복곽식 도성

73) 村田治郎, 『中國の帝都』(綜藝舍), 1981, 33~114쪽.
74) 董鑑泓等 編, 成周鐸 譯註, 『中國都城發達史』, 53~74쪽.
75) 龜田博, 『日韓古代宮都の研究』(學生社), 2000. 132쪽.

고구려도성은 초기도성부터 중기도성까지는 왕이 평상시 거주하던 평지성과 배후의 입보산성으로 구성된 이중 구조였다. 특히 입보를 위한 입보산성인 오녀산성 4,754m, 환도산성 6,947m, 대성산성 9,284m나 되는 대규모적인 것은 역시 고구려다운 면모를 보여주는 것으로 볼 수가 있겠다. 또 평지성의 규모는 하고성자토성 약 800m 정도, 국내성 2,738.2m, 안학궁성 2,488m인데, 초기도성의 평지성에서 전기도성의 평지성으로는 3배 이상 규모가 확대 발전된 것이다. 또한 하고성자토성에서 오녀산성의 거리는 10km, 국내성에서 환도산성은 2.5km, 안학궁에서 대성산성은 500m로 평지성과 입보산성과의 거리가 입보하는 불편을 덜기위해 가까워지는 특성을 보인다.

이러한 구조는 후기도성인 후기평양성에서는 크게 변모하였다. 후기평양성은 행정적인 도성이자 군사적 요새로, 우리나라 복곽식성곽의 표본이 되었고, 전체적으로 平山城을 이룬다. 방어적인 면에서 외성이 무너지면 중성, 내성으로 방어선이 옮겨지며 최후로 북성에서 전투를 벌 릴 수 있도록 겹겹으로 축조하였다. 이처럼 후기평양성에서 왕성과 입보산성이 분리되었던 이중 구조를 과감하게 탈피하고, 왕성을 입보산성과 복합시켜 군사적으로 요새화한 점은 후일 수·당 전쟁을 효과적으로 수행할 수 있게 한 고구려인들의 지혜라고 하겠다. 이는 일찍부터 외민족들과 싸우면서 성장해온 고구려인들의 위기에 대한 대처 능력이 크게 작용한 것이 아닌가 짐작된다. 이러한 도성체제는 고려의 도성체제로 이어졌다.[76]

5. 街路區劃制(里坊制) 도성

중기도성[77]과 후기도성[78]에서는 북위 낙양성의 영향으로 추정되

---

76) 朴龍雲, 『고려시대 開京 연구』(一志社), 1996, 9~25쪽. 김창현, 『고려 개경의 구조와 그 이념』(신서원), 2002, 24~111쪽.

77) 한인호, 「안학궁부근의 고구려 수도 도시 면모에 대한 복원」, 16~20쪽.

78) 田中俊明, 「高句麗 長安城의 規模와 特徵—條坊制를 中心으로」—, 『白山學報』 72, 2005, 342~345쪽. 閔德植, 「高句麗 平壤城과 新羅王京의 區域分

는 주민들을 효율적으로 통제하기 위한 가로구획제에 의한 바둑판식 도시가 건설되었다는 점도 우리나라 도성사에서 빼어 놓을 수가 없다. 한인호는 안학궁성의 성벽이 1리인 1,800척(고구려척)으로 설계되었고, 안학궁의 설계도 1리를 4분할한 450척을 기준으로 설계되었으며, 전기평양성의 도시설계도 450척을 기본단위로 설게 되었다고 주장하였다.[79] 또 최희림은 후기평양성에서는 보다 계산하기 쉽도록 2,000척(고구려척)을 4분할하여 500척을 기본 단위로 삼았다고 주장하였다.[80] 이러한 주장에 따르면 고구려의 가로구획을 갖춘 바둑판식 도시건설은 고구려 중기도성에서 시작하여, 후기도성에서 완성된 것으로 볼 수가 있겠다.

한편 후기평양성 외성안의 가로구획에 대한 문헌자료를 살펴보면, 韓百謙은 『久庵遺稿』의 『箕田遺制說』에서

丁未(1607년) 가을에 나의 동생 柳川公[81]이 평안도관찰사가 되었는데, 나도 어머님을 모셔드리기 위해 평양에 도착하여 처음으로 箕田遺制를 보았으며, 阡陌이 모두 정연하게 남아 있었고, 파괴됨이 없었다. … 그 땅을 살펴보니 그 田形 畝法과 맹자가 논한 井字之制는 같지 않았다. 그 중에서 含毬門과 正陽門 사이의 구획이 가장 분명하였다. 그 제도는 모두 田字 모양을 이루었고, 田에는 4區가 있고, 매 구는 모두 70畝였다. 대로의 안에서 가로로 보아도 4田 8區, 세로로 보아도 역시 4전 8구로, 4전은 4象을 본받은 것이고, 8구는 8卦를 본받은 것이다. 8의 2곱인 64구도 正正方方으로 그 法象이 바로 先

割制 比較」, 『白山學報』75, 2006, 215~232쪽. 김희선, 「6~7세기 동아시아 도성제와 고구려 長安城—도성의 가로구획 방식을 중심으로—」, 『한국고대사연구』43, 2006, 42~68쪽.

79) 한인호, 「안학궁부근의 고구려 수도 도시 면모에 대한 복원」, 16~20쪽.

80) 최희림, 『고구려 평양성』, 79~83쪽.

81) 韓浚謙은 호가 柳川이고, 인조의 장인으로 영돈령부사를 지내고, 서평부원군에 봉하여 졌다.

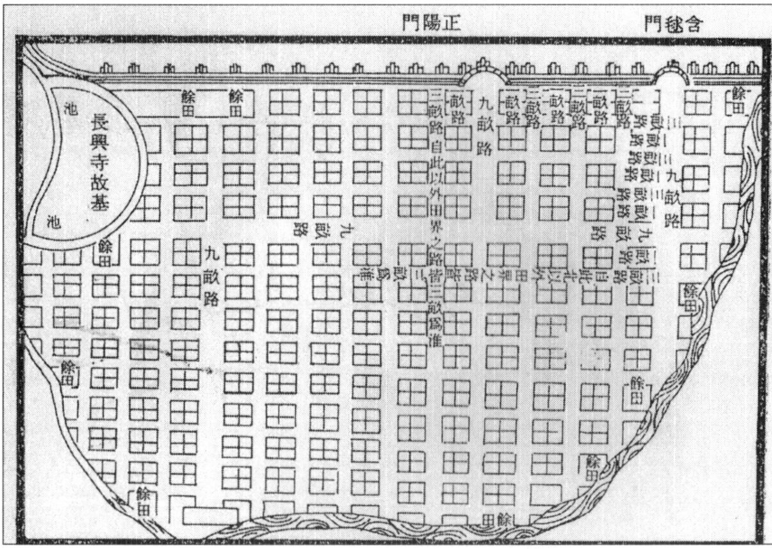

<그림 6> 평양성 가로구획도(한백겸)

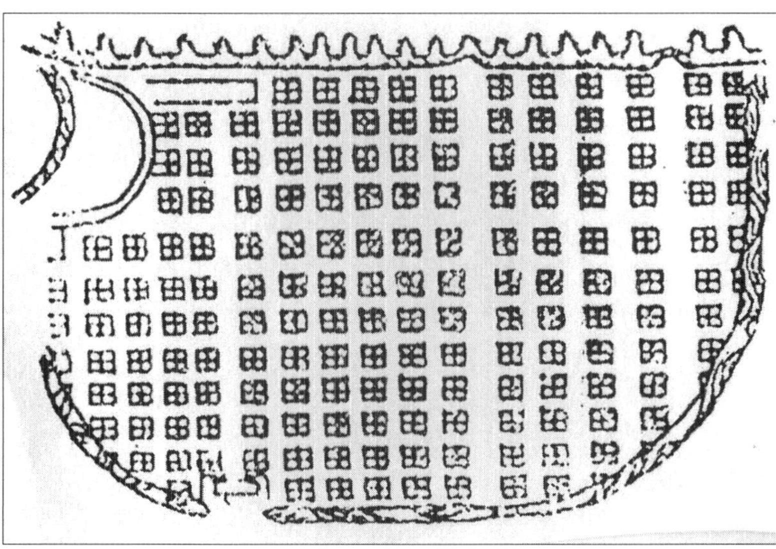

<그림 7> 평양성 가로구획도(箕子志)

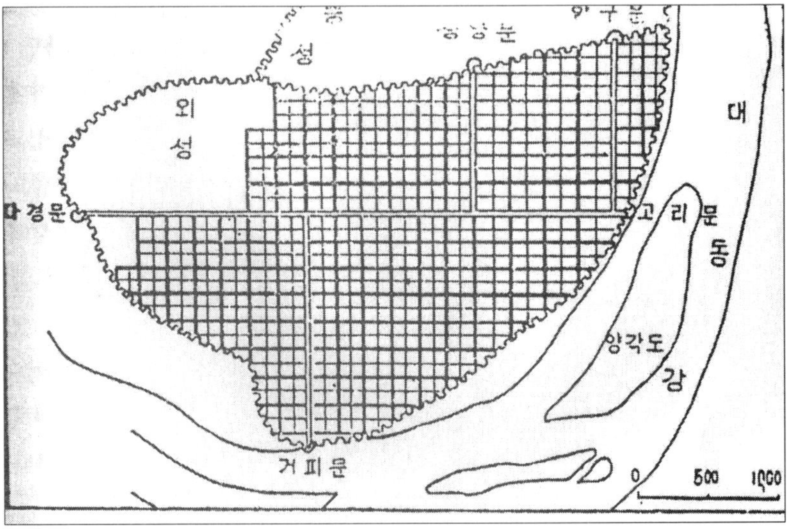

<그림 8> 평양성 가로구획 복원도(한인호, 리호)

天方圖와 유사하다. … 대략 구의 사이는 1畝路, 田의 사이는 3묘로이고, 64구를 하나로 구획한 바깥 3면(동, 서, 남)에는 9畝大路가 있는데, 이 큰길은 두 성문(正陽門 · 含毬門)으로부터 詠歸亭나루에 닿았다. 이것은 왕래하는 큰길과 같았으며, 오직 田畓 사이의 둔덕만을 위해 만든 것은 아니다. 그러나 꼭 16田 64區로 구획하여 구역을 만든 것은 限界를 위해 만든 것이다. 여기서부터 밖으로는 밭 사이에 길을 파먹으며 경작하여 옛날의 길을 잃어버린 데가 있으니, 옛 자리를 잃어버린다면 후인들은 설치한 본의를 알지 못하고, 3묘를 기준으로 삼아서 정정할 것이고, 다시는 큰 길과 중간 길의 구분이 없어질 것이다.

라고 하였다.

그의 복원도인 『箕田圖』에는 중성의 정남문인 정양문과 동남문인 함구문에서 각각 9묘대로가 남으로 뻗고, 이 대로는 외성안의 중앙부를 동서로 가로지르는 동서대로와 연결되었으며, 동서대로는 서쪽으로 多景門 방향으로 가다 도중에서 직각으로 꺾여 외성의 남문인 車避門(후에 이 자리에 詠歸亭이 있었음)에 이른다. 즉 9묘대로들은 동서로는 古里門과 다경문(楊命門)에 통하고, 남북으로는 거피문, 정양문, 함구문에 통하였다.[82] 다른 도로들은 모두 동서, 남북으로 직각으로 교차되었는데 田 사이에는 3묘로, 田 내부에는 1묘로를 내었고, 9묘의 폭을 가진 중앙의 대로를 중심으로 전후 좌우에 대체로 동서로 15개의 3묘로, 16개의 1묘로, 남북으로 11개의 3묘로, 12개의 1묘로가 묘사되어 있다. 본문에는 각 區가 「正正方方」이라고 하였는데, 「기전도」에는 각 구역이 옆으로 긴 직사각형으로 묘사되어 있다. 한편 변두리로 돌아가면서 餘田의 표시도 여러 곳에 되어 있고, 서북단에는 長興寺故基와 池가 묘사되어 있는데, 『東國輿地志』 平壤府 山川條에는 長興池는 다경문의 북쪽에 있고, 연꽃이 가장 무성하다고 한 것으로 보아, 그림의 연못을 말하는 모양이며, 명칭으로 보아 長興寺와 관련이 있던 연못이었던 것 같다.

『箕子志』(1879년) 권4의 車天輅의 賦에도 「늦게 함구문을 나가 井田을 찾으니, 지금도 유적이 남아 있어, 仁賢(기자)을 우러르게 되었다.」고 하였다. 또 『平壤續志』 古蹟條에 인용된 『箕子志』에는 箕井 남쪽 9묘로는 동으로 함구문 밖에 이른다고 하고, 9묘로는 지금도 곧바로 東城에 이르는데, 여기서 十字大路을 이루나 약간 유적이 없어졌다고 하였다.

朴趾源은 『課農小抄』의 田制條에서

내가 일찍이 평양성 외성에서 노닐다가 『箕子田記』를 지었는데, 이 『기자전기』에 이르기를 정전이 한 번 무너짐으로부터는 천

82) 1953년 중앙력사박물관 현지조사대가 실측한 자료에 의하면 외성의 남문인 거피문를 통과하는 남북대로의 法樹 폭은 13.8~13.9m였고, 함구문을 통하는 남북대로의 법수 폭은 13.9~14m였다고 한다(최희림, 『고구려 평양성』, 104쪽).

하의 쟁기가 들어갈 곳과 선왕이 땅을 均分하고, 들을 구획하는 제도를 찾아 볼 곳이 없었는데, 오직 우리나라의 평양성 외성에서의 方田은 기자가 구획한 것이다. 이곳의 제도는 井字 모양으로 하지 않고, 田字 모양으로 하여, 縱橫으로 각 4田이고, 4田이 4개를 합쳐서 16개의 전을 이룬다. 16전는 매 田의 안이 4구이므로 8의 곱으로 64개의 구를 이룬다. 매 구의 도로 폭은 6척이고, 田 사이의 도로 폭은 18척이며, 田의 外路로서 성문에 이르는 도로는 54척이 된다. 매 구는 사방 83보 2척 남짓이며, 실제 면적은 70묘가 된다. 구암 한백겸은 말하기를 정히 맹자가 이른바 殷人들이 70으로 助한다고 한 것이 이것과 합치된다고 하였다. 界田의 머리에는 반드시 望石을 마주보게 세워서 四標를 삼았는데, 이 지방 사람들은 이를 法首라고 부른다. 대로의 양측이 줄을 대놓고 깎아낸 것같이 생긴 것은 밭두둑을 배운 것이고, 마을의 앞면이 모두 곧게 직선을 이루는 것은 도로에 準하였기 때문이다. 울타리나 문간이 모두 정제되지 않은 것이 없는 것은 앞면을 본받았기 때문이고, 줄지어선 가로수들의 줄이 곧아서 조금도 들숙날숙함이 없는 것은 울타리를 본받았기 때문이다. 한 번 밭을 바르게 함으로써 모든 일이 바르게 되었다.

라고 하였다.

맺 음 말

고구려의 도성유적은 비교적 발굴조사가 이루어진 편이다. 그러나 발굴조사 된 유적의 편년에 대해서 현재 학계에서 논란이 되고 있는 실정이다. 하고성자토성은 정밀 발굴조사가 이루어지지 않았기 때문에 앞으로도 학계에서 논란이 될 것이다. 국내성의 토루는 졸본에서 국내로 천도하던 시기인 1~2C경에 축조된 것으로 추정되며, 석축의 1차 성벽은 342년에 전연의 침입에 대비하기 위해서 축조된 성벽으로 추정이 된다. 환도산성은 출토유물을 기준으로 이론이 있기는 하나, 小板岔嶺上에서 관구검기공비가 출토된 점으로 보아, 244년에 위나라 유주자사 관구검의 침입 때 존재했다는 것에 대해서는 의문의 여지가 없다. 환도산성은 오녀산성과 함께 고구려 초기산성을 대표하는 중요한 유적이다. 청암동토성은 평양천도 이전의 평양성으로, 평양천도 후에도 일정 기간 왕성으로 사용되었던 유적으로 추정이 된다, 안학궁은 고구려의 최 전성기인 문자왕 무렵에 북위 낙양성의 영향으로 조영이 되어 궁전으로 사용된 것으로 추정이 되며, 고려시대에 유구의 일부가 재사용된 것이 아닌가 추정을 하여 보았다. 이렇게 추정을 한다면 안학궁을 감싸고 있는 안학궁성은 경복궁의 궁성처럼 전형적인 궁성인 셈이다. 이에 반해 국내성과 청암동토성[83]은 궁전, 廟祠, 관청, 귀족, 관리, 상공인을 포함한 도성으로 분류가 된다. 안학궁성은 여기에서 진일보하여 궁성이 별도로 독립된 형태를 취하였다는 역사적 의미를 갖는다. 고구려가 최 전성기에 남긴 산물로 추정하여 보면 어떨까 싶다.

『周書』권49 列傳41 異域上 高麗傳의 「治平壤城 其城 東西六里 南臨浿水」의 남임패수를 대성산성에서 남쪽으로 대동강이 아래로 바라다 보인다고 해석하는 견해가 있다. 여기서는 이 사료의 전체적인 내용으로 보아, 평양성을 대성산성으로 보는 설에 따른다.

한편 백제 사비도성에서는 부소산성 아래의 관북리 일대를 중심으로 남북 약 500m, 동서 약 500m 규모의 왕궁구역이 조사되었다, 둘레에는 본래 궁장이 있었을 것으로 보고 있다. 이는 일찍이 같은

83) 청암동토성은 왕궁과 종교시설이 자리하였다고 볼 수는 있더라도, 廟社 등의 국가 주요시설 및 중앙귀족들의 거주 공간이 들어차 있었다고 보기는 어렵다는 견해도 있다(권순홍, 「고구려 '평양'의 변천과 전기 평양성의 위치에 관한 쟁점 검토」, 30쪽).

관북리에서 출토된 阿尼城(안성, 內城)이라는 고려시대의 문자기와와 관련이 있는 것으로 추정이 된다. 安鶴宮(신증동국여지승람)보다 앞선 명칭인 安下宮(용재총화)의 下는 처격조사(평양성 각자성석)로 안의 궁(內宮)이라는 의미가 아닌가 싶다. 하여튼 두 유적의 입지조건이 유사한 점은 주목할 필요가 있다.

후기도성인 후기평양성 내성의 궁전 후보지들은 발굴조사가 이루어지지 못하였다. 특히 후기평양성 외성 안의 바둑판식 가로구획을 이루는 유적도 도시가 확대되기 이전에 발굴조사가 이루어져, 당시 도시 모습이 좀 더 규명되었으면 좋았을 것이다.

고구려 도성제에서 평지성과 입보산성이 조합을 이루는 것을 고구려 도성제의 중요한 특징 중에 하나라고 지적되어 왔다. 특히 입보산성이 초대형 산성으로 이루어진 것은 일찍부터 외민족과 싸우면서 성장해온 고구려인들의 역사를 반영한다고 보아도 좋을 것이다, 고구려는 위나라 관구검과 전연의 모용황에게 국내성과 환도산성이 함락되는 아픔을 겪은 경험이 있었다. 이는 열악한 자연환경에서 일찍부터 외민족과 싸우면서 성장해온 고구려인들의 지혜라고 볼 수가 있다. 전투에서 도성의 입보산성의 역할이 그 만큼 중요했던 것이다. 사실 한성백제도 하늘이 내려 준 남한산에 입보산성을 구축하고, 북한산에도 성을 쌓았더라면, 475년 고구려의 한성 침공 때 남산산성으로 입보하여 守城戰을 벌릴 수 있었을 것이다. 북한산성의 백제군은 고구려군의 후방을 공격하여 보급로를 차단하고, 신라의 구원군은 고구려군의 측면을 공격하고, 백제의 지방군들이 속속 집결하였더라면, 서북방의 방어에 신경을 써야 했던 고구려로서는 대군을 이곳에 오래 묶어둘 수가 없었기 때문에 퇴각을 할 수밖에 없었을 것이고, 제라연한군은 퇴각하는 고구려군에게 반격을 가했다면, 고구려군은 큰 손실을 입었을 것이다. 이처럼 유사시 도성에서의 입보산성 역할이 중요한 것이다. 비교적 풍요로운 자연환경에서 살아온 백제인들은 방어면에서 너무 안이하고 느슨했던 것이다. 중국 사서에는 고구려인들은 절을 할 때 한 쪽 다리를 뒤로 뻗었다고 한다. 이는 북방 유목민족의 풍속으로 절을 할 때 돌발 상황이 벌어지면 신속하게 밖으로 뛰어 나가려는 자세이다. 급박한 환경에서 생활하던 유목민족의 풍속이라고 볼 수가 있다. 그러나 백제인은 오늘날 우리가 절을 하는 것처럼 두 다리를 모으고 절을 하였다고 한다. 이는 비교적 평화로웠던 농경민족의 풍속이다. 이처럼 백제인들은 자연환경에 따라 고구려인들보다 기질이 좀 느슨했다고 볼 수가 있다.

고구려 도성제에서 평지성과 입산보성으로의 이중체제는 후기평양성에 와서 둘이 합쳐져 복곽식성곽으로 획기적인 변화를 보였다. 이러한 도성체제는 고려도성으로 계승되었다는 역사적 의미를 갖는다.

제2장 고구려 성곽의 영향(1)

머 리 말

고구려는 성의 나라라고 불려 져도 좋을 정도로 많은 성들이 축조되었다. 대부분은 석성들이다. 徐吉洙 교수가 만주지역에서 조사한 고구려성만도 300기 정도가 된다고 한다. 일찍이 중국의 陳大爲도 요동지역에서 87개소의 고구려산성을 조사하였다. 그는 요동지역에 분포한 고구려산성을 성벽의 둘레에 따라 2km 이상을 대형상성, 1~2km를 중형상성, 1km 미만을 소형산성으로 구분하면서, 대형산성 27, 중형산성 23, 소형산성 37개소라고 하였다.[1] 이들 요동지역의 소형산성 37개소는 전체 87개소의 43%에 해당되는 수치로, 거의 절반을 차지하는 셈이다.

고구려는 6C 이후에는 지방에 위두대형의 욕살, 대형인 처려근지, 소형이상인 루초(가라달)가 파견되는 3단계의 지방통치조직이 성립되었다. 이들 지방관이 군정과 민정을 아울러 관장하였다. 이에 맞추어 고구려성은 군사적, 행정적 기능에 따라 大城, 城, 小城으로 구분되고, 이들 대성, 성, 소성의 주변에는 보조적인 堡壘들이 포진하여 유기적으로 결합되어 있었다. 앞서의 대형산성은 대성으로 욕살이 파견되고, 대형산성의 일부와 중형산성은 성으로 처려근지, 소형산성은 소성으로 루초가 파견되었을 것으로 추정이 된다. 고구려 최말기에 전쟁이 장기화 되면서, 욕살의 대성을 중심으로 처려근지 급

---

1) 陳大爲, 「遼寧高句麗山城初探」, 『中國考古學會第五次年會論文集』, 1986, 115쪽.

의 성을 포함한 다수의 성들을 통괄하는 보다 광역의 행정군사구역이 편성되어 가면서 이들 성들은 서로 영속관계에 있게 되었다.

앞서의 1km 미만의 소형산성들 중에는 규모가 작은 보루가 포함되었을 것이다. 보루는 수비, 연락, 정찰 등을 행하면서, 적이 침입하면 봉화나 파발을 통해 신속하게 본성에 알렸을 것이다. 조선시대의 북방 兩界의 沿邊 지역의 방어시설은 城, 堡, 壘로 구분이 되었는데, 鎭城에는 첨사, 보에는 만호가 주둔하였다. 루는 성이나 보에 딸린 작은 방어시설이었다. 고려의 戍에 해당되는 초소로, 현재의 GOP와 비슷한 방어시설이었다. 일반적으로 편의상 보와 루를 합쳐서 흔히 보루라고 부른다.

고구려의 보루유적으로 대표적인 유적은 서울의 아차산, 용마산, 망우산, 봉화산, 수락산 등지에 분포하는 23기의 보루들이라고 볼 수가 있다.[2] 이들 보루들은 치성을 갖춘 석성들이며, 보루 안에 온돌이 있는 막사와 식수를 위한 집수시설이 갖추어져 있었다. 아차산 4보루의 경우는 100명 정도의 병사가 주둔하였을 것으로 추정하고 있다. 축조시기는 5C말,[3] 6C전반,[4] 6C중엽[5]으로 보고 있다. 보루에서 「庚子」라는 간지가 새겨진 토기가 출토된 것으로 보면, 경자는 안장왕 2년으로 추정이 되므로, 축조시기는 520년보다 앞서리라는 추정이다. 백제가 무령왕대에 이르면 국력이 회복되면서, 고구려는 소백산맥의 방어선이 붕괴되면, 한강을 방어선으로 삼기위해 이러한 보루들을 치밀하게 구축한 것으로 추정이 된다. 그러나 551년에 백제군의 공격으로 한강방어선이 붕괴되고, 임진강방어선으로 후퇴하게 되었다.

---

2) 백종오, 「남한지역의 고구려성곽」, 『고구려』(고려대학교박물관), 2005, 38~39쪽.

3) 崔章烈, 『漢江北岸 高句麗堡壘의 築造時期와 그 性格』, 서울대 석사학위논문, 2001, 38~52쪽.

4) 양시은, 『한강하류 유역 고구려유적』, 『온달장군』(광진문화원), 2013, 249쪽.

5) 서울특별시사편찬위원회, 『漢城百濟史』 3, 2008, 313쪽.

고구려 성곽은 우리나라 성곽의 뿌리가 되었다고 이해되고 있다. 본고에서는 고구려 성곽의 축조공법에 대하여 살펴보려고 한다.

Ⅰ. 기 초

1. 기초쌓기

고구려성 체성의 기초쌓기에는 성벽의 기초를 마련하는 과정에서 암반이나 풍화암반층이 노출될 때까지 파내려가는 공법(굴착 · 정지), 풍화암반층까지 파고 여기에 몇 단의 기초석을 쌓는 공법(기단석축), 풍화암반층까지 파고 성토다짐을 하거나, 점토, 자갈, 막돌을 섞어 다지는 공법, 바닥이 암반인 경우 암반을 平坦狀, 階段狀으로 다듬거나 홈을 파는 공법 등 다양한 공법들이 응용되었다.[6)]

백제의 경우에는 600년 전후에 축성된 것으로 보고된 순천 劍丹山城은 자연 암반이나 석비례층을 L字形으로 판 후에 별도의 기단을 두지 않고, 거의 수직에 가깝게 쌓아 올렸는데, 경사가 완만한 부분은 1~2단, 경사가 심한 부분은 4~5단의 성벽 높이까지 생토면을 파고 성벽을 쌓아 올렸다.[7)]

신라의 경우에는 6C중엽의 경주 明活城 내측 벽은 沙質土 위에 받침돌을 놓고, 그 위에 대개 폭 30~40cm, 두께 10~30cm 크기의 할석을 이용하여 수평으로 맞추어 거의 수직으로 8m 정도의 높이로 쌓아올렸는데, 그중 地上에 노출된 성벽의 높이는 4.5m 이상이었을 것으로 추정되고 있다.[8)] 또 창령 牧馬山城 서벽은 암반층까지 파내려 가서 암반층에 基壇石(基底石)을 놓고 쌓아올렸는데, 내측벽의 기

---

6) 민덕식, 「발굴조사 자료로 본 고구려 성곽의 축조공법—체성(體城)의 축조공법을 중심으로—」, 『史學志』 37, 2005, 77~78쪽.

7) 順天大學校博物館 · 順天市, 『順天 劍丹山城과 倭城』, 1997, 21~27쪽.

8) 慶州古蹟發掘調查團 · 慶州市, 『明活城緊急發掘調查報告書』, 1990, 27쪽.

단석은 50×30cm 등 제법 규모가 큰 돌을 사용하였고, 현재 높이 약 1.3m(7단)을 약간씩 들여쌓기한 듯이 쌓아 올렸다.[9] 하남 二聖山城의 기초에서는 암반층까지 파내려 간 후에 석비례로 다짐을 하여 수평을 잡은 후에 성벽을 쌓았으며, 지반이 움푹 들어간 곳은 판석을 깔은 흔적이 있었다고 한다.[10] 6C경에 축조된 것으로 보고된 서울 峨嵯山城은 산등성이를 따라 축조되었는데, 완전히 굳은 지반이 나올 때까지 표토를 걷어냈으며, 지반은 풍화암에 가까운 단단한 층이었다. 특히 산지의 자연경사를 없애고자 성벽 방향과 성벽 수직 방향으로 모두 계단식 평탄면을 만들었다. 성벽 수직 방향으로는 성벽 기저부를 받치는 아랫단과 성 안쪽 윗단의 2단으로 정지하고, 성벽 방향으로는 해발고도의 차이를 극복하고자 일정 구간마다 지형을 평탄하게 깎았던 것으로 보였다. 제1트렌치 내벽 아래 단 하부에는 50cm 정도 두께로 석괴를 무질서한 듯이 깔고, 그 위에 체성을 쌓았다. 제2트렌치의 체성 내측벽 안으로는 마사질의 풍화암반층을 정지하고 성벽을 축조하였다. 정지된 풍화암반층 바로 위로 적갈색 점토를 얇게 깔고 성벽의 기저부를 놓았다.[11] 또 7C 전반~8C중엽경에 축조된 것으로 보고된 서울 虎岩山城에서는 城壁基部는 자연 암반을 다듬어 경사를 약간 줄이고 성벽을 쌓았다.[12]

하여튼 산성을 조사하여 보면 바위 위에 쌓은 체성은 잘 남아 있으나, 그 이외의 체성은 붕괴된 것을 보면, 체성쌓기에는 기초가 얼마나 중요한 가를 알 수가 있다.

2. 圓木基礎

1972년 5월 平壤城 평양체육관 배수로 공사장에서 드러난 바로는

---

9) 창녕군, 『창녕 목마산성 지표조사 보고서』, 1996, 48쪽.
10) 漢陽大學校 博物館 · 河南市, 『二聖山城 第8次 發掘調査 報告書』, 2000, 30쪽.
11) 광진구, 『아차산성—'96보수구간내 실측 및 수습발굴 조사보고서—』, 1998, 25~28쪽.
12) 서울大學校博物館, 『한우물—虎岩山城 및 蓮池發掘調査報告書—』, 1990, 39쪽.

평양체육관 서남쪽인 안산 북쪽의 평지대와 같이 중성 안의 물이 흘러내리면서 감탕 흙을 이룬 부분에 쌓은 중성 서벽의 기초는 깊이 약 4m, 폭 6m로 감탕흙을 들어내고 거기에 직경 약 30cm, 길이 5~6m의 통나무를 1~1.5m의 간격으로 놓고, 그 위에 다시 이보다 더 굵은 직경이 약 50cm나 되는 통나무를 마치 철길 모양으로 약 4m 간격을 두고, 성벽이 나아가는 방향으로 두 줄로 놓고 위에 자갈과 흙을 다진 다음 성돌을 쌓아올렸다고 한다.[13]

1972년 폭우의 피해를 줄이기 위해 제방 일부를 농민들이 절단하면서 확인된 제천 義林池제방의 공법에 따르면, 內心壁의 축조는 溪川의 河床을 깊게 掘土하고 점토를 넣었으며, 점토가 河上 위에 이르러서는 대개 껍질을 벗긴 통나무(직경 30~50cm)를 종횡으로 묻어가면서 축조하였다. 내심 벽을 보호하기 위해 덮고 있는 對水面壁이 土砂靜止角(Rosting angle soil)을 살려 제방을 오래도록 지지할 수 있도록 하고, 내심 벽 위에 찰흙을 이겨 20~30cm 두께로 다지고, 이를 불에 태워서 굳힌 다음 모래질 흙을 20cm 두께로 깔고 침엽수 낙엽을 30cm 정도 고르게 덮고, 다시 찰흙을 다지는 등 이러한 방법을 두 차례 반복한 다음 대수면 표면에는 큰 자갈이 섞인 일반 모래질 흙을 60~100cm 두께로 덮어 전체 대수면 벽의 두께는 250~300cm에 이르렀다. 한편 대수면의 반대쪽에 있는 外心壁은 일반 모래질 흙으로 성토하되, 외심 벽의 겉은 大徑木의 통나무를 넣어 골격을 삼고 성토하기에 편리하도록 하였다. 특히 껍질을 벗긴 통나무를 사용한 것은 내심 벽에 쓰인 찰흙과 통나무를 밀폐시켜 腐朽를 막고 누수를 방지하기 위함이라고 한다.[14]

태조 5년 한양도성 축성에서 동대문 일대가 저습지이므로, 말목을 밀집되게 박는 말목기초공법이 응용된 것도 참고가 된다.[15]

---

13) 최희림, 『고구려 평양성』(과학백과사전출판사), 1978, 54~55쪽.
14) 鄭印九, 「千餘年前의 땜 築堤技術과 龍頭山의 林相 變遷」, 『韓國庭苑學會志』 1, 1982, 66~68쪽.

Ⅱ. 체 성

1. 면석쌓기(겉쌓기)

고구려성의 면석 형태는 鳳凰山城, 吳姑山城, 虎山山城, 城山山城, 覇王朝山城, 平壤城, 凌漢山城, 黃龍山城, 籠吾里山城처럼 네모꼴의 면석을 다듬을 때에 메주모양으로 모를 죽이고, 머리 부분이 약간 볼록하게 나오도록 다듬은 것이 많고, 大城山城 소문봉처럼 목침모양으로 긴 네모꼴도 있다.[16] 돌의 가공은 메다듬, 정다듬, 도드락다듬, 잔다듬을 거치는데, 체성의 면석은 정다듬 수준이고, 성문에 쓰인 武砂石은 잔다듬까지 거친 것이다. 면석의 평면은 사각추형(楔形石)[17]으로 뾰쪽한 것과 사다리꼴(四角梯形)이 있다. 암질은 화강암, 사암, 석회암, 수성암, 편마암이 있으나 단연 화강암이 많다.[18] 유명한 白巖城은 수성암이다. 축성에서는 運石의 어려움 때문에 부근에 적합한 浮石處가 있는지의 여부가 산성의 중요한 입지조건이었다.[19]

---

15) 민덕식, 「한양도성의 축성」, 『關防遺蹟의 硏究』(백산자료원), 2024, 239쪽.

16) 徐吉洙, 「고구려 축성법 연구(1)—석성의 체성(體城) 축조법을 중심으로—」, 『高句麗硏究』 8(高句麗硏究會), 1999, 348쪽). 이러한 형태의 면석은 한양도성, 남한산성 등 조선시대성에서도 볼 수가 있다.

17) 고려 개경도성에 쓰인 면석들을 보면 면석들은 다듬었으며, 대부분 4각형이고 여기에 4각추 모양의 돌을 배합하였다. 4각추 모양의 돌은 폭 36cm, 두께 28cm, 길이 46cm 정도의 길이가 짧은 것과 폭 35cm, 두께 28cm, 길이 80cm의 길이가 긴 것이 있다. 길이가 긴 것은 소위 근석이다. 이들 면석들은 앞면을 대체로 네 모서리를 죽여서 가운데를 약간 둥그스름하게 하였다. 특히 뿌리가 긴 것은 면석과 적심석의 돌을 맞물려 면석이 밖으로 밀려나는 것을 막기 위한 근석으로 일정한 간격으로 응용되었다고 한다(전룡철, 「고려의 수도 개성성에 대한 연구(2)」, 『력사과학』 3, 1980, 24쪽).

18) 화강암은 비교적 강도가 높고, 결이 없기 때문에 원하는 모양으로 가공하기 편리하며, 풍화되는 경우에도 갈라지지 않는다는 점이 장점으로 지적되고 있다.

19) 『肅宗實錄』 권49, 肅宗 36년 12월 戊子.

이는 고구려성도 마찬가지였다.

고구려성의 면석은 성벽의 경사에 따라 뒷부분의 두께가 조정되어, 경사가 심한 곳에는 뒷부분의 두께가 엷어지고, 경사가 없는 곳은 앞뒤 양쪽의 두께가 같아진다고 한다.[20] 면석의 길이, 폭, 두께의 비율은 대체로 45% : 34% : 21% 정도이다.[21]

환인 五女山城에서 가장 잘 남아 있는 성벽의 높이는 6m, 안쪽의 벽 높이 약 2m, 기초부의 폭 약 5m, 성벽 위의 폭 1.5~2m인데, 사각추형의 할석으로 水平積을 하였으며, 석재는 거칠게 다듬은 할석으로, 큰 석재의 길이는 2m에 달하는 것도 있으며, 쐐기돌로 틈새를 메움질을 하였다.[22]

체성의 면석을 쌓을 때는 면석의 수평줄 눈이 각 단마다 일직선이 되게 쌓는 바른층쌓기(品字形쌓기)를 하였다.[23] 즉 윗층과 아래층의 면석이 臣字처럼 ½이나 ⅓~¼ 정도는 항상 물리도록 쌓아 견고하게 지탱하도록 하였다.[24] 이러한 면석 쌓기에는 면석의 수평을 잡기 위해 사용된 쐐기돌은 사용하지 않았다.

고구려성의 체성쌓기에는 지형에 따라 내외협축(양면쌓기)과 편축(외면쌓기)를 하였는데, 삼국시대 산성에서는 지표조사에는 편축으로 보이나, 발굴조사를 해 보면 내외협축으로 된 경우도 많다. 신라의 明活城은 발굴조사결과 급경사를 제외하고는 대체로 내외협축이었다.

성벽이 무너지는 것을 방지하기 위해서 根石(뿌리돌, 心石)이 사용이 되었다. 꼬리부분을 길게 하여 속에 있는 적심석과 서로 꽉 물리게 하였다. 철령 催陣堡山城에서는 근석을 5m쯤 간격으로 하나씩

20) 徐吉洙, 『高句麗 築城法 硏究』(학연문화사), 2009, 146쪽.
21) 徐吉洙, 위의 책, 162쪽.
22) 車勇杰, 「高句麗 前期의 都城」, 『國史館論叢』48(國史編纂委員會), 1993, 6쪽.
23) 한국보이스카우트연맹, 『韓國의 城郭과 烽燧(上)』, 1989, 90쪽.
24) 한 개의 면석을 上下와 左右에 있는 6개의 면석이 감싸는 것으로, 이를 六合쌓기라고도 한다.

엇갈리게 넣었는데, 성벽 방향과 90°가 되고, 성벽 기초로부터 꼭대기까지 층을 나누어 놓았다고 한다.[25] 근석은 신라 석조물의 돌못(石釘)과 기능이 같은 것인데, 수원 華城에서는 화포에 대비하기 위해 근석의 뿌리가 상당히 길다. 고구려의 성벽도 적의 포차에서 날리는 돌에 맞고 견뎌내야 했었다. 이처럼 근석은 체성쌓기에서 중요한 구조물이며, 근석의 배치는 체성의 견고도와도 밀접한 관계가 있으므로, 축성술을 익힌 석수들만이 할 수가 있었다. 근석은 지형에 따라 배치가 다름으로, 신라의 경주 南山新城을 쌓을 때는 감역집단의 匠尺이 기술적 지도를 한 것으로 보고 있다.[26]

평양성에서는 대체로 성벽의 굽도리에는 큰 성돌을 쓰고, 위로 올라가면서 점차 작은 성돌을 사용하였다고 한다.[27] 이러한 현상은 환인 五女山城,[28] 태천 籠吾里山城의 북벽,[29] 서울 아차산 4보루[30]에서도 보고되었다. 이는 우리나라성에서의 일반적인 특징이다.

591년에 만든 신라의 경주 남산신성비에는 면석을 쌓는 석수를 面石捉上人이라고 하였다. 면석착상인은 2명인데, 이는 내외협축이기 때문에 내벽쌓기와 외벽쌓기가 있었기 때문이었다. 즉 내벽과 외벽쌓기를 담당한 석수가 따로 있었다는 것이다. 이는 고구려성에서도 유사하였을 것으로 짐작된다.

1) 기단석

개주 高麗城山山城은 둘레가 390m의 작은 테뫼식산성인데, 성벽 주변에 있는 바위를 떼어서 만든 할석으로 쌓았으며, 기초는 1m이상

25) 徐吉洙, 『高句麗 築城法 硏究』, 152쪽.
26) 민덕식, 「신라 남산신성비의 연구」, 『韓國 築城關聯 金石文 硏究』(백산자료원), 2022, 175쪽.
27) 최희림, 『고구려 평양성』(과학백과사전출판사), 1978, 60쪽.
28) 한국방송공사, 『高句麗城』, 1994, 38쪽.
29) 채희국, 『고구려력사연구』(고구려건국과 삼국통일을 위한 투쟁, 성곽), 김일성종합대학출판사, 1985, 167~168쪽.
30) 서울대학교 박물관 外, 『아차산 제4보루 발굴조사 종합보고서』, 2000, 87쪽.

되는 큰 돌로 기단석을 삼고 앞으로 많이 튀어 나오게 쌓았다.[31] 평양 大城山城의 성벽은 맨 밑에 놓은 성돌은 위의 성돌들보다 훨씬 클 뿐 아니라 20cm 정도 내쌓아서 성벽의 주춧돌의 역할을 하게 하였다고 한다.[32]

대전 寶文山城의 남문지 동벽은 荷重의 압력에도 밀려나지 않게 하기 위하여 풍화암반을 50cm 정도의 깊이로 파내고 43×13cm, 51×20cm 크기의 기단석을 놓고, 그 위에 100×20cm, 40×19cm, 52×23cm 크기의 화강석재로 3단의 基礎石을 수직으로 쌓았으며, 4단째부터는 들여쌓기를 하였다.[33] 하남 二聖山城 二次城壁에서도 커다란 기단석을 수평으로 놓고, 잘 다듬은 화강암제 면석으로 성벽을 쌓았는데, 성벽은 기단석에서 약간 들여서 축조하였다.[34] 서울 虎岩山城 내의 통일신라시대 축조된 한우물의 축조공법은 성벽의 축조공법과 유사하여 참고가 된다. 규모가 동서 17.8m, 남북 13.6m, 깊이 2.5m인데, 치석된 돌로 쌓은 護岸石築은 암반 및 생토층을 일정한 규모로 파내어 정리한 후에 밑에서부터 위로 갈수록 점차 들여쌓았으며, 최하단의 석재는 15~20cm 정도 앞으로 내밀어 기초를 튼튼히 하였다.[35] 또 보은 虎岾山城에서는 판석으로 된 기석을 수평으로 깔고, 성벽은 이 기단석의 안쪽으로 30~40cm를 들여서부터 시작하여 수직으로 수평 쌓기를 한 부분이 있다.[36]

신라지역에서의 기단석은 보축성벽이 소멸된 8C경에 보축성벽을 대신하여 출현한 것으로 보고 있다. 하여튼 밖으로 튀어나온 체성의 기단석은 통일신라시대에 일반화 되었다고 볼 수가 있다.

---

31) 서길수, 「벽류하(碧流河) 유역의 고구려 산성과 관방체계」, 298쪽.
32) 김일성종합대학출판사, 『대성산의 고구려유적』, 1973, 15~65쪽.
33) 大田直轄市, 『寶文山城發掘調査報告書』, 1994, 29쪽.
34) 漢陽大學校 博物館 · 河南市, 『二聖山城 第8次 發掘調査報告書』, 2000, 35쪽.
35) 서울大學校博物館, 『한우물—虎岩山城 및 蓮池發掘調査報告書』, 51쪽.
36) 忠北大學校 中原文化硏究所, 『報恩 昧谷山城 地表調査報告書』, 1998, 113쪽.

2) 그렝이법

그렝이법은 암반 露頭나 큰 돌이 튀어나와 있을 경우 이를 깨거나 파내지 않고, 그대로 기초로 삼고 위에 쌓는 면석을 기초의 생김새대로 깎아서 맞추는 공법이다. 즉 바닥의 바위 모양과 똑 같이 윗돌을 깎아 암수가 꼭 맞도록 하여 쌓는 공법이다.[37] 이 경우 기초로 삼은 암반이나 큰 돌들은 밑으로 미치는 하중이나 外壁下로 쏠리는 압력을 잘 지탱하여 준다. 튀어나온 바위가 오히려 체성의 기둥역할을 하는 것이다.

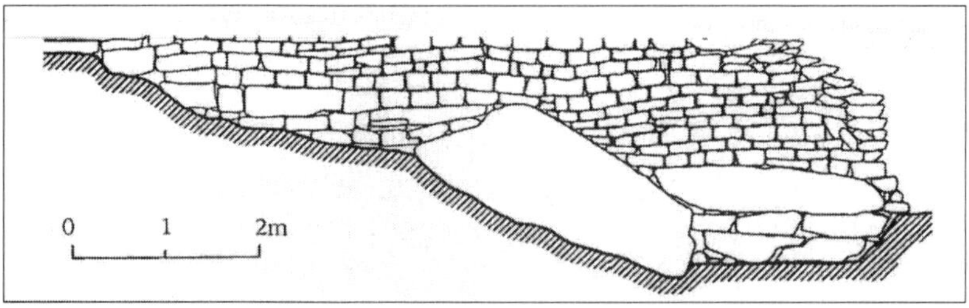

<그림 1> 오녀산성 동벽 그렝이법

고구려성으로 이러한 공법이 응용된 예로는 환인 五女山城 동벽, 장하 城山山城 북벽 · 서벽, 장하 後城山山城, 보란점시 魏覇山城 동벽, 봉성 鳳凰山城 북벽, 와방점시 得利寺山城 남벽, 관전 虎山山城 등이 있다.[38]

백제나 신라의 성곽에서는 대전 寶文山城 서남벽,[39] 창령 牧馬山城 북벽,[40] 청주 謳羅山城 북벽, 음성 水精山城 서벽[41] 등 많은 예가

---

37) 이러한 공법은 고구려의 將軍塚, 太王塚을 비롯하여 통일신라의 불국사 석벽에도 응용되었고, 건물의 기둥 주춧돌에 많이 응용되었다. 이러한 공법은 고구려에서 백제, 신라, 일본으로 전파되어 현재까지도 많이 응용되고 있다(徐吉洙, 「고구려 축성법연구(1)—석성의 체성(體城) 축조법을 중심으로—」, 319~321쪽).

38) 徐吉洙, 『高句麗 築城法 硏究』, 111~116쪽.

39) 大田直轄市, 『寶文山城發掘調査報告書』, 1994, 圖版 10-1.

40) 창녕군, 『창녕 목마산성 지표조사보고서』, 135쪽.

있으며, 우리나라 성벽에서 일반적으로 응용되던 공법이었다.

3) 면석 오려내기법

장하 城山山城 서벽에서는 면석의 일부를 오려내어 아래의 면석과 끼어 맞춰 면석을 견고하게 고정시켰다. 백제의 聖興山城과 경주 불국사의 축대에서도 보인다. 이러한 공법은 일찍이 이집트유적에서 출현하고, 지진이 잦은 잉카유적에서 성행하였다. 이러한 경우는 정다듬으로 치석된 면석에서만 가능하며, 서울 한양도성, 광주 남한산성,[42] 청주 상당산성, 수원 화성을 비롯하여 조선시대의 성벽에서는 일반화된 공법이었다.

4) 들여쌓기

성벽을 쌓아 올리면서 한 단씩 올라갈 때마다 조금씩 안으로 들여쌓는 들여쌓기는 굽도리를 위한 공법으로 고구려성의 특징으로 지적되고 있다. 이러한 공법이 응용된 굽도리는 평양 大城山城 소문봉 성벽, 환인 五女山城 동벽, 집안 國內城 서벽 · 북벽과 丸都山城 남문 부근 성벽, 신빈 黑溝山城 북벽, 평양성 을밀대 부근 성벽, 용강 黃龍山城 남문 협곡 부근 성벽, 와방점시 龍潭山城 동벽 · 남벽, 등탑 白巖城 북벽, 영변 鐵甕城 남벽 등에서 알려져 있다.[43]

이 중에서 국내성의 원래 기초는 지표에서 위로 올라가면서 단을 나누며 들여쌓기를 하였고, 일반적으로 각 단마다 10~15cm씩 들여쌓기를 하였는데, 현재 북벽 11단, 서벽 남쪽 구간이 4단, 동벽 6단으로 되어있다. 높이는 약 1~2.4m였고, 굽도리 위의 성벽은 수직으로 쌓았다.[44] 신빈 黑溝山城은 동벽 6구간이 4단으로 쌓은 굽도리를

41) 忠州産業大學校 博物館 · 陰城郡, 『陰城 水精山城精密地表調査 報告書(1)』, 1998, 122쪽.

42) 한국토지공사 토지박물관 · 경기도, 『南漢山城發掘調査報告書』, 2002, 92쪽.

43) 徐吉洙, 「고구려 축성법 연구(1)—석성의 체성(體城) 축조법을 중심으로—」, 310~315쪽.

기초 부분으로부터 위로 계단식으로 쌓아 층마다 5cm씩 들여쌓기를 하고, 서벽 1구간도 4단에 단마다 5cm씩 들여쌓기를 하고, 3구간은 5~10cm씩 들여쌓기를 하였다.[45] 또 심양 石台子山城의 외측벽은 아래로부터 매 m에 0.06~0.08m씩을 들여쌓았고, 내측벽은 매 m에 0.01~0.05m씩을 들여쌓았으며, 치성 역시 臺基와 체성을 정면과 측면에서 매 m에 0.02~0.09m씩을 들여쌓았다고 한다.[46] 단천 加應山城은 기초 부분은 대충 다듬은 돌을 놓고, 그 위에 첫 단은 15cm, 다음 단은 13cm을 안으로 들여쌓아 굽도리를 만든 다음 성벽을 곧게 쌓아 올렸다.[47]

백제 부여의 聖興山城 동문지 주변의 성벽은 현재 약 3m 정도가 남아 있는데, 성벽은 위로 올라가면서 5~10cm 정도씩 안으로 들여쌓기를 하되, 밑에서 1.5m 정도까지는 70°경사를 유지하고, 그 위쪽은 약 80°의 경사를 유지하고 있으며, 한단한단 수평을 맞추면서 바른층쌓기를 하고, 좌우에 있는 면석과 이가 잘 맞도록 다듬어서 성돌 사이에는 틈새가 거의 없으며, 자연 쐐기돌도 사용하지 않았다.[48] 같은 대전 寶文山城의 동벽은 2단까지는 수직으로 축조하였으나, 3단째부터는 2~3cm 정도씩 들여쌓기를 하고 그 기울기는 65°였으며, 서남벽도 점차 안으로 들여쌓기를 하여 70° 정도의 기울기를 이루었고, 서벽도 2단부터 조금씩 들여쌓아 기울기가 62°를 나타내었다.[49] 하남 二聖山城 3차성벽도 기단석으로 수평을 조정한 후 잘 다듬은 화강암제 면석을 이용하여 들여쌓기로 성벽을 축조하였다.[50] 홍성

---

44) 集安縣文物保管所, 「集安高句麗國內城址的調査與試掘」, 『文物』1, 1984, 48쪽.

45) 撫順市博物館 · 新賓縣文化局, 「遼寧省新賓縣黑溝高句麗早期山城」, 『文物』2, 1985, 46~48쪽.

46) 遼寧省文物考古研究所 · 沈陽市文物考古工作隊, 「遼寧沈陽市石台子高句麗山城第一次發掘簡報」, 『考古』10, 1998, 866~869쪽.

47) 김종혁, 「가웅산성 조사보고」, 『조선고고연구』3, 1992, 33쪽.

48) 忠南發展硏究院 · 忠淸南道, 『聖興山城門址發掘調査報告書』, 114~115쪽.

49) 大田直轄市, 『寶文山城發掘調査報告書』, 23~27쪽.

50) 漢陽大學校 博物館 · 河南市, 『二聖山城 第8次 發掘調査 報告書』, 2000, 37쪽.

鶴城山城도 아래 단에서 윗단으로 올라가면서 5cm 정도씩 들여쌓기를 하였다.[51] 경주 新垈里山城에도 城基에서부터 上段으로 올라가면서 매단마다 약 2cm씩 들여쌓기를 하여 약간 경사지게 함으로써 안전성 있는 성벽을 이루게 하였다.[52] 또 서울 虎岩山城도 면석은 잘 치석된 화강암을 사용하였는데, 크기는 폭 60cm, 두께 20cm, 길이 35cm 정도이고, 밑 부분에는 비교적 두꺼운 면석을 사용하고, 위로 올라갈수록 조금씩 안으로 들여쌓았다.[53] 서울 峨嵯山城 외벽보축은 밑에서부터 위로 올라가면서 마치 메주를 다듬듯이 치석된 돌로 한 단에 7~8cm씩 들여쌓았는데, 최상부의 4~5단은 10cm씩 들여쌓아 기울기를 완만하게 만들었다.[54] 광주 武珍古城은 基石 위의 두 번째 면석은 3~4cm를 안쪽으로 쌓고, 윗돌은 대개 1~2cm씩을 안으로 들여쌓기를 하였다.[55] 고려 개경도성 북성문과 북창문 사이의 일부 구간 성벽에는 6단, 혹은 9단으로 계단식 굽도리를 하였다.[56] 세종 21년에 축조된 영일 長鬐邑城은 아래 4~5단은 큰 돌을 쌓으면서 아래 돌보다 윗돌을 2~3cm씩 들여쌓았다.[57]

고구려성의 들여쌓기는 주로 굽도리 부분에 응용되었으나, 다른 것들은 체성의 밑 부분에 그대로 응용되었다. 이러한 들여쌓기를 한 예는 현재 많은 예가 남아 있으며, 특히 할석이나 자연석으로 쌓은 성벽보다는 다듬은 면석으로 쌓은 곳에 많이 응용되었다. 한편 고구려에서도 굽도리를 계단식으로 들여쌓기를 한 것은 특히 치성을 쌓는데 많이 응용되었다.

---

51) 상명여자대학교 박물관 · 홍성군청, 『洪城郡 長谷面 一帶 山城 地表調査報告書』, 1995, 99쪽.

52) 鄭永鎬, 「新羅關門城에 대한 小考」, 『古文化』 5, 1977, 17쪽.

53) 서울大學校博物館, 『한우물—虎巖山城 및 蓮池發掘調査報告書—』, 39 · 105쪽.

54) 광진구, 『아차산성—'96보수구간내 실측 및 수습발굴 조사보고서—』, 28쪽.

55) 全南大學校博物館 · 光州直轄市, 『武珍古城』 I, 1989, 16~17쪽.

56) 전룡철, 「고려의 수도 개성성에 대한 연구(2)」, 『력사과학』 3, 1980, 25쪽.

57) 慶州文化財硏究所, 『長鬐邑城地表調査報告書』, 1991, 65쪽.

치성의 들여쌓기는 음성 望夷山城, 안성 竹州山城, 포천 半月山城의 치성을 비롯하여 많은 예가 남아 있다. 이처럼 치성에서 들여쌓기공법이 많이 응용된 것은 치성벽의 기울기가 체성벽 보다는 비교적 완만하기 때문일 것으로 보여 진다.

한편 산성에서 협곡을 쌓을 때나 높은 성벽을 축조할 때 응용된 계단식 굽도리 부분은 평양성의 을밀대에는 지금의 성벽 높이가 약 11m인데, 굽도리 부분의 높이는 3.4m이며, 황룡산성 남문 협곡 부근에는 성벽의 높이가 8m인데, 굽도리 높이는 2m이다. 또 신원 長壽山城 외성 남벽에서는 성벽의 높이 2.8m인데, 굽도리 높이는 0.8m이다.[58] 이를 높이의 비율로 볼 면 평양성은 약 0.32, 황룡산성은 약 0.25, 장수산성은 0.35로 굽도리 부분의 높이는 성벽 높이의 ¼~⅓의 비율을 이룬다.[59]

5) 수직홈

평양 大城山城 소문봉의 성벽은 폭이 8m인데, 성벽을 두 겹으로 쌓아서 벽면이 3개이다. 성벽의 바깥 면은 많은 공을 들여쌓았는데, 맨 밑의 기초는 보통 60×30cm되는 큰 돌을 썼고, 그 위에는 30×20cm 정도의 성돌을 가지고 성벽을 수직으로 쌓아 올렸다. 성벽의 바깥벽과 중간벽 사이는 380cm이다. 중간벽은 바깥벽처럼 공을 들여쌓지 않았으며, 성벽을 쭉 연결한 것이 아니라, 약 2m 사이를 두고 30~40cm씩 공간을 두면서 쌓았기 때문에 성벽이 2m 간격으로 끄어진 것 같이 보인다. 중간벽과 안벽 사이의 성벽 두께는 420cm이고, 안벽에서 480cm 폭으로 경사지게 돌을 쌓아 내탁을 하였다. 중간벽과 안벽 역시 4각추형으로 다듬은 돌을 수직으로 쌓아 올렸으나, 돌을 대충 다듬어 썼기 때문에 성벽의 표면은 바깥벽처럼 가지런하지는 못하였다. 안벽과 중간벽 사이와 바깥벽 사이에는 거

58) 최승택, 「장수산성의 축조년대에 대하여」, 『조선고고연구』 3, 1991, 15쪽.
59) 사회과학출판사, 『고구려문화』, 1975, 24쪽.

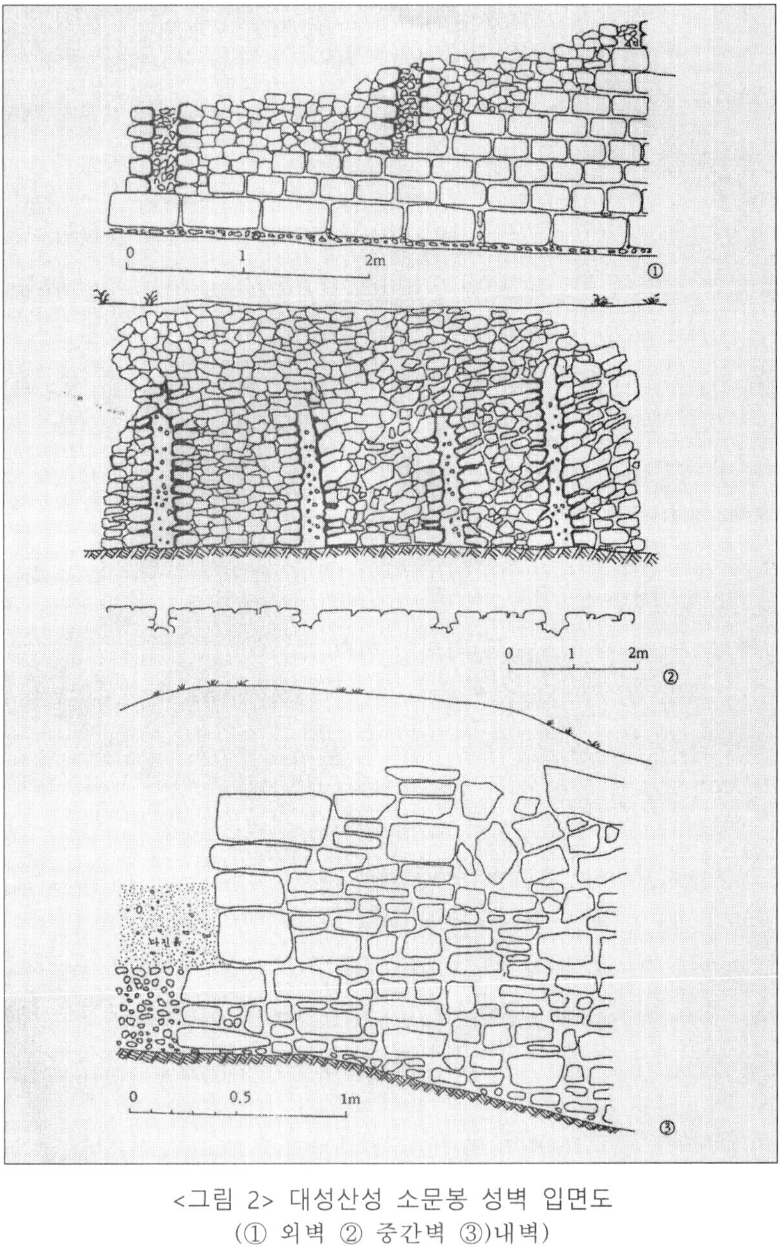

<그림 2> 대성산성 소문봉 성벽 입면도
(① 외벽 ② 중간벽 ③)내벽)

칠게 다듬은 돌들을 가지고 줄을 맞추어 쌓아올렸다. 성벽의 맨 밑에 놓은 돌들은 위의 성돌들 보다 훨씬 클 뿐 아니라 20cm 정도 내 쌓아서 성벽의 주춧돌 역할을 하게 하였다. 성벽이 가장 많이 남아 있는 부분에는 8단의 성돌이 쌓여있는데, 그 높이는 170cm였다. 성벽의 중간벽은 더 잘 남아 있어 270cm의 높이까지 남아 있었다. 이곳 소문봉은 성 밖이 경사가 심한 산비탈이기 때문에 이처럼 2중벽을 쌓은 것이라고 한다.60)

이처럼 석축 성벽에 수직의 홈이 파여진 것은 남한지역에서도 지표조사를 통해 보고된 것이 많다. 즉 단양 獨樂山城, 제천 臥龍山城, 춘천 三岳山城, 문경 老姑山城, 충주 大林山城, 보은 虎岾山城, 강릉 三韓城, 함안 城山山城, 하동 姑蘇山城, 정선 古城里山城 등의 예이다. 독락산성은 성벽의 구간마다 수직홈을 만들었는데, 홈 사이의 간격은 하나는 3.9m이고, 홈의 폭은 20~30cm, 깊이 20~40cm의 평편방형의 凹形이다. 또 다른 하나의 간격은 2.2m, 3.35m, 4.1m였다. 수직홈은 外側에서 확인되었으나, 한 곳에서는 내측에서도 확인되었으며, 경사가 급한 곳은 간격이 좁고, 평탄할수록 간격이 넓게 되어 있었다고 한다.61) 또 노고산성의 서벽 외측면에 남아 있는 수직홈은 폭 20~30cm, 깊이 20~30cm 정도이고, 홈과 홈 사이의 간격은 1.1m, 1.3m 등으로 일정하지 않았다고 한다.62) 대림산성 남벽에도 두 번째 축성렬에서 윗부분까지 형성된 수직홈이 6개 정도가 확인되었는데, 규모는 폭 15cm, 깊이 15cm이었다.63) 호점산성의 수직홈은 성벽의 내측면에 있는 것과 외측면에 있는 것, 양쪽에 있는 것이 있었다. 서북쪽 문터 안쪽 성벽면 동측으로는 수직홈 사이의 중심간

---

60) 김일성종합대학출판사, 『대성산의 고구려 유적』, 1973, 20~22쪽.
61) 車勇杰, 「竹嶺路와 그 부근 嶺路沿邊의 古城址 調査硏究」, 『國史館論叢』 16(國史編纂委員會), 1990, 283쪽.
62) 車勇杰, 위의 논문, 292쪽.
63) 祥明大學校博物館 · 忠州市, 『忠州 大林山城 精密地表調査 報告書』, 1997, 75~76쪽.

간격이 415cm이고, 홈의 폭 15cm, 홈의 깊이 15cm였다 남쪽 성벽의 경우는 수직홈 사이의 간격이 425cm이고, 홈의 폭과 깊이는 평균 15~20cm였다. 서북쪽 문터 안쪽 옹벽 부분은 수직홈의 간격이 320cm이고, 홈의 폭과 깊이가 20cm, 10~15cm였다. 즉 수직홈의 간격은 415~425cm로 하고, 기둥은 직경 15cm 내외의 것을 사용하였다.[64]

이러한 수직홈의 기능에 대해서는 지하수나 토압에 의해 무너지는 것을 방지하기 위한 것이라는 설,[65] 석축을 할 때에 角木을 받치던 흔적이라는 설,[66] 판축공사에서의 영정주 기둥처럼 마련된 거푸집의 흔적으로 보는 설,[67] 축성구간에 의한 축조구분점이라는 설,[68] 중세산성의 특징적인 축조수법 가운데 하나라는 설[69] 등이 있다.

6) 겹성벽

전술한 것처럼 대성산성 소문봉의 성벽은 성벽을 두 겹으로 쌓아서 벽면이 3개였다고 한다. 수암 娘娘山城의 북문 서쪽에도 성벽 안쪽에 성벽이 하나 더 있다고 하는 데,[70] 이럴 경우는 두 성벽이 떨어져 있기 때문에 2중성벽으로 분류를 할 수가 있다.

보은 含林山城의 북벽에는 6~7.5m의 두께로 원성벽에 성벽을 덧 붙여 쌓은 성벽이 남아 있다.[71] 고려 양덕 양암성은 현재 성벽

---

64) 忠北大學校 中原文化硏究所, 『報恩 昧谷山城 地表調査 報告書』, 113~114쪽.
65) 채희국, 『고구려력사연구』(고구려건국과 삼국통일을 위한 투쟁, 성곽), 165쪽.
66) 嶺南大學校 博物館, 『中原文化圈文化遺蹟地表調査報告』(聞慶 · 醴泉郡), 1986, 48쪽.
67) 車勇杰, 「南韓 內 高句麗 山城의 現況과 特性」, 『高句麗硏究』8(高句麗硏究會), 1999, 162쪽.
68) 國立昌原文化財硏究所, 『咸安 城山山城』, 1998, 177~178쪽.
69) 柳在春, 『韓國 中世築城史 硏究』(景仁文化社), 2003, 57~68쪽.
70) 徐吉洙, 『高句麗 築城法 硏究』, 122~124쪽.

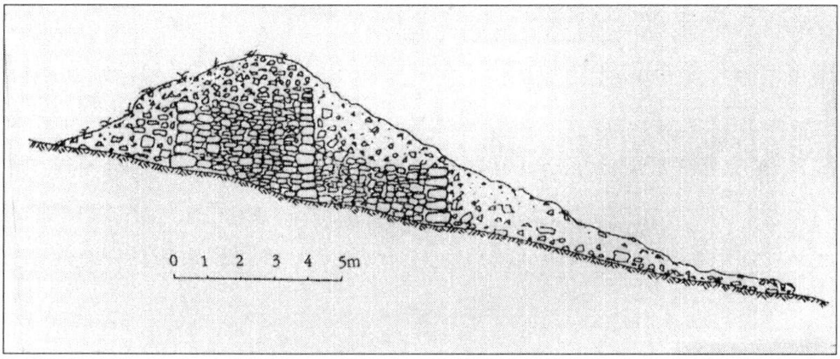

<그림 3> 대성산성 소문봉 성벽 단면도

높이는 5~6m인데, 뒤 성벽을 먼저 막돌과 진흙을 섞어 곧게 다져 쌓아 2차 성벽으로 하고, 그 앞에 비교적 잘 다듬은 네모 돌로 기본 성벽을 거의 수직되게 벽돌 쌓듯이 하였다. 뒤의 성벽은 기본 성벽이 허물어지는 경우 기본 성벽과 거의 같은 역할을 하는 보조성벽의 역할을 하며, 뿌리가 길지 않고 거의 같은 성돌로 성벽을 쌓을 경우에 이러한 공법을 응용하였다고 한다.[72]

7) 段狀 內側壁

池內宏은 국내성 성벽의 遺存狀態가 가장 좋았던 북벽 西端에 가까웠던 지점에서는 9段으로 구성된 굽도리가 있었다고 하였다. 또 굽도리 위 부분은 근년에 보수한 것이지만 이 부근의 성벽에는 옛 모습을 남기고 있는 곳도 있었으며, 內側壁은 2단으로 구축하였고, 본래의 구조는 내측으로 확대되어 3단을 이루었던 것은 아닌가 추측된다고 하였다.[73] 池內宏의 조사내용을 이해하기 위해서는 우선 북벽에 대한 발굴조사 내용을 참고할 필요가 있다. 즉 국내성의 북벽에 설치한 Trench 7과 8에서 확인한 바로는 외측벽은 국내성 1차건

71) 淸州大學校 博物館, 『報恩郡 文化遺蹟』, 1996, 32~33쪽.
72) 김명철, 「고려성의 돌성벽축조형식」, 『조선고고연구』 2, 1989, 32쪽.
73) 池內 宏, 『通溝』 上(日滿文化協會), 1938, 21~22쪽.

축기에 축조된 것으로, 면석은 잘 치석된 장방형의 사각추형으로 보통 전면 폭 36cm, 높이 20cm, 길이 50cm로 매 층마다 10~15cm를 들여쌓고, 11단(2.4m)을 계단식으로 쌓았다. 외측벽에서 내측으로 4m 정도는 치석되지 않은 석재로 속채움을 하였으며, 돌 사이의 틈

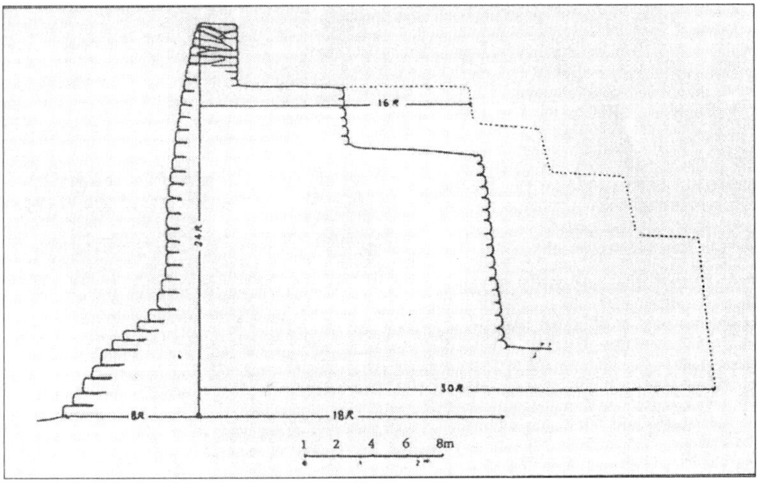

<그림 4> 국내성 성벽 단면도(1915년)

새는 모두 碎石으로 메꾸었다. 내측벽은 불규칙한 석재로 內收되게 쌓았으나, 벽면은 상당히 정제되어 있었다. 전체 체성 단면은 梯形을 이루었다. 여기서 1.4m안에 다시 하나의 내측벽을 쌓았는데 이것은 국내성 2차건축기의 내벽이며, 두 줄의 내벽 殘高는 1.4~1.8m였다고 한다.[74] 앞서 池內宏의 북벽 서단 단면도는 이와 같은 내측벽의 2중벽과 관계가 있는 것은 아닌지도 모르겠다.

창녕 牧馬山城의 북벽에는 폭 4~5.5m의 체성 내벽에 덧대어 축조된 부분이 여러 곳에서 확인되었는데, 폭 100cm, 70~80cm을 덧붙인 곳, 1단을 덧붙인 곳이 있었다.[75] 또 1410년에 수축된 창녕 火

74) 集安縣文物保管所, 「集安高句麗國內城址的調查與試掘」, 49~52쪽.
75) 창녕군, 『창녕 목마산성 지표조사 보고서』, 36쪽.

旺山城 동문지 주변의 성벽은 외측벽의 현 높이가 4.5m인데, 내측벽은 높이 2.2m에 2단으로 되어 있다.[76] 1417년에 축조된 강진 兵營城 동벽 내측벽에는 4단으로 계단식으로 축조되었으며, 매 단의 높이는 87~100cm였다.[77] 長鬐邑城에도 城內로 경사를 이루거나 段狀을 이룬다.[78] 1430년에 석축으로 개축된 것으로 보이는 거제 合浦城은 가 Tr 부분은 체성의 기단부 폭이 9m 정도인데, 폭이 7.2m 지점, 4m 지점에서 각각 내측벽을 段狀을 이루도록 좁혀 들어가고, 상폭은 4m였다.[79] 공주 公山城의 경우에도 ㉮구간 성곽보수 표준단면도를 보면 내측벽이 3단을 이루고 있었다. 즉 14~15C 邑城 · 鎭堡城의 특징 중에 하나는 성벽 위쪽의 폭은 일정하지 않고, 城內로 밋밋한 경사를 이루거나, 段狀의 경사를 이루었다. 이러한 구조는 한양도성의 서울운동장 부근 성벽에서도 조사되었다.

한편 세종 22년(1440)에 지중추원사 成達生이 상소하여 황해도 읍성들이 성벽의 내측에 흙으로 메우지 않은 곳이 많아 성벽이 견고하지 않을 뿐만 아니라, 城上이 좁아 성을 지키기가 어렵고, 성문 좌우에 성벽 위로 오르는 계단이 없어서 성을 지키는 사람들이 갑자기 성위로 올라가기가 어려우니, 一面 마다 4~5곳에 흙 계단을 만들고,[80] 풍년을 기다려 성벽의 내측을 흙으로 메우어서 守禦에 편하게 하자고 건의한 일이 있었다.[81] 또 동왕 25년에 겸성균주부 李甫欽이 올린 성소에서는 戊午年(세종 20년)에 반포한 「築城新圖」[82]에는

---

76) 창녕군, 위의 책, 67쪽.

77) 木浦大學校博物館 · 全羅南道 · 康津郡, 『康津 兵營城』, 1991, 83쪽.

78) 慶州文化財硏究所, 『長鬐邑城地表調査報告書』, 65쪽.

79) 沈奉謹, 「馬山 合浦城址」, 『韓國南海沿岸城址의 考古學的 硏究』(學硏文化社), 1995, 211쪽.

80) 울산 華山里土城에는 내측벽 중간에 自然大石으로 폭 2m 크기로 계단을 4~5단 쌓아 성내에서 성벽에 오르도록 하는 시설이 확인되었다(東亞大學校 博物館, 『蔚山華山里城址』, 78쪽).

81) 『世宗實錄』 권88, 世宗 22년 3월 癸丑.

82) 성벽의 축조방법에 대한 지침서로 만들어진 「築城新圖」는 圖本으로 만들

內面에 石材로 16척(7.5m)을 메우고 위에는 階段을 만들되 薄石으로 펴게 한 것은 오로지 泥土로만 쌓으면 무너질 것을 염려한 것인데, 석재를 축조하여 계단을 만들고 박석을 깔면 적을 막을 경우 오르내리며 수비하기가 불편하며, 적들이 틈을 타서 한 두 개의 城石을 공격하면 내면의 잡석이 저절로 무너지게 되며, 성벽 위에 覆土를 하지 않아 雨水가 城基로 스며들어 곧 무너지게 된다는 「축성신도」 반포 이후의 축성법의 문제점들을 지적하였다. 그는 이에 대한 개선책으로 외면의 6~7척(2.8~3.27m)은 大石으로 축조하고, 내면의 7~8척(3.27~3.74m)은 흙을 섞어서 단단하게 쌓되, 다 쌓은 뒤에는 2척(0.94m)의 두께로 흙을 덮게 하고, 그 위에 莎土(떼)를 입히되, 안으로 경사지게 하여 물이 빠지기 쉽게 하기를 도성의 제도와 같이 하면 사람이 오르내리기에 편리하여 적을 제어하는 功이 있을 것이라 하고, 성을 축조할 때는 濠池의 흙을 파서 성의 내면을 메우는 것이니, 파면서 쌓으면 반드시 다시 塹濠를 功力을 드리지 않아도 되며, 성이 이루어질 때쯤이면 濠池도 또한 깊어질 것이라 하고, 雨水가 흙 속으로 들어가는 것은 1~2척 깊이에 불과하므로, 체성 위를 2~3척으로 흙으로 덮으면, 물이 들어가지 않기 때문에 100년이 지나도 무너지는 근심이 없을 것이라 하였다.[83] 즉 이러한 이보흠의 개선책은 『축성신도』 頒降 이전에 도성이나 지방의 읍성에 응용되던 도성의 축조법으로 환원해야 된다는 주장이다. 아무튼 앞서 예를 든 읍성들에서 내면을 階段式으로 만든 것은 「축성신도」를 따른 결과라고 하겠다.

내측벽에 段狀을 이루도록 한 것은 석축으로 된 평지성에서 주로 나타나는 현상인데, 석재를 줄이고 외측벽으로 쏠리는 압력을 감소시키는[84] 등 체성의 견고성을 높이는 효과도 있었다고 볼 수가 있다.

어 각 고을에 頒降하여 規式대로 쌓도록 하였던 것으로 보이데, 아쉽게도 오늘날 그 내용들이 완벽하게 전해오지 않고 있다.

83) 『世宗實錄』권102, 世宗 25년 11월 甲寅.

8) 경사율

경사율은 체성의 높이와 기울어 들어간 폭간의 비율이다. 고구려 성의 체성은 직선형의 單傾斜를 유지하고 있는데, 平壤城 을밀대 부근의 굽도리 부분은 경사율이 1 : 0.3이나 그 위의 성벽은 1 : 0.046이고, 黃龍山城 남문 협곡의 굽도리 부분은 1 : 0.3이고, 그 위의 성벽은 1 : 0.083이다. 굽도리 부분이 없는 평양성 칠성문 옆 치성벽은 1 : 0.08이고, 황룡산성 남문 옆 치성벽은 1 : 0.083이라고 한다.[85] 현대 석축메쌓기의 표준 경사가 높이 5m일 경우 1 : 0.40인 점을 감안하면,[86] 고구려성의 굽도리 부분의 경사도는 현대 돌로 쌓는 벽체의 경사비율과 비슷한 수치를 보여준다고 하겠다. 이 기준은 주로 체성의 안정성을 많이 고려한 것이다. 그러나 굽도리 부분 위의 성벽은 1 : 0.046~0.083으로 매우 급경사로 쌓았음을 알 수가 있다. 굽도리 부분은 들여쌓기로 쌓았기 때문에 성벽 붕괴를 막는 장점은 있으나, 적의 공격이 쉽다는 취약점이 있기 때문에 그 위의 성벽은 이처럼 급경사의 성벽을 축조한 것으로 볼 수가 있다. 좀 낮은 성곽은 밑에서부터 대략 0.08의 물매로 쌓아 올리기도 하였다.

신라의 보은 三年山城 동문 水口區域의 경사율은 1 : 0.093으로 고구려성곽과 비슷하며, 통일신라의 음성 水精山城은 1 : 0.16~0.2이다.[87] 서울 虎岩山城의 성벽 경사율은 약 1 : 0.06으로 우리나라 일반적인 산성 성벽 기울기인 1 : 0.08~1 : 0.07에 비해 상당히 경사가

---

84) 울산 兵營城은 積心石을 내벽에 사용된 막돌을 사용하여 내외벽에 가까운 積心은 열을 지어 배치하였으므로, 바깥 체성이 무너져도 적심은 고정이 되도록 계단상으로 쌓았다고 한다(沈奉謹, 「蔚山 兵營城址」, 『韓國南海沿岸 城址의 考古學的 硏究』, 221쪽).

85) 사회과학출판사, 『고구려문화』, 23쪽.

86) 忠州産業大學校博物館 · 陰城郡, 『陰城 水精山城精密地表調査 報告書(1)』, 214쪽.

87) 忠州産業大學校博物館 · 陰城郡, 위의 책, 214쪽.

급한 편이라고 한다.[88] 서울 峨嵯山城의 높이는 8~9m내외로 보이는데, 외측벽의 기울기는 약 0.09이고, 내측벽의 기울기는 약 0.19로서 위로 올라가면서 약간 기운 듯하였다.[89] 이밖에 광주 南漢山城 북문 부근의 경사율은 1 : 0.45 정도이다. 성벽의 경사율은 성벽이 지나가는 곳의 지형에 따라서도 달라지는데, 경사율이 적으면 성벽이 완만하여 성벽의 안정성은 증대되나 방어력이 상대적으로 감소되고, 경사율이 크면 급경사가 되어 방어력은 있으나 안정성이 부족하여 붕괴의 우려가 커지게 마련이다. 이 때문에 적정한 경사율을 갖도록 하여 방어력과 안정성을 함께 도모하여야 하였다.[90] 한편 정선 古城里山城의 북벽의 경우 상폭 3.6m, 하폭 5m쯤에 외측벽 경사도 80°, 내측벽 경사도 70~75°의 경우, 외측벽 높이 5.8m, 내측벽 높이 2.8m, 상폭 3.4m, 하폭 5.6m에 외측벽 기울기 78~80°, 내측벽 기울기 78~80° 경우, 외측벽 높이 7.4m, 내측벽 높이 4.4m, 하폭 6.6m, 상폭 4.2m에 외측면 기울기 78~80°, 내측면 기울기가 80° 경우가 있는데,[91] 이처럼 외측벽의 기울기와 내측벽의 기울기 사이에는 큰 차이가 없다. 이는 外向하여 성벽이 붕괴되는 일반적인 현상을 고려하면, 내측벽 상부에서 외측벽 하부로 누르는 荷重을 줄이기 위해 내측벽의 경사도도 자연 높인 것으로 짐작된다.

경사율에서 또 하나 언급하지 않을 수 없는 것은 圭形工法이다. 『華城城役儀軌』 卷首 圖設에는 수원 華城의 성벽은 「밑에서부터 중간 부분까지는 안으로 들여서 그 모양이 마치 안으로 축소시킨 것처럼 쌓고, 중간 부분에서 위로는 밖으로 약간 내 쌓아서 머리를 숙인 것처럼 쌓았다. 이렇게 된 결과 圭形을 이룬다.」라고 하였다. 또

---

88) 서울大學校博物館, 『한우물—虎巖山城 및 蓮池發掘調查報告書—』, 39쪽.

89) 광진구, 『아차산성—'96보수구간내 실측 및 수습발굴 조사보고서』, 187쪽.

90) 忠州産業大學校博物館 · 陰城郡, 『陰城 水精山城精密地表調查 報告書(1)』, 214쪽.

91) 忠北大學校 湖西文化研究所, 『旌善 古城里 山城과 松溪里 山城 및 古墳群地表調查 報告書』, 1997, 39~41쪽.

『華城城役儀軌』 卷一 御製城華籌略에는 이를 좀 더 구체적으로 성의 높이와 두께를 3등분하여 성을 쌓을 때 아래의 ⅔까지는 점점 안으로 좁혀 매 층의 차를 1寸으로 한 비례로 좁힌다. 위의 ⅓에서부터는 점점 밖으로 넓히는 듯이 하되, 매 층의 차는 3分쯤으로 한다. 이렇게 되면 성의 전체의 모양이 가운데쯤이 약간 굽은 듯이 보인다. 이렇게 하면 성이 完築되었을 때는 배(腹)는 주린 것처럼 안으로 줄어들고 몸은 마치 홀(笏)과 같은 모양이 된다. 아래의 差는 돌층계처럼 안으로 좁아들어 무너질 염려가 없게 되고, 위의 差는 처마 같아서 뛰어넘을 수가 없게 된다. 일찍이 듣자니 鏡城[92]은 그 법이 이와 같아서 몇 백 년이 지났어도 한 곳도 무너짐이 없으니 반드시 본받을 만한 법이다.

라고 하였다. 즉 체성의 배 부분을 좁힌 것은 배가 밖으로 나오면 무너지기가 쉽기 때문에 나온 안전성이 고려된 것이고, 위 부분을 머리를 숙인 것처럼 밖으로 약간 내 쌓은 것은 적이 성벽을 뛰어 넘을 수 없게 하는 방어적인 면이 고려되었다는 것이다. 이와 같은 圭形工法은 고구려성 중에서도 비교적 성벽이 잘 남아 있는 환인 五女山城 동벽, 집안 丸都山城 북벽 · 동벽, 집안 覇王朝山城 서벽, 봉성 鳳凰山城 북벽, 장하 城山山城 동벽, 보란점시 魏覇山城 북벽[93], 와방점시 龍潭山城 남벽 등에서 나타나고 있다.

---

92) 鏡城邑城의 성벽과 남문 축대 외측벽은 굽도리 부분에서는 안으로 조금씩 들이밀면서 쌓다가 중간 부분에 이르러 곧추 세우고, 위 부분에서는 다시 밖으로 내밀면서 腰鼓形으로 쌓았다(박승동, 「경성 성제와 그 방어 체계에 대하여」, 『문화유산』 6, 1961, 14쪽. 리영민, 「경성읍성의 성벽축조 형식과 방법에 대하여」, 『조선고고연구』 3, 1990, 44쪽. 리영민, 「경성읍성의 성곽시설에 대하여」, 『조선고고연구』 1, 1991, 26쪽).

93) 魏覇山城 북벽 동쪽 성벽은 높이 5.74m로 29단의 성돌이 남아 있고, 성돌 한 개의 높이는 평균 19.7cm이며, 위아래 면석의 차이는 크지 않았고, 규형공법을 응용하였다(서길수, 「벽류하(碧流河) 유역의 고구려 산성과 관방체계」, 269쪽).

신라의 경우에도 보은 三年山城과 瞻星臺에서도 응용되었다. 삼년산성의 경우 성벽을 片築만 하였거나, 성벽이 아주 높은 경우, 성벽의 외부 하단에 연결되는 地盤線이 급경사를 이루는 경우에 규형공법을 응용하였다.[94] 이러한 규형공법은 같은 5C 후반 경에 신라에 의해서 축조된 것으로 보고된 회인 昧谷山城에서도 보고되었고,[95] 또 6C경에 축조된 것으로 보이는 충주 南山城에도 규형공법이 응용되었다고 한다.[96] 백제의 대전 寶文山城의 서남벽은 현재 3.42m(복원 높이 6.09m)인데, 외벽은 점차 안으로 들여쌓아 70°정도의 기울기를 이루면서 단면이 규형을 이루었다.[97] 양주 大母山城 북문지의 동측에서도 중 · 상부로 오르면서 기울기가 있다가 상부에서는 수직으로 圭形壁을 이룬다.[98]

이처럼 성벽이 안으로 들어가 곡선을 이루는 것은 土壓을 견디는데 효과가 있었기 때문이었다.

2. 적심쌓기(속쌓기)

1) 석축

장하 城山山城의 성돌은 화강암으로 정밀하게 다듬은 사각추형 면석을 사용하였는데, 길이 50~60cm, 폭 30~40cm이며, 사각추형 면석 사이에 생긴 삼각형 공간을 메울 수 있도록 다듬은 菱形石(梭形石, 북꼴돌)을 끼워 넣고, 사이에 잔돌을 채워 단단하게 다졌다.[99] 능형석은 대충 가공하고 규격도 같지 않은데, 길이는 30~45cm가량 된다.[100] 쇠메로 대충 거칠게 가공한 능형석은 한쪽 끝은 면석 사이

94) 報恩郡, 『報恩 三年山城 基礎調査 報告書』, 1979, 36~37쪽.
95) 忠北大學校 中原文化研究所, 『報恩 昧谷山城 地表調査報告書』, 41~42쪽.
96) 忠州工業專門大學博物館 · 忠州市, 『忠州山城 및 直洞古墓群 發掘調査 報告書』, 1986, 32~33쪽.
97) 大田直轄市, 『寶文山城發掘調査報告書』, 27쪽.
98) 文化財研究所 · 翰林大學校博物館, 『楊州大母山城發掘報告書』, 1990, 35쪽.
99) 서길수, 「벽류하(碧流河) 유역의 고구려 산성과 관방체계」, 206쪽.
100) 遼寧省文物考古研究所 · 瀋陽市文物考古工作隊, 「遼寧瀋陽市石臺子高句麗

에 끼우고, 나머지는 적심속까지 깊게 끼우기 때문에, 오녀산성 능형석은 길이가 63~76cm로 길이가 길다. 적의 포차의 돌에 맞아 면석이 무너져도 능형석은 남아서 대신 성벽 역할을 하였다.

충주 薔薇山城에도 능형석이 사용되었고,[101] 음성 水精山城에서도 능형석을 사용하였다.[102] 산성을 조사하여 보면 무너진 성돌에서 능형석을 많이 볼 수가 있다.

능형석은 사각추형 면석을 많이 사용하던 고구려성에서는 일반화되었으며, 후대에도 사각추형 면석을 사용할 경우 널리 응용되었다. 즉 사각추형 면석으로 쌓으려면, 안쪽으로 삼각형의 공간이 생기게 마련이다. 삼각형 사이에 능형석을 끼어 넣고, 적심의 내부에는 적심석을 놓으면서, 능형석과 적심석 사이의 틈새에는 할석인 碎石을 놓고, 쇠메로 파쇄하여 공간을 메꾸며 다져 나갔다.

석수들은 부석소에서 부석을 한 할석을 메다듬과 정다듬을 하여, 능형석을 비롯하여 면석, 적심석을 만들고, 이들 성돌을 성역소로 운반하여 구분하여 보관하였다가 축성시 필요에 따라 사용한 것이 아니가 싶다. 이때 생긴 할석편들도 속채움에서 파쇄용으로 활용하는 등 조금도 버리는 것이 없었다.

소공구(小受音)의 축성에는 남산신성비처럼 作上人과 같은 유력자가 석수, 冶匠, 목수, 役夫들을 거느리고 부석, 운석, 축성을 총괄하였을 것으로 추정이 된다. 서울 北漢山城에서는 浮石牌將, 運石牌將, 築城牌將으로 좀 더 세분화하였다.

적심쌓기에는 체성이 내외협축이면 속채움, 편축이면 뒷채움이 된다.

남산신성비에는 적심을 쌓는 석수를 小石捉上人이라고 하였다.

山城 第一次發掘簡報」, 『考古』, 1998—10.

101) 忠北大學校 博物館, 『中原 薔薇山城』, 1992, 213쪽.

102) 忠州産業大學校 博物館 · 陰城郡, 『陰城 水精山城 精密地表調査 報告書』, 214쪽.

적심석을 잡석으로 파악한 것이다. 수원 화성에서는 적심석을 支架(지게)로 운반하였다. 사실 축성의 부실여부는 적심쌓기에 있다고 하여도 지나친 말이 아닐 것이다. 성벽 밖에서는 체성의 적심상태를 볼 수가 없기 때문에 흙이나 모래 등으로 적당히 채움을 하면, 장마때 빗물이 성벽 안으로 들어가 성벽이 무너지는 경우를 문헌자료에서 자주 볼 수가 있다. 보은 삼년산성이 1500년이 넘도록 성벽이 잘 남아 있는 것은 판석의 석재로 가로쌓기와 세로쌓기를 반복하면서 井字形쌓기로 수평쌓기를 응용한 것이 주원인으로 지적되고 있다. 하여튼 적심쌓기가 체성쌓기에서 중요한 역할을 하는 것이다.

2) 토석혼축

유하 羅通山城 서벽 북문 서쪽의 성벽 단면을 보면 먼저 산언덕을 평편하게 기초를 마련한 다음, 2~5층의 할석으로 된 基石을 쌓고, 그 위에 손질이 잘된 잘 다듬어진 면석을 쌓아 양 벽을 구축하였다. 적심은 흙과 碎石으로 속채움을 하였다.[103] 이러한 공법은 같은 협축으로 되어 있는 국내성의 성벽과 평양성 외성벽에서도 확인되었다. 평양성의 경우에는 적심부를 넙적 넙적 한 돌로 마치 구들 놓듯이 반듯하게 깔고, 그 사이에 조약돌과 약간의 진흙을 섞어서 번갈아 겹겹이 쌓아 올렸다.[104] 아울러 이러한 공법은 片築에서도 응용되었는데, 신빈 太子城의 경우 서벽 남단과 서단에도 흙과 쇄석으로 뒷채움을 하였고,[105] 평산 太白山城에도 적심석과 적심석 사이에 진흙을 다져 넣었다.[106] 단천 加應山城은 밑바닥에서 1m 높이까지는 돌과 흙을 섞어서 쌓고, 그 다음 1.5m 정도는 흙으로 쌓았으며, 다시 위에는 돌과 흙을 섞어 쌓았다.[107] 이러한 공법은 고구려성이

103) 吉林省文物工作隊, 「高句麗羅通山城調查簡報」, 『文物』 2, 1985, 40쪽.
104) 최희림, 『고구려 평양성』, 61쪽.
105) 撫順市博物館, 「遼寧新賓縣高句麗太子城」, 『考古』 4, 1992, 324쪽.
106) 채희국, 「태백산성(太白山城) 답사기」, 『고고민속』 2, 1965, 54쪽.
107) 김종혁, 「가응산성 조사보고」, 『조선고고연구』 3, 1992, 34쪽.

라고 보고된 籠吾里山城, 白馬山城, 凌漢山城, 鐵甕山城, 安州城, 紇骨山城, 九月山城, 甕遷城, 鶴城山城 등에도 응용되었다고 한다.[108)]

3, 체성 상부쌓기

환인 五女山城에는 체상 상부에 판석을 깔고, 판석 위를 황토로 20cm 정도를 다졌다고 한다.[109)] 빗물이 체성 속으로 스며드는 것을 막기 위한 조치이다. 신라의 서울 아차산성에서도 체성 상부에 판석을 깔았다. 필자가 70년대 삼년산성을 조사할 때 이곳 주민들로부터 들은 바로는 체성 위에 얇은 판석을 한 층 깔고, 위를 두텁게 점토를 덮은 후 잔디를 입혔는데, 주민들이 판석을 구들장으로 쓰기 위해 마구 파헤쳤다고 하였다.

Ⅲ. 보축성벽

평양 大城山城 소문봉 부근의 성벽에서는 큰 막돌로 성벽 밖 밑부분을 계단식으로 쌓았는데, 한 단의 높이는 50~100cm내외이며, 폭은 150~200cm내외였다. 계단 수는 성벽 밖의 물매가 심한 곳은 5단, 그 보다 좀 완만한 곳은 4단이었다. 이 階段狀 보강시설의 표면은 흙으로 덮었고, 계단상으로 쌓은 돌과 돌 사이는 진흙을 다져 넣어서 돌을 고정시켰다.[110)]

---

108) 李殿福은 성벽의 구조 및 축조법을 4가지로 구분하는 속에서 돌로 한쪽을 겉쌓기 하고 속에 진흙과 자갈을 넣고 다져 쌓는 것을 干打壘라 하고, 돌로 양면을 쌓고 속에 흙과 돌자갈을 채우는 것을 內外石墻皮라고 구분하면서, 干打壘는 고구려 초기, 內外石墻皮는 4C전반기부터 시작하였다고 하였다(李殿福, 「高句麗山城構造及其變遷」, 『東北考古硏究』, 中洲古籍出版社, 1995, 221~222쪽), 그러나 이러한 공법들은 지형에 따라 응용하는 공법이 다르기 때문에 시기구분은 무의미하다.

109) 遼寧省文物考古硏究所, 『五女山城』, 2004, 21쪽.

보축성벽은 신라성곽의 특징 중에 하나라고 지적되고 있다. 삼년산성(보은), 적성(단양), 온달산성(영춘), 남산성(충주), 아차산성(서울), 대모산성(양주), 부모산성(청주), 정양산성(영월), 주산성(고령)., 고모산성(문경), 목마산성(창녕), 계양산성(인천), 계족산성(대전), 성

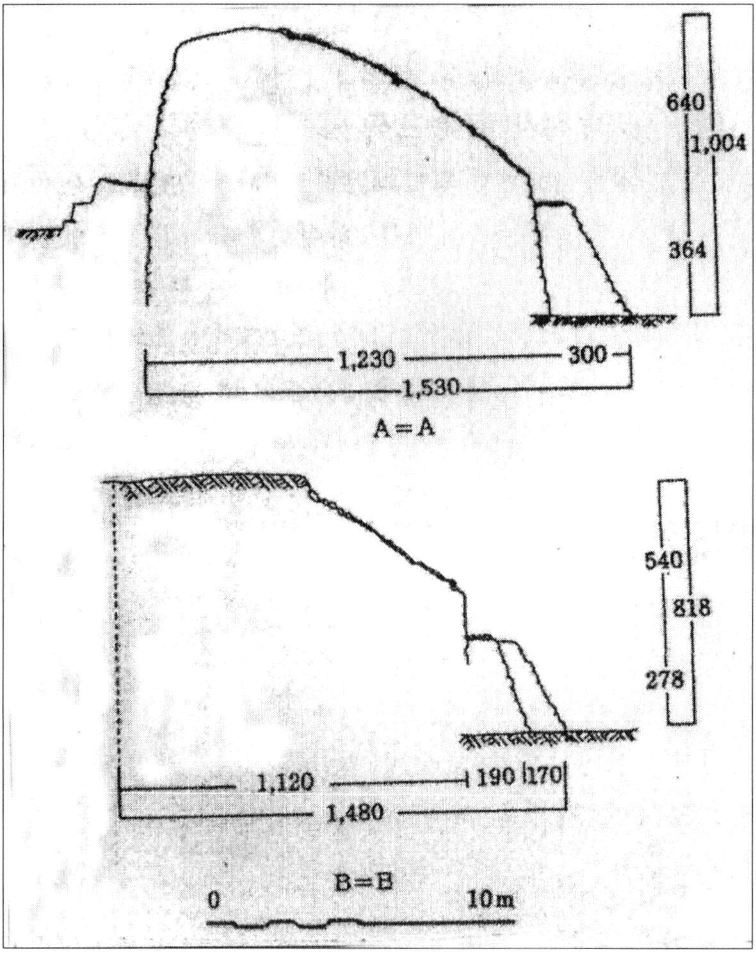

<그림 5> 명활성 북벽 보축성벽

110) 사회과학원 고고학연구소, 『고구려문화』, 24쪽.

산산성(함안), 죽주산성(안성), 할미산성(용인), 덕진산성(파주) 등 많은 예들이 보고된 바 있다. 신라성곽에서의 보축성벽은 5C 후반이후 6C 중엽에 이르러 본격화 된 것으로 알려져 있다.[111]

보축성벽은 체성의 외측벽면 하부의 침식을 방지하고, 체성 내측으로부터의 지압과 유수로 인한 체성이 밖으로 밀리는 것을 막고, 적이 체성에 접근하여 성벽기초를 허무는 것을 방지하고, 성벽 높이에 비해 좁은 하폭을 보완할 수 있고, 적이 보축성벽에 접근하면 성위에서 공격을 할 수 있다는 이점을 갖고 있었다. 그러나 보축성벽을 축조하는 데에 많은 공력, 재력, 시간이 소요된다는 단점이 있었다.

Ⅳ, 기단석축

집안 國內城 북벽을 2000년에 13m를 절단을 하였는데, 성벽의 하폭은 10.1m, 잔존 상폭은 5.75m, 잔고는 3.5m였다. 성벽은 북반부는 석축을 하고, 남반부는 토축을 하였다. 토축의 내측벽에는 석재로 4층으로 들여쌓기를 하여 기단석축을 만들었다. 기단석축에서 북반부 석축 사이는 흙다짐을 하였다.[112] 이러한 기단석축은 安鶴宮城에서도 조사되었다. 또 무순 高爾山城(新城)의 성벽은 외관상으로는 모두 토축이었다. 그러나 발굴조사결과 3가지의 공법이 응용되었음이 확인되었다. 첫째는 약간 융기한 산 능선에 계속적으로 성토하여 높이와 폭을 넓이는 盛土法을 응용하고, 일부의 지점에서는 홍수에 의한 흙의 유실을 막기 위해 碎石으로 채우거나 판축을 한 곳도 있었다. 판축층의 두께는 보통 8~10cm였다. 보존상태가 양호한 동성의 동문에서 북쪽을 향하는 성벽은 하폭 24m, 높이 8m에 달하는 곳도

111) 文化財硏究所 · 翰林大學校博物館, 『楊州大母山城發掘報告書』, 224쪽.
112) 吉林省文物考古硏究所 · 集安市博物館, 『國內城』, 2004, 20~24쪽.

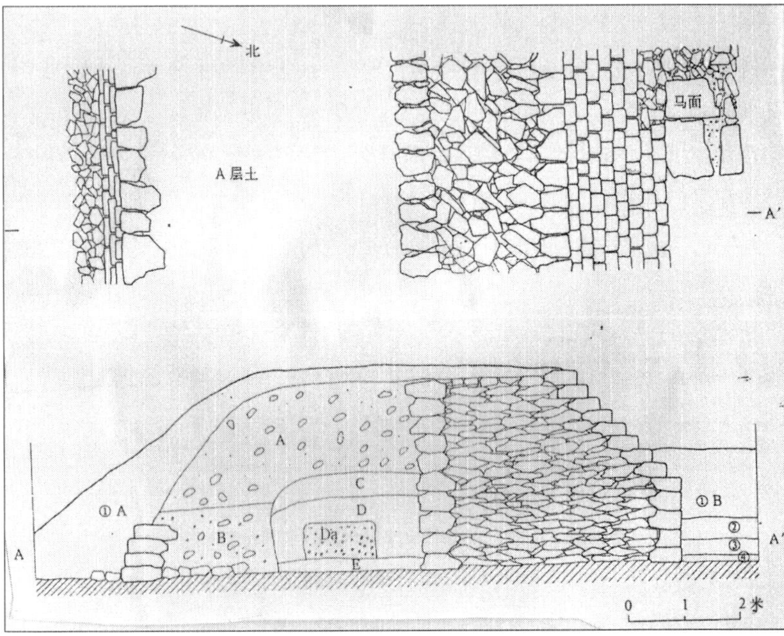

<그림 6> 국내성 북벽 기단석축

있었다. 둘째는 토루 안에 먼저 비교적 큰 碎石塊로 單列의 石墻을 만들고, 다시 위에 흙을 쌓아 견고하게 하였는데 중국학자들은 이러한 것을 包骨墻이라고 부른다. 동성과 서성이 접한 성벽의 南段에서 이러한 공법을 응용하였다. 셋째는 평지에 쌓는 성벽에는 먼저 碎小石으로 30~50cm 높이로 쌓은 후, 그 위에 흙으로 성토하거나 판축을 하는 방법으로, 어느 곳은 높이가 5m 이상 되는 곳도 있었는데, 동성 남문의 서벽이 이러한 공법을 응용하였다.113)

고이산성에서 토루 안에 먼저 비교적 큰 碎石塊로 單列의 石墻을 만들고, 다시 위에 흙을 쌓았다는 것은 기단석축과 유사한 것이 아닌가 싶다.

우리나라 토성의 축조공법은 단순성토, 성토다짐, 협판을 사용한

113) 徐家國 · 孫力, 「遼寧撫順高爾山城發掘簡報」, 『遼海文物學刊』 2, 1987, 44 · 45쪽.

판축다짐, 기단석축을 곁들인 판축다짐 순으로 발달해 온 것으로 보고 있다. 기단부 구성의 형식은 내벽이나 외벽에 기단석축(기단석렬)이 있는 基壇石築型과 내벽과 외벽의 기단부에 일정한 높이까지 내외벽을 돌로써 겉 쌓기를 한 石築型이 있다.114) 기단석축형은 板石狀 자연할석인 기단석을 1~3단 橫平積으로 놓고, 그 위로 판축을 한 것으로 석축 높이는 30cm 내외이다. 이러한 기단석축형은 통일신라기에 성행한 것으로 알려지고 있는데, 부여 扶蘇山城, 천안 木川土城, 직산 蛇山城, 홍성 神衿城, 고양 幸州山城, 나주 會津土城, 울산 華山里土城, 완도 淸海鎭土城 등의 유적이 알려져 있다.115)

대체로 기단석축은 기단석축형에서 석축형으로 발전하였을 것으로 보여지는데, 지형과 방어상의 중요도에 따라 차이가 있었으며, 기단석축은 조선시대까지 전통이 이어졌다. 雨天時 빗물이 땅에 부딛치는데 따른 성벽 하단의 유실을 방지하고, 동시에 판축성벽의 멈추게 역할, 작업구간의 표시 등 복합적인 기능을 가졌던 것으로 보고 있다.116)

V. 부석시설

평양성 외성 평천구역 보통강 기슭에 쌓은 일부 성벽밖에는 약 30~50m 폭으로 지표면에 부석한 시설이 있었는데, 이러한 시설은 외성 서남벽 밖의 여러 지점에서도 확인되었으며, 장마 때 대동강과 보통강의 물이 성벽의 굽도리를 파고드는 피해를 막기 위한 것이라

114) 羅東旭, 「慶南地域의 土城 硏究」, 『博物館硏究論集』5(부산광역시립박물관), 1996, 32쪽.

115) 金容民, 「扶蘇山城의 城壁築造技法 및 變遷에 대한 考察」, 『韓國上古史學報』26, 1997, 119쪽.

116) 羅東旭, 「慶南地域의 土城 硏究」, 36쪽.

한다. 태천 籠吾里山城 남벽 밖에도 부석시설을 하였다. 이러한 부석시설은 고구려성에서 흔히 볼 수 있으며, 성벽이 받을 수 있는 자연 피해를 막을 수 있게 하는 수법이라고 한다.[117]

백제의 부여 扶蘇山城에서의 부석시설은 성벽에서 120cm 정도 떨어진 지점에 시설된 경우와 성벽에 접하여 시설된 경우가 있었는데, 동문지 주변의 한 지점의 구조를 보면 토루 내측에 50~60cm 두께로 전반적으로 성토다짐된 적갈색 사질점토층으로 이루어진 구지표상에 평편한 석재를 이용하여 70~80cm 폭으로 돌을 깔되 그 상부는 적갈색 사질점토를 1cm 두께로 얇게 깔아 덮었다. 서편은 敷石列 사이사이에 격지석을 세워 선을 바르게 하여 마감처리 하였다. 가장자리에는 주먹보다 조금 큰 강자갈을 약 20~30cm 높이로 세워 놓은 곳도 있었다. 보고자는 성벽보호와 배수시설이 주목적이고, 보도로 이용되었을 가능성이 있는 것으로 보았다.[118] 또 백제의 부여 聖興山城 동문지에도 출입구 바로 앞쪽을 제외하고는 성벽 전체에 걸쳐 성벽을 따라 점토 다짐층 위에 30×30cm 정도 크기의 판석을 이용하여 부석시설을 하였다. 보고자는 유수에 의해 성벽 바깥쪽의 다짐층이나 생토면이 패이는 것을 방지하기 위한 목적도 있다고 하였다.[119] 같은 백제의 대전 寶文山城에서도 동벽 외벽에는 성벽에 붙여 30~80cm 정도의 구획에 납작한 돌을 깔았고, 서벽에서도 성벽의 외벽에 붙여 30~50cm 정도의 폭에 납작납작한 판석을 깔았으며, 서남벽에서도 외벽에 붙여 50~90cm 정도의 얇은 판석을 깔았다. 같은 서남벽 내부에도 지형이 골짜기를 이루고 있기 때문에 水流에 의하여 패이는 것을 방지하기 위해 남벽 한계선으로부터 20cm 정도 성 안쪽으로 3.2m 정도의 범위에 50×50cm, 50×30cm 정도의 얇은

117) 최희림, 『고구려 평양성』, 65~66쪽.

118) 崔茂藏, 「扶蘇山城 推定 東門址 發掘 概報」, 『百濟研究』22, 1991, 126쪽. 扶餘文化財研究所, 『扶蘇山城發掘調査中間報告』, 1995, 61쪽.

119) 忠南發展研究院 · 忠淸南道, 『聖興山城門址發掘調査報告書』, 42쪽.

석재를 1단으로 깔았다. 목적은 성벽 위로 흘러내리는 水量으로 성벽의 기저부가 훼손되는 것을 방지하기 위한 시설이라고 한다.[120] 거제 古縣城 마 지구에서도 성벽 외측에 폭 1~2m로 납작한 돌을 한 번 깔아 주위 생토층의 유실을 방지하였다.[121] 또 포천 半月山城에서도 성벽 외부에 소형 割石材로 폭 150~340cm 정도의 부석시설이 확인되었다.[122] 1500년에 석성으로 개축한 울산 彦陽邑城에서도 체성 외벽과 해자 사이에 일정한 폭으로 판석을 깔았다.[123] 이처럼 부석시설은 내환도로도 사용되었다.

맺 음 말

고구려 체성의 기초쌓기에는 암반이나 풍화암반층이 노출될 때까지 파내려가서 바닥을 정지하는 공법, 풍화암반층까지 파고 내려가서 여기에 몇 단의 기초석을 쌓는 공법, 풍화암반층까지 파고 내려가서 성토다짐하거나 점토, 모래, 잡석 등으로 다지는 공법, 바닥이 암반인 경우 암반을 平坦狀, 階段狀으로 다듬거나, 홈을 파는 등 다양한 공법들이 응용되었다. 이는 우리나라 다른 성들과도 크게 다르지 않다.

고구려성의 체성쌓기에서 체성의 밑 부분은 큰 성돌을 사용하고, 위로 올라가면서 점차 작은 성돌을 사용한 것은 우리나라 성의 일반적인 특징이었다. 이는 체성의 견고성과 축성의 편이성을 고려한 것으로 볼 수가 있다. 또 체성쌓기에서 규형공법을 응용한 점도 주목

---

120) 大田直轄市, 『寶文山城發掘調査報告書』, 23~27쪽.
121) 沈奉謹, 「巨濟 古縣城址」, 『韓國南海沿岸城址의 考古學的 硏究』, 246쪽.
122) 단국대학교문과대학 사학과 · 포천군, 『포천 반월산성 1차 발굴조사보고서』, 1996, 66쪽.
123) 沈奉謹, 「蔚山 彦陽邑城址」, 『韓國南海沿岸城址의 考古學的 硏究』, 287쪽.

하여 볼 필요가 있다. 사실 고려 말 화포가 등장하기 전에는 적이 성벽을 기어 올라오지 못하도록 성벽이 높고 가파른 것이 최고였다.

고구려성의 특징인 계단식 굽도리는 큰 성돌로 들여쌓기를 하였는데, 굽도리 위는 수직으로 쌓아 올렸다. 평양성 을밀대 부근의 성벽은 높이가 11m인데, 굽도리 부분의 높이는 3.4m이며, 황룡상성 남문 협곡부근의 성벽 높이는 8m인데, 굽도리 부분의 높이는 2m이다. 즉 굽도리 부분의 높이는 성벽 높이의 약 ¼~⅓의 비율로 이루어 진 것이며, 계단식으로 경사지게 성벽을 쌓는 방법은 현대 돌로 쌓는 벽체의 경사비율과 비슷한 수치라고 한다. 굽도리를 계단식으로 들여쌓기 한 것은 치를 쌓을 때 가장 많이 응용하였다.

고구려성의 면석 중에는 장군총처럼 면석 상부에 턱을 두게 하여, 윗돌이 밖으로 밀리는 것을 방지한 것을 보면, 고구려성에서 즐겨 활용하던 들여쌓기가 체성이 밖으로 밀리는 것을 막기 위함이었음을 알 수가 있다. 체성이 배가 불러지면 붕괴되기 마련이다. 고구려성에서 즐겨 쓰던 들여쌓기는 이미 내몽골자치구의 하가점하층문화의 석성에서 출현을 하였다.

고구려의 성산산성에서 사각형 면석의 귀퉁이 일부를 오려내어, 다른 면석과 결합시키는 공법은 불국사의 축대에도 보이고, 조선시대성에서 성행하던 공법이었다. 이러한 공법은 이미 이집트유적에서 출현하여, 지진이 잦았던 잉카유적에서는 크게 활용이 되었다. 이러한 초기의 공법이 발전하여 복잡한 다각형 면석이 사용되었는데, 이러한 다각형 돌벽은 그리스신전, 잉카유적, 16C의 일본성에서 응용되었고, 우리나라에서는 화성에서 일부 보인다.

성산산성의 성벽 일부에는 체성을 쌓을 때 기울게 斜線을 이루며 수평쌓기를 한 모습이 있어, 고구려 축성술에 대해 놀라게 한다. 고난도 축성술로, 필자는 이러한 사선 수평쌓기를 일본 사찰의 축대에서 본 일이 있었다.

체성에 남아 있는 수칙홈의 기능에 대하여는 아직 정확한 것을 알 수가 없다. 이러한 수직홈이 외측 벽면 이외에 내측 벽면에도 나타나는 것을 보면, 축성공법과 관련된 것으로 보는 견해가 보다 합리적인 것이 아닌가 싶다. 여러 설중에서 성벽을 쌓아 올릴 때 비계목을 설치하기 위한 角木을 받치던 흔적이라는 설, 판축공사에서의 영정주 기둥처럼 마련된 거푸집의 흔적으로 보는 설이 주목이 되는데, 후자가 좀 더 설득력이 있어 보인다.

체성 외벽의 하부를 보강하는 보축성벽은 고구려에서는 굽도리로 변화시켜 발전시킨데 반해, 신라에서는 오랫동안 응용하여 8C경에 이르러서야 소멸된 것으로 보고 있다. 이처럼 신라성은 전통성이 강하였다고 볼 수가 있고, 백제성에서는 보축성벽 대신 기저부의 1m 정도 높이까지 점토, 점토 · 잡석으로 補土를 하였다.

고구려성의 축성에는 성돌을 위로 올리는데 어떠한 축성기구를 사용했는가 하는 점이 궁금하다. 백제 미륵사지의 발굴에서는 석탑을 축조하기 위해 탑재를 위로 올리는데 사용했던 것으로 추정되는 기구를 설치했던 유구가 확인이 되었다. 선조 39년 선산 金烏山城의 축성에서도 運石機木을 제작하여 大石을 위로 올렸다고 하였다. 화성에서는 거중기와 녹로가 쓰였다. 이러한 점들로 보면, 고구려성의 축성에서도 轆轤가 사용되었을 것으로 추정이 된다.

제3장 고구려 성곽의 영향(2)

머 리 말

북한에서는 1950년대 말에 김일성종합대의 蔡熙國 교수를 중심으로 대성산성을 발굴하면서 성곽에 대한 연구가 시작되었다. 60년대에 들어서는 채희국, 崔義林, 鄭燦永 등 여러 학자들에 의해 활발하게 성곽연구가 진행되었으며, 주로 고구려성곽에 대한 연구가 중심이 되어 추진이 되었다. 이러한 연구 내용이 사회과학출판사에서 1972년에 발간한 『고구려문화』의 제1장에 수록이 되어 있다. 연세대 손보기 교수와 고려대 김정배 교수가 파리학술회의에 참석하여 북한학자로부터 이 책을 받아왔다. 필자가 70년대 중반에 대학원에 입학하였을 때 김정배 교수는 이 책을 보여주면서, 우리 대학에도 성곽을 공부하는 사람이 있어야 하겠다고 하시면서, 필자에게 성곽을 공부하도록 하였다.

남한에서는 1970년대에 들어 충남대의 尹武炳, 成周鐸 교수에 의해 대전과 충남지역의 백제산성들이 조사되기 시작하였고, 강릉대의 李元根 교수는 충북지역의 삼국시대 산성들을 조사하였다. 이들 윤무병, 성주탁, 이원근이 남한에서 성곽연구의 기반을 마련한 분들이다. 북한보다는 10년 정도 늦은 셈이다.

서경대의 徐吉洙 교수가 1990년대부터 만주지역의 300기 정도의 고구려성곽을 조사함으로써 고구려성곽의 실체를 종합할 수가 있게 되었다. 그의 이러한 학술적인 업적은 앞으로 높게 평가될 것이다.

본고에서는 고구려성곽의 시설물들을 살펴보려고 한다.

Ⅰ. 시설물

1. 성문

장하 城山山城의 남문과 동문의 형식은 開据式이다.[1] 정문인 남문의 동쪽 벽에 문빗장이 남아 있는데, 문 입구에서 1.22m쯤 안으로 들어간 곳으로, 현재의 바닥에서 0.55m 높이에 있다. 문빗장 구멍은 10cm 안팎의 정방형으로 성문을 잠글 때 빗장을 꼽던 구멍이다. 내

<사진 1> 성산산성 동문

성(牙城) 서북쪽에 난 성문 역시 開据式으로 폭은 2m이며, 여기에도 문을 잠그는 빗장 구멍이 있다.[2] 백제의 광양 馬老山城의 예로 보아

---

1) 우리나라 성문의 開口部는 平門式과 懸門式으로 크게 나누어진다. 평문식은 다시 開据式, 平据式, 虹霓式으로 세분된다(孫永植, 『韓國城郭의 硏究』(文化公報部 文化財管理局), 1987, 128~136쪽).

2) 서길수, 「벽류하(碧流河) 유역의 고구려 산성과 관방체계」, 『高句麗硏究』 11(高

개거식에 굴립주식 성문이 초기형태일 것으로 추정이 된다.

태천 籠吾里山城 동벽의 북쪽 끝 부근에 있는 北暗門은 폭 1.7m, 높이 2m 정도로 작은 규모인데, 문 좌우의 측벽은 높이 1.7m 정도부터 호선을 그리면서 안으로 구부러져 있으며, 성벽이 무너져 자세한 것은 알 수가 없으나, 홍예형식이었다는 것을 짐작케 한다고 한다. 어느 곳에서는 홍예식이라고 언급한 곳도 있다.[3] 이러한 구조물은 古墳 天井의 구조가 참고가 되는데, 고구려의 봉토분 천정은 平天井, 折天井, 穹窿天井, 抹角藻井天井, 穹窿抹角天井으로 구분된다.[4] 농오리산성의 이 암문은 사진과 실측도가 없어 확실한 것은 알 수 없으나, 궁륭천정이 아니었나 짐작된다. 고구려 봉토분에서도 500년경에 축조된 것으로 보이는 집안 下羊魚頭의 環文塚[5]과 같은 궁륭천정은 양벽이 궁륭처럼 좁아지다가 맨 위에 넓은 판석을 올려놓는 형식인데, 이 암문 형태의 원류를 찾는데 참고가 될 만하다. 즉 이 고분은 單室墳으로 연도가 남벽의 중앙에 있는데, 축조 형태가 낙랑 전축분의 영향을 받은 것으로 보고 있다. 궁륭천정을 갖춘 단실분은 초기에도 일부 보이나, 중기의 봉토분에 많이 보인다. 그러나 농오리산성 암문의 전체적인 모습이 비록 홍예식 성문이라 하더라도 후대의 가공된 虹霓石, 虹霓起石(홍예받침석), 虹霓宗石을 사용한 홍예식 성문보다는 매우 조잡한 모습이라고 하겠다. 이 암문에 이러한 성문이 응용된 것은 이 문이 암문으로 문 폭이 좁았기 때문에 응용된 것 같다. 암문은 주로 平据式으로 만든 경우가 많은데, 이는 덮개를 덮

句麗硏究會), 2001, 226쪽.

3) 조선유적유물도감편찬위원회, 『조선유적유물도감』3 고구려편(1), 1989, 130쪽.

4) 朱榮憲, 『高句麗の壁畵古墳』(學生社), 1977, 47 · 140쪽.

5) 李浩官, 「高句麗의 古墳」, 『韓國史論』19(國史編纂委員會), 1989, 74쪽. 金元龍 역시 이 고분의 연대를 前期(Ⅰ期)(대략 4C 말~5C)에 속하는 것으로 보면서(『韓國美術史』, 1973, 57쪽, 『韓國考古學概說』, 1977, 145쪽), 前期 말에서 中期 初期頃(5C~6C)로 편년하였다(『韓國美術全集』4 壁畵, 1974, 140쪽).

는 돌의 길이에 영향을 받았기 때문이었다. 농오리산성의 이러한 문의 형태는 후대의 완전한 虹霓式城門[6]으로 발달하여 가는 초기 단계라고 볼 수가 있다. 사실 고구려의 전통을 이어 받은 발해의 상경룡천부의 上京城 성문들은 모두 平据式이며, 홍예식 성문은 없다고 한다[7]. 이처럼 홍예식 성문은 발해에서도 보이지 않는다. 성문은 아니지만 고려 천리장성의 창성군 금야리의 영주천을 넘어서는 곳에는 바위를 기초로 하여 폭 8m의 홍예를 쌓고, 그 위에 성벽을 쌓았던 흔적이 남아 있고,[8] 실제로 개경도성의 눌리문과 廣化門(남대문)에 홍예문이 응용된 것을 보면, 홍예문은 고려시대에도 성문에 일부 응용되었으나, 조선시대에 와서야 주요 성문에서 보편화되었다고 볼 수가 있다. 하여튼 고구려성의 성문에는 전형적인 홍예문은 없었다고 보고 있다.[9]

2. 여장(성가퀴)[10]

환인 오녀산성의 여장은 높이 0.2~0.8m, 폭 1~1.5m이다.[11] 집안 환도산성의 여장은 높이 0.78~1.3m, 폭 0.73~1m이다.[12] 집안 霸王朝山城의 여장은 높이 0.5m, 폭 1m이다.[13] 장하 城山山城의 여장은 높이 1.4m, 폭 1m이며, 장하 後城山山城의 여장은 폭 70~80cm 정도이다.[14] 환인 高儉地山城의 여장은 높이 0.4~0.7m, 폭 0.6~1m,

6) 홍예식 성문은 홍예가 이룬 형상에 따라 반원형, 포물선형, 말굽형, 타원형, 변형된 홍예형으로 세분 된다(李應默, 「韓國城郭의 城門建築樣式에 關한 硏究」, 단국대학교 석사학위논문, 1983, 44쪽).

7) 장상열, 「발해의 도시성에 대하여」, 『조선고고연구』 3, 1987, 27쪽.

8) 최희림, 「천리장성의 축성상 특징과 그 군사적 거점인 진성에 대하여(1)」, 『력사과학』 3, 1986, 42쪽.

9) 徐吉洙, 『高句麗 築城法 硏究』(학연문화사), 2009, 419쪽.

10) 여장의 명창은 雉堞, 城堞, 女牒,, 女垣, 堞垣, 姬牆, 寘陴, 堞, 弓家, 살받이 등 다양하였다.

11) 遼寧省文物考古硏究所, 『五女山城』, 2004, 16~22쪽.

12) 李殿福, 「高句麗丸都山城」, 『文物』 6, 1982, 83쪽.

13) 方起東, 「吉林輯安高句麗霸王朝山城」, 『考古』 11, 1962, 569~570쪽.

신빈 太子城의 여장은 높이 1~1.5m, 폭 1m, 수암 松樹溝山城의 여장은 높이 1m, 폭 1.5m, 수암 娘娘山城의 여장은 높이 1m, 폭 0.8m이다.[15]

일반적으로 柳馨遠의『磻溪隧錄』에서처럼 성벽의 기단석에서 眉石(이마돌)아래까지를 체성이라고 하고, 미석 위를 여장이라고 부른다. 이처럼 압록강 이북의 무너지고 남은 고구려의 여장들은 평여장으로 미석, 옥개부, 垜口, 垜, 射穴 등의 흔적은 확인되지 않았다. 길게 돌담처럼 쌓은 여장으로 초기형태이다. 타구가 없기 때문에 적이 성벽 밑으로 접근하는 것을 살피기가 불편하였을 것이다. 특히 미석은 여장의 기단석으로, 여장으로 흘러내린 빗물이 체성으로 흘러내리지 않고 밖으로 쏟아지도록 만든 구조물인데, 고구려성의 여장에서 보면 미석은 삼국시대에는 없었다고 볼 수가 있다. 하여튼 고구려의 초기 여장은 성벽의 기본 방어시설로, 수원 화성의 여장으로 발전한 것이다.

한편 유성룡은 여장을 만드는데 높고 낮은 것은 성에 따라서 ⅓의 높이로 하며, 성의 높이가 2丈이 되면, 여장도 역시 1장으로 한다. 그 높이가 이와 같으므로 여장의 사람은 마음 놓고 꼿꼿이 서서 밖에서 날아오는 화살과 돌을 피할 수 있는 것이다. 우리나라의 여장은 겨우 2자 밖에 되지 않아서, 성을 지키는 사람은 몸을 굽히고 허리를 구부려서 쥐처럼 엎드려 가더라도 적의 탄환을 면치 못하니, 이것이 옳지 못한 하나이다. 여장의 사이는 사람이 끼일 정도로 좁게 만드는 것을 귀하게 여겨, 겨우 화살을 쏘고 조망할 수 있게 할 뿐 적으로 하여금 넘어 들어오지 못하게 하는 것이 성을 만드는 제도의 치밀함인데, 우리나라의 성은 여장의 중간이 넓고 커서 가끔 두어 사람을 용납할 수 있다. 이것이 옳지 못한 두 번째라고 하였다.[16] 또 유형원은 여장을 돌로 쌓으면 무너져 떨어지기가 쉽고, 우

---

14) 서길수 「벽류하(碧流河) 유역의 고구려 산성과 관방체계」, 208 · 256쪽.
15) 徐吉洙, 『高句麗 築城法 硏究』, 166~187쪽.

리나라의 모든 성은 여장의 높이가 모두 두어 자가 되어서 겨우 사람의 허리에 미치어, 적의 탄알을 피하지 못하고, 또 여장의 사이가 넓고 커서 사람을 용납함에 여유가 있고, 여장의 뿌리로부터 山字形을 이루어 더욱 올라 넘기가 쉽다고 하였다. 이 때문에 여장의 높이는 반드시 1丈으로 하고, 垜口는 한 반절에 미쳐서 구멍을 열게 하며, 그 사이를 협소하게 하고, 兩邊이 등마루를 이루어 좌우로 멀리 바라보고 쏘기에 편리하게 해야 한다고 주장하였다.[17]

3. 돌구멍이(石洞)

환인 오녀산성의 동벽에는 폭 1m의 여장 안쪽으로 돌구덩이 11개가 확인되었다. 돌구덩이의 간격은 2m 전후이고, 장방형으로 길이 30cm, 폭 20cm, 깊이 50~80cm 전후로 뚜껑돌이 덮여 있었다.[18] 집안 환도산성의 여장 안쪽 벽 아래에도 돌구덩이가 있는데, 대개 돌

<사진 2> 환도산성 돌구덩이

16) 『西厓集』 雜著 戰守機宜十條.

17) 『磻溪隨錄』권22 兵制後錄 城池.

18) 遼寧省文物考古硏究所, 『五女山城』, 22~23쪽.

구덩이 사이의 간격은 1.7m이고, 2m인 곳도 있었다. 돌구덩이는 장방형의 깊은 구멍으로, 上端의 입구는 길이 10cm, 폭 25cm, 깊이 45~80cm인데, 동벽의 남쪽에 20여 개가 보이고, 북벽과 서벽에도 확인되었다고 한다.[19] 또 집안 霸王朝山城에서는 북벽의 東端 가까운 여장 밑에서 할석으로 쌓아 만든 18개가 일직선으로 확인되었다. 돌구덩이 사이는 1.45~1.5m이고, 東端의 3개는 1.9m와 2m였다. 네모난 구멍의 한 변의 길이는 27~30cm이며 깊이는 50cm 정도였다. 이러한 돌구덩이는 동벽 남단에서도 1개가 발견된 일이 있었다고 한다.[20] 신빈 黑溝山城 서벽의 여장 안쪽에서도 성벽 위에 직선으로 배열된 25개의 돌구덩이를 확인하였는데, 수직으로 네모졌다. 한 변의 길이는 보통 20~35cm, 깊이는 30~60cm였다. 단 하나는 깊이가 108cm나 되었다. 돌구덩이 사이의 간격은 1.5m이고, 성벽 外緣에서 0.83~1.2m 거리에 있고 모두 할석으로 만들었다.[21] 또 서풍 城子山山城 남벽 위에서도 7개의 네모난 돌구덩이를 확인하였다. 큰 것은 길이와 폭이 30cm, 깊이 60cm이고 작은 것은 길이와 폭이 20cm, 깊이 45cm로 간격은 1.5~1.8m이며, 외연에서 0.7m 거리에 만들었다.[22] 또 환인 高儉地山城의 서벽 북단의 약 30m 지점 성벽 위에도 9개의 돌구덩이가 있는데, 돌구덩이의 거리는 1.8~2m였다. 수직이며 길이 30cm, 폭 25cm, 깊이 50~75cm로 塊石으로 쌓았다.[23] 장하 城山山城 동벽과 북벽의 일부 지점에서 돌구덩이의 흔적이 확인되었고, 장하 後城山山城 동벽 중앙부에서도 5개가 확인되었는데, 돌구덩이와 외벽 사이의 거리는 대략 80cm, 돌구덩이와 돌구덩이 사이의

---

19) 李殿福, 「高句麗丸都山城」, 83쪽. 車勇杰, 「高句麗 前期의 都城」, 『國史館論叢』 48(國史編纂委員會), 1993, 16~17쪽.

20) 方起東, 「吉林輯安高句麗霸王朝山城」, 570쪽.

21) 撫順市博物館 · 新賓縣文化局, 「遼寧省新賓縣黑溝高句麗早期山城」, 『文物』 2, 1985, 48쪽.

22) 周向永 외, 「西豊城子山山城」, 『遼海文物學刊』 2, 1993, 24쪽.

23) 梁志龍, 「桓仁地區高句麗城址概述」, 『博物館硏究』 1, 1992, 66쪽.

거리는 대략 1.8m, 구멍 한 변의 길이 30cm인 정방형, 깊이 40cm 정도이고, 보란점시 魏霸山城 북벽 동쪽 구간에 있는 돌구덩이는 한 변의 길이 30cm인 정방형으로, 성벽 바깥 가장자리에서 돌구덩이까지의 거리는 110cm, 돌구덩이와 돌구덩이 사이 거리는 190cm, 돌구덩이 한 가운데서 다음 돌구덩이 한 가운데까지는 220cm였다.[24] 대련의 大黑山城에도 곳곳에 방형의 柱穴이 있다고 한다.[25] 이밖에 수암 娘娘山城, 봉황 鳳凰山城, 보란점시 高麗城山山城에서도 조사가 되었다.[26]

이처럼 이들 돌구덩이의 특징은 성벽 外緣에서 0.7~1.2m 안으로 여장 내측에 위치한다는 점, 수직으로 돌로 쌓았다는 점, 평면이 네모지다는 점, 간격은 0.8~2.05m이고, 크기는 길이 10~30cm, 폭 20~35cm, 깊이 30~108cm라는 점이다. 백제와 신라에서는 아직 이러한 시설물이 발견되었다는 보고는 없다. 고구려성의 특징적인 시설물이다.

4. 옹성(遮城)[27]

1) 사각형옹성

집안 國內城 서벽 북문과 동문에는 성문 밖으로 한쪽에 ㄱ자형옹성이 설치되었다. 보란점시 高麗城山山城에는 반대로 성문 안쪽으로 한쪽에 ㄱ자형옹성을 구축하였다.[28] 丸都山城 남문에는 긴사각형의

24) 서길수, 「벽류하(碧流河) 유역의 고구려 산성과 관방체계」, 208 · 257 · 274쪽.

25) 東潮 · 田中俊明, 『高句麗の歴史と遺蹟』(中央公論社), 1995, 366쪽.

26) 徐吉洙, 「고구려 축성법 연구(2)—성가퀴(女墻)와 기둥 구덩이(柱洞)—」, 『文化史學』 11 · 12 · 13, 2008, 157~166쪽. 徐吉洙, 『高句麗 築城法 硏究』, 187~217쪽.

27) 『고려사』에는 甕城을 遮城이라고 하였다(『高麗史』 권82 志36 兵2 城堡). 甕城, 擁城, 壅城이라고도 표기하고 있는데, 전체적인 廣意로 보아 擁城이라고 표기하는 것이 좋을 것이라고 하는 견해가 있다(李應默, 「韓國城郭의 城門建築樣式에 關한 硏究」, 78쪽).

옹성이 설치되었고,[29] 국내성에도 성문 밖으로 양쪽에 ㄱ자형 옹성을 만들어 중앙문식 사각형옹성을 만들었다.[30] 이는 수레의 통행과 관련이 있는 듯하다.

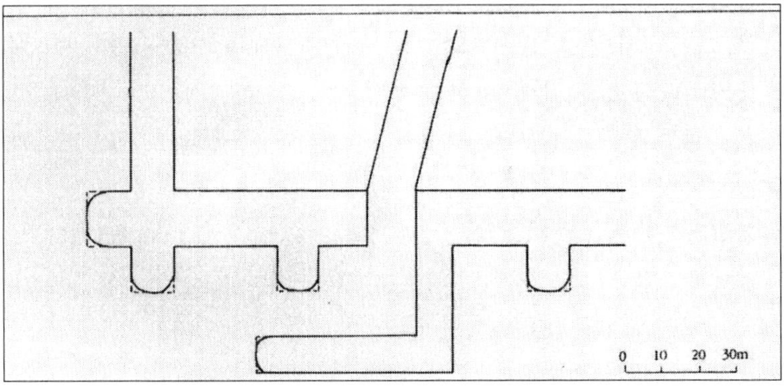

<그림 1> 국내성 동문 평면도

사각형옹성은 익산의 彌勒山城(箕準城)에도 존재하며,[31] 개경도성의 나성에는 14개의 옹성이 있는데, 옹성의 형식은 3가지이다. 동대문, 오정문, 비전문 등 큰 성문에는 사각형옹성을 설치하였는데, 비전문의 경우 기본 성문 자리에서 좌우 쪽으로 각각 20m 되는 곳에서 옹성 벽이 직각으로 60m 앞으로 나가서 양쪽 옹성 벽이 동시에 다시 직각으로 꺾어 25m 정도 씩 마주 향해 들어 왔는데, 그 중심에 옹성문을 냈다. 다른 형식은 반원형옹성으로 개경도성의 옹성은 대부분 이런 형식이며, 이밖에 어긋문옹성도 1개가 있다고 한다.[32]

---

28) 徐吉洙, 『高句麗 築城法 硏究』, 366~370쪽.
29) 吉林省文物考古硏究所 · 集安市博物館, 『丸都山城』, 2004, 77~11쪽.
30) 關野貞, 「滿洲國輯安縣に於ける高句麗時代の遺蹟」, 『朝鮮の建築と藝術』(岩波書店), 1943, 277쪽. 이 옹성은 1915년 조선총독부의 『朝鮮古蹟圖譜』와 1938년 池內宏의 『通溝』에는 보인지 않는다.
31) 孫永植, 『韓國城郭의 硏究』, 152쪽.
32) 전룡철, 「고려의 수도 개성성에 대한 연구(2)」, 『력사과학』 3, 1980, 26쪽.

2) 반원형옹성

와방점시 得利寺山城 서문과 집안 환도산성 서남문에는 성문 밖

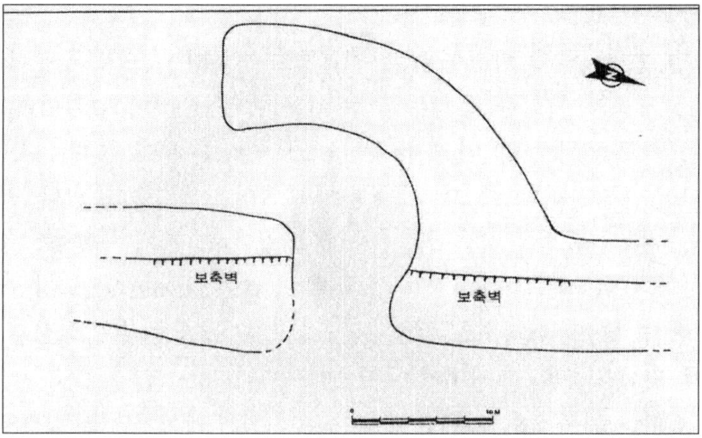

<그림 2> 득리사산성 서문 평면도

으로 만든 반원형옹성이 있다.[33)] 평양성 대동문은 1959년 대동강 호안 정리 때 홍예문 앞 약 12.5m 위치에서 반원형옹성을 쌓았던 흔적이 확인되었는데, 거기에 쓰인 돌들이 고구려 때 것이었다.[34)] 또 집안 霸王朝山城 북문의 門口部의 외면 약 8m 되는 곳에 할석으로 쌓은 것이 무너진 흔적이 있는 데, 그 동쪽 끝이 북벽에 이어졌으므로 반원형옹성으로 보인다고 한다.[35)]

피현 契亡山城,[36)] 곽산 淩漢山城,[37)] 용강 黃龍山城,[38)] 해주 首陽山城, 평성 慈母山城,[39)] 의주 白馬山城[40)] 등에서도 반원형옹성이 보

---

33) 徐吉洙, 『高句麗 築城法 硏究』, 368~369쪽.

34) 최희림, 『고구려 평양성』, 82쪽.

35) 方起東, 「吉林輯安高句麗霸王朝山城」, 570쪽.

36) 최희림, 「홍화진성의 위치와 축조 형식 및 시기에 대한 연구」, 『력사과학』 4, 1982, 32~37쪽.

37) 김기웅, 「고구려산성의 특성에 관한 연구」, 『고고민속론문집』 9(과학백과사전출판사), 1984, 149쪽.

38) 조선유적유물도감편찬위원회, 『조선유적유물도감』 3 고구려편(1), 174~189쪽.

고되었다. 그러나 압록강 이남의 반원형옹성들은 이들 산성들이 후대까지 사용되어 수축되었기 때문에 모두 고구려기의 시설물인지는 단언할 수가 없다.

한편 우리나라의 반원형옹성은 片門式과 中央門式으로 구분이 되는데, 고구려의 이러한 옹성은 모두 편문식 뿐인 것이 특징이며, 옹성벽이 성문을 완전히 감싸지 못하는 모습으로 되어 있다. 이로써 편문식이 중앙문식 보다 앞서 출현한 형식임을 알 수가 있다. 조선시대의 반원형옹성은 한양도성, 울산 彦陽邑城, 거제 古縣城, 홍성 結城邑城, 보령 藍浦邑城, 당진 沔川邑城. 전주 全州邑城, 고창 高敞邑城, 나주 羅州邑城, 수원 華城 등에 있으나, 중앙문식은 화성의 장안문과 팔달문 뿐이고 나머지는 편문식들이다.

우리나라의 옹성이 城壁相錯式과 같은 방법에서 片側式, 四角式, 半圓式으로 발생, 발전되었다고 보는 견해가 있다.[41] 사각형옹성으로부터 반원형옹성으로 변화 발전한 것은 반원형옹성이 사각형옹성에 비해 실제 전투에서 유리했기 때문이라고 지적되고 있다.[42] 즉 사각형옹성은 반원형옹성에 비해 防禦前方의 시야가 좁고 隅角部 등에서는 실제의 작전에 좋은 성과를 거두기에 불편하여, 이러한 단점을 개량 보완하기 위해 반원형옹성이 보편화되었다는 것이다.[43]

3) 어긋문옹성

어긋문옹성은 집안 國內城 서문(安武門),[44] 길림 龍潭山城 서문, 보란점시 魏霸山城 동북문,[45] 보란점시 高麗城山山城 서문, 평양 淸

---

39) 사회과학원 고고학연구소, 『고구려문화』, 1975, 25쪽.
40) 박황식, 「우리나라 성문형식에 대한 자료」, 『고고민속』 4, 1966, 39쪽.
41) 車勇杰, 「三年山城 門址遺構의 檢討」, 『忠南史學』 1, 1986, 39쪽.
42) 사회과학원 고고학연구소, 『고구려문화』, 25쪽.
43) 李應默, 「韓國城郭의 城門建築樣式에 關한 硏究」, 81~82쪽.
44) 關野貞, 「滿洲國輯安縣に於ける高句麗時代の遺蹟」, 『朝鮮の建築と藝術』, 277쪽.
45) 서길수, 「벽류하(碧流河) 유역의 고구려 산성과 관방체계」, 279~281쪽,

岩洞土城 북문 · 서문, 평양 大城山城 소문봉 성문,[46] 피현 契亡山城 동문[47] 등에 있다.

백제의 것으로는 청주 井北洞土城 남문 · 북문, 보령 鎭唐山城 남문,[48] 신라의 것으로는 옥천 城峙山城 남동문,[49] 진천 胎靈山城에서 확인되고, 개경도성의 나성 서벽의 대국골로 넘어가는 문지에서도 확인되었다.[50] 국내성, 대성산성과 같은 큰 성에서는 어긋난 성벽 사이에 성문을 만들었으나, 작은 성에서는 성문의 흔적은 보이지 않는다. 이러한 어긋문옹성은 옹성의 초기형태로 토성에서 유래된 것이 아닌지 모르겠다.

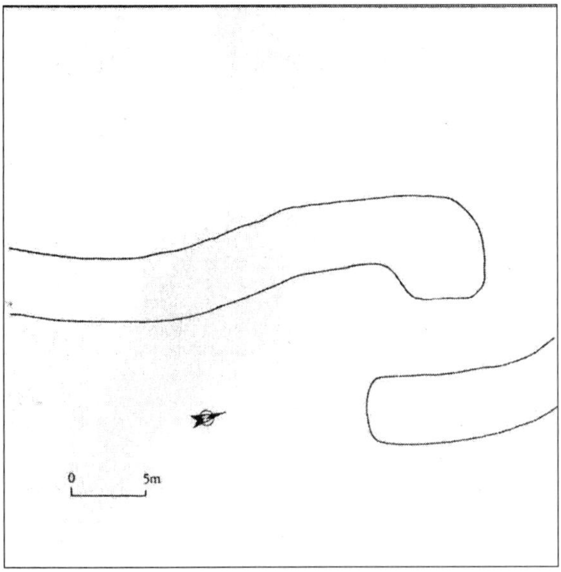

<그림 3> 용담산성 서문 평면도

5. 돌출시설물

46) 김일성종합대학출판부, 『대성산의 고구려유적』, 35~37쪽.
47) 최희림, 「홍화진성의 위치와 축조 형식 및 시기에 대한 연구」, 『력사연구』 4, 1982, 37쪽.
48) 兪元載, 「保寧 鎭唐山城에 對한 硏究」, 『論文集』 21(公州敎育大學), 1985, 166쪽.
49) 清州大學校 博物館, 『沃川郡 文化遺蹟』, 1993, 45쪽.
50) 전룡철, 「고려의 수도 개성성에 대한 연구(2)」, 『력사과학』 3, 1980, 26쪽.

1) 치성(성머리)[51]

『華城城役儀軌』 卷首 圖說에는 雉城의 의미는 꿩이 능히 제 몸은 숨기고 밖을 엿보기를 잘하는 까닭에 이 뜻을 딴 것이라고 하였다. 국내성의 북벽 Trench 8에는 地面下에서 치의 기초가 남아 있었는데, 기초는 거대한 화강암 석재로 서로 맞 물려서 쌓았다. 규모는 길이 10m, 폭 6.8m였다. 이 치는 국내성 시기에 건립된 것으로 후대에 수축할 때 폐기된 것이라고 한다.[52] 장하 城山山城의 치는 폭 7.6m, 길이 6.1m, 측면 높이 7.55m이며, 굽도리 부분은 11단까지 들여쌓기를 하였으며, 처음 성벽을 쌓을 때 쌓았다가 뒤에 성벽을 덧쌓을 때 더 크게 덧쌓았다고 한다.[53] 장하 後城山山城의 치(처음 쌓은 부분)는 길이 8.3m, 폭 5m이며, 현재 굽도리 부분 6단만 높이 1m안팎으로 남아 있다. 맨 아래는 80×30cm 정도 되는 큰돌을 써서 기초를 삼고, 그 위는 20~40cm×12~20cm로 잘 다듬은 성돌로 쌓았다. 기초 위의 굽도리 부분은 들여쌓기를 하였는데, 이래 부분일수록 들여쌓기를 많이 하였다.[54] 평양 大城山城은 7,076m의 둘레에 65개의 雉가 있었던 자리가 확인되었다. 치를 설치한 지점은 성벽이 직선인 곳이나, 성벽이 맛 닿는 모퉁이에 있으며, 상대적으로 성벽이 굴곡으로 되어 있는 곳은 적었다. 소문봉 성벽의 한 치자리는 길이 12m, 폭은 성벽에 붙은 부분 10.3m, 끝 부분 9.8m였다. 기초돌은 매우 큰 것을 사용하였고, 그 위에 쌓은 성돌은 좀 작았다. 벽은 무너지는 것을 막기 위해서 약간 경사지게 쌓아 올렸다.[55] 신빈 黑溝山城 북벽의 치는 길이 1.9m, 폭 1.1m, 현재 높이 0.4m이고, 서북쪽의

---

51) 『고려사』와 『조선왕조실록』에는 치성을 城頭라고 하였는데, 치성이 밖으로 머리처럼 튀어나와서 생긴 명칭이 아니가 싶다. 중국에서는 길고 좁기 때문에 말 얼굴과 같다하여 馬面이라고 한다.

52) 集安縣文物保管所, 「集安高句麗國內城址的調査與試堀」, 52쪽.

53) 서길수, 「벽류하(碧流河) 유역의 고구려 산성과 관방체계」, 219~223쪽.

54) 서길수, 위의 논문, 259쪽.

55) 김일성종합대학출판사, 『대성산의 고구려 유적』, 26~29쪽.

角臺는 사다리꼴의 치인데, 길이 12.6~13.2m, 폭 6m이고, 기초부분은 4층까지 5cm씩 들여쌓아 계단 모양이고, 위로는 곧추 쌓아 높이 4m이다. 外面은 사각추형의 석재로 쌓고, 內心은 할석편으로 메웠다.[56] 평양성의 치는 내성의 동벽인 장경문에서 을밀대에 이르는 구간과 북벽인 을밀대에서 칠성문에 이르는 구간에 성벽이 밖으로 돌출한 부분마다 약 12개소의 치를 설치한 흔적이 있고, 또 안산 서북모퉁이를 비롯한 성벽이 꺾어진 위치에 설치하였다. 규모는 약 8~10m를 돌출시킨 정방형에 가까운 형태이며,[57] 북성 을밀대부근 성벽의 굽도리 모서리에 쓴 면석은 위면 안쪽을 쪼아 낮추고 그 테두리에 턱을 주어 덧놓은 계단식 면석이 밀려 나지 않도록 고려하였는데, 서로 맞물려 움직이지 않도록 하였다.[58] 황주 黃州城의 치는 길이 약 6.2m 정도이고 폭은 12m이다. 치의 모서리 돌은 위면 안쪽을 쪼아 낮추고, 그 테두리에 턱을 만들어 위 돌이 밀려나지 않도록 하였다.[59]

심양 石台子山城에서는 치가 10개소가 확인되었는데, 평면은 방형과 장방형으로 3종류의 형태로 분류된다. Ⅰ式은 기단과 기단 위에 만든 體部로 구성된 것으로 5개소이며, 형체가 다른 것보다 비교적 크다. 그 중 1號는 치의 기초 부분과 체성벽이 交接하며, 기단의 밑 부분은 길이 9m, 폭 9m이고, 體部는 길이 7.4m, 폭 6.4m였다. 3호의 기단은 길이 10.14m, 폭 8.8m, 체부는 길이 9m, 폭 7.7m였고, 4호는 기단의 길이 7.1m, 폭 8.76m로 基壇上 正·側面 1m 안에 체부를 조성하였다. 5호의 기단은 길이 10.4m, 폭 8.8m, 正面高 1.5m, 기단 상 정·측면 1m 안에 체부를 조성하고, 체부는 길이 9.4m, 폭 6.8m였다. Ⅱ式은 6호 1개소뿐인데, 方形圓角 기초와 方形體部로 구성되

56) 車勇杰, 「高句麗 前期의 都城」, 3~4쪽.
57) 최희림, 『고구려 평양성』, 91쪽.
58) 최희림, 위의 책, 60쪽.
59) 최희림, 「황주성에 대하여」, 『력사과학』 2, 1982, 46쪽.

<사진 3> 석대자산성 1호치

었다. 기단의 최저부 1층 모서리가 圓弧形을 띠었다. 기단은 길이 6.8m, 폭 8.88m, 높이 1.7m였고 기단 상면에 정 · 측면에서 0.56m를 들여 체부를 조성하였는데, 체부는 길이 6.24m, 폭 7.76m였다. Ⅲ式은 4개소인데 方形方角無基壇式이었다. 2호는 길이 6.2m, 폭 8.9m이고, 7호는 길이 7.4m, 폭 9.4m, 8호는 길이 9m, 폭 9m였고, 10호는 길이 3.5m, 폭 4m였다.[60]

보루의 치성으로는 서울 胎峰堡壘(구의동유적)에는 2개소의 치가 확인되었는데, 체성과 접한 부분의 폭 120cm, 바깥쪽의 폭 200cm이고, 길이는 180cm 내외이며, 다른 하나는 폭 150cm, 길이 180cm였다.[61] 또 서울 아차산 4보루 동벽의 치는 비깥 쪽 폭 6.2m, 안쪽 폭 5.5m이고, 길이는 4.6m와 4.9m였다.[62] 태봉보루와 아차산 4보루의

60) 遼寧省文物考古硏究所 · 沈陽市文物考古工作隊, 「遼寧瀋陽市石臺子高句麗山城第一次發掘簡報」, 『考古』, 1998—10, 866~869쪽.

61) 구의동보고서간행위원회, 『한강유역의 고구려요새』, 1997, 25쪽.

62) 서울대학교 박물관 外, 『아차산 제4보루 발굴조사 종합보고서』, 2000, 87쪽.

치 규모가 이처럼 매우 작은 것은 보루의 둘레가 각각 46.47m와 210m에 불과하기 때문이었다.

신라의 영춘 溫達山城의 치는 길이 6.3m, 체성과 붙은 곳에서의 上面幅 5.53m, 下面幅 5.8m이다.[63] 고려의 개경도성에는 발해참성 동벽에 10개소, 나성에 46개소가 조사되었는데, 토성의 경우는 길이가 대체로 10~20m가 되는 것이 많으며, 폭은 기본성벽과 같게 하였고, 석성은 길이 3~7m, 폭 5~6m가 되는 것이 많았다.[64]

1417년에 석축된 울산 兵營城 동벽의 치에는 사방 8m 규모의 정방형 기단부가 확인되었다.[65] 또 1439년에 쌓은 영일 長鬐邑城에 설치된 12개소의 치는 길이 5.1~10.6m이고, 폭은 4.2~8.5m였다.[66] 1453년에 축조된 것으로 보이는 거제 古縣城의 바 지구에서 확인된 치의 규모는 길이 10.2m, 폭 7.4m였다.[67]

이처럼 고구려의 치는 有基壇式과 無基壇式이 있으며, 평면으로는 方形과 長方形이 있다. 심양 石台子山城, 등탑 白巖城, 장하 城山山城, 태천 籠吾里山城 치성처럼 기단의 모서리나 굽도리를 둥글게 만든 것도 있다.[68] 이렇게 치성의 모서리가 둥글게 되어 있는 것은 남한지역에서는 고구려의 아차산 4보루에 남아 있다. 그 전통은 고려 초기에 축조되었다고 보고된 음성 望夷山城에서도 확인되고, 수원 화성에서도 보인다. 망이산성의 2호 치는 폭 약 8.1m, 길이 약 8m의 정방형인데 기단석의 모서리는 둥글게 하였으며, 모서리 부분에는 기단석이 앞으로 밀리는 것을 방지하기 위해 기단석의 윗면에 단이 지도록 얕은 턱을 만든 다음, 턱이 진 안쪽으로 위쪽 기단석이

63) 忠淸北道丹陽郡 · 忠北大學校湖西文化研究所, 『溫達山城地表調査報告書』, 1989, 39쪽.
64) 전룡철, 「고려의 수도 개성성에 대한 연구(2)」, 『력사과학』3, 1980, 26~27쪽.
65) 沈奉謹, 「蔚山 兵營城址」, 『韓國南海沿岸城址의 考古學的 硏究』, 221쪽.
66) 慶州文化財研究所, 『長鬐邑城地表調査報告書』, 1991, 55~62쪽.
67) 沈奉謹, 「巨濟 古縣城址」, 『韓國南海沿岸城址의 考古學的 硏究』, 247쪽.
68) 이러한 工法은 장하 城山山城 祭壇의 기단에서도 응용되었다.

꼭 들어맞도록 하였다.[69] 城山山城이나 石台子山城 치성처럼 이례적으로 체성에서 밖으로 튀어나온 길이보다 폭이 넓은 것도 있다.

한편 조선시대에도 이처럼 길이 보다 폭이 넓은 형태의 치가 있었다. 즉 세종 12년 9월에는 축성시에 屈曲處를 제외하고는 平直處에 그 지형에 따라 100보마다 치 하나씩을 쌓도록 하였는데,[70] 이때에는 치의 규모는 규정하지 않았다. 그러나 세종 15년 1월에는 병조에서 아뢰기를 새로 쌓은 경상도 昆南邑城은 치의 전면이 너무 넓고, 좌우가 너무 협소하여 수어하는데, 마땅하지 않으나 이미 축조하여 고칠 수가 없으니, 지금부터는 前面 15척, 左右 각 20척으로 제도화하고, 150보마다 치 하나씩을 두면 功力을 줄이고, 적을 방어하는데 유리할 것이라고 하자, 세종은 이에 따랐다고 한다.[71] 또 그 후 세종 22년 3월에 영중추원사 崔閏德의 말에 300척마다 3개를 설치하면 그 수가 너무 많고, 치의 축조에 모두 鍊石을 사용하면, 공력이 더욱 어려우니 치를 쌓지 말자고 하였다.[72] 이에 대해 세종 12년에는 100척(혹은 100보)마다 치를 두기로 했다가, 세종 15년부터는 前面 15척(7m), 長 20척(9.34m)의 규모로 150척(70m)마다 하나씩을 설치하도록 규정되었으나 그 수가 너무 많다 하여, 세종 22년부터는 치를 쌓지 않더라도 빨리 督役하도록 방침이 바뀐 것으로 보고 있다.[73]

치성은 石台子山城처럼 48~87m의 사이를 두고 주 방어면에 어느 정도 일정한 간격으로 설치된 것도 있으나, 일반적으로는 성벽이 직선을 이루거나 성벽이 맞 닿는 곳으로 밖으로 능선이 이어지는 곳에

---

69) 단국대학교 중앙박물관 · 경기도 안성군, 『망이산성 발굴 보고서(1)』 , 1996, 459쪽.

70) 『世宗實錄』 권49, 世宗 12년 9월 壬戌.

71) 『世宗實錄』 권59, 世宗 15년 정월 丁卯.

72) 『世宗實錄』 권88, 世宗 22년 3월 癸卯.

73) 車勇杰, 「高麗末 · 朝鮮前期 對倭 關防史 硏究」 (忠南大學校 博士學位論文), 1988, 114쪽. 沈正輔, 『韓國 邑城의 硏究—忠南地方을 중심으로—』 (學硏文化社), 1995, 378쪽.

부분적으로 설치되는 경우가 많았다. 또 치성은 자연 지세에 맞게 설치하였기 때문에 그 규모가 같지는 않았으나, 대체로 길이 5~9m, 폭 3~5m의 것이 많으며, 높이는 기본 성벽과 같이 하였다.[74] 또 치성은 적들을 정면과 좌우에서 방어할 수 있을 뿐만 아니라, 성벽 밑으로 다가온 적들도 곧 바로 내려다보며 쏠 수 있는 이점이 있기 때문에 방어적인 측면에서는 매우 중요한 기본적인 구조물이었다.

<사진 4> 환도산성 곡성

2) 곡성

집안 丸都山城의 서북모퉁이에는 반원형의 曲城이 있는데,[75] 직경이 8m로 망대의 역할을 한 것으로 보인다.[76] 신빈 黑溝山城의 동벽에 곡성이 있고,[77] 봉성 鳳凰山城에도

74) 사회과학원 고고학연구소, 『고구려문화』, 26쪽.
75) 李殿福,「高句麗丸都山城」,『文物』6, 1982, 84쪽. 한국방송공사, 『高句麗城』, 1994, 81쪽.
76) 車勇杰, 「高句麗 前期의 都城」, 16쪽.
77) 徐吉洙, 『高句麗 築城法 硏究』, 308쪽,

망대 역할을 하던 곡성이 있으며,[78] 태천 籠吾里山城에도 둘레 6m 정도의 작은 반원형의 곡성이 있다고 한다.[79]

신라의 곡성으로는 보은 三年山城,[80] 경주 明活城,[81] 문경 姑母山城[82] 등이 있고, 한양도성에도 곡성이 남아 있다.

중국에서는 누각이 있는 곡성을 團樓라고 부르는데, 북송의 沈栝은 자신의 경험으로는 馬面(치성)이 단루보다 더 효과적이라고 하였다. 이 때문인지 고구려성에서 곡성이 치성보다 숫자가 절대적으로 적은 것은 이 때문이 아닌가 싶다.

3) 凸城(甬道)

태천 籠吾里山城의 서벽과 남벽이 맞 닫는 능선에는 성 밖에 있는 봉우리를 확보하기 위해서 폭 15~30m로 약 100m 정도를 내 쌓은 翼城(나래성)이라고 부르는 철성이 있으며, 철성의 끝에는 西將臺를 설치하였다.[83] 이러한 철성은 平壤城에도 있는데, 평양성의 철성은 北城의 모란봉 중턱에서부터 북으로 약 120m 정도 성벽을 돌출시켜 철성을 쌓았다. 철성의 동벽과 서벽과의 거리는 10~15m로서 내부에는 홈을 파서 나추고 사람들이 통행할 수 있게 하였으며, 그 좌우에는 성벽을 쌓았다. 이 철성은 북쪽에서 산줄기를 타고 침입하는 적을 막기 위한 시설물이었다.[84] 해주 首陽山城에도 남 · 북벽이 맞닿는 곳에 길이 30m, 폭 17m에 달하는 철성이 있고,[85] 평산 太白山城 등지에도 보고된 바 있다.[86]

---

78) 한국방송공사, 『高句麗城』, 108쪽.
79) 김례환 · 류택규,「룡오리산성에서 발견된 고구려 석각문」,『문화유산』6, 1958, 53쪽.
80) 報恩郡,『三年山城 城壁構造 및 西北雉調査槪報』, 1987, 24~26쪽.
81) 계림문화재연구원, 『명활성』,, 2017, 42~46쪽.
82) 中原文化財硏究院, 『聞慶 姑母山城 1』, 2007. 61~62쪽.
83) 조선유적유물도감편찬위원회, 『조선유적유물도감』3 고구려편(1), 130쪽.
84) 최희림, 『고구려 평양성』, 91~92쪽.
85) 사회과학원 고고학연구소, 『고구려문화』, 25쪽.

산성 조사를 해 보면 삼국시대 토성에서도 능선을 따라 길게 성벽에서 치성을 확대하여 놓은 것 같은 시설물을 보게 된다. 특히 정조 때 쌓은 수원 華城에도 이러한 철성을 볼 수 있는 것으로 보아,[87] 철성은 조선시대에까지 그 전통이 내려 왔음을 알 수가 있다. 이처럼 철성이란 성벽에서 성 밖으로 뻗은 산 능선을 따라 쌓았는데, 이는 적들의 침입이 비교적 용이한 산 능선을 타고 성벽을 공격하는 것을 제압하기 위한 것이다. 성 밖에서 성안을 내려다 볼 수 있는 고지나 방어상 유리한 산등성이를 확보하는데 목적이 있었다. 이러한 철성은 본래 치성에서 발달한 것으로 보이는데, 치성을 지형에 따라 방어에 유리하도록 확대 응용한 것이다.

철성이란 용어는 유성룡이 지은 『懲毖錄』의 錄後雜記에서 인용한 것이다. 즉 그는 「城外의 형세를 따라 별도로 雉制와 같은 철성을 쌓는데, 그 가운데를 공간으로 만들어 사람들이 통행할 수 있게 한다. 또 전면과 좌우에는 포혈을 뚫어, 포혈을 통해 포를 쏠 수 있게 한다. 위에는 포루를 세우고 적루의 거리는 千步 이상으로 하며, 大砲에는 겨란 만한 鐵丸 數斗를 넣었다가 적들이 많이 城外로 집결할 때 砲丸을 양처에서 交發하면 인마는 물론이고 금석도 부서지지 않는 것이 없게 된다. 만약 他堞에 비록 守兵이 없더라도 다만 수십 인으로 하여금 포루를 지키게 하면 적들이 감히 성벽으로 접근하지 못하게 되니, 이것은 실로 守城하는 묘법이다.」라고 하였다.

6. 장대

將臺는 평소에는 적의 동향을 살피는 망대의 기능을 하고, 유사

---

86) 최희림, 『고구려 평양성』, 92쪽.

87) 화성에서는 이를 甬道라고 하였는데, 화성의 경우 성벽에서 남쪽 기슭으로 한 가닥의 능선이 뻗어서 별안간 높이 솟아 사방의 들을 굽어보게 생겨서, 만약에 이곳을 막아 지키지 않고 적들이 먼저 올라 온 다고 한다면, 온 성의 허실을 모두 적들에게 드러내 보이는 결과가 되기 때문에 이러한 구조물을 만들었다고 하였다(『華城城役儀軌』 卷首 圖說).

시에는 장수가 작전지휘, 상황보고를 받는 기능을 갖고 있었는데, 중국에서는 占將臺라고 부른다. 대체로 높은 高地에 설치되었다.

등탑 白巖城의 장대는 석축 방형으로, 내성 안에 위치하였다.[88] 신빈 黑溝山城 서벽의 장대는 밑변 7m, 위면 5m, 높이 2m의 方錐形

<사진 5> 백암성 장대(망대)

이다.[89] 태천 籠吾里山城에는 동, 서, 북쪽에 장대지가 있다. 이들 장대는 모두 성 안팎이 한 눈에 잘 보이는 장소에 두었다. 이 중에서 서장대는 약 100m 가량 내 쌓은 철성 끝에 위치하였다. 북장대는 북벽에서 약 10m 떨어진 봉우리에 설치하였는데, 돌로 축대를 쌓고 그 위에 기와집을 지었던 것으로 보였다. 건물지의 규모는 길이 8m, 폭 4m이며, 직경이 1m나 되는 주춧돌과 기와조각이 널려 있었다.[90] 서울 夢村土城 안의 고구려유적에서도 흙으로 쌓은 방형의 이러한 구조물이 조사되었다. 이러한 인공 장대를 갖추지 못한 성에서는 자연

88) 한국방송공사, 『高句麗城』, 146~149쪽.
89) 車勇杰, 「高句麗 前期의 都城」, 4쪽.
90) 사회과학원 고고학연구소, 『고구려문화』, 30쪽.

지형을 그대로 장대로 이용하였다.

7. 봉화대

장하 城山山城에서 가장 높은 내성 북쪽에는 있는 높은 대를 봉화대라고 부르는데, 가운데에 큰 구덩이가 있다.[91] 신빈 黑溝山城 북벽의 망대는 바깥으로 튕겨진 산등성이에 있는데, 길이 6.3m, 폭 6m, 높이 3.3m로 할석을 14층으로 쌓았는데, 층마다 5cm씩 들여쌓아 계단식을 이루고, 윗면에는 깊이 0.5m, 직경 2m의 봉화터로 보이는 원형 구덩이가 있다.[92]

8. 水門木柵

무순 高爾山城 東城의 남문 서측의 수문 밖에서는 7개의 木柱로 동북에서 서남을 향해 만들어진 목책이 확인되었는데, 수문을 통해 성내로 들어오는 것을 막는 방어시설로 추정된다고 한다. 柵木의 殘長은 230cm이고, 직경은 약 20cm였다. 사면을 가공하여 多棱形을 이루었고, 상면은 朱色을 칠하였다. 재질은 梨木이었고, 발굴시 전부가 水中에 매몰되어 있었으며, 지금까지 腐朽되지 않고 마치 처음과 같이 견고하였다. 이 목책은 화재로 인해 불태워 졌으며, 보장왕 14년에 당나라 영주도독 程名振의 침입으로 소실된 것으로 보고 있다. 또 수문의 성안으로는 배수구가 있었는데, 배수구의 양측은 大石塊로 잘 쌓았다.[93]

한편 집안 환도산성 남문에는 단면이 사각형인 수구가 발굴되었는데, 장하 城山山城 서남벽에는 물을 성 밖으로 흘러나가게 하는 漏槽가 조사되었다.[94] 한양도성, 북한산성, 수원 화성 등지에서 볼

91) 徐吉洙 『高句麗 築城法 硏究』, 444~445.
92) 車勇杰, 「高句麗 前期의 都城」, 4쪽.
93) 徐家國 · 孫力, 「遼寧撫順高爾山城發掘簡報」, 『遼海文物學刊』 2, 1987, 44쪽.
94) 徐吉洙, 『高句麗 築城法 硏究』, 68쪽.

수 있는 누조의 초기 형태로 놀랍기만 하다.

9. 내환도

內環道는 성벽 안쪽으로 만든 길인데, 중국에서는 馬道라고 부른다. 평소에는 병사들의 순찰로이고, 유사시에는 적의 공격방향으로 성안의 기병과 보병을 신속하게 배치하는 이동로였다. 무순 高爾山城의 성벽 안쪽에는 폭 3m의 내환도가 있고, 보란점시 魏覇山城의 동벽과 북벽에는 말 3~4필이 함께 다닐 수 있는 폭의 내환도가 남아 있는데,[95] 내환도는 고구려성에서는 일반적인 시설물이었다.

4C경 백제에서 축조된 것으로 보고된 평택 慈美山城에도 성벽 안쪽으로 3~15m 폭의 내환도가 마련되었고,[96] 익산 五金山城의 성벽 내부에도 폭 3m의 내환도가 있고, 지형에 따라서는 20~30m 폭의 대지에 연결되기도 하였다.[97] 예산 任存城에도 성내 전체에 폭 7~8m의 내환도가 돌려져 있고,[98] 홍성 石城山城의 성벽 안쪽에도 5~6m 폭의 내환도가 마련되었으며,[99] 서천 南山城(靈鷲山城)에도 성내에는 전체 성벽을 따라 폭 6~10m의 내환도가 마련되어 있다.[100] 또 경주 明活城에도 성벽의 내측으로 폭 약 4m 내외의 내환도가 돌려져 있으며,[101] 단양 赤城山城서도 성벽으로 둘러싸인 부분은 기다란 타원형으로, 성 둘레를 한 바퀴 돌아가면서 좁은 곳은 폭 5m, 넓은 곳은 15~20m의 평편한 臺地를 이루고, 같은 단양의 貢文

95) 서길수, 「벽류하(碧流河) 유역의 고구려 산성과 관방체계」, 284쪽.
96) 京畿道博物館 · 平澤市, 『平澤 關防遺蹟精密地表調査報告書(1)』, 1999, 115~139쪽.
97) 圓光大學校 馬韓 · 百濟文化硏究所 · 全羅北道, 『益山五金山城發掘調査報告書』, 1985, 71쪽.
98) 상명여자대학교 박물관 · 홍성군청, 『洪城郡 長谷面 一帶 山城 地表調査報告書』, 1995, 126쪽.
99) 상명여자대학교 박물관 · 홍성군청, 위의 책, 34쪽.
100) 忠淸埋藏文化財硏究院 · 忠淸南道 舒川郡, 『乾芝山城』, 1998, 63쪽.
101) 朴方龍, 「都城 城址」, 『韓國史論』15(國史編纂委員會), 1985, 365쪽.

城도 성벽 안쪽에는 山塊를 삭토하여 石築外壁의 내측을 메운 內托部가 폭 5~15m로 성벽 안쪽을 따라 돌아가고 있다.102) 6C 후반에 신라에 의하여 축성된 것으로 보고된 정선 古城里山城에는 성내를 돌아가면서 성벽 안쪽으로 2~5m 폭으로 내환도가 또 성벽 밖으로는 동북쪽에서 서북쪽으로 돌아가는 외환도가 마련되었다.103) 8~9C 초에 축성되었다고 보고된 음성 水精山城에도 성의 내부에는 성벽을 따라가며 전체적으로 4~5m 폭의 내환도가 조성되었다.104) 또 충주 大林山城에도 성벽 안쪽으로 4~5m 폭의 내환도가 마련되어 있다.105)

숙종대의 북한산성에서는 내환도에 판석을 깔았고, 한양도성에서는 내환도는 18척, 성벽 밖의 외환도는 20척으로 규정화하였다.106)

10. 황(城隍)

평양 大城山城에는 내황의 시설이 있다고 하며,107) 평양성, 태천 籠吾里山城, 남포 黃龍山城에도 황의 시설이 확인되었다고 한다.108) 이 중에서 평양성의 황은 성 전체 주위에 만든 것이 아니고, 모란봉이나 만수대와 같이 산 또는 언덕에만 팠다. 자연해자인 보통강이 미치지 못하는 칠성문에서 을밀대 구간의 외황은 성 바깥 경사면을 약 45° 경사로 정연하게 깎아내고, 성벽에서 약 30~32m 내려가 6~7m 폭으로 만들었다. 또 을밀대와 칠성문 구간의 내황은 성안 성벽

102) 車勇杰, 「竹嶺路와 그 부근 嶺路沿邊의 古城址 調査研究」, 257 · 268쪽.
103) 忠北大學校 湖西文化研究所, 『旌善 古城里 山城과 松溪里 山城 및 古墳群 地表調査報書』, 45~46쪽.
104) 忠州産業大學校 博物館 · 陰城郡, 『陰城 水精山城精密地表調査 報告書』, 1998, 218쪽.
105) 祥明大學校 · 忠州市, 『忠州 大林山城 精密地表調査 報告書』, 1997, 51~76쪽.
106) 『世宗實錄』 권87, 世宗 21년 10월 辛巳.
107) 채희국, 『대성산 일대의 고구려 유적에 관한 연구』, 1964, 71쪽.
108) 최희림, 『고구려 평양성』, 95쪽.

밑에서 약 3m 안쪽에 약 10m 폭으로 만들었는데, 황을 팔 때 나온 돌은 성을 쌓는데 쓰고 판 자리는 내황을 만들었다고 한다.[109] 또 황주 黃州城에는 산등성이가 높고 성 밖이 가파른 동벽에서는 성벽 밖의 경사면을 따라 약 10~15m 정도 내려가 외황을 설치하고, 북벽 밖처럼 경사가 좀 완만한 곳은 경사면을 30m나 내려 깎은 다음 그 곳에 외황을 만들었다.[110]

특히 내황은 성 밑으로 스며드는 습기를 막고, 성벽의 기초 부분을 항상 마르게 하여 성벽의 수명을 연장시키는 역할을 하고, 겸하여 큰비가 쏟아질 때 흘러내리는 빗물이 일단 내황에 모였다가 서서히 수문으로 흘러내리게 함으로써, 성벽을 뚫고 나갈 수 있는 급류의 피해도 막을 수 있는 역할을 하였다고 지적되고 있다.[111] 이런 전통은 조선시대까지 그대로 계승되었다.

Ⅱ. 검토

1. 치성의 원류

夏家店下層文化期(B.C.2000~B.C.1500)의 석성은 많이 남아 있다고 한다. 하가점하층문화기의 석성중에서 대표적인 유적은 내몽골자치구 赤峰市 初頭郎鎭 三座店村의 해발 730m의 洞子山의 정상부에 위치한 三座店山城이다. 적봉시 서북 40km에 있으며, 陰河에서 120m 거리에 위치한다. 하가점하층문화기의 후기에 속한다.

삼좌점산성의 내성의 규모는 길이 140m, 폭 110m, 외성은 길이 40m, 폭 50m이다. 내성 안에서는 38기 이상의 원형 집자리가 발굴되었다. 내성에는 15기, 외성에서는 10기의 치성이 확인되었다. 하가

---

109) 최희림, 위의 책, 92~96쪽.
110) 최희림, 「황주성에 대하여」, 『력사과학』 2, 46~47쪽.
111) 최희림, 『고구려 평양성』, 95쪽.

점하층문화기의 석성에서 치성이 가장 많다. 치성 간의 거리는 내성 2,7~7,5m, 외성 2.7~5.6m였다. 내성 5호 치는 길이 5.2m, 폭 5.0m, 10호치는 길이 2.5m, 폭 2.4m였다. 외성의 가장 큰 5호치는 길이 3.5m, 폭 4.7m, 가장 작은 치는 길이 1.5m, 폭1.7m였다. 치성의 중심은 황토로 채우고, 위로 올라가면서 들여쌓기를 하였다. 치성의 평면은 말굽형(馬蹄形)으로 치성과 곡성을 합쳐 논 형태이다. 치성은 하가점하층문화기 석성의 치성에서 시작된 것으로 보고 있다.[112]

하여튼 하가점문화기가 갑골문에 나오는 상나라의 동북방에 위치했던 유목국가인 方國으로 추정하는 학설이 있고, 국내에서 하가점하층문화가 고조선문화라고 보는 학자들도 있기 때문에 주목이 되는 것이다.

2. 적대

敵臺는 옹성과 함께 방어에 취약한 성문의 방어를 위해 설치한 시설물이다. 고구려성의 적대의 형태는 치성과 곡성이 있었다.

국내성의 북벽 서문지의 동측 적대는 성문 밖 입구에서 3.6m 떨어져 있으며, 동서 폭 9.25m, 남북 잔존 길이 6m였고, 서측 적대는 문지 바깥 입구에서 4.1m 거리에 있었으며 동서 폭 9.3m, 남북 최대 남은 길이는 5.8m였다. 성문의 양측에 설축한 전형적인 치성 형태의 적대인데, 평지성이기 때문에 가능한 것이다. 이런 형태의 적대는 수원 華城의 장안문에서 볼 수가 있다. 치성이 적대 역할을 하는 것을 고구려 산성에서는 많이 찾아 볼 수가 있다.[113]

평양성 칠성문에는 곡성으로 된 적대가 있다. 지형상 성문의 한 쪽에만 만들었다. 이러한 형태의 적대는 신라의 여주 婆娑城, 화성의 창룡문에서 볼 수가 있다. 보은 삼년산성의 곡성도 서문을 보호하기

---

112) 서길수, 「하가점하층문화(夏家店下層文化)의 석성(石城) 연구」, 『高句麗渤海硏究』 31, 2008, 95~99쪽.

113) 徐吉洙, 『高句麗 築城法 硏究』, 225~330쪽.

<사진 6> 국내성 북벽 서문 적대

위한 적대의 역할도 한 것으로 여겨진다. 이러한 인공적인 적대를 갖지 못한 산성에서는 자연 지형을 최대로 활용하여 적대의 역할을 하도록 하였다.

3. 돈대

집안 환도산성의 남문지에서 100m 지점에는 길이 6.7m, 폭 4.5m, 잔고 4.5m의 돌로 쌓은 평면이 방형인 장대 혹은 망대로 불리는 구조물이 있다. 양측으로 계단이 만들어진 것을 보면, 급박한 상황을 맞아 옆의 막사에 있던 병사들이 신속하게 누각으로 올라가 전투를 할 수 있게 만든 墩臺의 역할을 한 것으로 추정된다. 墩자는 상나라의 갑골문에도 나올 정도로 오래된 방어시설이었다. 갑골문의 墩자는 집 밑에 방어시설을 뜻하는 듯한 타원형이 있고, 타원형 밑에 羊이 그려져 있는 모습이다. 성의 돈대에서 감시를 하다 적이 침입하면 양떼를 성안으로 몰아넣고, 방어를 했던 것으로 추정된다. 이로써 보면 돈대는 북방 유목민족의 방어시설로 성과 돈대가 결합되었음을

<사진 7> 환도산성 돈대

알 수가 있다. 수원 화성의 空心墩은 중국 북방의 돈대를 본 뜬 것이다. 누각의 병사들은 활과 쇠뇌(弩)로 방어를 했기 때문에 다양한 종류의 철촉이 출토되었다. 특히 정문인 남문지에서 이곳을 거쳐 동북으로 320m 거리에 있는 궁전지로 통하기 때문에 이곳은 궁전을 방어하는데도 중요한 역할을 하였을 것으로 추정이 된다.

4. 돌구덩이(石洞)의 기능

돌구덩이의 기능에 대해서는 여러 견해가 있다.

첫째는 돌구덩이에 수직으로 나무기둥을 세우고 여기에 內側下의 木礌石을 동여매고 새끼로 滾木(굴림통나무)을 매달아서 墻頂柱身에 연결하고, 곤목을 성벽 밖의 가파른 언덕에 달아 놓고, 곤목 내에 대량의 石塊를 쌓아 두었다가 적이 공격하여 오면, 기둥상의 새끼를 잘라내어 돌들을 일시에 아래로 굴러 떨어뜨리게 하는 구조라는 주장이다.[114]

---

114) 撫順市博物館 · 新賓縣文化局, 「遼寧省新賓縣黑溝高句麗早期山城」, 『文

둘째는 돌구덩이의 위치와 생김새로 보아 성을 방어하는 무기인 弩砲를 성벽 위에 설치하고, 고정시키는데 쓴 것 같다고 보는 주장이다.[115]

셋째는 여기에 기둥을 세우고 그 사이에 목책을 세워 성벽의 방어력을 강화한 것이라고 보는 주장이다.[116]

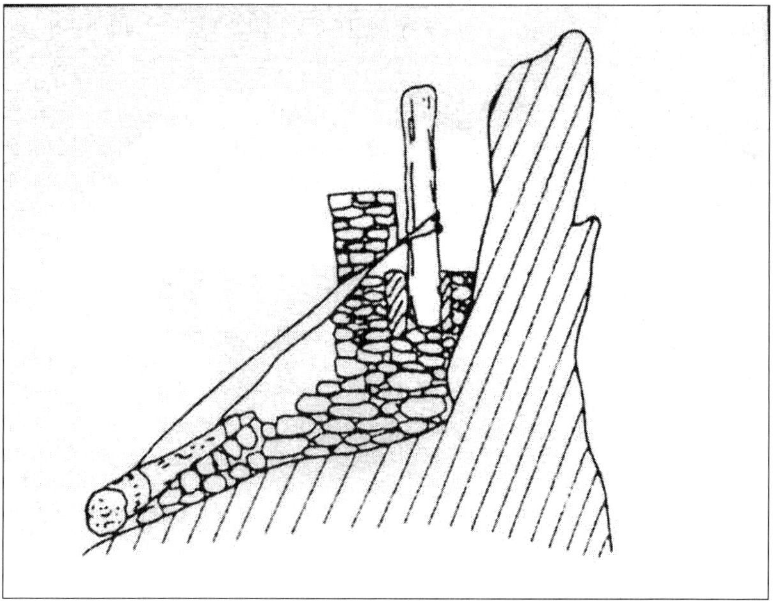

<그림 4> 흑구산성 서벽 굴림통나무 장치 추정도

넷째, 봉황산성에는 돌구덩이가 한 개밖에 없기 때문에 구덩이를 깃대자리(旗杆座)라고 보는 주장이다.[117]

物』2, 1985, 50쪽.

115) 사회과학출판사, 『고구려문화』, 27~28쪽. 사회과학원 고고학연구소, 『조선고고학개요』, 1977, 202쪽.

116) 채희국, 『고구려력사연구』(고구려건국과 삼국통일을 위한 투쟁, 성곽)(김일성종합대학출판사), 1985, 170쪽.

117) 崔玉寬 · 張慶賀, 「烏骨城考」, 『高句麗渤海硏究集成』 1(哈爾濱出版社), 1994, 642쪽.

이들 돌구덩이들의 기능을 이해하는 데는 고구려 목책인 안성 도기동산성과 세종 남성골산성 柱木의 기둥 구멍들이 참고가 된다. 고려기에 축조된 것으로 보이는 괴산 彌勒山城에도 7호 건물지 주변에 자연 암반을 따라 자연 암반 위에 만든 25개의 기둥구멍을 확인하였다. 기둥구멍은 일정한 열과 간격을 이루며 직경은 6~25cm이고, 구멍 바닥은 평면을 이루고 있으나 깊이는 차이가 있었다. 건물지에 목책을 둘러 내성처럼 구획되어 있었던 것으로 보고 있다.[118] 또 신라의 태종무열왕 7년에 고구려 장군 惱音信이 말갈 장군 生偕와 연합하여 신라의 북한산성을 공격하였는데, 고구려가 抛車를 벌려 놓고 돌을 날리자 그것에 맞은 陴屋은 곧 무너졌다고 하였다.[119] 이러한 자료들을 참고하면, 고구려성의 이들 돌구덩이들은 포차에 여장이 무너지면, 응급조치로 목책 형태로 여장을 구축하던 기둥구멍이 아닌가 추정된다. 이처럼 고구려 지역에서는 공성무기로 雲梯, 衝車, 樓車 등과 함께 포차를 많이 사용한 것으로 보여 진다.

5. 성문 밖 차단벽

대성산성 남문지의 밖에는 약 110m의 차단벽을 만들어 보강을 고,[120] 建安城으로 비정되는 고려성산산성의 동문지 밖에도 흙으로 차단벽을 쌓아 적이 양쪽으로 나누어 들어오도록 하였다.[121] 신라 삼년산성의 북문지 밖에도 두 줄의 차단벽을 만들어 비교가 된다. 이는 옹성의 역할을 하는 것이다.

6. 수성

수원 화성의 포혈, 총혈, 사혈은 적이 100보 안에 당도하면 불랑

---

118) 忠北大學校 湖西文化硏究所, 『槐山 彌勒山城 地表調査 報告書』, 1996, 64~65쪽. 98쪽.

119) 『三國史記』 권5 新羅本紀5 太宗武烈王 7년 5월.

120) 김일성종합대학출판사, 『대성산의 고구려유적』, 25쪽.

121) 徐吉洙, 『高句麗 築城法 硏究』, 376~277쪽.

기와 조총을 교대로 쏘고, 50보안에 당도하면 射手가 일제히 발사를 하고, 적이 성벽 아래까지 당도하면 성위에서 돌을 던진다고 하였다.[122] 여기서 50보는 조선시대의 영조척 1척인 31.22cm(영조 26년)로는 93.7m가 된다. 이는 활의 사정거리인 100~150m와 거의 일치한다.

고구려성에서도 적이 100m 정도의 거리에 도달하면, 성벽 위 여장에서 활과 쇠뇌[123]를 일제히 발사하고, 적이 성벽 아래에 까지 이르면, 돌(石丸)을 성벽 밑으로 던졌을 것이다. 또 성벽 위에서는 큰 돌이나 통나무를 성벽 밑으로 던지고, 끓는 물이나 쇳물, 숯불, 석회 등을[124] 성벽 밑으로 쏟아 부었을 것이다.[125]

고려 고종 18년 몽골의 1차 침입 때 유명한 구주성 전투에서는 몽골군이 砲車로 공격을 하자, 구주성에서는 성 위에 높이 臺를 쌓고, 포차로써 돌을 쏘아서 물리쳤다고 한다. 이처럼 수성에서도 포차가 사용되었음을 알 수가 있다. 몽골군이 운제로 성을 공격하였으므로, 구주성에서는 大于浦라는 긴 칼이 달린 장대로 성벽 위에서 여러 명의 병사가 잡고 성벽 밖을 휘두름으로써 적군의 운제가 사용을 하지 못하였다고 한다. 또 몽골군이 樓車와 같은 큰 침상을 만들어 소가죽으로 겉을 싸고, 그 속에 병사들을 감추고 성 밑까지 다가 와서 굴을 파고 성안으로 들어오려고 하므로, 구주성 안에서는 굴을 뚫고 쇳물을 끓여 부어서 루차를 불태워 버렸다고 한다.[126]

---

122) 『正祖實錄』 권42, 正祖 19년 2월 辛酉.

123) 쇠뇌는 수성용, 공성용에도 쓰이고, 매복작전에도 유용하였다. 여자도 사용할 정도로 배우기가 쉽고, 간편하며, 사정거리가 길다는 장점이 있다. 백제에서는 송나라에 腰弩를 요청하여 받기도 하였다(『宋書』 권97 列傳 권57 夷蠻 百濟傳).

124) 『光海君日記』 권143, 光海君 11년 8월 戊寅.

125) 태종무열왕 7년에 고구려와 말갈군이 신라의 북한산성을 공격하자, 북한산성에서는 마름쇠를 성 밖에 던져 펴놓아 人馬가 다니지 못하게 하였다고 한다(『三國史記』 권5 新羅本紀5 太宗武烈王 7년 5월).

126) 『高麗史』 권103 列傳15 朴犀傳.

맺 음 말

고구려 성산산성에는 개거식의 성문이 잘 남아 있다. 이로써 보면 당시 고구려성의 성문 형태는 개거식이 기본 형식이었던 것으로 추정된다.

고구려성의 여장 앞에 있는 네모난 돌구덩이는 고구려성에만 있는 특수한 구조물이다. 이들 돌구덩이들은 포차에 여장이 무너지면, 응급조치로 목책 형태로 여장을 구축하던 기둥구멍이 아닌가 추정된다. 이처럼 고구려 지역에서는 공성무기로 雲梯, 衝車, 樓車 등과 함께 포차를 많이 사용한 것으로 보여 진다.

고구려성의 옹성 형태는 국내성에 있는 ㄱ자형옹성이 초기형태가 아닌가 추정이 된다. ㄱ자형옹성에서 사각형옹성으로 변화되고, 또 ㄱ자형옹성에서 반원형옹성으로 변화가 된 것으로 추정이 된다. 평양성 대동문에서 고구려시기의 반원형옹성이 조사된 것을 보면, 반원형옹성의 출현시기는 늦어도 6C 후반 이전으로 추정이 된다. 사각형옹성은 고려시대에도 응용되었으며, 반원형옹성은 조선시대에 크게 성행하였다. 어긋문옹성도 초기의 옹성 형태로, 토성에서 출현한 것이 아닌가 추정이 되는데, 후대에 까지도 응용되던 옹성이었다. 특히 큰 성에서의 어긋문옹성은 어긋난 성벽 사이에 성문을 만들었으나, 작은 성에서는 성문의 흔적은 보이지 않는다.

고구려인들은 고구려성의 특징 중에 하나인 치성을 다양하게 효율적으로 활용하면서 방어력을 높였다. 치성은 성문을 보호하는 적대로도 많이 활용되었다. 특히 고구려성의 치성은 모서리가 휘는 곳에 있는 角臺와 성문을 보호하는 적대는 특별히 튼튼하고 크게 쌓았다는 점, 각대는 양쪽을 살펴야 하기 때문에 보통 치성보다 길이가 길다는 점, 성문 가까이에 치성을 쌓아 적대로 활용하여 효과적으로 성문을 방어하였다는 점, 경사가 심한 곳은 민굽도리로 쌓고, 경사가 어느 정도 완만한 곳에는 계단식 굽도리를 쌓았다는 점, 민굽도리의 치성은 계단식 굽도리 보다 폭을 더 넓게 하였다는 점, 시야가 좁은 모서리는 치성과 치성 사이가 가깝고, 시야가 넓은 곳은 치성의 사이가 멀다는 점이 지적되고 있다.[127]

하여튼 고구려성에 설치된 시설물들을 통해 고구려 성곽이 우리나라 성곽의 뿌리라는 점을 재삼 확인하게 되었다.

---

127) 徐吉洙, 『高句麗 築城法 硏究』, 354쪽.

제4장 고대 산성의 못

머 리 말

산성 안에 자연적으로 이루어진 계곡물이 있어 일상생활에 불편없이 활용될 수만 있다면, 수원의 확보라는 측면에서는 가장 좋은 조건을 갖추고 있다고 하겠다. 그러나 이러한 조건을 갖추는 경우는 드물기 때문에, 이러하지 못할 경우에는 자연 인위적으로 물의 공급처를 만들 수밖에 없다. 이렇게 만든 것이 곧 성안의 못(池)이었다. 우선 못을 파려면 물이 날 수 있는 지점을 찾아야만 할 것이고, 만일 성곽의 규모가 커서 성안에 많은 병사들이 주둔하고, 아울러 많은 牛馬가 존재한다면 보다 큰 규모의 못이 필요하게 마련이고, 이를 만들 수 있는 지형조건과 수원이 필요하였다.

특히 수원은 성곽의 방어라는 군사적 측면에서는 매우 중요하였기 때문에, 옛 지지류에는 우물과 못의 개수를 기록하는 것이 상례였다. 이는 그 만큼 성곽에서의 수원의 중요성을 말하는 것이기도 하다.

이 때문에 본고에서는 고대 산성에 있는 못의 기능에 중점을 두면서 살펴보려고 한다. 검토 대상도 발굴조사 된 고대 성곽 중에서 몇 기를 선정하여 살펴보도록 하겠다. 비록 검토되는 자료가 못의 성격을 이해하는데 충분하지는 못하더라도 못의 效用性을 이해하는 데는 어느 정도 참고는 될 수가 있다.

산성 안의 못의 입지는 대체로 산의 정상부, 성 내부의 평탄지, 성벽과 문지 부근이었다.

Ⅰ. 수원의 중요성

물은 인간이나 동물에 있어서 없어서는 안 되는 필수적인 요소인데, 특히 성곽의 경우는 사활이 달린 문제 중의 하나였다.[1] 이 때문에 丁若鏞은 『民堡議』에서 지형이 아무리 성을 쌓기에 좋은 조건을 갖추고 있더라도, 물이 나는 샘이 없으면 아무 쓸데가 없다고 하였다.[2]

병사들이나 우마의 식수를 위해서는 성안에 물이 반드시 필요하였기 때문이다. 못은 성을 방어하기 위해서는 없어서는 안 되는 중요한 시설이었다. 성안의 못과 우물은 성을 방어하는 사람들의 식수를 비롯한 일상생활에 이용되었으며, 심지어는 유사시 물을 끓여 적에게 부어 성을 방어하는데 까지도 이용되었다. 평양 大城山城의 경우 물이 고이거나 고일 수 있는 지점에는 못을 집중적으로 만들어 물을 최대한으로 확보하려고 하였던 점도 이를 잘 말해주고 있다. 이처럼 수원의 확보는 성곽의 방어력과는 불가분의 관계가 있었다.

이러한 사실은 『삼국사기』의 다음의 기사가 잘 말하여 준다. 즉 고구려의 대무신왕 11년(28) 7월에 한의 요동태수가 군사를 거느리고 고구려를 침략할 때 고구려는 尉那巖城(환도산성)에 들어가 수십일 동안 고수하였다. 漢兵은 그래도 포위를 풀지 아니하자 고구려는 힘이 다하고 군사가 피로하게 되었다. 왕은 左輔 乙豆智에게 防守가 어려운 형편이니 어찌하면 좋겠느냐고 묻자, 을두지는 한인의 생각은 이곳이 암석의 땅으로 水泉이 없을 것이라 하여 오랫동안 포위하여 우리의 困窮을 기다리는 모양이니, 못에 있는 잉어를 취하여

---

1) 채희국, 『고구려 력사연구』 고구려 건국과 삼국통일을 위한 투쟁, 성곽(김일성종합대학출판사), 1985, 182~186쪽.

2) 『民堡議』 上卷 民堡擇地之法.

수초로 싸서 맛있는 술 약간과 함께 가지고 가서 한군을 먹임이 좋겠다고 답하였다. 이에 따라 이를 한군에게 보내자, 한나라 장수는 성안에 물이 있으니 갑자기 빼앗지 못할 것이라 하고, 포위를 풀고 돌아갔다는 이야기는 유명하다.[3)]

이밖에도 이처럼 우물에 얽힌 전설은 성곽 주변 주민들의 구전을 통해서도 내려오는 경우들이 많다. 그 한 예로 청주 父母山城의 毛乳井[4)]에 얽힌 이야기를 들 수가 있다. 즉 임진왜란 때에 왜군에 포위되어 치열하게 수성전을 벌리게 되었는데, 인근 주민들이 성안으로 많이 피난 온 관계로 성안의 수원이 고갈되게 되었다고 한다. 이러한 상황 속에 성민들은 거의 죽음 직전에 처하게 되었는데, 이때 이곳에서 물이 갑자기 솟아 나와 성민들의 생명을 구하게 되었다고 하여 모유정 혹은 靈泉이라고 불려 왔다고 하며, 최근까지도 우물가의 참나무에는 민간신앙의 금줄이 매어져 있었다.[5)]

또 수원의 중요성을 이해하기 위해서는 조선시대의 읍성에서 부적당한 경우를 지적한 『조선왕조실록』의 사례도 참고가 된다. 즉 세종 3년 9월에는 機長縣城에 泉水가 없어 朴谷里로 읍을 옮겨줄 것을 경상도관찰사가 청한 일이 있었고,[6)] 동왕 4년 11월에는 제주 旌

---

3) 『三國史記』 권14 高句麗本紀2 大武神王 十一年條. 이 못자리는 집안 환도산성의 남문에서 동북쪽으로 조금 떨어져 석축으로 높이 쌓은 占將臺 동남쪽에 남아 있는데, 규모는 약 50~60㎡ 정도이다. 속칭 飮馬池 혹은 蓮花池라고 불려 왔으며 지금은 물이 말라버렸다. 못의 북벽에는 아직도 할석으로 쌓아올린 護岸壁石이 남아 있다(李殿福, 「高句麗丸都山城」, 『文物』6, 1982, 84쪽).

4) 원 모유정은 발굴결과 평면이 약간 긴 타원형으로, 15~20×8~9cm내외의 소형할석과 35~40×15~25cm의 비교적 큰 할석을 이용하여 난층쌓기로 平積하여 축조하였다. 규모는 상부가 100~120cm 정도, 하부가 45~65cm 정도이며 깊이는 174cm였다(忠北大學校博物館, 『淸州 父母山城—西壁區間 및 母乳井 · 第1堡壘—』, 2014, 131~133쪽. 부모산성 못 위에 만든 후대의 제3차 집수지이다.

5) 李元根, 「三國時代 山城硏究—淸州 · 淸原地區를 中心으로—」(단국대학교 석사학위논문), 1973, 82쪽.

6) 『世宗實錄』 권13, 世宗 3년 9월 丙子.

義縣城이 성내에 泉이 없고 大山이 臨壓하며, 돌과 화살이 미친다고 하여 晉舍里로 읍을 옮겨줄 것을 읍민들이 청한 일이 있었다.[7]

동왕 7년 4월에도 江華府治가 남북이 험저하고 지세가 狹窄하여 築城居民이 어려우니 옮겨줄 것을 청한 일이 있었다.[8] 동왕 9년 4월에도 康津縣邑城이 성이 작고 물이 없다고 하여 현민들이 읍을 옮겨줄 것을 共請하였고,[9] 황해도 永康鎭城이 중앙의 북에는 低峰이 있고, 동에는 圓峰, 서에는 突峰 등 3峰이 臨壓하여 邑居로는 적당하지 못하다고 하면서, 새로 擇占한 곳은 성내에 水泉源이 깊어서 읍성을 쌓을 만한 곳이라고 하였다.[10]

또 동왕 12년 6월에는 제주 旌義, 大靜 두 현이 성내에 모두 水泉이 없기 때문에 정의는 15리쯤에서 汲水하고, 대정은 5리쯤에서 급수하는데 만일 왜구가 몇 칠 간 성을 에워싸면 活命의 길이 없다고 하여 읍을 옮겨줄 것을 제주경차관 朴好問이 청한 일이 있었고,[11] 9월에도 保寧邑城이 잡석과 흙을 섞어 성벽을 쌓았는데, 성벽이 낮고 狹窄하며 井泉이 없어 久安之地가 되지 못한다고 하였으며, 縣古邑 池內里의 新基는 삼면이 험거하고 안은 寬闊하며 수천도 풍족하여 읍성을 쌓아야 한다고 하였다.[12]

동왕 14년 2월에는 甕津城이 성벽이 낮고 甕嵒山이 동남쪽을 臨壓하여 적들의 화살이 미칠만한 곳이라고 하였고,[13] 동왕 16년 3월에는 우의정 崔閏德이 아뢰기를 城堡란 禦侮하고 保民하는 것인데, 城基란 비록 넓고 험하다고 하더라도 성내에 泉水가 없고 식량이 모자라면 고수할 수가 없다고 하였다.[14]

---

7) 『世宗實錄』 권18, 世宗 4년 11월 壬戌.
8) 『世宗實錄』 권28, 世宗 7년 4월 乙丑.
9) 『世宗實錄』 권36, 세종 9년 4월 壬戌.
10) 『世宗實錄』 권36, 世宗 9년 4월 丙戌.
11) 『世宗實錄』 권48, 世宗 12년 6월 癸酉.
12) 『世宗實錄』 권49, 世宗 12년 9월 壬戌.
13) 『世宗實錄』 권55, 世宗 14년 2월 辛卯.
14) 『世宗實錄』 권63, 世宗 16년 3월 甲午.

또 문종 1년 9월에는 林川郡山城이 수원이 부족하여 退築하고, 瑞山郡山城, 扶餘縣山城, 牙山縣山城이 所築年久로 무너진 점과 수원이 부족한 점을 들어 隨後可築하기로 하였고,[15] 단종 1년 1월에도 충청전라경상도도체찰사가 熊川縣城이 성안이 狹隘하여 井泉이 罕少하니 城基를 다시 更審하여 가을을 기다려 증축하고 해자도 팔 것을 청하였다.[16]

이처럼 읍성의 입지조건은 우선적으로 성내에 수원이 충분하여야 하였다. 또 외면은 험하고 내면은 寬平하여 관사, 창고, 民居가 충분하게 수용되어야 하였다. 너무 평편한 평지의 읍성도 마땅한 것이 아니었으며, 너무 높은 산 위에 위치해도 안 되었고, 특히 넘겨다보는 高處가 성외에 있어 적의 矢石이 도달하거나, 성외에서 성내를 샅샅이 들여다보는 곳이 있어서도 안 되었다. 즉 아무리 지형조건이 훌륭한 방어력을 가졌다 하더라도, 성내가 寬平하여 관사와 軍資庫가 설치되고, 또 수원이 충분하여 많은 주민이 입보하여 오래도록 견딜 수 있는 조건이 구비되어야만 하였다.[17] 여기에서도 성곽과 수원과의 연관성을 살펴볼 수가 있다.

한편 산성보다는 평지성에 못과 우물이 비교적 많은 편이지만은 산성에서도 물을 확보하려고 하였던 노력이 우리나라의 산성에서 특히 눈에 뜨인다. 못이나 우물을 만들 수원을 갖지 못한 경우에는 서울 아차산 4보루, 시루봉 보루처럼 별도의 集水施設(저수조)을 만들었으며, 이러한 경우는 소규모의 보루들에서 많이 찾아 볼 수가 있다.[18]

---

15) 『文宗實錄』 권9, 文宗 원년 9월 庚子.
16) 『端宗實錄』 권5, 端宗 원년 정월 乙丑.
17) 車勇杰, 『高麗末 · 朝鮮前期 對倭 關防史 硏究』(忠南大學校 博士學位論文), 1988, 87~89쪽.
18) 고구려의 서울 아차산 4보루의 제1호 저수시설은 방형 수혈로 암반풍화토를 직육면체로 굴토하고, 바닥에 뻘을 채운 후 그 위에 벽체를 따라 통나무를 쌓으면서 뻘을 채워 방수 처리하였다. 뻘을 채우기 전 수혈의 규모는 남북

이런 이유 때문에 대성산성 안에서는 170여 개의 못과 여러 개의 우물이 확인되었다.[19] 수원을 이루는 우물과 못의 숫자는 성의 중요도와 비례한다고 보아도 과언이 아닐 것이다. 이처럼 수원은 성곽에서 중요한 위치를 차지하였다.

이렇게 못이 성곽에서 중요한 역할을 하였다면, 우리나라 성곽에서는 이러한 못을 어느 정도 확보하였는지가 궁금하다. 『신증동국여지승람』을 통하여 한 번 알아보기로 하겠다. 우선 못이 있던 성곽을 보면 경기도에서는 永郎城(금천), 虎巖山古城(금천), 無限城(양성), 華蓋山城(교동)에 있었고, 충청도에서는 父母山城(청주), 黑城山城(목천), 含林山城(보은), 公山城(공주), 乾至山城(한산), 舒川邑城(서천, 2개소), 水軍節度使營城(보령)에 있었다.

경상도에서는 富山城(경주), 梁山邑城(양산), 城隍山城(양산, 2개

670cm, 동서 510cm, 깊이 350cm였으며, 뻘을 채우고 방수 처리한 이후의 규모는 남북 430cm, 동서 300cm, 깊이 230cm 정도였다. 이 유구가 사용될 당시에는 뻘층 바깥쪽으로 보강한 통나무가 노출되어 있었을 가능성이 크며, 물이 가득 찼을 경우 채워진 물의 양은 29.7㎥ 정도가 되었던 것으로 추정하고 있다. 제2호 저수시설 역시 암반풍화토를 방형으로 굴토하고, 바닥과 벽체에 뻘을 채워 방수 처리한 것인데, 뻘을 채우기 전 수혈의 규모는 남북 495cm, 동서 430cm, 깊이 310cm였으며, 뻘을 채우고 방수 처리를 한 이후의 규모는 남북 350cm, 동서 310cm, 깊이 240cm 정도였다. 물을 가득 채웠을 때의 물의 양은 26㎥ 정도 되었던 것으로 추정하고 있다(서울대학교 박물관 外, 『아차산 제4보루 발굴조사 종합보고서』, 2000, 101~102쪽).

19) 장수봉 골짜기에는 108개소의 못지가 있는데, 장수봉 남쪽 제1호 못 근처에는 크고 작은 48개소의 못이 집중되어 있고, 장수봉 제10호 못 근처에도 25개소의 못이 확인되었다. 또 남문 안쪽 소문봉 아래 턱에도 남문을 지키던 병사들이 쓰던 12개소의 못들이 한 곳에 나란히 모여 있고, 주작봉 장대지 주변에도 장대를 지키던 병사들이 쓰던 7개소의 못이 있다. 산성의 남쪽 소문봉 정상도 산성 방어에 중요한 지점이기 때문에 11개소의 못지가 있고, 역시 산성 방어에 중요한 지점인 국사봉 정상과 북문이 있던 국사봉 근처에도 3개소, 장수봉 11개소, 을지봉 2개소가 있다. 이밖에 성벽을 따라 그와 멀지 않은 곳에 못이 분포되어 있는데, 이런 못들은 전투 때 성벽을 방어하던 병사들이 쓰기 위한 것들이라고 한다(김일성종합대학출판사, 『대성산의 고구려유적』, 1973, 46~47쪽).

소), 望昌山城(홍해), 海雲浦營城(동래), 長鬐邑城(장기, 2개소), 寧海邑城(영해), 德峰山城(예천), 盈德邑城(영덕), 達城(대구, 2개소), 密陽邑城(밀양), 推火山古城(밀양), 烏惠山城(청도, 5개소), 火王山古城(창령), 尙州邑城(상주), 星州邑城(성주), 八莒山城(성주), 善山邑城(선산, 3개소), 金烏山城(선산, 3개소), 俗門山城(김산, 2개소), 美崇山城(합천), 沙斤山城(함양, 3개소), 昆陽邑城(곤양, 3개소), 城隍山城(사천), 河東邑城(하동), 東山城(단성), 昌原邑城(창원), 巨濟邑城(거제, 2개소), 右道水軍節度使營城(거제), 玉浦營城(거제), 屯德歧城(거제), 固城邑城(고성)에 있었고, 전라도에서는 臨陂邑城(임피, 5개소), 龍安邑城(용안), 龍山城(함열), 箕山城(함평), 古敞邑城(고창, 2개소), 望岾山城(장성), 長寧城(장홍, 3개소), 珍島邑城(진도), 康津邑城(강진), 大母山城(순창), 順天邑城(순천, 4개소), 樂安邑城(낙안, 2개소), 寶城邑城(보성, 2개소), 光陽邑城(광양, 2개소)에 있었다.

황해도에서는 大峴山城(서홍)에 있었고, 강원도에서는 江陵邑城(강릉, 2개소)에 있었다.

함경도에서는 咸興邑城(함홍, 3개소), 聖歷山城(영홍), 定平邑城(정평, 3개소), 北靑邑城(북청), 甑山城(경성, 2개소), 多信山城(길성, 10개소), 永平山城(명천), 圓山堡(회령, 3개소), 會寧山城(회령, 2개소), 童巾城(종성)에 있었고, 평안도에서는 大城山城(평양, 3개소), 咸從山城(함종), 古定州城(정주), 鳳頭山城(가산, 2개소), 柔遠鎭城(영유), 米豆山城(영유, 2개소), 義州邑城(의주), 玉江城(의주), 龍川邑城(용천, 4개소), 淩漢山城(곽산), 古博陵城(박천, 3개소), 殷山古邑城(은산, 3개소), 江東邑城(강동)에 있었다.

각 도별 통계를 보면 경기 4, 충청 7, 경상 32, 전라 14, 황해 1, 강원 1, 함경 10, 평안 13으로 모두 82개소이다. 이와 같은 숫자는 우리나라 전체의 성곽 수와 비교하면 미미한 것이다. 이 중에서 경상도가 전체의 39%나 차지한다. 다음으로 전라도인데, 경상도와 전라도를 합한 숫자는 46개소로 전체의 56%에 해당된다. 이렇게 이곳에 집중되어 있는 것은 왜구의 방비와 관계가 있다고 볼 수가 있다. 다음으로 함경도와 평안도의 숫자는 모두 23개소로 전체의 28%를 차지한다. 이도 역시 야인의 방비와 관계가 있을 것으로 보인다. 이 중에서 읍성이 차지하는 비율을 보면 충청 1, 경상 13, 전라 9, 강원 1, 함경 3, 평안 3으로 모두 30개소인데, 이는 전체의 37%를 차지하는 것이다. 이 수치는 이 책에서 기록된 당시 160개소의 읍성[20] 중 19%에 해당되는 것으로, 못을 갖춘 읍성은 전체 읍성의 1/5도 안됨을 볼 수가 있다. 한편 3개소 이상의 연못을 갖춘 읍성은 경상 6, 전라 3, 함경 4, 평안 4로 모두 17개소이다. 특히 4개소 이상은 烏惠山城 5개소, 臨陂邑城 5개소, 順天邑城 4개소, 多信山城 10개소, 龍川邑城 4개소 등이 있었다.

Ⅱ. 발굴조사자료

1. 고구려

1) 五女山城

오녀산성은 환인현 유가구촌에 위치한다. 못은 산 정상부의 지세가 가장 낮은 곳에 있고, 속칭 天池라고 부른다. 긴장방형으로 규모는 입구에서 길이 11.5m, 폭 3.3~5m이고, 바닥은 길이 11m, 폭 3.5~4.8m, 깊이 1.5m이다. 호안벽은 석축이고, 북벽 가운데는 물이 빠져나가는 수구를 만들었다. 못 바닥은 암반이며, 동쪽에서 서쪽으로 기울어 있고, 북벽 아래 쪽 부근에 길게 패인 폭 1.2m, 깊이 0.35m

20) 『세종실록지리지』에 의하면 335개소의 행정구역 중 읍성이 수록된 것은 96개소이고, 『신증동국여지승람』에 와서는 행정구역 330개소 중 읍성이 있는 곳은 160개소로 증가하였다(沈正輔, 『韓國邑城의 硏究—忠南地方을 中心으로—』(學硏文化社), 1995, 341쪽).

의 도랑이 있다. 호안벽석에서 0.5~1m 정도 떨어져, 동서 길이 12.7m, 남북 폭 5~6.4m, 높이 0.4~1m의 돌담이 있다. 동벽 밖에는 못과 연결되는 돌로 쌓은 박우물이 있다. 평면은 장방형인데, 길이 0.9m, 폭 0.7m, 깊이 1.2m이다. 못물을 여과해서 식수로 쓰기 위해 만든 것이다. 2003년 못의 물을 파내고 정리하는 과정에서 바닥에 쌓인 뻘 속에서 고구려시대(오녀산성 제4기문화)의 파상문이 있는 평저 항아리, 토제등잔, 나무제품 등이 출토되었다고 한다.[21]

2) 大城山城

대성산성은 평양시 대성구역에 위치하는데, 산성 안에서는 8개소의 못이 발굴되었다.

(1) 제1호 못(잉어못)

장수봉 남쪽 기슭에 있는 못으로, 옛날부터 물이 말라 본 일이 없다는 3개소 못(잉어못, 사슴못, 구룡못) 중의 하나이다. 규모는 동서 37m, 남북 34m로 대성산의 못 중에서 가장 크다. 못의 둑은 중돌로 3단으로 쌓았는데, 폭은 3.55m이고, 높이는 1.1m였다. 못 안쪽 첫째 단의 높이는 25㎝, 폭은 65㎝였고, 둘째 단의 높이는 25㎝, 폭은 170㎝였으며, 제일 바깥 단의 높이는 60㎝이고, 폭은 120㎝였다.

못 둑은 땅위에 잔돌을 다져 깔고 표면에는 좀 큰 돌을 깔았으며, 매개 단의 끝 돌은 큰 것을 썼다. 못 둑 맨 안쪽 단 안으로는 돌을 깔았으며, 못 중심을 향하여 경사져서 깊어진 것 같았다. 물이 고여 있는 관계로 연못 중심부 가장 깊은 곳의 깊이가 얼마나 되는지는 확인할 수가 없었다.

못은 장마 때에는 밖으로부터 많은 물이 흘러 들어오지 않게 되어 있다. 못 둑 남동쪽 모서리에는 물을 넘기는 무넘기도랑이 있었

21) 사회과학출판사, 『중국동북지방의 고구려 및 발해 유적 답사 보고』, 1966, 9~10쪽. 遼寧省文物考古硏究所, 『五女山城』, 2004, 45~48쪽,

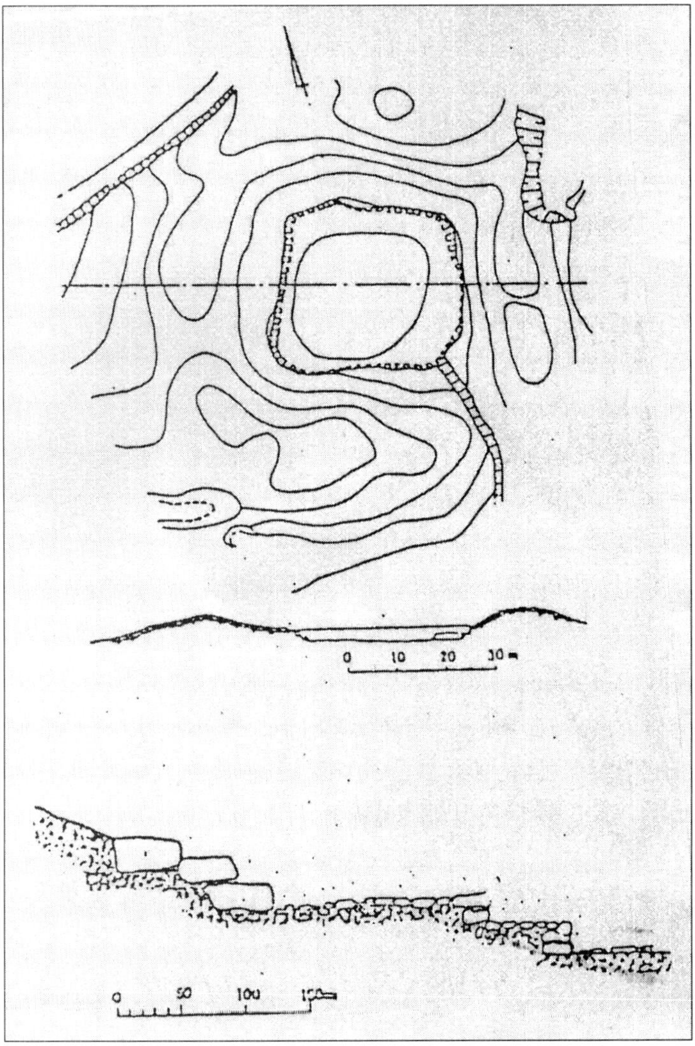

<그림 1> 대성산성 제1호 못

으며, 여기에서 넘어간 물은 그 밑에 있는 제 48호 못과 제 53호 못으로 흘러 들어가게 되어 있다. 퇴적토 속에서는 2점의 토기편이 출토되었는데, 검은 회색으로 口徑이 13㎝, 9㎝였다. 이는 안학궁터와

대성산 기슭의 고구려 무덤에서 흔히 볼 수 있는 것들이다. 못 안에는 순체라는 희귀한 수초가 자라고 있다. 이 못은 발굴조사 후 완전히 복원되었다.[22]

(2) 제2호 못

이 못은 장수못으로 부터 30m되는 가까운 거리에 위치한다. 규모는 한 변이 18m되는 정방형이고, 둑의 폭은 2.75m였다. 못의 안벽과 바깥벽은 두께 20~30cm의 돌을 성벽처럼 차곡차곡 쌓았고, 두 사이 벽은 작은 돌을 40~50cm 폭으로 쌓았다. 가운데 있는 두 벽의 사이는 50cm이고, 바깥벽과 사이 벽 사이는 40cm였다. 현재 남아 있는 안벽의 높이는 45cm이고, 사이 벽의 높이는 30cm 정도였다. 못의 깊이는 110cm였다.

못의 북쪽 둑 중심에는 물이 흘러 들어오는 도랑이 있고, 남쪽 둑 서쪽 모서리에는 물이 빠지는 무넘기도랑이 있던 흔적이 있었다. 이 물이 들어오는 도랑과 못 둑이 맞닿는 곳에는 잔돌 무더기를 쌓아 물에 섞여 내려오는 흙을 막게 하였다.

특히 이 못이 있는 지형이 사방이 다 경사지로 되어 있기 때문에 비가 오면 사방에서 물이 모여들고, 북쪽 골짜기에서는 위로부터 많은 물이 흘러내리게 되어 있다. 장마 때 한꺼번에 많은 물이 갑자기 모여들어 못이 흙으로 메워지는 것을 막기 위해 서쪽 연못 둑은 4겹으로 두껍게 쌓고, 그 사이에 2개의 물도랑을 만들고, 동쪽 못 둑은 3겹으로 쌓았다. 이 때문에 장마 때에 못에 흙물이 한꺼번에 많이 모여들어도 직접 못 안으로 들어가지 않고, 못 둑의 도랑을 돌아서 무넘기도랑으로 빠지거나 못 둑의 돌 사이를 통과하여 물만 못 안으로 스며들게 하였다.[23]

(3) 제3호 못(형제못)

22) 김일성종합대학출판사, 위의 책, 53~55쪽.
23) 김일성종합대학출판사, 위의 책, 49~51쪽.

제3호 못은 장수봉 남쪽 기슭에 있는데, 제1호 못과는 150m 정도 떨어져 있다. 남쪽으로 제4호 못과 나란하게 있기 때문에 형제못이라고 부른다. 규모는 동서 20m, 남북 25m의 장방형인데, 제1호 못과 같이 네 모서리를 둥글게 만들었다.

못 둑은 제2호 못과 쌓은 방법이 비슷한데, 이 못에는 서쪽과 남

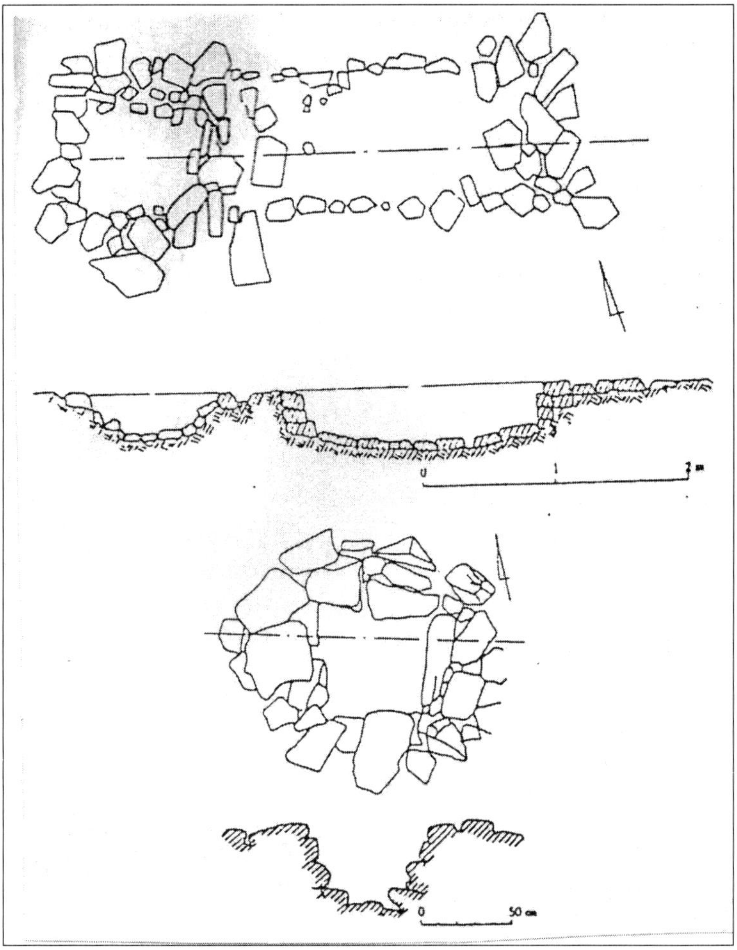

<그림 2> 대성산성 제3호 못 입 · 평면도

쪽 바깥쪽에 8개소의 박우물이 있었다. 골짜기에서 많은 물이 한꺼번에 밀려드는 것을 막기 위해 못 둑을 3~4겹으로 쌓았다. 북쪽에는 물이 흘러들어 오는 도랑이 2곳에 있으며, 남쪽에는 무넘기도랑이 하나 있었다. 물이 흘러들어 오는 도랑 끝에는 잔돌을 쌓아서 흙섞인 물을 거르게 하였으며, 북쪽에 있는 도랑을 돌아서 무넘기도랑으로 나가기도 하고, 도랑의 돌각담을 통하여 못 안으로 흘러 들어가게 하였다. 못 둑의 도랑은 제2호 못처럼 서쪽과 남쪽에는 2줄로 되어 있고, 북쪽과 동북쪽에는 한 줄로 되어 있었다.

서쪽 둑의 폭은 5.3m이고, 그중 바깥 도랑의 폭은 1.5m, 깊이는 60㎝이며, 안 도랑의 폭은 60㎝, 깊이는 25㎝였다. 도랑 둑의 폭은 각각 1m, 0.7m였다. 못 안벽 폭은 1.5m인데, 중 돌을 수직으로 쌓아 올리고 높이는 60㎝였다. 못 바닥은 안 둑에서 60㎝ 깊이에 있었는데, 진흙을 다지고 그 위에 막돌을 한 번 깔았다. 못의 바깥 둑밖에 있는 경사진 4면은 흘러내리는 물에 씻겨 내리지 않게 하기 위해서 경사면을 붉은 진흙으로 다져 놓았다. 흙을 다진 두께는 못가에서는 40㎝, 여기서 5m 밖에는 110㎝였다. 그 위에는 막돌을 한 번 깔았다.

8개의 박우물 모양은 모두 네모난 데, 제일 큰 것은 남쪽 둑 서쪽 모서리에 있는 폭 80㎝, 길이 140㎝ 되는 것이고, 작은 것들은 60×60㎝ 되는 것이 보통이며, 깊이는 대체로 40㎝ 정도였다.[24]

(4) 제5호 못

장수봉 서남쪽 기슭의 완만한 경사지에 있다. 규모는 남북 16.5m, 동서 15m의 정방형에 가까운 장방형이다.

못 둑은 제2호 못, 제3호 못과 같은 폭을 가진 2~3겹으로 되어 있었다. 이 못 둑 맨 바깥은 돌을 가지고 정연하게 쌓았는데, 높이는 1m정도였다. 지면을 20㎝ 정도 파고, 그 위에 대충 다듬은 20~30㎝ 크기의 돌로 쌓았는데, 산비탈에서 흙이 밀려 내려오는 것을 막기

24) 김일성종합대학출판사, 위의 책, 56~59쪽.

위한 것이다. 바깥벽 밖으로는 잔돌과 진흙을 섞어서 흙다짐을 하여 돌이 움직이지 못하게 하였다. 무넘기도랑은 경사가 완만한 서남쪽에 만들었다.

출토유물로는 절반이 깨어진 하늘색 유리구슬이 하나가 있었다. 직경은 16.3mm, 길이는 12.5mm였다.[25]

(5) 제6호 못

소문봉 정상의 성벽에서 11.5m 안으로 들어온 곳에 있으며, 형태는 장방형이다. 규모는 길이 42.5m, 폭 10m이다.

못 둑은 돌로 2단으로 쌓았는데, 여기에는 도랑은 없었다. 다만

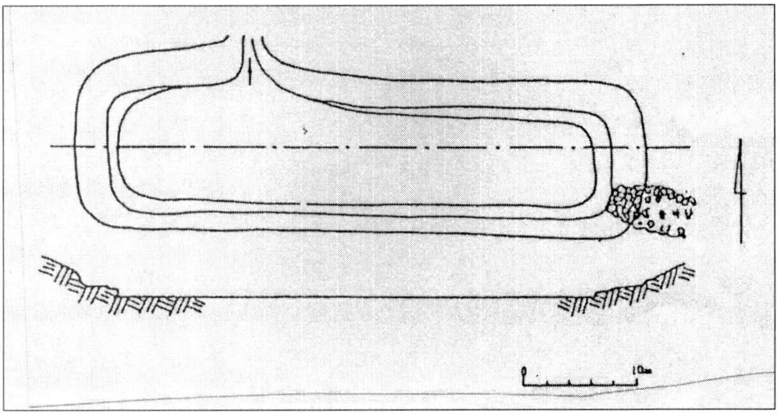

<그림 3> 대성산성 제6호 못 평면도

못의 동남쪽 모서리에 물을 받아드리는 도랑이 있었는데, 이 도랑은 돌담으로 덮어놓았다. 무넘기도랑은 북쪽 둑에 있었는데, 물이 넘으면 성안의 낮은 곳으로 흘러내려 제91호 못, 제92호 못으로 들어가게 되어 있었다. 못의 바닥은 그리 깊지 않으나 물이 잘 마르지 않는 것으로 보아 땅속에서 물이 솟아나는 것 같았다. 못 주위의 지형이 거의 평지이기 때문에 아무리 비가 많이 와도 흙물이 밀려들 염

25) 김일성종합대학출판사, 위의 책, 59~62쪽.

려가 없어 못 둑에는 도랑이 없었다. 이처럼 주위의 지형이 평편한 곳에 있는 못의 둑은 대체로 간단하게 쌓은 것이 특징이다.[26)]

(6) 제7호 못

형태가 삼각형으로, 발굴한 못 중에서 삼각형은 이곳 못뿐이다. 규모는 동서 15m, 남북 최대 폭 8m가 되는 이등변삼각형으로 동쪽 모서리를 약간 자르고 못 둑을 들여쌓았다. 못의 북쪽 둑 가에는 L자형으로 돌담을 쌓아 물이 밀려드는 것을 막았는데, 폭은 120㎝이고 높이는 30~40㎝였다.

못의 동쪽 모서리와 서쪽 모서리에는 돌로 박우물을 만들었던 자리가 있었다. 박우물은 둘 다 정방형으로 동쪽 것이 크고, 서쪽 것이 작다. 동쪽 것은 폭 220㎝, 깊이 60㎝였고, 서쪽 것은 폭140㎝, 깊이 60㎝였다. 동쪽 박우물과 못 사이는 1m인데, 여기에 돌담을 쌓아 못의 물이 박우물로 스며들게 하였다. 이런 돌담은 서쪽 박우물과 못 사이에도 있었다.[27)]

(7) 제16호 못

산성 중심부에 있는 골짜기에 3개의 원형 못(제14호 못, 제15호 못, 제16호 못)이 삼각형을 이루고 놓여 있다. 이 못은 웅덩이진 곳에 있는데 사방은 산비탈이며, 못의 서남쪽 언덕에는 고구려시대의 기와조각이 깔려 있었다. 못의 형태는 완전한 원형에 가까운데 직경은 14.6m였다. 못의 안벽은 20~40㎝ 정도의 돌을 대충 다듬어서 성벽처럼 쌓아 올렸는데 서쪽 벽이 가장 잘 남아 있었다. 벽의 높이는 9단으로 3m였다. 안벽은 당시의 지표에서 60㎝ 더 들어가 시작되었으며 이 벽의 뒤로 50~60㎝ 두께로 진흙에 잔돌을 섞어서 다져 놓았다.

못의 서남쪽은 골짜기인데, 여기에 물이 빠지는 무넘기도랑이 있었다. 못의 동쪽 가에는 폭 60㎝, 길이 90㎝, 깊이 80㎝ 되는 구덩이

---

26) 김일성종합대학출판사, 위의 책, 62~63쪽.
27) 김일성종합대학출판사, 위의 책, 63~64쪽.

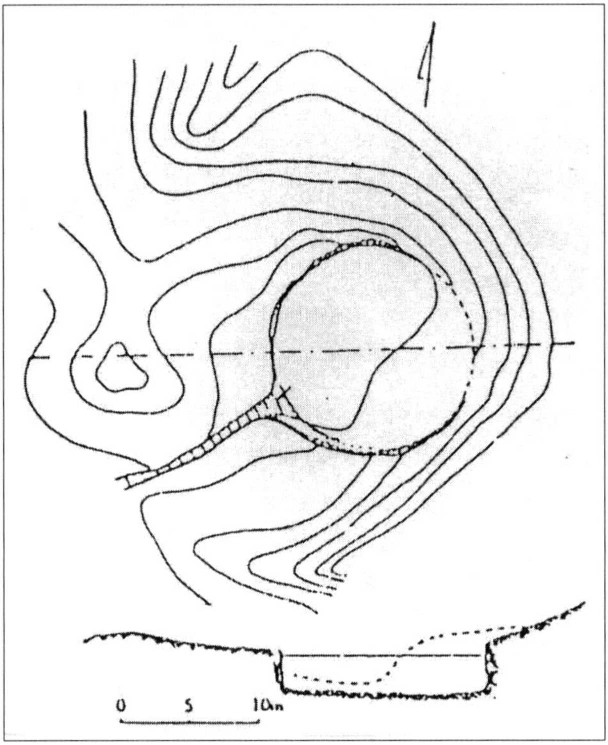

<그림 4> 대성산성 제16호 못 평면도

가 있었는데, 그 안에는 돌이 무질서하게 차 있었다. 이 구덩이는 산에서 흘러내리는 물을 받아서 무넘기도랑으로 돌리기 위해서 만든 것으로 그 사이에 16m 길이의 둥근 못 둑 도랑이 있었으며, 도랑의 폭은 40㎝, 깊이는 20㎝였다. 본래의 못 바닥은 둑에서 3.3m 되는 깊이에 있었다.

이 못의 주위는 아늑하고 경치가 좋은 곳인데, 못 안에서 고구려시대 수막새가 한 점 출토되었고, 못의 서남쪽 언덕 위에 고구려시대 기와조각이 많이 있는 것으로 보아 이곳에 정자가 있었던 것으로 보인다.[28]

2. 백제

1) 夢村土城

몽촌토성은 서울 송파구 방이동에 위치한다. 풍납동토성과 함께 백제 한성시대의 도성을 이루고 있었다. 성 안에서는 2개소의 연못이 발굴되었다.

(1) 제1호 못

제1호 못은 남문지 안쪽에 있었다. 이곳은 서남지구 일원의 降水가 모여서 남문지로 배수되는 낮은 지대로서 自然遊水池의 역할도 한 것으로 보인다. 표고 20m 이하의 저지대에 위치한 이 못의 윤곽은 동남—서북 장축의 말각 장방형으로 직경이 20m 정도였다.

출토유물로는 백제토기, 고구려토기, 패각, 나무 가지 편 등이 있었으며, 고구려 점유기에도 존재하다가 조선 초에 완전히 매립된 것으로 추정하고 있다.[29)]

(2) 제2호 못

제2호 못은 적심건물지와 판축대지 남쪽에서 확인되었다. 표고 30m 정도의 고지대에 해당되어 인공적으로 만든 것으로 보이는데, 크기는 장경 약 30m, 단경 약 15m 정도의 타원형이었고, 깊은 곳은 현 표토하 약 2.5m이상이었다.

퇴적토 속에서는 백제토기편이 다수 출토되었고, 이 못의 일부를 매립하고 고구려시대의 온돌건물지를 만들었음이 확인되었다. 사용시기는 475년 이전으로 추정하고 있다.[30)]

2) 公山城

---

28) 김일성종합대학출판사, 위의 책, 65~67쪽.

29) 주민들의 증언으로는 이와 같은 못이 북문지 안에도 있었다고 전하여 온다고 한다. 못의 유구는 발굴조사 때에도 일부 확인된 바 있었다.

30) 서울大學校博物館, 『夢村土城西南地區發掘調査報告』, 1989, 32쪽.

(1) 제1호 못

제1호 못은 백제 왕궁지로 추정되기도 하는 雙樹亭 앞 광장에 위치한다. 즉 광장의 전면 남측부에 있었다. 중앙 북부에 있는 主建物인 제1건물지에서 남으로 32m, 동측의 제2건물지에서는 서남으로 35m의 거리를 두고 있었다.

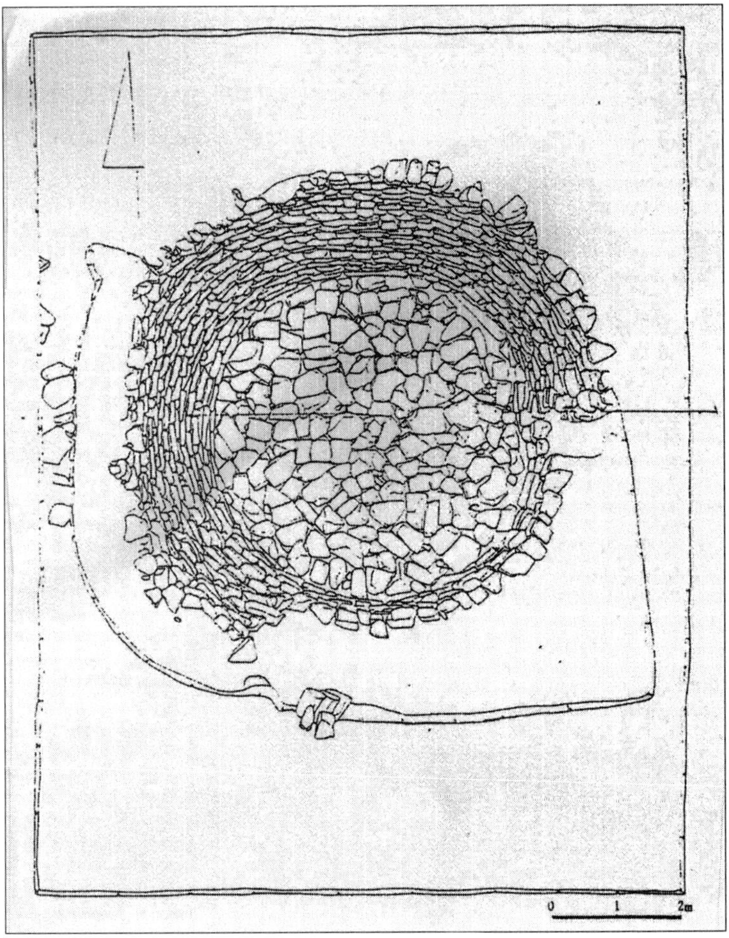

<그림 5> 공산성 제1호 못 평면도

못은 원형으로 직경은 7.30m, 바닥 직경 4.78m, 높이 3.00m(17단~20단)로 대접 모양으로 축조되었다. 현 지표면에서 護岸壁石 상단까지 1.28m는 흙이 퇴적되어 있었다. 부식된 화강암질인 생토면을 지름 약 9.5m되게 파내고, 그 내부에 석축을 하였는데, 석재는 부정형 할석으로 못 안으로 면을 맞추면서 쌓아 올렸다. 壁石을 쌓아 올리면서 뒤로 약간씩 뉘어 쌓아 못의 지름을 위로 올라갈수록 넓게 하였다. 호안벽석은 1열만 쌓았으며, 벽석과 생토 벽면과의 공간인 1m 사이는 검푸른 점토로 채웠다. 바닥은 폭 40~50㎝, 두께 7~10㎝ 정도의 판석형 할석을 깔았다. 입수구와 출수구는 확인되지 않았다.

퇴적층은 4개 층인데, 바닥으로부터 사용할 때에 이루어진 청흑색의 부식된 점토층, 일정기간 퇴적된 암갈색층, 基壇土形成에 따라 이루어진 다짐층, 지면 정리 및 퇴적에 의해 형성된 층으로 이루어졌다. 맨 밑층은 40~50㎝ 두께로 청흑색의 부식된 점토질 흙이다. 입자가 침전에 의해 형성된 것처럼 매우 고우며, 못을 사용할 시기에 가두어둔 물에 의해 부식된 것으로 보였다. 이 층에서는 백제시대의 토기, 기와들만 출토되었다. 출토유물로는 기와류, 토기류 등이 있었다.[31)]

(2) 제2호 못

제2호 못은 공산성내 북단의 靈隱寺 앞에 자리 잡고 있다. 이곳은 공산성의 山稜에 의해 만들어진 계곡으로, 山谷間에 형성된 저평한 지역이다.

성벽의 북벽을 겸한 호안벽석은 할석으로 쌓았는데, 지표하 6~7m, 성벽에서는 3.8~4m의 깊이에서 바닥이 확인되었으며, 밑 부분은 현재 드러난 것 보다 더 내려 같을 것으로 보였다. 호안벽석에는 단은 없고 수직의 벽체이나 위로 올라갈수록 좁혀진 모습이다. 길이는 노출시킨 범위로 동서간 11m이나, 이도 좌우로 확대될 수 있는

---

31) 公州師範大學 博物館, 『公山城 百濟推定王宮址 發掘調查報告書』, 1987, 52~71쪽.

것으로 이 구역 계곡의 폭이 25m인 점으로 미루어 築石의 길이도 이와 동일하였던 것으로 보였다.

호안벽석은 대체로 안쪽으로 정연하게 면을 맞춘 것이나, 橫列이나 從列은 매우 불규칙하였으며, 길이 30~50cm, 높이 20~30cm 정도의 석재를 사용하였고, 이 보다 작은 석재를 중간에 채우는 형식이며, 상단으로 올라갈수록 조잡함이 두드러졌고, 개축의 흔적은 발견되지 않았다.

출수구는 모두 8곳인데 축석의 상단에서 300cm 정도의 위치에서, 除土된 범위의 바닥에서 80cm의 높이에서 4개, 바닥 면에 붙어서 4개가 있었다. 이들의 위치는 바닥이 완전히 제토되지 않은 관계로 본래 연못의 바닥에서 얼마 정도의 높이에 위치하였는지는 확실하지 않으며, 출수구도 미조사 지역에서 더 나타날 것으로 볼 수 있었다. 가장 하단의 것은 西端 것에서 동쪽으로 각각 140cm의 간격을 두고 3개가 있었다. 이 보다 위에 있는 수구는 2단 혹은 1단 정도 축석위에 위치한 것으로 東端 쪽의 경우 아래에서 140cm의 간격으로 있는 중앙부에 하단 수구의 상면에서 40cm 높이에 수구의 하면이 위치하도록 하였다. 이 수구에서 서쪽으로 각각 140cm 정도의 간격으로 나머지 2개가 배치됨으로써 하단의 수구와 등 간격 형태로 위치하고 있었다. 상단 수구도 마찬가지로 등 간격으로 있는 것의 서쪽 것에서 340cm의 거리를 두고 또 다른 수구가 있어 상하가 동일하게 등 간격의 배치 상을 이루고 있었다.

수구의 구조는 벽면에 장방형의 구멍을 뚫은 형태이며, 4개의 석재를 결구하면서 上下端에는 큰 석재를 놓았다. 단면은 장방형이나 다듬지 않은 할석을 사용한 관계로 불규칙한 편이다. 높이는 20cm 전후이고 폭은 40cm 정도인데, 상단의 서쪽에 있는 수구는 좌우에 2단 석축을 하였고, 높이도 30cm 정도였다.

못의 바닥부에 있는 수로는 동남에서 서북 방향으로 약 9m 길이로 만들어져 있었다. 남북 단에 수로의 호안석을 쌓아서 만든 것인데, 폭은 바닥이 160cm 정도, 상면은 210cm 정도였으며, 깊이는 차이가 있지만 가장 깊은 곳이 60cm 정도였다. 할석으로 쌓았는데 동북간에서 서쪽에 가깝게 시설된 수로는 5m 정도에 이르러 서서히 서북쪽으로 활처럼 휘게 쌓아서 서북 모서리에 이르도록 하였다. 수로의 동남단이나 서북단의 끝자락은 붕괴로 인하여 형태가 정확하지 않았다. 그러나 서북단은 잡석이 심하게 몰려 있는 곳에 거의 인접된 것으로 미루어 보아, 북단으로 확대할 경우 이를 처리할 수 있는 시설이 있지 않았을까 추정되기도 하였다. 수로 호안석은 鼓形으로 중간부가 튀어나온 형태인데 남쪽의 호안석이 보다 심하였다.

이처럼 계곡의 하단 쪽을 성곽의 성벽으로 가로 쌓아 일단 이 부분에 못 형태의 시설을 만들었다. 그러면서 남쪽의 계곡 위쪽에서 흘러내리는 물을 수로를 통하여 호안석에 직접 부딪치지 않도록 斜線 방향으로 흘러 북서쪽 모서리로 모이게 한 것으로 추정되었다. 호안벽석에는 2단의 형태로 여러 개의 수구가 마련된 점으로 보아 못에 일정량이 모이면 이들 수구를 통해서 배출되도록 고려된 듯하다.

못 안의 퇴적토는 북쪽의 성벽 부분에서 약 10cm 정도의 표토층, 약 80cm 두께의 암갈색·다갈색 점질토, 기와편이 포함된 다갈색 다짐토(통일신라시대의 불상 출토층), 약 40cm 두께의 잡석이 포함된 다갈색토(기단토), 100cm 정도의 두께로 10(혹은 20~30)cm 두께의 인위적으로 반복하여 다진 다짐층이 있었고, 이 후의 아래층은 침전에 의해 이루어진 점질성의 흑청색 혹은 회청색 층위가 바닥까지 계속되었다.

출토유물로는 수막새기와, 수키와, 암키와 등 기와류와 기대, 고배, 종지, 삼족토기, 蓋杯, 시루편 등 토기류와 등잔, 벼루, 塼 등이 있었다.

하여튼 이 못에 대한 발굴조사는 북쪽 호안벽석이 성벽을 겸용하여 사용된 점과 바닥에는 물의 흐름을 원활하게 하는 수로시설이 존재한 다는 점을 확인하는 정도에 그치고 말았으나, 이 못이 백제가 멸망하면서 그 기능이 정지되고, 이어 지반이 약 3m 이상 돋구어 진 다음 통일신라시대에 佛舍가 조성되었다는 점을 알 수 있었던 점은 큰 수확이었다.32)

3) 劍丹山城

검단산성은 전남 순천시 해룡면 성산리 산 48번지 일대에 위치한다. 600년 전후에 축성된 것으로 보고 있다. 못은 서쪽에 있으며 성내에서 가장 낮은 지역으로 우천시 물이 많이 모이는 곳에 위치한다.

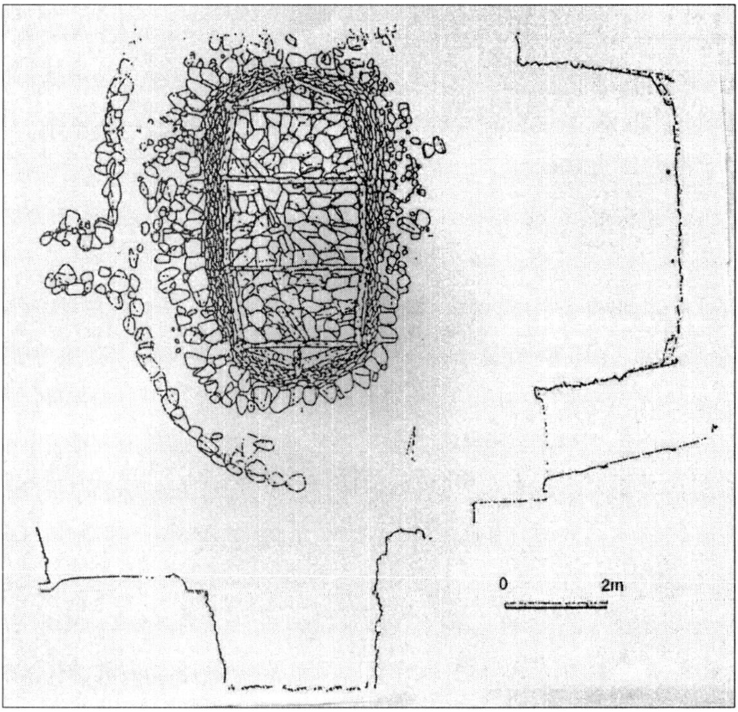

<그림 6> 검단산성 못 입 · 평면도

32) 公州大學校博物館 · 忠淸南道, 『公山城池塘』, 1999, 213~217쪽. 271~354쪽.

규모는 길이 810~890cm, 폭 400~480cm, 깊이 350~500cm였다. 평면은 장타원형이고, 단면 형태는 역 사다리꼴이며, 장축은 남북 방향이다. 벽은 다양한 크기의 석재를 주로 가로 방향으로 쌓아 올렸는데, 수평을 이루지 못하고 면도 고르지 않아 거친 편이었다. 동쪽에 비해 서쪽 벽의 높이가 낮으며 성벽 쪽으로 출수구가 마련되었다.

서쪽 면에는 호안벽석에서 100cm의 거리를 두고 폭 80cm, 깊이 40cm의 석렬이 돌아가고 있었는데, 우천시 물을 모으기 위한 시설로 보인다고 한다, 누수를 방지하기 위하여 호안벽석 외곽으로 폭 130~140cm, 깊이 550~600cm 정도까지 점질이 강한 황색 점토와 회흑색 점토로 다져 놓았다.

내벽의 바닥 면에는 높이 170cm내외, 폭 25cm내외, 두께 10cm내외의 角材 10개가 일정한 간격으로 박혀 있었다. 각재의 아래쪽에는 구멍을 뚫어 각재와 각재 사이를 연결하고 있었는데, 장축 방향의 중앙은 각재, 단축 방향의 각재 사이는 원형의 목재였다. 바닥은 바닥석을 깔았으며, 바닥석에서부터 100cm 아래까지 회색의 점토가 깔려 있었다. 이러한 점토는 호안벽석의 외부에 채워진 점토와 동일한 것으로 물이 빠지는 것을 방지하기 위한 것으로 판단되었다.

못이 무너지는 것을 방지하기 위한 목재 구조물의 평면 형태는 6각을 이루게 하였는데, 호안벽석의 형태가 목재 구조물의 형태와 동일하게 각을 이루고 있었다. 보고자는 목재 구조물을 먼저 설치한 후에 호안벽석을 축조하였기 때문에 뚜렷하지는 않지만 평면 형태가 목재 구조물의 형태와 거의 일치한다고 보았다. 이러한 형태는 바닥에서부터 목재 구조물이 끝나는 중간 부분까지만 나타나고, 목재 구조물이 없는 호안벽석 상부는 각을 이루지 않고 원형을 이루고 있었다.

못은 석비례층을 길이 11m, 폭 7m, 깊이 6m 내외로 큰 토광을 판 후에 바닥에 1m 정도의 두께로 점토를 깔고, 바닥석을 놓은 후에 목재 구조물을 설치하고, 벽석을 쌓으면서 뒤쪽에 점토를 채우는 순서로 축조하였다고 보고 있다.

못 안에서는 많은 양의 기와와 토기, 바가지형 목기, 목제 삽, 판형 목재, 물동이형 목기 등과 철모, 철촉 등 철기류, 石丸 등이 출토되었다.33)

3. 신라

1) 三年山城

삼년산성은 충북 보은군 보은읍 어암리 산 1—1 일대에 위치한다. 『삼국사기』에는 470년에 축조하고, 486년에 개축하였다고 하였다. 1차 적인 못인 본래의 못은34) 규모가 남북 41.5~42.3m에 달하며 동서는 확인되지 않았으나 45m가 넘는 큰 못이었다. 못 유구는 북벽, 남벽, 서벽, 중앙의 토층에 대해서만 확인 조사되었다.

북벽은 60×40×25㎝ 정도의 돌을 3단으로 매우 조잡하게 쌓았으며, 아랫돌보다 윗돌을 뒤로 들여쌓고 돌과 돌 사이는 붉은 점토와 산자갈로 다짐을 하였다. 이곳의 토층은 25㎝ 정도가 표토이고, 그 아래로 황갈색 사질토와 암갈색 사질토, 갈색 사질토 등이 색이 조금씩 다르지만 사질토가 60~100㎝, 그 아래로 암갈색 점토, 자갈 섞인 점토, 숯 섞인 암갈색 점토 등 점토질이 45~100㎝ 정도, 그 아래로 10~20㎝ 정도의 점토뻘층이 있었는데, 이 층위에서 나무 조각 등이 나왔다. 맨 아래의 회백색 모래층에서는 물이 계속 스며들고 있었다.

남벽은 60×40×25㎝ 정도의 돌로 4단을 축조하였다. 90×70×30㎝ 크기의 하나의 커다란 돌이 맨 아래에 자리 잡고, 위로는 뒤로 물리면서 4단을 조잡하게 석축을 하였다. 석축의 안쪽은 붉은 점토와 산자갈로 굳게 다졌다. 토층은 표토, 황갈색 사질토, 암갈색 자갈층, 담

33) 崔仁善, 「順天 劍丹山城 硏究(1)—발굴조사 내용과 축성법을 중심으로—」, 『文化史學』 11 · 12 · 13(韓國文化史學會), 1999, 256~258쪽.

34) 서문 안쪽의 북쪽에서 남쪽의 못터를 향하여 돌출된 암벽에 從書로 蛾眉池라는 글씨가 있다.

갈색 사질토층으로 되어있었고, 지표하 100㎝에서 회흑색 진흙층이 시작되었으며, 120㎝부터 암갈색 점토 뻘흙이 나타났다. 165㎝이하로는 작은 자갈을 포함한 약간 누렁색이 도는 모래질 흙이 있어 기반층 바로 위를 형성하고 있었다.

서벽은 原西城壁의 내벽에서 동쪽으로 성벽에 붙여 산자갈과 붉은색의 점토질 흙을 1.2~2.2m로 다진 것이다. 북벽이나 남벽처럼 못쪽을 석축한 것이 아니라, 西城壁 안쪽으로 자갈과 붉은색 점토를 다진 것이었다. 그러나 자갈과 붉은색 점토 다짐의 안쪽에 다른 석축시설이 있는지는 발굴과정에서 확인하지 못하였다.

못에는 뻘흙층이 지표하 160㎝이하에서 확인되었다. 뻘흙층은 동서로 중앙부는 매우 두터웠으나, 남북의 못 가장자리에서는 10㎝ 정도에 불과하였다. 못의 바닥은 본래 평편한 것이 아니고, 이 성의 전체적인 지형에 따라서 만들어져, 서벽 쪽으로 낮아진 계곡을 서벽이 막았다. 즉 골짜기에 형성된 못은 자연적으로 서벽 가까이는 깊이가 깊고, 나머지 동, 남, 북의 경우는 차츰 깊이가 얕았다고 보여 진다. 또 이 못은 일시에 매몰된 것이라기보다는 몇 차례의 큰 호우에 의해 수차에 의해 매워졌다. 매몰이후 조선시대에는 작은 못을 훨씬 동쪽에 만들었고, 수구까지는 기다란 석축된 배수구(폭 65㎝, 좁은 곳 40㎝ 정도, 깊이 35㎝)를 만들었다.

한편 못의 서쪽을 막았던 서성벽은 직선이 아니고 굴곡이 심하지는 않으나 구불거리는 성벽이었다. 특히 본래 성벽의 내벽 아래쪽에는 최근 보수된 성벽보다 1.4m나 안쪽에서 본래의 성벽이 확인되었는데, 이 부분의 좌우로 3m씩의 부분이 수구의 아랫단을 형성하였으며, 그 윗부분은 석벽의 폭이 좁아 들면서, 석재가 바깥쪽으로 비스듬히 축조되어 있어 활 모양의 궁륭상을 이루었다. 이 유구의 아랫단은 지표하 150㎝에서 수평면을 이루어 못의 북벽과 남벽에서 확인된 수평면과 동일한 수면을 가졌다. 수구지는 40×60×15㎝ 정도의 길쭉하고 납작한 돌을 마구리를 맞추어 거의 틈이 없이 축조한 아랫단과 교란된 수구 윗 단과는 L자형의 단면을 이루며, 수구의 아랫단을 넘친 물은 경사도 30° 이상을 이루며 성 밖으로 빠지도록 되어 있었다. 성벽 바깥의 수구는 무너진 석축 때문에 확인할 수가 없었다.

출토유물은 맨 아래의 뻘층에서는 삼국 및 통일신라시대의 것으로 보이는 유물들만 출토되었고, 그 위층은 매몰된 탓인지 고려·조선시대에 속하는 것으로 생각되는 유물들이 혼재하여 출토되었으며, 종류로는 토기류, 석기류, 금속류, 자기류, 기와류, 목제류, 골제류, 씨앗류 등이 있었다.35)

2) 含林山城

함림산성(성재산성)은 충북 보은군 보은읍 산성리와 내북면 서지리 사이의 성재산 정상부에 축조된 석성이다. 청주방면에서 보은읍내로 들어오는 적을 막기 위해 축성한 것으로 보이는데, 삼년산성을 보호하여 주는 중요한 산성으로, 삼년산성과 비슷한 시기에 신라에서 축조한 것으로 보고 있다.36)

이 산성의 못은 규모가 9.6×8.3m로 방형에 가깝다. 매몰되어 있었던 것을 근래 주민들이 가뭄에 물을 대기 위해서 파내게 됨으로써 내부 구조가 확인되었다. 못은 위로부터 폭 120cm와 60cm의 턱을 두면서 안으로 차츰 좁아졌는데, 맨 하단의 벽에는 길이 2m에 폭과 두께가 각각 18×10cm, 20×13cm, 18×8cm, 19×10cm의 角木을 수직으로 박고, 그 안쪽에 8×3cm 크기의 小石으로 한 겹 둘레를 쌓았다. 수직으로 된 角木列을 고정시키기 위해 맨 밑바닥에는 160×26×6cm 크기의 참나무 각목을 十字形으로 설치하고, 그 중앙에 쐐기를 박아 고정시킨 후 70×50cm 크기의 구들장을 깔았다고 한다. 호안벽석은

35) 忠北大學校博物館, 『三年山城—추정 연못터 및 수구지 발굴조사 보고서—』, 1983, 22~39쪽.

36) 구전으로는 백제가 함림산성을 축조하여, 삼년산성과 치열한 전투를 벌려으며, 두 성 중앙에 있는 바위로 경계를 삼았다고 전한다.

거의 붕괴되었으나 비교적 잘 남아 있는 동쪽 부분에는 높이 1.7m가 남아 있다. 못의 밑바닥에 깔린 낙엽 속에서 청동냄비와 나무칼집 2개가 수습되었다고 한다.37)

3) 父母山城

부모산성은 충북 청주시 흥덕구 비하동과 지동동의 경계에 있는 부모산에 위치한다. 초축 못은 풍화암반을 직경 12.5m 내외로 계단식으로 굴착하여 원형의 수혈을 만든 다음, 회색점토를 1m 정도 높이로 다져 바닥면을 정지하였는데, 바닥면은 단단히 다져진 회색점토면 위에 얇은 판석형 할석을 깔았다. 호안석벽을 먼저 축조하고, 그 다음 바닥석을 조성한 것으로 보였으며, 바닥면의 직경은 6.7m가량이었다. 호안석벽은 15~70×5~30cm 크기의 잘 다듬어진 장방형의 면석과 판석을 이용하여 바른층쌓기로 축조하고, 석재 간 빈틈은 작은 잡석으로 채워 보강하였다. 호안석벽의 1단은 5~7열로 쌓고, 높이는 1~1.1m이며, 직경은 7m 정도였다. 2단은 4~5열로 쌓고, 높이는 0.7~1.1m, 직경은 8m 정도였다. 가장 윗 단인 3단은 북쪽과 동 · 서쪽 일부에 2~3열 정도만 남아 있었으며, 추정직경은 약 9m 정도였다.38)

출초유물은 인장와, 수막새, 수 · 암키와, 토기류, 어망추, 석환, 철기류, 목제품 등이 있었다.

4) 蓴池里土城

순지리토성은 경남 양산군 하북면 순지리 산 47-2번지와 답곡리 산 49, 55번지 일대의 야산 정상에 위치한다. 보고자는 이 산성이 신

37) 李元根, 「三國時代城郭研究」(檀國大學校博士學位論文), 1980, 419쪽. 淸州大學校博物館, 『報恩郡 文化遺蹟』, 1996, 32~33쪽.

38) 忠北大學校博物館, 『淸州 父母山城 Ⅱ—西壁區間 및 集水址, 第1堡壘, 鶴天山城—』, 2016, 34~37쪽.

라가 금관가야를 편입하기 이전에 가야를 방어하기 위하거나 아니면 일본의 침입을 막기 위하여 쌓은 것이라고 하였다. 이 못은 보고서에는 우물터로 되어 있으나, 성내에서 볼 수 있는 일반적인 우물보다는 비교적 규모가 크기 때문에 못에 포함시켰다. 못은 성내의 중심부분에 해당되는 계곡 속에 위치하며, 최근에 지은 山城寺의 정원에 있고, 북쪽에서는 부속건물지가 확인되었다.

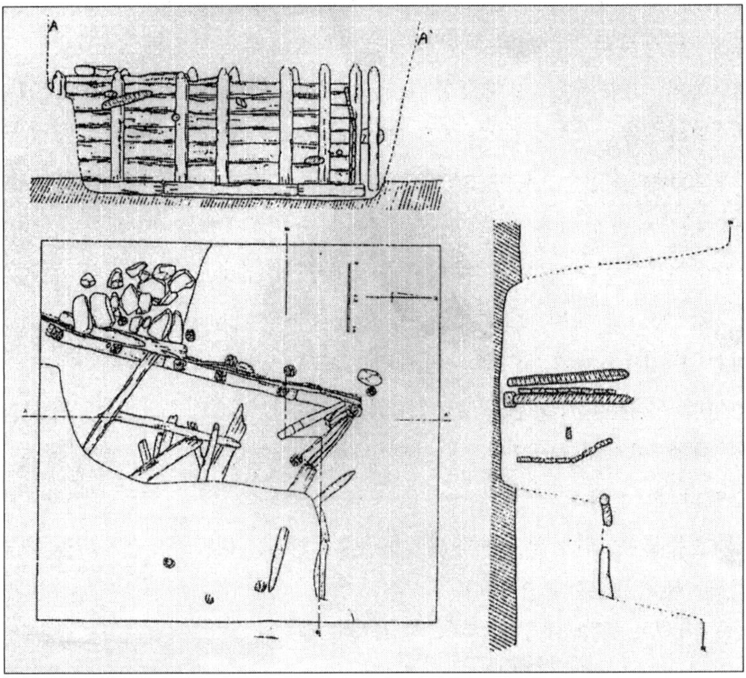

<그림 7> 순지리토성 못 입 · 평면도

전면 발굴조사는 보존과 지하수 처리문제로 실시하지 못하고 부분적인 확인 조사만을 하였다. 계곡을 석축으로 가로지른 성벽 2m 안쪽에 전면 590㎝, 측면 470㎝, 깊이 208㎝ 크기의 장방형 못틀로 조립되었다. 산골짜기로부터 자연수가 많이 흘러내려 고여지는 곳을 중심부로하고 장방형을 굴착하여 못을 파고, 이 못 안에 木組의 틀

을 쌓았다. 여기에 사용된 목재는 참나무와 도토리나무로 추정되고, 도끼로 표면을 다듬어서 만들었다. 틀은 기단부에 해당되는 곳에 方角棒을 눕혀 장방형으로 조립하여 깔고, 그 위에 전면 5칸, 측면 4칸이 되도록 홈을 파서 方形棒을 먼저 세우고, 바깥쪽에 원형기둥을 흙속에 두드려 박아 두 기둥을 각각 나란하게 세운 다음, 방형기둥과 원형기둥 사이의 좁은 공간에 板子를 길게 눕혀서 벽이 되도록 쌓았는데, 보통 7~8매의 판자를 올려 쌓았다.

판자는 전면의 경우 4칸, 측면의 경우 3칸에 해당할 정도로 길며, 나머지 전면 · 측면의 1칸씩에 해당되는 부분은 짧게 하여 쌓아 올렸는데, 짧은 부분이 북서쪽에 해당되는 구석진 부분으로, 아마도 이곳이 배수시설과 관련되는 곳이라고 짐작되었다. 이렇게 판자로서 귀틀집 모양으로 쌓아 올린 외곽에는 부식토를 채웠다.

이 못 바닥에서는 토기편들이 많이 출토되었으며, 대부분 동시기의 것으로, 삼국이후 것은 보이지 않았으며 단기간에 사용된 것으로 추정된다고 한다.[39]

5) 城山山城

성산산성은 경남 함안군 가야읍 광정리 1675번지 및 함안면 괴산리 784번지 烏南山(造南山, 城山)에 위치하는데, 이 성은 『일본서기』 흠명천왕 22년(561)에 신라가 阿羅의 波斯山에 성을 쌓아 일본을 대비하였다는 波斯山城에 비정되고 있다.

동문지 부근의 제일 남단 지역의 내부에서 뻘층이 확인되었다. 이곳은 자연 배수가 이루어지는 동쪽 협곡을 가로질러 성벽을 축조하였기 때문에 우기 등 물의 양이 많을 경우에는 성벽 붕괴의 우려가 있기 때문에, 그 내부에 물을 가두어 두는 집수장인 못이 있었을 것으로 보였다.

---

39) 東亞大學校博物館, 『梁山蕁池里土城』, 1983, 305~334쪽.

당시의 지표는 현재 토층상에서 확인된 자갈층의 깊이에서 적어도 현재보다 약 170cm 정도 낮게 형성되었을 것으로 보고 있다. 한 트렌치에서는 현 표토하 약 20cm까지는 논의 경작층이며, 35cm까지는 침전층, 65cm까지는 부식토층, 110cm는 교란층, 170cm는 다갈색 점토층이 넓게 형성되어 있었다. 230cm의 암다갈색층과의 사이에는 작은 자갈층이 협재하여 있었고, 성 내벽 쪽으로 뻘침투층이 있었다. 250cm에는 큰 풍화암반편을 포함하는 회갈색 점토층이 있었는데 습기를 많이 함유하였다. 250cm 아래로는 유기물이 부식되어 있는 뻘층이 410cm까지 형성되어 있었다. 350cm 뻘층 하단부에서는 목간, 목제품, 과육씨, 목재찌거기, 토기편 등이 많은 유기물질과 함께 압축되어 혼재하여 있었다.

또 다른 트렌치에서는 표토하 180cm 아래에서 녹회색의 뻘이 드러났고, 현 표토하 210~250cm 지점에 약 60~90cm 두께의 보라색 뻘층 사이에 황갈색 토층이 일부 존재하고, 보라색 뻘층 아래에서는 유물이 포함되어 있는 약 120cm 두께의 회흑색의 유기질층이 있었다. 이 유기질층에서는 목간, 방망이 등의 목제품과 복숭아, 호두 같은 과일씨, 토기편, 골편 등이 수습되었다. 현 표토하 420cm 지점에서는 목제 빗이 출토되었으며, 다양한 형태의 목제품이 수습되었다. 이러한 층위는 470cm까지 계속되었다. 그 아래는 지반까지 20~80cm 두께의 녹색 수초층이 있었고, 여기에도 패류, 계란껍질, 복숭아씨 등이 내포되었다. 그 다음이 최대 깊이 500cm의 회색의 마사암반층이었다. 이 트렌치의 서쪽 끝 부분에서는 두께 6cm 정도의 나무가 68cm 간격으로 암반토에 약 40cm 정도 박혀있었으며, 이 나무를 버팀하여 가로로 약 45cm 정도 겹쳐져 있었다.

보고자는 이 유구의 설치 연대가 산성 축조보다는 훨씬 앞 시기의 것으로 추정하였다. 이처럼 동문지 부근의 전체에서 뻘의 존재가 확인되었고 '가' 지역에서 도수로와 수구 등이 확인된 것으로 보아 동문지 부근에는 어떠한 형태의 못이 있었을 것으로 보고 있다.[40]

6) 二聖山城

이성산성은 경기도 하남시 춘궁동 산 36번지 일대에 위치한다. 성안에서는 2개소의 연못이 발굴되었다. 이 산성은 신라가 한강유역을 차지하던 6C 중반에 축성하여, 한산주의 거점성으로 사용된 것으로 보고 있다.

(1) 제1호 못(A지구 못)

제1호 못이 위치하는 곳은 산성 내에서 가장 낮고 평탄하다. 산성의 축조와 함께 형성된 1차 못은 계곡을 가로지르는 남쪽 성벽을 호안벽석으로 이용하여, 양쪽에서 흘러드는 개울물을 수원으로 하였다. 성벽의 안쪽에는 흙다짐을 하여 물이 빠져나가지 못하게 하였으며, 흙다짐은 점토에 돌을 섞어 다지는 방법으로 하였는데, 두께는 1.6m이며, 성벽의 경사면을 따라 경사지게 쌓아 무너지는 것을 방지

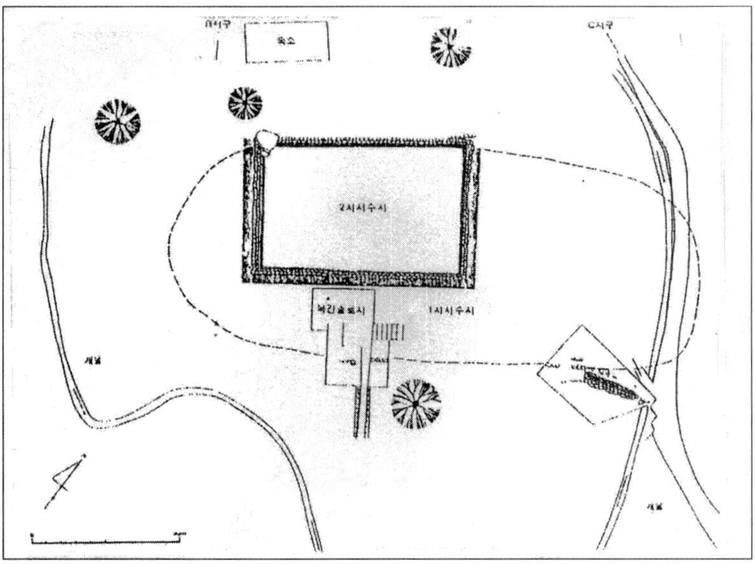

<그림 8> 이성산성 제1호 못 평면도

40) 國立昌原文化財硏究所, 『咸安 城山山城』, 1998, 74~95쪽.

하였다. 바닥은 표토층을 걷어내고 암반을 노출시킨 뒤에 바닥의 돌을 깨어내어 어느 정도 평탄하게 한 것으로 보였다. 못의 바닥은 남쪽보다 북쪽이 깊었다.

못의 규모는 54×30m이며, 전체 면적은 1,500㎡로 약 500평 정도였다. 滿水時의 못 깊이는 약 2m 정도였다. 형태는 북동-남서 방향을 장축으로 하는 타원형으로, 연못의 북쪽 한계는 2차 못의 북서쪽 호안벽석과 같으며 남쪽은 성벽이었다. 서쪽은 현재의 개울이 흐르고 있는 지점까지 연결되었을 것으로 보였다.

퇴적층은 모두 33개로 분류되었는데, 각 층은 1~2㎝ 두께에서 10㎝까지 다양하며 사질토층과 뻘층이 반복되고 있었으며, 16층과 21층의 유기물층은 목재나 나뭇잎 등의 유기물질이 부식되지 않은 상태에서 많이 출토되었다. 특히 1~29층까지는 물속에서 퇴적된 것으로 보이지만, 그 윗부분부터는 이후에 퇴적된 층으로 보였다.

출토유물은 주로 12층 이상에서 출토되기 시작하였으며, 1~11층까지는 유물이 거의 출토되지 않았다. 출토유물은 木簡과 漆器, 叩板, 통나무를 비롯한 유기물질과 토기편이 많았다.

계곡의 윗부분에서 흘러내리는 개울물이 그대로 유입되어, 윗부분으로부터 많은 양의 토사가 못 안으로 바로 유입되므로 써 1차 못은 규모가 큼에도 불구하고 쉽게 퇴적되어, 2차 못을 축조하지 않으면 안 될 상황이었던 것으로 보였다고 한다.[41)]

(2) 제2호 못(C지구 못)

제2호 못은 장방형 건물지와 12각 건물지의 동쪽에서 확인되었다. 식축으로 된 장방형으로 북쪽은 경사가 높고 지연암반을 깎아서 평탄하게 한 흔적이 보였다. 서북쪽의 대형 암석과 동쪽 중앙부의 암반은 자연 상태로 남겨 두었다.

남벽은 길이 21.42m(현재 1~4단)인데 흑색의 사질 퇴적토를 수평

---

41) 漢陽大學校 · 京畿道, 『二聖山城三次發掘調査報告書』, 1991, 46~52쪽.

으로 하고 석축을 하였으며, 가운데가 못의 안쪽으로 약간 볼록하게 나왔다. 동벽의 개축된 석축의 길이는 16.04m(초축석렬 1~3단, 개축석렬 2~6단)이며, 본래 약간 못 바깥쪽으로 나온 둥근 형태를 한 석축이었으나, 나중에 앞쪽에서 직선 형태로 개축하여 다시 쌓았다.

북벽은 석축 길이가 21.35m로 가운데 부분은 자연 암반을 이용하였으나, 나머지는 석축을 하였다. 석렬이 일부 잔존하기는 하나 홍수 등의 침수로 대부분 붕괴된 상태였다. 가운데의 자연 암반을 그대로 벽체로 이용하고, 좌우로 생토층을 굴토한 후 석축하였다. 서벽은 현존 석축 길이가 13.95m인데, 가운데의 자연 암반을 중심으로 석축을 하였으나, 붕괴상태가 매우 심하였다.

못 안의 퇴적 층위는 7개로 구분되었다. 이중 5층은 회갈색의 점토에 모래가 다수 함유되었으며, 못의 전체에서 고루 확인되었다. 이 층위에서는 회청색 경질토기나 인화문계 토기 등은 전혀 출토되지 않았고, 帶狀把手가 달린 흑색 평저토기와 회백식 연질의 타날문토기편 등이 다수 출토되었으며 자(木尺)와 목간이 출토되었다. 6층은 흑회색의 고운 사질점토층이었다. 못을 축조할 때 이 사질토 지면을 미리 평탄하게 작업했던 것으로 판단되었다. 이 층에서는 무문토기의 태토성분을 갖고 있는 우각형파수 만 1점 출토되었을 뿐, 다른 유물은 전혀 출토되지 않았다. 7층은 자갈이 다수 함유된 회갈색의 사질점토층이었다. 이 층에서는 공렬토기편, 홍도편, 반월형석도 등 청동기시대 후기의 유물들이 다수 출토되었다.

출토유물로는 목제품으로 자, 목간, 腰鼓, 방망이, 목제 자루(木製柄), 叩板, 비치개, 빗(櫛), 팽이형 목제품, 鴨頭形 목제품, 칠기, 목기 등이 출토되었고, 청동기시대, 초기철기시대, 삼국시대, 통일신라시대의 각종 토기편, 석기, 철기, 벼루, 기와, 塼, 동물뼈 등이 출토되었다.[42]

---

42) 漢陽大學校博物館 · 河南市, 『二聖山城第8次發掘調査報告書』, 2000, 65~207쪽.

7) 鷄足山城

계족산성은 대전광역시 동구 회덕1동에 위치하며 계족산 줄기에 위치한다. 못은 저지대인 동쪽 성벽 중간 부분(표고 366m)에 자리 잡고 있다.

1차 못의 호안벽석은 수직쌓기를 하였으며, 급경사를 이루는 북쪽과 서쪽에는 3단으로 계단식으로 段築하여 각 단 床面에는 板狀石으로 敷石하는 방식으로 하고, 경사가 완만한 남쪽 및 동쪽의 남단부는 2단 또는 1단으로 처리하였다. 최상부 석축으로부터 아래에 있는 제1석축과 그 아래의 제2석축은 직접 저수되는 護岸으로서의 기능보다는 사면 침식을 막기 위한 기능을 하며, 제3석축은 저수되는 호안이었다.

규모는 제1석축에서 38×21m이며, 타원형을 이루고, 실질적으로 물이 저수되는 제3석축 부분은 32×15m 정도였다. 못의 깊이는 현 제3석축의 높이를 감안하면 최소 2m 이상이었다.

2차 못의 축조시 1차 못의 제1~제3석축 위에 채워 넣은 充塡土에서 다량의 유물들이 수습되었는데, 이들은 모두 短脚高杯를 비롯해 附加口緣長頸壺 口緣部 및 臺脚片, 短頸小壺, 碗 등 대체로 6C 중반 내지 후반의 신라토기들이었다.

2차 못은 1차 못의 제1 · 2 · 3 석축 내부를 토석으로 메우고 평면 규모를 축소한 것으로, 규모는 19×8m의 장방형이며, 깊이는 약 5m 정도였다. 호안벽석은 아래에서부터 들여쌓기를 하여 구조적인 안정을 도모하였으며, 외곽부분은 1차 연못의 제1 · 2 석축 위에 토석을 채워 완만한 경사를 유지하도록 하였다.

못의 내부 퇴적토는 상부에서는 황갈색사질토이나 그 아래에는 회흑색사질점토 성분의 뻘층이었다. 2차 못의 폐기는 내부 퇴적토의 양상으로 보아 어느 시점에 인위적으로 이루어진 것으로 보였다. 매립토에서 출토된 유물이 모두 통일신라시대의 토기나 기와편들이며,

고려시대의 청자는 전혀 없는 점으로 보아, 통일신라시대 하대에 매립된 것으로 추정되며, 이 2차 못의 축조시기도 통일신라시대가 아닌가 추측되었다.

성벽과 접해 있는 못 동쪽 석축부분에 대한 조사결과 성의 동벽은 夾築이었으며, 성벽의 높이는 9.5m에 달하였다. 특히 생토면에 접하여 약 60~80cm 정도의 뻘층이 형성되어 있는 것이 확인되어, 층위상으로 보아 1차 못보다 선행하는 최초의 못이 존재하였을 가능성도 있다고 한다.

이들 못의 출토유물로는 못의 호안벽석 내부 및 외부에서 출토된 기와류와 토기류가 대부분을 점하고 있다. 특히 「雨述銘」 기와가 출토되어 주목을 끈다. 여기서 출토된 토기들은 신라 말에서 통일신라에 걸치는 6C 중 · 후반에서 8C대의 것들이었다. 이밖에도 뻘층에서는 박으로 만든 용기 및 농공구의 자루, 복숭아씨, 말 이빨, 다슬기 등 다수의 유물들이 출토되었다.43)

4. 통일신라

1) 虎岩山城

호암산성은 서울 구로구 시흥 2동 산 93번지 일대의 호암산 정상에 위치한다. 호암산성의 축조시기는 출토유물로 보아 상한은 7C전반경이고, 하한은 8C중엽 경으로 추정된다고 한다. 이 성은 仍伐奴縣의 거점성이었다.

(1) 제1호 못(한우물)

1호 못의 통일신라시대 못은 조선시대의 石築池 아래에서 확인되었는데, 규모는 동서 17.8m, 남북 13.6m로 동서 장축의 장방형이었다. 못의 당초 깊이는 2.5m(13단)이었다. 못을 쌓은 석재는 주변 바위에서 떼어낸 화강암재로 축조시 밖으로 보이는 부분은 매끄럽게

43) 忠南大學校博物館 · 大田廣域市, 『鷄足山城 發掘調査 略報告』, 1998, 9~15쪽.

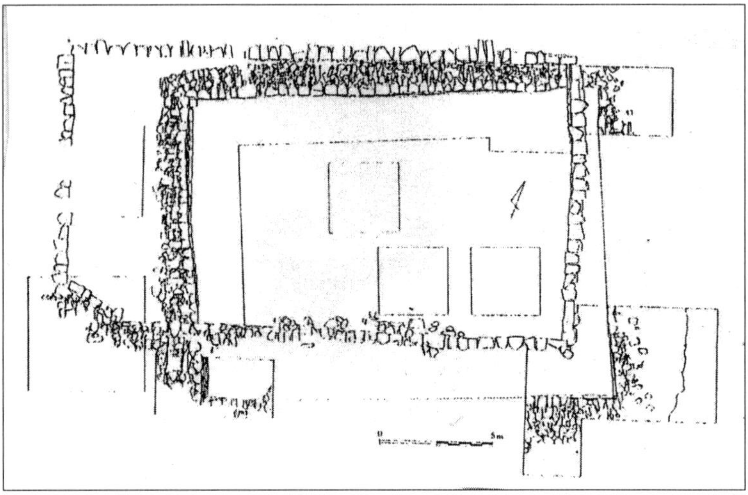

<그림 9> 호암산성 제1호 못 평면도

잘 다듬어져 있었다. 석재의 크기는 대체로 정면 폭 60~70㎝ , 높이 20~25㎝, 뒷면 길이 40~50㎝ 정도였다. 바닥 쪽일수록 비교적 큰 석재를 사용하였고, 위로 올라갈수록 점차 작은 석재를 사용하였다. 서벽 중앙부 최하단의 석재 하나는 암반을 다듬어서 그대로 사용하였는데 외견상 다른 석재와 차이가 없었다.

안벽석의 축조방법은 최하단 10~20㎝는 앞으로 내어 쌓아 기초를 튼튼히 하고, 위로 올라갈수록 점차 들여쌓기를 하였으며, 석재는 끝 부분이 서로 엇갈리게 품자형 쌓기를 하였다.

안벽석의 뒷부분은 1.5~2m 정도를 생토층을 파내고 잡석과 점토, 마사토를 섞어서 뒷채움하여 다졌는데, 암반이 튀어나온 부분은 암반을 파내고 석축을 하였다. 연못의 바닥은 화강암반을 다듬어 정리한 것으로 보이는데, 최하층에서는 약 10~15㎝ 두께의 점성이 강한 점토가 단단하게 깔려있어 암반을 정리한 후 점성이 강한 점토로 다졌을 가능성이 있었다. 이 토층 위에는 두께 1m 내외의 고운 모래와 점토가 섞인 흑갈색 사질점토층이 있었는데, 이 층에서는 통일신라시대의 유물만이 출토되었다.

이 못의 입수시설은 확인된 것이 없고, 당초에는 별다른 입수시설이 없이 못 남동사면의 물이 스며 올라오는 것을 집수시킨 것으로 생각된다. 배수시설은 북벽에 있었을 것으로 생각되나, 조선시대 호안벽석을 축조하면서 북벽이 5~6단 제거된 상태이므로 존재여부를 확인할 수가 없었다. 그러나 조선시대 호안벽석의 경우에도 별다른 배수시설이 확인되지 않았는데, 이러한 예로 보면 본래 배수시설이 없었을 가능성도 있다고 한다.

못 안에서는 11개 기종으로 구성된 토기편들이 출토되었는데 이들의 최소 개체수는 467점이었다. 이 중에서 碗類가 121개체, 壺·甕類가 127개체분으로 전체 출토유물의 50%이상을 차지하였으며, 파수부 동이류가 64개체로 전체의 14% 가량을 차지하고, 高杯類는 41개체로 9%를 차지하였다.[44]

(2) 제2호 못

제2호 못은 제1호 못에서 남쪽으로 직선거리 약 300m 정도 떨어진 곳에 위치하고 있는데, 이 지역은 산성내의 중앙부에 해당되는 곳이다.

못의 윤곽은 남북으로 길쭉한 장방형의 형태를 하고 있었으며, 북동 모서리는 암반이 지상에 노출되어 있는 관계로 모를 접어서 축조하였다. 규모는 남북 18.5m, 동서 10m 이상, 깊이 2m 이상이 되었는데, 제1호 못보다는 장축은 약간 길고 폭은 약간 좁은 細長한 형태를 하고 있었다. 석재는 잘 다듬어진 화강암재를 사용하였는데, 크기는 여러 가지로 다양하나 보통 정면 폭 50㎝, 높이 25㎝, 뒷면 길이 35㎝ 정도였다. 밑에 사용한 석재는 규모가 크고 위로 올라갈수록 점차 작은 석재를 사용하였는데, 호안벽석의 윗부분은 많이 붕괴된 상태였다. 호안벽석이 가장 잘 남아 있는 북벽의 북서 모서리는

44) 서울大學校博物館, 『한우물—虎岩山城 및 蓮池發掘調査報告書—』, 1990, 47~70쪽.

높이 1.75m(10단)이 남아 있었는데, 본래는 3~4단이 더 있어 높이가 2.3~2.5m 정도가 되었을 것으로 추측되었다.

호안벽석의 축조방법은 큰 석재를 밑에 놓고 작은 석재를 위에 올리고, 품자형으로 쌓은 방법은 제1호 못과 동일하다. 호안벽석은 몇 단은 수직으로 쌓고 한단 들여서 다시 수직으로 쌓았다. 북벽의 경우 비교적 튼튼한 석재로 밑의 3단을 쌓고, 약 15㎝ 정도 안으로 들여서 보다 작고 얇은 석재를 써서 4단을 쌓은 다음, 다시 그 위에 또 15㎝ 정도를 들여서 쌓았다. 호안벽석 뒷부분은 잡석, 마사토, 점토 등을 섞어 다진 것으로 보였다. 못 바닥은 암반을 정리하여 바닥을 삼고, 바닥에 10~20㎝ 두께의 점성이 강하고 입자가 고운 점토를 깔았다.

유물은 기와 등이 일정한 층위를 이루지 않고 굵은 모래와 섞인 채 겹겹이 쌓여서 출토되었는 데, 못 북쪽의 약 10×15m 규모의 평지에 있던 건물이 파괴되면서, 못의 북벽 쪽에 쓸려 들어간 것으로 추정되었다. 이 못에서는 11개 기종의 747개체분의 토기류가 출토되었는데, 완류가 251개체로 34%, 파수부동이류가 255개체로 35%, 臺附碗類가 67개체로 9%를 차지하였다. 명문이 있는 청동제 숟갈(전체 길이 25㎝)이 출토되어, 이 못의 하한이 8세기 중엽임을 알 수가 있었으며, 제1호 못보다는 얼마간 늦은 시기에 사용되었던 것으로 보고 있다. 이밖에 토제어망추, 토제방추차, 청동제 숟갈, 청동방울, 기와류 등이 출토되었다.[45]

2) 二聖山城

이성산성의 제1호 못의 2차 못은 1차 못이 거의 퇴적되어 더 이상 기능을 하지 못하게 되자 1차 못 내에 다시 만든 것인데, 북동-서남향으로 둔 장방형이다. 동벽 26.55m, 서벽 26.6m, 남벽 15.1m,

---

45) 서울大學校博物館, 위의 책, 71~86쪽.

북벽 16.4m로 전체 둘레는 84.65m였다. 못의 면적은 418.95㎡로 약 130평에 달한다. 깊이는 평균 2m로 현재 남아있는 호안벽석은 10~14단 정도인데, 본래는 이 보다 깊었을 것으로 보였다.

호안벽석은 가장 아랫단을 쌓고, 그 윗 단부터는 7~10㎝씩 들여쌓기를 하였으며, 품자형 쌓기를 하였다. 기울기는 평균 70~75°였다. 석재는 주변의 바위에서 떼어낸 화강편마암으로 크기는 폭 40~60㎝, 높이 15~20㎝, 길이 30㎝ 정도로 사각추형이었다. 바닥 쪽에는 비교적 큰 석재를 사용하고, 위로 올라가면서 점차 작은 석재를 사용하였다.

이 2차 못은 1차 못 내부의 퇴적물을 준설하고, 그 내부에 황갈색의 점토를 사용하여 1m 폭으로 흙다짐하여 물이 새지 못하게 하고, 그 안쪽에 호안벽석을 쌓은 후 점토층과 석축 사이에는 돌과 잡석으로 뒷채움을 하였다. 바닥은 평편하게 유지하기 위해 산의 정상부 쪽은 암반이나 생토층을 깎아내고 다듬어서 석축을 한 것으로 보였다. 지형적으로 북쪽이 남쪽보다 깊다.

입수시설은 별도로 만들지 않고 바위틈 사이에서 스며 나오는 물을 집수한 것으로 보였다. 2차 못은 1차 못과는 달리 개울물을 전혀 유입시키지 않고 바닥에서 스며 나오는 물만 고이도록 하여, 흘러나오는 물의 양으로도 충분하여 특별히 다른 시설은 필요로 하지 않았다. 또한 배수시설도 발견되지 않았는데, 입수와 마찬가지로 석축을 통하여 자연스럽게 흘러나가도록 하였다. 퇴적상황은 동쪽과 가운데 부분은 바닥에서 약 1m 정도 높이까지는 점토층이고, 그 윗부분은 1m 정도가 泥粘土였다.

출토유물로는 많은 양의 동물 뼈가 출토되었으며, 나무 같은 유기물질이 썩지 않고 그대로 보존되어 있었다. 도끼자루, 짚신, 목제 조각품, 목간 등 많은 양의 목제품과 토기가 출토되었다. 특히 1차 못에서 발견되지 않은 기와가 많이 출토된 것으로 보아 못 주변에 건물이 있었으리라고 짐작되며, 그 위치는 남안 석축의 윗부분에 있

었을 가능성이 크다고 한다.[46]

Ⅲ. 검토

1. 규모

오녀산성의 못은 길이 11.5m, 폭 3.3~5m이다. 대성산성의 제1호 못은 동서 37m, 남북 34m로 대성산성내에서 가장 크다. 제2호 못은 한 변이 18m, 깊이 1.1m였고, 제3호 못은 동서 20m, 남북 25m였고, 제5호 못은 남북 16.5m, 동서 15m였고, 제6호 못은 길이 42.5m, 폭 10m였다. 제7호 못은 삼각형으로 동서 15m, 남북 최대 폭 8m였고, 제16호 못은 직경 14.6m, 깊이 3.3m였다.

몽촌토성 제1호 못은 직경이 20m 정도, 제2호 못은 장경 약 30m, 단경 약 15m, 깊이 현 표토하 약 2.5m이상이었고, 공산성 제1호 못은 上面 직경 7.30m, 底面 직경 4.78m, 높이 3.00m였다. 검단산성의 못은 길이 8.1~8.9m, 폭 4~4.8m, 깊이 3.5~5m였다.

삼년산성의 못은 남북 41.5~42.3m, 동서 45m이상이었고, 함림산성의 못은 9.6×8.3m였다. 순지리토성의 못은 전면 5.9m, 측면 4.7m, 깊이 2.08m였다. 이성산성 제1호 못의 1차 못은 54×30m 정도, 깊이 약 2m 정도였고, 제2호 못은 동벽 16.04m, 북벽 21.35m, 서벽 13.95m, 남벽 21.42m였다.

계족산성 제1차 못은 38×12m, 깊이는 최소한 2m이상이었고, 2차 못은 19×8m, 깊이 약 5m 정도였다. 호암산성 제1호 못은 동서 17.8m, 남북 13.6m, 깊이 2.5m였고, 제2호 못은 남북 18.5m, 동서 10m이상, 깊이 2m이상이었다. 이성산성 제1호 못의 2차 못은 동벽

46) 漢陽大學校 · 京畿道, 『二聖山城三次發掘調査報告書』, 52~207쪽.

26.55m, 서벽 26.6m, 남벽 15.1m, 북벽 16.4m, 깊이 2m이상이었다.

이밖에 고구려의 扶餘城에 비정되고 있는 龍潭山城 것은 초대형 못이다.[47] 이 못은 中國 吉林省 吉林市의 용담산성의 서북 귀퉁이의 가장 낮은 곳에 있는데, 水牢(못)라고 부른다. 평면 형태는 圓角 凸字形이고, 규모는 동서 길이 52.8m, 남북 폭 25.75m이고, 凸出部分의 길이 14.60m, 폭 2.05m이다. 못의 깊이는 9m이상이고, 현재 바닥에는 약 5m 깊이의 진흙이 채워져 있다. 북, 서, 동벽은 길이 40cm, 폭 20cm, 두께 30cm 정도의 화강암과 응회암으로 만든 다듬은 방형석을 사용하여 품자형으로 쌓았다. 특히 이들 벽에는 폭 20~30cm의 계단상을 이루며 3단으로 되어있다. 못에는 못 안으로 물을 끌어들이기 위한 시설과 물을 밖으로 내보내는 시설이 있는 데, 물을 끌어드리는 도랑은 4개가 있고, 물을 빼는 시설은 북벽의 동쪽 모서리 상면에서 밑으로 1m 지점에 위치하며, 40cm 정도의 방형수구를 돌로서 쌓고 위에는 판석을 덮었다. 넘치는 물은 이곳으로 빠지게 만들어 항상 일정한 양의 물을 유지하도록 하였다. 이 수구는 북쪽 성벽 밖으로 연결되었는데, 북쪽 성벽에 설치한 수구는 폭 1.5m, 높이 1m이다. 지금도 물의 원천이 매우 풍부하여 물이 넘쳐흐르고 있다.[48]

이처럼 이들 못들 중에는 공산성 제1호 못, 순지리토성 못, 검단산성 못, 함림산성 못처럼 비교적 규모가 작은 것도 있었으나, 대성산성 제1호 · 제6호 못, 몽촌토성 제2호 못, 삼년산성 못, 계족산성 1

---

47) 李健才, 「吉林市龍潭山山城考」, 『高句麗渤海硏究集成』1(哈尒濱出版社), 1994, 652~654쪽.

48) 康家興, 「吉林市龍潭山的山城和“水牢”」, 『中國北方八省市攷大論著滙編』(吉林省社會科學院歷史硏究所), 1987, 986~987쪽. 董學增, 「吉林市龍潭山高句麗山城及其附近衛城調査報告」, 『高句麗渤海硏究集成』3(哈尒濱出版社), 1994, 131~132쪽. 徐吉洙, 「松花江 流域의 高句麗 山城 硏究(Ⅰ) —제2송화강 중류 吉林市를 중심으로—」, 『高句麗硏究』1(高句麗硏究會), 1995, 129~139쪽.

차 못, 이성산성 제1호 못의 1차 못처럼 매우 규모가 큰 것도 있다. 이렇게 규모면에서 다양함을 보이는 것은 이들 성들이 갖고 있는 기능과도 밀접한 관련이 있다고 볼 수가 있다.

2. 형태

오녀산성의 못은 장방형이다. 대성산성 안에 있는 못은 방형, 원형, 삼각형의 3유형으로 구분된다. 이 중에서 대부분은 방형이고, 원형은 그리 많지 않으며 삼각형은 극히 드물다. 발굴한 8개소의 못은 정방형 2개소, 장방형 4개소, 삼각형 1개소, 원형 1개소였다. 장방형도 1개소를 제외하고는 정방형에 가까운 것들이다. 이처럼 고구려 때의 못은 방형이 유행하였다.[49)]

몽촌토성 제1호 못은 말각장방형이고, 제2호 못은 타원형이었으며, 공산성 제1호 못은 원형이다. 검단산성의 못은 장타원형이고, 함림산성의 못은 정방형에 가깝다. 순지리토성의 못도 장방형이고, 이성산성 제1호 못의 1차 못은 타원형이다. 계족산성의 1차 못도 타원형이고, 2차 못은 장방형이다. 호암산성 제1호 못도 장방형이고, 제2호 못도 장방형이다.

이처럼 못의 평면 형태는 대체로 방형(정방형, 장방형)과 타원형이고, 원형은 대성산성 제14호 못, 제15호 못, 제16호 못, 공산성 제1호 못, 石城山城(부여) 못, 마로산성(광양) 못, 부모산성 못, 婆娑城(여주) 제1호 못, 屯德岐城(거제) 못, 大局山城(남해) 못, 壬辰城(남해) 못 등의 예들이 알려져 있는데, 규모도 비교적 작은 편이고, 원형의 우물을 확대한 형태이다. 하여튼 성안의 못은 못 안의 물을 최대한으로 확보하기 위해서 물이 나거나, 빗물이 고일만한 지형을 이용하여야 하는 만큼 못의 모양은 지형에 따라 달라지게 마련이었다.

특히 한성백제의 4C~5C경 한강 하구의 방어에 중요한 거점성이

---

49) 김일성종합대학출판사, 『대성산의 고구려유적』, 48~49쪽.

었던 桂陽山城(인천)[50]의 제1호의 못은 하단의 평면 형태는 방형에 가깝고, 중간 좀 못 미치는 부분에는 모서리를 들어내기씩으로 쌓아 자연스럽게 말각(모줄임)형태를 띠고, 상단은 원형을 이루는 上圓下方형태로 축조하였다.[51] 경사가 급한 지형 및 고저차에 따른 土壓이나 水壓으로부터 견고도를 높이려는 의도인 것 같다.

특히 방형은 부여의 官北里 못이나,[52] 定林寺址 못처럼[53] 계획

50) 필자가 전에 계양산성을 답사를 해 본 바로는 계양산 정상이 窺峰을 이루는 것이 흠이었다.

51) 鮮文大學校 考古硏究所 · 仁川廣域市 桂陽區, 『桂陽山城發掘調査報告書』, 2008, 137~143쪽. 이 못의 Ⅶ층에서 4C~5C경의 백제 논어목간이 출토되었다. 신라의 논어목간은 김해 봉황토성에서도 출토된 바가 있었다.

52) 백제의 왕궁지와 관련이 있다고 보고 있는 관북리 못은 평면이 방형으로 동벽은 6.25m였고, 전체가 확인이 되지 않은 북벽과 남벽은 각각 6.3m, 5.4m로 규모가 비교적 크지 않았다. 깊이는 75~115cm 정도였고, 방향은 남북에서 5° 偏西南向이었다. 호안벽석의 뒤로는 적심석을 채워 견고하게 하였다. 바닥에는 별다른 시설 없이 흙바닥 그대로 였으나, 최하층이 어두운 황갈색 토층인데 점질토와 사질토가 부분적으로 혼합되었으며, 두께는 중앙 부분에서 약 25cm였고, 이 층에서 銀製鍍金耳飾 1점과 木簡 2점이 출토되었다. 주변에서는 瓦列排水溝와 시대를 달리하는 6條의 石列排水溝가 확인되었으나, 부분적으로 나타나 전체적인 구조는 알 수가 없고, 단지 언강이 없는 吐手式 기와로 이루어진 배수시설은 그 끝이 못과 연결되어 주목을 끈다. 이 못은 연꽃이 심어진 造景的 苑池였다(忠南大學校博物館 · 忠淸南道廳, 『扶餘官北里百濟遺蹟發掘報告(Ⅰ)』, 1985, 9~13쪽).

53) 정림사지 못은 현재의 지표하 4m를 넘는 깊이에서 확인되었는데, 추정 남문지에서 5.4m 남쪽에서 2.1m의 간격을 두고 동 · 서로 나란하게 위치하고 있었다. 이들 못은 백제시대 못으로 백제 멸망 후 얼마되지 않은 시기를 전후하여 기능을 상실한 것으로 보고 있다. 두 못 사이에 있는 中央通路를 지나 직진하면 남문지를 거쳐 정림사 경내로 들어 갈 수가 있다. 東池는 장방형이며, 동서 길이 15.3m, 남북 폭 11m였고, 북벽과 서벽은 석축으로 쌓았으나, 동벽과 남벽은 토벽이었다. 호안벽석은 30~40cm 정도 되는 석괴를 사용하여 상하 2단 내외로 축조하였는데, 높이는 50cm 미만이었다. 석축 뒷면은 적심석을 제대로 채우지 않았고 견고하지도 않았다. 서벽은 일직선을 이루지 못하고, 네 귀는 정연한 직각을 이루지 못하였다. 동북우에 근접된 바닥에는 직경 10cm내외의 말뚝을 못 가(북벽)에 따라 좁은 간격으로 세웠던 흔적이 발견되어, 제1차로 마련된 호안시설일 가능성이 있다. 동벽의 남단에 가까운 지점에서는 집수를 위한 소규모의 입수로(流入溝)가 발견되었다. 이는 얕게 판

하에 만들어진 것이 많은데, 이러한 못을 갖는 성들은 당시 중요한 위치에 있던 산성들이라고 볼 수가 있다. 즉 궁성이나 지방의 행정적, 군사적 거점성에 많았음은 전술한 자료에서도 확인할 수가 있다. 이러한 방형은 「天圓地方」과 관련이 있는 것으로 알려져 있다.

3. 기능

1) 용수적 기능

산성 안에 있는 못들의 기능은 우선 우마의 급수를 비롯한 일상생활에 필요한 용수를 이용하기 위함이었다. 이러한 이유로 못은 활용에 편리하도록 건물과 결합된 경우가 많았다. 즉 몽촌토성 제2호 못에는 적심건물지와 판축대지가 있었고, 함림산성 못 주위에도 14×22m 크기의 진흙으로 단단하게 흙다짐한 사각형 건물지가 있었다. 또 이성산성 제2호 못의 서쪽에는 장방형 건물지와 12각 건물지가 확인되었으며, 호암산성 제2호 못 북쪽에서도 약 10×15m 크기의 건물지가 확인되었다.

2) 군사적 기능

대성산성 남문지에 있는 못은 남문 부근의 2중으로 되어 있는 두 성벽 사이에 있는데, 남문의 방어를 위해 파 놓은 것으로 해자의 역할을 수행하였다고 한다.[54]

몽촌토성 제1호 못은 서남지구 일원의 降水가 모여서 남문지로 배수되는 표고 20m이하의 저지대인 남문지 안쪽에 위치하였으며, 공

도랑이 연장되면서 못 내부로 도입되는 간단한 시설이었다. 西池는 동서 길이 11.2m, 남북 폭 11m로서 정방형에 가까운 방형이었다. 호안벽석은 동지와 같이 북벽과 서벽에만 쌓았고, 깊이도 동지와 비슷하였다. 바닥은 약 50cm 두께의 논흙과 비슷한 灰靑色粘質土가 채워져 있었다. 못내에서 연꽃의 줄기와 잎 등이 탄화된 채 발견된 것도 동일하였다(尹武炳, 「扶餘定林寺址蓮池遺蹟發掘報告書」, 『百濟硏究』18, 1987, 143~144쪽).

54) 김일성종합대학출판사, 『대성산의 고구려유적』, 47쪽.

산성의 제2호 못도 山谷間에 형성된 성벽 안 저평한 지역에 위치하였다. 검단산성의 못도 성벽 안의 가장 낮은 지역에 위치하였다. 삼년산성의 못도 성안에서 가장 지형이 낮은 서벽 안쪽에 위치하였고, 순지리토성의 못도 계곡의 성벽 2m 안쪽에 있었으며, 성산산성의 못도 협곡에 쌓은 성벽 안쪽에 위치하였다. 또 이성산성의 제1호 못도 산성 안에서 가장 낮고 평탄한 지역으로, 1차 못은 계곡을 가로지르는 성벽을 호안벽석으로 이용하였다. 계족산성의 못도 저지대인 계곡 안의 성벽 안쪽에 자리 잡고 있다.

또 진천 大母山城의 내성 서남벽 안쪽에도 길이 약 50m, 폭 약 40m의 못이 있었다. 이 서남벽은 내성에서 가장 지형이 낮은 곳이기도 하다.[55] 遼寧省 普蘭店市 星臺鄕 葡萄溝 魏覇山城의 서문 안쪽으로 70m쯤 되는 지점에 폭 44m의 반원형의 못이 있다.[56] 하여튼 이러한 못들은 셩벽을 넘어온 적들에게 해자의 역할을 하였다.

3) 조경적 기능

대성산성 제16호 못의 서남쪽 언덕에는 고구려의 기와 조각들이 깔려 있는 것으로 보아, 이곳에 정자가 있었던 것으로 보인다. 특히 이곳은 주위가 아늑하고 경치가 좋은 곳이기도 하다. 또 공산성 제1호 못 주변은 왕궁지로 추정되기도 하는 곳이기도 하다.

4) 조절적 기능

鳳凰山城(봉성), 魏覇山城(보란점시)을 비롯한 고구려의 대형 포곡식산성에서는 계곡에 큰 저수지를 만들어 장마 때 수량과 유속을 조절하여, 수구와 성벽의 파괴를 막는 기능을 하게 하였고, 竹州山城

---

55) 忠北大學校 湖西文化硏究所, 『鎭川 大母山城 地表調査 報告書』, 1996, 42~43쪽.

56) 서길수, 「碧流河(벽류하) 유역의 고구려 산성과 관방체계」, 『高句麗硏究』 11(高句麗硏究會), 2001, 288쪽.

(안성)에서도 6기의 못이 다단계 공간을 통해 수량과 유속을 조절토록 하였다.[57] 遼寧省 庄河市 城山鄉 沙河村 萬德屯에 위치한 고구려의 城山山城의 못은 길이 64m, 폭 5.15m로 긴 장방형이다. 남 · 북 두 호안벽석은 돌로 쌓았는데 북벽 높이 2.7m, 남벽 높이 3.6m이고, 길게 쌓은 남벽 외벽은 9.3m 정도나 된다. 이곳에서 흘러내린 물은 이 못의 동남쪽 170m 되는 남문 동쪽 바로 옆에 있는 수구로 빠지게 되어 있다. 산등성이의 물들이 모여 골짜기로 한꺼번에 몰려드는 윗부분에 이 처럼 못을 만든 것은 이곳에 물이 찬 뒤에 넘쳐서 내려가도록 하여 물의 양과 속도를 줄이려는 것이다.[58]

5) 소방적 기능

계양산성 제4호 못은 성벽에서 21m 정도 거리에 있는데, 덕진산성(파주), 할미산성(용인), 자미산성(평택), 석성산성(부여), 마로산성(광양), 화왕산성(창녕) 못처럼 성문이나 성벽이 적의 火攻을 받을 경우 못물이 燒火水로도 이용되었을 가능성이 제기되고 있다.[59] 화성(수원)의 五星池를 연상시킨다.

6) 제사 · 의례적 기능[60]

『신증동국여지승람』 목천현 고적조에는 黑城山城 못에서 「天旱禱雨」한다고 하고, 명천현 고적조의 永平山城 못에도 「天旱禱雨輒應」이라고 하고, 회령도호부 고적조에도 會寧山城의 못이 「禱雨有驗」이라고 하였다. 이처럼 못에서는 가뭄이 들면 기우제를 올리기도 하였다.

57) 백종오, 「한국고대 산성의 집수시설과 용도—한강유역 석축 집수지를 중심으로—」, 『목간과 문자』 25(한국목간학회), 2020, 151쪽.

58) 서길수, 「碧流河(벽류하) 유역의 고구려 산성과 관방체계」, 235~238쪽.

59) 인천광역시 계양구 · 겨레문화유산연구원, 『계양산성 Ⅵ』, 2019, 53쪽.

60) 백종오, 「한국고대 산성의 집수시설과 용도—한강유역 석축 집수지를 중심으로—」, 153~165쪽.

『삼국유사』에 나오는 경주 富山城의 못에 얽힌 일화는 화랑이었던 竹旨郞이 낭도였던 得烏谷이 부산성의 倉直으로 임명되었다는 소식을 듣고 그를 대접할 목적으로, 幢典 牟梁部 益宣 阿干을 만나 휴가를 얻기를 청하였으나 거부하였다. 이를 본 使吏 侃珍이 城中으로 운송하던 30석을 익선에게 주고 또 다시 요청을 하였으나 허락하지 않더니, 珍節 舍知의 騎馬鞍具를 주어서야 휴가를 허락하였다고 한다. 조정의 花主가 이 말을 듣고 사람을 보내어 익선을 잡아다 그 더럽고 추한 것을 씻어주려고 하였는데, 익선이 도망하여 숨어 버렸다. 이에 그의 장자를 대신 잡아다가 성안의 못에서 목욕을 시켰더니, 그 때가 仲冬極寒이라 얼어 죽고 말았다는 이야기다.[61] 이러한 행위는 祓禊에서 유래된 것으로 여겨진다.[62]

4. 축조법

1) 연못 둑

61) 『三國遺事』卷2 紀異2 孝昭王代竹旨郞條. 한편 고구려의 城山山城의 못은 전설에 따르면 城主가 병사나 민간인에 관계없이 죄가 무거운 자는 기둥에 묶어 못에 넣었는데, 대부분 익사하였다고 한다(서길수, 「碧流河(벽류하) 유역의 고구려 산성과 관방체계」, 235~238쪽). 이 역시 富山城의 일화와 유사성이 있는 것 같다.

62) 『通典』의 祓禊條에는 「周制에는 예법과 제사의 일을 관장하던 女巫가 歲時에 재액을 떨어 버리는 祓除와 허물을 씻는 일을 관장하고, 한 高后는 8월에 覇上에서 불제를 하였다. 또 후한에서는 3월 上巳에 官民이 모두 東流水上에서 몸을 씻는데, 이는 洗濯하고 불제를 하여 몸에 묻은 더러운 것을 씻겨내는 것을 말한다. 晉에서도 公卿이하로부터 서인에 이르기까지 洛水가에서 불제를 행하고, 동진에서는 元帝가 조서를 내려 3일 동안 弄具를 파하고, 海西公이 鍾山에서 曲水에 잔을 띄워 百僚를 초청하였다. 齊에서는 3월 3일에 曲水會를 행했는데 이는 옛날 불제로 서로 계승하여 百戲之具를 삼는데, 보태고 빼는 것은 상례가 없었다.」고 하였다. 특히 여기서 동진의 海西公이 백관들을 초청하여 流杯曲水를 했다던가, 제에서 曲水會를 행하였다고 한 것은 마치 우리의 경주 포석정을 연상시키고, 이와 같은 제례에는 百戲가 동반되었다는 것은 처용무를 연상시킨다. 이러한 점들로 본다면 포석정은 국왕이 祓禊라는 제례를 행하던 제사장소일 가능성이 있다.

대성산성 제2호 못의 북쪽 둑 중심에는 물이 흘러 들어오는 도랑이 있고, 남쪽 둑 서쪽 모서리에는 물이 빠지는 도랑이 있었던 흔적이 있었다. 물이 들어오는 도랑과 못 둑이 맞닿는 곳에는 잔돌 무더기를 쌓아 물에 섞여 내려오는 흙을 막게 하였다. 또 장마 때 한꺼번에 많은 물이 갑자기 모여들어 못이 흙으로 메우어지는 것을 막기 위해 서쪽 못 둑은 4겹으로 두껍게 쌓고, 그 사이에 2개의 물도랑을 만들고, 동쪽 못 둑은 3겹으로 쌓았다. 이 때문에 장마 때에 못에 흙물이 한꺼번에 많이 모여들어도 직접 못 안으로 들어가지 않고, 못 둑의 도랑을 돌아서 무넘기도랑으로 빠지거나 못 둑의 돌 사이를 통과하여 물만 못 안으로 스며들게 만들었다.

제3호 못의 못 둑도 3~4겹으로 쌓았는데, 북쪽에는 물이 흘러 들어오는 도랑이 2곳이 있으며, 남쪽에는 무넘기도랑이 하나가 있었다. 물이 흘러 들어오는 도랑 끝에는 잔돌을 쌓아서 흙 섞인 물을 거르게 하였으며, 북쪽에 있는 도랑을 돌아서 무넘기도랑으로 나가기도 하고, 도랑의 돌담을 통하여 못 안으로 흘러 들어가게 하였다. 못 둑의 도랑은 서쪽과 남쪽에는 2줄로 되어 있었고, 북쪽과 동북쪽에는 한 줄로 되어 있었다. 서쪽 둑의 폭은 5.3m이고, 그중 바깥 도랑의 폭은 1.5m, 깊이는 60cm이며, 안 도랑의 폭은 60cm, 깊이는 25cm였다. 도랑둑의 폭은 각각 1m, 0.7m였다. 또 제5호 못의 둑도 제2호 못, 제3호 못과 같은 폭을 가진 2~3겹으로 되어 있었다. 제7호 못의 북쪽 둑 가에는 L자형으로 돌담을 쌓아 물이 밀려드는 것을 막았는데, 폭은 120cm, 높이는 30~40cm였다. 제16호 못 동쪽 가에는 폭 60cm, 길이 90cm, 깊이 80cm 되는 구덩이가 있었는데, 그 안에는 돌이 무질서하게 차 있었다. 이 구덩이는 산에서 흘러내리는 물을 받아서 무넘기도랑으로 돌리기 위해 만든 것으로, 그 사이에 16m 길이의 둥근 못 둑 도랑이 있었으며, 도랑의 폭은 40cm, 깊이는 20cm였다.

이처럼 대성산성의 경우 주위의 지형이 거의 평지인 경우는 아무리 장마가 져도 흙물이 못으로 밀려들 염려가 없기 때문에 못의 둑에는 도랑이 없고, 둑도 대체로 간단하게 쌓았다. 그러나 계곡에 위치하여 장마 때 많은 흙물이 밀려들 염려가 있는 곳은 반대로 전술한 것처럼 못의 둑을 특별하게 쌓아 밀려 내려오는 토사가 못을 메우는 것에 대비하였다.

한편 대성산성 제3호 못의 바깥 둑 밖의 경사면에는 물에 씻겨 내리지 않게 하기 위해 붉은 진흙은 다지고, 그 위에 막돌을 한번 깔았다. 이처럼 막돌을 깔은 것은 고구려 성곽의 성벽 밖으로 성벽을 보호하기 위해서 敷石施設을 한 것과 동일하다고 하겠다.[63]

2) 호안벽체

(1) 토축

벽체를 점토로 만든 것으로, 백제의 못은 초기에는 점토로 축조되는 비율이 가장 많았다고 한다[64] 백제의 馬老山城 못은 생토면을 굴착한 후 회흑색 점토를 두텁게 발라 물이 새지 않도록 하였다.

(2) 목축

순지리토성의 못은 전면 590cm, 측면 470cm, 깊이 208cm 크기의 장방형 못 틀을 나무로 조립하였다. 장방형으로 굴착하여 못을 파고, 이 못 안에 나무로 틀을 쌓았다. 틀은 기단부에 해당하는 곳에 方角棒을 눕혀 장방형으로 조립하여 깔고, 그 위에 전면 5칸, 측면 4칸이 되도록 홈을 파서 방형봉을 먼저 세우고, 바깥쪽에 원형 기둥을 흙속에 박아 두 기둥을 각각 나란하게 세운 다음 방형 기둥과 원형 기둥 사이의 좁은 공간에 판자를 길게 세워서 벽이 되도록 세워 쌓았

63) 고구려의 동명왕릉에는 기단의 기초석으로부터 약 5m 폭으로 川石을 깔아 墓域施設을 만들었다(金日成綜合大學編, 呂南喆 · 金洪圭譯, 『五世紀の高句麗文化』, 雄山閣, 1985, 9~10쪽).

64) 全赫基, 「古代 城郭 集水施設의 性格과 變遷」(한신대학교 석사학위논문), 2017).

는데, 보통 7~8매의 판자를 올려 쌓았다. 판자는 전면의 경우 4칸, 측면의 3칸에 해당할 정도로 길며, 나머지 전면 · 측면의 1칸에 해당되는 부분은 짧게 쌓아 올렸으며, 짧은 부분이 북서쪽에 해당되는 구석진 부분으로, 아마도 이곳이 배수시설과 관계가 있는 것 같다.

백제의 부여 宮南池에서 확인된 貯水槽의 규모는 동서 길이 11.20m, 남북 폭 160cm 정도, 높이 50~58cm 정도(말목 상단은 후에 다소 파괴된 듯)였는데, 내측 버팀 말목과 외측 버팀 말목을 설치하고, 사이에 판자(혹은 통나무)로 벽체를 구축하였다. 또 벽체 외측에도 60~80cm 떨어진 지점에 일정한 간격마다 또 다른 말목을 박아 놓았다.[65]

(3) 석축

① 수직쌓기

대성산성 제16호 못의 호안벽석은 20~40cm 정도의 돌을 대충 다듬어서 성벽처럼 쌓았는데, 비교적 보존 상태가 좋은 서벽의 높이는 3m(9단)이었다. 공산성 제1호 못은 부정형 할석을 못 안으로 면을 맞추면서 뒤로 약간씩 뉘어 쌓아 못의 지름을 위로 올라 갈수록 넓게 하는 수직쌓기를 하였다. 제2호 못도 3.8~4m의 높이로 수직으로 쌓았는데, 안쪽으로 정연하게 면을 맞춘 것이나 横列이나 従列이 매우 불규칙하였으며, 길이 30~50cm, 높이 20~30cm 정도의 석재를 사용하였고, 상단으로 올라갈수록 조잡함이 두드러졌다. 검단산성의 못은 다양한 크기의 석재를 주로 가로 방향으로 쌓았으며, 수평을 이루지 못하고 면도 고르지 않아 거친 편이었다. 못의 석축쌓기에는 대체로 수직쌓기를 하는 것이 일반적이었다.

② 斜面쌓기

못의 밑은 좁고 위는 넓게 경사지게 쌓는 것을 사면쌓기 수법이라고 한다.

---

65) 國立扶餘文化財硏究所, 『宮南池』, 1999, 16~25쪽.

③ 들여쌓기

삼년산성의 북벽은 60×40×25cm 정도의 돌을 3단으로 매우 조잡하게 쌓았으며, 아랫돌 보다 윗돌을 뒤로 물려 쌓고, 돌과 돌 사이에는 붉은 점토와 산자갈로 다짐을 하였다. 남벽도 60×40×25cm 정도의 돌로 4단으로 축조하였다. 90×70×30cm 크기의 커다란 돌을 맨 아래에 놓고, 위로는 뒤로 물리면서 4단을 조잡하게 쌓았다. 호안벽석의 안쪽은 붉은 점토와 산자갈로 굳게 다졌다.

계족산성 2차 못의 호안벽석은 아래로부터 들여쌓기를 하였고, 동쪽 석벽은 성벽과 접하여 있었다. 호암산성 제1호 못의 석재는 주변 바위에서 떼어낸 화강암재로 축조시 밖으로 보이는 부분은 매끄럽게 잘 다듬었다. 석재의 크기는 대체로 정면 폭 60~70cm, 높이 20~25cm, 뒷면 길이 40~50cm 정도였다. 바닥 쪽일수록 비교적 큰 석재를 사용하고 위로 올라갈수록 점차 작은 석재를 사용하였다. 최하 단 10~20cm는 앞으로 내어 쌓고, 위로 올라갈수록 점차 들여쌓기를 하였으며, 품자형쌓기를 하였다.

이성산성 제1호 못의 2차 못 호안벽석은 가장 아랫단을 쌓고 그 윗 단부터는 7~10cm씩 들여쌓기로 품자형으로 쌓았으며, 기울기는 평균 70~75°였다. 석재는 주변 바위에서 떼어낸 화강편마암으로 크기는 폭 40~60cm, 높이 15~20cm, 길이 30cm로 사각추형이었다. 바닥 쪽에는 비교적 큰 석재를 사용하고, 위로 올라가면서 점차 작은 석재를 사용하였다.

이처럼 들여쌓기는 계족산성 2차 못, 호암산성 제1호 못, 이성산성 제1호 못의 2차 못의 호안벽석처럼 주로 통일신라시대에 유행한 공법으로, 구조적 안정을 도모하여 견고성을 높이기 위한 것이다. 이성산성 제1호 못의 2차 못 호안벽석의 아랫단에는 基壇石을 응용하 것이 눈에 띈다.

또 호암산성 제1호 못, 이성산성 제1호 못의 2차 못 호안벽석은 바닥 쪽일수록 비교적 큰 석재를 사용하고, 위로 올라가면서 점차 작은 석재를 사용하였는데, 이러한 공법 역시 성곽의 축조에도 응용되었다. 또 이성산성 제1호 못의 2차 못 호안벽석에 쓰인 석재들은 사각추형으로 되어 있었는데, 이러한 사각추형 석재는 고구려 성곽 面石의 특징으로 지적되고 있고, 그 전통은 조선시대에까지 다듬은 성 돌에서 이어지고 있었다. 이처럼 못 호안벽석의 축조공법은 성곽 축조공법의 연구에도 참고가 되고, 나아가 편년에도 참고가 된다. 하여튼 통일신라시대에 들어오면서 다양한 공법들이 응용되고 있는 점은 유의하여 볼 필요가 있다.

④ 계단쌓기

대성산성 제1호 못의 호안벽석은 3단으로 쌓았는데, 안쪽 첫째 단의 높이는 25cm, 폭은 65cm이고, 둘째 단의 높이는 25cm, 폭은 170cm이며, 제일 바깥 단의 높이는 60cm, 폭은 120cm였다. 전술한 것처럼 고구려 용담산성 호안벽석도 계단쌓기를 하였다.

함림산성의 못은 위로부터 폭 120cm와 60cm의 턱을 두면서 계단식으로 안으로 좁혀 쌓았다. 호암산성 제2호 못의 북벽은 비교적 튼튼한 석재로 밑의 3단을 쌓고, 약 15cm 정도 안으로 들여서 보다 작고 얇은 석재를 써서 4단을 쌓은 다음, 다시 그 위에 15cm 정도를 들여서 쌓았다. 부모산성도 3단으로 계단쌓기를 하였다.

계족산성 1차 못의 호안벽석은 수직쌓기를 하였으며, 급경사를 이루는 북쪽과 서쪽에는 3단으로 계단쌓기로 쌓았고, 각 단의 床面에는 板狀石으로 敷石을 하고, 경사가 완만한 남쪽 및 동쪽의 남단부는 2단 또는 1단으로 처리하였다. 호암산성 제2호 못은 잘 다듬어진 화강암재를 사용하였는데, 보통 정면 폭 50cm, 높이 25cm, 뒷면 길이 35cm 정도였다. 밑에 사용된 석재는 규모가 크고 위로 올라갈수록 점차 작은 석재를 사용하여 품자형으로 쌓았는데, 본래는 2.3~2.5m 정도의 높이였을 것으로 추측된다고 한다. 몇 단은 수직으로 쌓고 약 15cm 정도 안으로 들여서 보다 작은 석재로 4단을 쌓았으며, 그 위에 또 15cm 정도를 들여서 쌓았다.

南山城(충주)의 못도 3단으로 계단쌓기를 하였다.[66]

아무튼 이러한 계단쌓기의 전통은 공산성의 조선시대 못에까지 이어지고 있다.[67] 이러한 계단쌓기는 흙의 압력에 의하여 무너지는 것을 막기 위한 것으로 지적되고 있다.[68] 이러한 수법은 전술한 공산성의 조선시대 못처럼 깊이가 깊을수록 효과적이었을 것이다. 한편으로는 사람이 못에 빠질 경우에도 계단식 호안벽석을 밟고 밖으로 나올 수가 있고, 가뭄으로 못물이 줄었을 때 계단을 통해 내려가서 물을 뜨는 이점도 있었을 것이다.

이러한 석축쌓기에서 수직쌓기, 들여쌓기수법은 석성의 성벽을 쌓는 공법과 동일하다.

3) 바닥

대성산성 제1호 못에는 돌을 깔았으며, 제3호 못은 진흙을 다지고, 그 위에 막돌을 한 번 깔았다. 같은 고구려의 眞珠池의 바닥에도 자갈을 깔았다.[69] 이처럼 고구려에서는 진흙으로 바닥을 흙다짐 한

---

66) 忠北大學校 中原文化硏究所 · 忠州市, 『忠州山城—東門 南側 貯水池 試 · 發掘調査報告書』, 2005, 51쪽.

67) 公州大學校博物館 · 忠淸南道, 『公山城池塘』, 45~59쪽.

68) 채희국, 『고구려 력사연구』 고구려 건국과 삼국통일을 위한 투쟁, 성곽, 183쪽.

69) 진주지는 동명왕릉의 서쪽 400m 저지대에 있는데, 동명왕릉을 위해 만들어진 것으로 보고 있다. 평면은 梯形으로 중앙에는 4개의 섬 모양 같은 造山(土塊)이 있다. 규모는 남벽 115m, 동벽 75m, 북벽 90m, 서벽 70m였다. 섬은 원형으로 높이는 각각 2.15m, 2.65m, 3.15m, 3.46m였고, 직경은 큰 것이 16m, 작은 것이 12m이며, 섬 위에는 버드나무가 자라고 있다. 본래의 못 바닥은 현재보다 4.4m가 깊었고, 크기도 현재 것보다 컸다. 섬은 못을 팔 때 나온 흙으로 만든 것으로 풍치를 높이기 위한 것이다. 본래의 북벽은 현재보다 북쪽으로 약 200m, 서벽도 25~40m 정도 서쪽에 있었다. 바닥의 발굴에서 연꽃의 씨앗이 발견되어 연꽃이 무성했던 것을 알 수 있었다. 못의 수원은 북쪽의 산록으로부터 솟아나는 샘물을 이용하였고 수량이 풍부하여 관개용수로 이용되고 있다(金日成綜合大學編, 呂南喆 · 金洪圭譯, 『五世紀の高句麗文化』, 30~32쪽). 한편 진주지와 함께 있는 定陵寺의 창건년대는 빨라

후에 돌을 까는 것이 많았던 것 같다.[70]

공산성 제1호 못은 폭 40~50cm, 두께 7~10cm 정도의 판석형 할석을 깔았으며, 검단산성 못에는 바닥 돌을 깔고, 바닥 돌에서부터 100cm 아래까지 점토를 깔았다. 부모산성 못의 바닥도 점토로 단단히 다진 후에 얇은 판석을 깔았다. 남산성도 암반 위에 뻘을 채운 후 얇은 판석을 깔아 부석하였다.[71] 이처럼 점토로 다진 후 바닥 돌을 깔은 점이 앞서의 고구려의 못과 동일하다.

이성산성 제1호 못의 1차 못은 암반의 바닥 돌을 깨어내어 어느 정도 평탄하게 하였으며, 호암산성 제1호 못은 화강암반을 다듬어서 정리한 후 약 10~15cm 두께를 점성이 강한 점토로 다졌다. 제2호 못도 암반을 정리하여 바닥을 삼고, 10~20cm 두께의 점성이 강하고 입자가 고운 점토를 깔았다. 계양산성 제1호 못에서도 뻘 흙을 굳힌 점토 다짐층을 70cm 정도 두껍게 하였다. 통일신라시대의 호암산성 못에서도 점토로만 다졌다. 하여튼 이러한 공법은 못물의 누수를 막기 위한 것이다. 특히 파사성(여주) 제2호 못, 배산동 2호 못(부산)은 통일신라의 못인데, 바닥면에 물의 누수를 방지하고자 두터운 점토를 깔고, 점토가 움직이는 것을 방지하기 위해 돗자리를 깔았다.

4) 호안벽석의 뒷채움

대성산성 제16호 못에는 호안벽석 뒤로 50~60cm 두께로 진흙에 잔돌을 섞어서 다졌다. 삼년산성 못의 서벽 안쪽에는 성벽에 붙여 산자갈과 붉은색 점토질 흙을 1.2~2.2m 두께로 다졌다. 공산성 제1호 못은 호안벽석을 1열만 쌓고, 호안벽석과 생토 벽면과의 공간인

야 6C 전반을 소급하지 못할 것으로 내려보는 견해도 있다(田村晃一, 『樂浪と高句麗の考古學』(同成社), 2001, 376쪽).

70) 『新增東國輿地勝覽』 鍾城都護府 古蹟條에는 童巾城의 못 네 벽도 잘 다듬은 돌로 쌓고, 바닥은 넓은 돌로 깔았다고 하였다.

71) 忠北大學校 中原文化硏究所 · 忠州市, 『忠州山城—東門 南側 貯水池 試 · 發掘調査報告書』, 51쪽.

1m 사이는 검푸른 점토로 채웠다. 또 이성산성 제1호 못의 호안벽석은 성벽을 이용하였는데, 성벽의 안쪽에는 두께 1.6m를 점토에 돌을 섞어 흙다짐을 하였다.

호암산성 제1호 못의 호안벽석 뒤로는 1.5~2m 정도를 생토층을 파내고 잡석과 점토, 마사토를 섞어서 뒷채움을 하며 다졌다. 제2호 못도 잡석, 마사토, 점토를 섞어 다진 것으로 보였다. 이성산성 제1호 못의 2차 못도 황갈색 점토를 1m 두께로 흙다짐을 하고, 그 안쪽에 호안벽석을 쌓은 후 점토층과 호안벽석 사이는 돌과 잡석으로 뒷채움을 하였다.

이러한 공법도 못물이 호안벽석 밖으로 누수되는 것을 막기 위한 것이다. 이와는 반대로 지하수의 湧出을 막는 공법은 東明王陵의 예가 참고가 되고,[72] 토성벽의 기저부를 진흙으로 흙다짐하는 것도 같은 공법이라고 볼 수가 있다. 즉 이와 같은 공법들은 일종의 방수처리인 셈이다.

5) 못 안의 시설

검단산성은 석축을 하고 바닥 면에는 높이 170cm 내외, 폭 25cm 내외, 두께 10cm 내외의 角材 10개를 일정한 간격으로 박았다. 각재의 아래쪽에는 구멍을 뚫어 각재와 각재 사이를 연결하였는데, 장축 방향의 중앙은 각재, 단축 방향의 각재 사이는 원형의 목재였다. 벽석의 형태가 목재 구조물의 형태와 동일하게 각을 이루고 있었다. 보고자는 목재 구조물을 먼저 설치한 후에 벽석을 축조하였기 때문에 뚜렷하지는 않지만, 평면 형태가 목재 구조물의 형태와 거의 일치한다고 보았다. 이러한 형태는 바닥에서부터 목재 구조물이 끝나

72) 동명왕릉 현실 바닥에는 침수를 막기 위해서 바닥으로부터 10cm 두께의 礫石土層, 5cm 두께의 목탄층, 20cm 두께의 塊石土層, 20cm 두께의 목탄층, 50cm 두께의 大石土層 순으로 목탄층과 토석층을 번갈아 쌓았다고 한다(金日成綜合大學編, 呂南喆 · 金洪圭譯, 『五世紀の高句麗文化』, 16쪽).

는 중간 부분까지만 나타나고, 목재 구조물이 없는 벽석 상부는 각을 이루지 않고 원형을 이루었다.

함림산성은 계단쌓기로 석축을 한 후 맨 하단의 벽석에는 길이 2m에 폭과 두께가 각각 18×10cm, 20×13cm, 18×8cm, 19×10cm의 角木을 수직으로 박고, 그 안쪽에 8×3cm 크기의 소석으로 한 겹 둘레를 쌓았다. 수직으로 된 角木列을 고정시키기 위해 맨 밑바닥에는 160×26×6cm 크기의 참나무 각목을 십자형으로 설치하고, 그 중앙에 쐐기를 박아 고정시킨 후 70×50cm 크기의 구들장 모양의 판석을 깔았다. 필자도 오래 전에 이들 목재들을 조사한 적이 있으며, 주민들로부터 출토상황을 들은 적이 있었다. 못의 물을 못 옆의 절에서 식수로 사용했다고 전하여 온다.

6) 입수 · 출수시설

(1) 입수시설

대성산성의 제2호 못의 북쪽 중심에는 물이 흘러 들어오는 도랑(導水路)이 있었다. 물이 들어오는 도랑과 못 둑이 맞닿는 곳에는 잔돌 무더기를 쌓아 물에 섞여 내려오는 흙을 막게 하였다. 또 장마 때에 한꺼번에 많은 물이 갑자기 모여들어 못이 흙으로 메워지는 것을 막기 위해 서쪽 연못 둑을 4겹으로 두껍게 쌓았고, 그 사이에 2개에 물도랑을 만들었다. 이 때문에 장마 때에 못에 흙물이 한꺼번에 많이 모여들어도 직접 못 안으로 들어가지 않고, 못 둑의 도랑을 돌아서 무넘기도랑으로 빠지거나 못 둑의 돌 사이를 통과하여 물만 못 안으로 스며들게 만들었다. 제3호 못에도 북쪽에는 물이 흘러 들어오는 도랑이 2곳에 있었다. 물이 흘러 들어오는 도랑 끝에는 잔돌을 쌓아서 흙 섞인 물을 거르게 하였으며, 북쪽에 있는 도랑을 돌아서 무넘기도랑으로 나가기도 하고 도랑의 돌담을 통하여 못 안으로 흘러 들어가게 하였다. 못 둑의 도랑은 서쪽과 남쪽에는 2줄로 되어 있었고, 북쪽과 동북쪽에는 한 줄로 되어 있었다. 서쪽 둑의 폭은

5.3m였는 데, 그중 바깥 도랑의 폭은 1.5m, 깊이는 60㎝였으며, 안 도랑의 폭은 60㎝, 깊이는 25㎝였다. 도랑둑의 폭은 각각 1m, 0.7m 였다. 제6호 못의 동남쪽 모서리에도 물을 받아들이는 도랑이 있었는데, 이 도랑은 돌담으로 덮어놓았다.

검단산성 못의 서쪽면에는 호안벽석에서 100cm의 거리를 두고 폭 80cm, 깊이 40cm의 雨天時 물을 모으기 위한 석렬이 돌아가고 있었다.

이처럼 우리나라 고대 산성의 못에서는 물을 받아들이는 入水路를 만들었다. 특히 대성산성 같은 경우는 입수로를 통해 들어오는 물은 돌 틈 사이로 일단 여과시킨 후 보다 맑은 물을 못으로 받아드리는 창의력을 보인 점도 돋보인다.

한편 호암산성 제1호 못의 입수시설은 달리 확인된 것이 없었고, 당초에는 못의 남동 사면에서 물이 스며 올라오는 것을 집수시킨 것이라 한다. 이성산성 제1호 못의 2차 못은 1차 못과는 달리 개울물을 전혀 유입시키지 않고, 바닥에서 스며 나오는 물만 고이도록 하였다고 한다. 이러한 못들은 외부로부터의 물의 유입이 없어도 자체에서 나오는 물만으로도 집수가 가능하였던 모양이다.

(2) 출수시설

① 수구

공산성 제2호 못의 수구는 모두 8개소였다. 築石의 상단에서 300cm 정도, 발굴된 바닥에서 80cm의 높이에 4개소, 바닥 면에 붙어서 4개소가 있었다. 그러나 바닥이 완전히 제토되지 않아 본래의 못 바닥에서 얼마 정도의 높이에 위치하였는지는 확실하지 않고, 수구도 미조사 지역에서 더 드러날 수가 있다. 가장 하단의 것은 西端의 것에서 동쪽으로 각각 140cm의 간격을 두고 3개가 있었다. 이 보다 위에 있는 수구는 2단 혹은 1단 정도 축석 위치에 있으며, 東端쪽의 경우 아래에서 140cm의 간격으로 있는 중앙부에 하단 수구의 상면에서 40cm 높이에 수구의 하면이 위치하였다. 이 수구에서 서쪽으로 각각 140cm 정도의 간격으로 나머지 2개가 배치되어 하단의 수구와 등 간격의 형태로 배치되어 있었다. 수구의 구조는 벽면에 4개의 석재를 결구하여 장방형의 구멍을 뚫은 형태였고, 上下端에는 큰 석재를 사용하였다. 단면은 장방형이나 다듬지 않은 할석을 사용한 관계로 불규칙하였다. 높이는 20cm 전후, 폭은 40cm 정도였고, 상단의 서쪽에 있는 것은 좌우에 2단 석축이며 높이도 30cm 정도였다.

검단산성의 못에서도 성벽 쪽으로 수구가 있었다. 삼년산성에서는 40×60×15cm 정도의 길쭉하고 납작한 돌을 마구리를 맞추어 거의 틈이 없이 축조한 아랫단과 교란된 수구 윗 단과는 L字形의 단면을 이루며, 수구의 아랫단을 넘친 물은 경사도 30°이상을 이루며 성 밖으로 빠지도록 되어 있었다. 순지리토성의 못은 나무로 만든 것인데, 북서쪽에 해당되는 구석진 부분은 짧게 쌓아 올렸으며, 이는 배수시설과 관련된 것으로 보고 있다. 죽주산성 S1 못에서도 3층에서 출수구 개폐에 사용된 것으로 보이는 목제 물마개가 출토되었다.

② 무넘기도랑

대성산성의 제1호 못은 남동쪽 모서리에 물을 넘구는 무넘기도랑(餘水路)[73]이 있었으며, 여기에서 넘어간 물은 그 밑에 있는 제48호 못과 제53호 못으로 흘러 들어가게 되어 있었다. 제2호 못의 남쪽 둑 서쪽 모서리에는 물이 빠지는 무넘기도랑이 있던 흔적이 있었으며, 장마 때에 못으로 흙물이 한꺼번에 많이 모여들어도 직접 못 안으로 들어가지 않고, 못 둑의 도랑을 돌아서 무넘기도랑으로 빠지도록 되어 있었다.

제3호 못의 남쪽에도 무넘기도랑이 하나 있었다. 이 역시 못 둑의 북쪽에 있는 도랑을 돌아서 무넘기도랑으로 빠지게 되어 있었다. 제5호 못에서는 무넘기도랑이 경사가 완만한 서남쪽에 있었다. 제6호 못

73) 본래 무넘기란 알맞게 괸 나머지의 물이 저절로 아래의 논으로 흘러 넘어가게 논두렁의 한곳을 낮춘 부분을 말한다.

에는 무넘기도랑이 북쪽 둑에 있었는데, 물이 넘으면 성안의 낮은 곳으로 흘러내려 제91호 못과 제92호 못으로 들어가게 되어 있었다. 또 제16호 못에서도 골짜기인 서남쪽으로 무넘기도랑이 있었다.

한편 호암산성의 제1호 못의 경우 별다른 배수시설이 확인되지 않아 본래 배수시설이 없었을 가능성이 있다고 하며, 이성산성 제1호 못의 2차 못도 배수시설이 발견되지 않았는데, 석축을 통하여 자연스럽게 흘러나가도록 하였다고 보았다. 이처럼 특별한 배수시설이 없는 경우에는 전술한 것처럼 무넘기도랑을 활용하였을 가능성도 있으며, 오랜 기간 동안에 유구가 유실된 경우도 있을 수 있겠다. 무넘기도랑에서 성벽의 수구로 이어진다.

③ 池底水路

공산성 제2호 못의 바닥에는 동남에서 서북으로 뻗은 약 9m 길이의 수로시설이 확인되었다. 할석으로 쌓은 수로의 폭은 바닥이 160cm 정도, 상면은 210cm 정도였으며, 깊이는 차이가 있지만 가장 깊은 곳이 60cm 정도였다. 동북간에서 서쪽에 가깝게 시설된 수로는 5m 정도에 이르러 서서히 서북쪽으로 휘게 쌓아서 서북 모서리에 이르도록 하였다. 수로의 동남단이나 서북단의 끝자락은 붕괴되어 형상이 정확하지 않았다. 서북단은 잡석이 심하게 몰려 있는 곳에 거의 인접된 것으로 미루어 북단으로 확대할 경우 이를 처리할 수 있는 시설이 있지 않을까 추정되었다고 한다. 수로의 호안석은 敲形으로 중간부가 튀어나온 모습인데 남쪽이 보다 심하였다.

즉 이 수로는 남쪽의 계곡 위쪽에서 흘러내리는 물을 수로를 통하여 호안벽석에 직접 부딪치지 않도록 斜線方向으로 흘러 북서쪽 모서리로 모이게 한 것으로 짐작된다. 보고자는 특히 호안벽석에 2단의 형태로 여러 개의 수구가 마련된 점으로 미루어 보아, 못에 일정량의 물이 모이면 이들 수구를 통해 밖으로 배출되도록 고려된 것 같다고 하였다.

한편 고구려의 오녀산성, 용담산성 못의 바닥은 경사지게 만들고,

가장 낮은 부분에는 홈을 파서, 가뭄 때 마지막 한 방울의 물까지도 한 곳으로 모아 사용할 수 있고, 물이 줄었을 때 표면적을 줄여 증발량을 줄이기 위한 지혜를 보였다.[74)]

7) 박우물

오녀산성의 못에는 한 개의 네모난 박우물이 있다. 대성산성 제3호 못에는 서쪽과 남쪽 바깥쪽에 8개소의 박우물[75)]을 돌로 만들었다. 이 박우물의 형태는 모두 네모나며, 제일 큰 것은 남쪽 둑 서쪽 모서리에 있는 폭 80cm, 길이 140cm 되는 것이고, 작은 것들은 60×60cm 되는 것이 보통이며, 깊이는 대체로 40cm 정도였다. 또 제7호 못의 동쪽 모서리와 서쪽 모서리에도 돌로 박우물을 만들었던 자리가 남아 있었다. 박우물은 둘 다 정방형으로 동쪽 것은 폭 220cm, 깊이 60cm였고, 서쪽 것은 폭 140cm, 깊이 60cm였다. 동쪽 박우물과 못 사이는 1m인데, 여기에 돌담을 쌓아 연못의 물이 박우물로 스며들게 하였다. 이런 돌각담은 서쪽 박우물과 못 사이에도 있었다.

이처럼 못가에 박우물을 많이 만들어 식수를 넉넉하게 마련한 것은 고구려인들의 지혜라고 볼 수가 있다. 못의 물을 병사들이 그대로 식수로 사용하기가 어려워서, 식수로 사용하기 위한 박우물이라는 특별한 시설이 고안되었음을 알 수가 있다.

5. 출토유물

산성 안의 못의 발굴에서는 다양한 생활용구들이 출토되있다. 이 중에서 성산산성, 팔거산성(대구)을 비롯한 못에서 출토된 많은 목간들은 고대사 연구에 소중한 사료가 되고 있다.[76)]

---

74) 徐吉洙, 『高句麗 築城法 研究』, 학연문화사, 2009, 441쪽.

75) 박우물은 바가지로 물을 뜰 수 있는 얕은 우물을 말한다.

76) 尹善泰, 「咸安 城山山城 出土 新羅木簡의 用途」, 『震檀學報』88(震檀學

맺 음 말

『신증동국여지승람』에는 못을 갖춘 성곽의 수가 82개소로 나타나는 데, 이는 우리나라 전체의 성곽 숫자에 비하면 매우 미미한 수치이며, 못이 있는 성곽은 그 만큼 중요한 기능을 갖는 성곽임을 말해준다. 특히 못은 행정적, 군사적 거점성에 많았다.

못은 성곽을 방어하기 위한 필요한 시설물 중에 하나였다. 못과 우물은 성을 수비하는 병사와 우마의 식수를 비롯한 일상생활에 필수적이었다. 못은 이처럼 용수로 이용되는 이외에도 군사적 기능, 조경적 기능, 조절적 기능, 소화적 기능, 제사・의례적 기능 등을 겸하는 경우도 있었다. 특히 못의 숫자는 성의 중요도와 비례한다고 보아도 좋을 것이다.

못의 규모는 못에 따라 차이가 있으며, 공산성 제1호 못, 순지리 토성 못, 검단산성 못, 함림산성 못은 비교적 규모가 작은 편이고, 대성산성 제1호・6호 못, 몽촌토성 제2호 못, 삼년산성 못, 계족산성 1차 못, 이성산성 제1호 못의 1차 못은 규모가 매우 큰 것들이다. 이렇게 규모면에서 다양함을 보이는 것은 이들 성들이 갖고 있는 기능과도 밀접한 관련이 있다고 볼 수가 있다.

고구려의 못에서는 장마 때에 흙물이 한꺼번에 많이 모여들어도 직접 못 안으로 들어가지 않고, 못 둑의 도랑을 돌아서 무넘기도랑으로 빠지거나 못 둑의 돌 사이를 통과하여 물만 못 안으로 스며들게 하거나, 못가에 박우물을 만들어 깨끗한 식수를 마련한 점은 독특하다고 하겠다.

會), 1999, 4~22쪽. 朴鍾益, 「咸安 城山山城 發掘調査와 木簡」, 『韓國古代史硏究』 19(韓國古代史學會), 2000, 11~26쪽. 朱甫暾, 「咸安 城山山城 出土木簡의 基礎的 檢討」, 『韓國古代史硏究』 19, 2000, 43~74쪽.

호안벽석의 재료는 점토, 목재, 석재가 있었으며, 석축쌓기에는 수직쌓기, 사면쌓기, 들여쌓기, 계단쌓기가 응용되었는데, 이 중에서 수직쌓기가 일반적이었다. 이들 수법들은 석성의 성벽 쌓기공법과 동일하며, 그 연원은 고구려 성곽의 축조공법에서 찾을 수 있을 것 같다. 또 통일신라시대 못의 축조법은 삼국시대의 수법들을 종합한 때문인지 보다 견고하고 짜임새 있는 모습을 보이고 있다.

못의 누수를 막기 위해 바닥은 진흙으로 다지거나 진흙으로 다진 후 돌을 깔았으며, 호안벽석의 뒷채움도 진흙과 돌을 섞어 다져넣는 등 특별한 주의를 기울였다. 못으로 물을 받아들이는 도랑으로 된 入水路를 만들었으며, 출수시설은 출수구와 무넘기도랑이 응용되었는데, 못에 일정량의 물이 차면 출수시설을 통해 못 밖으로 자연스럽게 빠지게 만들었다.

제2부 조선시대의 관방유적

제1장 한양도성의 수축

—숙종대의 수축을 중심으로—

머 리 말

한양도성은 세종 4년에 수축된 이후 여러 차례 수축이 이루어졌다. 이 중에서 본고에서 다루려는 숙종대의 수축이 가장 대역사였다. 이는 현재 한양도성에 남아 있는 숙종대에 쌓은 성벽을 통해서도 알 수가 있다. 이 때문에 숙종대의 수축역사가 그만큼 중요한 것이다.

현재의 한양도성은 태조대에 축성된 이래 여러 차례 수축이 이루어 졌고, 부분적으로도 붕괴되는 성벽은 그때그때 수축을 했기 때문에 여러 시기에 축조된 성벽들이 혼합된 것이다. 이 때문에 성벽의 시기구분을 하기는 간단하지가 않다. 대체적으로 태조대와 세종대의 성벽은 각자성석을 통해 비교적 구분이 어렵지 않으나, 잘 가공된 면석으로 축조된 성벽들은 구분이 쉽지가 않다.

일반적으로 숙종대의 성벽은 평균 40×45cm 또는 45×50cm 내외 크기의 정방형의 잘 다듬은 가공석을 사용하여, 수직에 가깝게 쌓아 올렸다. 이집트유적에서 출현하여 지진이 많던 잉카유적에서 크게 성행하던 면석의 일부를 오려내어 다른 면석과 맞 물리는 공법은 견고도를 높이기 위한 것인데, 조선시대 성곽에는 일반화 되었던 공법이었고, 한양도성의 숙종대의 성벽에서도 잘 나타나고 있다. 잘 다듬은 가공석을 사용하여 쌓았기 때문에 수평을 잡기 위한 쐐기돌은 전혀 사용하지 않았다. 성벽에 새겨진 각자성석은 숙종대의 성벽임을 확인하는데 중요한 자료가 되고 있다.

Ⅰ. 도성수축의 결정

숙종 30년(1704) 1월에 대신과 비국의 여러 재상들을 인견하였을 때 이조판서 李濡는 도성을 굳게 지켜 죽어도 버리고 떠나지 않는다는 의리를 심는 것이 제일 중요하며, 강도와 남한을 수축하게 하고 외방의 關隘를 개정하여야 한다고 말하고, 좌의정 李畬는 북한산성을 신축하는 힘으로 도성을 增修한다면 功役울 크게 줄일 수 있고, 도성을 사수하는 것이 사리에 타당하다고 하였다. 閔鎭厚는 그가 일찍이 도성을 사수해야 한다는 의논을 누차 진달했었는데, 일시에 개축할 수는 없어도 장마를 당하여 城堞이 많이 무너지고 있으니, 만약 군문에서 句管하여 무너지는 대로 보수하게 한다며 오랜 뒤에는 완전히 수선될 것이라고 하였다. 또 영의정 申琓은 북성은 실로 金城湯池의 요새인 데 사람들의 의논이 이를 저지하니 어찌할 수가 없고, 도성은 그 다음에 해당 되니 증축하여 굳게 지킨다면 충분히 근본을 삼는 계책이 될 것이며, 계책이 세워진 뒤에는 즉시 수축하여야지 시일을 미룰 수 없다. 먼저 兩局의 大將을 시켜 성지를 간심하자고 하였다. 이에 숙종은 도성을 쌓은 것은 당초 성을 사수할 계책에 의한 것이 아니었기 때문에 굳고 치밀하게 하지 않았다. 이를 모두 개축한다면 모르지만 단지 五部로 하여금 수선만 하게 한다면 무익 할 것이라 하고, 양국의 대장에게 명하여 도성의 基址를 간심하도록 명하였다.1)

1) 『肅宗實錄』 권39. 肅宗 30년 1월 己巳.

2월 15일에는 대신과 備局의 諸臣들을 인견한 자리에서 도성수축 문제를 논의하였다. 도성의 성지를 간심한 훈련대장 李基夏, 어영대장 尹就商은 도성의 둘레를 그림으로 그려 올렸는데, 숙종은 각각 의견을 말하도록 하였다. 이때의 이야기 중에서 중요한 부분을 간추려 보면 이기하는 拘蹲峯(성북동)일대에 外城을 더 축조하여 3, 4개의 墩臺를 설치하고, 낙타봉(낙산)과 목멱산의 한 줄기가 동쪽으로 한강까지 뻗쳐서 城中을 내려다보고 있으니, 이곳에 돈대를 설치해야 한 다고 하였다. 또 그는 동대문에서 水口門까지는 지세가 평탄하니 높은 성을 축조하고, 10개의 雉城을 설치한 뒤에야 지킬 수 있다하고, 禹壽臺(숭례문 부근)와 新門(돈의문) 사이에도 내외에 증축이 있어야 하며, 鞍峴(무악재)과 曲城(인왕산)이 마주 대한 곳에도 돈대를 설치하여야 한다고 하였다. 한편 윤취상은 구준봉과 白岳山 사이에 4, 5개의 돈대를 설치하고, 도성의 동서는 땅이 평탄하고 성이 낮으니 修繕하는 役事는 동서를 먼저하고, 남북을 뒤에 하여야 한다고 하였다. 또 이기하는 5군문의 병졸이 매우 많고 성 안의 男丁이 11만 9천여 명이나 되니, 그 가운데 노약자나 不在者를 제외하더라도 壯丁 5만은 밑돌지 않는다. 성첩은 6천여 첩에 불과하므로 1첩에 5명의 군졸이면 충분히 지킬 수 있으니, 도성이 넓고 큰 것은 우려가 될 것이 없다고 하였다. 또 그는 성 밑에 사는 사람들이 家舍가 철거 될까 우려하고 있으나, 성 안팎 철거에 해당되는 집은 많지 않으니 일체 代價를 지급한다면 어려움이 없을 것이라 하였다. 또 병조판서 尹世紀는 瀋陽 외성처럼 안현에서 용산까지 증축한 뒤에야 粮餉의 길이 통할 수 있고, 조정의 명령이 八路에 막히지 않게 될 것이고, 강도와 남한산성을 수선하여 左右翼으로 삼아야 한다고 하였다. 이에 숙종은 도성을 수축하는 일은 이미 정해 졌으니 속히 거행하고, 아울러 강화성과 남한산성을 增修하고 관애를 講定토록 명하였다.

그런데 윤취상은 청나라 사람들이 왕래하는 길목에다 돈대를 신축하게 되면 시끄러운 말이 있을까 우려된다고 하자, 이기하는 바로 奏聞해도 불가할 것이 없다고 하였다. 이에 숙종은 이것은 새로 성을 축조하는 것과는 달라서 흔단이 생길 우려는 없을 것 같다고 하였다.[2] 이 문제는 23일에도 영의정 申琓과 이조판서 이유가 講對하여 입시하였을 때, 신완은 도성을 수축하는 일은 이미 계획이 정하여졌으니 咨文으로 먼저 청나라에 보고하는 것이 만전을 기하는 도리에 합당하다고 하였다, 그는 안현에서 萬里峴(만리동)까지 좌우로 돈대를 배열하고, 兩大門의 평이한 곳을 증축한다면 저들이 왕래할 때 모를 리가 없으니 먼저 주문하면 청도 들어주게 될 것이라 하였다. 그러나 이유는 도성을 무너지는 대로 보수하는 것은 으래 그렇게 하는 것이어서 奏聞할 필요가 없으며, 주문한 뒤에 사단이 발생하면 어떻게 할 것인가 하였다. 이에 숙종은 도성을 수축하는 것은 다른 성을 수축하는 것과는 경우가 다르며, 저들의 일 또한 헤아릴 수가 없으니 이번의 使行에 부쳐 진달할 필요는 없다고 하였다.[3]

3월 4일에는 비변사에서 아뢰기를 도성을 수축하기로 결정한 뒤에 신 등이 함께 동쪽의 평탄한 곳을 살펴보고, 5군문으로 하여금 나눠서 개축하게 하였다. 그런데 금위영과 어영청에서는 첫 단계 설비를 본 군문의 재력으로 담당 할 수 있으나, 훈련도감, 수어청, 총융청의 세 군문에서는 본시 재력이 없으니 조정에서 재력을 떼어 주어야만 시작할 수 있겠다. 이렇듯 거듭 기근이 든 때라 나라의 물력도 다하여 달리는 손을 댈 곳이 없어서, 전례를 상고하여 보고 종전에 강도에 돈대를 쌓을 때와 文殊山城과 大興山城 등을 쌓을 때에는 혹은 江都米를 떼어 주기도 하고, 혹은 전해 내려온 軍木을 주기도 하여 필역하도록 하였다. 성을 쌓는 공사는 먼저 돌부터 떠야만 일을 시작할 수 있는데, 3군문에서는 첫 단계부터 物力이 나올 곳이 없으니, 강도미 1만 석과 棒留木 2백同, (1동은 50필), 南漢木 1백동

2)『肅宗實錄』 권39. 肅宗 30년 2월 乙酉.『備邊司謄錄』책54, 肅宗 30년 2월 25일.
3) 『肅宗實錄』권39, 肅宗 30년 2월 癸巳.

을 우선 나눠주되 이것들은 모두 변란에 대비하기 위한 군수품이니, 그 수량을 충당하여 두지 않을 수 없다. 양남의 儲置米와 관서에 있는 본사에서 句管하는 무명의 수량이 불소하니, 저치미 각 5천 석과 본사 勾管木 3백 동을 급히 실어 올려 충당하도록 하는 것이 어떻겠느냐고 하자, 숙종은 이를 허락하였다.[4]

3월 5일에는 비면사에서 아뢰기를 도성의 基址를 가서 간심하였는데, 먼저 동쪽 변방의 평이한 곳으로부터 5군문에 나누어 주어서 개축하게 하고, 訓局, 守禦, 摠戎에는 본시 물력이 없으니, 문수산성과 대홍산성을 축조할 때의 전례에 따라 강도의 미곡 1만석, 면포 1백 동, 남한의 면포 1백 동을 劃給토록 하자고 하자, 숙종은 이에 따랐다고 한다.[5] 이는 전술한 3월 4일의 것과 동일한 내용인 듯하다. 동월 12일에는 교리 李晩成이 公帑이 이미 고갈되었고, 군문도 고갈된 때에 큰 역사를 시작하였으니, 재물을 허비하고 검소를 상하게 하여서는 아니 된다는 상소를 하였다.[6]

동월 15일에 비변사에서 아뢰기를 도성을 수축하는 일을 5군문에서 방금 물력을 조비하고, 오는 스무날께에나 돌을 뜨기 시작하겠다고 한다. 전에 성을 쌓을 때에는 번번이 날을 받아 고사라는 전례가 있었으니 이번에도 해조로 하여금 속히 거행 하게 하는 것이 좋겠다고 하자, 숙종은 이를 허락하였다.[7]

전술한 것처럼 숙종 30년 1월에는 이여, 閔鎭厚 등이 도성수축을 건의하자, 북한산성축성논자의 대표자격인 申琓도 최선책인 북한산성의 축성은 사람들의 의논이 이를 저지하니, 차선책인 도성을 증축하는데 찬성하고, 兩局의 대장으로 하여금 성지를 간심하자고 하였다. 이에 북한산성의 축성을 적극 지원 해오던 숙종도 양국의 대장

---

4) 『備邊司謄錄』 책54, 肅宗 30년 3월 4일.
5) 『肅宗實錄』 권39, 肅宗 30년 3월 甲辰.
6) 『肅宗實錄』 권39, 肅宗 30년 3월 辛亥.
7) 『備邊司謄錄』 책54, 肅宗 30년 3월 15일.

으로 하여금 도성의 基址를 간심토록 함으로써 도성수축 쪽으로 태도를 전환하게 되었다 이로써 2월에는 도성의 기지를 간심 한 훈련대장 이기하와 어영대장 윤취상의 보고를 받은 숙종은「都城修築事旣已定計」라고 함으로써 도성수축은 확정을 보게 되었다. 그러나 도성수축에 따른 청나라에 奏聞問題로 논란이 있었으나, 숙종은 도성의 수축은 新築과는 성격이 다르며 다른 성을 수축하는 것과도 다르니 청에 주문할 필요가 없다는 태도를 취함으로써 큰 고비를 넘기고, 도성수축에 따른 준비를 진전 시켜 나가게 되었다.

II. 도성수축

1. 1704년 수축

숙종 30년 3월 25일에는 도성수축을 시작하기에 앞서 三角山에 告由祭를 지내고, 5군문에서는 각각 장교로 하여금 蘆原(불암산)과 舟巖(전농동) 동지에서 돌을 뜨게 하였다.

그리고 밥을 짓고 기계에 소용되는 나무는 서울 주변의 四山에서 벌레 먹은 나무를 베어다 쓰게 하였다. 또 영의정 신완의 건의에 따라 기계를 준비하여 8월부터 성벽의 수축을 시작하도록 하였다. 이때 경기 백성으로 군문에 예속된 사람들은 이 역사 때문에 폐농을 하였고, 돌을 운반하는 역사에서는 사상자가 많아 사람들이 모두 원망을 하였다고 한다.8)

또 같은 25일에는 대신과 비국당상을 인견할 때 한성부우윤 윤취상은 돌을 뜨는 데는 돌을 치우는 인부가 있어야 하는데, 3군문에서는 幕軍을 내보냈고 금위영과 어영청에서는 하번한 鄕軍을 돌려가며 내보내서 돌을 치우고 돌아오게 하려 하는데, 일거리의 많고 적음을

8) 『肅宗實錄』 권39, 肅宗 30년 3월 甲子.

보아서 내보내서 부리자고 건의하자, 숙종은 이를 허락하였다 또 영의정 신완은 우선 돌만 떠서 성 아래에 전부 운반해 두었다가 장마가 지나간 8월부터 쌓기 시작하여 금년 안으로 다 쌓도록 한다면 중간에 중지할 염려도 없고 일도 순조로울 듯하다고 하자, 숙종은 이를 허락하였다. 행이조판서 이유는 축성 결정이 내리자 바로 각 군문에서 일을 헤아려 기한을 정하여 시행하지 않고 바로 각 군문에 배당하여 거행하게 하였으니, 별로 기한을 정한 일이 없고 각 군문에서도 각자 장비를 마련하여 현재 돌을 뜨고는 있으나, 앞으로 공정이 어떻게 될지 모르겠다. 돌을 뜨는 데 있어서도 山陵의 돌을 뜰 때에는 번번이 우이동과 노원에서 떴는데, 각 군문에서는 더러는 노원에다 정하고, 더러는 貞陵 근처에다 정하였다. 이 일도 불가불 헤아려 보아야 하겠다. 지금 많은 看役將校들에게 본 料 이외에 더 보태 주는 요가 한 군문에서 마련하는 양이 거의 60~70석에 이른다고 하니, 5군문을 합산하면 한 달에 보태주는 요가 3백여 석이고, 기타 잡비도 이를 미루어 추정할 수 있는데, 조정에서 나누어 준 쌀과 베로는 필시 지탱하지 못할 것이다. 앞으로 계속 더 달라고 청할 것이니 달리는 잇대어 줄 길이 없으니, 외방 각 영의 비축까지 가져와야 할 것이다. 이렇게 되면 안 밖이 동시에 다 비는 결과가 될 터이니 실로 생각해 보지 않을 수 없다. 또 옛날 도성의 역사에는 모두 대신이 주관하여 쌓았는데 이번에는 5군문에게만 맡기고 통할하는 곳이 없으므로, 한갓 시샘만 부려 결국에는 해치는 사단이 있게 될 것이다. 대신이 주관하여 일에 따라 지휘하게 하는 것이 편의로울 듯하다고 하였다. 이에 영의정 신완은 대신이 주관하여야 한다는 말에 각 군문에서는 혹 속단 하지 못할 일도 있고, 논의가 일치하지 못하는 폐단도 있을 것이다. 그럴 때면 대신과 의논하고 묘당에 여쭈어 보아도 안 될 것이 없는데, 하필이면 주관하는 대신을 따로 보낼 것이야 있겠는가. 일에는 도움도 되지 않고 말만 시끄러울 사단을 여는 것이 될 것이라고 하자, 숙종은 각 군문에서 각자 확실히 거행하

되, 대신과도 상의하여 진행하는 것이 좋겠다고 하였다.[9]

5월 19일에는 좌의정 이여가 아뢰기를 지금의 도성 수축역사는 1군문에서 돌을 뜨는 수량이 만 덩어리나 되어야 하니 이는 막대한 공사이다. 국초에 도성을 쌓을 때 어찌 먼 곳에서만 떠왔겠는가. 풍수지리가의 말로는 主山의 내맥과 龍虎, 水口 등 처는 비록 파헤치지는 못하나, 골짜기가 낮은 곳은 해로울 것이 없다고 한다. 전하는 말을 들으니 경회루의 石柱도 삼청동 東崖에서 떠왔다고 하니, 가까운 곳을 피하지 않는 것을 여기서도 알 수가 있다. 대체로 성을 쌓는 일에는 運石이 가장 어려운데 浮石에 비하면 10배의 功力를 들여야 한다. 지금은 거의 가까워야 30리 되는 곳에서 가져오는데, 하루에 1명의 군사가 한 덩어리 밖에 옮기지 못하니, 完役을 하기가 어려운 실정이다. 비록 가까운 10리 안의 날등이 궁성에서 보이지 않는 곳이거나, 풍수지리에서 말하는 꺼리 끼는 곳이 아니면 돌을 떠오게 한다면, 노력과 비용을 줄일 수 있고 일을 쉽게 성취할 수도 있을 것이다. 가까운 곳을 버리고 먼 곳을 취하면 공력이 배가 들기 때문에 1군문에서 구준봉 밖 淸水洞에서 取石하려고 하였으나, 실어내는 길이 貞陵禁票 밖이 되기 때문에 사람들이 말이 있을까 걱정하여 시작했다가 중지하였다고 한다. 이러한 일들은 임금의 뜻으로 변통할 수 있기 때문에 감히 아뢴다고 하였다. 이에 숙종은 대단히 구애가 되지 않는 곳이면, 편의대로 떠오는 것이 좋겠다고 하였다.[10]

동월 23일 민진후가 도성을 수축하는 것은 나라의 大計인데, 우선 정지 하였다가 가을을 가다려 다시 거행하자고 하자, 숙종은 城役은 대신의 箚子에서도 이 일을 논하였기 때문에 바야흐로 처분하려 하였으니 우선 중지하라고 명하였다. 또 판부사 尹趾善도 차자를 올려 성역을 중지하자고 하였다.[11]

---

9) 『備邊司謄錄』 책54. 肅宗 30년 3월 28일.
10) 『備邊司謄錄』 책54, 肅宗 30년 5월 19일.
11) 『肅宗實錄』 권39, 肅宗 30년 5월 辛酉.

6월 5일에는 대신과 비국 당상을 인견할 때에 병조판서 尹世紀가 아뢰기를 축성역사 때에 훈련도감과 총융청에서 쓸 무명을 강도의 유치목에서 떼어 주기로 결정한 뒤에 강화유수의 장계로 인하여 본조의 餘丁木 200 동에서 떼어 주기로 비국에서 복계하여 윤허를 받았다. 그러나 강도에서 代價로 줄 무명을 본조에서 지급하기로 하면, 매월 7동이니 1년은 합산하면 84동이 된다. 이는 매월 받는 쪽쪽 지급하여야 하는 무명인데, 지금은 여정목으로 남아 있는 것이 60동뿐이니 변통하여 떼어 주기 어려운 처지이다. 현재는 축성역사를 중지하였으니, 일을 시작할 때에 혹 강도의 유치목에서 당초에 결정한 대로 떼어 주던지, 본조에서 받은 것으로 매월 지급하던지 하는 것이 어떻겠느냐고 하자, 숙종은 그렇게 하라고 하였다.[12)]

7월 16일에 좌의정 이여가 아뢰기를 도성에 대한 계책을 결정한 후에 이와 같이 전에 없는 가뭄을 당하여 공사를 중지할 수밖에 없으니, 앞으로 형편을 보아가며 공사를 시작하되 이미 떼어놓은 돌은 조만간에 실어 들여와서 수축을 완료해야 되겠다. 당초에 강도의 무명 200동을 삼군문에 지급하게 하자, 강화부에서는 병조에 보낼 무명으로 대신 지급하겠다고 啓請을 하였는데, 성역을 중지한 뒤에는 병조에서 다시 무명을 지급하지 말자고 결정하였다. 여타 군문은 지급할 필요가 없으나, 그중 총융청은 가장 물력이 없으므로 무명 100동을 먼저 약정한 이율로 이자를 취하여 철물, 수레, 소 등의 구입가격으로 충당하게 하겠는데, 만일 무명을 지급하지 않으면 사세가 심히 낭패하게 될 것이라 한다. 이것은 영원히 지급하는 것이 아니라 그 군문에서 마땅히 본전을 세워두고 채워서 갚아 주는 것이나, 병조에서는 일시에 100동을 내 주는 것을 난색하고 있으니, 전에 결정한 대로 강화부에 저축하였던 병조의 무명 100동을 총융청으로 지급하여, 총융청으로 하여금 料理하여 이자를 취한 뒤에 본전을 갚게

12) 『備邊司謄錄』 책55, 肅宗 30년 6월 7일.

하는 것이 마땅할 것 같다고 하였다.[13]

9월 2일에는 우의정 이유가 請對할때 우승지 李喜茂가 말하기를 재력을 헤아리지 않고 갑자기 큰 역사를 일으키는 것은 國事를 위해 매우 염려되니, 이미 떠낸 돌로써 허물어진 곳을 수축하고 급히 정지하자는 주장을 하였는데,[14] 이유는 한두 사람의 근거 없는 의논에 동요되어 역사를 정지 할 수는 없으니, 둘레를 측량하여 각 군문에 획급하여 점차로 수축하자고 하였다. 이에 숙종은 이미 결정된 뒤에 한두 사람의 근거 없는 의논으로 역사를 정지할 수는 없다고 하였다.[15]

동월 12일에는 우의정 이유가 아뢰기를 축성하는 일을 우선 중지하기로 한 후 아직까지 다시 결정한 일이 없는데, 지금 들으니 水口門 근처에 무너진 곳이 있어 병조에서 역군을 모집하여 쌓기 시작하고 있다고 한다. 병조에서 수축한 것은 으레 구차함이 많아 바로 무너져버려 한갓 물력만 허비하고 있다. 군문에서 그들이 뜬 돌로 병조에서 일을 시작한 곳을 먼저 개축하게 하자고 하였다. 또 예조판서 민진후가 아뢰기를 이제 가을이 되었으니 무너진 곳만 수축하지 말고 수축역사를 다시 거행해야 한다. 들으니 어영청에서는 돌을 실어 나르기 위해 수레와 소를 마련하여 두었는데, 그 수가 매우 많아 먹이는 물력만 허비하고 있다고 하니, 농사가 부실하여 물력을 잇대기 어렵다면 먼저 떠 놓은 돌로 대충 수축하면 불가한 것이 없으며 짧은 거리라도 보탬이 없지 않을 것이다. 속히 일을 거행해야 하며 그만 둘 수는 없고, 확정이 날 동안 병조에서 쌓지 않았도 지장은 없을 것이라고 하였다. 또 이유가 아뢰기를 앞으로 일을 다시 시작한다면 이번에 병조에서 쌓은 것은 다시 헐어내야 할 판 이니, 사실

---

13) 『備邊司謄錄』 책55, 肅宗 30년 7월 16일.

14) 그의 말 중에 옛날에는 高麗木 1필마다 돌 3개와 바꾸어서 성을 쌓았다는 말이 있다.

15) 『肅宗實錄』 권40. 肅宗 30년 9월 己亥.

은 하지 않는 것만 같지 못한데, 도성의 퇴락한 곳을 바로 개축하지 않은 것도 매우 허술한 일이기에 군문으로 하여금 마저 쌓게 하려는 것이라고 하였다.16)

동월 16일에는 대신과 비국의 여러 신하들을 인견한 자리에서 좌의정 이여는 도성을 수축하는 大計가 이미 정하여 졌으나 여름 동안의 旱災로 이미 시작하였다가 잠시 정지하였는데, 힘을 모아 천천히 쌓으면서 급하게 서두르지 말아야 한다고 하였다. 또 우의정 이유는 5군문에서 일시에 돌을 뜨는 일이 소요를 불렀고, 두 군문의 統營에서 소금을 貿易하는 일이 폐해를 끼치기는 하였으나, 본 군문의 米布와 다른 아문의 저축된 것을 옮겨 덜어내어 수량을 정하여 나누어 주고, 그들로 하여금 이것을 요리해서 이식을 취하여 재력의 다소에 따라 점차 수축케 하되 기한을 정하여 역사를 독려하지 말아야 되며, 이미 떠 놓은 돌을 먼저 옮겨 들이게 하여 해당 군문으로 하여금 수구문의 무너진 성벽을 개축하게 하여 역사를 시작하는 根基로 삼아야 한다고 하였다. 예조판서 민진후도 속히 역사를 시작하자고 하였다. 한성군 李基夏는 동짓달과 섣달에는 수축하기가 어려우니, 반드시 겨울 전에 떠놓는 돌을 옮겨 들이고, 開春한 뒤에 역사를 시작하자고 하고, 대사헌 宋相琦는 여러 군문에서 허다한 재력을 써서 수만 개의 돌덩이를 마련하였는데, 이제 와서 헛되게 버릴 수는 없으니, 나누어 맡은 여러 군문으로 하여금 가지고 있는 수레와 소를 가지고, 차례로 옮겨 들여서 먼저 쌓을 만한 곳을 쌓게 하자고 하였다. 부교리 金興慶도 떠놓은 돌은 버려서는 아니 되니, 각 군문의 소와 차량으로 돌을 옮겨 들여 명년 봄을 기다려 천천히 完築하는 것이 좋을 것이라고 하였다. 이여와 이유가 점차 수축해야 한다는 뜻으로 거듭 말하자, 숙종은 먼저 각 군문으로 하여금 일면으로 떠놓은 돌을 옮겨 들이게 하고, 일면으로 허물어진 곳을 수축하게 하되

---

16) 『備邊司謄錄』 책55. 肅宗 30년 9월 12일.

반드시 기일을 정하여 督迫하지 말고, 조용하게 일을 하는 것이 좋겠다고 하였다.17)

동월 19일에 대신과 비국 당상을 인견하였을 때 좌의정 이여가 아뢰기를 수구문 근처에 6~7칸의 무너진 곳이 있어 병조에서 역군을 모집하여 수축하고 있으며, 그 곁에는 군문에서 실어들인 돌이 있는데, 이는 아직 방치하여 쓰지 않고 募軍으로 하여금 돌을 날아다 쌓으려고 한다. 만일 앞으로 고쳐 쌓는다면 이는 공력만 허비하는 것이 되기 때문에 군문으로 하여금 먼저 그 무너진 곳을 쌓게 하고 이어 일을 시작하자고 하였다. 또 지금 여러 군문에서 이미 떠놓은 돌이 많게는 7~8천 덩이 적게는 5~6천 덩이가 되고, 수레와 소들도 마련되어 대기 중이니 결코 그대로 방치할 수 는 없다. 옛 성첩의 돌도 가려서 쓸 수 있으니, 새 돌을 실어들이게만 한다면 동쪽 축성의 역사는 마칠 수 있을 것이라고 하였다. 또 도성의 공역을 급하게 이루려 한다면 반드시 나라를 병들게 하고 백성을 못살게 함을 면치 못할 것이니, 급하게 이루려고 마음먹지 말고 힘을 길러 점차적으로 쌓아 몇 해를 두고 노력하면 저절로 완성될 것이라 하였다. 또 우의정 이유가 아뢰기를 당초에 북한산성의 이해를 검토할 때에는 도성이 낫다고 대부분 말하더니 정작 계획이 확정되어 일을 시작하니 차츰 원망하고 비방하는 말들이 들린다고 한다. 올 봄에 대계를 정한 뒤에도 분명하게 세부 계획을 짜지 않고 5군문에서 일시에 돌을 떠서 마치 단시일에 성을 마저 쌓을 것처럼 하여 소요를 일으켰다. 전번에 양 군문에서 통영의 소금을 사들인 일만 해도 원성을 지초한 사단이 되었고, 이 밖에도 외방에 폐를 끼치는 일이 없지 않으므로, 3군문에 나누어 맡기되 본 군문의 쌀과 무명 및 다른 아문의 저축분에서 변통하여 덜어내서 이것으로 요리하여 이식을 취하여, 재력의 많고 적음에 따라 늦추지도 말고 서두르지도 말며 구태

17) 『肅宗實錄』 권40. 肅宗 30년 9월 癸丑.

여 기한을 정하여 다그치지도 말며, 일을 맡은 사람도 형편대로 선처할 방도가 생길 것이다. 각 군문에서 떠 놓은 돌은 우선 수구문으로 실어들이고 무너진 성곽도 해당 군문으로 하여금 개축하게 하여, 일을 시작하는 기초로 삼게 하는 것이 마땅하다고 하였다. 예조판서 민진후는 비록 가뭄으로 인하여 잠시 중지되기는 하였으나 그만둘 수야 없으며, 무너진 곳을 먼저 쌓고 이어 각 군문으로 하여금 떠 놓은 돌을 실어들이게 하면, 이것이 바로 시공하는 날이 되는 것 이니 빨리 일을 추진해야 한다. 수어청에서는 벽돌을 구워냈기 때문에 돌덩이 숫자가 훨씬 적으나 일을 시작한 후에는 자연히 당겨 쓸 수가 있다고 하였다. 또 이여는 5군문에서 떠 놓은 돌이 얼마나 되느냐는 숙종의 질문에 공사를 중단했을 초두에 각 군문에서 보고한 것에 의하면, 어영청이 가장 많아 8천여 덩이가 되는 것 같았고, 여타 군문도 숫자가 일정하지는 않으나 모두 5~6천 덩이는 밑돌지 않은 것이라 하고, 옛 성첩의 돌까지 합치면 각 군문에서 떼어 맡은 350여 보는 마저 쌓을 수 있다고 하였다. 그러나 돌의 운반이 가장 어려우므로, 먼저 겨울이 오기 전에 실어들이도록 하여 다 실어 날라야 만 일을 시작할 수 있다고 하였다. 한성군 이기하는 섣달에는 성을 쌓기 어려우니, 반드시 겨울 이전에 떠 놓은 돌을 실어 들여 봄이 되면 일을 시작하는 것이 마땅할 것이라고 하였다. 정언 韓重熙는 만일 미리 헤아리지도 않고 갑자기 큰일을 일으켰다가 군문의 재력이 감당할 수가 없으면, 필시 병조의 軍需와 호조의 경비를 끌어다가 쓰는 일이 있을 것이고, 그러고도 지속할 수 없으면 외방의 민력까지 징발하는 폐단이 있을 것을 염려 하고, 기왕에 돌을 뜨는데 많은 공력을 들인 것이므로, 군문으로 하여금 실어 들여 먼저 무너진 곳을 쌓게 하자고 하였다. 이에 숙종은 먼저 각 군문으로 하여금 한편으론 떠놓은 돌을 실어드리게 하고, 한편으로 무너진 곳을 수축하게 하되, 일자를 정하여 독촉할 것이 아니라, 조용히 점차적으로 하게 하는 것이 좋겠다고 하였다.[18]

동월 30일에는 武庫의 大椀砲 등을 남한산성으로 移送하려하자, 숙종은 지금 장차 도성을 수축하려하니, 다른 곳에 두는 것은 좋지 않다고 하여 모두 도로 武庫에 두도록 명하였다. 한편 이여는 도성을 수축하는 것은 宗社의 萬世 계책이 되므로, 외방의 산성과는 다르니 일을 맡은 신하가 만약 삼가지 않는 단서가 있으면, 마땅히 軍律로써 다스려야 한다고 하고, 역사를 감독하는 將校와 石工은 쌓는 石面에 이름을 새겨 훗날 상고하는 데에 憑據로 삼게 하다가, 만약 허물어져 무너지는 곳이 있으면, 모두 軍法으로 從事한다는 뜻으로써 엄중히 약속을 더하지 않을 수 없다고 건의하자, 숙종은 그대로 시행하도록 하게 하였다.[19]

11월 9일에는 사간 崔啓翁 등이 차자하여 도성을 수축하는 것이 비록 나라를 지키는 것이라 하나, 도성을 수축하는 일은 때를 헤아리고 일을 생각하여 변통하는 바가 있어야 합당하다고 하였다.[20]

동월 25일에 대신과 비국 당상을 인견하였을 때 우의정 이유가 말하기를 도성에 돌을 운반하기도 전에 이미 품의 결정하였는데, 군문에서 거행할 즈음 연속 독촉하여 운반한지 이미 3삭이 되도록 하루의 휴식도 없었으니, 군병과 우마가 모두 피폐하고 금위영의 군병 중에는 압사자가 있고, 이 밖에도 부상자가 많이 생겼으니, 군병이 연속 몇 달을 사역한다는 것은 실로 감당하기 어려운 일이다. 이는 필시 각 군문에서 중지하라는 영을 듣지 못하여 그러는 것 이니, 의당 사세를 보아가며 행하기도 하고 쉬기도 하여야 한다고 하자, 숙종은 그렇게 하라고 명하였다.[21]

2. 1705년 수축

---

18) 『備邊司謄錄』 책55, 肅宗 30년 9월 20일.
19) 『肅宗實錄』 권40, 肅宗 30년 9월 丁卯.
20) 『肅宗實錄』 권40. 肅宗 30년 11월 乙巳.
21) 『備邊司謄錄』책55, 肅宗 30년 11월 27일.

숙종 31년 1월 6일에는 도성을 쌓는 역사를 정지 시켜야 한다는 公州 幼學 李萬英의 상소가 있었다.[22)]

또 동월 15일에는 대신과 비국의 여러 신하들을 인견한 자리에서 한성군 이기하는 丁丑年(1637)의 約條를 보니 新舊 성의 성벽을 수리해 쌓는 것을 허락하지 않는다는 내용이 있는데, 지금 아울러 고치고 東西 성의 성벽은 淸人이 서울로 들어 올 때나 三田渡에 왕래할 때에 모두 눈으로 직접 보는 지역 이니, 도성의 수리를 청하는 咨文을 보내어 허락을 얻자는 주장을 하였다. 좌의정 이여는 만약 자문 때문에 일이 생기게 되면, 그 역사를 이룩하지 못하는 데 불과하지만, 이미 쌓아 놓고 일이 생기게 되면 형세가 더욱 어려워 질 것 이니, 자문을 보내어 완벽을 기하자고 하였다. 병조판서 兪得一 역시 자문을 보내 의심을 사게 되면 그해가 작고, 말하지 않다가 일이 생기면 근심이 클 것 이니, 먼저 주문하는 것이 옳다고 하였다. 이에 반해 우의정 아유는 奏聞하지 말고 다만 서서히 수축하자고 하고, 교리 南就明은 자문을 보내어 허락하지 않는다면, 여태까지 돌을 떠내는 역사는 헛수고만 되므로, 주문하지 말고 병조에서 점차로 역사를 시키자고 하였다. 숙종은 사실에 의거하여 주문한 뒤에 쌓도록 하는 것이 좋겠다고 하였다.[23)]

2월 6일에도 대신과 비국의 여러 신하들을 인견한 자리에서 좌의정 이여는 만약 國都는 다른 성과 달라 별도로 수축하려 한다고 말한다면, 淸人들은 허락 하지 않을 이치가 없을 터이니, 허락을 받은 뒤라면 개축을 해도 방해가 될 것이 없을 것이라 하고, 우의정 이유는 지금 갑자기 도성을 수축한다고 말 한다면, 저들이 의심하게 될 것이니, 西路의 正方山城과 大興山城은 그들이 보고 책망한 일이 없었으니, 주문하지 말고 먼저 수축하자고 하였다. 이에 숙종은 지금 수축한 뒤에 저들이 혹시 힐책하면 세월이 오래되어 허물어져 마지

22) 『肅宗實錄』 권41. 肅宗 31년 1월 辛丑.
23) 『肅宗實錄』 권41. 肅宗 31년 1월 庚戌.

못해 修補했다고 하면, 사건을 일으킬 단서가 없을 듯하며, 자문을 보낸 뒤에 허락하지 않는다면 매우 난처하게 될 것이니, 끝내 자문을 보내지 않는 것이 좋을 것이라고 하였다.[24)]

3월 4일에는 지평 朴彙登이 아뢰기를 여러 달 동안 역사를 감독했는데 약간의 석재를 깎았을 뿐이고, 운반은 절반도 못하였는데, 군문의 여러 해 동안의 비축과 여러 道의 巨萬의 재물이 이미 바닥이 나서 남은 것이 없으며, 재력은 이미 고갈되어 다시 손을 써볼 길이 없고, 역사는 시작하자마자 곧 중단될 형편에 놓이게 되었으니, 일을 맡은 신하들이 비로소 두려워하는 마음을 가지게 되었다. 그러나 스스로 정지할 것을 요청하려 하면, 그 經始를 잘하지 못한 실수를 가릴 수가 없고 그대로 고치지 않고 계속하려 하면, 끝내는 일을 낭패시키고 나라를 패망시키는 환란에 이를까 두렵기 때문에, 일전에 筵中에서 좌의정 이여가 무너지는 대로 뒤따라 보수한다는 등의 말로써 구차하게 미봉하였으며, 정축년의 약조를 열거하고 주청해야 된다고 말까지 하였는데, 이것이 무슨 말인가. 이것은 단지 자신들의 단점을 비호하려는 사심을 가지고서 끝내 정지할 것을 스스로 요청하려고 하지 않기 때문이니, 대신이 일을 그르친 죄를 논책하지 않을 수 없다고 하였다. 정언 兪命凝도 대신이 당초에 시기와 재력을 헤아리지 않고, 쉽사리 건의하였다가 역사를 진행한지 얼마 안가서 재력이 이미 바닥이 나자, 이에 도리어 주청 등과 같은 쓸데없는 말로 아뢰었으니, 전도되고 착오된 실수를 마땅히 규탄하고 탄핵해야 한다고 하였다. 탄핵을 받은 좌의정 이여는 命召을 환납하고, 江村으로 물러나는 사태까지 이르렀다. 물러나 대죄하던 박휘등, 유명응 등은 遞差되고, 이여에게는 命召를 돌려주고 돈독하게 유시하는 선으로 일단락되었다.[25)]

---

24) 『備邊司謄錄』 책56, 肅宗 31년 1월 22일. 『肅宗實錄』 권41, 肅宗 31년 2월 庚午.

25) 『肅宗實錄』 권41, 肅宗 31년 3월 戊戌.

4월 1일에는 판윤 민진후가 상소하기를 역사를 벌여놓고 재력이 다 없어지지 않았는데, 금방 시작했다가 갑자기 중지하여 擧措가 전도되는 바람에 뜬소문이 선동하고, 시끄러운 단서가 마구 일어나는 결과를 초래하였다. 廊廟의 국정을 도모하는 곳에서도 의심하고 두려워하는 마음을 품고, 본래 정지하도록 요청한 말이 없었다고 스스로 생각하면서도, 또한 여러 군문으로 하여금 역사를 진행시키지 못하도록 하니 그 이유를 알 수가 없다. 지금 비록 한꺼번에 다 축조하지는 못한다 하더라도 만약 성 아래 운반하여 놓은 돌을 가지고 틈이 생겼거나 결함이 있는 곳을 먼저 보수 한다면, 점차로 축조를 완성하게 될 가망이 없지 않을 것이라고 하였다.[26]

동월 4일에는 장령 朴台東, 지평 朴乃貞, 정언 姜履相이 合啓하여 좌의정 이여를 파직시키도록 청하였으나 허락되지 않았다. 또 박내정과 강이상은 도성을 지킬 수 없으며, 축성은 성공할 수 없다고 주장하였다.[27]

동월 13일에는 사간원에서 아뢰기를 훈련대장 이기하는 성을 쌓는 역사를 담당하여 재용을 고갈시키고 나서, 계책이 궁지에 몰리자 약조에 대한 설을 꺼내어 그것을 은폐하고 위장하려는 계획을 하였으니, 파직하고 敍用하지 말라고 하였으나 허락되지 않았다.[28] 윤 4월 4일에는 사간 金相稷은 合司에서 좌의정 이여를 파직시키라고 하는데 추후에 參決한 대신을 급급하게 탄핵하여 제거하고, 축성의 역사를 停罷하는 일에 대해서는 끝내 언급할 겨를이 없었으니, 그 의도하는 바가 어디에 있는지는 알기가 어렵지 않은 것이라고 하였다.[29]

5月 26日 대신과 비국 당상을 인견할 때에 우의정 이유는 도성의

---

26) 『肅宗實錄』 권41, 肅宗 31년 4월 甲子.
27) 『肅宗實錄』 권41. 肅宗 31년 4월 丁卯.
28) 『肅宗實錄』 권41. 肅宗 31년 4월 丙子.
29) 『肅宗實錄』 권41. 肅宗 31년 윤4월 丁酉.

개축을 청하고 판윤 민진후는 지금 몹시 더운 때를 맞이하여 비록 역사를 시작할 수는 없으나 미리 조치, 요리하여 가을에 가서 수축할 수도 있는데, 이미 실어온 돌을 성 밑에 버려 두어 무용지물로 만들어서는 안 된다고 하였다. 병조판서 유득일은 도성의 수축문제는 상께서 철폐하라는 하교가 없었고, 묘당에서도 정지하라는 요청이 없었으며, 각 군문에서 甘結을 받을 때에 무너진 곳에 따라 보수하라고 하였으나, 밖에서는 역사를 정지하는 것이라 하고, 대관의 논계가 세차게 일어나게 되었다. 훈련도감과 총융청에 관리의 米·布 약간을 꾸어 주어 本資는 살리고 역사에 보태게 하자고 하였다. 또 鞍峴 등에 돈대와 치성을 쌓지 않으면, 지금 비록 도성을 수축한다 하더라도 지키고 막기에 어려움이 있을듯하다고 하고, 지금 몹시 더운 때를 맞이하여 역사를 시작할 수는 없다고 하였다. 호조판서 趙泰采는 지난번 사용한 것은 다만 관서의 1백 여동의 무명인데, 이것이 어찌 재물을 낭비한 것이며, 성 쌓는 계획이 결정되었으면 결코 논의에 흔들려 이미 시작한 역사를 중지해서는 안 되고, 만약 무너진 곳에 따라 보수하도록 한다면, 병조로 관리하게 하면 충분하지 어찌 여러 군문으로 하여금 주관토록 할 것인가. 지금 성 밑에 사는 사람이 그 집이 뜯길까 두려워하여서 비록 뜬 논의는 있으나, 이 일로 수축을 중지할 수가 있겠는가 하였다. 형조판서 이기하는 대체로 성을 쌓는 역사를 병조에서 매년 보수하는 예처럼 한다면 마침내 지키기 어려울 것인데, 어찌 각 군문으로 하여금 수축하게 할 것이야 있겠는가. 견고하게 하여 지킬 수 있도록 한다면 반드시 주문하고 역사를 시작해야 한다고 하였다. 그러나 병조판서 유득일은 주문은 결코 해서는 안 되고, 돈대도 저들이 왕래하여 볼 수 있는 곳에 새로이 쌓으면 아마도 질문하는 일이 없지 않을 것이라 하였다. 조태채도 주문문제는 굳이 거론할 것이 없다고 하였다. 尹世紀는 이른바 약조에 따라 함은 지방의 성지를 가리켜서 말하는 듯하고, 王都가 무너졌는데 어찌 보수를 하지 않을 수 있겠는가. 비록 저들로 하여금 알게 한다 하더라도 어찌 그르다 하겠는가 하였다. 이에 숙종은 여러 번 논의가 마침내 도성으로 계획이 정하여 졌으니, 어찌 방해하는 말에 흔들려서 고칠 수 있겠는가. 앞서의 분부에 의해 계속 수축하는 것이 좋겠다고 하였다. 민진후는 유득일이 가을에 다시 역사를 시작 하자는 것이 좋겠다고 하자, 비록 가을철 이후라도 여러 군문이 굳이 일시에 역사를 시작할 것이 아니라, 그 재력의 준비에 따라 나누어 받은 곳을 수축하는 것이 좋겠다고 하자, 숙종은 그리 하라고 하였다.[30]

8월 21일에는 수어청에서 동편의 도성을 개축하였는데 모두 120보였다.[31] 또 어영청에서 서편의 도성을 개축하였는데 모두 75보였다.[32]

9월 4일에는 평천군 신완이 상소하여 흉년 때문에 수축하는 일을 멈추기를 청하자, 숙종은 이를 허락하였다.[33]

10월 5일 약방의 입진 때에 도제조 신완이 아뢰기를 南城의 雨水臺에 1칸쯤 무너진 곳이 있는데, 성첩이 무너진 곳은 병조에서 선공감에 분부하여 수리하는 것이 예인데, 지난번 우의정 이유의 아룀에 따라 군문으로 수축하도록 하되 병조로 하여금 공동으로 감독하게 하였다. 여러 군문에서는 우선 東城에서 역사를 시작하였고 西南城도 여러 군문에서 순시할 때에 사사로이 논의 결정하였다. 동성의 경우도 기근으로 우선 역사를 정지하였으나, 지금 조금 보수하는 터이지만, 동성의 역사가 끝나지 않는 데에 다시 남성을 수축함은 불편한 형편이니, 병조로 하여금 지금 우선 전례에 따라 선공감으로

---

30) 『肅宗實錄』 권42, 肅宗 31년 5월 戊子. 『備邊司謄錄』 책56, 肅宗 31년 5월 29일.

31) 『肅宗實錄』 권42, 肅宗 31년 8월 壬子.

32) 『肅宗實錄』 권42, 肅宗 31년 8월 庚申.

33) 『肅宗實錄』 권42 肅宗 31년 9월 乙丑, 이 해에는 3월부터 큰 가뭄이 들고 홍수, 벌레, 바람, 우박, 서리 등의 재해 때문에 기근이 심하였다고 한다(『肅宗實錄』 권42, 肅宗 31년 5월 丙子. 10월 壬寅).

하여금 수축하게 하고, 봄이 되어 동성의 역을 마치고 곧 남성으로 옮겨 가고자 한다. 무너진 곳 1칸은 이 추운 계절을 당하여 역사를 시작하기도 어려우니, 선공감으로 대강 수축하게 하는 것이 좋겠다 하였다. 이에 숙종은 지금 우선 그대로 두었다가 내년에 수축하는 것이 좋겠다하고, 무너진 곳은 우선 병조로 하여금 전례에 따라 수축하도록 명하였다.34)

3. 1706년 수축

숙종 32년 2월 4일에 판부사 이여는 지금 근본적인 계획을 하지 않는다면 그만 이겠지만, 근본적인 계획을 한다면 도성을 수축해야 한다. 도성을 다 개수할 필요는 없고, 마땅히 증축해야 될 것은 대체로 반 쯤 되니, 이것을 마치는 것은 어려움이 없을 것이다. 지금 군문의 財貨는 본래 생각지 않는 일을 대비하기 위한 것안데, 비국에서 보관한 西南方의 防邊布로 역사를 할 수 있다고 하였다. 그는 세상의 의논이 어긋나게 다투어 책임이 자기에 쏠리자 사직을 청하자, 숙종은 큰 계획은 이미 정하여 졌으니, 마땅히 흔들려 곤칠 수 없다고 하며 사직하지 말도록 하였다, 한편 도제조 崔錫鼎은 年事가 흉년이 들었기 때문에 도성의 역사를 중지하기를 청하자, 숙종은 대개 도성의 일에 논의가 일치하지 않으나, 강화도가 착실히 保障할 방비가 없고 海冠가 온다면 믿을 수 없으며, 남한산성도 외롭고 위태하여 외부의 원조를 바라기 어렵다. 도성의 수축은 국가의 큰 계획이고 긴급하다고 말하지 않을 수 없으니, 늘 이와 같이 하면 어느 때 성취하겠는가. 착실히 유의하도록 명하였다. 또 제조 민진후는 최석정이 도성이 넓고 커서 지키기 어렵다는 아유로 말하자, 도성을 굳게 지키는 것은 의리에 정당한 것이니, 도성을 점차로 다 쌓게 되면 어찌 이루지 못할 이치가 있겠는가 하고, 설령 당초에 이런 의논을

34) 『備邊司謄錄』 책56, 肅宗 31년 10월 8일.

誤發하였더라도 그 본심을 究明한다면 실로 나라를 위하여 낸 것인데, 근래에 문득 黨論을 이루었다고 한탄하였다.[35]

홍인문 북쪽 성벽에 있는 각자성석에는「康熙四十五年 四月 日 改築」이라는 銘文이 있는 것으로 보아,[36] 이 일대의 성벽이 이해 4월에 축조된 것을 알 수가 있다.

9월 27일 晝講에 특진관 민진후가 아뢰기를 도성을 수축하는 것은 국가의 대계인데, 事力이 미치지 못하고 여론도 매우 엇갈려 삼군문이 대충 수축하고 말았고, 금위영은 8월에 수축에 대한 일을 하려고 하였지만 지금까지 아무런 소문도 없다. 당초 東西邊이 가장 시급하기 때문에 여러 군문으로 하여금 분배하였으나, 南北邊은 거론하지도 못 하였다. 北邊이 여름 장마로 무너져 병조에서 예에 따라 수축을 하였으나, 小石으로 대단히 소홀하게 쌓았다고 한다. 여러 군문에 분부하여 南北邊도 東西邊의 예에 따라 분배하여 일을 하도록 하되, 만일 성벽이 파괴된 곳이 있으면 주관한 군문으로 하여금 즉시 보수를 하게 하여, 雨水臺를 수축한 것처럼 한다면 합당할 것이라고 하자, 숙종은 일체를 분배하여 무너지는 대로 즉시 수축하는 것이 옳다고 명하였다.[37] 『숙종실록』에는 이때 민진후가 성을 쌓는 것은 국가의 大計인데, 3군문에서 일을 시작하여 동서는 이미 쌓았으나, 남북은 미처 쌓지 못하였으니 다시 쌓게 하자고 하자, 숙종은 이에 따랐다고 하였다.[38]

4. 1707년 수축

숙종 33년 7월 1일에는 어영청에서 아뢰기를 어영청에서 분담한 肅靖門 西邊의 파괴된 성첩은 이미 수축을 끝냈음을 아뢴다고 하였

35) 『肅宗實錄』 권43, 肅宗 32년 2월 癸巳.
36) 민덕식, 「서울城郭의 築城關聯 金石文」, 『鄕土서울』 71, 2008, 2003쪽.
37) 『備邊司謄錄』책57, 肅宗 32년 10월 9일.
38) 『肅宗實錄』 권44, 肅宗 32년 9월 壬午.

다.[39] 7월 11일에는 우의정 이이명이 차자를 올리기를 도성을 개축하는 의논이 시행되지 않아 단지 여러 군문으로 하여금 훼손된 곳을 따라 보수하게 하였으므로 요사이 이에 의거해 거행하고 있는데, 단지 훈련도감, 어영청, 금위영 세 군문에는 재력과 군사가 있어 스스로 마련할 수가 있고, 수어청과 총융청은 매번 城役을 맡을 때마다 비국에다 돈과 포를 내놓을 것을 요구하니, 이것은 실로 계속하기 어려운 방법이다. 전날 定奪할 때에 묘당에서 이 두 군문이 재력이 없는 것을 염려하여, 단지 훈련도감, 어영청, 금위영 세 군문에만 信地를 나누어 주어 수축하는 역사를 맡도록 절목을 만들었으나, 미처 啓下하지 아니하였다고 하니 마땅히 비국으로 하여금 일찍이 만든 절목을 가져다가 參商하고 熟講하게 하여 한결같이 規例를 정한다면 允當할 것이라고 하였다.[40]

5. 1708년 수축

숙종 34년 1월 15일 대신과 비국의 여러 신하들을 인견한 자리에서 숙종은 강도와 남한산성의 두 保障은 참으로 依歸할 바가 못 되는데, 도성은 바로 근본이 되니 수축하여 據守하는 것도 대계인 것이다. 지금의 臺臣들은 도성을 수축할 수 없다고 하니, 무릇 일을 하지 않으면 그만이지만은 한다면 반드시 성공을 기약해야 되는데, 이로 인하여 중지를 면하지 못하게 되었으니 지극히 미안한 일이라 하고, 1~2년 안에 완전히 축조할 수가 없는데, 창졸간에 海冠가 닥치게 되면 계책이 장차 어디에서 나오겠는가라고 한탄하였다.[41]

동월 25일에는 비변사에서 아뢰기를 도성을 수축할 때 모든 군문 중 수어청, 총융청 두 청에 分授하지 않는 것이 편리한지의 여부에 대해 모든 대신들의 소견을 別單에 써 들여보낼 뜻을 아뢴다고 하였

---

39) 『備邊司謄錄』 권58, 肅宗 33년 7월 1일.
40) 『肅宗實錄』 권45, 肅宗 33년 7월 辛酉.
41) 『肅宗實錄』 권46, 肅宗 34년 1월 癸亥.

다.[42]

2월 27일에는 부사직 金萬埰가 상소하여 城北의 釋伽峰의 조금 낮은 곳에 먼저 設備하여 北城을 방어하고, 洪福城의 역사는 차례로 시설하여 고수하는 방도를 삼아야 한다고 주장하고, 도성을 수비할 수 있음을 말하면서, 도성이 넓고 커서 수비하기 어렵다는 의논을 배척하였다.[43]

6. 1709년 수축

숙종 35년 9월 18일에 5군문에서 도성을 수축하는데 비용이 너무 많이 들고 돌이 부족하니, 체성이 무너지는 곳은 옛 성돌을 사용하도록 하였다.[44]

동왕 10월 5일에 대신과 비국의 제신을 인견하였을 때 이미 앞서 조정 의논이 도성을 수축하고자 하여 돌을 캐서 수레를 운반하느라 軍資의 저축이 고갈되어, 조정 의논에 모순이 생겨 마침내 또한 중지하게 되었다. 이에 병조판서 金宇杭은 단지 여장만 수축할 것을 啓請하고, 수어청과 총융청을 제외한 금위영, 어영청, 훈련도감에 나누어 힘을 합쳐 수축하게 하였다.[45]

국립극장 뒤 남산등산로에서 남산산악회 건물 뒤편 사이에는「都廳監官趙廷元吳澤尹商厚邊首安二土里[46]己丑八月日」이라는 각자성석이 있는데, 이때에 축조된 것으로 보인다.[47] 수축구간은 5칸(18m)으로, 태조대의 할석과 숙종대의 성돌을 혼용하여 체성을 구축하였다.

---

42) 『備邊司謄錄』 책59, 肅宗 34년 1월 25일.
43) 『肅宗實錄』 권46, 肅宗 34년 2월 甲辰.
44) 『承政院日記』 책450, 肅宗 35년 9월 乙酉.
45) 『承政院日記』 책451, 肅宗 35년 10월 壬寅. 『肅宗實錄』 권47, 肅宗 35년 10월 壬寅.
46) 편수 안이토리는 1711년 4월 8일 수구문 개축 시 홍예석을 배치하다, 돌에 깔려 중상을 입고 사망하자 나라에서 恤典을 베풀었다(『承政院日記』 책460, 肅宗 37년 4월 丙寅).
47) 민덕식, 「서울城郭의 築城關聯 金石文」, 225쪽.

7. 1710년 수축

숙종 36년 2월 18일에는 어영청낭청이 도제조의 의견으로 아뢰기를 도성의 여장을 수축하는 일을 결정한 바에 의해 지금 곧 날짜를 정하여 거행해야 한다. 들여온 벽돌은 수어청에서 근년에 구워놨던 것으로,[48] 3군문에서 가져다 사용할 것을 비국에서 논의한 바 있으므로, 舞童島(저자도)에 있는 벽돌도 마땅히 城底로 들여와야 한다. 이달 18일부터 시작하여 본청에서 番에 나갈 三哨의 鄕軍을 돌려가면서 일정하게 보내어 그들로 하여금 船所까지 운반하도록 하겠음을 감히 아뢴다고 하였다.[49] 훈련도감에서도 아뢰기를 도성의 여장을 수축하는 일은 3군문으로 하여금 거행하도록 하는 것은 이미 결정이 되었으니, 體城이 무너질 우려가 있는 곳은 우선 무너진 곳에 따라 수축해야만 이어 여장이 이루어질 수 있다. 앞쪽에서 공사를 시작한 지가 멀지 않으므로 반드시 역군을 모집해야 하나, 도감의 재력이 부족하므로 지난해에 相臣들이 의견을 수렴할 때 이미 남김없이 알으셨으니, 지금 감히 조리하는 중에 번거롭게 할 수는 없다. 그러나 재력이 고갈된 나머지 들어갈 鐵物, 炭, 葛, 石灰 등은 이미 料理하여 조치하였으나, 많은 募軍 및 工匠들의 料布는 전혀 마련할 길이 없으니 실로 때에 미쳐 변통을 해야 되겠다. 지난해 여름에 금위영에서 북성을 수축할 때 한결같이 營繕修築한 예에 의하여 병조로 하여금 값을 지급하게 할 것을 비국에서 아뢴 사실이 분명할 뿐만 아

48) 축성에 앞서 숙종 30년 3월에는 벽돌을 사용할 것을 논의하고, 벽돌 굽는 방법을 배우기 위해 무신 최문징을 북경에 파견하고, 체성은 돌로 쌓되, 여장은 벽돌과 돌을 병용하여 사용하는데, 동서 평탄한 곳은 돌로 쌓고, 險處는 벽돌을 사용토록 하였다(『承政院日記』 책22, 肅宗 30년 3월 15일). 1710년 2월부터 3군문이 무동도의 벽돌을 운반하여 사용하였다.

49) 『備邊司謄錄』 책60, 肅宗 36년 2월 18일. 『御營廳謄錄』 권21 庚寅 2월 13일. 이 때 각 군문은 여장에 사용하기 위해 수어청에 청하여 균둥한 벽돌을 가져와 사용하였다.

니라, 또 호조로 하여금 給料할 것을 금위영에서 아뢴 후 결정하였으니, 지금 이 도감의 역사도 당연히 이 예로서 거행해야 할 것이다. 또 일찍이 도성의 역사에 江都米 1만 석을 진휼청에서 3營에 대신 지급할 것을 결정한 바 있었다. 도감에서 그의 ⅓을 받아야 하는데, 1,485석은 우선 그때 浮石, 運石 및 東西를 수축하는 데 가져다 사용하였고, 그 나머지는 停止로 인하여 미처 가져오지 못하였다. 이것은 응당 지급되어야 할 물건이니, 적당한 양을 헤아려 보낼 것을 該曹 및 該廳에 다 같이 분부하는 것이 어떻겠느냐고 하자, 숙종은 이를 허락하였다.[50)]

舊南小門址 동쪽 장충단 背後의 성벽에는「庚寅 三月 禁始」라는 각자성석이 있는데,[51)] 남소문지 동쪽으로 금위영과 훈련도감의 경계로 금위영의 첫 번째 구간이다. 이해 3월에 이 부근의 체성과 여장의 수축이 금위영에서 담당하여 이루어졌음을 알 수가 있다.

5월 13일에는 우의정 金昌集이 請對하여 아뢰기를 도성의 여장을 현재 수축하고 있으나, 지금 가뭄이 이러하니 그대로 역사를 할 수 없으며 앞으로 장마를 맞이하는 경우에도 역사에 방해가 될 것이다. 또 각 군문에 물은 즉 匠手 및 역군들의 요포로서 이미 지출한 것이 보름 또는 20일 뿐이라고 한다. 이 기간을 경과한 뒤에는 우선 역사를 중지하고, 가을에 가서 다시 수축하는 것이 의당하며 다른 대신 및 여러 대장의 뜻도 모두 이러하다고 하자, 숙종은 아뢴대로 하라고 하였다.[52)]

8월 8일 춘당대의 觀武才 帳殿에 입시하였을 때에 행판중추부사 이이명이 아뢰기를 도성의 무너진 곳을 수축할 때에 들어갈 물력을

---

50) 『備邊司謄錄』 책60, 肅宗 36년 2월 18일.

51) 小田省吾,「京城奠都の由來と其の城壁に就て(下)」, 『朝鮮』, 1931, 46~47쪽. 서울特別市, 『서울 城廓』, 1976, 115쪽. 지금은 반야트리호텔 주차장 서측 옹벽 끝에서 동쪽으로 6.6m 지점 암반 위로 이전되어 있다.

52) 『肅宗實錄』 권48, 肅宗 36년 5월 丁丑.『備邊司謄錄』 책60, 肅宗 36년 5월 14일.

일찍이 대신들의 논의로 호조와 병조에서 지출하라는 명이 있었다. 과거 선공감에서 수축한 것은 견고, 치밀하지 못하였으나 여러 군문에서 관리한 뒤부터는 매우 완전하니 이는 실로 그만 둘 수 없는 일이다. 금년에 훈련도감 및 금위영에 보낼 것이 거의 무명 20동에 달하니 전일에 비할 때에 6년간 들어간 수와 같다. 그런데 현재 금위영과 어영청에서 요청하는 것이 또 20동이 넘으니, 이와 같이하여 그치지 않는 다면 호조와 병조에서 어찌 유지 감당하겠는가. 앞으로는 호조와 병조에서 참작하여 보내는 것 외에 본 군문에서도 협력, 마련하여 사용할 것이며, 그 부족한 수는 묘당에서 마련하여 지급해야만 큰 역사를 이룰 수 있다고 하자, 숙종은 아뢴대로 하라고 하였다 .[53]

9월 28일 대신과 비국당상을 인견하는 자리에서 공조판서 金錫衍은 도성의 역사를 중지하였다가 또 여장을 쌓고, 강도의 역사를 시작하였으나 마치지 못하였으며, 지방에 두서너 곳에 성을 쌓고 있으나 아직도 마치지 못하였는데, 지금 또 洪福의 역사를 시작하여 능히 마칠 수 있으면 다행이겠다고 하였다.[54]

8. 1711년 수축

숙종 37년 4월 3일부터는 훈련도감, 금위영, 어영청에 의해 북한산성 축성이 시역되어, 10월 19일에 필역되었다.[55] 이때에 도성수축도 일부 진행되어 10월 29일에는 금위영이 분수 받은 동서남북 체성 440보, 여장 4,867보를 필축하고, 수구문의 개축과 수구문의 문루가 완료되었다.[56] 이렇게 수축이 끝난 도성의 둘레는 9,975보, 성첩이 7,081개였다고 한다.[57]

---

53) 『備邊司謄錄』 책60, 肅宗 36년 8월 11일.
54) 『備邊司謄錄』 책60, 肅宗 36년 10월 1일.
55) 민덕식, 「북한산성의 축성」, 『關防遺蹟의 연구』(백산자료원), 2014, 373쪽.
56) 『承政院日記』 肅宗 37년 10월 甲申.
57) 『肅宗實錄』 권49, 肅宗 36년 11월 甲寅.

이상의 내용을 종합하여 보면 숙종 30년 3월 25일에는 삼각산에 고유제를 지내고, 5군문(훈련도감, 총융청, 수어청, 금위영, 어영청)에서 각각 장교를 蘆原과 舟巖 등지에 보내 성돌을 뜨게 하였다. 한편 성벽의 수축공사는 8월부터 시작하도록 예정하였다.58) 5월부터는 가뭄으로 돌을 뜨는 공사를 중지하였다가, 9월에는 각 군문으로 하여금 떠놓은 돌을 옮기고 허물어진 곳을 수축하게 하였다. 수축은 이해 11월까지 계속되었다. 동왕 31년 1월에는 갑자기 도성 수축을 청나라에 통고하여 허락을 받아야 된다는 주장이 나와 朝議가 다시 분분하여지고, 이 해 봄에도 돌의 운반 작업을 하였으나 곧 중단되었다. 6월에 숙종은 공사 진행의 결단을 내리어, 8월에는 수어청에서 동성 120보를 수축하고, 어영청에서는 서성 75보를 수축하였다. 그러나 9월에는 흉년으로 공사가 중지되고 말았다. 동왕 32년 봄에는 공사가 다시 진행되어, 4월에는 동대문 쪽 성벽이 수축되었다 이해 9월까지에는 동쪽과 서쪽의 성벽 수축을 끝내고, 남쪽과 북쪽의 성벽 수축에 착수 하였는데, 남북성벽도 동서성벽처럼 각 군문에 분정하여 수축하도록 하였다. 동왕 33년 7월에는 어영청에서 분담한 숙정문 서변 성첩의 수축이 완료 되었다. 또 여러 군문이 성벽이 훼손된 곳을 따라 수축을 하였다. 동왕 35년 여름에는 금위영에서 북성을 수축하였다고 하는데, 35년까지는 남 · 북쪽 성벽의 수축도 끝냈던 모양 같다. 이해 10월에는 금위영, 어영청, 훈련도감에게만 여장을 수축하도록 결정하였다. 동왕 36년 2월에는 여장의 수축을 위해 무동도의 벽돌을 옮기는 공사를 시작하는 등 성첩에 대한 본격적인 공사가 시작되어, 3월에는 금위영에서 장충단 부근 성벽의 체성과 여장의 수축을 완료하였다. 체성이 무너질 우려가 있는 곳은 우선 무

58) 5군문에서 공사를 전적으로 책임 지우게 된 것은 5군문의 군인들이 대개 서울이나, 경기도의 사람들로써 동원하기가 용이하고, 그들 군인은 평시에는 兵農者를 제외하고는 거의 일정한 직업이 없이 놀고먹는 자들이기 때문이었다고 한다(서울特別市, 『서울 城廓』, 108쪽).

너진 곳에 따라 수축을 해야만 여장이 이루어질 수 있기 때문에 체성의 수축도 겸행되었음을 알 수가 있다. 5월에는 심한 旱災로 여장의 역사를 중지하고, 가을에 다시 역사가 시작되었다. 우여곡절 끝에 동왕 37년 10월에 가서야 마무리가 되었다.

Ⅲ. 검토

1. 수축역사의 운영

숙종 30년 3월에 행이조판서 이유는 옛날 도성의 역사는 모두 대신이 주관 하여 쌓았는데, 이번에는 5군문에게만 맡기고 통할하는 곳이 없으므로, 한갓 시샘만 부려 결국에는 해치는 사단이 있게 될 것이니, 대신이 주관하여 일에 따라 지휘하는 것이 편의할 것 같다고 건의하였다. 이에 영의정 신완은 주관하는 대신을 따로 보낸다면 일에도 도움도 없이 말만 시끄러울 사단을 여는 것이 될 것이라 하자, 숙종은 각 군문에서 각자 착실히 거행하되 대신과도 상의하여 진행하는 것이 좋겠다고 하였다.[59]

즉 이때의 수축역사는 태조대의 도성축성이나 세종대의 수축역사 때와는 달리 都監을 설치하지 않고, 각 군문에서 독자적으로 운영하였던 것이다. 이렇게 되면 총괄적인 추진이 어렵게 마련이다. 이 때문에 북한산성의 축성에서도 주관부서는 각 군문이었으나, 이를 총괄하던 지휘부가 설치되었다. 즉 지휘부는 판서급의 문관 1명과 총융사인 무관 1명이 句管堂上으로 임명되고, 都策應 1명, 料賑監官 2명, 書吏 4명, 庫直 1명, 使令 3명으로 구성 되었다.[60] 3군문에는 군문마다 都廳, 內策應, 外築應이 각 1명씩이었는데, 도청은 각 군문의 총

---

59) 『肅宗實錄』 권39, 肅宗 30년 3월 甲子.

60) 『備邊司謄錄』 책63, 肅宗 30년 10월 21일

책임자였다. 또 督役將(혹은 都廳督役將)도 각 1명씩이었는데 이들은 축성을 실제상 전체적으로 監董했던 사람들인 것 같다. 이 밑에는 축성을 감동했던 각종 牌將과 축성에 필요한 물품을 조달하였던 貿販監官과 보조적 역할을 하던 각종 서리, 書員, 고직 및 기술자인 각종 邊首 등으로 구성되어 있었다. 이러한 북한산성 축성의 운영조직은 도성수축의 운영을 이해하는 데도 도움을 준다.

한편 홍인문 북쪽의[61] 각자성석에는「訓局. 策應兼督役將十人. 使韓弼榮. 一牌將折衝成世珏. 二牌將折衝全守善. 三牌將司果劉濟漢. 石手 都辺首吳有善. 一牌辺首梁六賢. 二牌辺首黃承善. (三牌辺)首金廷立. 康熙四十五年四月日改築」[62]이라는 명문이 있는 것으로 보아, 훈련도감은 축성을 감동하는 책응겸독역장 10인을 두고, 축성구간을 여러 구간(所)으로 나누어, 각 소에는 牌將이 책임을 지고 축성을 감역하였던 것을 알 수가 있다.

북한산성의 예로 보면 훈련도감의 城役所에는 都廳이 있어 성역을 총괄했던 것으로 보이는데, 도청은 中軍이 맡았던 것으로 추정된다. 도청 밑에는 책응겸독역장을 두었다. 책응과 독역장을 겸하게 하여 간소화 시킨 것이다. 책응은 내책응과 외책응으로 구분하기도 하는데, 수원 화성의 예로 보아 錢穀의 支放 등 출납업무를 맡았던 것으로 보인다. 이들의 가장 큰 임무는 소속된 공장과 잡역부인 모군들의 요포와 요미의 지급이었을 것이다.

使는 축성 현장에서 3所의 축성을 감동하던 감역자였다. 도편수

61) 훈련도감의 동벽의 담당구역은 타락산(낙산) 南中臺에서 五間水口 남쪽까지 570보였다(『訓局謄錄』 권15, 肅宗 36년 6월).

62) 현재의 각자성석 중에서 「康熙四十五年四月日改築」, 「一牌將」, 「二牌將」은 인근에서 옮겨진 것으로 추정되며, 「一牌將」, 「二牌將」은 「扶安」 남쪽에 있는 「三牌頭」와 관련이 있다. 즉 이들 패장들은 성세각, 전수선, 유제한을 지칭한다. 이곳 각자성석들을 통해 홍인문에서 「三牌頭」까지의 성벽을 숙종 32년(1706) 4월에 훈련도감의 한필영 등에 의해 수축이 완료되었음을 알 수가 있다.

인 오유선은 석수의 우두머리로, 사인 한필영을 보좌하며, 3소의 편수들에게 축성기술을 지도했던 것으로 추정된다.

이밖에도 각자성석에는 都廳監官, 監官, 牌頭(패장), 運石牌將, 運石將(운석패장), 浮石牌將 등의 명칭이 보인다. 패장들은 북한산성처럼 부석패장, 운석패장, 축성패장으로 세분하였음을 알 수가 있고, 전술한 홍인문 북쪽 각자성석의 패장들은 축성패장을 의미한다고 볼 수가 있다. 도청감관과 감관은 북한산성의 貿販監官과 비교가 되는데, 본래 감관은 軍餉의 출납을 맡았으나,[63] 각자성석으로 보면 축성패장의 역할도 하는 경우도 있었던 것 같다.

2. 선공감의 수축

숙종 30년 9월에 우의정 이유는 병조에서 수축한 것은 바로 무너져 버려 한갓 물력만 허비하니, 군문에서 그들이 뜬 돌로 병조에서 일을 시작한 곳을 먼저 개축하게 하자고 하였다. 또 이유는 앞으로 일을 다시 시작한다면 이번에 병조에서 쌓은 것은 다시 헐어내야 할 판이라고 하였다.[64] 또 좌의정 이여는 수구문 근처에 6~7칸의 무너진 곳이 있어 병조에서 역군을 모집하여 수축하고 있는데, 만일 앞으로 고쳐 쌓는다면 이는 공력만 허비하는 것이 되기 때문에 군문으로 하여금 그 무너진 곳을 쌓게 하자고 하였다.[65]

동왕 31년 10월에는 도제조 신완이 아뢰는 중에 매년 성첩이 무너진 곳은 병조에서 선공감에 분부하는 것이 예라하고, 무너진 남성의 우수대 1칸쯤을 이들로 하여금 대강 수축하게 하는 것이 좋겠다고 하자, 숙종은 무너진 곳은 우선 병조로 하여금 전례에 따라 수축토록 하라 하였다.[66] 숙종 32년 9월에도 특진관 민진후는 북성이 여

63) 『肅宗實錄』 권55, 숙종 40년 9월 25일.
64) 『備邊司謄錄』 책56, 肅宗 31년 10월 8일.
65) 『備邊司謄錄』 책55, 肅宗 30년 9월 12일.
66) 『肅宗實錄』 권40, 肅宗 30년 9월 丁卯.

를 장마로 무너져 병조에서 예에 따라 수축을 하였으나, 小石으로 대단히 소홀하게 쌓았다고 하였다.[67] 또 숙종 36년 8월에는 행판부사 이이명이 아뢰는 중에 과거 선공감에서 수축한 것은 견고, 치밀하지 못하였으나 여러 군문에서 관리한 뒤부터는 매우 완전하게 되었다고 지적하였다.[68]

이처럼 각 군문에 의해 도성이 수축되는 중이거나 중지된 중에도 부분적으로 무너진 곳은 토목과 영선을 맡은 선공감에서 대충 보수를 하였으나, 소석으로 소홀하게 쌓는 등 견고하지 못하여, 각 군문에서 다시 쌓는 경우도 있었음을 알 수가 있다.

3. 수축계획의 수정

숙종 30년 3월에 영의정 신완은 우선 돌만 떠서 성 아래에 전부 운반하여 두었다가, 장마가 지나간 8월부터 쌓기 시작하여 금년 안으로 다 쌓도록 한다면, 중간에 중지할 염려도 없고 일도 순조로울 듯하다고 하였고, 행이조판서 이유는 축성의 결정이 내리자, 바로 각 군문에서 일을 헤아려 기한을 정하여 시행하지 않고 바로 각 군문에 배당하여 거행하게 하였으니, 별로 기한을 정한 일이 없고, 각 군문에서도 각자 장비를 마련하여 현재 돌을 뜨고는 있으나, 앞으로 공정이 어떻게 될지 모르겠다고 하였다.[69]

9월에도 우승지 이희무는 재력을 헤아리지 않고 갑자가 큰 역사를 일으키는 것은 국사를 위해 매우 염려된다고 하고, 이미 떠낸 돌로써 허물어진 곳을 수축하고 급히 정지하자고 하고, 이유는 한두 사람의 근거 없는 의논에 동요되어 역사를 정지할 수는 없으니, 둘레를 측량하여 각 군문에 획급하여 점차로 수축하자고 하였다.[70] 또

67) 『肅宗實錄』 권44, 肅宗 32년 9월 壬午.
68) 『備邊司謄錄』 책60, 肅宗 36년 8월 11일.
69) 『備邊司謄錄』 책54, 肅宗 30년 3월 28일.
70) 『肅宗實錄』 권40, 肅宗 30년 9월 己亥.

좌의정 이여는 도성의 공역을 급하게 이루려 한다면, 반드시 나라를 병들게 하고, 백성을 못 살게 함을 면치 못할 것이니, 급하게 이루려 마음먹지 말고 힘을 길러 점차적으로 쌓아 몇 해를 두고 노력하면 저절로 완성될 것이라고 하였다. 우의정 이유는 올 봄에 대계를 정한 뒤에도 분명하게 세부계획을 세우지 않고, 5군문에서 일시에 돌을 떠서 마치 단 시일에 성을 쌓을 것처럼 하여 소요를 일으켰다고 지적하고, 재력의 많고 적음에 따라 늦추지도 말고 서두르지도 말며, 구태여 기한을 정하여 다그치지도 말면 일을 맡은 사람도 형편대로 선처할 방도가 생길 것이라고 하였다. 이에 숙종은 먼저 각 군문으로 하여금 한편으로 떠 놓은 돌을 실어 드리게 하고, 한편으로 무너진 곳을 수축하게 하되 일자를 정하고 독촉할 것이 아니라, 조용히 점차적으로 하게 하는 것이 좋겠다고 하였다.[71]

동왕 31년 3월에도 정언 유명웅은 대신이 당초에 시기와 재력을 헤아리지 않고 쉽사리 건의하였다가 역사를 진행한 지 얼마 안 가서 재력이 이미 바닥이 나자 奏請 등과 같은 쓸데없는 말로 아뢰니 전도되고 착오된 실수를 마땅히 규탄하고 탄핵해야 한다고 주장하였다.[72]

이처럼 숙종 30년 3월부터 수축에 필요한 성돌을 뜨기 시작하여, 5월에 가뭄으로 역사가 중단할 때까지 어영청은 8천여 덩이, 기타 군문도 5~6천 덩이를 떠냈다고 한다. 그러나 각 군문에서는 浮石과 運石에 많은 재력을 소비하고 말았다. 이 때문에 이해 9월 수축역사의 재개 문제가 논의되었을 때 도성수축 반대론자들의 강한 반대에 부딪치게 되었다. 즉 신완의 말에서 알 수 있듯이 처음에는 그해 안에 다 쌓을 수 있다고 가볍게 생각했던 모양이다. 즉 역사를 시작할 때 축성기간과 재력 등 세부계획을 세우지 않고, 마치 단 시일 안에 성을 수축할 것처럼 덤벼들었던 셈이다. 그해 9월에 역사 재개문제

---

71) 『備邊司謄錄』 책55, 肅宗 30년 9월 20일.
72) 『肅宗實錄』 권41, 肅宗 31년 3월 戊戌.

가 논의될 때까지에는 이미 여러 문제점들이 드러나게 되었고, 이에 대한 보완책으로 점차 수축하게 하되, 기한을 정하여 독촉하지 말고, 각 군문의 재력에 따라 점진적으로 수축하는 쪽으로 계획이 수정되게 되었다. 이처럼 무계획한 수축역사의 책임은 자연 도성수축론자의 대표자격인 이여와 이기하에게 집중되어, 이들은 탄핵을 받게 되는 처지에 까지 이르게 되고 말았다.

4. 군문의 재력부족

금위영과 어영청에서는 첫 단계부터 본 군문의 재력으로 담당할 수가 있었으나, 훈련도감, 수어청, 총융청의 3군문에서는 본래 재력이 없어 조정에서 재력을 주어야만 시작할 수가 있는 형편이었다.[73] 이러한 재력의 부족 때문에 江都米 1만석과 棒留木 200동, 南漢木 100동을 우선 3군문에 지급하고, 양남과 관서의 儲置米 각 5천석과 비변사 句管木 300동을 실어 올려 충당토록 하였다.[74] 6월에 병조판서 윤세기의 보고에 따르면 강도의 유치목에서 떼어주기로 결정한 뒤에, 강화유수의 장계로 병조의 餘丁木 200동에서 떼어주기로 하였는데, 강도의 유치목에서 당초에 결정한대로 떼어 주던지, 병조에서 받은 것으로 매월 지급하는 것이 어떻겠느냐고 하자, 숙종은 이를 승낙하였다고 한다.[75] 7월에 좌의정 이여는 성역을 중지한 뒤에는 병조에서 무명을 지급하지 말자고 하였는데, 여타 군문은 지급할 필요가 없으나, 그 중에서 총융청에서는 가장 물력이 없으니, 강화부에서 저축하였던 병조의 무명 100동을 총융청으로 지급하여 총융청으로 하여금 요리해서 이자를 취한 뒤 본전을 갚게 하고, 이 이자로 철물, 수레, 소 등의 구입가격으로 충당하게 하며, 이것은 영원히 지급 하는 것이 아니고, 그 군문에서 본전을 세워 두고 채워서 갚아

73) 『備邊司謄錄』 책54, 肅宗 30년 3월 4일.
74) 『備邊司謄錄』 책54, 肅宗 30년 3월 4일.
75) 『備邊司謄錄』 책54, 肅宗 30년 6월 7일.

주는 것이라고 하였다.[76] 8월에도 우의정 이유는 두 군문이 統營에서 소금을 무역하는 일이 폐해를 끼치기는 하였으나, 본 군문의 미포와 다른 衙門의 저축된 것을 옮겨 덜어 내어, 수량을 정하여 나누어 주고, 그들로 하여금 이것을 요리해서 이식을 취하고 재력의 다소에 따라 점차 수축하게 하자고 건의하였다.[77]

또 동왕 31년 5월에도 병조판서 유득일은 훈련도감과 총융청에 병조 관리의 미포 약간을 주어 本資를 살리고 역사에 보태게 하였다고 하고, 호조판서 조태채는 지난번에 사용한 것은 다만 關西의 1백여 동인데, 이것이 어찌 재물을 낭비한 것이라고 할 수 있는가라고 하였다.[78]

동왕 32년 2월에 판부사 이여는 비변사에서 보관한 西南方의 防邊布로 역사를 할 수 있다고 하였다.[79]

동왕 33년 7월에 우의정 이이명은 차자를 올려 훈련도감, 어영청, 금위영 세 군문에는 재력과 군사가 있어 스스로 마련할 수가 있고, 수어청과 총융청은 매번 城役을 맡을 때마다 비국에다 돈과 포를 내놓을 것을 요구하니, 이것은 실로 계속하기 어려운 방법이다. 전날 묘당에서 이 두 군문이 재력이 없는 것을 염려하여, 단지 훈련도감, 어영청, 금위영 세 군문에만 信地를 나누어 주어 수축하는 역사를 맡도록 節目을 만들었으니, 이와 같이 規例를 정하는 것이 좋을 것이라고 하였다.[80]

동왕 34년 1월에는 도성을 수축할 때 재력이 약한 수어청과 총융

---

76) 『備邊司謄錄』 책55, 肅宗 30년 7월 16일. 양 군문에서 통영의 소금을 사들인 일이 원성을 자초하는 사단이 되었다고 한다(『備邊司謄錄』 책55, 肅宗 30년 9월 20).

77) 『肅宗實錄』 권40, 肅宗 30년 9월 癸丑.

78) 『肅宗實錄』 권42, 肅宗 31년 5월 戊子. 『備邊司謄錄』 책56, 肅宗 31년 5월 29일.

79) 『肅宗實錄』 권43, 肅宗 32년 2월 癸巳.

80) 『肅宗實錄』 권45, 肅宗 33년 7월 辛酉.

청 두 청에 分授하지 않는 것이 편한지에 대한 대신들의 소견을 묻기까지 하였다.81)

동왕 35년 10월에는 재력이 약한 수어청과 총융청을 빼고, 금위영, 어영청, 훈련도감으로만 여장을 수축하도록 하였다.82)

동왕 36년 2월에는 어영청 낭청이 도제조의 의견으로 아뢰기를 훈련도감의 보고에 따르면 역군를 모집해야 하나, 도감의 재력이 부족하므로 재력이 고갈된 중에도 鐵物, 炭, 葛 石灰 등은 이미 조치하였으나, 많은 募軍과 工匠들의 요포는 전혀 마련할 길이 없으니, 지난해 여름에 금위영에서 북성을 수축할 때의 예에 따라 병조와 호조로 하여금 급료를 지급토록 하여 달라고 청하였다. 또 일찍이 도성의 역사에 江都米 1만석을 진휼청에서 3營에 대신 지급할 것을 결정한 바 있었으나, 도감에서는 그의 ⅓을 받아야 하는데 1,485석은 우선 그때 부석, 운석 및 동·서 성벽을 수축하는데 가져다 사용하고, 그 나머지는 정지로 인하여 미처 가져오지 못하였으니, 적당한 양을 헤아려 지급하여 달라고 하자, 숙종은 이를 허락하였다.83) 또 8월에도 행판부사 이이명이 아뢰기를 금년에 훈련도감과 금위영에 보낼 것이 거의 무명 20同인데 전일에 비할 때에 6년간 들어간 수와 같다. 그런데 현재 금위영과 어영청에서 요청 하는 것이 또 20동이 넘으니, 이와 같이 그치지 않는다면 호조와 병조에서 어찌 감당할 수가 있겠는가. 앞으로는 호조와 병조에서 보내는 것 외에 본 군문 에서도 협력 마련하고, 부족한 수는 묘당에서 마련하여 지급해야 한다고 하자, 숙종은 이를 허락하였다.84)

하여튼 수축역사를 시작할 때부터 훈련도감, 수어청, 총융청은 재력이 부족하여 江都米와 江都木 · 南漢木 등을 지급받아 역사를 시

81) 『備邊司謄錄』 책59, 肅宗 34년 1월 25일.
82) 『肅宗實錄』 권47, 肅宗 35년 10월 壬寅.
83) 『備邊司謄錄』 책60, 肅宗 36년 2월 18일.
84) 『備邊司謄錄』 책60, 肅宗 36년 10월 1일.

작하였는데, 처음 부석과 운석에 지급받은 재력이 고갈되고 말았다.[85] 또 지급할 강도미의 일부는 역사의 중지로 받지도 못한 형편이었다.[86] 자연 부족한 부분을 병조와 호조 등에 요청하게 되자, 이들도 어려움을 겪게 되었다.[87] 결국 여장의 수축역사 때에는 재력이 약한 도성 외곽인 경기도 일대의 방어에 주력하던 番上制하의 군영인 수어청과 총융청은 역사에서 제외되고, 도성에 본영을 둔 숙위군영으로 도성 방어의 핵심군영인 나머지 3군문만이 역사에 참여하게 되었다. 역사에 필요한 재물은 역사에 참여한 모군과 공장들의 요포와 역사에 쓰일 자재 인 철물, 炭, 葛, 석회 등의 구입비로 크게 구분할 수가 있다. 이와 같은 내용에 대하여는 자료가 단편적이라 세부적인 것을 알 수 없기 때문에, 후일 북한산성의 축성자료와 비교하는 것이 좋을 것 같다. 훈련도감, 금위영, 어영청에서 21리 60보의 북한산성을 쌓는 데 쓴 재물은 쌀 16,381석, 무명 767동 12疋 남짓, 철 34,799량 남짓, 正鐵 2,785근, 薪鐵 229,180근, 석회 9,638석, 炭 14,859석, 生葛 2,002동, 四升布 4동, 小帽子 900立이었다고 한다.[88] 도성수축에서의 철물, 炭, 葛, 석회 등은 축성에 필요한 자재로써 북한산성의 자료가 참고가 된다. 즉 米, 木, 錢은 이들을 구입하는 데 쓰였을 것이고,[89] 이 밖에 모군과[90] 공장들의 요포와 부석된 성돌을

85) 『肅宗實錄』 권47, 肅宗 35년 10월 壬寅.
86) 『備邊司謄錄』 책60, 肅宗 36년 2월 18일.
87) 『備邊司謄錄』 책60, 肅宗 36년 10월 1일.
88) 『肅宗實錄』 권50, 肅宗 37년 10월 甲戌. 『北漢誌』 事實條에는 築役時所入된 米가 16,381석, 木이 767동 12필, 錢이 34,799량, 正鐵 785근, 薪鐵이 229,180근, 石灰가 9,638석, 炭이 14,859석, 生葛이 2.002동, 四升布가 4동, 小帽子가 900立이라고 하였다. 이 중에서 薪鐵은 무쇠를 말하고, 생갈은 성돌을 운반하는데 쓰였다. 이는 훈련도감 소속의 雜物貿易監官이 전 710량으로 각종 木物, 生葛, 盖草 동을 質納했다는『備邊司謄錄』책63 肅宗 37년 10월 20일 가사에서도 어느 정도 추측할 수가 있다.
89) 『備邊司謄錄』 책63 肅宗 37년 10월 21일 기사인 「北漢築城時主管堂上郎廳員役及料賑人員 및 三軍門監董人員別單」에는 축성본부의 料賑監官이 海西大小米 1,110석과 木 107동으로 薪鐵을 산 것 이외에는 3군문의 監官들이

운반하는데 필요한 소와 수레의 구입에도 쓰였다고 한다.

한편 동왕 37년 5월에 북한산성의 축성을 시찰하고 돌아온 행병조판서 최석항의 장계에는 모군의 한 달 雇價가 米 9두와 木 2필인데, 이는 부족함이 있으며 외방에서 分定하여 올라오는 布木이 품질이 거칠 으니, 이것으로 나누어 준다면 모군들이 원망할 뿐만 아니라, 앞으로 응모자가 없을 것이니, 호조 下地木으로 대차하여 주자고 건의하고, 영의정 서종태도 모군들의 月雇價 米 9두와 木 二필이 헐한 것을 말하면서 품질이 낮은 지방 分定木을 쓰지 말고, 戶曹木을 내주게 하자고 하여 그대로 실시되었다고 한다.[91] 이 자료는 당시 모군들의 月雇價를 이해하는데 참고가 되며, 月料가 錢 대신에 米, 木으로 지급되고 있었음을 알게 한다.[92] 이처럼 각 군문의 재정 부족은 여러 원인이 있겠으나, 특히 良役變通이 제대로 실시되지 않은 것이 주요인이었던 듯하다.

5. 수축반대론

숙종 30년 9월에 우승지 이희무는 헤아리지 않고 갑자기 큰 역사를 일으키는 것은 국사를 위해 매우 염려되니, 이미 떼 낸 돌로써 허물어진 곳을 수축하고 급히 정지하자는 주장을 하였다.[93] 우의정 이유의 말에 의하면 당초에 도성수축을 결정할 때는 북한산성의 축성보다 도성수축이 낫다고 대부분 말 하더니, 정작 계획이 확정되어 일을 시작하니, 차츰 원망하고 비방하는 말들이 들린다고 하였다.[94]

사들인 물건들은 모두 錢으로 지불한 것으로 되어 있다.

90) 북한산성의 축성시 出役人夫는 3군문의 군사는 물론이고, 도성 주민의 戶別出役 및 募集役軍을 동원하여 工役을 진행하였다고 한다(金龍國 「肅宗朝北漢築城考」 『鄉土서울』 8(서울특별시사편찬위원회), 1960, 100쪽).

91) 『備邊司謄錄』 책62, 肅宗 37년 5월 18일

92) 숙종 32년에는 각 영에서 여장의 수축역사에 투입하기 위해 모군을 모집하였는데, 급료는 한 달에 쌀 1석씩이었다(『禁衛營謄錄』 권17, 병술년 3월 6일. 『御營廳謄錄』 권18, 병술년 3월 6일).

93) 『肅宗實錄』 권40, 肅宗 30년 9월 己亥.

동왕 31년 1월에도 공주 유학 이만영이 도성을 쌓는 역사를 정지시켜야 한다는 상소를 하였다.[95] 4월에는 지평 박내정과 정언 강이상도 도성을 지킬 수 없으며, 축성은 성공할 수 없다고 하였다.[96]

동왕 32년 2월에 소론측인 도제조 최석정도 도성이 넓고 커서 지키기 어렵다고 수축을 반대하였다.[97] 또 9월에도 특진관 민진후는 도성을 수축하는 것은 국가의 대계인데 事力이 미치지 못하고, 여론도 매우 엇갈려 3군문이 대충 수축하고 말았다고 하였다.[98]

동왕 34년 1월에도 숙종은 지금의 臺臣들이 도성을 수축할 수 없다고 하니, 무릇 일을 하지 않으면 그만이지만은 한다면 반드시 성공을 기약해야 되는데, 중지를 면하지 못하게 되었으니 지극히 미안한 일이라고 하였다.[99]

이처럼 도성의 수축역사는 역사를 중지하자는 반대론이 비등하면서 여론이 엇갈려 수축역사에 큰 장애가 되었다.

한편 이 와중에서도 북한산성 축성론도 제기되었는데, 동왕 31년 2월에는 한성참군 成揆憲이 北城(북한산성)을 쌓자고 상소하였으나, 숙종은 큰 계획이 벌써 정하여졌으니, 다시 고칠 필요가 없다고 거절하였으며,[100] 동왕 34년 5월에도 사재감봉사 李相休도 북한산성을 축성하자는 상소를 하였다.[101] 동왕 35년 6월에도 북한산과 홍복산에 성을 쌓기를 주장한 일이 있었다.[102] 여하튼 이와 같은 주장들은 북한산성을 축조하게 되는 것과 맥이 서로 이어진다고 볼 수 있다.

도성수축과 정치세력과의 관계를 간단히 부연하여 보면, 숙종 20

94) 『肅宗實錄』 권40, 肅宗 30년 9월 癸丑.
95) 『肅宗實錄』 권41, 肅宗 31년 1월 辛丑.
96) 『肅宗實錄』 권41, 肅宗 31년 4월 丁卯.
97) 『肅宗實錄』 권43, 肅宗 32년 2월 癸巳.
98) 『備邊司謄錄』 책57, 肅宗 32년 10월 9일
99) 『肅宗實錄』 권46, 肅宗 34년 1월 癸亥.
100) 『肅宗實錄』 권41, 肅宗 31년 2월 丁丑.
101) 『肅宗實錄』 권46, 肅宗 34년 5월 甲辰.
102) 『肅宗實錄』 권47, 肅宗 35년 6월 戊辰.

년에 남인이 물러나고 서인정권이 들어선 뒤 서인은 노 · 소론으로 나뉘고, 동왕 27년 張嬪賜死와 함께 노론측이 조정에 크게 진출하더니, 동왕 32년에 노론이 世子謀害의 혐의를 받아 밀려나고, 소론이 다시 진출하여 老少의 연립정권이 들어섰다. 즉 도성수축공사는 노소의 연립정권 속에서 이루어진 것이나, 이여 이기하, 민진후 등과 같이 주로 노론측에서 핵심 역할을 맡아 추진하였다. 이처럼 노론측에 의해 이루어져 나간 것은 노론측이 이 공사를 통해 정권을 보다 튼튼히 하려는 의도가 있었다고 보는 견해도 있다.[103] 이는 뒷날 북한산성을 축성할 때 노론측에서 대체로 북한산성의 축성을 지지하고, 소론측에서는 도성수축론 내지 도성고수론을 주장했던 것에서도 유사점을 찾을 수가 있다.

6. 기후

숙종 30년 여름에는 전에 없는 가뭄을 당하여 공사를 중단하였고, 동왕 31년 9월에도 흉년 때문에 도성의 수축역사를 멈추게 되었다.[104] 동왕 32년 2월에는 도제조 최석정은 年事가 흉년이 들었기 때문에 도성의 역사를 중지하기를 청하였다.[105] 동왕 36년 5월에도 우의정 김창집은 지금 가뭄이 심하니, 그대로 역사를 할 수 없으며 앞으로 장마를 맞이하면 역사에 방해가 될 것이니, 우선 역사를 중지하고 가을에 가서 다시 수축하자고 하여 숙종의 허락을 받았다.[106]

이처럼 수축역사 중에 거듭되는 가뭄과 흉년은 수축역사를 중단하게 하는 원인이 되었다. 즉 기후는 축성과 같은 토목공사에 큰 영

---

103) 李泰鎭, 『朝鮮後期의 政治와 軍營制變遷』(韓國硏究院), 1985, 242쪽.
104) 『肅宗實錄』 권42, 肅宗 31년 9월 乙丑.
105) 『肅宗實錄』 권43, 肅宗 32년 2월 癸巳.
106) 『肅宗實錄』 권48, 肅宗 36년 5월 丁丑. 이때 가뭄이 너무 심하여 한 달이 넘도록 오랫동안 파종을 하지 못하고, 보리농사도 크게 흉년이 들었다(『肅宗實錄』 권48, 肅宗 36년 4월 壬戌).

향을 주게 마련이었다. 이 때문에 고대로부터 축성에서는 혹서, 혹한, 농번기 등을 피하여 春節役事와 秋節役事로 이루어지는 것이 상례였다.

7. 숙종의 태도

후일 북한산성 축성론자의 대표격으로 도성수축론자들을 누르고, 북한산성의 축성에 주도적 역할을 했던 숙종이 도성수축에 임했던 태도도 살펴 볼 필요가 있다. 왜냐 하면 그가 결정권을 쥐고 있었기 때문이었다.

숙종은 도성수축이 결정되기 직전까지만 하더라도 도성을 쌓은 것은 당초 성을 사수할 계획에 의한 것이 아니기 때문에 원래 굳고 치밀하게 쌓지 않았다. 이런 이유로 모두 개축한다면 모르지만 단지 수선만 하게 된다면 무익할 것이라 하여 회의적인 태도를 보였다.[107] 즉 그는 도성의 부분적인 수축보다는 대대적인 수축을 희망했던 것이다. 이와 같은 그의 견해는 후일 도성수축에 실망을 느끼고, 북한산성 축성을 고집했던 원인이 되기도 하였다. 그러나 그는 수축이 시작되자 도성수축 반대론자들의 도성수축을 중지해야 된다는 주장에 대해, 도성으로 계획이 정하여졌으니 방해하는 말에 흔들려서 고칠 수 있겠는가. 하면서 계속 수축역사를 진행토록 하게하고, 도성수축론자의 대표격인 이여와 이기하가 도성수축에 대한 책임을 물어 탄핵을 받게 되자, 이들을 옹호하는 등 도성수축을 밀고 나갔다. 또 臺臣들이 도성을 수축할 수 없다고 하자, 도성은 바로 保障의 근본이 되니, 수축하여 據守하는 것이 대계인데 일을 하지 않으면 그만이지만은 한다면 반드시 성공을 기약해야 된다. 이로 인하여 중지를 면치 못하게 되었으니 미안한 일이라고 하고, 도성을 1~2년 안에 완전히 수축할 수가 없는데, 창졸간에 海冠가 닥치게 되면 계

---

107) 『肅宗實錄』 권39, 肅宗 30년 1월 己巳.

획이 어디에서 나오겠는가라고 걱정을 하고 있다.[108] 여기서 그가 도성을 중심으로 한 수도방위체제를 생각하고 있었음을 짐작할 수 있다. 그러나 같은 해 12월에는 도성은 수비할 수 있는 곳이 아닌데다가 남한산성은 외롭게 떨어져 있는 근심이 있으니, 다만 江都의 內築이 있어야만 훗날의 依歸할 만한 곳이 될 수 있다고 생각하였다.[109] 즉 그는 도성의 방위에 부정적인 면도 일면에는 갖고 있었던 것 같다.

하여튼 도성이 수축된 시기는 군사적으로도 숙종 29년 良役變通을 위한 전담기구로서 釐正廳이 설치되고, 이듬해 개혁안의 내용을 공표하였는데, 그 기본 방향은 中央軍營의 正軍과 資保 및 官保를 줄여 다른 良役의 虛額을 충당토록 한다는 것이었다. 이 개혁안은 훈련도감에 대해서는 일체의 개혁조치가 없었지만, 어영청과 금위영은 5部 25司 125哨制로 동일하게 하여, 훈련도감을 가운데로 한 兩翼體制 즉 三軍門體制란 새로운 扈衛體制를 마련하고, 나머지 총융청, 수어청은 三營制로 통일시켰다. 그러나 이러한 개혁으로 도성의 군사력이 약화됨에 따라 도성을 견고히 하여 도성민을 동원하는 방어체제가 그 만큼 주목되기에 이른 시기였다.[110] 한편 수년간 잇따른 흉년과 역질의 만연은 사회적 혼란을 야기하여 내란과 같은 불상사까지 우려되는 시기로서,[111] 이러한 시대적 상황을 파악하고 있던 숙종으로서는 도성수축을 적극 지원하게 되었던 것으로 여겨진다.

8. 성돌

1) 부석

도성의 수축에 쓸 城石을 부석한 장소로는 동대문 밖의 蘆原과

108) 『肅宗實錄』 권46, 肅宗 34년 1월 癸亥.
109) 『肅宗實錄』 권46, 肅宗 34년 12월 乙巳.
110) 李泰鎭, 『朝鮮後期의 政治와 軍營制變遷』, 226~235쪽.
111) 李泰鎭, 위의 책, 233쪽.

舟巖 등지를 들 수 있다.112)

숙종 30년 3월에 행이조판서 이유는 山陵의 돌을 뜰 때에는 번번이 우이동과 노원에서 떴는데, 각 군문에서는 더러는 노원에다 정하고, 더러는 貞陵 근처에다 정하였는데, 이 일도 불가불 헤아려 보아야 하겠다고 하였다.113) 또 5월에는 좌의정 이여가 아뢰기를 지금의 도성 수축역사는 1군문에서 돌을 뜨는 수량이 만 덩어리나 되어야 하나, 지금은 가까워야 30리 되는 곳에서 가져오니, 비록 가까운 10리 안의 날등이 궁성에서 보이지 않는 곳 이거나, 풍수지리에서 말하는 꺼리는 곳이 아니면 돌을 떠오게 하면 노력과 비용을 줄일 수 있고, 일을 쉽게 성취할 수도 있을 것이다. 가까운 곳은 버리고 먼 곳을 취하면 공력이 배가 들기 때문에 1군문에서 구준봉 밖 청수동에서 取石하려고 하였으나, 실어 내는 길이 貞陵禁標 밖이 되기 때문에 사람들이 말이 있을까 걱정하여 시작했다가 중지하였다고 한다. 이러한 일들은 임금의 뜻으로 변통할 수 있기 때문에 감히 아뢴다고 하자, 숙종은 크게 구애가 되지 않는 곳이면, 편의대로 떠오는 것이 좋겠다고 하였다.114) 즉 도성수축에 쓰인 성돌은 주로 노원과 주암에서 떴으나, 이곳이 축성 장소에서 30리나 되기 때문에 거리가 가까운 貞陵 근처나 날등이 궁성에서 보이지 않는 곳이거나 풍수지리에서 꺼리지 않는 등 크게 구애되지 않는 곳이면, 편의대로 뜨게 하여 노력과 비용을 줄이도록 하였다.

2) 운석

축성에서는 성돌의 부석과 운석이 이루어져야 성벽이 축성되게 마련이다. 이때의 도성수축도 이러한 과정을 겪었다. 대체로 성을 쌓는 데는 운석이 가장 어려우며 부석에 비하면 10배의 공력을 들여야

112) 『肅宗實錄』 권39, 肅宗 30년 3월 甲子.
113) 『備邊司謄錄』 책54, 肅宗 30년 3월 28일.
114) 『備邊司謄錄』 책54, 肅宗 30년 5월 19일.

하는데, 이때의 수축에서는 가까워야 30리 되는 곳에서 가져오니, 하루에 1명의 군사가 한 덩어리 밖에 옮기지 못한다고 하였다.[115] 이처럼 운반 거리가 멀기 때문에 주로 소를 이용한 수레를 운반도구로 이용하였다. 이때에는 운반한지 3삭이 되도록 하루의 휴식도 없어 군병과 우마가 모두 피폐하고, 금위영의 군병 중에는 압사자가 생기고, 이밖에도 부상자가 많아 사람들이 모두 원망할 정도로, 축성역사에서 운석은 힘든 작업이었다.[116] 운석에는 수레로 운반하는 방법,[117] 이외에도 가까운 경우에는 4명 혹은 6명으로 목도로 운반하던가,[118]목도로 운반하기 어려운 大石은 둥근 통나무들을 돌 밑에 벌려 놓고 운반하는 경우도 있었을 것이다.[119]

3) 면석

한양도성은 태조대에 쌓은 面石은 남산지구에서 볼 수 있듯이 할석을 이용하여 허튼층쌓기로 쌓은 반면, 세종대의 것은 삼선지구

---

115) 『備邊司謄錄』 책54, 肅宗 30년 5월 19일.

116) 『備邊司謄錄』 책55, 肅宗 30년 11월 27일.

117) 『華城城役儀軌』 卷1 御製城華籌略條에는 伐石石材는 뜬 자리에서 대충 다듬어서 무게를 줄여 실어 나르기에 편하게 한다. 돌의 크기에 따라 몇 등급으로 나누고, 다듬는 것도 규격이 있게 하며, 큰 것은 한 덩어리를 한 수레에 실도록 하고, 다음 것은 두 덩어리를 한 수레에 실도록 하며, 작은 것은 3-4 덩어리를 한 수레에 실게하는데, 한 수레의 돌이 성벽 1步를 쌓는데 충당하도록 한다 즉 3,600 수레면 성벽 1周를 1층 올리는데 필요하게 된다. 수레 하나를 가지고 1보를 쌓는데 남고 모자람이 없게 한다. 이렇게 해야만 工費나 役雇가 분수가 있어서 난잡하게 되지 않는다. 성을 쌓을 때 큰 돌을 아래에, 중간 돌은 가운데, 작은 것은 상층에 놓아야 자재가 쓰임에 맞게 된다고 하였다. 또 『同書』 卷首 圖說條에는 수레의 형태에 따라 大車, 平車, 發車, 童車 등으로 나누고 있는데, 大車I는 長臺石, 圓柱石 등 가장 큰 돌을 운반하는데 쓰이고, 한 수레에 40여 마리의 소가 끌며, 平車는 中石을 운반하는데 많으면 10여 마리, 적으면 4-5 마리의 소가 끌고, 發車는 小石을 운반하는데, 한 마리의 소가 끌며, 童車도 小石울 운반하며 4명이 끈다고 하였다.

118) 『華城城役儀軌』 卷首 圖說條에는 單機라하여 4인용 목도가 그려져 있다.

119) 『華城城役儀軌』 卷首 圓說條에는 이런 형태를 駒板이라고 하였다.

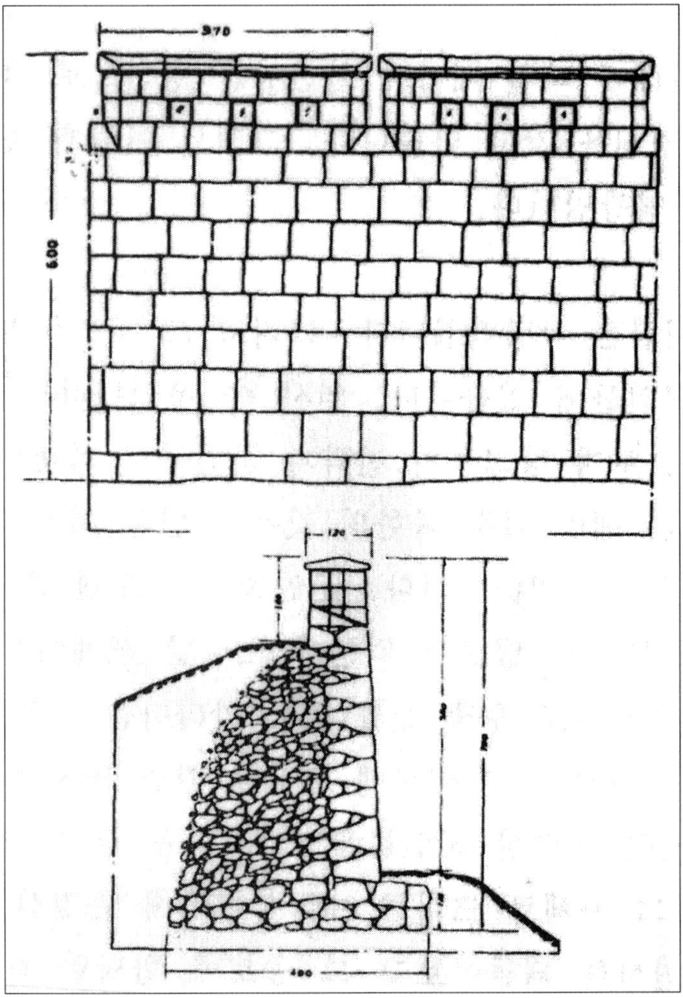

<그림 1> 숙종대 성벽 입면도(삼청지구)

처럼 장방형의 석재를 이용하여 品字形으로 바른층쌓기를 하였으며, 밑에는 큰 돌로 하고, 위쪽으로 올라갈수록 다소 작은 성돌을 사용하였으나, 성돌 사이에는 수평을 잡는 쐐기돌을 사용하였다. 그러나 숙종대는 평균 40×45cm 또는 45×50cm 내외 크기의 정방형의 잘 다

듬은 가공석을 사용하여, 수직에 가깝게 쌓아 올렸다.[120] 수평을 잡는 쐐기돌은 전혀 사용하지 않았다. 면석의 일부를 오려내어 다른 면석과 맛 물리는 공법은 견고도를 높이기 위한 것인데, 조선시대 성곽에는 일반화 되었던 공법이었다. 한양도성의 숙종대의 성벽에서도 잘 나타나고 있는데, 석수들의 높은 수준을 보여주는 것이다. 면석의 크기가 커진 것은 화포공격과 관련이 있다고 볼 수가 있다.

수원 화성의 예로 보면 각 군문은 부석소에서 떼어낸 성돌들은 앞면을 정교하게 다듬지는 않더라도 규격대로 먹줄로 긋고 다듬어 네모반듯하게 하고, 이 돌들을 도로변의 한 곳에 모아 놓고, 부석패장의 감동 하에 鍊正을 하여, 城役所로 운반을 한 것으로 추정이 된다.[121] 이렇게 하면 운석에도 보다 편리하였을 것이다.

9. 정축약조

병자호란의 1637년 丁丑約條 안에는「新舊城垣不許繕築」이라는 조항이 들어 있어, 新城의 축성이나 舊城의 수축을 일체 금지하고 있었다.[122]

도성수축을 시작하려 함에 있어서도 숙종 30년 2월에 윤취상은 청나라 사람들이 왕래하는 길목에다 돈대를 신축하게 되면, 시끄러운 말이 있을까 염려된다고 하자, 이기하는 바로 奏聞해도 불가할 것이 없다고 하였으나, 숙종은 이것은 새로 성을 축조하는 것과는 달라서 흔단이 생길 우려는 없을 것 같다 하였다.[123] 이 문제는 같은 달 23일에도 논란이 있었는데, 신완은 도성을 수축하는 일은 이미 계획이 정하여 졌으니, 咨文을 먼저 청나라에 보고 하는 것이 만전을 기하는 도리에 합당하다고 하였으나, 이유는 도성을 무너지는

120) 문인식, 「한양도성의 각자성석에 대한 종합적 고찰」, 『서울학연구』 55, 2014, 36쪽.
121) 민덕식, 「화성의 축성」, 『關防遺蹟의 硏究』(백산자료원), 2024, 452쪽.
122) 『仁祖實錄』 권34, 仁祖 15년 1월 戊辰.
123) 『肅宗實錄』 권39, 肅宗 30년 2월 乙酉.

대로 보수하는 것은 으레 그렇게 하는 것이어서, 주문할 필요가 없으며, 주문한 뒤에 사단이 발생하면 어떻게 할 것인가 하였다. 이에 숙종은 도성을 수축하는 것은 다른 성을 수축하는 것과는 경우가 다르니, 陳達할 필요가 없다고 하였다.[124]

도성의 수축이 진행되던 동왕 31년 1월에도 한성군 이기하는 도성의 수리를 청하는 자문을 보내어 허락을 얻자는 주장을 하였다. 좌의정 이여도 만약 자문 때문에 일이 생기게 되면, 그 역사를 이룩하지 못하는데 불과하지만, 쌓아 놓고 일이 생기게 되면 형세가 더욱 어려워질 것이니, 자문을 보내어 완벽을 기하자고 주장하였다. 병조판서 유득일 역시 자문을 보내 의심을 사게 되면, 그 해가 작고 말하지 않다가 일이 생기면 근심이 클 것이니 먼저 주문하는 편이 옳다고 하였다. 이에 대해 우의정 이유는 주문을 하지 말고 다만 서서히 수축하자고 하고, 교리 남취명 역시 자문을 보내어 허락하지 않는다면, 여태까지 돌을 떠내는 역사는 헛수고만 되므로 주문하지 말자고 하였으나, 숙종은 이번에는 사실에 의거하여 주문한 뒤에 쌓도록 하는 것이 좋겠다고 하였다.[125] 한편 이 문제는 2월에도 논의가 되었는데, 좌의정 이여는 만약 國都는 다른 성과 달라 별도로 수축하려 한다고 말한다면, 청나라 사람들도 허락하지 않을 이가 없으니, 허락을 받은 뒤라면 개축을 해도 방해가 될 것이 없을 것이라 하였다. 이에 반해 우의정 이유는 지금 갑자기 도성을 수축한다고 말한다면 저들이 의심하게 될 것이나, 西路의 正方山城과 大興山城을 그들이 보고서 책망한 일이 없었으니, 주문하지 말고 먼저 수축하자고 하였다. 이에 숙종은 지금 수축한 뒤에 저들이 혹시 힐책하면 세월이 오래 되어 무너지고 허물어져 마지못해 수축했다고 하면, 사건을 일으킬 단서가 없을 듯하고, 자문을 보낸 뒤에 허락 하지 않는다면 매우 난처하게 될 것이니, 끝내 자문을 보내지 않는 것이 좋

---

124) 『肅宗實錄』 권39, 肅宗 30년 2월 癸巳.
125) 『肅宗實錄』 권41, 肅宗 31년 1월 庚戌.

을 것이라 하여 앞의 견해를 번복하였다.[126] 지평 박휘등은 재력이 이미 고갈이 되고, 역사는 시작하자마자 곧 중단될 형편에 놓이게 되니, 일을 맡은 신하들이 두려워하여 정축약조의 조항을 거론한 것이라 하고, 대신이 일을 그르친 죄를 논책하지 않을 수 없다고 하였으며, 정언 유명응도 대신이 당초에 시기와 재력을 헤아리지 않고 쉽사리 건의하였다가, 역사를 진행한지 얼마 안 가서 재력이 이미 바닥이 나자, 도리어 주청 등과 같은 쓸데없는 말로 아뢰었으니, 전도되고 착오된 실수를 규탄하고 탄핵을 해야 한다고 하였다. 결국 탄핵을 받은 좌의정 이여는 江村으로 물러나는 사태까지 이르게 되었다.[127] 즉 도성수축론자의 대표격인 이여가 탄핵을 받게 된 것이다.

한편 앞서 동왕 36년 1월 이기하의 도성 수축을 청하는 자문에 대해 사간원에서는 훈련대장 이기하가 성을 쌓는 역사를 담당하여 재용을 고갈시키고 나서 계책이 궁지에 몰리자 조약에 대한 설을 꺼내어 그것을 은폐하고 위장하려는 계획을 하였으니, 파직하고 敍用하지 말라고 한 것으로 보아,[128] 奏聞問題에는 복잡한 사정이 내포된 것으로 볼 수가 있겠다.

동왕 31년 5월에도 주문문제가 거론되었을 때 이기하는 견고하게 하여 지킬 수 있도록 하자면 반드시 주문하고 역사를 시작해야 한다고 하자, 병조판서 유득일은 주문은 결코 해서는 안 된다고 하였고, 조태채도 주문문제는 굳이 거론할 것이 없다 하였다. 윤세기도 이른바 약조에 있다 함은 지방의 성지를 가리켜서 말하는 듯하고, 도성이 무너졌는데 어찌 보수를 하지 않을 수 있겠는가. 비록 청나라 사람들로 하여금 알게 한다 하더라도 어찌 그르다고 하겠는가라고 하였다.[129]

---

126) 『肅宗實錄』 권41, 肅宗 31년 2월 庚午.
127) 『肅宗實錄』 권41, 肅宗 31년 3월 戊戌.
128) 『肅宗實錄』 권41, 肅宗 31년 4월 丙子.
129) 『肅宗實錄』 권42, 肅宗 31년 5월 戊子.

또 동왕 36년 9월 28일 해적에 대한 청의 移咨가 있었을 때에 숙종은 저들의 자문에 우리로 하여금 防守하게 했으니, 이러한 기회에 성지를 수축할 것을 자문에 언급하는 것이 좋겠다고 하자, 관부사 이여도 이러한 기회가 참으로 좋다고 이에 동조하였다. 판부사 이이명도 과거 鄭載嵩이 사명을 받들었을 때 저들이 우리에게 전에 약조를 무시하고 성지를 수축하였다고 거론하면서, 數罪하는 일까지 있었으나, 근래 동대문의 성첩을 새로이 꽤 많이 보수하였으나, 저들 사신이 와서 본 자가 하나도 힐문한 자가 없었으니, 아마도 저들이 약조를 몰라서 그렇게 했을 것이라고 하였다. 이유는 저들 자문의 뜻이 우리로 하여금 방수하도록 하였으니, 이 기회에 수축할 뜻을 자문에 확실하게 서술하는 것이 옳을 듯싶다고 하였다. 병조판서 민진후도 回咨 가운데 성지문제를 삽입하고, 근래 荒唐船이 자주 나타난다는 사실을 언급하여 다시 신칙하도록 하는 것이 옳을 듯하다고 하였다.[130]

홍복산성이나 북한산성의 축성이 논의되던 10월 21에도 도제조 이이명은 해구의 聲息을 정탐하기 위해 齋咨官을 지금 들여보내는데 성지를 수축한다는 등의 말을 만들어 자문 가운데에 添入하면 일이 매우 편하고 좋을 것이라 하자, 민진후는 성지의 수축은 禁制하는 조목인데 지금 만약 곧바로 청하여 저들이 기꺼이 허락하지 않는다면, 비록 수축하고자 하더라도 그 형세가 할 방법이 없을 것이니, 거론하지 않는 것이 마땅할 듯하다고 하였다. 이에 숙종은 성지의 일은 거론하지 않는 것이 옳다고 하였다.[131] 23일에도 좌의정 서종태가 말하기를 外議가 혹 말하기를 城池의 수축을 곧바로 청하면, 저들이 약조를 증거로 끌어대어 들어주지 않을 것이니, 애초에 청하지 않는 것만 못하다 하고, 혹은 말하기를 誠信이 귀한 것인 즉 사실대로 말하는 것이 可할 것 이다 하여 어떻게 결정해야 할지 알지를 못

130) 『備邊司謄錄』 책60, 肅宗 36년 9월 30일.
131) 『肅宗實錄』 권49, 肅宗 36년 10월 壬午.

하겠다고 하자, 우의정 김창집은 전에도 고하여 청하지 않고도 계속 修補한 경우가 있었으니, 지금 또한 이에 의거하여 하는 것이 아마도 무방할 듯하다고 하였다. 이조판서 최석항은 저들이 만약 병자년의 약조에 의거하여 굳이 막는다면, 도리어 처음부터 移咨하지 않는 것만 못하다고 하자, 숙종은 提記하여 언급하지 않는 것이 옳다고 하였다.132)

11월 3일에 비변사에서 啓請하기를 使行의 別咨 가운데 비록 성지의 일을 분명하게 말하지 않더라도 관방을 수비하는 것으로써 특별히 修善을 더 하겠다고 말하면, 성지는 자연히 그 가운데 있으니 이로써 말을 만들어 지어내게 하자고 하자, 숙종이 이를 옳게 여겼다한다 133) 24일에도 한성군 이기하는 상소하여 도성은 반드시 지켜야 한다고 極論하면서 이전에는 이 의논이 매번 약조에 구애 받았으나 지금은 저들이 마음을 써서 방수하라고 말하였으니, 이로 인하여 設築해서 방수하는 방도로 삼는 것이 진실로 얻기 어려운 기회라고 하였다.134)

동왕 37년 1월에도 평안병사 李弘述은 안주와 평양은 나라의 요충지인 데도 병자년 뒤로 약조에 구애되어 성첩을 전혀 수리하지 못하였는데, 지난번 北咨에 마음을 써서 방수하게 하였으니, 이 기회에 수축함이 마땅한 듯하다고 하자, 숙종은 수축하라고 명하였다.135)

여하튼 정축약조내의 新舊城 繕築 不許條項은 그 후 성곽의 축성이나 수축 때마다 논란이 되어 왔다. 이번 도성 수축처럼 우리나라에서는 청나라에 주문하지 않고 축성이나 수축을 진행하고 있었음에도 청나라로부터 질책을 받지 않았다. 사실 도성의 수축기간에는 도성수축론자들이 도성수축의 부진에 대한 책임을 회피하기 위한 구실

---

132) 『肅宗實錄』 권49, 肅宗 36년 10월 甲申.
133) 『肅宗實錄』 권49, 肅宗 36년 11월 癸巳.
134) 『肅宗實錄』 권49, 肅宗 36년 11월 甲寅.
135) 『肅宗實錄』 권50, 肅宗 37년 1월 癸丑.

로도 이용된 듯한 인상도 주고 있다. 숙종대는 북벌론이 팽배했던 효종대와는 상황이 달랐기 때문에 청나라에서도 도성 수축에 대해 문제를 제기하지 않았던 것으로 보이며, 이에 반해 우리 측에서는 너무 민감한 반응을 보인 것 같다.

10. 각자성석

숙종 30년 9월에 도성을 수축하는 것은 종사의 만세 계책이 되므로 외방의 산성과는 다르니, 일을 맡은 신하가 만약 삼가지 않는 단서가 있으면 마땅히 군율로써 다스려야 하고, 역사를 감독하는 장교와 석공의 성명을 쌓은 면석에 새겨 훗날 상고하는데 憑據로 삼게 하였다가 만약 허물어져 무너지는 곳이 있으면, 모두 군법으로 從事한다는 뜻으로써 엄중히 약속을 받도록 하였다.[136]

이 때문에 한양도성의 동벽, 남벽, 서벽, 북벽에는 숙종대의 수축 때 남긴 각자성석들이 많이 남아 있다.[137] 이 중에서 1916년에 小田省吾(오다쇼고)가 조사한 각자성석이 주목이 되는데, 그가 조사한 각자성석들이 현재 많이 없어졌기 때문이다.

그는 黃金町 電車通의 동북 측으로부터 수구문 사이의 동일 지점에서 「牌將御營哨官吳相武」, 「康熙四十三年甲申十月日」, 「以南三牌運石將李萬雄李世雄金萬鍾」, 또 같은 지점에서 「康熙四十四年九月日三牌將御營哨官白之文石手邊首禹碩」, 白岳 山頂의 曲墻(곡성)으로부터 숙정문에 이르는 사이의 「牌將御營哨官白之文運石牌將軍官金世

136) 『肅宗實錄』 권40, 肅宗 30년 9월 丁卯.

137) 서울역사박물관, 「한양도성 각자성석 조사 보고서」, 『도성발굴의 기록』 II, 2012, 128~131쪽. 문인식, 「한양도성의 각자성석에 대한 종합적 고찰」, 94~102쪽. 숙종대의 각자성석은 현재 20개 정도가 남아 있다. 특히 각자성석 중에서 「訓」, 「守」, 「御末」, 「戎五」, 「五戎」 등은 여장을 수축하는 경우 해당 군문의 첫 자나 또는 다른 한자를 새겼다는 특징을 보인다고 한다(문인식, 위의 논문, 22쪽). 즉 훈, 수, 어, 융은 군문의 명칭을 줄인 것으로, 조사시 주의를 하여야 한다.

昌石手都邊首虞二惠康熙四十六年四月日」, 北門의 동측으로부터 白岳에 이르는 지점의 「丁亥七△△監官李俊寅金興錫△△祚邊首安重里」, 구서대문 서측의 「△正俊康熙四十六年六月日△△△金仲成石手安△△邊首(이하 불명)」, 북문 동측으로부터 白岳에 이르는 사이의 「康熙四十八年七月日監官趙廷元△△△△澤△△△△邊首安」, 경성중학교 서측의 성벽에서 「康熙四十八年七月日正俊李舜明安大澤石手(이하 불명)」, 舊南小門址에서부터 南山頂으로 향하는 곳에 「禁都廳監官李秀枝吳有俊石手邊手安重里庚寅三月」, 舊南小門址 동쪽 奬忠壇 背後에서 「庚寅三月禁始」, 조선신궁 서측에서 牛首峴에 이르는 지점에 「訓局康熙五十年辛卯三月日」이라는 각자성석이 있었다고 한다.[138)]

한편 숙정문 동쪽에는 「禁營 牌將 李山龍 戊戌八月日」이라는 각자성석이 있다. 필자가 2007년에 조사를 할 때에는 철조망 안에 있었기 때문에 조사에 어려움이 있었다. 무술은 숙종 44년으로, 앞서 살펴 본 도성수축이 이루어진 이후이다, 패장 이산룡은 숙종 39년 2월에 於蘭萬戶를 지냈다. 금위영에서 숙종 44년 8월 18일부터 금위영이 분수 받은 숙정문 동서쪽의 붕괴된 체성을 근처의 계곡에서 돌을 부석하여 수축한 것이다.[139)]

맺 음 말

숙종대의 도성수축은 숙종 30년 3월 25일에 삼각산에 고유제를 지내면서 시작되었는데, 훈련도감, 총융청, 수어청, 금위영, 어영청의 5군문이 역사를 담당하여 부석작업부터 역사가 시작되었다. 이해에는 주로 부석한 성 돌을 운석하는 작업을 진행하였다. 동왕 31년부

---

138) 小田省吾, 「京城奠都の由來と其の城壁に就て(下)」, 46~47쪽.
139) 『承政院日記』 책509, 肅宗 44년 8월 壬辰.

터는 지대가 낮은 동 · 서쪽 체성으로부터 수축역사가 시작되어 남 · 북쪽 체성 순으로 역사가 진행되었는데, 남 · 북쪽 성벽도 동왕 35년까지는 역사가 완료되고, 동왕 36년부터는 재력을 어느 정도 갖춘 훈련도감, 금위영, 어영청만이 여장 수축역사를 시작하였으며, 동왕 37년에 가서야 역사가 마무리 되었다.

수축역사에는 도감을 설치하지 않고, 각 군문에서 독자적으로 운영하게 하는 등 운영상에 미숙성을 보여 총괄적인 추진을 어렵게 하였다. 각 군문에 의해 도성이 수축되는 중이거나 역사가 중지된 중에도 장마 등으로 부분적으로 성벽이 붕괴된 곳은 토목과 영선을 담당한 선공감에서 보수하는 등 이중적인 역사가 이루어 졌다.

수축역사를 시작할 때 역사기간과 재력 등 세부계획을 세우지 않고 마치 단시일 안에 성벽을 다 수축할 것처럼 추진하였으나, 그 후 여러 문제점들이 드러나자, 각 군문의 재력에 따라 기한을 정하지 않고 점차적으로 수축하는 쪽으로 계획이 수정되는 동 역사의 추진에 혼선을 초래하기도 하였다. 역사에 참여한 각 군문은 재력 기반이 취약하였다. 특히 훈련도감, 수어청, 총융청은 역사 초기부터 재력이 부족하였는데, 결국 여장 수축역사에는 이 중에서 수어청, 총융청은 제외되고 말았다.

수축역사에는 역사 자체의 반대, 북한산성 축성 주장들이 제기되는 등 여론이 엇갈려 역사에 큰 장애가 되었다. 더구나 수축역사 중에 거듭되는 가뭄과 흉년은 역사를 자주 중단하게 하는 요인이 되었으며, 기후가 축성과 같은 토목공사에 어떠한 영향을 주는가를 잘 보여주고 있다.

수축에 쓰인 성 돌은 주로 노원, 주암 등 30리나 되는 거리에서 부석을 하여 운반에 재력과 인력을 많이 소비하게 되자, 정릉 근처나 풍수지리에 꺼리지 않은 곳이면 편의대로 뜨게 하여 인력과 비용을 줄이게 하였다. 축성에서 부석장과의 거리 관계가 얼마나 중요한가를 알 수 있게 한다. 또 운석에서도 우마를 이용한 수레를 사용하는 등 많은 노력을 들여야만 했다. 특히 여장의 축조에서 높은 곳으로의 성돌의 운반은 벽돌로 쌓는 것보다 10배가 힘이 들기 때문에 산지 등 높은 곳의 여장 수축에는 돌 대신 벽돌을 사용한 것으로 추정된다.

하여튼 숙종대의 성벽은 북한산성의 성벽과 함께 남한산성에서 화성으로 이어지는 교량의 역할을 하였다는 역사적 의의를 갖는다.

제2장 한양도성의 부대시설

—치성과 이간수문을 중심으로—

머 리 말

동대문운동장 자리는 훈련도감의 分營으로 효종대에 설치된 下都監으로 이곳에 경성운동장을 건립하였다. 1908년 이후 일제에 의해 파괴되던 도성은 이때에 이르러 완전히 파괴되고 말았다.1) 1945년 광복과 동시에 서울운동장으로 개칭되고, 1959년에는 현대식 야구장이 건립되었으며, 1984년에는 동대문운동장으로 명칭이 변경되었다가, 2007년부터 서울특별시 동대문운동장 공원화사업이 추진되면서 2008년에 동대문운동장이 철거되고, 中原文化財硏究院에 의해 동대문디자인플라자 및 파크 조성부지내의 시 · 발굴조사가 실시되었다.2)

중원문화재연구원이 2008년 5월 19일부터 2009년 7월 3일 사이에 실시한 발굴조사의 동대문축구장부지에서 동대문에서 광희문까지 연결되는 二間水門을 포함하여 123m의 한양도성의 성벽 일부가 확인되었다. 운동장 조성으로 인하여 멸실되었을 것으로 추정되었던 홍

---

1) 1899년에 서대문—청량리 간 전차가 개통되고, 1908년에는 전차로의 복선화 작업을 위해 홍인문 좌우 성벽이 철거되고, 1911년에는 홍인문 북편의 성벽 철거 후 종로에서 신설동으로 통하는 도로가 개통 되었다. 이처럼 홍인문 지역의 성벽은 점차 철거되어 갔다. 부대시설인 이간수문도 1910년에 제작된 경성용산시가도에는 표시되어 있으나, 1915년도 지도에는 3雉는 표시되어 있으나, 이간수문은 확인되지 않는 것을 보면 이 사이에 폐쇄된 것으로 보인다.

2) 서울 중구 을지로 7가 1번지(홍인문로 35번지) 일대이다.

예구조의 이간수문이 조사지역의 북쪽 경계지점에서 확인되었다. 또 이간수문에서 광희문 방향으로 진행되는 성벽 구간에서는 방형으로 추정되는 雉城 1개소도 확인되었고, 치성 주변에서는 일제강점기에 축조되었을 것으로 추정되는 연지 및 배수유구가 확인되었다. 또 도성 안쪽으로는 체성과 인접하여 건물지 10개소 이상, 집수시설 2개소, 우물 4기, 舊 河床遺構 등이 조사되었다.[3]

Ⅰ. 치성

1. 발굴조사자료

치성은 동벽 구간의 저지대에서 고지대로 오르기 시작하는 지점에 축조되었다. 대부분이 붕괴되어 치성 남쪽의 기단석 일부만이 잔

<사진 1> 이간수문 옆 치성(복원)

3) 중원문화재연구원, 『동대문 디자인플라자 및 파크 건립부지내 발굴조사—완료약보고서—』, 2009, 32~65쪽.

존하고, 북쪽과 동쪽은 유실되었다. 치성부의 남쪽 기단석과 체성벽과의 접합지점에 유일하게 2단이 남아있었다. 치성의 외벽을 이루는 석재는 규격화가 이루어진 治石을 사용하였다.

치성의 체성벽은 기단석에서 20cm가량 들여쌓기를 하였고, 기단석 내부에 채워져 있는 속채움석의 범위로 판단하면, 치성의 규모는 남북 10.2m, 동서 8.3m가 된다고 한다.[4]

2. 문헌자료

1) 축성논의

(1) 숙종대

A—① 숙종 30년 1월 29일에 좌의정 李畬가 아뢰기를 도성의 동·서성은 지세가 낮아 지키기가 어려우므로 만약 치성을 설치하면 견고하게 될 것이고, 도성을 굳게 지키는 것은 사리에도 맞는 것이라고 하였다(『承政院日記』책416, 肅宗 30년 정월 己巳).

② 숙종 30년 5월 26일에 병조판서 兪得一이 아뢰기를 鞍峴 등 處에 돈대와 치성을 설치하지 않으면 지금 비록 도성을 수축하여도 守禦하기가 어려울 것이라고 하였다(『承政院日記』책418, 肅宗 30년 5월 甲子).

A①②에서 이여와 유득일은 雉城의 축조를 건의하였으나 실현되지 못하였다. 이는 숙종 30년부터 시작된 도성의 대대적인 수축과 관련되어 제기된 것이었다.[5]

(2) 영조대

B—① 영조 19년 8월 23일에 영조가 熙政堂에서 대신 등을 인견할 때 영조는 지금 축성을 논의하면서 좌의정은 도성의 규모가

---

4) 중원문화재연구원, 위의 책, 58쪽.
5) 閔德植, 「서울城郭의 築造」, 『年報』16(충북대학교박물관), 2007, 76쪽.

결코 保守하기가 어려우니, 江都를 축성 하는데 전념해야 한다고 하고, 총융사는 도성은 가히 지킬 수 있다고 하면서 치성을 증설하여 도성을 고수하고 버리지 말아야 한다고 하였다. 그 이해가 과연 어떠한지 諸臣들은 소견을 말하라고 하였다. 이에 영의정 金若魯는 도성의 동 · 서 兩邊은 지세가 平底하여 방어가 허술하니 치성을 설축하는 것이 좋겠으나, 閭家가 즐비한 곳은 쉽지가 않다고 하였다. 또 총융사 具聖任도 동 · 서 양변의 平易한 곳은 치성을 증축해야 하며, 쌓을 곳이 많지 않으니 대단히 어려운 일은 아니라고 하였다. 행부사직 金聖應도 도성의 동 · 서 양변은 低處를 살펴서 대략 증축하는 것이 무방할 것이라고 하였다(『承政院日記』 책962, 英祖 19년 8월 癸酉).

② 영조 19년 8월 28일에 좌윤 권적이 상소하기를 지금 중국의 京城은 500보에 1雉를 두는데, 우리 도성은 둘레가 9,900여 보이기 때문에 30여 치에 불과하고, 소용되는 震天雷도 90여 座가 필요하며, 放火手도 600여 인이 필요하다. 지금 만약 삼군문으로 하여금 10여 雉를 分掌하여 수년을 정하여 成效를 責하면 막대한 재력을 들이지 않아도 守城에 큰 도움이 될 것이다. 연이나 聖意가 시종 인가를 헐어내는 것과 지세가 逼側한 것을 염려하고 있으나, 국가의 대계를 위해서는 사소한 폐단을 생각하지 말고 다시 상량하여 처리하기를 바란다고 하였다(『承政院日記』 책962, 英祖 19년 8월 戊寅).

③ 영조 19년 11월 5일에 희정당에서 대신 등을 인견할 때 행부사직 吳光運이 아뢰기를 도성에는 치성이 없는데 혹 飛樓로서 공격을 하면 막을 수가 없다고 하고, 함령군 朴纘新이 아뢰기를 東城에 치성을 만들려면 인가는 서성처럼 헐지 않아도 되며, 반드시 치를 설치하려면 불가불 인가를 많이 헐어야 한다고 하였다. 또 행부사직 具聖任은 성곽에 굴곡처가 많이 형성되면 비록 치를 설치하지 않아도 사이에 하늘이 만든 많은 치성이 만들어 지는데, 남한산성은 비록 치성이 없으나 당시 오래 버틸 수 있었으니, 치성이 없기 때문

에 도성을 지킬 수 없겠는가라고 하였다(『承政院日記』 책965, 英祖 19년 11월 甲申).

④ 영조 23년 4월 16일에 영조가 歡慶殿에서 禮曹堂上 등을 인견할 때 우윤 金尙星이 아뢰기를 城堞의 제도에서 치성이 중요한데 치성이 있으면 반드시 舖樓가 있어야 한다. 우리나라 도성에는 치성이 없고, 軍器를 藏置할 곳이 없는 것이 염려된다. 다시 대신들에게 詢問한 뒤에 처리하는 것이 무방할 것 같다고 하였다. 신이 일찍이 영남에서 倭城의 제도를 보았는데, 비록 치성은 없으나 그 제도는 매우 좋았다고 하였다. 또 행사직 구성임이 아뢰기를 치성의 제도는 마땅히 홍인문 옹성의 제도와 같이 하여야 한다. 신이 전에 訓將, 摠使와 함께 직접 성첩을 摘奸하여 보니, 치성을 쌓을 곳은 12곳에 불과하였으며, 동쪽 一隅와 서남 一隅를 제외하고는 쌓을 만한 곳이 없었다고 하였다. 행공조판서 김약노는 치성을 城角에 간간히 설치하여 相望할 수 있는 곳에 만들어야 한다고 하였다. 이에 영조는 치성을 설축할 때 성벽 밑의 人家가 많이 毁傷되기 때문에 근자에 三門 밖의 인가를 次第로 入城시키자는 이야기가 있다고 하자, 예조참판 김상노는 인가가 혹 훼상되더라도 사대부의 가옥은 불과 1, 2기가 훼상되는데, 守城은 국가의 대계이니 소소한 妨礙를 근심하겠는가라고 하였다(『承政院日記』 책1015, 英祖 23년 4월 乙亥).

⑤ 영조 23년 4월 17일에 환경전에서 藥房이 入診할 때 영조는 이미 舖樓를 설치하였으니, 치성도 불가불 쌓아야 한다고 하였다. 이에 金始爀은 일찍이 말하기를 燔磚으로써 쌓는 것이 매우 쉽다고 하는데, 지금 쌓을 성도 燔磚으로 쌓는 것이 좋겠다고 하였다. 御將 구성임은 신이 木造로서 치성의 모양을 만들어 신의 집에 두었는데, 전하께서 보고 싶으시면 후일 登對時에 가지고 오겠다고 하였다. 또 치성을 쌓는 것은 평지에만 필요하기 때문에 남한산성과 북한산성에는 치성이 없다고 하였다. 부제조 洪象漢은 치성이 없으면 수성하기가 어려운데 우리나라의 성은 小城이기 때문에 치성이 없으며, 대개

축성법에서 필히 內外城이 있어야 制敵할 수가 있다고 하였다. 영조가 御將은 우리나라에는 치성이 긴요하지 않다고 하는데 어떠하냐고 묻자, 구성임은 비록 치성이 없어도 해가 될 것은 없다고 답 하였다(『承政院日記』 책1015, 英祖 23년 4월 丙子).

⑥ 영조 23년 4월 20일에 환경전에서 약방이 입진할 때 영조는 諸臣들은 나의 수성의 계책을 실정에 맞지 않는다고 하는데, 내가 위로는 종사를 위하고 아래로는 백성들을 위하는 것인데, 도성을 버리고 어찌 편안히 의탁할 것인가. 御將은 치성의 제도를 상세히 아느냐고 묻자, 구성임은 우리나라 치성의 제도는 南兵營에만 있는데, 신의 아들이 南兵使로 있을 때 도본 하나를 그려왔기 때문에 가지고 왔다고 하였다. 영조가 이 도본을 살펴본 후 이것이 치성이냐, 墩臺의 법을 겸 하였다. 어장이 이 도본을 보면 南營의 크기가 어떠하며 해자도 있느냐고 묻자, 구성임은 심히 작지는 않고 해자도 있다고 답하였다(『承政院日記』 책1015, 英祖 23년 4월 己卯).

B①~③처럼 영조 19년에도 치성의 축조논의가 있었으나 실현되지 못하였고, B④~⑥처럼 영조 23년 4월에도 축조논의가 있었으나 역시 실현되지 못하였다. 23년의 축조논의는 영조 21년에서 22년 사이의 도성 수축역사에 이어 제기된 것이다.[6]

2) 축조

C—① 영조 28년 11월 28일에 克綏齋에서 약방이 입진할 때 어영대장 洪鳳漢은 도성의 東邊이 가장 낮아서 치첩을 설축할 때 本城보다 조금 높게 쌓으면 低陷의 걱정이 없게 될 것이라고 하고, 도제조 김약로도 도성의 동대문과 수구문 사이가 가장 低陷하여 불가불 치성을 쌓아야 한다. 御將이 나라를 위하는 충성이 없다면 누가 이것을 앙달하겠는가. 대신들에게 詢問하여 시행하는 것이 좋겠다고

6) 閔德植, 위의 논문, 84~91쪽.

하자, 영조는 대신들이 입시할 때 다시 품계하여 거행하라고 명하였다(『承政院日記』책 1088, 英祖 28년 11월 乙酉).

② 영조 28년 11월 29일에 극수재에서 약방이 입진할 때 제조 朴文秀는 신도 어제 御將이 치성에 대해 앙달하였다고 들었는데 신에게도 料量한 것이 있다. 대개 우리나라 도성은 만약 외환이 있으면 수어하기가 어렵고, 심지어 내환에도 반드시 힘을 얻어야 한다. 홍인문에서 광희문 사이는 지세가 低陷하여 갑자기 적이 이르면 수어할 수가 없으니, 치성을 쌓는 것을 그칠 수가 없다. 지금 어영청의 재력이 方饒하니, 어장에게 위임하여 설축하게 하고 나무를 많이 심는 것이 좋겠다고 하였다. 이에 영조는 도성을 수어하려면 치성이 없을 수 없는데, 서로 의논하지도 않고 어장과 靈城(靈城君, 박문수)의 생각이 일치하였다. 『守城節目』이 이미 만들어져 있으니, 수어할 수 있는 방도를 마련하지 않으면 이는 백성들을 속이는 것이다. 이 일은 내가 단연코 할 것이라고 하고, 치성을 쌓으려면 3기로 할까, 5기로 할까라고 묻자, 박문수는 신이 基址를 알지 못하므로 전하께서 신으로 하여금 하라고 한다면, 어장과 함께 가서 看審한 후에 정하겠다고 하자, 영조는 영성이 이렇게 하니 진실로 가상하다고 하였다(『承政院日記』책1088, 英祖 28년 11월 丙戌).

③ 영조 28년 11월 29일에 극수재에서 諸醫들이 退出한 후에 영조는 오늘 대신들이 입시 하였으니, 내가 치성의 일을 경들에게 물어보고 싶다고 하자, 우의정 김상노는 신이 밖에서 이 일을 가지고 논의를 하였다. 총융사는 본래 주장했던 사람이므로 기쁘게 들었고, 어영대장은 이 일을 담당하겠다고 하니 진실로 가상한 일이다. 수성을 하려면 치성이 제일 급한 일인데, 지금 만약 어영대장에게 위임하면 단연코 행할 수가 있으니 어찌 좋지 않겠는가라고 하였다. 이에 영조는 外間에는 반드시 浮議가 있다고 하자, 김상노는 동문 밖 성벽에 가까운 땅은 모두 芹田(미나리 논)인데, 만약 치성을 설축하면 근전인들이 원망할 것이라고 하였다. 영조가 치성을 설축할 수

자가 몇이냐고 묻자, 어영대장 홍봉한은 5기가 될 것이라고 하고, 形止를 간심한 후에 결정할 것이라고 답하였다. 또 영조는 치를 설축하려면 開春후에 즉시 施設하라고 하고, 도성을 지키려면 치성은 마땅히 있어야 하며, 동성밖에는 불가불 설치하여야 한다. 어영청으로 하여금 개춘 후에 즉시 거행토록 하고, 設雉의 숫자는 먼저 講定하고, 어영대장과 전임어영대장 및 훈련대장, 총융사는 함께 가서 간심한 후에 대신, 備堂과 함께 입시하여 품정할 것을 승지에게 써서 전교토록 명하였다(『承政院日記』책1088, 英祖 28년 11월 丙戌.『備邊司謄錄』 英祖 28년 11월 29일).

④ 영조 28년 12월 3일에 영조가 국수재에서 대신 등을 인견할 때 영조는 靈城, 訓將, 御將, 摠戎使가 치성을 쌓을 곳을 간심하고 왔으면 각각 소견들을 말하라고 하자, 어영대장 홍봉한은 광희문 북쪽에서 홍인문 남쪽까지 4곳을 정하였다고 하였다. 이어 행지돈령부사 박문수는 광희문과 홍인문 사이의 성벽이 가장 낮아 군졸로 하여금 성벽을 타고 넘어가게 하니 3발작에 손이 이미 여장에 닿았다. 어장은 이 때문에 체성을 조금 높이려 하는데, 치성을 쌓은 후에 체성을 다시 증축해야 될 것 같다고 하였다. 이에 영조는 본래 그렇게 낮으냐고 하였다. 박문수는 만일 적이 와서 쉽게 성안을 엿 볼 수 있기 때문에 치성을 설축하면 이러한 근심은 없어질 것이다. 치성을 쌓고 화살과 포로 쏘면 원근을 모두 방어하기 때문에 적이 감히 성 밑으로 접근하지 못할 것이라고 하였다. 이에 영조는 100보에 1치를 설치하면 치 사이의 거리가 50보가 되므로 화살이나 포가 서로 미칠 것이 라고 하였다. 홍봉한은 신의 생각 또한 靈城과 같은데, 지금 나라의 재력이 부족하여 체성을 증축하는 일은 잠시 접어두고 먼저 치성을 시작하면 시작이 반이 될 것이고, 앞으로 어찌 체성을 完築할 때가 없겠습니까 라고 하였다. 영조가 광희문 이남은 왜 치를 설치하지 않느냐고 묻자, 박문수는 이곳은 성벽이 높기 때문이라고 답하였다. 이에 영조는 1기의 치를 別設하면 어떠하냐고 하였다. 또 김상

로는 어장이 아뢸 때 재력이 부족하다고 하였는데, 이는 사실이므로 넓게 시작하는 계획은 불가하다고 하였다. 또 영조는 광희문과 홍인문 사이에 몇 기의 치를 설치하려고 하느냐고 묻자, 홍봉한은 신의 생각으로는 4기의 치를 설치하는 것이 좋을 것 같다고 답하였다. 김상로는 비록 도형을 가지고 말하자면 사이를 闊遠하게 할 수는 없으니 5기의 치가 마땅할 것 같다고 하자, 영조는 5기의 치로서 결정하라고 하였다. 또 영조는 도성의 守城問題는 나라의 대계이므로 將臣들이 간심하고 온 이후에 筵中에서 아뢴 바에 따라 거행토록 하되 5기의 치를 설치하는 것으로 분부하였다. 훈련대장 김성응은 南別院에 마땅히 1치를 설치해야 한다고 하였다. 이에 홍봉한은 他處에 재력을 다시 요청할 수 없으니 재력의 부족이 염려된다고 하고, 치성을 설축하는 일은 이미 결정이 되었으니, 공력을 本營(어영청)에서 전담하겠다는 뜻을 이미 앙달하였다고 하였다. 또 그는 본영에는 비록 錢儲는 있으나, 남아 있는 米木은 극히 적다. 이번 많은 匠募의 料布는 米는 800여 석이고, 木은 70여 同이 소요되어야 하므로 장차 貿用해야 하는데, 앞으로 많이 貿用할 방도가 없다. 진휼청의 舊陳米와 병조의 舊陳木는 전부터 많이 減價하여 發賣한 예가 있으므로, 이와 같은 大役에는 더욱 형편에 따라 변통하지 않을 수가 없다. 진휼청의 米 800석과 병조의 木 70동도 他例처럼 發賣하여 取用하는 것이 어떠하겠느냐고 하였다. 이에 김상로는 이번 역사는 대역인 만큼 미포를 양을 헤아려 획급하는 것이 가할 듯하고, 하물며 錢으로 換用토록 하는 것에 대해서 말이겠는가. 아뢴 바에 따라 윤허하는 것이 옳을 것 같다고 하였다. 이에 대해 영조는 이를 윤허한다고 하였다. 또 김상로는 지금 들으니 諸將臣들이 아뢰기를 동쪽 도성이 매우 낮다고 하는데, 비록 헐어 평평하게 할 수 없다면 개축할 치성은 체성보다 조금 높게 쌓고, 앞으로 체성을 修改할 때 치성과 같게 加築하는 것이 옳을 것 같고, 이를 定式으로 삼아 거행할 것을 해당 군문에 분부하는 것이 어떻겠느냐고 하자, 영조는 이를 윤허하였다.

또 홍봉한이 『紀效新書』에서 치성의 제도를 상세하게 볼 수가 있다고 하자, 영조는 注書에게 가지고 오라고 하였다. 영조는 이를 보고 말하기를 과연 치성의 제도가 이와 같구나. 騎城舖는 무엇이냐고 묻자, 홍봉한은 城上에 세운 小樓로 舖라고 답하였다.[7] 영조는 옹성은 圍繞하여 쌓는 것인데 동대문에만 하나가 있다고 하자, 김상로는 옹성의 의미는 본래 좋다고 하였다. 홍봉한은 신은 이 일에 생소하므로 신의 軍營에서 의지할 만한 사람을 골라서 董役토록 하겠다고 하자, 영조는 그 가 누구냐고 물었다. 이에 홍봉한은 신의 군영의 별장 田雲祥이라고 답하였다. 이에 영조는 대계를 하려면 꼭 그 사람을 보아야 하겠으니, 어장은 나가서 데리고 오라고 하였다. 김상로는 전운상은 대단히 성실하여 일을 망치지 않을 것이니 가히 쓸 만한 사람이라고 하였다. 전운상이 불려 들어오자 영조는 너로 하여금 치성 쌓는 일을 董役코자 하는데, 너는 雉制를 잘 아느냐고 물었다. 이에 전운상은 일찍이 『기효신서』에서 보았다고 답하였다. 이에 영조는 席緣을 따라 그 제도를 모두 진렬하라고 명하였다. 전운상은 陳口를 가리키며 치성의 제도는 直出이 1丈이면, 橫으로는 5寸을 길게 하고, 체성이 2장이면 치를 2촌을 높이며, 체성이 3장이면 3촌을 높이는데, 火砲諸物을 그 가운데에 按配하여 外攻에 대비한다고 답하였다. 이에 영조는 당연히 舖樓를 만들어 군졸로 하여금 풍우의 피해를 면하게 해야 한다고 하였다. 이에 홍봉한은 치성을 다 쌓은 후에 천천히 更稟하여 거행하겠다고 하였다. 영조는 전운상에게 너의 대장이 너에게 모든 것을 위임하였으니, 너는 모름지기 勉力하라고 당부하자, 전운상은 모든 힘을 다해서 봉행하겠다고 답하였다

7) 城書에는 雉 위에 지은 집을 舖라고 하고, 치의 군사를 가려 적군이 보지 못하도록 하는 것이라고 하였다(『華城城役儀軌』 卷首 圖說). 즉 이것이 舖樓로 여기서 말하는 騎城舖이다. 중국에서는 50垜 마다 1치를 두는데, 1치에 1舖를 짖고, 경우에 따라서는 2치의 중앙인 25타에 1小舖를 더 두기도 하였다고 한다(『紀效新書』 권13 守哨篇13 窩舖解).

(『承政院日記』 책1089, 英祖 28년 12월 己丑. 『備邊司謄錄』 英祖 28년 12월 4일).

⑤ 영조 29년 1월 14일에 영조가 극수재에서 修整堂上 등을 인견할 때 예조판서 홍봉한은 치성의 역사를 금방 시작하려고 하는데, 募軍布가 부족하여 호판과 상의 하여 下地木 40~50 동을 兵曹例에 의거하여 減價하여 사용하는 것이 어떻겠느냐고 하자, 호조판서 趙榮國은 호조 地木은 쓸 것이 매우 부족하고, 玄木에 있어서는 용처가 많지 않기 때문에 비축분이 없지 않으니 수 10동을 발매하면 어려움이 없을 것이다. 현목은 本曹의 行用의 가격이 1필에 1량 7전인데 비록 한결같이 숫자에 준하는 것은 불가하나 이를 참작하여 定價를 매기는 것이 온당할 것 같다고 하였다. 이에 영조는 100동에 한정하여 貿用하도록 하라고 명하였다 (『承政院日記』 책1090, 英祖 29년 정월 庚午).

⑥ 영조 29년 1월 20일에 어영청에서 言達하기를 본청에 分授된 東城外 치성을 설축하는 일은 이미 定奪되었으니, 설축에 쓰일 石子는 이달 22일부터 시작하고, 東郊의 蘆原 근처에서 浮出하겠다고 하였다(『承政院日記』 책1090, 英祖 29년 정월 丙子).

⑦ 영조 29년 2월 13일에 영조가 先農壇에 나아가 親耕할 때 예조판서 홍봉한에게 치성을 쌓을 곳에 먼저 紅旗를 排立하고 대령토록 하라고 명하였다. 이어 영조는 輦을 타고 홍인문에 이르러 치성들 사이가 너무 가까우니 130보를 간격으로 하는 것이 좋겠다고 하고, 50把에 1哨를 두는 것이 합당하며, 성벽 가까이의 芹田에 貯水하면 城址가 해를 입기 때문에 城底의 근전을 모두 메우라고 명하였다. 三門 밖에 만약 치성을 만들면 사대부의 家舍가 毁撤되는 것이 많을 것인데, 어찌 근전을 애석히 여겨 메우지 않겠는가. 내가 臨城하여 친히 하교하였는데 병판과 어장을 누가 감히 원망하겠는가. 어장은 하여금 즉시 메우라고 명하였다. 또 영조는 동문에는 몇 개의 치를 만들 것이냐고 묻자, 홍봉한은 광희문 북쪽으로 6기의 치를 만

드는 것이 좋겠다고 답하였다. 이에 영조는 그리 하라고 명하였다(『承政院日記』책1091, 英祖 29년 2월 己亥).

⑧ 영조 29년 2월 14일에 영조가 희정당에서 박문수 등을 인견할 때 영조는 御將의 치성에 대한 성의가 매우 가상스럽다. 홍인문의 옹성은 매우 좋은데, 4문 모두 옹성이 없어서는 안 된다. 中原에서는 城處에는 모두 옹성이 있다고 하자, 박문수는 옹성을 잘 만들면 어찌 좋지 않겠는가라고 하였다. 이에 영조는 城中에 만약 사람이 있으면 외적이 어찌 성문을 엿보겠는가라고 하였다(『承政院日記』 책1091, 英祖 29년 2월 庚子).

⑨ 영조 29년 2월 18일에 어영청에서 言達하기를 동성의 치성을 곧 始役하려고 하는데 제6처의 基垈에 수 십주의 稚松이 있어서 이들 어린 소나무를 베어내고 평편하게 다듬은 후에 설축할 수가 있다. 이달 21일에 베어서 募軍들의 炊飯의 재료로 삼겠으며, 이런 뜻으로 한성부에 분부하겠다는 뜻을 아뢴다고 하였다 (『承政院日記』책1091, 英祖 29년 2월 甲辰).

⑩ 영조 29년 2월 22일에 어영청에서 언달하기를 본청에 分授된 동성 門外 치성의 설축에 쓰일 잡석을 南伐兒 밖 남산 근처에서 拾用하려고 한다고 하였다 (『承政院日記』책1091, 英祖 29년 2월 戊申).

⑪ 영조 29년 2월 22일에 영조가 희정당에서 박문수 등을 인견할 때, 박문수가 아뢰기를 치성의 물력을 御將이 스스로 본영에서 마련하였는데, 치의 숫자가 점점 많아지면서 工役도 매우 커져서 형편에 따라 변통의 생각이 있다고 들었는데 꺼려서 감히 아뢰지를 못한다고 하자, 釐正堂上 홍봉한은 치성의 설축에 들어갈 재력은 벌써 어려움이 있으나 다시 요청하지는 안겠는데 단, 役糧은 매우 부족하니 庚午條(영조 26년)로 先來한 儲置米에서 매년 移減하는 것을 금년은 잠시 이감하지 말고 후년으로 退減하면 均廳은 所失이 없고, 본영의 大役도 가히 成樣할 수가 있다고 하였다. 이에 영조는 경오

조는 당초 특명으로 蕩滌하였는데, 경들이 어렵다고 하여 還寢한 것이니 다시 탕척하는 것이 좋겠다고 하였다. 이에 홍봉한은 삼군문의 이감은 모두 만여 석으로 결코 탕척할 수 없고, 御廳도 마찬가지니 신이 均堂의 직임을 띠고 있으면서 명령을 따르기는 어려우며, 전하께서 城役을 염려하시는 마음이 있으시다면, 소위 移減條를 후년으로 물려서 실시토록 명하시고, 금년에 給代하여 盡數를 획득하면 이에 힘입어 完役할 수 있을 것이라고 하자, 영조는 이를 윤허하였다. (『承政院日記』 책1091, 英祖 29년 2월 戊申. 『備邊司謄錄』 英祖 29년 2월 24일).

⑫ 영조 29년 2월 25일에 어영청에서 언계하기를 본청에 분수된 東城外 치성 6처는 이달 28일에 시역하고, 본청의 별장 전운상을 都廳으로 선택하여 그로 하여금 감동토록 하겠다고 하였다(『承政院日記』 책1091, 英祖 29년 2월 辛亥).

⑬ 영조 29년 2월 30일에 어영청에서 言啓하기를 東城外 치성의 6처는 이미 시역하였고, 連接處 체성은 연차적으로 撤毁할 것이다. 이것은 頹城의 개축과는 차이가 있으므로 把守하지 않을 수 없으며, 哨官 3員과 鄕軍 30명을 定送하여 필축할 때 까지 돌아가며 파수토록 하겠다고 하였다(『承政院日記』 책1091, 英祖 29년 2월 丙辰).

⑭ 영조 29년 4월 9일에 어영청에서 언계하기를 하교에 따라 치성의 匠募 등 440명의 거처에 술 각 1器, 乾魚 1尾를 分饋토록 하겠다고 하였다(『承政院日記』 책1093, 英祖 29년 4월 甲午).

⑮ 영조 29년 4월 9일에 영조가 太廟의 夏享大祭를 親享하고 환궁할 때에 치성의 開基處와 이미 축성한 치성을 살펴보고 하교하기를 挾輦砲手들을 치성에 排立시키고 이들로 하여금 放砲토록 하라고 하자, 어장 홍봉한이 명에 따라 협련포수들을 불러들였다. 이에 우승지 洪益三은 이는 불가하며 조총을 어찌 쏘겠느냐고 하고, 韓光肇도 이게 무슨 下命인가 지금 여기서 어찌 방포할 수 있겠는가 이는 결단코 할 수 없다고 하였다. 이에 영조는 웃으면서 어찌 하겠는

가. 放砲事는 그만 두라고 하였다. 回鑾하면서 役處를 지날 때 하교하기를 내가 여기까지 왔는데 激勸의 말이 없을 수 없으니, 役夫處에 酒盆을 饋給한 후 어장은 草記로서 아뢰라고 명하였다(『承政院日記』 책1093, 英祖 29년 4월 甲午).

⑯ 영조 29년 5월 7일에 어영청이 언계하기를 치성의 1치, 2치, 4치의 체성은 이미 필축 되었으니 이곳의 파수군은 먼저 撤罷하고, 나머지 3곳도 필축하면 파수군을 필축에 따라 연차적으로 철파하겠으며, 여장은 곧 시역하겠다고 하였다(『承政院日記』 책1094, 英祖 29년 5월 壬戌).

⑰ 영조 29년 5월 24일에 영조가 희정당에서 대신 등을 인견할 때 영조가 지금 들으니 東邊의 치성이 이미 필축 되었다고 하는데, 이와 같이 방대한 역사를 3개월 만에 마쳤다. 아 도성을 守城함에 이곳 치성이 先務이다. 어장 홍봉한이 열의를 가지고 나라를 위하여 담당한 정성은 심히 가상하니, 홍봉한에게 특별히 熟馬 1필을 面給하여 나의 뜻을 보이도록 하고, 비록 어장이 담당하였으나 전운상이 없었다면 누가 능히 版鍤을 助役하여 속히 마칠 수가 있었겠느냐. 전운상을 특별히 加資하여 공로에 보답하는 뜻을 보이고, 나머지 장교이하도 해당 군영으로 하여금 書入토록 하라고 명하였다(『承政院日記』 책1094, 英祖 29년 5월 己卯).

⑱ 영조 29년 6월 1일에 어영청에서 언계하기를 6곳의 치성 여장이 지금 필축 되었다고 하였다(『承政院日記』 책1095, 英祖 29년 6월 乙酉).

⑲ 영조 29년 6월 3일에 희정당에서 대신들을 인견할 때 영조는 아 6순의 늙 바탕에 守城의 대개는 멀구나. 이는 하나같이 백성을 위한 것이다. 성이 있으면 치가 있는 것이 古例에도 분명한 것인데, 요사이 치성의 제도를 물으면 하려고 해도 이룰 수가 없다고 한다. 어장이 담당하여 수개월이 안 돼 필역하였으니 어장이 아니면 이 역사를 담당하지 못하였을 것이니 심히 가상하도다. 연이나 이런

역사에는 비방과 방해가 있게 마련인데, 이때의 傳聞은 속여서 미혹시키기 위한 것이었다(『承政院日記』 책1095, 英祖 29년 6월 丁亥).

⑳ 영조 29년 6월 5일에 영조가 희정당에서 대신 등을 인견할 때 권적이 아뢰기를 어영대장 홍봉한이 치성을 開基할 때 城底의 여러 무덤들을 파서 한 구덩이에 묻었는데, 한 北道人의 客死者가 있어 그 옆에 草墳을 하였는데 그 중에 혼입되었다. 死者의 아들이 와서 찾았으나 찾지를 못하고 길에서 흐느껴 울었다고들 하는데, 듣기에 매우 놀랍고 애처로 왔다. 이들의 寃氣가 어찌 和氣를 막아 재앙에 이르지 않겠는가. 또 들으니 浮石所가 思陵[8]에 가까워 陵寢을 震驚하게 하고, 산맥을 깎아 손상을 입혔으니 어찌 매우 驚駭롭지 않겠는가라고 하였다. 이에 영조는 경의 말이 이렇게 심한가라고 꾸짖었다. 좌의정 李天輔는 北人의 말은 신은 듣지 못했고, 思陵 主脈說은 사리에도 맞지 않는데, 군인의 부석소는 스스로 정한 것이라고 하였다. 이에 영조는 요즈음 들으니 부석소는 蘆原이라고 하는데, 노원이 사릉에 가까우냐고 묻자, 좌 · 우상은 매우 멀다고 답하였다(『承政院日記』 책1095, 英祖 29년 6월 己丑).

㉑ 영조 29년 6월 9일에 희정당에서 약방이 입진할 때 영조가 권적의 緘辭를 보고 동변은 이미 設雉되었는데 나 역시 登覽하였다. 西邊人들이 지금 무리를 지어 일어나 동쪽을 협박하고 서쪽을 막는데, 그 기세가 그러하였기에 일찍이 이에 下敎를 하였다. 造訛되고 轉訛되는 사이에 이것이 그중에 하나였다. 그들이 만약 국법을 엄히 지키고, 기강을 중히 하는 마음이 있다면, 莫重莫大한 곳에 어찌 감히 헛소문을 만들겠느냐고 하였다(『承政院日記』 책1095, 英祖 29년 6월 癸巳).

C①~⑤는 축조작업에서의 준비단계에 해당된다. 특히 C④에서는 구체적인 내용들이 논의되고 있는데, 체성을 높여 쌓는 문제,

8) 사릉은 단종비 定順王后의 능으로, 경기도 남양주시 진건읍 사능리 산 65—1에 소재한다.

치성의 숫자 문제, 경비의 확보 문제, 董役者의 선정 문제, 舖樓의 설치 문제 등이다. C⑥~⑱은 축조작업에 대한 실제적인 내용들이다. 치성에 쓰일 石子의 浮石處와 부석 일자, 치성의 숫자가 정해지고, 이어 29년 2월 28일에 시역하여 3개월만인 6월 1일에 필역하였다고 하였다. C⑲~㉑은 치성의 역사에 따른 비방과 방해가 많았다는 내용들이다.

Ⅱ. 이간수문

1. 발굴조사자료

水門은 체성벽을 관통하여 동—서 방향으로 2기가 개설되었으며, 수문의 입면형태는 전면부와 후면부 모두 홍예이다. 우선 二間水門을 조성하기 위해 폭 10m의 공간을 마련한 후, 치석된 장방형의 석재를 이용하여 기단석을 축조하고, 虹霓基石은 2단으로 기단석에서 20~25cm 정도 들여서 축조하였다.[9] 이후에 홍예석을 사용하여 홍예문의 구조로 축조하였는데, 발굴 당시 잔존 높이는 바닥부에서 4.4m였다. 북홍예문의 외측 북편에 남아 있던 홍예석까지 감안하면 기단석을 포함하여 5.4m(6단, 외측 기준)였다.[10]

---

9) 한양도성의 오간수문 바닥에는 지반의 보강을 위해 직경 10cm 내외, 길이 100~150cm 정도의 말목을 1㎡ 내에 25개 정도를 박은 후, 암갈색 사질점토와 혼합된 잡석을 말목 상단의 높이에 맞추어 15cm 정도 깔아 잡석다짐을 하였다(서울特別市 · 中央文化財硏究院, 『淸溪川 遺蹟』, 2004, 87쪽). 한편 태조 5년에 도성을 쌓을 때 동대문 부근은 지세가 낮으므로 排橛壘石을 한 후에 성벽을 쌓았다고 하는데(『太祖實錄』 권9, 太祖 5년 2월 丙辰), 오간수문의 기초 구축이 이와 같다.

10) 홍예식 성문은 圓弧의 중심이 虹霓起石 바닥의 연결 선상에 있는 반원형홍예, 중심이 홍예기석 연결선 위에 있는 높은 굽의 포물선형홍예, 원호가 扇單石 상부까지 계속되는 말굽형홍예, 원호의 중심선이 수평선 아래로 쳐져 있는 타원형홍예, 기타 변형된 홍예 등 5가지 유형으로 구분되는데(李應默,

수문의 길이는 남홍예문과 북홍예문 모두 기단석을 기준으로 790~795cm이고, 홍예기석을 기준으로 740~750cm였다. 수문의 폭은 기단석을 기준으로 370cm, 홍예기석을 기준으로 425cm였다. 남홍예문과 북홍예문 사이의 폭은 기단석을 기준으로 250cm이고, 홍예기석을 기준으로는 205cm였다.

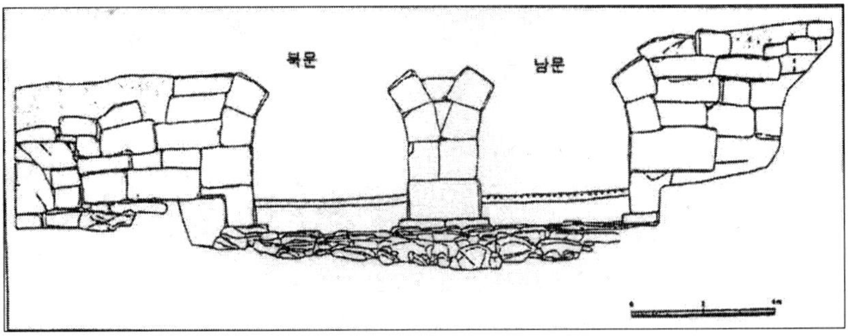

<그림 1> 이간수문 외측 입면도

수문 바닥부는 해발고도 17.2m인데, 내외측 기단석의 열에 맞추어 크기 1m 이상의 상면만 평편하게 다듬은 판상석을 이용하여 정연하게 깔았다. 빈틈은 소형 석재를 사용하여 빈 공간 없이 채워 넣었다. 수문의 외측과 내측에도 상면을 평편하게 다듬은 판상석을 이용하여 깔았는데, 외측은 수문의 기단석에서 380cm, 내측은 수문의 기단석에서 780cm 지점까지 깔았다. 수문 외측의 바닥석은 流水의 흐름을 고려하여 밖으로 진행되면서 점차 낮아지고 석재의 크기도 작아졌다.

남홍예문과 북홍예문 사이의 수문 내측에는 배머리 모양의 석축 시설을 하였다. 장대석으로 길이 330cm, 폭 250cm의 기단부를 조성

「韓國城郭의 城門建築樣式에 關한 硏究—朝鮮時代 城門을 中心으로—」(단국대학교 대학원 석사학위논문), 1983, 44쪽), 이곳 이간수문에 복원된 홍예는 반원형홍예에 속한다고 볼 수가 있다. 한편 홍예는 건축공학적으로 하중을 효과적으로 분산시키는 효과가 있으므로, 홍예의 형태에 따라 차이는 있지만, 平拒式보다 최소한 10배 이상의 견고성을 갖는다고 알려져 있다.

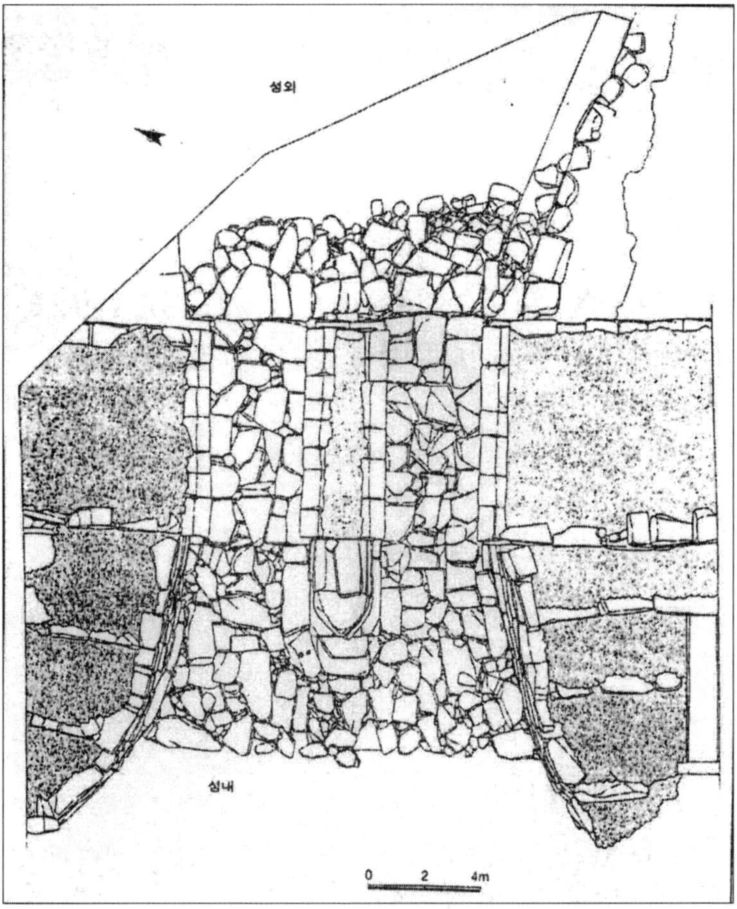

<그림 2> 이간수문 평면도

하고, 기단석의 양쪽 모서리는 30~50cm 정도 사면으로 깎아 비스듬하게 처리하였다. 그 위에 평면형태가 오각형인 배머리 모양의 석재를 2단으로 조성하였는데, 잔존 높이는 기단석 상면에서 290cm였다.

수문의 중앙 부분에는 도성 안쪽으로 들어오는 적을 막기 위해 설치된 木柵(또는 鐵柵)의 흔적이 확인되었다. 가장 이른 시기에 조성되었던 추정 목책시설은 횡방향의 목재가 홍예의 양쪽 홍예기석에 결구된 체 남아 있었다. 목재는 남홍예문과 북홍예문 모두 바닥석에서 70cm 위에서 확인되었으며, 결구되는 홍예기석의 양쪽 홈은 서로 다른 구조였다. 한쪽은 홈을 깊게 파내어 끼우도록 고안되었는데, 남홍예문의 남측과 북홍예문의 북측에 남아 있었다. 또 다른 한쪽은 홈을 위쪽에서 비스듬하게 다듬은 후, 아래쪽에 홈을 낸 구조로, 남홍예문의 북측과 북홍예문의 남측에 남아 있었다. 남홍예문의 횡방향 목재는 길이 440cm, 12cm 간격으로 깊이 17cm의 구멍 22개가 조성되어 있었다. 북홍예문의 횡방향 목재는 길이 432cm이고, 12cm 간격으로 깊이 17cm의 구멍 21개가 조성되어 있었다. 구멍에 결구된

<사진 2> 이간수문 북홍예문 목책 복원

것으로 보이는 세로 방향의 시설물은 확인되지 않았다.

수문 안쪽과 바깥쪽에는 홍예문에서 시작하여 평면상에서 점차 벌어지는 날개 형태의 석축시설을 하였다. 북홍예문의 내측 날개 석축은 길이 13m이고, 최대 높이 4.5m였다. 축조방법은 홍예의 내측에서 이어지는 기단석 진행 방향과 동일하게 장대석의 석재를 이용하여

기단부를 조성한 후 방형의 석재를 이용하여 기단석에서 30cm 정도 들여 수직에 가까운 석축시설을 하였다. 빈틈은 소형의 할석재를 끼워 넣었다. 홍예와 연결되는 가장 상층의 석재가 입면 직삼각형으로 남아 있어, 석축시설은 현재 잔존하는 부분 이상으로 존재하지 않고 마무리가 되었던 것으로 보였다고 한다. 석축의 반대쪽은 조사지역 밖으로 진행되고 있어 더 이상 확인이 어려웠다. 남홍예문의 내측에 축조되어 있는 석축시설의 길이는 11m, 최대 높이 4.1m였다. 양 날개 석축간의 최대 폭은 19m였다.

날개 석축시설을 이용하여 석축 안쪽으로 성내로 오르기 위한 城登施設이 체성 내벽에 마련되어 있었다. 북홍예문 북쪽의 성등시설 길이는 10.8m이고, 최대 폭은 5.3m였다. 남홍예문 남쪽의 성등시설 길이는 9m, 최대 폭은 6.8m였다. 성등시설은 3단으로 조성되었으며, 장대석을 이용하여 계단을 마련하고, 일정한 거리만큼 잡석을 채워 체성벽의 내벽까지 비스듬하게 처리하였다.11)

2. 문헌자료

1) 축조

(1) 초축

D—① 태조 5년 2월 28일에 築城役夫를 돌려보냈다. 城基의 高嶮處는 석성을 쌓았는데, 높이 15척, 길이 19,200척이고, 平山에는 토성을 쌓았는데 下廣 24척, 上廣 18척, 높이 25척이고, 길이는 43,000척이었다. 수구에는 雲梯를 쌓고, 양쪽에다 석성을 쌓았는데, 높이가 16척, 길이가 1,500척이었다(『太祖實錄』권9, 太祖 5년 2월 丙辰).

② 태조 5년 9월 24일에 도성의 축성역을 마쳤다. 춘절역사에서 쌓은 곳에 물이 솟아 무너져 내린 곳은 석축으로 쌓고, 간간이 토성을 쌓았다. 운제도 빗물로 인하여 무너진 곳이 있으므로 다시

---

11) 중원문화재연구원, 『동대문 디자인플라자 및 파크 건립부지내 발굴조사—완료약보고서—』, 50~52쪽.

쌓고, 또 운제 한 곳을 두어서 水勢를 분리하고, 석축이 낮은 곳은 加築하였다(『太祖實錄』 권10, 太祖 5년 9월 己卯).

③ 세종 4년 1월 16일에 도성수축도감에서 아뢰기를 도성의 수문의 수가 적어, 전 해의 장맛비에 하천 물이 불어 넘쳐서 하천 가의 人家는 혹은 물에 잠긴 것도 있었다. 전에 있던 북쪽의 수문 세 칸에 한 칸을 더 만들고, 남쪽 수문 두 칸에 한 칸을 더 만들자고 하자, 세종은 이를 윤허하였다. 세종은 이어 인력에 여유가 있으면 하천가의 좌우를 모두 돌로 쌓아 빗물을 통하게 하도록 명하였다(『世宗實錄』 권15, 世宗 4년 정월 甲戌).

④ 세종 4년 2월 23일에 도성의 수축이 필역되었다. 성벽은 모두 돌로 쌓았는데, 險地는 높이가 16척, 다음은 20척, 평지는 23척으로 하고, 수문 2칸을 증치하여 막힌 것을 통하게 하고, 서전문을 막고 돈의문을 설치하였으며, 성벽의 내외에 폭 15척의 길을 내어 巡審을 편하게 하였다(『世宗實錄』 권15, 世宗 4년 2월 庚戌).

D①에서는 태조 5년의 춘절역사 때 水口에는 雲梯(구름다리)를 쌓고, 운제의 양쪽에는 石城을 쌓았는데 높이가 16척, 길이가 1,500척이라고 하였다. 홍예수문의 양쪽에는 높이 16척, 길이 1,500척의 석성을 쌓아 수문을 보호하였다. 이 지역은 지형이 평지이기 때문에 토성으로 쌓아야 하나 수문 때문에 석축으로 쌓은 것이고, 수문의 위치는 開川 위에 만든 이간수문이었다고 추측된다.

D②에서는 태조 5년의 추절역사에서 빗물로 무너진 곳이 있는 운제를 다시 쌓고, 또 운제 1곳을 다시 만들어 水勢를 분리하였다고 하였다. 여기서 이 때 다시 만들었다는 운제는 본고에서 다루고 있는 이간수문이 아닌가 추측된다. 새로 만든 이 수문도 홍예 형태의 수문이었다고 볼 수가 있다.

D③에서는 세종 4년 도성을 대대적으로 수축할 때에 전년의 장맛비에 냇물이 불어 넘쳐서 인가가 물에 잠긴 일이 있기 때문에

도성수축도감에서는 북쪽의 수문 3칸에 1칸을 더 만들고, 남쪽 수문 2칸에 1칸을 더 만들려고 하였다한다. 그러나 실제로는 D④처럼 開川上에 있는 3칸 수문에만 2칸을 增置하여 五間水門으로 만들고, 남쪽의 이간수문은 증치하지 않고 그대로 둔 것이다.

(2) 수축

E—① 영조 30년 3월 22일에 영조가 明政門에 나아가 朝參할 때에 오위장 李夏徵이 아뢰기를 근래 오간수문 밖에 公私田이 많은데 水道가 굴곡을 이루며 不順하기 때문이며, 元家 외에 外餘家가 매우 많아 이것이 수도를 막으니, 지금 외여가를 모두 毁撤하고 淸風溪와 三淸洞 등에는 木柵을 설치하여 沙土가 침식하지 못하게 하는 것이 좋겠다고 하자, 영조는 도승지의 木閘說과 같다고 하였다. 이에 행도승지 李喆輔는 木閘은 開閉木柵으로 사토를 障護하여 흘러내지 못하게 하는 것이라고 하고, 홍봉한은 이하징이 아뢴 바에는 所見이 없지 않은데 목책의 설은 잘못이라고 하였다. 이에 이하징이 아뢰기를 신이 외방에서 築洑의 역사를 보고 목책의 유리함을 알았다고 하였다. 영조는 宋奎彬을 불러들여 개천의 이해를 묻자, 송규빈은 모두 개천이 좋다고 하는데, 10리의 사토를 도로의 좌우에 파서 두면 不開하는 것과 같고, 밖으로 실어내려면 인력이 많이 들어 보리고개에 이런 역사를 하기는 매우 어렵다고 답하였다 (『承政院日記』 책1104, 英祖 30년 3월 壬申).

② 영조 30년 3월 25일에는 漢城參軍 洪鼎猷와 선정관 田光勳이 오간수문의 水道 形止를 하교에 따라 보고하려고 賓陽門에 입시하였다. 영조가 涵仁亭에서 한성참군 홍정유와 선전관 전광훈을 인견할 때 영조는 홍정유가 올린 수도의 형지를 그린 것을 받고, 이간수문은 二雉와 三雉 사이에 있느냐고 묻자, 홍정유는 그렇다고 답하였다. 또 영조는 이 수문은 永渡橋에 있느냐고 묻자, 전광훈은 작년에 물이 모자라는 곳은 호조에서 堤를 쌓았다고 답하였다. 또 영조는 근처에 전답이 많으냐고 묻자, 홍정유는 民田도 있고, 馬位田도

있다고 답하였다. 이에 영조는 마위전은 이상하다고 하였다. 또 영조는 영도교가 어느 곳에 있느냐고 묻자, 좌승지 南泰溫은 關王廟 앞에 있다고 하였다. 영조는 이간수문이 오간수문 보다 심하냐고 묻자, 승지는 그러하지 않고 오간수문은 大川이라고 답하였다. 또 영조는 만약 수도가 통하면 전답이 줄어들어 주인들이 싫어할 것이 아니겠느냐고 하자, 남태온은 東邊을 파내면 동쪽이 싫어하고, 서변을 파내면 서쪽이 싫어하는데, 이는 물의 성질에 따르는 외에는 다른 방도가 없다고 하였다. 영조가 홍정유에게 묻기를 수도를 개통하는 것을 너는 할 수가 있겠느냐고 묻자, 홍정유는 이간을 개통하는 것은 혹 할 수가 있겠으나 오간은 역량이 미치지 못한다고 답하였다. 이에 영조는 오간이 만약 개통되면 이간은 비록 막아도 무방하다고 하였다(『承政院日記』책1104, 英祖 30년 3월 乙亥).

③ 영조 30년 4월 8일에 영조가 太廟에 갔다가 毓祥宮門에 들어갈 때 송규빈이 판 川渠와 이간수문을 새로 판 곳을 摘奸하고 올 수가 있겠느냐고 묻자, 우승지 韓光會가 신이 하교를 받들어 적간하겠다고 하였다. 이에 대해 선전관 전광훈이 보고하기를 신이 松肌廛橋에 가서 간심해 보니 천거는 대략 땅을 판 곳이 있으나, 坊民들이 公役에 응한 것이 아니다. 송규빈은 孝橋 아래에 두 곳을 파서 막았으나, 상변에 쌓아 놓은 진흙과 모래가 만약 비가 와서 흘러내리면 조금 근심이 된다. 이간수문을 파낸 곳은 길이가 30步, 폭이 3把인데, 어영청에서 만든 것이라고 하였다. 이에 영조가 높이는 얼마나 되느냐고 묻자, 신이 홍예밑에 서보니 겨우 容身할 수 있었다고 답하였다(『承政院日記』책1105, 英祖 30년 4월 丁亥).

④ 영조 30년 5월 17일에 영조가 延生門에 나아가 승지들을 인견할 때 우부승지 成天柱에게 큰 비가 내렸으니, 資始宮橋에서 오간수문까지 川渠를 간심하고 오라고 명하였다(『承政院日記』책1107, 英祖 30년 5월 乙未).

⑤ 영조 30년 6월 5일에 어영대장 홍봉한이 아뢰기를 이간수

문 상류의 수도를 파서 트더라도 이는 광희문의 直路이므로 곧 메워지니, 여기서 훈련원 앞을 가로 흘러 오간수문으로 돌아가는 것은 참으로 이 때문이다. 작은 돌다리를 설치하고서야 이 폐단을 없앨 수 있으므로 營繕에 넘겨야 할 것인데, 지금 호조에서는 이런 역사를 감당하기 어렵고, 그 곳은 下都監에서 가까우므로 훈련대장이 재력을 담당하여 처리하려고 한다 하나 軍門 홀로 다리 놓는 일을 맡는 것도 뒷 폐단에 관계된다. 備局에서 各司에 약간의 재력을 분정하여 보태게 하면 事面이 조금 바르고 일도 쉽게 성취될 것이라고 하였다(『英祖實錄』 권81, 英祖 30년 6월 癸丑).

E①~⑤는 영조 30년에 송규빈의 주도로 이루어진 濬川工事에 관한 내용이다. 이 중에서 E③에서는 어영청에서 새로 판 이간수문은 길이가 30보, 폭이 3파이고, 홍예의 높이가 겨우 容身할 정도였다고 한 점은 주목된다. 이때의 홍예의 높이가 현재 복원한 이간수문 홍예의 높이에 비하면 매우 왜소한데, 이때 홍예 바닥에 토사가 깊게 쌓여 있었기 때문일 것이다.

F—① 영조 35년 10월 6일에 홍봉한, 李昌誼, 洪啓禧를 濬川堂上으로 삼고,[12] 그 節目을 講定토록 명하였다(『英祖實錄』 권94, 英祖 35년 10월 癸未).

② 영조 35년 10월 8일에 영조가 희정당에서 濬川堂上과 五部의 坊民에게 濬川에 관한 일을 誨諭하고, 具善復을 左尹으로 삼고, 右尹 朴相德과 함께 가서 形止를 살펴보고 보고하라고 명하였다(『英祖實錄』 권94, 英祖 35년 10월 乙酉).

③ 영조 35년 10월 9일에 漢城府堂上 具善復이 희정당에서 영조에게 濬川圖를 바쳤다 (『英祖實錄』 권94, 英祖 35년 10월 丙戌).

12) 濬川所의 濬川堂上은 金漢耉, 金聖應, 李昌誼, 洪鳳漢, 洪啓禧, 具善行, 具善復, 鄭汝稷이었고, 都廳은 許汲, 元重會, 金聖遇, 具秉勳, 閔百福이었다(『承政院日記』 책1178, 英祖 36년 2월 癸未).

④ 영조 35년 10월 23일에 영조는 희정당에서 준천당상을 召見하고 濬川에 자원한 사람들의 숫자를 묻자, 구선복은 지금 7, 8천에 이르렀으며 얼마 안가서 1만 명을 넘을 것이라고 답하였다(『英祖實錄』권94, 英祖 35년 10월 庚子).

⑤ 영조 35년 10월 29일에 영조는 희정당에서 준천당상을 召見하고 봄이 돌아온 후에 역사를 시작하되 三公으로 句管토록하고, 5곳에 都廳을 나누어서 무신으로써 擇差하도록 명하였다(『英祖實錄』권94, 英祖 35년 10월 丙午).

⑥ 영조 35년 11월 1일에 濬川所에서 言啓하기를 本所 도청 5員과 郎廳 10원의 別單을 書入하겠다고 하였다(『承政院日記』책1175, 英祖 35년 11월 丁未).

⑦ 영조 36년 2월 8일에는 도성의 하천과 도랑이 여러 해째 막혀 있으므로 판윤 홍계희와 홍봉한이 濬川할 논의를 극력 주장하여 2월 18일에 工役을 시작하기로 하였는데, 도청 許汲과 元重會가 서로 坐次하여 다투기 때문에 영조는 明光門에서 이들에게 곤장을 쳤다(『英祖實錄』권95, 英祖 36년 2월 癸未).

⑧ 영조 36년 2월 17일에는 닥아 올 淸明節에 준천의 역사를 특별히 정지하고 선대에 제사를 지내도록 하였다(『英祖實錄』권95, 英祖 36년 2월 壬辰).

⑨ 영조 36년 2월 18일에 濬川所에서 언계하기를 오늘부터 준천을 시역하겠다고 하였다. 또 준천소에서는 本所에서 이미 오간수문을 시역하였는데, 금일부터 필역할 때 까지 晝開野閉를 병조로 하여금 거행하는 것이 어떻겠느냐고 하자, 영조는 이를 윤허하였다(『承政院日記』책1178, 英祖 36년 2월 癸巳).

⑩ 영조 36년 2월 19일에 영조는 쌀 20석과 甘藿 600근을 준천소에 보내 내일 역군의 호궤에 쓰도록 하였다(『英祖實錄』권95, 英祖 36년 2월 甲午).

⑪ 영조 36년 2월 23일에 호조판서 홍봉한이 아뢰기를 동성

밖의 큰 하천이 물길을 잃게 된 원인은 오로지 농민들이 밭을 일구면서 제방을 침범하였기 때문이다. 이번에 준천을 하고 나서는 하천가 근처의 전답을 어영청에서 구관하도록 하되, 公田은 代土를 주고, 私田은 값을 쳐주어 屯田을 만들어 전답 가에 나무를 심어 해마다 보수를 한다면 성 밖의 물길을 바로 잡는데 반드시 효과가 있을 것이라고 하자, 영조는 이를 윤허하였다(『英祖實錄』권95, 英祖 36년 2월 戊戌).

⑫ 영조 36년 2월 26일에 준천소에서 언계하기를 오간수문의 문이 모래와 진흙으로 막혀 열고 닫을 수 없는지가 오래 되었다. 이번 試役후에 수 尺 정도를 파내서야 門闕이 보이고 열고 닫을 수가 있었으며, 다시 3척 정도를 파서야 着石의 철문지도리(鐵樞)를 확인하였으며 이것이 舊門인 것이 분명하다고 하였다(『承政院日記』책1178, 英祖 36년 2월 辛丑).

⑬ 영조 36년 2월 27일에 호조에서 언계하기를 필역 후 鐵門은 마땅히 改造하여야 한다고 하였다(『承政院日記』책1178, 英祖 36년 2월 壬寅).

⑭ 영조 36년 2월 27일에 영조가 희정당에서 준천당상 등을 召對할 때 영조가 수문의 形止가 어떠한가를 묻자, 홍계희는 준설과정에서 철문지도리를 얻었는데, 모두가 古物로 그 모습이 장대하였다고 답하였다(『承政院日記』책1178, 英祖 36년 2월 壬寅).

⑮ 영조 36년 2월 28일에 영조가 희정당에서 대신 등을 인견할 때 영조는 준천의 역사가 조금이라도 功效의 희망이 있는지를 묻자, 영의정 김상로는 신의 생각으로는 목책으로서 防患을 삼는 것은 불가하고, 군문에 분부하여 좌우를 석축으로 한 연후에야 後弊가 없을 것이라고 답하였다(『承政院日記』책1178, 英祖 36년 2월 癸卯).[13]

---

13) 濬川한 뒤로 여러 교량의 兩岸을 모두 나무로 엮은 것을 사용하였는데, 1년에 한 번씩 보수를 하니, 그 비용이 많이 들어 돌로 쌓자는 논의가 있어

⑯ 영조 36년 3월 4일에 영조는 희정당에서 준천당상들을 불러보았다(『英祖實錄』 권95, 英祖 36년 3월 己酉).

⑰ 영조 36년 3월 4일에 준천소에서 언계하기를 門外의 공사는 잠시 停役하고, 지금부터는 門內로 시역하겠다고 하였다(『承政院日記』 책1179, 英祖 36년 3월 己酉).

⑱ 영조 36년 3월 4일에 호조에서 언계하기를 이간수문의 圍排守直을 병조로 하여금 稟旨하여 거행할 것을 命下하였다. 선공감으로 하여금 먼저 把守圍排토록 하고, 분수 받은 군문으로 하여금 많은 군사들을 정하여 준천이 필역될 때까지 각별이 파수할 것을 분부하는 것이 어떻겠느냐고 하자, 영조는 이를 윤허하였다(『承政院日記』 책1179, 英祖 36년 3월 己酉).

⑲ 영조 36년 3월 5일에 어영청에서 언계하기를 호조의 草記에 의해 본청에 분수된 이간수문은 준천이 필역되는 사이에 각별히 수직할 것을 命下 받았다. 본청의 장교 1員이 鄕軍 10명을 거느리고 오늘부터 주야로 돌아가며 수직하겠다고 하였다(『承政院日記』 책1179, 英祖 36년 3월 庚戌).

⑳ 영조 36년 3월 11일에 영조는 어사 金華鎭을 召見하고 준천소에 民怨이 있는지를 묻자, 김화진은 부역 나온 백성들은 모두 기쁜 마음으로 달려 왔고, 도청들도 역시 힘을 다하여 일을 추진한다고 답하였다(『英祖實錄』 권95, 英祖 36년 3월 丙辰)

㉑ 영조 36년 3월 16일에 영조가 전교하기를 『濬川事實』을

영조 49년에 3군문에 명하여 분딤해서 쌓았다고 한다(『英祖實錄』 권120, 英祖 49년 6월 戊戌). 발굴조사에서도 수문 안쪽으로 시설되었던 나무 울타리 형태의 목조 구조물이 확인되었는데, 舊 河床遺構인 소하천을 따라 진행되고 있었으며, 70~80cm의 간격으로 기둥목재를 세우고, 이와 교차하는 횡방향의 목재가 결구되어 있었는데, 확인된 길이는 70m였다. 또 수문 외측에서도 하천 석축시설의 일부가 확인되었다(중원문화재연구원, 『동대문 디자인 플라자 및 파크 건립부지내 발굴조사—완료약보고서—』, 52쪽). 이러한 구조물들은 전술한 준천사업과 관련이 있는 듯하다.

펴내도록 하고, 병조판서, 한성판윤, 三軍門大將이 濬川司를 例兼하고, 三軍門參軍이 濬川司郞廳을 예겸하도록 명하였다. 또 준천의 역사에는 수십만의 역민이 동원되고, 경비도 십만 여 錢이나 소모되었다(『英祖實錄』권95, 英祖 36년 3월 辛酉).

㉒ 영조 36년 3월 16일에 영조가 희정당에서 호판 등을 인견할 때 영조는 준천의 역사가 어디까지 진척되었느냐고 묻자, 호조판서 홍봉한은 松廛橋에서 廣通橋까지는 이미 완료되었고, 水標橋에서 광통교 까지는 그 사이가 闊大하여 공역이 배로 어렵다고 답하였다(『承政院日記』책1179, 英祖 36년 3월 辛酉).

㉓ 영조 36년 4월 1일에 영조가 延喜門에서 호판 등을 인견할 때 영조는 준천이 지금 어디까지 진척되었느냐고 묻자, 호조판서 홍봉한은 大川은 거의 끝났고 상류는 조금 미진한 곳이 있다고 답하였다(『承政院日記』책1180, 英祖 36년 4월 乙亥).

㉔ 영조 36년 4월 15일에 영조가 徽寧殿에서 望祭할 때 호조판서 홍봉한에게 준천의 역사를 끝냈느냐고 묻자, 홍봉한은 준천은 이미 끝났으나 교량의 역사는 아직 남았다고 답하였다(『承政院日記』책1180, 英祖 36년 4월 己丑).

㉕ 영조 36년 4월 16일에 영조는 춘당대에 나아가 濬川所의 당상과 낭청에게 試射를 행한 뒤에 잔치를 베풀어 주었다(『英祖實錄』권95, 英祖 36년 4월 庚寅).

㉖ 영조 36년 4월 19일에 內濬川所에서 언계하기를 궐내의 준천역사가 이미 필역되었으니, 군인은 방송하고 堂上과 看役도 退去하겠다고 하였다(『承政院日記』책1180, 英祖 36년 4월 癸巳).

㉗ 영조 36년 4월 23일에 영조는 慕華館에 거둥하여 각 군문과 준천소 군병의 試放에 친임하였다(『英祖實錄』권95, 英祖 36년 4월 丁酉).

F①~㉗은 영조 36년에 대대적으로 실시한 준천공사의 내용이다. F⑨에서는 오간수문은 시역에서부터 필역할 때까지 병조에서

晝開野閉토록 하겠다고 하고, F⑫에서는 오간수문의 철문이 모래와 진흙으로 막혀 열고 닫을 수가 없는지가 오래되어 試役 후 수 尺정도를 파내서야 門闕이 보이면서 열고 닫을 수가 있었으며, 다시 3척 정도를 파서야 舊 鐵門의 철제 문지도리를 확인할 수가 있었다고 하였다. F⑬에서는 필역 후에 철문을 개조해야 한다고 하였는데, 여기서의 철문도 오간수문의 철문을 지칭하는 것으로 보인다. F⑱에서 이간수문이 필역될 때까지 어영청에서 파수토록 한 것을 보면, 이때 이간수문의 수축도 이루어졌음을 알 수가 있다. 이는 영조 30년에 수축이 이루어진지 7년만의 일이다.

2) 구조

G—① 태조 5년 7월 3일 밤에 風雨가 크게 일어 도성의 水口甕城 1칸이 무너졌다(『太祖實錄』권10, 太祖 5년 7월 戊午).

② 태조 5년 7월 5일에 비가 오고 大風이 불어 도성의 수구 옹성 1칸이 또 무너졌다 (『太祖實錄』권10, 太祖 5년 7월 庚申).

③ 세종 3년 6월 16일에 세종은 宣旨하기를 여러 날 동안 큰 비가 내리니 반드시 水災가 있을 것이다. 수문에 箭防을 속히 걷어치워 水道를 통하게 하고, 관원과 병조에서는 밤새도록 순시하여 사람을 죽는데 이르지 말게 하라고 명하였다(『世宗實錄』권12, 世宗 3년 6월 丁未).

④ 영조 13년 12월 6일에 영조가 희정당에서 대신 등을 인견할 때 박문수가 아뢰기를 오간수문과 이간수문의 鐵矢가 간간히 落無하여 사람들이 들어올 수 있다. 비록 新造하는 곳에도 鐵矢가 매우 짧아 위로 아이들이 넘을 수 있다. 수문이 이와 같으니 비록 밤에 성문을 닫는다고 해도 무슨 도움이 되겠는가. 또 수문의 자물쇠가 너무 薄劣하여 打ㅁ만 하여도 스스로 열리니 더욱 한심한 일이므로, 자물쇠를 견고하게 만들어야 한다고 하였다(『承政院日記』책 864, 英祖 13년 12월 己丑. 『備邊司謄錄』 英祖 13년 12월 9일).

⑤ 영조 34년 6월 23일에 오간수문 部將의 첩보에 의해 병조에서 언계하기를 二門의 水口鐵箭과 상하 架楹이 비로 인해 漂失되었다고 하니, 선공감으로 하여금 빨리 개조하고, 파수군을 해당 군문으로 하여금 다수를 定送하여 本門의 부장과 함께 개조하는 사이에 수직토록 분부하는 것이 어떻겠느냐고 하자, 영조는 이를 윤허하였다(『承政院日記』 책1157, 英祖 34년 6월 丁丑).

⑥ 영조 36년 4월 4일에 어영청에서 언계하기를 본청에게 分授한 오간수문과 이간수문의 철문을 이미 改懸하였으니, 파수군을 撤罷하겠다고 하였다(『承政院日記』 책1180, 英祖 36년 4월 壬午).

⑦ 영조 34년 8월 3일에 병조에서 언계하기를 어영청 字內의 이간수문의 上邊 體城 4칸 반 정도가 비로 무너졌다고 하니,[14] 선공감으로 먼저 把子圍排하고 분수 받은 군문으로 하여금 속히 수축하게 하고, 守軍은 해당 군문으로 하여금 다수 定送하여 수축하는 기간 엄중하게 수직하라는 뜻을 분부하는 것이 어떻겠느냐고 묻자, 영조는 이를 윤허하였다(『承政院日記』 책1159, 英祖 34년 8월 丙辰).

⑧ 영조 34년 8월 3일에 어영청에서 언계하기를 병조의 草記에서 본청이 분수 받은 이간수문 상변의 체성 頹落處 4칸 반 정도를 속히 수축하고 파수군은 해당 군문에서 다수 定送하여 수축할 기간 동안 엄중하게 수직할 것을 命下하였다. 수축은 날씨가 맑아지는 것을 기다려 오늘부터 시작하고, 본청의 將校[15]가 鄕軍 20명을 거느리고 개축 기간에 주야로 돌아가며 守直토록 하겠다고 하였다(『承政院日記』 책1159, 英祖 34년 8월 丙辰).

⑨ 영조 34년 8월 9일에 李嘉遇가 아뢰기를 본청이 분수 받

---

14) 南道 감역관의 첩보에 의한 병조의 언계에 의하면 영조 28년 3월 21일에도 이간수문 근처의 체성 3칸이 무너져 내렸다고 한다(『承政院日記』 책1080, 英祖 28년 3월 壬午).

15) 영조 28년 3월의 이간수문 근처의 체성 頹毁處 3칸 정도의 개축에 장교 1인이 향군 20명을 거느리고 파수한 것을 보면, 장교는 1인이었다고 볼 수가 있다(『承政院日記』 책1080, 英祖 28년 3월 壬午).

은 이간수문 상변의 체성 4칸 반의 頹毁處를 지금 개축해야 하는데, 쓰일 石子를 浮出한 연후에 시역할 수 있다. 전부터 축성시에는 東郊의 蘆原 근처에서 계속하여 부석하여 사용하였으니,[16] 이번에도 전례에 의거해서 부석하겠다고 하였다(『承政院日記』책1159, 英祖 34년 8월 壬戌).

⑩ 영조 34년 8월 25일에 어영청에서 言達하기를 본청에 분수된 이간수문의 상변 체성의 頹毁處를 수축하는 일은 이미 啓下되었는데, 이달 26일부터 수축하겠다고 하였다(『承政院日記』책1159, 英祖 34년 8월 戊寅).

⑪ 영조 34년 9월 20일에 어영청에서 언계하기를 본청에 분수된 이간수문 상변의 체성 頹毁處는 이미 필축하고, 여장을 이어 시축하겠다. 체성은 이미 完築되었으니, 파수군은 예에 따라 撤還하겠다고 하였다(『承政院日記』책1160, 英祖 34년 9월 癸卯).

⑫ 영조 34년 9월 26일에 어영청에서 언달하기를 본청에 분수된 이간수문 위의 체성 頹毁處의 여장을 이미 필축하였다고 하였다(『承政院日記』책1160, 英祖 34년 9월 己酉).

G①②에서 비, 바람으로 무너졌다는 수구옹성은 개천 위에 있던 이간수문의 옹성이 아닌가 추정된다. 옹성이란 구조는 흐르는 물을 유도하기 위해 설치된 날개형태의 석축시설이 아닌가 싶다. 전술한 대로 이 수문은 이해 추절역사에서 오간수문으로 증치되었는데, 이 때 파괴된 날개형태의 석축시설도 수축되었을 것이다.

G③을 통해 이때 수문에는 철문이 있었음을 알 수가 있고, G④~⑥처럼 이간수문에도 오간수문과 같이 철문이 있었음을 알 수가 있다. 또 G⑦~⑫에서 이간수문의 상부의 구조가 체성으로 구축되었음을 알 수가 있다.

---

16) 영조 28년 4월에 어영청이 이간수문 근처의 체성 頹毁處 3칸 정도에 쓰일 石子도 전처럼 노원 근처에서 浮出하였다(『承政院日記』책1080, 英祖 28년 4월 癸巳).

3) 관리

H—① 영조 30년 윤4월 28일에 영조가 희정당에 나아가자 약방이 入診할 때 제조 홍봉한이 아뢰기를 오간수문 鐵箭의 열쇠를 수구 앞의 石橋에 배치하였는데, 근래 水道가 막혀 있으니, 만약 비가 내려 물이 흘러내려오면 병조에서 開門할 때 물이 흘러와 다리가 넘치므로 개문할 길이 없어 橫流가 범람하게 된다. 신이 병판과 왕복하며 상의하여 열쇠를 홍예 위로 옮겨서 배치하여 開閉를 편하도록 하려고 한다. 일은 비록 사소하나 문의 열쇠를 변통하는 일이므로 감히 아뢰니, 이렇게 거행할 뜻을 호조와 병조에 분부하는 것이 어떻겠느냐고 하자, 영조는 아뢴 대로하라고 윤허하였다(『承政院日記』 책1106, 英祖 30년 윤4월 丁丑).

② 영조 36년 6월 13일에 영조가 雩祀壇에 거둥할 때 호조판서 홍봉한이 아뢰기를 오간수문은 빗물이 흐르는 후를 기다려서 자물쇠를 열기를 청하므로 왕래할 때 지연되므로 잡물이 떠내려 와 철문을 완전히 막아버려 折傷되므로, 이번에 새로 설치한 문도 이러한 피해를 면하기 어렵다고 하자, 영조는 문의 열쇠는 중요하므로 부장에게 미리 열쇠를 줄 수 없으므로 차후 비가 내릴 때는 병조가 부장이 열쇠를 달라는 것을 기다리지 말고 군인을 別定하여 즉시 열쇠를 보내서 이로 하여금 철문을 열도록 하고, 만약 철문을 여는데 지체되는 폐단이 있으면 해당 낭청을 논죄토록 하라고 명하였다. 또 홍봉한이 아뢰기를 오간수문 철문의 修改는 營繕의 일인데, 이번에는 濬川所에서 改排하였으나, 차후 修補의 역사는 앞서 定奪한 대로 城堞修築例에 따라 해당 군문에게 분수시켜 거행토록 하고, 戶料兵布를 마련하여 수송하며, 鐵은 호조에서 계산하여 수송할 것을 다시 出擧條로 삼아 신칙하는 것이 어떻겠느냐고 하자, 영조는 이를 윤허하였다(『承政院日記』 책1182, 英祖 36년 6월 乙酉).

③ 고종 3년 8월 19일에 어영청에서 아뢰기를 대신의 아룀에

따라 본청 字內 홍인지문에 軍 50명, 將 1인, 광희문에 군 50명, 장 1인, 혜화문에 군 50명, 장 1인, 오간수문에 군 20명, 장 1인, 이간수문에 군 10명, 장 1인이 각각 기계를 지참하고 엄격히 파수하겠다고 하였다(『承政院日記』 책2705, 高宗 3년 8월 乙巳).

④ 고종 3년 9월 9일에 어영청에서 언계하기를 의정부 草記에 의해 본청 字內의 홍인지문, 광희문, 혜화문, 오간수문, 宣仁門, 通化門에 각각 장교 1인, 군 20명, 이간수문에 장교 1인, 군 10명을 加定하여 엄격히 파수하겠다고 하였다(『承政院日記』 책2706, 高宗 3년 9월 乙丑).

H①②에서는 본래 오간수문 철문의 열쇠를 수문 앞의 석교에 보관하였는데, 이를 홍예 위로 옮겨서 배치하고, 빗물이 흐르는 것을 기다려서 병조에 열쇠를 청하던 것을 비가 내릴 때는 병조가 수문을 지키는 부장이 열쇠를 달라는 것을 기다리지 말고, 군인을 別定하여 즉시 열쇠를 보내서 철문을 열도록 하였다. H③④에서는 이간수문에 장교 1인이 군사 10명을 거느리고 파수토록 하였다고 하였다.

Ⅲ. 검토

1. 치성

당시 雉城이 쌓여지게 된 상황을 알려면 영조대에 도성 정비를 하게 된 시대적 배경을 살펴 볼 필요가 있다. 여기에는 유사시 도성을 고수해야 된다는 都城固守論이 중요한 역할을 하였다. 앞서 숙종대는 도성고수론에 따라 숙종 30년부터 도성에 대한 대대적인 수축 역사를 실시하였으나, 숙종은 도성이 너무 넓고 커서 수비하기가 어렵고, 도성을 처음 쌓을 때 주변의 돌을 주어서 급히 쌓았기 때문에 성벽이 견고하지 못하다는 생각을 점차 갖게 되면서, 결국 숙종 37년에는 도성을 수도방어에서 제외하고 새로 북한산성을 쌓게 되었다. 북한산성이 유사시 수도방어의 핵심 역할을 하게 된 것이다. 도성은 도성인 만큼 대대적인 수축을 하는 대신 붕괴되는 곳에 따라 수축을 계속하도록 하였다. 영조대에는 숙종대와는 달리 영조는 동왕 19년 8월에 구성임 등의 도성고수론을 수용하여, 江都에서 3군문이 축성하는 역사를 정지시키고,[17] 이어 21년 7월부터는 훈연도감, 금위영, 어영청에 분수하여 도성수축역사를 시작토록 하여, 22년까지는 체성과 여장의 수축역사가 어느 정도 마무리 되었고, 23년 가을에는 舖樓의 축조도 이루어졌다.[18] 도성의 수축역사가 어느 정도 마무리 되자, 23년 2월에는 『守城節目』이 만들어지고,[19] 27년에는 『守城冊子』가 반포되면서,[20] 도성 방어가 체계화 되었다.

이어 동왕 29년 2월에서 6월 사이에는 지형이 낮고, 성벽이 비교적 곧게 뻗은 홍인문 남쪽에서 광희문 북쪽 사이에 6기의 치성을 설치하였다.[21] 홍봉한은 어영청의 재력을 고려하여 처음에는 4기를 계획하였으나, 확대되어 6기가 축조된 것이다. 이번에 발굴된 치성은 이중에서 3치에 해당된다. 즉 홍인문에서 3치까지는 2기의 치가 있

17) 『英祖實錄』 권58, 英祖 19년 8월 癸酉.
18) 閔德植, 「서울城郭의 築造」, 84~91쪽.
19) 『英祖實錄』 권65, 英祖 23년 2월 乙丑.
20) 『守城冊子』는 「御製守城綸音」, 「都城三軍門分界之圖」, 「都城三軍門分界總錄」, 「守城節目」으로 구성되어 있다.
21) 정조의 『弘齋全書』에는 國都의 동쪽이 텅 비어 있기 때문에 동대문은 그 편액의 글자를 한 자 더 많게 하고 성곽에 치성을 설치하였으니, 옛사람의 은미한 뜻을 볼 수가 있다고 하였다(『弘齋全書』 권168, 日得錄8 政事3). 이로써 보면 興仁之門이라는 편액은 치성의 축조와 비슷한 시기인 영조대 이루어졌던 것으로 보인다. 즉 1750년대의 도성도에는 홍인문으로 표기되었으나, 1770년대의 도성도에는 홍인지문으로 표기된 것을 보면, 영조 36년의 준천공사가 마무리 되면서 홍인지문으로 편액을 바꾼 것이 아닌가 싶다. 그러나 실록에서 홍인지문이란 명칭은 세조 1년부터 나타난다(『世祖實錄』 권2, 世祖 원년 10월 壬戌).

었는데, 1치는 흥인문에서 오간수문 사이에, 2치는 오간수문에서 이간수문 사이에 있었다. 또 3치에서 광희문까지에는 3기의 치가 있었

<사진 3> 흥인문 일대 성벽(George Rose 촬영)

는데, 이 중에서 4치는 현 한양공고 자리에 있었으며, 일제강점기 때의 지적도에서도 확인이 된다. 다행스럽게도 1치, 2치, 3치, 4치는 1904년에 호주의 사진작가 George Rose가 찍은 사진과[22] 또 하나의

22) 교보문고(주)호한재단, 『호주 사진가의 눈을 통해 본 한국 1904』, 2004, 64쪽.

1904년 사진에서 확인을 할 수가 있다.[23]

한편 기능은 같으나 일반적으로 평면의 형태가 네모진 것을 치성, 둥근 것을 곡성이라고 부르는데, 한양도성에는 본 치성들이 축조되기 이전에도 이미 1기의 치성과 2기의 곡성이 있었다. 치성은 태조대의 것으로 남산의 남산산악회 뒤 군부대 철책 부근에 있으며 바위를 활용하여 축조하였다.[24] 곡성 중의 하나는 白岳마루 동북쪽 약 500m 지점에 있는데, 돌출된 능선에 축조하였다.[25] 성벽 밖으로 능선이 뻗어 있고, 능선에 봉우리가 있기 때문에 이곳에 곡성을 만든 것이다. 봉우리에는 지금도 초소가 설치되어 있다. 또 하나의 곡성은 인왕산 서남쪽으로 약 250m의 돌출된 지점에 축조하였는데, 조선 후기의 도성도에도 표기되어 있으며, 이 곡성에는 지금도 군사적 중요성으로 인해 군부대가 주둔하고 있다.[26] 이 곡성의 맞은편이 鞍峴(毋岳)으로, 안현을 의식한 것이다. 즉 전술한 대로 숙종 30년 한성군 李基夏는 안현은 곡성과 마주하고 있는데, 矢石은 서로 미치지 않는다 하더라도 대포는 틀림없이 미치니 안현에 돈대 5, 6곳을 쌓아야만 적병이 안현을 점거함을 막을 수 있다고 하였다.[27] 여기에서 이 곡성이 전략적으로 안현과 관련이 있음을 알 수가 있다.

치성의 축조는 영조 29년 1월 22일부터 浮石을 시작하고, 2월 28일에는 치성의 축조를 시역하였다. 5월 7일에는 먼저 1치, 2치, 4치

---

23) 중원문화재연구원, 『동대문 디자인플라자 및 파크 건립부지내 발굴조사—완료약보고서—』, 21쪽.

24) 閔德植, 「서울城郭의 築造」, 55쪽. 치성의 규모는 길이 2.1m, 폭 4.5m 정도이다. 치성의 옆에도 성곽의 한 면을 약간 직각으로 돌출시킨 곳이 2곳이 있다. 이처럼 돌출된 길이가 미미한 것은 인조 4년에 수축한 남한산성의 西凸城 옆의 치 3m, 南凸城 1과 3 옆의 치 2m와 유사한다.

25) 서울특별시, 『서울소재 성곽조사 보고서』, 2003, 41쪽. 광해군 4년에는 숙정문의 곡성이 인가에서 멀리 떨어져 있어 軍堡를 설치하고, 군사들로 하여금 순라를 돌며 수직도록 하였다(『光海君日記』 권54, 光海君 4년 6월 丁卯). 여기서 軍堡는 軍鋪로 초소이다.

26) 서울특별시, 『서울소재 성곽조사 보고서』, 38쪽.

27) 『備邊司謄錄』 肅宗 30년 2월 25일.

의 체성을 필축하고 곧 이들 치성의 여장역사를 시작하였다. 6월 1일에는 나머지 3치, 5치, 6치를 포함한 치성의 여장역사도 마무리 되었다. 즉 3개월 만에 역사가 마무리 된 것이다. 여기에는 후술하는 것처럼 民丁調發이 아닌 給價雇立制에 의해 역사가 이루어짐으로써 작업에 효율성을 높일 수 있었기 때문이었다.

치성의 축조는 축성을 제안했던 어영대장 홍봉한이 주관하고, 어영청의 별장인 田雲祥이 도청을 맡아 현장에서 역사를 총괄하였다. 역사에 대한 공으로 역사가 끝나자 홍봉한에게는 熟馬 1필이 面給되고, 전운상은 加資되고,[28] 喬桐水使에 제수되었다.[29] 또 도청 밑에서 역사를 분담하여 監董했던 장교들도 포상되었다. 여기서 어영대장이 축성을 주관한 것은 어영청의 信地가 광희문 南邊 南村 家後에서 숙정문 東邊까지 5,042보 반이었기 때문이었다.[30]

석성의 축조에서는 축성재료인 성돌의 마련이 가장 중요한 과제였다.[31] 浮石의 작업은 축성역을 착수하기 위한 전제조건이 되는 것으로써, 특히 산성의 축성에서는 부근에 적합한 부석처가 있는지의 여부가 산성의 중요한 입지조건이 되었다.[32] 부석의 작업은 이같이 役所 부근에서 실시되어야 할 필요가 있었는데, 그것은 운석을 수월히 하려는 때문이었다. 이번 치성의 축조에 쓰일 石子는 멀리 蘆原에서 浮出하였는데, 부석소는 불암산에 있었다. 또 치성의 적심석으로 쓰일 잡석은 남산 근처에서 주워서 사용하였다. 한편 태종 헌릉의 석실에 쓰인 돌은 安巖洞[33]에서 부출하였고,[34] 연산군 때의 궁성

---

28) 전운상은 그 후 龍虎大將까지 지냈다(『英祖實錄』 권94, 英祖 35년 9월 丁丑).

29) 『承政院日記』 책1097, 英祖 29년 8월 庚戌.

30) 『承政院日記』 책 988, 英祖 21년 7월 丙子. 『英祖實錄』 권62, 英祖 21년 7월 丙子.

31) 옛날에는 성돌 3개를 高麗木 1필과 바꿀 정도였다고 한다(『肅宗實錄』 권40, 肅宗 30년 9월 己亥).

32) 『肅宗實錄』 권49, 肅宗 36년 12월 戊子.

33) 고려대학교 옆에서는 근래까지도 중앙산업에서 돌을 캤었다.

34) 『世宗實錄』 권9, 世宗 2년 8월 癸丑.

수축에서도 동은 홍인문 밖 造山 앞,[35] 서는 沙峴(洪濟院 南) 안, 남은 南小門洞, 북은 인왕동에서 돌을 떠서 사용하였다.[36] 즉 이때까지만 해도 도성 가까이에서 부석할 수가 있었으나, 여러 차례의 도성 수축으로 가까운 곳의 석재는 거의 고갈되었다.[37] 이 때문에 숙종 무렵에는 산릉에 쓰일 돌을 번번이 우이동과 노원에서 부석하였고,[38] 숙종 30년의 도성 수축역사에서도 홍인문 밖 30리의 노원과 홍인문 밖 10리의 舟巖[39] 등지에서 부석하였다.[40] 영조 32년 오간수문 남변 근처의 체성 3칸 정도의 수축에서도 전례에 따라 노원 근처에서 부석을 하였다.[41]

---

35) 오늘날의 창신동 지역으로 비정된다. 전에는 이곳에 채석장이 있었으나, 지금은 흔적만 일부 남아 있다. 이처럼 창신동 지역으로 비정한다면 조산은 낙산의 앞산에 해당된다.

36) 『燕山君日記』 권57, 燕山君 11년 정월 庚寅.

37) 세종대의 대대적인 도성 수축과 문종대의 대규모 수축 이후에도 소규모의 수축공사는 계속되었다. 즉 세조 13년에 소규모의 수축이 있었고(『世祖實錄』 권42, 世祖 13년 4월 丁巳), 연산군 11년 1월에도 전라 · 경상도에는 20結에 1夫를 내고, 충청도에서는 25결에 1부를 내어 수축하였는데, 평지에서는 4척을 더하였다(『燕山君日記』 권57, 燕山君 11년 정월 庚寅). 또 선조 26년 5월에 선조는 政院에 전교하여 京城에 있는 왜적의 보루를 허물은 돌로 도성을 수축하도록 명하였고(『宣祖實錄』 권38, 宣祖 26년 5월 壬午), 30년 8월에도 명나라 경리와 안찰의 요청으로 도성을 수축하고 참호를 팠다고 한다(『宣祖實錄』 권91, 宣祖 30년 8월 丁丑). 광해군 4년 6월에도 도성이 무너진 곳에 병조 郎廳 4인을 파견하여, 禁火司의 別座와 禁軍들을 거느리고 구역을 나누어 감동하게 하여, 5월 28일에서 29일 사이에 수축을 하였다(『光海君日記』 권54, 光海君 4년 6월 丁卯). 또 광해군 8년 5월에도 광해군은 전교하여 도성의 무너진 곳을 오랫동안 수축하지 않아서 사람들이 거리낌 없이 몰래 넘어 다니고 있으니, 병조로 하여금 각별히 계획하여 속히 모두 수축하도록 명하였다(『光海君日記』 권103, 光海君 8년 5월 癸酉). 인조 1년에도 도성의 무너진 곳을 수축하였다(『仁祖實錄』 권3, 仁祖 원년 9월 壬寅). 이처럼 한양도성은 도성인 만큼 성벽이 무너지는 곳이 있으면, 계속하여 수축하지 않으면 안 되었다.

38) 『承政院日記』 책417, 肅宗 30년 3월 甲子.

39) 주암의 위치는 홍인문에서의 거리 등으로 보아 지금은 없어진 전농동 채석장에 비정된다.

40) 『肅宗實錄』 권39, 肅宗 30년 3월 甲子.

부석이 이루어지면 성돌을 성역소에까지 운반을 하여야 축성을 할 수가 있다. 이러한 운석작업은 일반적으로 부석보다는 더 많은 노동력이 동원되는 고된 작업이었다.[42] 숙종 30년의 도성 수축에서는 부석소에서 돌을 운반한지 3朔이 되도록 하루의 휴식도 없이 일을 계속했기 때문에 軍兵과 牛馬가 모두 피폐하고, 어영청의 군병 중에는 壓死者가 생기고 부상자가 많았다고 한다.[43] 하여튼 이번 치성의 축조에서도 부석소가 성역소에서 장거리이기 때문에 성돌의 운반은 우마가 끄는 수레가 이용되었을 것으로 보인다.

치성의 축조에는 匠人과 募軍(雇軍, 私軍)이 역부로 동원되었고, 이들은 모두 440명이었다. 축성역사인 만큼 장인들은 주로 석수들이었을 것이고, 이들은 부석과 축성에 참여하고, 모군은 운석 등 잡역부로 활용되었을 것이다. 이들에게는 일수에 따라 料 · 布가 지급되었는데, 役糧인 米 800여 석은 어영청의 錢으로 진휼청의 舊陳米를 減價하여 貿用하여 활용하고, 雇布인 木 70여 同은 어영청의 전으로 병조의 舊陳木을 감가하여 무용하여 활용하였다. 이외에도 募軍布가 부족하여 어영청의 전을 가지고 호조의 玄木 100동을 1필에 1량 7전으로 계산하여 무용하여 활용하였다. 또 부족한 모군의 역량은 庚午條 儲置米의 移減分을 사용하였다. 한편 모군은 자유의사에 따라 雇價(임금)를 받기위해 일터를 찾아다니던 賃傭爲業을 하던 새로운 사회계층이었다.[44] 모군은 徭役制度가 동요됨에 따라 17C 초부터는 요역제에 대신할 수 있는 노동력 공급의 방편이었으며, 상품화폐경제의 발전이 그 배경이 되고 있었다. 여기서 모군들은 작업의 대가로 작업의 일수에 따라 雇價를 받았는데, 고가는 役糧과 雇布로 구성되었다. 17C 초엽이래로 모군의 고가는 흔히 米 · 布의 현물로 지급되

41) 『承政院日記』 책1134, 英祖 32년 8월 乙巳.
42) 『備邊司謄錄』 책60, 肅宗 36년 7월 2일.
43) 『備邊司謄錄』 책55, 肅宗 30년 11월 27일.
44) 尹用出, 「17 · 18세기의 募立制와 募軍—募立의 절차 · 대상을 중심으로—」, 『釜山史學』 8(釜山史學會), 1984, 170쪽.

는 경우가 많았으나, 상품화폐경제가 발전함에 따라 18C 후반에는 본격적으로 화폐로 지급되었다.45)

치성의 축조에서 기존의 體城壁에 치성을 덧붙일 경우에는 기존의 체성벽 밖에 잇대어 치성을 구축하는 경우와 기존의 체성을 헐어내고 체성과 치성을 함께 구축하는 방법이 있다. 이는 체성벽과 치성의 접합부의 상태를 보면 파악할 수가 있다. 후자는 체성벽과 치성의 성돌이 교차하여 결합되기 때문에 전자보다 견고성이 높기 마련이다. 실제로 성곽을 조사하여 보면 이들 두 가지 공법들을 확인할 수가 있다. 그런데 이번 치성의 축조에서는 連接處의 체성을 撤毁하고 哨官 3員과 鄕軍 30명을 완공될 때까지 돌아가며 파수하였다는 내용으로 보아 후자의 공법으로 축조되었음을 알 수가 있다. 발굴조사에서도 치성부에 사용된 속채움석이 체성벽의 속채움석까지 이어지고 있어 기록과 일치하고 있다.46) 또 치성의 높이를 체성의 높이 보다 약간 높게 쌓았다고 하는데, 『紀效新書』와 茅元儀의 『武備志』에도 체성의 높이가 3丈이면 치는 3척을 높이고, 체성의 높이가 2장이면 치는 2척을 높인다고 하였다.47)

이번 치성의 축조에는 명나라 戚繼光이 1560년 浙江縣 參將으로 있을 때 왜구를 소탕하기 위해 편찬한 『紀效新書』중 卷之十三 守哨篇 第十三을 바탕으로 삼았다.48) 또 이번 치성의 축조에서는 치성

45) 尹用出, 「17 · 18세기 募軍의 勞動條件」, 『釜大史學』8(釜山大學校 史學科), 1984, 91~117쪽.

46) 중원문화재연구원, 『동대문 디자인플라자 및 파크 건립부지내 발굴조사—완료약보고서—』, 58쪽.

47) 『紀效新書』권13 守哨篇13. 『武備志』권110 軍資乘 守1 城制.

48) 선조는 26년 9월에 전교하여 동지사 許晉에게 王世貞이 서문을 쓴 『紀效新書』를 사오도록 명하였는데(『宣祖實錄』권42, 宣祖 26년 9월 丙子), 선조 27년 2월에 선조가 도독 李如松의 평양성전투를 축하하는 자리에서 이여송이 『기효신서』의 전법으로 평양성전투를 승리하였다고 하자, 선조는 『기효신서』를 보여 달라고 하였는데, 이여송은 깊이 보관하고 내놓지를 않았다. 이에 선조는 비밀히 역관으로 하여금 도독 휘하의 사람에게 사오게 하였다고 한다(『宣祖修正實錄』권28, 宣祖 27년 2월 庚戌). 이처럼 조선은 동

간의 거리를 영조는 처음에는 100보에 1치를 두라고 하였으나, 현장을 살펴보고는 치 사이가 너무 가까우니 간격을 130보로 넓히라고 하였다. 한편 세종 12년에는 沿海邑城의 축조 때 지세가 굴곡된 부분을 제외하고 平直處에는 100보에 1치를 두기로 하였으나,[49] 15년에는 다시 150보마다 1치를 설치하기로 하였다.[50] 그러나 22년에 崔閏德은 300척마다 3개의 치를 두는 것은 숫자가 많다고 하였다.[51] 이처럼 우리나라에서의 치의 간격은 일정하지가 않았다.

이번 발굴조사에서 확인된 치성의 규모는 체성에서 돌출된 長이 8.3m, 橫長인 폭이 10.2m로 폭이 길이보다 긴 형태를 취하고 있었다. 그런데 『紀效新書』와 『武備志』에는 치가 밖으로 돌출하는 정도에 따라 3장, 2장, 1장 5척이 있는데, 直出이 3장이면 橫長은 5장으로 하고, 직출이 2장이면 횡장은 3장, 직출 1장이면 횡장은 1장 5척으로 한다고 하였다.[52] 즉 이번에 발굴된 치와 같이 평면 형태가 폭이 긴 직사각형이라는 것이다.

2. 이간수문

북악산, 인왕산, 남산, 낙산 등 내사산의 유수는 開川(청계천)으로 연결되어 동편으로 흘러나가 중량천의 중량포에서 합류하여 한강으로 흘러든다.[53] 개천은 풍수지리적으로는 도성의 明堂水에 해당되며,

---

지사가 돌아오기 전인 선조 27년 2월에 이 책을 입수한 것이다.

49) 『世宗實錄』 권49, 世宗 12년 9월 壬戌.

50) 『世宗實錄』 권59, 世宗 15년 정월 丁卯.

51) 『世宗實錄』 권80, 世宗 22년 3월 癸卯. 車勇杰은 이에 대해 세종 12년에는 100尺(혹은 100步) 마다 치를 두기로 했으나, 세종 15년부터는 150尺(70m)마다 하나씩을 설치하도록 규정되었으나 그 수가 너무 많다 하여, 세종 22년부터는 치를 쌓지 않더라도 빨리 督役하도록 방침이 바뀐 것으로 보았다(車勇杰, 「高麗末 · 朝鮮前期 對倭 關防史 硏究」, 忠南大學校 博士學位論文, 1988, 114쪽). 沈正輔도 崔閏德이 上言한대로 150척이 옳을 것으로 보았다(沈正輔, 『韓國 邑城의 硏究—忠南地方을 中心으로—』, 學硏文化社, 1995, 378쪽).

52) 『紀效新書』 권13 守哨篇13. 『武備志』 권110 軍資乘 守1 城制.

53) 大菩洞의 하천물이 동쪽으로 흘러 水踰의 북쪽을 지나 牛耳川 하류로 들어

도성의 젖줄과도 같은 존재였다. 도성 내부는 지형적으로 서쪽이 높고 동쪽이 낮으며, 특히 홍인문과 광희문 사이가 가장 낮은 지역이므로 이곳에 오간수문과 이간수문을 설치하였다.[54] 이중 이간수문은 태조 5년의 추절역사 때에 雲梯 1곳을 새로 만들어 水勢를 분리하였다는 수문으로 추정되며, 형태는 홍예수문이었다. 조선 후기에 그려진 도성도에는 南小營 부근의 남산에서 발원한 南小門洞川의 물줄기는[55] 남소문동을 지나 두 줄기로 갈라져,[56] 한 줄기는 훈련원 서쪽을 지나 개천으로 흘러들고, 또 한 줄기는 下都監 서쪽을 지나 이간수문을 통해 도성 밖으로 흘러 나가다가 오간수문을 통해 내려온 개천의 물줄기와 합류한다.

한편 한양도성이 축조된 후 개천에 대한 대대적인 정비 사업은 태종 12년에 경상도, 전라도, 충청도 등 하삼도의 군인 52,800인을 징발하여 1월 15일에 시작하여, 2월 15일에 역사를 마쳤다.[57] 즉 태종은 12년 1월 10일에 開川都監에 役軍事宜를 내리고,[58] 15일에 공사를 시역하여 2월 15일에 畢役하였는데, 藏義洞 어귀로부터 宗廟洞 어귀까지, 文昭殿과 창덕궁의 문 앞은 모두 돌로 쌓고, 종묘동 어귀

가고, 남쪽으로 내려가 上伐里, 下伐里와 長位의 松溪橋를 지나 중량포에 이른다. 중량포의 하천물은 箭串橋와 新村을 지나 한강의 豆毛浦에 이른다(『京兆府誌』 四山禁標).

54) 고종 6년에는 營建都監에서 興仁之門의 수리를 마치고, 물길이 막혔으므로 홍인지문 옆에 별도로 수문 1곳을 만들었다(『高宗實錄』 권6, 高宗 6년 3월 戊子). 『東國輿地志』 漢城府 山川條에서는 도성 안의 물이 동쪽으로 三水口로 나아가 9리쯤에서 중량천과 합류하여 한강으로 흘러든다고 하였는데, 전술한 고종 6년에 만들었다는 수문이 전에 있던 수문을 수리한 것으로, 홍인문 남쪽 40~50보 거리에 있었던 수문이 아닌지 모르겠다. 三水口는 『신증동국여지승람』에도 나온다.

55) 지금의 장충단공원 옆을 흘러내리는 하천이다.

56) 『首善全圖』에는 갈라지는 곳을 광희문으로 통하는 동서대로와 인접한 지점으로 그려져 있다.

57) 『太宗實錄』 권22, 太宗 11년 윤12월 丁巳. 『太宗實錄』 권23, 太宗 12년 정월 乙未 · 庚子.

58) 『太宗實錄』 권23, 太宗 12년 정월 乙未.

로부터 水口門[59]까지는 나무로 防築을 만들고, 大 · 小廣通橋와 惠政橋, 貞善坊 洞口, 神化坊 동구 등의 다리는 모두 돌로 만들었다.[60]

영조 30년에 어영청에서 새로 판 이간수문은 길이가 30보, 폭이 3把이고, 홍예문의 높이가 겨우 容身할 정도였다고 하는데,[61] 길이 30보는 동왕 26년에 개정된 영조척 1척의 길이를 31.22cm로 계산하면,[62] 56.19m가 되어 맞지 않으므로, 30척인 9.36m가 아닌가 싶다. 또 量船尺은 영조척 반을 기준하여 10척을 把라고 한다면,[63] 1파의 길이는 156.1cm가 된다. 즉 폭 3파의 길이는 4.68m가 된다. 실제의 수문의 길이는 남홍예문과 북홍예문 모두 기간석을 기준으로 790~795cm이고, 홍예기석을 기준으로 740~750cm였다. 단, 수문 안쪽의 배머리 모양 석축시설까지는 12m였다. 수문의 폭은 기단석을 기준으로 370cm, 홍예기석을 기준으로 425cm였다. 하여튼 이때는 홍예문 바닥에 토사가 깊게 쌓여 있었다고 볼 수가 있다.

또 영조 36년의 수축 때에는 오간수문의 철문이 모래와 진흙으로 막혀 열고 닫을 수가 없는지가 오래되어,[64] 수 尺 정도를 파내서야

---

59) 여기서의 수구문은 개천 위에 만든 오간수문으로 추정된다. 엄격히 구분하면 水口는 성벽에 설치한 소형 물 빼기 구멍이고, 水門은 수구에 비해 대형으로 성벽이 큰 계곡을 지나는 곳에 설치하며, 적의 침입을 막기 위해 수문을 설치한 구조물을 말한다.

60) 『太宗實錄』 권23, 太宗 12년 2월 庚午.

61) 본래 도성의 城堞은 각 군문에서 분장하여 修補하였으나, 성문과 수문의 營繕은 이와는 달랐다. 이로 인해 개수에 폐단이 있자, 영조 34년에는 城役定例에 의거하여 성문과 수문의 개수도 字內 해당 군영으로 하여금 거행하도록 하였다고 한다(『承政院日記』 책1160, 英祖 34년 9월 戊子).

62) 朴興秀, 「李朝尺度에 關한 硏究」, 『大東文化硏究』 4(성균관대 대동문화연구원), 1967, 211쪽.

63) 『萬機要覽』 財用3 海稅 量船錄案. 단, 8척 이상은 10척이 못 되더라도 1파로 기준하고, 그 이하는 계산하지 아니하며, 5척은 반파라 하되 5척이 못 되더라도 3척 이상은 반파에 기준하고, 그 이하는 계산하지 아니 한다고 하였다.

64) 오간수문의 밑이 해마다 점점 막히는 것은 남산 등에 초목이 없어지는 것이 날로 심하였기 때문이었다고 한다(『承政院日記』 책1156, 英祖 34년 5월 辛卯).

門闕이 보이면서 열고 닫을 수가 있었으며, 다시 3척 정도를 파서야 장대한 규모의 舊 鐵門의 철제 문지도리를 확인할 수가 있었다고 하는데,[65] 이때 철책문도 개조되었다. 이간수문 역시 오간수문과 같이 이때 함께 수축되었다.[66] 이는 영조 30년에 수축이 이루어진지 7년 만의 일이다. 이번 발굴조사에서는 이간수문이 1차 폐기된 이후에 남홍예문과 북홍예문에는 다시 중앙 부분에만 석재를 이용하여 시설한 구조물이 확인되었는데, 양쪽 홍예기석에 맞대어 치석된 석재 3매를 일렬로 배치하여 1단을 조성하였다. 홍예기석에 맞닿는 부분을 제외하고는 나머지 부분에 층단식으로 치석을 하였는데, 흡사 오늘날의 양쪽에 팔걸이를 두고 등에는 등받이가 있어 중앙부에는 앉을 수 있는 쇼파와 같은 형태로서 층단식으로 치석된 부분의 폭은 3m였다.[67] 바닥에는 수직의 물체와 결구되도록 네모나게 홈을 팠는데, 하나는 홈이 중앙에 있으나, 하나는 이상하게도 한쪽으로 치우쳐 있다. 또 수문이 2차 폐기된 이후에는 남홍예문과 북홍예문의 수문 내외측 바닥을 제외하고 홍예문 바닥에만 바닥석을 마련한 시설물이 확인되었다. 중앙 부분에는 목책이나 철책 등의 시설물을 조성하기 위해 횡방향의 장대석을 놓고, 이외에는 크기 1m 내외의 석재를 활용하여 바닥 전체에 부석하였다. 장대석에는 직경 13cm가량의 기둥 홈 흔적이 2곳에서 확인되고 기둥 홈의 간격은 190cm였다고 한다.[68]

---

65) 오간수문지의 발굴에서도 철문을 지지하던 하부의 문확석이 확인되었다(서울특별시, 『청계천 발굴유적 실측 및 설계 보고서 Ⅲ—오간수문 실측조사 보고서—』, 2005, 87쪽).

66) 영조 때에 오간수문의 돌에 땅을 파내는 한도를 새기고 庚辰地平이라는 글자를 새겨 뒷날에 개천을 쳐내는 기준을 표시하였다고 하는 데(『高宗實錄』 권23, 高宗 23년 정월 辛酉), 여기서 庚辰은 영조 36년에 해당된다. 그러나 이간수문의 발굴조사에서는 이러한 흔적은 발견되지 않았다.

67) 중원문화재연구원, 『동대문 디자인플라자 및 파크 건립부지내 발굴조사—완료약보고서—』, 51쪽.

68) 중원문화재연구원, 위의 책, 51~52쪽. 오간수문에는 홍예기초석 동쪽 끝 지점에서 약 4m 내측의 양쪽으로 철제문 꽂이로 추정되는 직경 10cm가량의 홈을 만든 문확석이 확인되었는데(서울특별시, 『청계천 발굴유적 실측 및

철책문과 관련된 것으로 보인다.

구조면에서 남홍예문과 북홍예문 사이의 수문 내측에는 물을 좌우로 갈라 저항을 줄일 목적으로 물가름을 용이하도록 고안된 배머리 모양의 석축시설이 남아 있다.[69] 이러한 구조는 경주의 月淨橋木橋址 및 경덕왕 19년(760)에 가설한[70] 月淨橋址,[71] 春陽橋址[72]에도 나타나며, 한양도성의 오간수문과 화성의 북수문에도 응용되었다. 특히 이간수문에는 배머리 모양의 물가름돌의 기단부인 臺石 앞에 횡으로 길이 160cm, 폭 70cm, 높이 41cm 크기의 장방형 물가름보호석을 놓았다.[73] 물가름보호석은 유속을 줄여 물가름돌의 기단부를 보호하기 위한 것으로 추정된다. 이러한 물가름보호석은 이미 춘양교에서도 응용되었다.[74]

한편 이간수문에는 오간수문과 같이 鐵箭(쇠살)으로 된 鐵柵門이 있었고,[75] 실제로 바닥석 위의 퇴적토를 제거하는 과정에서 철책문

설계 보고서 Ⅲ—오간수문 실측조사 보고서—』, 81쪽), 본 이간수문의 문확석 구멍도 철책의 가설과 관련이 있는 것으로 보인다.

69) 오간수문 내측에는 본래 가장자리 교각의 배머리 모양 석축시설 위에 거북형 석수가 놓여 있었는 데, 물로 인하여 일어나는 재앙을 막고자 물하고 친숙한 거북형 석수를 벽사의 목적으로 설치한 것이다. 실제로 오간수문의 발굴조사에서 2점이 출토되었다(서울特別市 · ·中央文化財硏究院, 『淸溪川遺蹟』, 89~90쪽). 창덕궁 금천교에도 내측에는 거북형 석수, 외측에는 해태형 석수가 놓여 있다. 그러나 이간수문의 발굴조사에서는 출토되지 않았다.

70) 『三國史記』 권9, 新羅本紀 9 景德王 19년.

71) 文化財硏究所 慶州古蹟發掘調査團, 『月精橋發掘調査報告書』, 1988, 83~101쪽.

72) 국립경주문화재연구소 · 경주시, 『春陽橋址發掘調査報告書』, 2005, 40~58쪽.

73) 이간수문은 수문인 만큼 수문을 통해 성 바깥쪽으로 나가는 수압으로 홍예석이 밀리는 것을 방지하기 위해 홍예석 사이에 구넝을 내어 철제 이음새(隱藏)로 연결하는 공법을 응용하였다(중원문화재연구원, 『동대문 디자인플라자 및 파크 건립부지내 발굴조사—완료약보고서—』,, 50~51쪽). 한편 성곽의 수문시설은 통수단면을 이어주는 구조물이므로 상부에 얹힌 하중이 일반다리보다 훨씬 많아 널다리로는 설치가 어렵기 때문에 구조적으로 안정한 형식을 지닌 홍예 수문을 취한 것이다. 즉 상부의 上載荷重도 무시할 수가 없다.

74) 국립경주문화재연구소 · 경주시, 『春陽橋址發掘調査報告書』, 45 · 50쪽.

에 사용되었던 쇠살 일부가 수습되었다.[76] 쇠살 사이는 작은 개나 돼지가 통할 수 있을 정도였다고 한다.[77] 이번 발굴조사에서는 이간수문의 철책 구조는 확인되지 않았다. 화성의 북수문에는 다리 아래의 7개의 홍예에 각각 쇠로 만든 箭門을 달아서, 갈고리가 달린 줄로 양쪽 문짝(兩扇)을 끌어 橋面까지 꿰뚫고 나갔다. 그리고 石眼에 고리를 달고 자물쇠를 달았다고 한다.[78] 석안에 고리를 달고 자물쇠를 달은 모습은 北水門內圖에 그려져 있고, 지금도 다리 위에는 네모나게 뚫린 석안이 남아 있다. 7개의 홍예로 구성된 화성의 북수문의 상부는 교량으로 되어 있는데 비해 이간수문의 상부는 전술한 것처럼 체성벽으로 구축되었던 것으로 추정되기 때문에,[79] 철책문의

75) 「御前濬川題名帖」(1760, 부산박물관소장))에는 오간수문에 철책문이 그려져 있는데, 발굴조사에서도 각 수문마다 철책 관련 유물들이 출토되었다. 그중에서 1호수문부 철책문을 보면 세로쇠살은 7개가 남아 있었는데 길이는 180cm 정도이며 두께는 5cm내외이고, 쇠살은 상중하단의 가로 쇠살에 의해 고정되고, 상단과 중단은 쇠를 양쪽으로 덧대어 접합하였으나, 하단은 쇠살에 구멍을 뚫어 고정쇠를 끼워 넣었다. 하단과 중단의 상부에는 폭 12cm 정도의 목재를 양쪽으로 대고 쇠못과 나무못으로 고정시켰는데, 후대에 철책문을 보강한 것이라 한다. 4호수문부 철책문의 세로쇠살 길이는 130~150cm이며, 상하단은 중단에 비해 두께가 가늘다. 가로쇠살은 세로쇠살을 상하단으로 고정시키는 역할을 하고 있고, 상하단은 가로쇠살에 구멍을 내어 세로쇠살을 고정시켰으며, 중단은 세로쇠살에 구멍을 내어 고정쇠를 끼우고, 220cm의 쇠사슬이 달려있다. 5호수문부 철책문의 세로쇠살 길이는 170cm내외이고, 쇠살의 하부는 뾰족하게 처리하였다. 상단은 가로쇠살에 구멍을 내어 세로쇠살을 끼우고, 중단과 하단은 세로쇠살에 구멍을 내어 가로쇠살을 끼웠다(서울特別市 · 中央文化財硏究院, 『淸溪川遺蹟』, 89쪽).

76) 중원문화재연구원, 『동대문 디자인플라자 및 파크 건립부지내 발굴조사—완료약보고서—』, 50쪽.

77) 『承政院日記』책971, 英祖 20년 4월 戊午. 『承政院日記』책998, 英祖 22년 2월 壬戌.

78) 『華城城役儀軌』 卷首 圖說.

79) 이간수문의 상부는 사진으로 볼 수 있는 오간수문의 상부와 같았을 것으로 보인다. 즉 오간수문처럼 홍예 상부에 1~1.5m 정도 두께의 체성벽을 쌓고, 체성벽 위에는 內環道를 만들고, 내환도 외측에는 총안을 가춘 여장이 설치되었던 것으로 보인다(서울특별시, 『청계천 발굴유적 실측 및 설계 보고서 Ⅲ—오간수문 실측조사 보고서—』, 86쪽).

구조상에 차이가 있었을 가능성이 있다. 더욱이 이간수문의 발굴에서는 虹霓起石, 扇單石까지만 남아 있고, 缶形石과 이맛돌 등 홍예의 천정 상부가 발견되지 않았다는 점도 비교를 더욱 어렵게 한다. 또 전술한 대로 영조 36년의 오간수문의 수축 때에 門闕을 드러내고서야 철문을 열고 닫을 수가 있었으며, 문궐 밑에서 석재에 결부된 장대한 규모의 옛 철문의 철제 문지도리가 확인된 점, 후술하는 것처럼 화성 북수문에는 철책문과는 별도로 목책을 결구하기 위한 것이 아닌가 의심되는 홈들이 홍예 안에 남아 있는 점도 참고할 필요가 있다. 또 이간수문은 날개 석축시설을 이용하여 內環道로 오르기 위한 城登施設[80]이 마련되어 있는 점도 참고가 된다. 하여튼 현재의 이간수문의 구조로 보아 鐵柵門施設은 홍예문의 중앙 부분에 설치되었을 가능성이 높다.

수문의 중앙 부분에는 도성 안쪽으로 들어오는 적을 막기 위해 설치된 목책의 흔적이 확인되었다. 가장 이른 시기에 조성되었던 추정 목책시설은 횡방향의 목재가 홍예문의 양쪽 홍예기석에 결구된 체 남아 있었다. 목재는 남홍예문과 북홍예문 모두 바닥석에서 70cm 위에서 확인되었으며, 결구되는 홍예기석의 양쪽 홈은 서로 다른 구조이다. 한쪽은 홈을 깊게 파내어 끼우도록 고안되었는데, 남홍예문의 남측과 북홍예문의 북측에 남아 있다. 또 다른 한쪽은 홈을 위쪽에서 비스듬하게 다듬은 후, 아래쪽에 홈을 낸 구조로, 남홍예문의 북측과 북홍예문의 남측에 남아 있다. 남홍예문의 횡방향 목재는 길이 440cm, 12cm 간격으로 깊이 17cm의 구멍 22개가 조성되어 있었다. 북홍예문의 횡방향 목재는 길이 432cm이고, 12cm 간격으로 깊이 17cm의 구멍 21개가 조성되어 있었다. 구멍에 결구된 것으로 보이는 세로 방향의 목재는 확인되지 않았다. 이러한 홈의 구조로 보아 수문의 폭보다 더 넓은 목재를 이용하여 먼저 홈을 깊게 파낸 구

80) 오간수문에는 北側橋臺 옆에서 내환도로 오르는 성등시설이 있었다(「御前濬川題名帖」(1760, 부산박물관소장).

멍에 끼운 후, 다른 한쪽은 사면으로 처리된 홈의 상면에 걸치고 위에서 도구를 이용하여 때려 넣어 결구시켜 조성한 것으로 보이고, 이러한 방법을 통해 결구된 목재는 홈에서 빠져나갈 염려가 적기 때문에 보다 튼튼하고 안전적인 방법을 응용한 것이라고 한다.[81] 한편 화성 북수문의 외홍예 안쪽의 기단석과 양쪽 벽, 천정의 중앙에는 이간수문처럼 결구를 위한 홈들이 파여 있다. 이처럼 이간수문에도 본래는 홍예문의 천정 중앙에도 네모진 홈이 파여 있었을 가능성이 있다. 이러한 홈들이 화성 북수문에는 외홍예 바로 안쪽에 파여 있으나, 이간수문에서는 중앙 부분에 위치한다는 차이점을 보인다.

한편 우리나라 수문은 목책시설에서 철책시설로 발전하였다. 즉 고구려 무순 高爾山城 東城의 남문 서측의 수문 밖에서는 7개의 木柱을 이용하여 동북에서 서남을 향해 수문을 통해 성내로 들어오는 것을 막는 목책시설이 확인되었다. 柵木의 殘長은 230cm였고, 직경은 약 20cm였다. 사면은 가공하여 多棱形을 이루었고, 상면은 朱色을 칠하였다. 재질은 梨木이었고, 발굴시 전부가 水中에 매몰되어 있었으며, 지금까지 腐朽되지 않고 마치 처음과 같이 견고하였다고 한다. 이 목책은 보장왕 14년에 당나라 營州都督 程名振의 침입 때 火攻으로 소실된 것으로 보고 있다.[82] 또 조선시대에도 성종 17년 6월에 영안도 관찰사 成俊이 書啓하기를 장성의 수구를 가시나무로 막았으므로, 한번 장마를 만나면 곧 물을 따라 떠내려가 흩어지고, 떠내려가 흩어지지 않더라도 적이 불을 놓아 태우면 한꺼번에 재가 되어 없어질 것이니, 수구에는 모두 목책을 설치하자고 하였다.[83] 이처럼 수문에서의 목책시설은 조선시대까지도 응용되었음을 알 수가 있다. 그러나 목책시설은 유사시 적의 화공에 약하고, 홍수 시 고정적

---

81) 중원문화재연구원, 『동대문 디자인플라자 및 파크 건립부지내 발굴조사—완료약보고서—』, 51쪽.

82) 徐家國 · 孫力, 「遼寧撫順高爾山城發掘簡報」, 『遼海文物學刊』 2, 1987, 44쪽.

83) 『成宗實錄』 권192, 成宗 17년 6월 癸卯.

인 시설이기 때문에 나무토막이나 부유물 등 잡물이 수문을 막게 되면 목책시설이 파괴되고 수문 자체도 붕괴될 위험이 있다. 이 때문에 철책시설을 하여 적의 화공을 막고, 홍수 때 문을 열어 놓을 수 있게 철책문시설로 발전한 것이다. 이곳 이간수문도 도성의 수문이라는 특수성은 있지만 이러한 발전과정을 겪은 것은 아닌지 모르겠다. 세종 3년에 수문에 철책시설이 있었다는 기록이 있는 것을 보면, 세종 4년 도성이 대대적으로 수축되기 이전에 이미 수문에 철책시설이 있었음을 알 수가 있다. 문확석 등으로 보아 오간수문은 이에 해당했다고 볼 수가 있겠으나, 이간수문도 이에 해당했는지는 알 수가 없다.

화성의 북수문은 7개의 홍예로 구성되어 있는데, 내외 홍예의 폭은 중앙 칸이 279cm, 좌우 칸들은 각각 248cm이고, 높이는 중앙 칸이 257cm, 좌우 칸이 각각 242cm로 가운데 홍예가 다른 홍예들보다 넓고 높게 만든 것은 錯視現象을 없애어 수문이 왜소하게 보이는 것을 막기 위한 의도였다고 알려져 있다.[84] 그러나 이간수문은 홍예수가 적기 때문에 응용되지는 않았고, 오간수문 역시 증축된 때문인지 이러한 정교함은 보이지 않는다.[85]

이간수문에는 수문의 내측과 외측에 하천을 따라 흐르는 물을 유도하기 위해 각각 날개형태의 석축시설을 하였다. 이러한 구조는 화성 북수문의 성밖 入水部 쪽에도 흔적이 남아 있다.

『萬機要覽』은 오간수문에 禁軍 1인을 부장으로 삼아 水門軍 2명을 거느리고, 1개월씩 번갈아서 수비한다고 하였는데, 이간수문에 대한 언급은 없다.[86] 또 『大東地志』에도 오간수문은 禁軍 1인이 부

84) 閔德植, 「서울城郭의 築造」, 113쪽.

85) 오간수문의 홍예기초석 간격은 남쪽으로부터 3.58m, 4.01m, 4.05m, 3.94m, 3.60m이다(서울특별시, 『청계천 발굴유적 실측 및 설계 보고서 Ⅲ—오간수문 실측조사 보고서—』, 81쪽). 이처럼 가운데 3칸은 4m 정도로 간격이 비슷하나, 가장자리 2칸은 3.6m 정도로 다소 폭이 좁은 것은 가장자리 2칸은 증축되었기 때문으로 보인다.

장이 되어 10명의 군사를 거느리고 교대로 수비를 하였다고 하는데, 역시 이간수문에 대한 언급이 없다.[87] 그러나 고종 3년에는 이간수문에 장교 1인이 부장이 되어 군사 10명을 거느리고 파수토록 하였다고 한다. 특히 수문은 변란 등에 이용될 가능성 때문에 수문의 열쇠는 부장에게 맡기지 않고, 병조에서 직접 관리하였다.[88] 만약 비가 내려 부장이 병조에 열쇠를 요청하면 병조에서는 수문 홍예 위에 비치한 열쇠를 내어 주어야만 철책문을 열 수가 있었다.[89] 병조에 열쇠를 요청하는 사이에 유수가 갑자기 넘쳐흐르고 잡물이 철문을 막아 버리면 철문이 折傷되는 일이 발생하게 된다. 또 폭우로 유수가 넘쳐흐르면 철문을 열 수가 없는 지경에도 이르게 되는 문제점이 있었다.

맺 음 말

우리나라는 전체 국토의 70% 정도가 山地인 만큼 산을 이용한 산성이 일찍부터 발달하였다. 산성은 입지한 지형을 이용하므로 성벽이 굴곡을 이루게 되는데, 이러한 굴곡은 자연적으로 치성의 역할을 하게 된다. 그러나 성벽이 능선과 만나는 지점은 방어에 매우 불리함으로 성벽을 밖으로 돌출시켜 치성을 설치하곤 하였다. 경우에 따라서는 단순한 치성이 아니라 치성을 길게 확대시킨 凸城을 설치한 경우도 있다. 또 성벽이 직선을 이루는 지점이나, 지형이 낮은 곳

---

86) 『萬機要覽』 軍政編2 龍虎營 各處入直. 軍政編3 御營廳 都城分授字內.
87) 『大東地志』 京都 都城.
88) 연산군을 폐위할 때 3대장이 의논하여 먼저 오간수문을 부수고 형세를 관망하여, 그 곳으로 나가고 물러가며 필승의 계책을 삼았다고 한다(『光海君日記』 권59, 光海君 4년 11월 癸巳).
89) 영조 30년에 오간수문의 열쇠를 수문 앞 다리에서 홍예 위로 옮겨 놓았다는 것으로 보아, 이간수문의 열쇠도 홍예 위에 비치했던 것이 아닌가 추정된다.

인 平直處 역시 방어에 불리함으로 치성을 설치하였다. 치성은 적이 성벽 밑으로 접근하여 성벽을 뚫고 성안으로 들어오든가, 사다리를 타고 성벽을 넘어오는 것을 막기 위한 시설물인데, 치성을 설치한 경우는 전략상 중요한 성곽에 설치되는 경우가 많았다. 한양도성의 홍인문은 4대문 중에서 유일하게 옹성이 설치되었을 만큼 도성의 대표적인 성문인데, 특히 홍인문에서 광희문 사이는 지형이 낮고 성벽이 비교적 곧게 뻗어 도성의 방어에서 문제점으로 제기되어 왔으나, 영조대에 와서야 홍인문 남쪽에서 광희문 북쪽에 6기의 치성이 설치되었다.

치성의 축조는 이곳에 信地를 둔 어영대장 홍봉한에 의해 제기되고, 박문수의 후원을 받아 영조에 의해 허락되면서 440명의 역부가 동원되어, 영조 29년 2월에서 6월 사이에 실시하여 3개월 만에 완공되었는데, 이는 給價雇立制에 의해 역사가 이루어짐으로써 작업에 효율성을 높일 수 있었기 때문이었다. 경비는 어영청이 부담하였는데, 역부들에게는 일수에 따라 役糧과 雇布가 지급되었다.

역사는 홍봉한이 주관하고, 어영청의 별장인 전운상이 도청을 맡아 현장에서 역사를 총괄하면서 진행되었다. 축조에 필요한 석재는 노원의 불암산에서 부석하고, 적심석으로 쓰일 잡석은 남산 근처에서 조달하였다. 명나라 戚繼光의 『기효신서』를 바탕으로 삼았으며, 치성이 체성벽과 함께 축조되어 견고도를 높일 수 있었다. 치성의 규모는 이번에 발굴조사 된 3치는 길이가 8.3m, 폭이 10.2m로 폭이 길이보다 긴 형태를 취하고 있었다.

이간수문은 남산 계곡에서 발원한 유수를 도성 밖으로 배출하는 수문이다. 남소영 부근에서 발원한 물줄기가 남소문동을 지나 두 줄기로 갈라져 한 줄기는 훈련원 서쪽을 지나 개천으로 흘러들고, 또 한 줄기는 하도감 서쪽을 지나 이간수문을 통해 도성 밖으로 흘러 나가다가 오간수문을 통해 내려온 개천의 물줄기와 합류하였다.

수문은 체성벽을 관통하여 동—서 방향으로 2개의 홍예문으로 구축되었으며, 수문의 입면형태는 전면부와 후면부 모두 홍예이고, 현재 복원된 수문의 홍예는 형식상 반원형홍예에 속한다. 이곳 이간수문은 태조 5년 가을에 축조한 수문으로 보이며, 본래도 홍예수문 형태였다. 문헌자료에는 영조 30년과 36년에 수축되었다고 하는데, 발굴조사에서도 2차에 걸쳐 수축될 때 만들어진 부재들이 출토되었다.

이간수문에는 물가름을 용이하도록 만든 배머리 모양의 석축시설과 흐르는 물을 유도하기 위해 설치된 날개형태의 석축시설이 마련되었다. 또 문헌자료에는 이간수문에 鐵箭으로 된 鐵柵門施設이 마련되었다고 하는데, 발굴조사에서도 바닥석 위의 퇴적토를 제거하는 과정에서 철책에 사용되었던 쇠살 일부가 수습되었다. 바닥석 위에서 출토된 것으로 보아 2차 수축 이후의 철책문 부재였다고 볼 수가 있다. 철책문 시설은 홍예문의 중앙 부분에 설치되었을 가능성이 높다. 또 홍예문의 중앙 부분에서는 목책 흔적이 확인되었는데, 목재를 결구하기 위한 홈이 홍예 양쪽에 남아 있다. 현재는 이 홈을 바탕으로 북홍예문에 목책을 복원하여 놓았다.

이간수문은 고종 때에는 부장 1인이 군사 10명 정도를 거느리고 항시 파수를 보았다고 하는데, 수문은 변란 등에 이용될 가능성 때문에 수문의 열쇠는 파수하는 부장에게 맡기지 않고, 병조에서 직접 관리를 하였다.

제3장 양계행성의 축성

머 리 말

조선에 들어 정종대부터 野人(여진)이 침입을 하기 시작하여, 태종대를 거쳐 세종대에도 계속되어 동북지역 뿐만 아니라 서북지역까지 침입을 하였다. 이에 조정에서는 야인에 대해 관직을 제수 하는 등 회유책을 펴기도 하고, 한편으로는 방어 전력의 구비를 위해 民戶가 적은 邊地에는 徙民策을 추진하고, 營鎭堡城의 외곽에는 행성 축조를 시도하게 되었다.

양계행성은 入保에 따를 폐단을 덜어 연변 주민들의 도망을 막고, 나아가 연변의 충실을 기하기 위하여 계획되고 실행된 것이 압록강, 두만강 연변의 행성축조였다. 세종대의 압록강과 두만강 연변의 행성 축조는 야인의 침입이 원인이 되고, 입보에 따른 沿邊民의 도망이 직접적인 동기가 되었다.[1]

평양도와 함길도에 축조된 양계행성은 세종대에 계획적인 방어체제 구축과정에서 야인에 대한 방비시설로, 읍성, 영진보성 등의 외곽에 축조되기 시작하였으나, 세종대에는 완성을 보지 못하고, 그 후로는 상당한 답보상태에 있다가, 성종대에 와서야 다시 행성축조가 재개 되었다.[2]

세종 22년 2월에 우의정 申槩의 입보에 따른 폐단을 덜고, 沿邊

---

1) 宋炳基, 「世宗朝의 兩界行城 築造에 對하여」, 『史學硏究』18, 1964, 194~195쪽.

2) 柳在春, 『韓國 中世築城史硏究』(景仁文化社), 2003, 219~220쪽.

주민들의 도망을 막기 위해 연변에 행성을 축조하자는 상소가 있게 되자,[3] 도승지 金墩은 세종에게 장성 축조가 어렵다면 연변지역에 木柵과 堡를 증설하고, 萬戶를 배치하여 지키게 하여, 입보하는 폐단을 우선적으로 줄이는 것이 좋겠다고 하였다.[4] 이에 세종은 김돈에게 皇甫仁, 辛引孫과 함께 비밀리에 의논하여, 그 책임을 맡길만한 사람을 택하여 아뢰라고 명하였다.[5] 이에 따라 황보인을 평안함길도 도체찰사로 삼아 事目에 의거하여 장성을 축조하는 계획을 수립토록 하였다. 이와 같은 결정에 따라 황보인은 동년 3월에 京都를 출발하여, 7월에 이르러 沿邊備禦策 13조를 건의하게 되었다[6] 황보인의 보고는 의정부에서 논의되어, 가을부터 赴防軍으로 하여금 축조하도록 결정하였다.[7]

한편 명칭에서 장성이란 각 鎭과 口子를 보호하기 위하여 쌓은 행성을 총칭하여 말하는 것이나, 일반적으로 장성과 행성을 혼용하여 사용하고 있다.[8]

Ⅰ. 행성의 축조

1. 趙明干口子行城과 碧團口子行城

세종 22년 9월에 평안도 閭延 趙明干口子[9]에 장성을 쌓기 시작

3) 『世宗實錄』 권88, 世宗 22년 2월 辛卯.
4) 『世宗實錄』 권88, 世宗 22년 2월 乙未.
5) 『世宗實錄』 권88, 世宗 22년 2월 乙未.
6) 『世宗實錄』권90, 世宗 22년 7월 己巳.
7) 『世宗實錄』권90, 世宗 22년 7월 己巳.
8) 조선왕조실록을 비롯한 문헌에는 장성과 행성을 혼용하였다.
9) 세종 말엽까지 설치된 口子는 평안도 25개, 함길도 19개였다. 口子는 국경지역에서도 최전방에 위치한 요충지로써, 그 성곽시설을 堡라고 하였으며, 구자가 대부분 성곽을 갖춘 뒤로는 흔히 구자 대신 堡로 불렸다. 양계 국경지역의 구자는 고려 말부터 설치되었으나, 세종 14, 15년 4군과 6진 개척을 추

하였는데, 길이는 5만 6천 7백 55척이고, 本道의 丁夫 7천 4백 40인, 황해도의 정부 2천 8백 60인을 就役시키고, 碧潼 碧團口子에 石堡[10]와 장성을 쌓기 시작하였는데, 석보는 둘레가 6천 2백 97척 5촌이고, 장성은 길이가 3만 6천 14척이며, 평안도 정부 7천 3백 30인과 황해도 정부 1천 2백 96인을 就役시키었다.[11]

또 세종 23년 3월에는 도체찰사 종사관 朴根을 보내 평안도 조명간구자행성을 쌓게 하니, 평안도 정부 8천 3백 90인을 사역하여 석축의 길이 5만 9백 47척, 녹각성의 길이 5천 8백 7척 7촌을 쌓았고, 종사관 鄭而漢을 보내서 碧團口子行城을 쌓게 하니, 평안도 정부 8천 2백 63인을 사역하여, 석축의 길이 3만 7백 95척 6촌, 녹각성의 길이 5천 2백 18척 4촌을 쌓았는데, 모두 2월 15일부터 始役하여, 3월에 이르러 畢役을 하였다.[12]

2. 穩城行城(1)

세종 23년 9월에 함길도 온성부의 행성을 쌓았는데, 본도의 정부 1만 5천인과 강원도의 정부 8천인을 역사시켜, 8월 15일에 시역하여 9월 15일에 이르러 필역하였다. 석축의 길이가 8만 5천 2백 5척이고, 녹각성의 길이가 4만 6천 7백 17척이었다.[13]

진하면서부터 국방전진기지로써 더욱 중요시되었다(吳宗祿, 「朝鮮初期 兩界의 軍事制度와 國防體制」(高麗大學校大學院 博士學位論文), 1992, 160쪽).

10) 변경 고을의 석보와 행성 축조의 선후문제를 놓고 논란이 있었는데, 행성과 석보의 역사를 한꺼번에 할 경우 석보를 갖추지 못하여, 방비가 허술한 연변 고을이 侵寇를 당할 염려가 있고, 석보역사를 먼저 하면 행성의 완성이 지체되어 후에 소성의 의논이 바뀌거나, 연변 거주민의 逃散 등으로 역사 추진이 어려워질 수 있기 때문이었다(柳在春, 『韓國 中世築城史硏究』, 236쪽). 결국 장성의 역사는 비록 수십 년이 걸려도 완료하기를 기약할 수 없으니, 우선 연변 고을의 석보역사를 먼저하고 나서, 행성 축조역사를 하는 것이 좋겠다고 결정하였다((『世宗實錄』 권94, 世宗 23년 11월 乙卯).

11) 『世宗實錄』 권90, 世宗 22년 9월 甲寅.

12) 『世宗實錄』 권92, 世宗 23년 3월 壬子.

13) 『世宗實錄』 권93, 世宗 23년 9월 戊申.

3. 趙明干口子行城· 虞芮口子行城· 地寧怪口子行城· 滿浦口子行城· 高山里口子行城

세종 24년 3월에 평안도 정부 1만인을 징발하여 조명간구자행성의 頹圮處 2만 4천 1백 10여 척을 쌓고, 石堡 4천 4백 척을 쌓았다. 또 정부 4천 2백인을 징발하여 우예구자행성 1만 5백 90여 척을 쌓고, 석보 1천 9백 80여 척을 쌓았다. 정부 300인을 징발하여 자성군 지령괴구자행성 3천 90여 척을 쌓았다. 또 정부 9천인을 징발하여 강계부 만포구자행성 1만 5천 6백 75척을 쌓고, 석보 6천 6백 44척을 쌓았다. 또 평안도 정부 300인과 황해도 정부 2천인을 징발하여, 강계부 고산리구자행성 1만 2천 6백 19척을 쌓았다. 모두 2월 10일에 시역하여, 3월 10일에 필역하였다.[14]

4. 昌洲口子行城

세종 25년 3월에 평안도에서 인부 3천인과 황해도에서 6천인을 징발하여 창성군 창주구자의 석보와 행성을 쌓았는 데, 석보는 둘레가 4천 5백 33척이고, 행성은 길이가 2만 1천 5백 73척 내에, 석축이 1만 8천 8백 4척이고, 녹각성이 2천 7백 69척이었다.[15]

5. 穩城行城(2)과 鍾城行城(1)

세종 25년 9월에 함길도 온성군의 행성을 쌓았는데 돌로 쌓은 것이 3백 80척이고, 또 종성군행성을 쌓았는데 돌로 쌓은 것이 1만 9천 9백 17척이고, 내(川) 가운데에 녹각성을 세운 것이 1백 75척, 흙을 깎은 것이 2천 2백 19척인데, 함길도 군사 8천인을 역사시켜 8월 20일에 시역하여, 9월 20일에 필역하였다.[16]

---

14) 『世宗實錄』 권95, 世宗 24년 3월 辛未.
15) 『世宗實錄』 권99, 世宗 25년 3월 乙丑.
16) 『世宗實錄』 권101, 世宗 25년 9월 辛未.

6. 渭原行城

세종 26년 4월에 평안도 각 고을 정부 6천인을 出役시켜서 위원 읍성과 옹성을 쌓게 하였는데, 둘레가 4천 7백 95척이었고, 또 장성을 쌓았는데 길이가 3천 5백 98척였다.17)

7. 虛空橋口子行城

세종 27년 1월에 도체찰사 皇甫仁이 평안도 慈城의 허공교구자의 석보를 쌓으니, 둘레가 4천 3백 88척이며, 또 행성을 쌓았는데 西蟹峴으로부터 時番川에 이르고, 또 泰日洞口로부터 北邊洞口 바위너설까지 이르니 길이가 5천 3백 8척이었다. 험한 데에 의지하여 흙을 깎아낸 것이 9백 척이고, 리수로 계산하면 모두 11리 56보 1척이고, 연대 하나의 둘레가 97척이며, 평안도 백성을 부역시킨 것이 5천 3백 60인이었다. 모두 2월 10일에 시역하여, 3월 10일에 필역하였다.18)

8. 鍾城行城(2)

세종 27년 7월에 도체찰사 황보인을 함길도에 보내어 행성을 쌓게 하였는데, 종성부 북쪽 嘯巖으로부터 부의 남쪽 煙臺峰에 이르기까지 돌로 쌓은 것이 2만 4천 5백 40척이고, 흙을 깎은 것이 2만 5백 척이며, 질벅질벅한 웅덩이에는 鹿角, 杙木을 세운 것이 3천 6백 80척인데, 리수로 계산하면 모두 28리 1백 51보 4척이고, 함길도의 백성을 역사시킨 것이 1만 4천 9백인, 강원도가 2천 5백인이었다. 8월 15일에 시역하여, 9월 15일에 필역하였다.19)

---

17) 『世宗實錄』 권104, 世宗 26년 4월 癸巳.
18) 『世宗實錄』 권107, 世宗 27년 정월 癸未.
19) 『世宗實錄』 권109, 世宗 27년 7월 己卯.

9. 鍾城行城(3)

세종 28년 1월에 함길도도사 金得禮가 본도의 군사 1천인으로써 종성부 嘯巖 등 처의 행성을 쌓았는데, 1월 11일에 시역하여, 2월 10일에 필역하였다. 돌로 쌓은 것이 3백 70척, 흙을 깎은 것이 2천 5백 37척이며, 모두 1백 22보 5척이었다.[20]

10. 碧潼行城(1)과 定寧行城(1)

세종 28년 2월에 평안도의 행성을 쌓았는데, 벽동 大波兒의 主路인 南峰에서 松林口子까지 돌로 쌓은 것이 3만 7천 3백 79척이고, 흙을 깎은 것이 8천척이며, 사역한 평안도의 백성이 1만 5천 4백인이고, 황해도 백성이 2천인이었다. 또 정녕 玉岡洞口의 옛날 장성 터에서 東毛老까지 돌로 쌓은 것이 2천척인데, 본읍의 백성 3백인을 사역하였다. 또 의주읍성의 東面 3천 5백 척을 늘려 쌓았는데, 본읍의 백성 1천인을 사역하였다. 리수로 계산하면 28리 91보 3척인데, 모두 2월 10일에 시역하여, 3월 10일에 필역하였다.[21]

11. 鍾城行城(4)과 會寧行城(1)

세종 28년 7월에 도체찰사 황보인을 함길도에 보내어, 함길도군 1만인을 징발하여 행성을 쌓았는데, 종성부 남쪽 甫羅大家煙臺毛老로부터 細川洞口에 이르렀다. 또 회령부 북쪽 세천동구로부터 斡朶里 東時家峰頭에 이르기까지 석축 1만 1천 8백 34척, 削土 5만 5천 1백 33척을 쌓았다. 8월 20일부터 시역하여, 9월 18일에 필역하였다. 또 甲山, 三水軍 1천인을 징발하여, 갑산 因遮外石堡 2천 4백 척을 쌓았다. 8월 5일에 시역하여, 9월 20일에 필역하였는데, 모두 40리 45보 4척이었다.[22]

---

20) 『世宗實錄』 권111, 世宗 28년 정월 戊戌.
21) 『世宗實錄』 권111, 世宗 28년 2월 丁卯.
22) 『世宗實錄』 권113, 世宗 28년 7월 己卯.

12. 碧潼行城(2)과 定寧行城(2)

세종 29년 1월에 도체찰사 황보인을 평안도에 보내서 행성을 수축하니, 벽동군 小波兒 松林峴에서 于非所里의 들판까지 돌로 쌓은 것이 1만 4천 71척이고, 흙을 깎은 것이 8천 1백 78척인데, 평안도의 백성 5천 7백 40인을 사역하였다. 또 정녕군 玉剛洞 어귀에서 獐項峰까지 돌로 쌓은 것이 3천 1백 53척이고, 흙을 깎은 것이 1천 5백 척이며, 관문과 옹성, 연대도 있었다. 그 고을 백성 4백 인을 사역하였다. 모두 2월 15일에 시역하여, 3월 15일에 필역하였는데, 리수로 계산하면 15리 50보 2척이었다.23)

13. 會寧行城(2)과 三水行城

세종 29년 7월에 도체찰사 황보인을 함길도에 보내어 행성을 쌓았다. 회령부 북쪽 東時家의 남쪽 봉우리로부터 吾都里 金瑞家의 마을까지 쌓았는데, 석축이 9천 7백 49척이고, 흙을 깎아 낸 것이 4만 1천 7백 89척이며, 함길도의 백성 8천 5백 26인을 사역하였는데, 8월 15일에 시역하여, 9월 14일에 필역하였다. 또 삼수군 西魚沔江 어귀로부터 桑木原에 이르기까지 석축이 3천 50척인데, 갑산, 삼수의 백성 1천인을 사역시켜 8월 5일에 시역하여, 9월 5일에 필역하였으며, 리수로 계산하면 29리 2백 31보 2척이었다.24)

14. 會寧行城(3)과 甲山行城

세종 30년 7월에 도체찰사 황보인을 함길도에 보내서 회령 등 처 행성의 터를 살펴서 정하고, 함길도의 백성 1만 1천 7백 50인을 역사시켜 회령부 북쪽으로부터 쌓아서 읍성과 平江가에 이르렀는데, 길이가 3만 1천 1백 74척이었다. 석축이 1만 2천 6백 62척이고, 흙을

23) 『世宗實錄』 권115, 世宗 29년 정월 庚午.
24) 『世宗實錄』 권117, 世宗 29년 7월 戊戌.

깎은 것이 1만 7천 8백 12척이며, 杙木을 설치한 것이 8백 척인데, 리수로 계산하면 17리 1백 12보 2척이었다. 8월 15일에 시역하여, 9월 15일에 필역하였다.

또 갑산과 池巷浦 등 처의 행성을 쌓았는데 본군과 삼수의 백성 1천인을 역사시켜 갑산 서쪽 池巷浦洞口로부터 예전 軍營에 이르렀다. 그 길이는 3천 2백 96척으로, 석축이 3천 46척이고, 흙을 깎은 것이 2백 50척이며, 리수로 계산하면 1리 2백 49보 2척이었다. 8월 5일에 시역하여, 8월 25일에 필역하였다.[25)]

15. 理山行城

세종 31년 1월에 도체찰사 황보인을 평안도에 보내어 행성을 쌓았다. 이산군 央土里에서 위원군까지 7천 4백 78척은 돌로 쌓고, 1만 1천 6백 60척은 흙을 깎아 벽을 만들고, 4백 척은 杙木을 박았다. 관문을 앙토리에 두고 연대를 쌓았는데, 둘레가 88척이었다. 평안도의 군사 1만 3천 9백 87인을 사역하여, 2월 10일에 시역하여, 3월 6일에 필역하였다. 리수로 계산하면 10리 2백 70보 4척이었다.[26)]

16. 義州行城(1)

세종 32년 윤 1월에 동부승지 鄭而漢을 의주에 보내어 성을 쌓을 터를 살펴 정하게 하고, 종사관 鄭軾과 金承珪로 하여금 쌓는 것을 감독하게 하였는데, 읍성을 물려서 쌓은 것이 1천 6백 25척이고, 수축한 것이 1천 1백 61척이며, 행성은 의주성 북편에서 九龍淵에 이르기까지 길이가 6천 7백 20척인데, 평안도인 6천 5백 70인을 부역시켜 30일 만에 마쳤다.[27)]

---

25) 『世宗實錄』 권121, 世宗 30년 7월 丙申.

26) 『世宗實錄』 권123, 世宗 31년 정월 甲申.

27) 『世宗實錄』 권127, 世宗 32년 윤정월 辛酉. 세종 22년부터 시작된 세종조의 양계행성의 축조는 본 의주행성의 축조를 마지막으로, 세종의 서거로 완성을 보지 못하고 말았다.

17. 甲山郡行城

단종 즉위년 6월에 평안함길도 도체찰사 황보인이 아뢰기를 갑산군행성은 前數에 의하여 본군 사람을 抄發하여 돌을 모으고, 성터를 살펴서 정하는 것을 기다려서 쌓겠다고 하자, 단종은 윤허하였다.[28]

18. 穩城行城(3)

성종 5년 10월에 영안도경차관 洪貴達이 가지고 가는 事目에 五鎭의 장성에 아직 쌓지 못한 곳을 척으로 재어서 5진의 각 고을에 나누어주고, 매년 점차로 쌓는 일을 끝내도록 할 것이며, 절도사에 面囑하라고 하였다.[29] 또 동왕 6년 7월에는 우참찬 魚有沼가 아뢰기를 5진 중에 경성, 종성, 경원, 경흥은 성 밑에 거주하는 兀良哈이 매우 많으므로 적이 침범해 오기가 어려운 형편이나, 다만 온성은 적이 침입하는 길의 요충이므로, 여러 姓의 兀狄哈이 모두 이 길을 경유하여 들어와 침구하게 되며, 지금 바야흐로 장성을 쌓고 있으니, 역사가 끝나기를 기다려 豊川口子에 만호를 두고 이를 방비하는 것이 어떻겠느냐고 하였다.[30]

19. 穩城鎭行城과 柔遠鎭行城

성종 9년 2월에 영안도 온성의 장성을 쌓았는데, 所要項에서 浦項까지 4만 3천 8백 8척이고, 높이는 9척이었다. 또 柔遠鎭의 장성을 쌓았는데, 所要項에서 汁浦까지 8천 5백 22척이고, 높이는 6척이었다.[31] 鄭蘭宗이 온성의 행성 40리를 축성하였는데, 그 방략과 계획이 지금까지 전해오고 있다고 하였다.[32] 『國朝人物考』에도 그가 성종

---

28) 『端宗實錄』 권1, 端宗 즉위년 6월 戊寅.
29) 『成宗實錄』 권48, 成宗 5년 10월 壬寅.
30) 『成宗實錄』 권57, 成宗 6년 7월 辛酉.
31) 『成宗實錄』 권89, 成宗 9년 2월 壬戌.
32) 『顯宗改修實錄』 권12, 顯宗 5년 11월 壬子.

8년에 영안북도 절도사가 되고, 9년에 온성진장성 40리를 쌓았다고 하였다.

20. 高嶺鎭行城

성종 11년 10월에 영안도 高嶺鎭의 장성을 쌓았는데, 높이가 10척이고 둘레가 8천 8백 5척이었다.[33]

21. 義州行城(2)

성종 9년 6월에 좌참찬 許琮이 아뢰기를 영안도에서 평안도 沿邊까지는 장성을 쌓아 賊路를 막고 있으나, 다만 仇寧, 方山에서 의주까지는 장성이 없으니, 만약 모두 쌓는다면 변방 방어가 더욱 견고해질 것이라고 하였다.[34]

한편 이 무렵에 명나라에서 開州 등지에 진의 설치를 계속 확대하자, 조선에서도 다시 장성의 수축을 서두르게 되었다.[35] 동왕 12년 6월에 영중추부사 李克培를 평안도체찰사로 삼아 의주읍성에서부터 장성까지 이르는 구역의 성벽을 축조토록 하였다. 화천군 權瑊이 가져갈 事目에 의주의 강 연변의 성은 읍성으로부터 옛 장성까지 주척으로 2만 5천 3백 80척이고, 옛 장성에서부터 海口까지 8만 2천 5백 95척이며, 九龍淵煙臺로부터 石階煙臺까지 2만 5천 1백 86척으로, 모두 13만 3천 1백 61척이므로, 正役 20일에 1척마다 3명을 부리는 것으로 계산하면, 役徒가 39만 9천 4백 83인인데, 평안도의 군인 5만 3천 2백 4인 중에서 번을 든 수군, 육군의 군사와 여러 고을의 아전, 생도와 한양에서 종사하는 사람을 빼면 3만여 인에 지나지 않으니, 대개 13년이 걸린다. 점차 쌓더라도 13년 동안 오래 끌 수 없으니, 황해도와 영안남도의 군인을 아울러 부리되, 그 군인의 수는 병조를

33) 『成宗實錄』 권122, 成宗 11년 10월 甲戌.
34) 『成宗實錄』 권93, 成宗 9년 6월 甲午.
35) 『成宗實錄』 권130, 成宗 12년 6월 壬子.

시켜 마련하게 하자고 하였다. 또 9월 10일부터 그믐날까지 역사를 하여야 하며, 성은 돌로 쌓되, 돌을 날라 올 곳이 멀고, 토성이 합당할 만한 곳은 흙으로 쌓아야 하겠다고 하였다.[36)]

동왕 14년 12월에 정조사 李繼孫이 馳啓하기를 장차 장성을 쌓으려고 하므로, 의주의 백성을 휴식시키지 않을 수 없으니, 正朝使迎逢軍을 별도로 보내지 않는 것이 어떻겠느냐고 하였다.[37)] 또 尹弼商은 의주에 장성을 쌓고 큰 관문을 설치하는 것은 나라를 지키는 대체에 매우 합당하나, 때가 어려운데 큰일을 행하는 것은 옛 사람이 경계하는 바이니, 백성을 옮기고 관문을 설치하는 것은 아울러 거행하기가 어려울 듯하다고 하였다.[38)]

동왕 16년 10월에 장령 李誼가 아뢰기를 일찍이 장성의 터를 보니, 의주성으로부터 麟山의 海口까지 75리였다. 돌을 취할 곳이 혹 10리, 혹 15리가 되어서 공역이 너무 과중하니, 반드시 다른 도의 백성을 함께 역사시켜야 하겠다. 만약 그렇다면 먼 길에 양식을 싸 가지고 오는 폐단이 적지 않다. 만약 국가에서 포목을 보내서 곡식을 무역해서 다른 도의 부역군을 먹이면 그 폐해가 감소될 것이다. 만일 의주의 黔同, 烏沒, 威化의 3섬에 둔전을 설치하여, 老江, 宣沙, 廣梁 등지의 방수하는 데 긴요하지 않은 수군을 역사시켜 2, 3년을 경작하게 하여 곡식을 축적하여서 성 쌓는 군인을 먹이면, 나라와 백성에게 매우 편리할 것이라고 하였다.[39)] 또 광천군 李克增은 方山과 의주 등지는 장성을 쌓아야 하며, 변경에 근심이 없는 연후에야 민생이 편안히 살 수 있을 것이라 하였다.[40)]

또 동왕 17년 1월에 평안도관찰사 朴楗에게 諭示하기를 평안도는 지경이 야인과 연접하여 침공하는 근심이 없는 해가 없는데, 조종조

---

36) 『成宗實錄』 권130, 成宗 12년 6월 甲寅.
37) 『成宗實錄』 권161, 成宗 14년 12월 壬戌.
38) 『成宗實錄』 권161, 成宗 14년 12월 辛未.
39) 『成宗實錄』 권184, 成宗 16년 10월 辛丑.
40) 『成宗實錄』 권186, 成宗 16년 12월 辛卯.

이래로 연변에 행성을 쌓아 민생을 편안히 하였다. 다만 의주로부터 인산까지는 수 십리에 뻗치어 역사를 하기가 어려웠다. 근년에 흉년으로 일을 추진하기가 쉽지 않았는데, 금년은 다행히 농사가 풍년이 들어 백성의 먹을 것이 여유가 있으니, 백성의 힘을 쓸 만하다. 이에 좌의정 洪應을 보내어 그 일에 임하도록 하여, 변방 백성들로 하여금 영구히 편안하게 하고자 한다고 하였다.[41] 같은 해 2월에는 의주 九龍淵에 장성을 쌓았는데, 높이가 6척이고, 둘레가 1만 6백 17척이었다.[42]

의주 일대 행성 축조에 대한 논의는 연산군과 중종대에도 계속되었다. 본래 평안도의 행성은 압록강을 따라 행성을 쌓았는데, 滿浦에서 시작하여 昌城에서 그쳤고,[43] 의주에서 인산에 이르기까지는 기지를 정하고,[44] 성을 쌓을 돌까지 강가에 운반하여 놓았으나,[45] 실현을 보지 못하고 말았다. 평안도의 행성 축조에 대한 논의는 특히 연산군 때에 격렬하였는데, 찬반이 크게 엇갈렸다. 축성을 주장했던 대표적인 인물로는 韓致亨,[46] 成俊,[47] 이극균[48] 등을 들 수 있고, 이들은 변방의 일을 잘 알고 있던 인물들이었다. 그러나 대간과 홍문관에서는 격렬하게 반대하였기 때문에 의견의 일치를 보지 못하였다.

22. 美鐵鎭行城

41) 『成宗實錄』 권187, 成宗 17년 정월 己酉.
42) 『成宗實錄』 권192, 成宗 17년 6월 癸卯.
43) 『燕山君日記』 권36, 燕山君 6년 정월 甲子.
44) 『中宗實錄』 권7, 中宗 4년 정월 甲辰.
45) 『中宗實錄』 권21, 中宗 9년 10월 壬寅.
46) 『燕山君日記』 권18, 燕山君 2년 10월 癸卯. 『燕山君日記』 권41, 燕山君 7년 8월 壬子.
47) 『燕山君日記』 권38, 燕山君 6년 7월 己未. 『燕山君日記』 권41, 燕山君 7년 8월 壬子.
48) 『燕山君日記』 권38, 燕山君 6년 7월 丙寅. 『燕山君日記』 권41, 燕山君 7년 8월 壬子.

성종 14년 7월에 영안도관찰사 鄭文炯이 아뢰기를 올해에는 농사가 조금 잘되었으므로, 美鐵堡를 설치한 곳에 장성을 물려 쌓는 등의 일을 지금 거행할 만하니, 청컨대 만호를 임명하여, 그 일을 맡기고 함길도의 절도사로 하여금 군사를 거느리고 수호하게 하면 어떻겠느냐고 하였다. 병조에서도 이에 의거하여 아뢴 대로하기를 청하자, 성종은 윤허하였다.[49]

동왕 18년 10월에 미철진행성을 쌓았는데, 둘레가 2천 8백 7척이고, 높이가 7척이었으며, 장성은 煙臺로부터 東水口까지 8천 3백 45척이고, 높이는 4척이었다.[50]

하여튼 세종 14년부터 갖추어지기 시작한 邊鎭 중심의 국방체제는 여진족의 소규모 침입을 막는 데에 주안점이 두어졌는데, 행성도 변진이나 구자의 국방병력과 같이 해당 지역에 거주하는 군인과 양계 남부의 諸邑에서 赴防하는 군인으로 충당되었다. 세종 14년에 양계의 국방체제가 국경지역 중심으로 재편됨에 따라 축성도 국경지역을 중심으로 진행되었다. 축성사업은 압록강, 두만강 가의 진성, 口子城(堡)의 축조가 중심을 이루었고, 세종 22년부터는 이와 아울러 진성과 구자성을 연결하는 행성을 쌓는데 많은 노력이 기울어졌다. 즉 행성은 영토 확장 및 이를 항구화하기 위한 徙民, 농경지 확충 등의 정책과 관련하여 국경지역 중심의 국방이 강화되는 가운데 가장 늦게 축조되었던 것이다.[51] 한편 영의정 한치형이 연산군에게 고려 정종 때에 柳韶가 장성을 쌓아 만 리나 뻗쳤으니 그 공력이 적지 않았는데, 지금 홍문관으로 하여금 유소의 傳記를 올리도록 하여 하람하시면 알 수 있을 것이라고 한 것으로 보아,[52] 고려의 천리장성은 조선시대 행성 축조에도 영향을 준 것을 알 수가 있다.

---

49) 『成宗實錄』 권156, 成宗 14년 7월 丁未.
50) 『成宗實錄』 권208, 成宗 18년 10월 甲午.
51) 吳宗祿, 「朝鮮初期 兩界의 軍事制度와 國防體制」, 130쪽.
52) 『燕山君日記』 권38, 燕山君 6년 6월 戊申.

Ⅱ. 검토

1. 축성목적

행성의 축성은 야인들의 침입으로부터 연변민들을 보호하고, 야인들의 침입에 따른 연변민들의 입보의 폐단을 없애서, 연변민들의 생활을 안정시켜 이들의 逃散을 막자는 것이었다. 이 중에서도 입보는 큰 문제점을 갖고 있었다. 특히 입보는 연변민들이 자신의 주거지를 떠나 멀리 읍성까지 가야하는 것은 물론, 긴 겨울을 임시주거지에서 살다보니 그 폐단이 매우 심각하였으며, 정착하여 안정된 생활을 할 수 없는 것이 큰 문제였다.[53]

즉 입보하여 7~8개월이나 지나서 집에 돌아오면 집과 기물이 燒破되어 해마다 다시 마련을 해야 한다는 점, 가을에 입보하는 시기가 되면 명령이 嚴急하여 여물지도 않은 벼를 타작하여 묻으니, 혹은 썩고 혹은 도적을 맞는데다가 수확하지 못하고 버려두면, 왕래하는 말이나 짐승이 모두 먹어 먹어버리게 되며, 주민들은 많은 양식을 가지고 가지 못하여 미음이나 죽으로 연명하는 지경이고, 길쌈을 못하기 때문에 의복을 제대로 입지 못한 다는 점, 농사철에 침입 소식이 있게 되면 사실을 불문하고 입보를 독촉하니, 농사가 때를 잃게 되어 다시는 가을 수확을 바랄 수 없게 된다는 점, 赴防軍士가 좁은 성안에서 처소를 달리 할 수 없으므로 남녀가 서로 문란하게 된다는 점, 城堡 근처에는 나무는 많으나 풀이 적어 우마가 굶주리고, 또 마구간이 없어서 노숙하게 되니, 봄이 되면 살아 있는 것이 적어 農牛가 부족한 현상이 해마다 반복된다는 폐단이 있었다.[54]

53) 柳在春, 『韓國 中世築城史硏究』, 222쪽.
54) 『世宗實錄』 권88, 世宗 22년 2월 辛卯.

2. 위치

趙明干口子行城, 碧團口子行城, 穩城行城 등을 비롯한 조선시대의 여러 행성들은 여진족을 막기 위해서 변경지역에 설치한 것들이었다. 이들 행성들은 대체로 강변 평지, 언덕, 산 능선을 따라 쌓았다는 특징이 있다.

그러나 변경지역이외의 장성의 예로는 통일신라의 關門城과 같이 왜적으로부터 왕경의 방어를 목적으로 쌓은 것도 있고, 濟州古長城과 같이 沿海環築한 예도 있으며, 豊川行城과 같이 海邊을 따라 만든 것도 있었다. 梁山長城처럼 江岸上, 安邊 老人峙長城처럼 嶺上에 축조한 예도 있었다. 또 제주의 古長城, 興陽의 白石浦長城, 豊安坪長城 등과 같이 賊路 요해처에 만든 것도 있었다.

한편 장성은 城子, 石堡와 결합하여 만든 경우도 많았다. 趙明干口子, 碧團口子, 虞芮口子, 滿浦口子, 昌洲口子, 虛空橋口子, 美鐵鎭城의 행성 및 遂安 防垣鎭, 黃州 棘城鎭의 장성들이 그러한 예들이라고 하겠다.

3. 재료

양계행성은 고려 천리장성의 전통을 이어 평지에는 석축이고, 험한 곳은 토축으로 쌓은 것이 일반적이었다. 趙明干口子行城, 碧團口子行城, 穩城行城(1), 昌洲口子行城은 석성과 녹각성으로 이루어졌고, 鍾城郡行城은 석성, 토성, 녹각성, 鍾城行城(2)은 석성, 토성, 녹각, 익목이었다. 碧潼行城(1), 虛空橋口子行城, 甲山行城은 석성, 토성이었으며, 會寧行城(3)과 理山行城은 석성, 토성, 익목이었다.

여기서 행성은 석성과 토성이 기본이었으나, 녹각, 익목이 보조적으로 쓰였음을 알 수가 있다. 특히 종성행성(1)처럼 내(川) 가운데는 녹각성을 설치하고, 종성행성(2)처럼 질벅질벅한 웅덩이에는 녹각과 익목을 사용했다고 하였다.[55] 또 저습한 곳과 크고 작은 내가 흐르는 곳은 성벽을 쌓기가 어려운 까닭으로 荊棘이나 익목으로 막기도 하였으며, 이 때문에 얼음이 얼면 태워버리거나 철거하여 賊路가 튀기 쉬웠다고 한다.[56] 이밖에도 『世宗實錄地理志』에는 預原古長城은 고려시대 천리장성의 일부인데 水中에 목책을 세웠다던가, 온성 행성도 저습한 곳에는 녹각과 材木(익목)을 사용했다는 기록이나, 『大東地志』에 棘城鎭行城의 평지에 荊棘을 심어 棘城[57]을 만들었다는 기록들은 주목할 필요가 있겠다.

한편 성종 21년 4월에 정조사로 북경을 다녀온 특진관 尹孝孫은 의주일대의 행성을 명나라의 장성처럼 벽로로 쌓을 것을 건의하였으나, 工役이 많이 든다는 이유로 실현이 되지 못하였다.[58]

4. 규모

趙明干口子行城 56,755척, 碧團口子行城 36,014척, 穩城行城(1) 131,922척, 虞芮口子行城 10,590여 척, 地寧怪口子行城 3,090여 척, 滿浦口子行城 15,675척, 高山里口子行城 12,619척, 昌洲口子行城 21,573척, 穩城行城(2) 380척, 鍾城行城(1) 22,311척, 渭原行城 3,598척, 虛空橋口子行城 5,308척, 鍾城行城(2) 48,720척, 鍾城行城(3) 2,907척, 碧潼行城(1) 45,379척, 會寧行城(1) 61,967척, 碧潼行城(2) 22,249척, 定寧行城(2) 4,653척, 會寧行城(2) 51,538척, 會寧行城(3) 31,174척, 甲山行城 3,296척, 理山行城 19,538척, 義州行城(1) 6,720척, 穩城鎭行城 43,808척, 柔遠鎭行城 8,522척, 高嶺鎭行城 8,805척, 美鐵鎭行城 8,345

---

55) 평안도와 함길도 양도에서 장성을 축조할 때, 물이 나서 성을 쌓을 수 없는 지점에는 녹각성을 만들었으나, 수년이 안 되어 모두 썩어 버렸다고 한다(『端宗實錄』 권5, 端宗 원년 2월 庚寅).

56) 『世宗實錄』 권127, 世宗 32년 정월 甲午.

57) 민덕식, 「특수한 형태의 성곽」, 『關防遺蹟의 硏究』(백산자료원), 2024, 150~155쪽.

58) 『成宗實錄』 권239, 成宗 21년 4월 乙未. 『成宗實錄』 권280, 成宗 24년 7월 戊申 · 己酉.

척이었다. 이처럼 우리나라의 장성은 천여 리에 뻗치는 대규모의 장성도 있지마는, 穩城行城(2)처럼 380척에 지나지 않는 짧은 장성도 있는 등 축성목적과 지형에 따라 많은 차이가 있었다.

그런데 문헌에는 장성의 규모를 直線式을 의미하는 長이라는 표현을 하지 않고, 관문성처럼 周廻나 鴨綠江行城, 鉢山行城, 豊川古行城 등과 같이 周라고 표현한 경우를 가끔 볼 수가 있다. 물론 이는 성곽의 둘레를 말하는 것으로, 둥근 성곽의 규모를 표현한 말이다. 그렇기 때문에 이러한 표현이 장성에는 부합되지 않으나, 습관적으로 구별하지 않고 장성에도 주, 주회라고도 표현하는 경우가 많았기 때문으로 여겨진다.

5. 역부

趙明干口子行城에는 평안도의 丁夫 7,440인과 황해도의 정부 2,860인을 동원하고, 碧團口子行城에는 평안도의 정부 7,330인과 황해도의 정부 1,296인을 就役시키었다. 세종 23년 3월에 쌓은 趙明干口子行城에는 평안도의 정부 8,390인, 碧團口子行城에는 평안도의 정부 8,263인을 사역시켰다. 또 穩城行城(1)에는 함길도의 정부 15,000인과 강원도의 정부 8,000인을 역사시키었다. 虞芮口子行城에는 정부 4,200인이, 地寧怪口子行城에는 정부 300인이, 滿浦口子行城에는 정부 9,000인, 高山里口子行城에는 평안도 정부 300인과 황해도 정부 2,000인을 징발하였다.

昌洲口子行城에는 평안도의 인부 3,000인과 황해도의 인부 6,000인을 징발하여 쌓았고, 穩城行城(2)은 함길도의 군사 8,000인을, 또 평안도 각 고을 정부 6,000인이 동원되어 渭原邑城과 渭原行城을 쌓았고, 虛空橋口子行城에는 평안도의 백성 5,360인을 부역시켰다. 鍾城行城(2)은 함길도의 백성 14,900인과 강원도의 백성 2,500인을 사역시켰다. 鍾城行城(3)은 함길도의 군사 1,000인으로 쌓았으며, 碧潼行城(1)은 평안도의 백성 15,400인과 황해도의 백성 2,000인이 동원되었다. 鍾城行城(4)은 함길도 군인 10,000인을 징발하였고, 碧潼行城(2)은 평안도의 백성 5,740인을 사역시켰다. 定寧行城은 정녕군 백성 400인을 사역시켰다. 會寧行城(2)은 평안도의 백성 8,526인, 三水行城은 갑산, 산수의 백성 1,000인을 사역시켰다. 會寧行城(3)은 함길도의 백성 11,750인을, 甲山行城은 갑산과 산수의 백성 1,000인을 사역시켰다. 理山行城은 평안도의 군사 13,987인을, 義州行城(1)은 평안도의 백성 6,570을 사역시켰다.

이처럼 소속 도의 백성들이 동원되는 경우도 많았으나, 趙明干口子行城, 碧團口子行城, 高山里口子行城, 昌洲口子行城, 碧潼行城(1)에는 평안도와 황해도의 백성이 동원되었고, 穩城行城(1), 鍾城行城(2)에는 함길도와 강원도의 백성들이 동원되었다. 즉 도와의 通力合築이 이루어질 경우 평안도의 행성에는 황해도의 백성이, 함길도의 행성에는 강원도의 백성이 동원되었다는 것이다. 三水行城과 甲山行城에는 갑산과 삼수의 백성들이 함께 동원되어 통력합축을 하였고, 定寧行城에는 정녕군 백성만이 단독으로 동원되었다. 함길도와 평안도에서 역군을 낼 때는 도내 각 고을의 농사를 살펴서 농사가 실패한 고을은 면제하여 주고, 농사가 나은 고을에서 역군을 내며, 강원도와 황해도도 年事의 풍흉을 보아서 역군의 수효를 알맞게 정하고 넉넉히 식량을 주어 2, 3년을 간격으로 역사를 시켰다.[59] 이밖에 理山行城에는 평안도 군사가, 穩城行城(2)과 鍾城行城(3)(4)에는 함길도 군사가 동원되었다.

한편 役軍을 下三道에서 징발할 경우 소요되는 기간이 길기 때문에 농민들에게 축성으로 인한 피해가 심하여, 양계 이외의 타도 인력을 징발하여 행성 축조를 지속하는 것은 쉽지가 않았다.

또한 役夫들의 작업량에 대한 실상도 알아 볼 필요가 있다. 이에 대하여는 다음의 자료들이 참고가 된다. 즉 세종 24년 8월에 병조에

59) 『世宗實錄』 권112, 世宗 28년 4월 丁卯.

서 평안도관찰사의 關文에 의거하여 아뢰기를 他道의 성은 매 1척을 군인 5, 6인이 쌓는데, 양계의 행성은 한 사람이 3, 4척을 쌓아야 하니, 노역이 너무 무겁다고 하였다.60) 또 성종 12년 6월에 화천군 權瑊이 의주장성의 축조에 가져갈 事目에서 성벽 1척마다 3인을 부리는 것으로 계산한 예가 있고,61) 세종 25년 11월에 겸성균주부 李甫欽의 상소에 경상도의 예로서 運石地에서 築城地까지는 멀면 30여 리나 되고 가까워야 10여 리씩이나 되어, 役民 수 십인을 동원하여도 하루에 운반하는 것은 1~2석에 불과함으로 석성 1척을 쌓는데 6~7인을 동원하더라도 1~2년에 필축하기가 어렵고, 또 필축한다 하더라도 일 년이 못 되어 붕괴되지 않는 성이 없었으니, 만민이 이 까닭에 失所하고 관리들도 이 까닭에 得罪한다고 하였다.62) 이처럼 양계행성의 축조에는 한 사람이 3, 4척을 맡아 쌓았다고 하였는데, 이는 석성을 쌓는 수치라고 짐작된다. 사실 석축은 토축보다 공역량이 3배 이상 소요될 정도로 차이가 있다.63) 한편 행성의 토축 부분은 削土法으로 쌓았기 때문에 盛土法이나 版築法으로 쌓는 것보다는 공역량이 훨씬 적게 들었다고 보아야 할 것이다.

또 역부들의 양식문제도 살펴보지 않을 수 없는데, 세종 24년 11월에 우정언 李徽가 아뢰기를 正役을 할 때는 관청에서 資粮을 주지마는, 왕래하는 口粮은 관청에서 구휼하지 못하여 자기가 부담해야 되므로 한 사람이 짊어지고 갈 수가 없으므로, 반드시 貨布를 가지고 貿易하여 餱糧에 보충하여야 되는데, 지금 평안도에는 흉년이 더욱 심하여 백성들이 저축한 바가 없으니, 장차 어느 곳에서 매매하겠는가 라고 하였다.64) 이와 같은 어려움은 거리가 먼 도에서는 더

---

60) 『世宗實錄』 권97, 世宗 24년 8월 庚戌.

61) 『成宗實錄』 권130, 成宗 12년 6월 甲寅.

62) 『世宗實錄』 권102, 世宗 25년 11월 甲寅.

63) 車勇杰, 『高麗末·朝鮮前期 對倭 關防史 硏究』(忠南大博士學位論文), 1988, 172쪽.

64) 『世宗實錄』 권98, 世宗 24년 11월 庚辰. 『世宗實錄』 권98, 世宗 24년 11월

욱 심각하였다. 즉 연산군 6년 7월에 韓致亨, 成俊, 李克均 등이 의론 드리기를 하삼도에서 군사를 징발하는 일은 큰 폐단이 있는데, 먼 도에 있는 백성은 양식을 가져갈 수가 없으므로 모두 布貨를 가지고 와서 곡식을 바꾸어 먹게 되니, 평안도는 백성이 적고 토지가 척박하여 저축이 본래부터 모자라는데 어리석은 백성들이 먼 장래를 헤아리지 않고 베 바꾸는 것만 좋아하니, 주인과 손이 모두 곤궁하다고 하였다.[65] 동왕 7년 7월에 대사헌 成俔과 사간 高荊山 등의 상소에도 남쪽 끝에서 북쪽 끝까지는 그 길이 먼 까닭에 30일의 노정으로 계산하면, 머물러 역사하는데 30일과 갔다가 돌아오는데 30일씩 해서, 한 인부가 3개월 동안 먹을 양식이 무려 20여 두가 되며, 한 인부가 가는데 짐을 싣고 따라가는 사람이 倍數가 되니, 만약 20일의 노정이 넘는다면 손해는 더욱 심해진다고 하였다.[66] 또 동왕 7년 8월에 李克敦, 蔡壽 등이 의논드리기를 남북 지세의 멀고 가까운 것을 계산하면 거의 40일의 노정이고 왕복으로는 80일의 노정인데, 30일간 머물러 역사한다면 백여 일이 넘게 되고, 왕복하고 머물러 역사를 하는 동안의 한 사람의 식량은 반드시 몇 명이 있어야 수송할 것이라고 하였다.[67] 여기서는 공사기간에도 양식을 역부 자신들이 부담하는 自備糧인 것으로 언급하였다. 하여튼 이러한 어려움 때문에 먼 도의 백성인 하삼도의 백성들을 행성의 축조에 동원하지 못하고, 보다 가까운 황해도와 강원도의 백성들을 동원하였던 것이다.

한편 세종 27년 11월에 도체찰사 황보인이 아뢰기를 庚申(1440년)의 受敎에 성을 쌓는 군사는 각 고을 수령이 모두 장정으로 징발하여 시기에 맞추어 부역하게 하고, 이를 어기는 자는 收贖하지 말고 태형에 처할 것이며, 또 행성의 역사는 군사를 행하는 것과 다름

壬午.

65) 『燕山君日記』 권38, 燕山君 6년 7월 丙寅.

66) 『燕山君日記』 권40, 燕山君 7년 7월 辛亥.

67) 『燕山君日記』 권41, 燕山君 7년 8월 壬子.

이 없으니, 일체의 범죄자는 오직 공신과 有腹之親 2품 이상만 啓聞하고 科罪할 것이라 하였다. 청컨대 이 법을 거듭 밝혀서 감사로 하여금 위의 수교에 의하여 시행해서 죄를 논하되, 장부에 기록하여 3번 범한 자는 파직하여 내치고, 군사 1백 인을 보내지 않은 수령은 곤장 1백을 때리고 파출하자고 하자, 세종은 윤허하였다.[68]

6. 기간

세종대의 양계행성은 10년 계획으로 추진되었는데,[69] 趙明干口子行城과 碧團口子行城은 2월 15일에 시역하여, 3월에 필역하였다. 穩城行城(1)은 8월 15일에 시역하여, 9월 15일에 필역하고, 趙明干口子行城修築, 虞芮口子行城, 地寧怪口子行城, 滿浦口子行城, 高山里口子行城은 모두 2월 10일에 시역하여, 3월 10일에 필역하였다. 穩城行城(2)와 鍾城行城(1)은 8월 20일에 시역하여, 9월 20일에 필역하고, 虛空橋口子行城은 2월 10일에 시역하여, 3월 10일에 필역하였다. 鍾城行城(2)은 8월 15일에 시역하여, 9월 15일에 필역하였고, 鍾城行城(3)은 1월 11일에 시역하여, 2월 10일에 필역하였다. 碧潼行城(1)과 定寧行城(1)은 2월 10일에 시역하여, 3월 10일에 필역하였고, 鍾城行城(4)과 會寧行城(1)은 8월 20일에 시역하여, 9월 18일에 필역하였다. 碧潼行城(2)과 定寧行城(2)은 2월 15일에 시역하여, 3월 15일에 필역하였고, 會寧行城(2)은 8월 15일에 시역하여, 9월 14일에 필역하였으며, 三水行城은 8월 5일에 시역하여, 9월 5일에 필역하였다. 會寧行城(3)은 8월 15일에 시역하여, 9월 15일에 필역하고, 甲山行城은 8월 5일에 시역하여, 8월 25일에 필역하였다. 理山行城은 2월 10일에 시역하여, 3월 6일에 필역하고, 義州行城(1)은 30일 만에 필역하였다. 이밖에 穩城鎭行城과 柔遠鎭行城은 2월에 필역하고, 義州行城(1)도 2

---

68) 『世宗實錄』 권110, 世宗 27년 11월 丁亥.
69) 『世宗實錄』 권51, 世宗 13년 정월 辛巳. 『世宗實錄』 권73, 世宗 18년 윤6월 癸未. 『世宗實錄』 권93, 世宗 23년 9월 壬戌.

월에 역사가 이루어진 듯하며, 渭原行城은 4월에 필역하고, 高嶺鎭行城과 美鐵鎭行城은 10월에 필역하였다고 하였다. 즉 역사기간은 30일이 기준이었음을 알 수가 있다.[70]

역사기간을 始役日字로 기준하여 보면 1월 1회, 2월 14회, 7월 2회, 8월 11회, 10월 1회로 29회 중 2월과 8월이 25회로 전체의 86%를 차지한다. 축성역사는 옛부터 농번기, 혹서기, 혹한기를 피하였다. 즉 혹서와 혹한을 피하면서 농한기에 행하는 것이 관례였다. 행성의 축성역사 역시 이에 따라 2월과 8월에 집중적으로 행하여 진 것은 당연한 것이다.

한편 세종대의 양계행성 축조에 있어서는 축성을 총괄하던 도체찰사 황보인이 매년 춘추로 양계를 드나들며 행성을 쌓는 일에 열중하였다고 하는데,[71] 『世宗實錄地理志』 平安道 渭原郡 말미에는 좀 더 구체적으로 언급하여 놓았다. 즉 「申槩가 建白하여 양계행성을 쌓기를 청하였는데, 황보인이 受命하여 監築하였다. 봄에는 평안도, 가을에는 함길도에 축성했는데, 庚申年(1440년)에 시작하여, 庚午年(1450년)까지 11년간을 쌓았으나, 완성을 보지 못하였다.」고 하였다. 즉 앞서의 세종대에 쌓은 양계행성들이 대체로 春節役事[72]는 평안도에, 秋節役事는 함길도에서 이루어진 것이 여기에 부합되는 것이다.

7. 구조

定寧行城(2)에는 關門, 甕城, 煙臺가 있었고, 理山行城에도 關門과 煙臺가 있었다고 하였다.

세조 1년 11월에 평안도경차관 梁誠之가 말하기를 慈城의 虛空橋

---

70) 『世宗實錄』 권112, 世宗 28년 4월 丁卯.

71) 『世宗實錄』 권117, 世宗 29년 7월 戊戌.

72) 의주장성(2)의 축조에 대한 논의가 있을 때 파평부원군 尹弼商은 2월 20일 이후에 역사를 치르러 나가면, 3월 20일 이전에 돌아와 농사철을 대게 될 것이라고 하여, 춘절역사의 하한을 이해하는 데에 참고가 된다(『燕山君日記』 권38, 燕山君 6년 7월 庚午).

口子를 보니 동쪽 산언덕에 행성을 보완하여 설치하기를 마치 제방을 쌓듯이 하였으며, 평상시에는 성 위를 지나서 虞芮와 통한다고 하였다.[73] 동왕 6년 2월에 함길도도절제사 楊汀이 치계하기를 이번 2월 9일에 오랑캐 800여 騎가 와서 종성의 강변에 주둔하다가 장성의 水口木寨를 불태우고, 적 5기가 장성으로 난입하여 읍성 남문 밖의 野人館을 불태우고, 또 장성문을 불태우려고 하므로, 本鎭節制使 趙邦霖이 군사를 거느리고 몰아내니, 적이 그 제서야 숨었다고 하였다.[74] 동왕 6년 7월에도 함길도도절제사 楊汀이 치계하기를 馬鑑이 여러 번 사람을 行城門에 보내서 회령의 通事를 부르기에, 도사 李克均과 통사 楊根生을 보내어 마감을 만나게 하였다고 하였고,[75] 또 8월에는 李克培가 치계하기를 장성의 문을 지키는 자들이 와서 고하기를 마함이 행장을 꾸려서 장차 출발하려고 한다고 하였다.[76]

또 동왕 7년 9월에 도체찰사 韓明澮가 온성진절제사 鄭俊의 呈文에 의거하여 아뢰기를 오랑캐 5인이 행성 밖에 이르러 거짓으로 말하기를 절제사를 뵙기를 요구한다고 하자, 守護甲士 金貴賢과 正兵 金用之가 성문을 열자, 오랑캐가 바로 들어와서 김귀현과 김용지를 쏘아 죽이고, 말과 칼, 화살을 약탈하여 갔다고 하였다.[77]

성종 5년 10월에도 오랑캐가 長城水門에 들어온 자가 5, 6인이 있었다고 하며,[78] 야인을 館待하는 館을 장성밖에 만들고, 군졸로 하여금 지키게 하여 뜻밖에 생기는 환란에 대비하기도 하였다.[79] 또 동왕 8년 4월에 영안도관찰사 李克均이 치계하기를 올량합 30여 인

---

73) 『世祖實錄』 권2, 世祖 원년 11월 辛巳.

74) 『世祖實錄』 권19, 世祖 6년 2월 丙寅. 1월에도 阿比車가 諸種野人 1,500인을 모아, 회령장성의 木寨를 헐고 들어와 장성의 문을 불태우고, 木寨를 헐어버린 일이 있었다(『世祖實錄』 권19, 世祖 6년 정월 丙午).

75) 『世祖實錄』 권21, 世祖 6년 7월 癸巳.

76) 『世祖實錄』 권21, 世祖 6년 8월 丙辰.

77) 『世祖實錄』 권25, 世祖 7년 9월 癸亥.

78) 『成宗實錄』 권48, 成宗 5년 10월 壬寅.

79) 『成宗實錄』 권51, 成宗 6년 정월 乙卯.

이 회령에 이르러 술을 마시고 갔고, 13인이 회령행성 문밖에 주둔하여 연대를 향하여 활을 쏘므로, 연대 사람이 또한 쏘니 올량합이 곧 흩어져 갔다고 하였다.[80] 동왕 17년 6월에 영안도관찰사 成俊이 서계하기를 장성의 수구를 가시나무로 막았으므로, 한번 장마를 만나면 곧 물을 따라 떠내려가 흩어지고, 떠내려가 흩어지지 않더라도 적이 불을 놓아 태우면 한꺼번에 재가 되어 없어질 것이니, 수구에는 모두 목책을 설치하자고 하였다.[81]

중종 26년 6월에는 城低野人이 종성 防垣堡長城의 문지기 林孫을 살해한 일이 있었고,[82] 동왕 38년 6월에는 오랑캐들이 밤을 타고 잠입하여 장성의 門板을 가져간 일도 있었으며,[83] 명종 3년 6월에는 만포진에 오랑캐들이 들어와 수호청을 불 지르고, 장성문의 자물쇠를 뽑아 갔는데, 鎭長이 그들의 지역으로 2息 여 거리나 추격하여 들어가 오랑캐 3인을 만나 그 중에서 1인을 참획한 일도 있었다.[84]

이처럼 행성에는 사람들이 왕래하는 길에 관문을 설치하여 守護甲士, 守護正兵으로 하여금 엄하게 지키도록 하였다. 또 관문의 곁에는 수호청을 지어서 수호업무를 수행하도록 하였다. 관문에는 현판을 걸어 놓았다는 것으로 보아, 관문마다 명칭들이 있었다고 여겨진다. 특히 관문에는 옹성을 만들어 관문의 방어기능을 높였다. 또 행성에는 적의 동태를 척후하고, 봉화의 업무를 수행하는 연대가 있었으며, 물을 빼는 수문이 있어 적이 수문 안으로 침입하는 것을 막기 위해 荊棘이나 목책으로 막기도 하였다. 또 행성밖에는 야인들을 접대하는 야인관을 만들었다.

8. 벌목

---

80) 『成宗實錄』 권79, 成宗 8년 4월 乙丑.
81) 『成宗實錄』 권192, 成宗 17년 6월 癸卯.
82) 『中宗實錄』 권71, 中宗 26년 6월 庚辰.
83) 『中宗實錄』 권100, 中宗 38년 6월 丁酉.
84) 『明宗實錄』 권8, 明宗 3년 6월 乙丑.

세종 26년 5월에 우찬성 황보인이 아뢰기를 평안도 행성을 이미 쌓았으나, 행성 안팎에 초목이 무성하면 빗물이 괴어 무너질까 염려되는 데다, 성 밖의 오랑캐들이 휘어잡고 오르내릴까 염려되니, 이제부터는 매년 봄, 가을마다 그 곳의 수령과 口子萬戶, 千戶 등이 농한기에 적당히 군인을 인솔하여 성내에서는 50보를, 성외에서는 100보를 다 斫伐하도록 恒式으로 삼자고 하자, 세종은 윤허하였다.[85] 이처럼 성벽 안팎의 초목을 제거하는 것은 이러한 이유 이외에도 적들이 침입할 때 초목을 엄폐물로 삼아 몸을 숨기므로, 성안에서는 시야가 가려 적들의 움직임을 잘 살필 수가 없기 때문에 취해진 조치로, 옛부터 일반적으로 행하여 왔던 일이다.

9. 수축

단종 1년 1월에 함길도 회령의 행성이 두만강 물의 충격으로 무너지자, 판종부시사 金吉通과 호군 鄭軾을 보내어 살펴보게 하였다.[86] 또 동왕 2년 1월에는 의정부에서 병조의 呈文에 의거하여 아뢰기를 평안도, 함길도 두 도에 행성이 무너진 곳은 啓達하지 아니하고 수축하는 것은 심히 未便하니, 이제부터는 관찰사가 순찰하여 살피고 계문한 다음에 수축하게 하여 달라고 하자, 단종은 윤허하였다.[87]

예종 1년 1월에는 예성군 魚有沼가 올린 비변책 중에 야인의 우마가 행성의 허물어진 곳을 따라 쉽게 五鎭에 들어오므로, 백성들이 이를 감추어 숨겨두는데도 수령이 혹은 이를 쇄환하지 아니하여, 원한을 맺게 되니 이제부디는 빈드시 쇄환하게 하자고 하였다.[88] 또 성종 6년 5월에 사은사 좌의정 한명회가 요동에 이르러 치계하기를

---

85) 『世宗實錄』 권104, 世宗 26년 5월 乙亥.
86) 『端宗實錄』 권5, 端宗 원년 정월 丙戌.
87) 『端宗實錄』 권10, 端宗 2년 정월 辛巳.
88) 『睿宗實錄』 권3, 睿宗 원년 정월 庚辰.

강변의 장성이 반은 무너졌으니, 절도사를 시켜 방수하러 나아가는 보병을 부려서 제 때에 수축하고, 적이 들어오는 길목의 요해지에는 구덩이를 파고, 익목을 세우며, 물가의 풀이 무성한 곳은 풀을 베고 나무를 잘라서 환하게 트이게 하자고 하였다.[89]

연산군 6년 1월에 李季仝 등이 아뢰기를 조종조에서 압록강을 따라 장성을 쌓았는데, 滿浦에서 시작하여 昌城에서 그쳤다. 근래 조종에서 유의하지 않아, 거의 다 무너져서 敵騎로 하여금 단숨에 들어오게끔 되었는데, 지금 수축하는 수고로움과 창성 이하에서 새로 쌓는 공력은 諸創始에 비하면 크게 나음이 있다고 하였다.[90] 또 동년 7월에 韓致亨, 成俊 등이 의논드리기를 세종 때에 강을 따라 성을 쌓았으나 성취하지 못하고 그쳤는데, 세월이 이미 오래 되어 성이 무너져서 거의 없어졌으므로, 지금 성이 허물어진 터를 그대로 따라 增修을 한다면, 일과 공력이 절반밖에 들지 않을 것이라 하였다.[91]

중종 5년 6월에 함경북도절도사 崔漢洪이 치계하기를 회령 城底野人 愁隱豆 등이 난을 피해 처자를 데리고 장성의 틈난 곳을 들어왔는데, 한양에 올라와서 시위하거나, 남방 연해 변 각 고을에 옮겨져 살기를 원한다고 하였다.[92] 또 동왕 12년 5월에도 三公이 議啓하기를 지금 의주에 성 쌓는 일이 있고, 또 西方의 장성 역시 수축해야 하지마는 공역이 중첩되기 때문에 정지하고 있는 것이라 하였다.[93]

명종 5년 2월에 영경연사 尙震이 아뢰기를 북방에 쌓은 장성은 비록 성이라고는 하나 실은 흙담과 마찬가지이니, 사나운 적이 날랜 기마를 타고 쳐들어온다면 마치 무인지경을 들어오는 것과 같을 것이라 하였다.[94] 또 동왕 5년 2월에 좌의정 沈連源, 우의정 상진 등이

---

89) 『成宗實錄』 권55, 成宗 6년 5월 庚申.
90) 『燕山君日記』 권36, 燕山君 6년 정월 甲子.
91) 『燕山君日記』 권38, 燕山君 6년 7월 丙寅.
92) 『中宗實錄』 권11, 中宗 5년 6월 辛丑.
93) 『中宗實錄』 권28, 中宗 12년 5월 壬寅.

의논드리기를 함경도 5진의 沿江 일대에 일찍이 장성을 쌓았는데, 해가 오래되어 무너졌다. 이 때문에 진장이 임기 내에 尺數를 정하여 수축하는 법이 있으나, 그 법을 우습게 알고 거행하지 않고 있는데, 만일 다시 수축한다면 비록 오랑캐의 변이 있다 하더라도 곧장 쳐들어올 수는 없을 것이다. 하물며 오늘날 군졸이 單弱한 형편이라 마땅히 수축해야 할 것인데, 각 진의 군졸 수효가 적기 때문에 뽑아서 역사를 시키기가 어렵다고 하였다.[95]

하여튼 부실역사로 크게 문제가 되었던 趙明干口子行城 같은 경우는 평안도 정부 10,000인을 징발하여, 頹圮處 24,110척을 수축한 경우도 있었지마는, 해가 오래되어 무너진 곳은 해당 진장들이 임기 내에 척수를 정하여 수축하도록 하였으나, 각 진 군졸의 수가 적었기 때문에 수축을 하는데 어려움이 있었다는 것이다.

10. 감동

1) 황보인

皇甫仁(?~1453)은 태종 14년에 문과에 급제한 후 세종 18년에는 병조판서가 되었다. 동왕 22년 평안함길도 도체찰사로 파견되고, 이어 좌참찬이 되면서 국왕으로부터 大小行幸에 항상 호종하라고 할 정도로 아낌을 받았다. 동왕 23년에 함길도에 파견되어 종성을 愁州 강변으로 이치하면서 종성, 회령, 온성, 경원, 경흥 등지에 小堡를 설치하고, 이후 평안도와 함길도에 출입하면서 金宗瑞와 쌍벽이 되어 북변을 개척하고 방어하는데 공헌하였다. 동왕 29년에 우의정이 되고 築城司를 관장하고, 문종대 영의정부사가 되었다. 동왕 2년에는 總護使로서 문종의 국상을 총령하고, 이듬해 영춘추관사로서 김종서와 함께 『世宗實錄』을 편찬하였다. 단종 1년에 계유정란으로 좌의정 김종서, 우의정 鄭笨 등과 함께 문종의 유명으로 어린 단종을 보

---

94) 『明宗實錄』 권10, 明宗 5년 2월 丙辰.
95) 『明宗實錄』 권10, 明宗 5년 2월 辛酉.

필하던 중 피살되었다.

세종이 병을 얻으면서부터 아무리 지친이라도 접견하지 않았는데, 도체찰사 황보인을 내전에 인견하여 변방 일을 은밀히 의논하고, 함길도에 보내어 행성을 쌓도록 하였는데, 이는 세종이 그 일을 중요하게 여겨 총애하고 신임하였기 때문이라고 한다.[96] 문종 1년에도 함길도의 축성 감독직을 사퇴할 것을 아뢰면서 「신은 세종조로부터 은총을 두터이 입어 무릇 營爲하는 바를 소신으로 하여금 다 맡게 하니, 신이 마음을 다하여 시행하고 감히 사퇴하지 않았으나, 이제는 나이가 70에 가까워 쇠약하고 고달파서 힘이 없으므로, 아마도 일을 감당하지 못할 듯합니다.」고 하였으나, 문종은 윤허하지 않았다.[97] 황보인이 행성을 쌓기를 청하여 스스로 도체찰사가 된 뒤에 해마다 가서 함흥 이남의 백성을 부려서 쌓으니, 북방의 쓸쓸해지는 것이 이로부터 비롯되었다고 하고, 본도의 백성이 그 괴로움을 견디지 못하여 길가에 題詩하기를 「皇父가 매우 착하여 저 북방에 성을 쌓았네. 가엽도다. 우리 백성들 그저 몹시 병들도다.」라고 하였다고 한다[98].

2) 정이한

鄭而漢(?~1453)은 세종 23년 3월에 사복소윤으로 황보인의 종사관이 되어 碧團口子行城을 쌓았다. 동왕 32년 윤 1월에는 동부승지로 의주행성(1)을 쌓을 터를 살펴 정하고, 그의 종사관 정식과 김승규로 하여금 행성 쌓는 것을 감독하게 하였고, 동년에는 동부승지로서 도성의 수축역사를 감독하기도 하였던 인물이었다. 그는 세종 14년에 문과에 급제하고, 동왕 26년에는 한성부소윤이 되고, 동왕 30년에는 지병조사와 동부승지가 되고, 문종 1년에는 평안도 관찰사가

96) 『世宗實錄』 권125, 世宗 31년 7월 己卯.
97) 『文宗實錄』 권8, 文宗 원년 6월 戊寅.
98) 『文宗實錄』 권8, 文宗 원년 6월 戊寅.

되었다. 그가 일찍이 황보인의 종사관이 되어 서계, 북계 양계의 행성을 감독하여 쌓았을 때, 이르는 군, 현에 만약 좋은 과일이나 맛있는 음식을 얻으면, 문득 가지고 가서 황보인의 뜻을 교묘히 맞추었고, 비록 길 도중이라도 반드시 이를 바치며, 황보인을 섬기기를 노예와 같이 하니, 황보인도 정이한을 사랑하여 자기 아들과 같이 여겼다. 사람들은 황보인이 조정에 천거하여 갑자기 宰樞에 등용되었다고 하고, 황보인의 鷹犬이라고 하였다고 한다.[99]

11. 축조공법

양계행성의 축조공법을 이해하기 위해 비슷한 조건을 갖춘 고려의 천리장성을 살펴보도록 하겠다. 천리장성의 위치 선정은 언제나 높은 산, 험한 지세를 선택하였으며, 골짜기나 평지에서도 될수록 성 밖은 낮고 안은 높은 언덕을 이용하여 석재와 노력을 적게 쓰면서도 강력한 방어력을 가진 성벽을 쌓고자 노력하였다.

신의주시 토성리 압록강 하구 삼교천(고진강)이 압록강에 흘러드는 어구로부터 시작된 제 1단계 축성역사 구간은 오랜 기간 압록강의 침식작용에 의해 이루어진 벼랑과 언덕이 이루어졌다. 서부는 압록강으로 인해 퇴적된 낮고 평탄한 평야와 삼각주 벌판으로 되어 있는데, 동부 지역은 높이 솟은 금광산이 벼랑과 바위를 드러내고 동서 방향으로 뻗치고 있다. 이 구간에는 강물에 의해 생긴 높은 벼랑과 가파른 언덕을 잘 이용하여 성벽을 쌓아 성벽 밖으로 압록강이 막고, 성벽 밑으로는 언덕이나 벼랑이 막도록 하였다. 또 이 구간 성벽의 대부분은 토성이었다. 지금은 많이 허물어져 제방 뚝 모양으로 되어 있다. 송한리, 연하리 등에 잘 남아 있는 성벽의 높이는 4~6m에 달한다. 연하리 등에서 골짜기를 넘어서는 평지 부분에는 돌로 쌓은 기초 흔적이 남아 있다.

---

99) 『端宗實錄』 권6, 端宗 원년 6월 己酉.

의주군 제 2단계 축성역사 구간은 금광리 금광산에서부터 동쪽으로 우현령 남쪽 칙고개 부근까지인데, 성벽은 주로 평균 높이 930m나 되는 강남산맥과 평균 높이 830m 이상 되는 피난덕산맥의 등성이로 쌓았다. 즉 이 구간의 성벽은 금광산에서부터 덕현, 대문령, 삼하리 성고개, 말굴령을 지나고, 각구봉에 올라 계속 강남산맥의 분수령을 따라 동쪽으로 삭주군 초직령, 좌리 성고개, 초봉, 온정령, 계반령, 오봉산, 가는령 등을 거쳐 창성군 약수리에 들어서서 문지령, 자작령을 타고 지나 금야리 영주천을 건넌다. 영주천을 건너 창성군과 벽동군 경계를 이루는 피난덕산맥을 따라 비래봉, 임봉, 단풍덕산 등을 넘어 동창군의 회상령, 아호미령, 대암산, 운산군 방어리 동림산, 풍양리 용각산 등을 거쳐 영웅리 동쪽 칙고개에 이른다. 이 축성역사 구간의 성벽은 강남산맥과 피난덕산맥의 자연 지형상 특성을 능숙하게 이용하여 골짜기와 강물을 피하면서 분수령을 따라 성벽을 쌓았다. 성벽은 언제나 영마루 바깥쪽을 수직으로 파내고, 맨 밑에는 자갈과 진흙을 섞어 넣으면서 다지고, 그 위에 기초돌을 놓았다. 기초돌의 크기는 대체로 길이 50~90cm, 두께 30~50cm였다. 성벽은 크고 작은 자연석을 그대로 이용하여 벽면을 잘 맞추어 쌓았으며, 성돌은 기초돌 보다 좀 작았다. 또 창성군 금야리 자작령에 쌓은 성벽 위에 남아 있는 여장은 모두 平女墻으로 한 개의 垜에 射穴口를 하나씩 냈다. 타의 길이는 2~4m, 사혈구는 24~30cm이고, 여장의 높이는 1m 안팎이었다. 嶺을 넘어서는 중요 통로에는 겹성을 쌓은 곳도 있는데, 동창군 회상리 회상골에는 장성벽 바깥쪽에 골짜기를 따라 약 3km 내려다 겹성을 쌓고, 운산군 풍양리에서는 풍상 골짜기를 따라 약 4km 장성 벽 안쪽에 들여다 겹성을 쌓았다. 하천을 넘는 곳은 창성군에 2곳이 있다. 금야리 영주천을 넘어서는 지점에는 바위를 기초로 삼고, 폭 8m나 되는 虹霓를 만들고 그 위에 성벽을 쌓았던 흔적이 얼마 전까지 남아 있었다고 한다.

제 3단계 축성역사 구간은 희천시 우현령 부근으로부터 동쪽으로 요덕군 백산까지 인데, 운산군 영웅리 칙고개에서부터 동쪽으로 희천시 극성리 칙동, 평원동, 모덕령, 명대리 명대골을 따라 가다가 지신천을 건너 물나무골, 송하지기령을 넘어 동신군 청운리에서 희천강을 넘는다. 희천강을 넘어 동신군 아용산, 다재령, 부상참, 거문산을 거쳐 동홍리에서 백산천을 넘고 보섭피골을 거쳐 서양리 平虜鎭城(유원진성) 터에 닿는다. 여기서 청천강 본류를 넘어 남쪽으로 온천리, 함지골령을 넘어 영원군 청산리, 온양리를 지나 대흥군 덕흥리를 거쳐 다시 영원군 도삼리를 지나 영원군과 대흥군과의 경계를 따라 백산에 이르렀다. 이 구간에서는 골짜기와 강하천이 많은데 골짜기로 내리는 물이 언제나 성 바깥쪽으로 흐르도록 성 자리를 잡아 해자로 삼고, 성벽은 강의 남쪽 하천, 언덕을 이용하여 쌓아, 강물, 강둑, 성벽이 3중으로 막게 하고, 성벽이 강, 하천을 넘어서는 곳은 반드시 그 좌우에 바위나 벼랑이 돌출하여 이루어진 좁은 지점을 선택하였다. 또 이 구간에서 골짜기를 따라 뻗은 평편한 지형에는 夾築을 하였고, 산 능선이나 가파른 언덕을 통과하는 지점은 片築을 하였다.

제 4단계 축성역사 구간은 2개의 성 줄기가 있는데, 정평군을 지나간 성벽은 백산에서 시작하여 동쪽으로 요덕군 대숙리 장재산, 단속산, 성천리 감자골 등을 타고 낭림산맥의 절마봉을 휘감고 계속 동쪽으로 정평군 구창리, 구읍리, 정평읍, 호남리에서 광포를 건너 한 줄기는 광포 南岸에 동서로 가로놓인 산등성이를 타고, 다른 한 줄기는 광포 기슭을 따라 동호리 연대봉 앞에서 합쳐 바다 기슭 삼도리에 이른다. 금야군을 통과하는 성벽은 백산에서 시작하여 요덕군과 맹산군 경계로 남으로 나가다가 동쪽으로 꺾이어 요덕군 대숙리 입석, 용평리 耀德鎭城을 끼고 성리, 성천리 선주암에 올라 만풍산을 거쳐 금야군에 들어서서 수원리 황토부락, 정암산, 박달령을 타고 계속 동쪽으로 백산리, 동홍리, 지인리, 온정리, 범포리, 삼봉리, 영동리 등을 지나 동해안 광선곶 바닷가의 절벽에 닿았다. 이 구간의 성벽은 서쪽에는 높은 산 능선을 이용하여 쌓고, 동쪽의 평야지대에는 북쪽이 가파르고 남쪽이 평편한 야산과 언덕을 이용하여 쌓았다. 서쪽 산지대의 축조공법은 제 3단계 축성공사 구간의 것과 같다. 정평 평야지대에는 협축공법을 응용하였다. 기초를 약 1m 깊이로 파고, 성벽 안팎의 벽면 밑에는 장대석을 놓고, 적심은 막돌 사이에 진흙을 넣고 다져가면서 차곡차곡 쌓아 올렸다. 벽면은 자연석을 면을 맞추어 쌓았고, 다른 어느 구간보다도 큰 120×80×65cm의 성돌을 이용하였다. 또 호중리와 선덕리 지역의 산등성이를 통과한 성벽과 그 동쪽 해안에 접근한 부분에서는 토성을 쌓았다. 호남리에서 장성 벽이 광포를 넘어간 호수의 폭은 약 900m인데, 이 호수를 가로질러 물속에 통나무 말뚝을 박아 배들이 통하지 못하게 하여 적의 침입을 막았다. 지금도 광포 물속에는 장성을 연결하는 직선상에 당시에 박아 놓은 말뚝이 남아 있다고 한다. 또 정평군 구읍리 동쪽의 장성은 높은 언덕 위에 성벽을 쌓고, 성벽 바깥 면에는 두 줄기의 外隍을 성벽과 평행으로 파서 경사면을 3단이 되게 하였다. 외황을 설치한 경사면 높이는 35~40m에 달한다. 금야군을 통과하는 장성도 서쪽의 산지대에는 편축을 하고, 동쪽의 평야지대에는 협축을 많이 응용하였으며, 실정에 맞게 석성과 토성을 합리적으로 배합하였다고 한다.[100]

하여튼 우리나라 토성의 축조법은 크게 盛土法과 削土法으로 구분이 되는데, 성토법은 단순성토, 성토다짐, 협판을 사용한 판축다짐, 기단석축을 곁들인 판축다짐 순으로 발달을 하여 왔다. 양계행성에서는 천리장성처럼 가장 공력이 적게 드는 삭토법을 채택한 것이다.

---

100) 최희림, 「천리장성의 축성 경위와 그 위치에 대하여」, 『력사과학』 4, 1983, 34~37쪽. 최희림, 「천리장성의 축성상 특징과 그 군사적 거점인 진성에 대하여(1)」, 『력사과학』 3, 1986, 40~43쪽. 최희림, 「천리장성의 축성상 특징과 그 군사적 거점인 진성에 대하여(2)」, 『력사과학』 4, 1986, 19~25쪽.

12. 부실역사

세종 23년 3월에 전농시윤 朴根과 사복소윤 정이한이 도체찰사 황보인의 종사관이 되어, 박근은 趙明干口子行城을 감독하여 쌓았고, 정이한은 碧團口子行城을 감독하여 쌓았는데, 이해 여름에 비가 내리자 두 성이 무너진 곳이 많이 있으므로, 평안도관찰사가 보고하자 조정의 의논이 분분하였다. 이에 대신들이 모두 행성의 역사를 정지하자고 하므로, 세종은 소윤 康勸善을 보내서 살피게 하였는데, 강권선이 돌아와 보고하기를 조명간구자행성은 외면에는 단지 돌로서 포개어 쌓았고, 내면에는 모두 모래와 흙으로 메웠기 때문에 무너진 곳이 반이 넘는다고 하였다. 이때에 박근이 온성에 있었으므로 의금부에 명하여 체포하여 오게 하고, 종사관을 체임시켰다. 監築하던 수령들은 파직 당하고, 먹을 양식을 自備하여 수축하는 역사를 감독하게 하였다. 박근과 정이한은 속성시켜 공을 얻으려고 여러 군에 移文을 하여 성의 외면은 한 사람이 질 수 있는 돌로 쌓고, 안에는 모래와 흙으로 메우라고 하였다고 한다.[101]

세종 20년에 반포한 「築城新圖」에는 내면은 돌로 16척을 채우고, 그 위는 階砌를 만들고 돌로 덮으라고 하였다.[102] 이는 오직 泥土로만 쌓으면 쉽게 무너지기 때문이었다. 이들은 이러한 「축성신도」를 따르지 않고 속채움이나 뒤채움에 모래와 흙으로 만 채웠기 때문에 쉽게 무너지고 만 것이다. 이에 따라 대간들은 이들을 죄줄 것을 청하였다.[103] 이때 성터를 정한 것은 황보인이었는데, 대간들은 대신을 보내어 도절제사와 감사로 더불어 같이 의논하여 성터의 便否를 살피자고 청하였으나, 세종은 윤허하지 않았다.[104] 한편으로 세

---

101) 『世宗實錄』 권93, 世宗 23년 9월 壬戌.
102) 『世宗實錄』 권102, 世宗 25년 11월 甲寅.
103) 『世宗實錄』 권94, 世宗 23년 10월 己卯.
104) 『世宗實錄』 권94, 世宗 23년 10월 庚辰.

종은 도승지 趙瑞康 등에 명하여 우참찬 李叔畤와 더불어 황보인에게 보내서 평안도 행성과 石堡의 일에 대해 의논하도록 하고,[105] 趙明干口子行城의 축성 편부와 석보 先築問題 등을 조사하기 위해 우참찬 이숙치를 도체찰사로 임명하여 평안도에 파견하였다.[106] 도체찰사 이숙치가 평안도에서 돌아와 아뢰기를 석보의 좌우에 행성을 쌓지 않으면 석보안의 백성들이 밭갈이할 때를 당하여 賊變이 두려워서 늦게 나가고 일찍 돌아오게 되어 폐농하는 폐단이 생길 것이며, 남도의 군마가 연속하여 강변에 徵聚되어 늘어서는 고생이 있을 것이라고 하였다. 또 백성들이 사는 요해처만을 가려서 축조하는 행성의 역사가 석보 보다는 크다고 하나, 먼저 요해처에 따라 쌓아 두면 성안에 사는 백성들과 老幼들도 안심하고 농사를 지으며, 말과 소도 들판에서 마음대로 방목하여 잘 자라고 번성할 것이니 진실로 좋은 방책이라고 하면서, 먼저 행성을 축조하자고 하자, 세종은 윤허하였다.[107] 이처럼 석보에 앞서 행성을 쌓는다는 원칙이 결정되게 되었는데, 결국 세종 24년 3월에는 평안도 정부 10,000인을 징발하여 문제가 되었던 趙明干口子行城의 頹圮處 24,110여 척이 수축되고, 석보 4,400척을 쌓았다.

또 세종 24년 8월에 병조에서 평안도관찰사의 關文에 의거하여 아뢰기를 조명간구자행성은 무너진 곳이 매우 많아서, 그 중에서 백성을 동원하여 개축한 곳은 그만이겠지만, 조금씩 무너진 곳은 그곳 수령이 일찍이 폐해 없이 개축하였는데, 그 축조를 감독한 관리를 죄준다면 論罰이 번거롭고 자질구레하여서 큰일을 성취하기가 어려우니, 지금부터는 많이 무너지지 않은 곳은 관리로 하여금 처음 쌓은 군인들을 거느리고 친히 감독하여 개축하도록 하자고하여, 세종의 윤허를 받았다.[108]

---

105) 『世宗實錄』 권94, 世宗 23년 윤11월 己巳.
106) 『世宗實錄』 권94, 世宗 23년 윤11월 庚午.
107) 『世宗實錄』 권95, 世宗 24년 정월 己卯.

사실 축성역사의 부실역사는 삼국시대부터 큰 두통거리가 되고 있었다. 신라의 남산신성비에는 남산신성을 쌓은 때에도 3년 안에 허물어지면 죄를 주도록 하였다.[109] 조선시대에 들어서도 태종 17년 10월에는 공조의 아룀에 따라 각 도의 축성이 속성에만 힘쓰므로 견고하지 못하여, 혹 1, 2년 내에 퇴락하여 백성을 수고스럽게 하고, 재물을 허비하니 지금부터 축성에는 농한기에 맞추어 힘을 헤아려 쌓고, 축성 후 5년 내에 무너진 곳이 있으면, 監役官吏를 依律論罪토록 하였다.[110] 또 세종 3년 10월 도성수축 때에도 성벽을 견고하게 쌓지 않게 되면, 감독한 提調, 守令, 摠牌, 頭目에게 重罪를 가하고, 만일 개축한 후에 傾頹하면 초축했던 各官으로 하여금 다시 쌓도록 한다고 하였고,[111] 또 동왕 4년 1월에도 宣旨로서 도성 수축 후에 만일 一石이라도 頹落하는 일이 있으면, 其 方面의 감역관으로 하여금 수보토록 하고, 그들을 아울러 모두 논죄토록 하였다.[112] 동왕 13년 9월에는 축성을 부실하게 하여 5년 내에 성벽이 무너지면, 監役官吏를 律文에 따라 장 80度에 다시 監役으로 환직시켜 고쳐 쌓게 하며, 개축 후 다시 무너지면 장 100도에 처하고, 각각 벼슬을 갈아 직품을 낮추고 먼 변경 지방에 보내 수비하게 하며, 이미 벼슬이 갈렸을 지라도 논죄하고 다시 고쳐 쌓도록 하였다.[113]

또 동왕 27년 12월에는 5년 안에 무너지지 않은 자는 資級을 승진시키고, 1,000척 이상이 연하여 무너지는 자는 논죄하며, 1,000척 이하가 무너진 자는 비록 죄는 가하지 않더라도 상은 주지 않도록 하였다.[114] 성종 20년 2월에는 5년 내에 무너진 경우 감축관리를 파

---

108) 『世宗實錄』 권97, 世宗 24년 8월 庚戌.
109) 민덕식, 「신라 남산신성비의 연구」, 『韓國 築城關聯 金石文 硏究』(백산자료원), 2022, 163쪽.
110) 『太宗實錄』 권34, 太宗 17년 10월 丙午.
111) 『世宗實錄』 권13, 世宗 3년 10월 戊午.
112) 『世宗實錄』 권15, 世宗 4년 정월 乙亥.
113) 『世宗實錄』 권53, 世宗 13년 9월 丙戌.
114) 『世宗實錄』 권110, 世宗 27년 12월 壬戌.

출하는 것이 成法이 되었으나, 성벽이 무너진 곳이 많고 적음을 막론하고 파출하는 것은 옳지 못하니, 앞으로 5년 내에 15척 이상이 무너지면 赦宥 전을 가리지 말고 파출하며, 10척 이하는 율문에 의하여 죄를 과하도록 하였다.115)

이처럼 삼국시대부터 조선후기까지 석성에서 문제가 되었던 부실역사는 대체로 3단계에서 드러나고 있다. 첫째는 기초공사의 성실여부이다. 실제로 지표조사를 해보면 다른 성벽은 모두 무너졌으나, 암반을 기초로 하여 쌓은 체성은 그대로 남아 있는 경우가 이를 말하여 준다. 둘째는 체성의 적심부의 성실 여부이다. 속채움이나 뒤채움을 돌로 面石의 뿌리를 누르면서 견고하게 채우면 오래 견딜 수 있으나, 전술한 것처럼 흙이나 모래로 적당하게 채우면 빗물이 스며들거나 겨울에 얼었던 것이 봄에 풀려 틈이 생기면 성벽이 쉽게 무너지게 마련이다. 셋째는 체성의 상부처리 문제이다, 체성의 상부를 판석으로 한 벌 깔고, 위에 점토로 두텁게 다지고, 위에 잔디를 입히고, 또 성벽위로 쏟아지는 빗물이 신속하게 성안으로 흐르도록 성안으로 약간의 경사를 두는 것이 좋다.

13. 폐단

세종 23년 9월에 대사헌 鄭甲孫 등이 아뢰기를 평안도는 성을 쌓느라고 남도와 황해도의 백성들이 길은 막히고, 양식은 떨어져 죽을 먹으며 굶주리고 있으며, 더구나 주야로 역사를 독촉하게 되니, 혹은 미치기도 하고, 병들어 죽는 사람도 있다고 하고, 함길도의 백성은 대개가 모두 새로 옮겨온 사람들인데, 모두 역사에 종사하게 되면 어찌 安業할 수가 있겠느냐고 하였다.116) 또 동왕 23년 11월에 세종이 우승지 李承孫을 인견하고 이르기를 행성을 쌓는 일은 국가의 큰 일이니, 늦추면 마칠 기한이 없고, 급하게 하면 백성에게 병을 일으

115) 『成宗實錄』 권225, 成宗 20년 2월 壬辰.
116) 『世宗實錄』 권93, 世宗 23년 9월 壬戌.

키니 태조조에 도성을 쌓음에 백성들이 부역하기를 즐겨하지 아니하므로, 두 세 사람의 머리를 베고, 밤낮으로 부역을 독려하였으므로 역질이 일어났다. 그러나 이제 평안도에 성을 쌓는 백성들에게 괴로운 폐단이 많고, 역질도 일어났다고 하여 쌓게 하지 않는 다면, 다 되어 가는 일에 한 삼태기의 흙을 더하지 못하여 완성을 보지 못할 것이고, 하려고 하면 인력이 부족하니 내가 심히 근심한다고 하였다.[117] 동왕 25년 4월 행성을 쌓을 때 황해도 군인 중에 도망한 자가 210명인데, 먼저 도망하자고 부르짖은 두목은 일찍이 受教한 대로 평안도 연변 각 고을에 입거시키도록 하였다.[118]

한편 함길도의 임술년(1442년), 계해년(1443년)의 흉년은 하삼도의 병진년(1436년) 흉년과 다름이 없었다. 길주, 경성에다 주린 백성의 都會所를 만들고, 주린 백성을 뜰에 나열시켜 먹였으나, 이튿날이면 죽는 자가 반이 넘었다. 대신이 사실대로 아뢰지 않고, 장성 쌓는 일을 강행하여 굶주림과 癘疫이 서로 겹치어 죽은 자가 이루 셀 수가 없었다. 鄭軾이 搜查 覈實한 것이 이미 1,600인이나 되었고, 나타나지 않은 것이 몇 천이나 되었는지 알 수 없었는데, 수령들이 부동하여 숨기어 왕이 알지 못하였다고 한다.[119] 동왕 28년 5월에 집현전 직제학 李季甸 등이 상서하기를 요행히 살아 돌아온 사람이라 할지라도 재차 부역하는 것을 알게 되면, 그 고통스러움이 전과 같을 것을 생각하여 빈한한 사람은 도망하고, 좀 生業이 있는 사람은 전택을 다 팔아서라도 사람을 사 보내게 되어 알몸만 남게 되므로, 빈부 간에 다 流亡하고 만다고 하였다.[120] 동왕 29년 윤 4월에도 세종이 평안도감사에 유시하기를 지금 축성 때문에 유민들이 매우 곤궁하여 도롱이(蓑)를 입어 몸을 가리고 혹은 흙을 먹어 배가 갈라지고,

---

117) 『世宗實錄』 권94, 世宗 23년 11월 甲寅.
118) 『世宗實錄』 권100, 世宗 25년 4월 己亥.
119) 『世宗實錄』 권102, 世宗 25년 12월 癸未.
120) 『世宗實錄』 권112, 世宗 28년 5월 庚午.

혹은 질병이나 木, 石에 죽고 하여 遼瀋으로 도망하는 사람이 몇 천인지 알지 못하며, 相率하여 도망하는데 한 도가 다 그러하다고 하였다.[121] 동왕 31년 5월에 군자판관 曹彙가 상소하기를 강원, 황해, 함길, 평안 4도의 백성들이 城役의 困苦로 老幼를 이끌고 流移轉輾하게 되어 날로 凋弊하고 있으니 가련한 일이라고 하였다.[122] 동왕 32년 윤 1월에 사헌부에서 평안도의 행성을 쌓는 일을 중지하라는 상소에 역부들이 이슬을 무릅쓰고, 한데에서 먹고 자서 飢寒이 절박한데, 양식을 가지고 왕래하기에 소와 말이 길바닥에 지치고 백성은 수고로움과 고생으로 수심에 잠겨 있다고 하였다.[123]

문종 즉위년 12월에 참찬관 李季甸이 아뢰기를 북방을 방어하는 일이 긴급하여져서 양계의 성을 쌓으니, 함길도, 평안도, 강원도, 황해도 4도의 백성들이 피곤하여 사람들이 모두 말하기를 만약 이것을 그만두지 않는다면 수년 뒤에는 구제할 수가 없을 것이라 한다고 하였다.[124]

이처럼 역부들이 양식을 가지고 왕래하기에 소와 말이 길바닥에서 지치고, 역부들은 이슬을 맞으며 밖에서 먹고 자서 기한에 떤다는 점, 양식이 떨어져 죽을 먹으며 굶주리고, 밤낮으로 역사를 독촉하는 바람에 도망치는 사람이 속출하고, 역질이 유행하여 병들거나 역사 중 나무, 돌에 죽는 사람들이 많다는 점, 생업이 있는 사람은 전택을 다 팔아서라도 사람을 사 보내게 되어 알몸만 남게 된다는 점을 지적하였다.[125] 이러한 자료들을 통해 양계행성의 축성역사의

121) 『世宗實錄』 권116, 世宗 29년 윤4월 辛巳.
122) 『世宗實錄』 권124, 世宗 31년 6월 丁未.
123) 『世宗實錄』 권127, 世宗 32년 윤정월 甲寅.
124) 『文宗實錄』 권5, 文宗 즉위년 12월 甲戌.
125) 연산군 6년 7월에 대간들이 올린 차자에는 役丁을 차출하는데, 전례대로 8結에 장정 1명을 내게 되면 과중하다고 하고, 이들은 모두 고용살이하는 私隸인데, 이들이 과중한 역사를 기피하여 절반이 도망해 갈 것이라고 하였다(『燕山君日記』 권38, 燕山君 6년 7월 癸亥),

어려움이 얼마나 심했던 가를 알 수가 있다.

특히 양계행성의 축조가 시작된 이후 행성 축조로 인한 과중한 역사로 인해 주민인 元戶와 入居民이 계속 逃散하게 되었다. 또 행성이 축조되면서 부터는 압록강 이남 지역의 토지도 행성 밖에 위치하게 됨에 따라 경작을 하지 못하게 되자, 이 지역의 농민들에게 큰 타격을 주게 되었다.126)

맺 음 말

양계행성의 축성은 야인들의 침입으로부터 연변민들을 보호하고, 야인들의 침입에 따른 연변민들의 입보의 폐단을 없애서, 연변민들의 생활을 안정시켜 이들의 逃散을 막자는 것이었다.

양계행성 중에는 온성행성(2)처럼 380척에 지나지 않는 짧은 행성도 있는 등 축성목적과 지형에 따라 많은 차이가 있었다. 행성은 기존 방어시설의 좌우로 일정한 구간에만 행성을 축조하여, 마치 행성이 보조적 성격을 띠는 것처럼 구조를 보이는 경우도 있었다. 이와 같은 구조는 이미 고구려 성곽에서 나타나고 있다. 즉 고구려의 鐵嶺縣 催陣堡山城에는 남문 쪽으로 이어지는 300~400m의 간격을 둔 2,000여 m의 頭道墻, 二道墻, 高墻子라고 부르는 3줄기의 토루가 있고, 西豊縣 城子山山城 서측의 토축으로 된 外圍城에도 서남향으로 뻗어 있는 두 줄기의 토루가 있다.127)

역부들은 소속 도의 백성들이 동원되는 경우도 많았으나, 도와의 통력합축이 이루어지는 경우도 있었는데, 거리를 고려하여 평안도의

126) 『世宗實錄』 권94, 世宗 23년 10월 庚辰.

127) 曹桂林 외, 「鐵嶺東南部的兩座古代城址」, 『中國北方八省市攷大論著滙編』 8, 1987, 932~933쪽. 周向永 외, 「西豊城子山山城」, 『遼海文物學刊 2』, 1993, 26쪽.

행성에는 황해도의 백성이, 함길도의 행성에는 강원도의 백성이 동원되었다. 이밖에 정부 이외에 군인이 동원되어 축조하는 경우도 있었다. 역부의 작업량은 일반 석성일 경우 1척에 3~6인 정도가 소요되나, 행성의 경우는 한 사람이 3~4척을 쌓을 정도로 노역이 무거웠다고 한다.

양계행성의 역사기간은 30일이 기준이었으며, 시역일자를 기준할 때 2월과 8월이 25회로 전체의 86%를 차지하였다. 축성은 혹한기, 혹서기, 농번기를 피하고, 농한기에 행하는 것이 관례였는데, 이에 따라 양계행성의 축조도 2월과 8월에 집중적으로 행하여졌다. 세종대의 양계행성의 경우 대체로 춘절역사는 평안도에, 추절역사는 함길도에서 행하여졌다.

양계행성에는 사람들이 왕래하는 길에 관문을 설치하여, 守護甲士, 守護正兵이 지키고 관문 곁에는 수호청을 지어서 수호업무를 관리토록 하였다. 관문에는 옹성을 만들어 관문의 방어 기능을 높이고, 척후나 봉화를 수행하는 연대가 있었다.

양계행성은 부실역사로 크게 무너진 곳은 대대적으로 수축하는 역사가 이루어졌으나, 해가 오래되어 소규모로 무너진 곳은 해당 진장들이 임기 내에 척수를 정하여 수축하도록 하였으나, 각 진 군졸의 수가 적었기 때문에 수축을 하는데 어려움이 많았다. 양계행성의 축조에는 여러 감역관들이 분정 받은 해당 구역의 축성을 감역하고, 부실역사 때에는 이들 감역관들이 책임을 지도록 하였다.

양계행성은 기능상 小賊을 방어할 수는 있었으나,[128] 대적들은 내지의 읍성이나 산성에서 막아야 하는 실정이었다. 행성의 축조가 시작된 이후 야인들의 연변 침입은 현저히 줄어들어,[129] 축성이 시작된 세종 23년 9월을 중심으로 세종대의 야인 침입은 평안도에는

128) 『世宗實錄』 권127, 世宗 32년 윤정월 乙卯.

129) 『世宗實錄』 권104, 世宗 26년 6월 戊子. 『世宗實錄』 권109, 世宗 27년 8월 丁未. 『世宗實錄』 권110, 世宗 27년 11월 丁酉.

이전에는 17회였던 것이 이후에는 3회로, 함길도에는 그 이전에는 9회에 걸쳐 침입했던 것이 그 이후에는 1회로 줄어들고 있었다.[130] 이는 세종대의 對野人 회유책 등에도 원인이 있었겠지만, 敵侵 요해처를 가려서 행성을 축조한 데에도 힘입은 바 컸다고 하겠다. 이러한 결과를 바탕으로 남도에서 부방하는 군사를 감하기를 청할 정도로,[131] 어느 정도 성과를 거두었으나 입보는 계속되어, 입보의 폐단이 완전히 없어진 것은 아니었다. 한편 변경의 각 진에는 행성을 쌓은 후 각 고을의 富實한 민호를 옮겨서 내실을 기하기도 하였다.[132]

130) 宋炳基, 「世宗朝의 兩界行城 築造에 對하여」, 192~193쪽.
131) 『世宗實錄』 권112, 世宗 28년 4월 戊申. 『世宗實錄』 권117, 世宗 29년 7월 丁巳.
132) 『文宗實錄』 권6, 文宗 원년 2월 壬午.

제4장 목책성

머리말

우리나라에서 목책 관련 유적이 확인된 것은 부여 松菊里遺蹟을 비롯한 청동기시대부터이다.[1] 청동기시대의 목책은 진주 남강유적처럼 취락지의 둘레에 판 환호의 안쪽에 목책을 두른 경우도 있었다. 청동기시대에 들어 농업 생산력이 증대되면서 잉여 생산물에 대한 약탈이 벌어지자, 이처럼 취락지에 이중으로 환호와 목책과 같은 방어시설들이 구축되어 나간 것으로 볼 수가 있다.

삼국시대의 목책 유적으로는 5C 후반의 고구려의 남진과 관련이 있는 고구려의 목책인 안성 도기동산성,[2] 세종 남성골산성[3]이 중요한 유적으로 언급되고 있다. 문헌자료에는 삼한의 진한에 城柵이 있다고 하였고,[4] 『삼국사기』에도 고구려, 백제, 신라에서 모두 목책을 사용하였다고 기록되어 있다.[5]

그러나 『삼국사기』에는 목책 관련 기사가 많지를 못하기 때문에 목책에 대한 구체적인 사실을 알기가 어렵게 되어 있다. 자연 이와 같은 어려움을 해결하기 위해서는 고려시대나 조선시대의 자료로

---

1) 閔德植, 「發掘調査資料로 본 우리나라 이른 시기의 防禦施設」, 『韓國上古史學報』 21(韓國上古史學會), 1996, 58~63쪽.
2) 기남문화재연구원, 『安城道基洞山城』, 2018, 48~291쪽. 한양문화재연구원, 『安城 道基洞 山城』, 2021, 144~168쪽.
3) 忠北大學校博物館, 『淸原 南城谷 高句麗遺蹟』, 2004, 28~283쪽.
4) 『三國志』 卷三十 魏書 三十 烏丸鮮卑東夷傳 三十 韓條.
5) 閔德植, 「『三國史記』木柵關係 記事의 考察」, 『韓國上古史學報』 19, 1995, 325~369쪽.

보완 할 수밖에 없다. 그러나 고려시대의 자료로는 정종 1년 5월에 요에 대비하기 위해 만든 목책,[6] 천리장성 중 함길도 預原郡의 水中에 만든 목책,[7] 삼별초군이 관군을 막기 위해 만든 제주의 涯月浦木柵,[8] 공민왕 때 홍건적을 막기 위해 만든 岊嶺木柵(慈悲嶺木柵),[9] 고려 말 왜구를 막기 위해 만든 전라도 龍潭縣의 石棧과 목책[10] 등 많지가 않기 때문에 조선시대의 자료들을 분석할 필요가 있다.

하여튼 목책은 토성이나 석성과는 달리 지상에 흔적을 남기지 않고 있기 때문에 자연 지하의 유구에 대한 발굴조사가 이루어져야 확인을 할 수가 있다. 또 목책은 토성이나 석성의 전 단계로써 임시적으로 만드는 경우가 많았기 때문에, 이들에 비하여 비중이 낮았다는 점이다. 이러한 이유로 지금까지 목책에 대한 관심이 토성이나 석성에 비해 높지가 않았다.

Ⅰ. 문헌자료

1. 실록

1) 軍事用 木柵

(1) 慶源邑木柵

태종 9년에 寧古塔 방면에서 남하한 우디거(兀狄哈)족이 경원 동방의 蘇多老를 침범하더니, 다음해 2월에는 우디거의 金文乃와 葛多介 등이 吾道里, 우량하(兀良哈)의 갑병 300여 기와 결탁하여 경원부

6) 『高麗史』 권6, 靖宗 원년 5월.
7) 『世宗實錄地理志』 咸吉道 預原郡.
8) 『大東地志』 濟州 鎭堡.
9) 『新增東國輿地勝覽』 黃海道 瑞興都護府 古蹟.
10) 『新增東國輿地勝覽』 全羅道 龍潭縣 古蹟.

에 침입하였다. 병마사 韓興寶가 이와 싸우다 패사하였다. 새벽에 적병이 성 밖에 이르자, 한흥보가 허겁지겁 戍兵 1백 명을 거느리고 성안으로 들어갔는데 3일 만에 죽었다. 관군으로 죽은 자가 15명이었고, 말이 죽은 것도 5필이었다. 적이 마침내 목책을 포위하였으나 이기지 못하자, 목책 밖의 집에 불을 질러 축척해 둔 것이 거의 다 소실되었다. 이에 찰리사 趙涓이 길주를 출발하여 豆門(지금의 경원 북쪽, 江外의 地)에 이르러 우량하족을 대파하고 그 추장을 죽였다.11)

(2) 阿吾知木柵

한홍보가 죽은 뒤 경원 백성들이 적을 두려워하여 생업을 편안히 하지 못하고 있을 때, 병마사 郭承祐가 백성들을 거느리고 蘇多老城을 버리고 물러와 아오지목책에 입보하여 굳게 지키고 있었다. 한편 곽승우가 패한 뒤에 백성들이 더욱 두려워하여 감히 原野에 나가서 목축과 농사를 짓지 못하고, 모두 적을 피해 龍城 땅으로 가기를 원했다. 이때 조정에서는 아오지는 험저하여 의지할 만하고, 앞뒤의 구원하는 군사가 서로 미칠 만한 형세이니, 백성들은 그대로 두고 盧原湜으로 하여금 군사를 거느리고 그곳에 웅거하여 곽승우와 함께 굳게 지키게 하고, 경성의 방비를 강화하면 경원의 백성을 어느 정도 안정시킬 수 있을 것이라고 하였다.12) 결국 성을 비우고 군사만 머무르게 하였다. 한편 중종 4년에는 특진관 李蓀이 아뢰기를 경원, 경흥의 경계에 옛날에는 아오지보가 있었으니, 지금 舊堡를 설치하였던 곳으로 옮기면 방수하기가 편리할 것이라고 하였다.13)

(3) 龍城木柵

---

11) 『太宗實錄』 권19, 太宗 10년 2월 庚子. 이 목책은 蘇多老木柵으로 태종 9년에 孔州舊城으로부터 이곳으로 경원부치를 옮기고 목책을 설치하였는데, 이때 여진의 入寇로 이곳이 空地가 되고, 이곳 民戶는 경성군으로 사민하였다. 위치는 후의 경원부 동쪽 40리이다.

12) 『太宗實錄』 권19, 太宗 10년 4월 己未.

13) 『中宗實錄』 권7, 中宗 4년 정월 己酉.

태종 17년 2월에 용성목책에 석성을 쌓도록 하였다.[14] 태종은 대호군 池含을 함길도에 보내어 도안무사 李之實에게 전지하기를 龍城(지금의 楡城)의 城子를 쌓는 것을 이미 역사를 시작하였거든 이번 가을에 다 쌓고, 만일 역사를 시작하지 않았거든 도안무사가 경성절제사 黃象과 더불어 전에 간 地理하는 사람인 李良一을 데리고 富家狄, 時原 사이에 성을 쌓을 만한 곳을 택하여 용성의 성을 쌓는 군사에다가 적당하게 수를 더하여 뽑아서 목책성을 설치하고, 경원부를 두라고 하였다. 내관 張信이 古慶源에 衛를 설치하고자 하므로, 먼저 목책을 만들고 부를 두어서 장신으로 하여금 소문을 듣도록 한 것이라 한다.[15]

이해 10월에는 태종이 경원지방은 대단히 추우므로 절제사 曹備衡이 수어하는 軍丁 3백 명과 더불어 목책에 머물러 지키고, 명년 봄 화창할 때를 기다려 백성을 이민하는 것이 가하다고 하였다. 길 도중에 혹 얼어 죽는 사람들이 있을까 두려워한 때문이었다.[16] 함길도 城基看審使 趙貫이 아뢰기를 용성의 읍성을 옮길 곳을 살펴보니, 용성목책 서남쪽으로부터 3리쯤 되는 松洞 성터는 주위가 4천 60척인데, 성터 안에 샘물도 많으며 밖으로는 水患이 없고, 군사와 말이 드나들기에도 편하니, 여기에 석성을 쌓는 것이 좋겠다고 하자, 태종은 이에 따랐다.[17]

(4) 巨濟島 · 南海 · 昌善木柵

세종 즉위년 8월 병조에서 거제와 남해 두 섬은 땅이 기름져 농사를 지을 만하니, 마땅히 목책을 설치하여 농민을 보호하자고 하자, 세종은 풍년이 되기를 기다려 목책을 설치하도록 명하였다.[18] 또 동왕 2년 1월에는 거제, 남해, 창선 3개 섬 가운데 전지가 많은 곳에다

---

14) 『太宗實錄』 권33, 太宗 17년 2월 壬申.
15) 『太宗實錄』 권34, 太宗 17년 8월 乙巳.
16) 『太宗實錄』 권34, 太宗 17년 10월 癸巳.
17) 『世宗實錄』 권48, 世宗 12년 4월 戊寅.
18) 『世宗實錄』 권1, 世宗 즉위년 8월 丙申.

목책을 만들거나 혹은 토성을 쌓고, 백성이 무기를 가지고 들어가서 농사를 짓게 하며, 낮에는 망을 보아서 변고에 대응하고, 밤에는 성에 들어가서 굳게 지키며 부근 항구에 있는 병선으로 하여금 그들을 수호하게 하고, 전지가 적은 곳에는 들어가서 농사짓는 것을 금지하게 하였다.19)

(5) 高郞歧伊木柵

세종 4년 10월에 함길도도절제사의 청에 의해 목책을 요로인 경원의 고랑기이 등지에 설치하고, 용맹한 千戶를 뽑아서 군사 백 명을 거느리고 농사짓는 사람들을 지키어 보호하게 하였다.20) 다음해 2월에는 병조에서 앞서의 함길도병마도절제사의 牒報에 의하여 啓하기를 고랑기이에 목책을 설치하고, 용맹한 장정 1백호를 옮겨서 더 입거시킬 것이라고 하자, 세종은 때가 마침 농사철이니 아직 입거시키는 것을 정지하고, 의정부와 육조로 하여금 좀 더 의논하도록 명하였다.21) 또 3월에는 병조에서 함길도도절제사의 통첩에 의하여 고랑기이의 목책에 길주, 경성 등지에서 떠돌아다니는 군민 1백 호를 찾아서, 오는 가을에 들어와 살도록 하고, 만약 숫자에 충분하지 않으면 북청, 단천 등지에 떠돌아다니는 군인들을 모두 찾아서 돌려보내도록 하였다.22) 5월에는 고랑기이에 목책이 이루어졌다.23)

(6) 鏡城木柵

경성절제사 洪尙直은 야인이 장차 쳐들어온다는 말을 듣고, 백성들로 하여금 들어와서 목책을 보호하라고 하였으나, 백성들이 즐겨 좇지 않으므로 사람을 시켜 그들의 집을 불 질러 태우자, 백성과 서리들이 소동하였다. 이에 홍상직은 귀양가게 되었다.24)

---

19) 『世宗實錄』 권7, 世宗 2년 정월 丙申.
20) 『世宗實錄』 권18, 世宗 4년 10월 甲午.
21) 『世宗實錄』 권19, 世宗 5년 2월 己巳.
22) 『世宗實錄』 권19, 世宗 5년 3월 丙戌.
23) 『世宗實錄』 권20, 世宗 5년 4월 辛未.
24) 『世宗實錄』 권18, 世宗 4년 12월 甲申.

(7) 閭延木柵

여연군 사람 전부사정 金龍乙 등이 평양감사에게 병조에서 교지를 받아 성터를 새로 정하였는데, 그 안에 물이 없으며 더구나 수효가 적은 민호로서 新舊의 두 성을 지키기가 어려우니, 새 성의 목책을 만드는 역사를 없애고, 옛 성의 한 면을 뒤로 물리어 쌓아서 넓게 만들면 무리를 모아서 지킬 수 있을 것이며, 또한 목책을 설치하는 노고를 면할 수 있을 것이라 하였다. 이에 따라 감사가 조정에 아뢰니, 세종은 고을 사람들의 소원대로 하라고 명하였다.[25] 또 동왕 15년 5월에도 세종은 대개 전쟁(이해 4월 최윤덕이 압록강방면의 여진 李滿住를 정벌) 뒤에는 수어를 엄하게 준비하지 않을 수 없다하고, 여연의 방어는 여름에는 얼음이 풀려서 긴요하지 아니하나, 저들이 복수의 마음을 품고, 예측하지 못할 계책을 세울까 염려되니, 우의정 崔潤德을 都按撫察理使로 삼아 석성을 쌓고 목책을 설치토록 하였다.[26]

(8) 富居站木柵

세종 15년 11월에 함길도감사 鄭招가 아뢰기를 지금 경성군 부거참에 목책을 설치하고,[27] 다시 경원부에 임시의 치소를 세워서 안변이북의 군인을 교대로 고랑기이의 목책과 용성의 목책에 주둔시키고 있다.[28] 안변에서 경원까지는 15, 16일이 걸리는 거리이니, 군인이 왕래하는 동안에 사람도 피로하고, 말도 지쳐서 국가의 영구한 계책이 되지 못한다. 또한 내금위의 甲士와 별패들로 고랑기이의 목책을 방어하게 하고, 경원절제사가 그 고을의 군사를 거느리고 경원의 새로 세운 목책을 진수하고 있으나, 적이 침략해 들어오는 경로가 일정하지 아니하니, 겨울철에 잇따라 들어 왔을 때는 그만이지만, 농사

25) 『世宗實錄』 권21, 世宗 5년 8월 庚戌.
26) 『世宗實錄』 권60, 世宗 15년 5월 甲戌.
27) 『世宗實錄』 권62, 世宗 15년 11월 戊戌.
28) 경원에 高郞居里(高郞歧伊)가 있고, 경성에 龍城이 있는데, 이곳이 모두 적의 갈림길로서 수어의 요충지였다(『世宗實錄』 권37, 世宗 9년 9월 甲寅).

철이 되어 사람과 말이 사방에 흩어졌을 때 갑자기 들어와 해를 일으키면, 고랑기이에 주둔한 군대로서는 미처 방어하지 못할 것이 분명하다. 용성 같은 곳은 쌓은 성이 높고 커서 거대한 병참이 되어 있으니, 경원부 치소를 용성으로 옮기고, 경성의 吾乙村, 朱乙溫 등지를 경원에 소속시키며, 경성군의 치소를 朱村站에 옮기고, 길주의 雲加委, 度巖, 立石, 明間, 明原 등의 지방을 경성에 소속시키고, 북청 이북과 경성 이남의 군인 1백 명을 교대로 용성에 주둔하고, 또 獐項, 要光院 등지에 把截을 두어 들어오는 야인으로 하여금 먼저 들어오는 목적을 묻고 나서 들어오게 한다면, 국경의 경비가 튼튼하고 사람과 말이 지치지 아니하며, 영원한 안정책이 될 것이라고 하였다. 이에 조정에서는 경성의 魚游와 間川에서 북쪽을 경원에 떼어 붙이고, 길주의 雲加委, 度巖, 立石, 明間, 明原 등지를 경성에 떼어 붙이며, 경원과 경성의 절제사가 방어의 임무를 맡은 곳은 그대로 두고, 고랑기이의 농민은 모두 용성 등지에 들어가서 거주하게 하였다. 또 경원성은 오는 가을에 돌로 견고하게 축조토록 하였다.[29]

(9) 多曷洞木柵

세종 10년 2월에 함길도경차관 宋仁山이 아뢰기를 경원의 목책이 있는 舊地에 석성을 고쳐 쌓고, 多曷洞 등지에 私木柵을 설치하여 當番軍卒들로 하여금 無常時로 적의 길목인 요해처를 순찰하게 하고, 또 적의 길목인 요해처의 성 북쪽 4리쯤에 목책을 설치하여 鎭撫로 하여금 군사를 거느리고 이를 지키게 하고, 於甫同洞에 적당히 戍卒들을 두고, 南羅耳의 동쪽 고개에 防護所를 설치하여 망을 보고 수호하게 하는 것이 편리할 것이라고 하였다. 이에 李稷 등이 석성으로 고쳐 쌓을 필요가 없고 넓은 목책을 더 설치하고, 多曷洞 등지에는 사목책을 설치하여 당번 군졸로 하여금 망을 보아 탐색하게 하자고 건의하여 세종의 허락을 받았다.[30]

---

29) 『世宗實錄』 권31, 世宗 8년 정월 己未.
30) 『世宗實錄』 권39, 世宗 10년 2월 乙丑.

(10) 順天 等地 木柵

세종 10년 5월에 순천, 보성, 함평에 큰 바람이 불어 목책이 무너져 떨어졌다.31)

(11) 萬浦口子木柵

세종 14년 10월에 병조에서 아뢰기를 강계부의 강변에서 멀지 않은 사람들에게 각각 부근의 목책으로 들어가 보호하게 하고, 읍성 근처의 마을 사람들에게는 본읍으로 들어가서 보호하게 하며, 高山里와 口子屯을 지키는 군인은 합쳐 萬浦의 목책으로 함께 들어가서 수어하게 하자고 하자, 세종은 허락하였다.32) 또 동왕 16년에는 강계로부터 만포까지는 90여 리이고, 만포로부터 許僯까지는 30여 리인데, 그 곳에 사는 백성은 겨우 3백여 호이다. 겨울철을 당할 때마다 노인들을 부축하고, 어린이를 끌어다 강계로 들어와서 지내는데, 가산을 탕진하게 되어 백성들이 매우 괴롭게 여겼다. 이에 마포구자의 목책을 헐어 치우고 석성을 쌓아, 근처에 사는 백성들로 하여금 들어가서 안전하게 살도록 하고, 환란을 피하게 하여 본부로 왕래하는 폐단을 덜게 하였다.33) 동왕 32년에는 滿浦石堡로 되어 있다.34) 또 문종 1년에는 滿浦堡는 城子가 견고하고 행성이 있다고 하였으며, 만포보 밖의 행성 안에 객관 2~3칸을 지어 만포강의 야인을 접대하기로 하였다.35)

(12) 寧北鎭木柵

세종 15년 1월에 함길도 영북에 신설하는 목책은 뒷날을 기다려서 석성으로 쌓고, 경원에 있는 목책은 오래 되어서 무너졌으니, 금년 봄부터 시작하여 쌓게 하였다.36)

---

31) 『世宗實錄』 권40, 世宗 10년 5월 甲寅.
32) 『世宗實錄』 권58, 世宗 14년 10월 丁未.
33) 『世宗實錄』 권64, 世宗 16년 6월 丙午.
34) 『世宗實錄』 권127, 世宗 32년 정월 甲午.
35) 『文宗實錄』 권9, 文宗 원년 8월 甲戌.
36) 『世宗實錄』 권59, 世宗 15년 정월 庚午.

(13) 石幕木柵

세종 15년 11월에 병조에서 아뢰기를 함길도의 석막(지금 富寧) 목책에는 富居站石城과 함께 적당한 군인의 인원수를 정하여, 土官인 千戶로 하여금 인솔하고 나누어 지키게 하여야 한다고 하였다.37) 또 동왕 16년 2월에 함길도관찰사 김종서가 아뢰기를 석막의 목책을 東良北과 斡木河岐로 옮겨 배설하고, 그 부근의 전지를 경작하는 사람을 이 목책 안에 모아 살게 하고는 土官을 보내어 이들을 영솔하여 파수하면서 보고하게 한다고 하였다.38)

(14) 珍島木柵

세종 21년 3월에 인수부소윤 李吉培가 아뢰기를 진도에는 한 마을에 40~50호, 혹은 20~30호를 그 지형에 따라 거주하게 하되, 각각 서로 바라보이는 곳에 목책을 만들어 배치하여, 첩첩이 목책 가운데서 모여 살게 하고, 밤이면 錚을 치고 角을 불면서 마음을 써서 순시하게 하고, 낮이면 봉화와 海望을 엄하게 하며 色掌을 선정하여 항상 잘 살피게 하여 藩籬로 삼자고 하자, 병조에 내려 마련하여 아뢰도록 하였다.39)

(15) 鄭夫人垈木柵

정부인대는 강계에서 30리 거리인데, 세종 21년 3월에도 평안도 도절제사 李蕆이 치계하기를 이곳에 목책을 설치하고, 滿浦, 高山里, 宰相洞, 外洞 등 각 마을에 거주하는 백성들을 이 목책에 들어와 보호받게 하자고 하였으며, 또 동왕 22년 3월에 영중추원사 최윤덕도 정부인대는 삼면이 모두 험하고, 단지 일면만이 田을 대하게 되니 마땅히 이곳에 新城을 축조하여, 沿江의 근방 백성들로 하여금 冬節에 입보하게 하면, 屯戍에 편하여 먼 땅에서 양식을 가져오는 괴로움이 없을 것이라고 하였다.40) 또 같은 달에 평안함길도도체찰사가

---

37) 『世宗實錄』 권62, 世宗 15년 11월 庚子.
38) 『世宗實錄』 권63, 世宗 16년 2월 壬戌.
39) 『世宗實錄』 권84, 世宗 21년 3월 丁卯.

하직할 때 강계의 정부인대에 축성하는 것의 편의여부를 살펴보도록 명하였다.41)

(16) 碧潼木柵

세종 17년 7월에 평안도감사가 아뢰기를 강계, 벽동, 정부인대 세 곳의 성을 한꺼번에 쌓게 한다면, 평안도 백성의 힘으로 감내하지 못할 뿐 아니라, 강계의 읍성은 아직 튼튼하고 벽동의 목책은 근년에 벽돌성으로 고쳐 만들었으니, 잠정적으로 이를 정지하자고 하였다, 이에 강계와 벽동은 방어하기가 가장 긴급하므로, 마땅히 시기에 맞추어 성을 쌓아야 될 것이니, 잠정적으로 鄭夫人舊地의 것은 정지하기로 하였다.42)

(17) 無路木柵

세종 17년 7월에 갑산군 삼수 이하 無路를 여연에 소속시키고, 목책을 설치하여 얼음이 얼 때를 당하면 무략이 있는 사람을 뽑아 거주하는 백성을 통솔하여 굳게 지키도록 하고, 상시 이를 규찰하도록 하였다.43)

(18) 碧團 · 山羊會 · 方山木柵

세종 22년 7월에 평안함길도도체찰사 황보인의 沿邊備禦策에는 평안도 연변의 각 고을 백성의 전지가 모두 강변에 있는데, 口子는 모두 산골짜기 사이에 설치되었으므로, 만약 적이 허한 곳을 타서 돌입하면 미처 구원할 도리가 없다 하여 벽동의 벽단목책을 비롯하여, 이산의 산양회목책, 의주의 방산목책을 모두 강변으로 물려서 설치하자고 하였다.44)

(19) 永安 · 永寧 · 永平 · 永康木柵

---

40) 『世宗實錄』 권88, 世宗 22년 3월 癸卯.
41) 『世宗實錄』 권88, 世宗 22년 3월 甲辰.
42) 『世宗實錄』 권69, 世宗 17년 7월 丁丑.
43) 『世宗實錄』 권69, 世宗 17년 7월 癸未.
44) 『世宗實錄』 권90, 世宗 22년 7월 己巳. 碧團과 山洋會는 세종 19년에 구자가 되었다.

세종 17년 9월에 함길도감사가 치보하기를 회령부 안의 영안, 영령, 영평, 영강 등 네 목책에는 사람이 적어서 스스로 지키기가 어려우니, 만약 적의 변고가 있으면 모두 읍성에 들어와서 지켜야 할 것이라 하고, 성안이 협착하고 샘물이 부족하며, 네 목책의 사람이 왕래하는데 멀리 떨어져 있으니 진실로 염려스럽다고 하였다.[45]

(20) 兪欣里木柵

세종 21년 3월에 평안도도절제사 이천이 치계하여 이산 산양회의 央土里 강변에서 30리 되는 곳인 兪欣里에 목책을 설치하여 산양회, 앙토리, 通建, 加獸洞, 都乙漢, 草豆 등 처에 사는 백성을 이곳에 들어와 보호하게 하자고 하였다.[46] 영중추원사 최윤덕도 이산에 입보하는 민가는 혹은 백여 리나 되고, 혹은 90리 나되므로 왕래하는 폐해가 적지 않으니, 산양회, 羅下谷, 童遷央, 土伊通巾 등지를 一所로 하며, 修義洞內外, 都乙漢 등지를 一所로 하고, 중앙에다 小堡를 설치할 만한 곳을 다시 조사하게 하여, 布置해서 동절에 읍성에 입보하는 폐단을 없애자고 하였다.[47] 또 평안함길도도체찰사 황보인이 하직할 때도 세종은 유흔리 등지에 축성하는 것의 편부를 친히 살펴보도록 명하였다.[48]

(21) 淸水口子木柵

세종 21년 3월에 평안도도절제사 이천이 치계하기를 의주의 청수구자는 본읍에서 거리가 1백 20리이니, 의당 석성을 쌓아야 할 것이나, 이 목책에는 토지가 적어서 사는 백성이 많지 아니하니, 형세가 고독하고 구원도 없다. 청수에서 小朔州의 거리는 약 30리이고, 소삭주에 사는 백성은 2백 90여 호인데, 매년 큰 고개를 넘어서 60여 리나 되는 읍성으로 들어가 보호 받느라고 곤란함이 더욱 심하니, 병

45) 『世宗實錄』 권69, 世宗 17년 9월 甲申.
46) 『世宗實錄』 권84, 世宗 21년 3월 丁卯.
47) 『世宗實錄』 권88, 世宗 22년 3월 癸卯.
48) 『世宗實錄』 권88, 世宗 22년 3월 甲辰.

조에서 교지 받은 것에 의하여 소삭주에 넓게 석성을 쌓고, 부근의 淸水, 仇寧, 廂乘, 白呂口子 등 각 동리에 사는 백성으로 들어와 보호받게 하고, 청수만호로 하여금 여름이면 전처럼 청수의 목책을 지키게 하여 농민을 보호하게 하고, 겨울이면 소삭주 석성으로 가게 한다면, 비록 남도의 방수하는 군사를 감한다 하더라도, 단지 다섯 마을의 백성만으로 넉넉히 방어할 수 있을 것이라고 하였다.[49] 영중추원사 최윤덕은 청수 등지는 小朔州, 大朔州와 龜州, 安義, 定寧 各路 통행의 중앙지요, 바로 松骨山 이북의 遼東, 開原, 忽刺溫 등 여러 길이 폭주하는 곳인데다가 큰 진이 동떨어져 구원이 미치기 어려우니, 마땅히 정령을 이곳에 옮기어 진수하는 곳으로 삼자고 상언하였다.[50] 한편 청수만호는 군졸을 거느리고 방어하다가 얼음이 완전히 얼고 어떤 聲息이 있기를 기다린 뒤에 정령읍성으로 들어가 지키는 것이 전례라 하였다.[51] 또 삭주가 적의 침입을 받는 곳은 仇寧口子를 비롯하여 延平峴, 서쪽으로는 淸水路가 있었는데, 모두가 적이 침범하는 길목의 요충이었다.

(22) 圓山木柵

세종 22년 4월에 함길도도절제사가 병조에 치계하기를 회령부의 원산목책내 場內에서 불이 나 민가 57호와 壁城, 瓮城 72간이 연소되고, 어린이 셋이 불에 타죽었다. 즉 협착한 목책 안에 불이 나서 연소된 것이 57호에 이르렀다고 하였다.[52]

(23) 趙明干木柵

세종 22년 5월에는 평안도 虞芮의 조명간이 오랑캐가 들어와 도둑질하는 요해처였는데, 다른 口子에 비하면 본래부터 거주하는 민호가 대단히 많았고, 경작하는 토지가 적지 않았기 때문에 목책을

49) 『世宗實錄』 권84, 世宗 21년 3월 丁卯.
50) 『世宗實錄』 권88, 世宗 22년 3월 癸卯.
51) 『文宗實錄』 권9, 文宗 원년 8월 辛未.
52) 『世宗實錄』 권89, 世宗 22년 4월 丙子.

설치하여 방어한 지가 여러 해가 되었다. 또 이곳에 보를 쌓게 하여 만호를 차견하고, 군마 1백 50명을 증가 배정하고, 백성 50호를 刷入하여 방어를 충실하게 하고, 연대를 설치하고, 작은 배를 제조하고 放砲, 報變하는 법과 농민이 적을 피하는 절차에 이르기까지 조치하였다. 그러나 이 목책이 강 언덕으로 동떨어져 들어가서 오랑캐의 침략이 염려되어 退縮하자는 건의도 있었으나, 세종은 이를 허락하지 않았다.53) 또 문종 1년에는 조명간보 안팎에 城堡가 있다고 하였다.54)

(24) 豆門木柵

세종 22년 2월에 함길도도절제사 김종서가 回啓하기를 오랑캐가 다니는 길의 요충인 南京(연길 지역)과 豆門이 우리 국경과의 거리가 보통 군사의 행보로 2일 길이고, 빨리 가면 하루 길이며, 두문에서 南訥, 林阿車, 巨節이 사는 곳도 모두 멀지 않으니, 만약 두문에다 목책 셋을 설치하고 3군을 나누어 있게 하되, 낮이면 병력을 과시하고 밤이면 보에 거두어들이면서 인근의 야인을 나누어 보내 전후로 침략한 죄를 힐책하게 한다면, 여러 종족이 반드시 기탄하는 마음이 생길 것이라고 하였다.55)

(25) 央土里木柵

세종 22년 7월에 평안함길도도체찰사 황보인이 연변방어책을 올리기를 이산군 古德里城은 삼면이 산을 의지했고, 옛터가 아직도 남아 있어 수선하기가 어렵지 않으며, 연대와 여러 목책도 멀지 않으니, 만약 변고가 있더라도 구원하기가 편리할 것이다. 금년 가을에 석성을 쌓아서 여기에 옮기고, 앙토리목책을 혁파하는 한편 앙토리 동구에다 작은 보루를 쌓아, 本郡의 千戶로 하여금 군사를 거느리고 부방하게 하자고 하였다.56) 또 동왕 29년 4월에도 평안함길도도체찰

---

53) 『世宗實錄』 권89, 世宗 22년 5월 壬寅. 세종 24년에 口子가 되었다.

54) 『文宗實錄』 권9, 文宗 원년 8월 甲戌.

55) 『世宗實錄』 권88, 世宗 22년 2월 癸未.

사 황보인이 돌아와 복명하기를 앙토리목책을 설치할 때에 터를 잘 살피어 정하지 않고, 산등성이의 비탈진 곳에 설치하여 적합하지 못하니, 읍성의 舍人岩 남쪽은 산과 물이 잘 조화되어 있고, 우물과 샘이 있으니 농사가 바쁘지 않은 틈을 타서 壁城을 설치하자고 하였다.[57]

(26) 都乙漢口子木柵

세종 25년 6월에 우찬성 황보인이 아뢰기를 이산과 강계 중간에다 고을을 설치하기 위해서 금년 가을에 고을 수령을 임명해 보내고, 이산의 도을한구자목책에 우선 머물게 하면서 준비하도록 하자고 하자, 세종은 그대로 따랐다.[58]

(27) 義州 · 古靜州 · 麟山木柵

세종 22년 7월에 평안함길도도체찰사 황보인이 올린 연변방어책에 평안도의 의주와 인산 등 각 고을에서는 요해처가 아니라 하여 혹 입보하는 것을 게을리 하니 염려스러운 바가 있다. 의주의 읍성이 비좁다 하여 물려서 쌓을 터를 정하였으니, 그 터에다 片月城(구성)의 예와 같이 목책을 세우고 가까이 살고 있는 백성들을 모두 여기에 입거시키되, 만약 비좁아서 다 들어가지 못하면, 古靜州의 옛터에다 목책을 세워서 가까이 살고 있는 백성들을 모두 입거시키고, 의주천호로 하여금 군사를 거느리고 수어하게 하자고 하였다. 또 의주 서쪽의 今音, 同暗, 林弘, 勒堂 등 구자와 鎭兵串에다 信砲 소리가 서로 들릴만한 거리를 계산하여 연대를 쌓는 것이 마땅하다고 하였다. 또 전일 인산군에다 이미 성터를 정했으니, 여기에는 목책을 세우고 입보하여 굳게 지키는 것이 마땅하다고 하였다. 그러나 의정부에서는 고정주에 목책을 설치하는 것은 아직은 정지할 것이며, 의주읍성에 사람의 수효를 계산하여 편월성의 예에 의하여 물려 쌓자

---

56) 『世宗實錄』 권90, 世宗 22년 7월 己巳.
57) 『世宗實錄』 권116, 世宗 29년 4월 辛未.
58) 『世宗實錄』 권100, 世宗 25년 6월 辛亥.

는 청과 인산의 목책과 네 곳에 연대를 쌓자는 것은 우선 정지하고, 각처에 石堡를 다 쌓은 다음에 쌓도록 하자고 하자, 세종은 그대로 따랐다.[59] 또 문종 1년에는 의주 경내의 古靜州石城은 의주의 천호가 석성 안에 거주하는 군졸을 인솔하고, 상시 방어하고 있다고 하였다.[60]

(28) 多溫木柵

세종 22년 11월에 함길도도관찰사와 도체찰사가 아뢰기를 두만강 밖은 산천이 평편하고 넓어 賊路가 사방으로 통하고, 강물도 건널 만한 곳이 매우 많으므로 오랑캐들이 侵擄하기가 많다고 하고, 愁州·童巾·多溫 등 처는 모두가 강 모퉁이로 험하게 들어가서 이웃과 멀리 떨어져 孤軍으로 수어하기가 매우 어렵다고 하였다. 이에 다온에 읍을 두게 되면 정병 1천 명을 써야 한다고 하였다. 이에 다온 신읍의 수령을 임명하여 歲前에 부임하게 하며, 목책을 만들어 쌓고 군인의 기계나 식량 등의 일을 미리 조치토록 하였다. 또 다온 신읍을 온성군이라 하고 경성군의 우익에 소속시켰다.[61] 한편 동왕 30년 3월에는 온성의 읍성을 돌로 쌓아야 하는데, 읍성을 목책 밖에다 쌓자고 하였다.[62]

(29) 小虞芮口子木柵과 泰日口子木柵

세종 24년 5월에 병조에서 평안도도절제사의 보고에 의거하여 아뢰기를 閭延府의 小虞芮와 자성군의 泰日 등 처에 목책을 설치하여 만호를 두고, 南道 각 고을의 군적에 기재되지 않은 4천 7백 64명을 충당해 정하자고 하자, 세종은 그대로 따랐다.[63]

(30) 下無路口子木柵과 薰豆口子木柵

세종 31년 3월에 평안함길도도체찰사 황보인이 아뢰기를 여연부

---

59) 『世宗實錄』 권90, 世宗 22년 7월 己巳.
60) 『文宗實錄』 권9, 文宗 원년 8월 辛未.
61) 『世宗實錄』 권91, 世宗 22년 11월 乙丑.
62) 『世宗實錄』 권119, 世宗 30년 3월 壬辰.
63) 『世宗實錄』 권96, 世宗 24년 5월 乙丑.

의 下無路, 薰豆 등의 보는 본부와의 거리가 1息程인데, 그곳에 사는 백성들이 매년 10월의 얼음과 눈이 쌓인 險路에 노인들을 붙들고 어린이를 끌면서 읍성에 입보하여, 남의 집에서 寓接하면서 고생으로 겨울을 지내다가, 이듬해 3월에 이르러서야 성 밖에 나가게 되니 농사를 지을 수 없고, 마소가 여의어 죽으므로 백성들이 많이 유리된다. 本堡는 목책이 견고하고, 또 구원이 있느니 家舍洞 甫山의 예에 의하여 입보하지 말게 하자고 하였다.64)

(31) 小朔州木柵과 小波兒口子木柵

세종 32년 3월에 小朔州木柵과 小波兒木柵은 높고 험하여 大敵의 군사가 들어오는 길이 아니고, 농민을 위해서 좀도적을 피해 설치한 것이다. 또 소파아목책은 견고하지 못하였다고 한다.65)

(32) 柳浦木柵

문종 즉위년 12월에 鄭苯이 아뢰기를 울산군 柳浦와 경주부의 上西知, 下西知의 바닷가 10여 리에 사는 백성들이 조밀하게 들에 퍼져 농사를 짓는데, 이곳은 왜적이 왕래하는 곳으로, 4면에 구원할 곳이 없으니 변란이 일어날까 염려스럽다고 하고, 유포에 목책을 설치하여 울산의 船軍 20명과 경주의 30명을 二番으로 나누고, 도체찰사의 군관 가운데 무략이 있는 사람 1명으로 하여금 거느리고 수호하자고 하자, 문종은 그대로 따랐다.66) 또 세조 3년에도 경상도전라도충청도도순찰사 朴薑과 부사 具致寬이 치계하기를 유포에 목책만 설치하여 방어에 허술함이 있으니, 本浦의 옛 연대 남쪽에 석보를 설치해야 할 것이라고 하자, 여러 고을 사람들을 부역시켜 이를 축조토록 하였다.67) 또 동왕 8년에는 병조에서 경상좌도도절제사 洪益生의 계본에 의거하여 아뢰는 중에 柳浦石堡는 요해지이므로 을해년에

64) 『世宗實錄』 권123, 世宗 31년 3월 戊子.
65) 『世宗實錄』 권127, 世宗 32년 정월 甲午.
66) 『文宗實錄』 권5, 文宗 즉위년 12월 壬辰.
67) 『世祖實錄』 권6, 世祖 3년 정월 甲午.

목책을 설치하고, 防戍軍 6백 명을 加定하여 4번으로 나누어 수자리를 살도록 하였는데, 정축년에 가정한 군사를 혁파하고, 기묘년에 석성을 축조하여, 울산, 경주 兩鎭의 군사 50명과 本營軍士 20명으로 부방하게 하였다는 기록이 있다.68)

(33) 黃州 等地의 木柵

문종 1년 1월에 문종은 우찬성 정분을 황해도에 보내서 황주, 棘城, 수안 등지에 목책을 설치하고, 해자를 파고 병사를 조발하는 일을 총괄토록 하였다.69) 또 우참찬 安崇善이 아뢰기를 수안, 극성 등지에 관방을 설치하면, 賊人이 반드시 의주, 안주, 개천, 성천 등지를 넘은 뒤에 이를 수 있을 것이다. 朝陽城(朝陽鎭城, 개천)은 적로의 요해지이니, 관방을 설치하지 않을 수 없다고 하고, 지난번에 변경의 警報가 긴급하였기 때문에 안주, 극성 등지에 목책을 설치하여 적변을 기다리게 하였다. 이제 변경의 보고가 늦추어지고 목책은 영구한 계책이 아니니, 서서히 석보를 쌓도록 하자고 하였다. 이에 문종은 이를 따르고 황해도도체찰사 정분에게 유시하기를 극성, 수안 등지에는 설치한 목책을 제거하고 점차로 석성을 쌓되, 우선 돌을 모으도록 하라고 하고, 만약 목책의 일의 공력이 거의 이루어졌다면 역사를 끝마치도록 하라고 명하였다.70)

(34) 巨濟木柵

문종 1년 3월에 경상도우도도절제사 辛修晴이 아뢰기를 도내 玉浦, 甘浦, 永登浦, 山達浦는 왜적이 먼저 이르는 곳이니 요해처를 골라 목책을 설치하고, 巨濟鎭은 그 중앙에 옮겨서 방수하게 하자고 하였다. 이에 문종은 목책을 설치하고, 거제를 옮기는 일은 지금이 농사철이니 추수를 기다리라고 하였다.71) 또 거제현 사람이 상언하

68) 『世祖實錄』 권28, 世祖 8년 3월 壬戌.
69) 『文宗實錄』 권5, 文宗 원년 정월 乙巳.
70) 『文宗實錄』 권5, 文宗 원년 정월 癸亥.
71) 『文宗實錄』 권6, 文宗 원년 3월 辛酉.

기를 본읍이 예전에는 섬 안의 水月里에 목책을 설치하였으나, 지난 병오년에 沙等里로 옮겨서 館舍를 설치하고 城池를 건설하는 일이 무진년에 이르러 끝났는데,[72] 이제 도체찰사 정분의 審定으로 말미암아 또 古丁里로 옮기려 한다. 고을을 옮기려고 한다면 營繕에 끝이 없으니 옮기지 말아서 민생을 편안하게 하자고 하였다. 이에 문종은 사등리의 읍성에는 샘이 모자라서 고정리로 옮겨야 한다고 하여, 가을에 옮겨 쌓도록 명하였다.[73] 또 섬 안의 요해지는 모두 목책을 세우고 병선을 줄지어 두었으므로, 방비가 튼튼하였다고 하였다.[74]

(35) 吾村口子木柵

단종 3년 1월에 都統府의 건의에 따라 함길도의 오촌구자가 적의 요로이기 때문에, 목책을 세우고 건장한 군사를 택하여 방수를 견고하게 하도록 하였다.[75]

(36) 上奉浦木柵과 下奉浦木柵

세조 1년 11월에 평안도도절제사가 아뢰기를 慈城의 상봉포와 하봉포의 두 보는 본래 남도의 군병으로 방수하여 왔는데, 병조에서 受敎해 온 關文을 살펴보니 남도의 군병은 제외하고 본읍의 군병을 써 방수하게 되어 있다. 이곳은 적로의 요충인데도 목책만을 설치하고 성보가 없으며, 본읍의 군병이 본래 적어서 나누어 방수할 수가 없으니, 남도의 군병으로 하여금 전처럼 방수하게 하자고 하였다.[76]

(37) 海雲浦木柵

세조 3년 1월에 충청도전라도경상도도순찰사 朴薑과 부사 具致寬

---

72) 현재 水月里城은 67.5m의 석축이 남아 있고, 읍성이었던 沙等城도 석축인데 둘레는 876m이다(東亞大學校博物館, 『巨濟市 城址 調査報告書』, 1995, 25~39쪽).

73) 『文宗實錄』 권7, 文宗 원년 5월 癸卯.

74) 『端宗實錄』 권4, 端宗 즉위년 11월 辛酉.

75) 『端宗實錄』 권13, 端宗 3년 정월 辛亥.

76) 『世祖實錄』 권2, 世祖 원년 11월 辛巳.

이 巡審하고 아뢰기를 해운포는 동래진과는 9리의 거리이고, 富山浦와는 15리이므로 수륙을 방수하는 곳이 멀지 않으니 해운포를 혁파시키고, 해운포의 해운대 북쪽 부근 산기슭에 목책을 설치하여 동래진의 군사 50명으로 수호하게 하자고 하자, 세조는 그대로 따랐다.77)

(38) 江陵木柵

세조 3년 4월에 전 중추원부사 柳守剛이 상언하여 강릉의 여러 浦에도 평안도 口子의 예에 의거하여 목책과 석보를 점차로 축조하도록 하자고 하자, 세조는 그대로 따랐다.78)

(39) 廣平里木柵

세조 4년 12월에 병조에서 평안도황해도도체찰사 신숙주의 啓本에 의해서 아뢰기를 의주 광평리는 적로가 매우 멀고, 洞口의 요험처에 이미 목책을 설치하였으니, 이곳 사람들을 方山口子에 입보시키지 말자고 하자, 세조는 그대로 따랐다.79) 또 성종 20년 6월에는 축성도체찰사 洪應이 아뢰기를 벽동의 金士洞과 小坡兒의 居民들이 경작하는 광평과는 거리가 매우 멀어서 날마다 갔다가 돌아오는 길에 적들의 劫掠이 근심스러우니, 廣平에 목책을 설치하여 군사로 하여금 농민을 수호하게 해달라고 하자, 성종은 그대로 따랐다.80)

(40) 楸坡口子木柵과 上土口子木柵

세조 6년 6월에 병조에서 평안도황해도도순찰사의 계본에 의해 아뢰기를 강계부의 추파구자와 상토구자의 두 구자는 모두 적로의 요해처이기 때문에 목책을 설치하여 방어하고 있으며, 목책의 북쪽과 목책의 남쪽에 거주하는 백성들의 전지가 모두 목책 가까이 있어서 목책 안에 입보하여 농사를 짓게 했는데, 다만 목책 북쪽의 猪加手洞은 목책과의 거리가 너무 멀리 떨어져 있으므로 만약 賊變이 있

77) 『世祖實錄』 권6, 世祖 3년 정월 辛巳.
78) 『世祖實錄』 권7, 世祖 3년 4월 己酉.
79) 『世祖實錄』 권14, 世祖 4년 12월 丁卯.
80) 『成宗實錄』 권229, 成宗 20년 6월 乙巳.

으면, 반드시 구원에 미치지 못할 것이니 백성들에게 전지를 경작하는 것을 금하자고 하자, 세조는 그대로 따랐다.[81] 또 성종 6년 7월에는 강계에 가까이 있는 추파구자는 방어에 긴요하지 않고 수비한 병졸도 적으니, 그 만호로 하여금 강계로 옮겨 수비하자는 주장과 추파는 여연으로 오는 길을 위해서 설치한 것인데, 지금 여연이 革廢되었고 그 길도 막혔으니 이를 혁폐하는 것이 좋겠다는 의견이 있었다.[82]

(41) 招募亭木柵

세조 11년 2월에 세조가 평안도도관찰사 金謙光에게 유시하기를 의주의 초모정은 옛 터에다 목책을 견고하게 설치하고, 蘭子島와 위화도는 큰 강으로 경계가 막혔으니 목책을 설치할 필요가 없다고 하였다.[83] 또 동왕 13년 5월에는 평안도관찰사 吳伯昌이 창성진첨절제사 朴良信의 飛報에 의거하여 치계하기를 이달 29일 우량하의 1천여 군사가 초모정에 들어가 목책을 포위하였는데, 함께 싸우기에는 우리 군사가 이롭지 않았는데도 의주목사 禹貢이 박양신 및 인산군수 李撥 등과 더불어 강을 건너 大昌山 밑에서 사냥을 하다가, 적의 기병이 갑자기 이르자, 우리 군사가 창황히 피해 달아나 인마가 많이 사로잡혀 죽음을 당했는데도 박양신이 사실대로 보고하지 않았다고 하였다.[84]

(42) 義州 諸島木柵

예종 1년 6월에 평안도관찰사 魚世謙과 서도절도사 金堅壽에게 유시하기를 의주의 여러 섬은 농사지을 때 수호하는 것을 갖추지 않을 수 없으니, 지금 보내는 지도 안에서 새로 설치할 연대와 목책을 농사의 틈을 기다려서 만들되, 되도록 튼튼하고 견실하게 하기를 힘

81) 『世祖實錄』 권20, 世祖 6년 6월 丙午.
82) 『成宗實錄』 권57, 成宗 6년 7월 己巳.
83) 『世祖實錄』 권35, 世祖 11년 2월 壬辰.
84) 『世祖實錄』 권42, 世祖 13년 5월 丙寅.

써서 불우에 방비하라고 명하였다.[85] 또 성종 1년 2월에 평안서도절도사 河叔溥가 하직하자, 성종은 신숙주에게 명하여 의주, 三島(蘭子島, 黔同島, 威化島)[86]를 起耕하는 事目을 만들어 하숙부에게 주었는데, 전에 보낸 연대에 목책을 설치하는 도면을 상세히 상고하여 견실하게 설치하라고 당부하였다.[87]

(43) 仇寧口子木柵

성종 6년 6월에 병조에서 평안도관찰사의 계본에 의거하여 아뢰기를 삭주는 구령구자(小朔州)에서 거리가 30여 리로 강변에 가깝고, 그 읍성이 낮고 미약하며 구령구자는 본래 賊變이 없었기 때문에 다만 목책만을 설치하고 洞口에 돌을 쌓아 壘[88]를 만들었는데, 만약 적병이 구령구자를 포위하고, 삭주에도 나누어 들어오면 두 곳을 보전하여 지키기가 모두 어려울 것이니, 금년 가을에 먼저 구령구자에 성 및 洞口의 석루를 쌓자고 하였다.[89] 구령구자는 압록강을 따라 목책을 만들었는데 전에는 만호가 있어 방어하고 수비하였으나, 한때의 건의로 만호를 혁파하고 權管을 두어 수비하도록 하고, 겨울철에 얼음이 얼어붙으면 삭주부사가 나가서 방어하였다고 하였다.[90]

(44) 莫應介木柵과 兩梗木柵

성종 7년 8월에 평안도관찰사 金堅壽의 건의에 의해 理山의 막응개목책과 碧潼의 양경목책을 폐지하였다.[91]

---

85) 『睿宗實錄』 권6, 睿宗 원년 6월 甲戌.

86) 三島는 기름진 땅이므로 전일에는 의주의 백성이 머물러서 경작할 때 그것을 의지해서 살았는데, 지금은 군사가 농민을 거느리고 혹 巳時에 강을 넘어 들어갔다가, 酉時에는 돌아오므로 잠시 가서 경작하고 물이 불 때를 당하면 왕래가 어려우니, 백성이 즐거워하지 않았다고 하였다(『成宗實錄』 권130, 成宗 12년 6월 병진).

87) 『成宗實錄』 권3, 成宗 원년 2월 辛未.

88) 연변의 방어시설을 성, 보, 루로 나눈 것인데, 鎭城에는 첨사, 보에는 만호가 주둔하였다. 가장 작은 방어시설인 루는 고려의 戍(초소)와 같은 역할을 한 것은 아닌가 싶다.

89) 『成宗實錄』 권56, 成宗 6년 6월 甲辰.

90) 『成宗實錄』 권57, 成宗 6년 7월 庚午.

(45) 所串驛館木柵

성종 8년 6월에 성종이 평안도관찰사 金之慶에게 하서하기를 소곶이역관에 설치한 목책은 견고하지 못하여, 근방에 옛 성터가 있어 수축하면 병사를 주둔시켜서 방수할 만 하다하니, 절도사와 더불어 직접 성터의 넓고 좁음과 샘물이 있고 없는 것과 事功의 어렵고 쉬움과 금년에 축성하는 것이 적당한 지를 살펴서 아뢰라고 명하였다.[92]

또 동왕 15년 8월에 병조에서 평안도절도사 鄭蘭宗의 계본에 의거하여 아뢰기를 의의 長墻, 인산의 城子, 소곶이목책 등의 공역이 매우 커서 한꺼번에 일으키기 어려우니, 계본대로 소곶이목책을 먼저 옮겨 설치하자고 하였다. 그러나 소곶이는 목책이 없어도 驛吏가 편안히 살아 온지 오래되었고, 적이 來寇한다면 의주를 버리고 소곶이까지 깊이 들어오지 않을 것이니, 목책을 설치하지 않아도 된다는 주장이 있어 성종은 이를 따랐다.[93]

(46) 北靑木柵

이시애의 난 때 관군이 북청에 이르자 관리와 백성들이 모두 산에 올라가서 피하고, 관사에 사람이 없었다. 적장이 밤에 와서 공격할 것이라는 말을 듣고 진을 옮겨 마을을 의지하여 급히 목책을 설치하였는데, 그 둘레가 경복궁의 성보다 크고 매우 견고하였다고 하였다.[94]

(47) 彌助項木柵

남해의 미조항은 남해에서 60리 거리로 賊路의 요충으로 왜인이 전라도에 왕래하려면 반드시 미조항을 경유해야 하였다. 성종 17년 11월에는 왜인이 미조항목책에 들어와서 수군을 쏘아 상하게 하였다

---

91) 『成宗實錄』 권70, 成宗 7년 8월 癸酉.
92) 『成宗實錄』 권84, 成宗 8년 6월 壬子.
93) 『成宗實錄』 권169, 成宗 15년 8월 己未.
94) 『成宗實錄』 권95, 成宗 9년 8월 己亥. 『成宗實錄』 권124, 成宗 11년 12월 甲子.

고 한다.[95]

(48) 安贊木柵

성종 22년 5월에 서북면도원수 李克均이 서계하기를 만포의 高山里와 안찬목책은 적이 침입하는 길과 서로 연해 있으니, 막아 지키는 것이 절실하다고 하였다.[96] 또 6월에는 평안도절도사 吳純이 치계하기를 강계부의 백성들이 안찬목책은 얼음이 얼어붙을 때에 사람과 가축을 많이 輒入하게 되면 사로잡혀 갈까 염려되니, 이 목책을 폐지하고 고사리 등지에서 부근의 사람과 가축을 첩입해야 한다고 하며, 이 목책을 폐지하자고 건의하였다.[97]

(49) 魚面乫坡木柵

연산군 6년 2월에 축성사제조 李季仝이 아뢰기를 함경도 어면갈파 땅에 급히 성을 쌓아 적의 환란을 막아야 한다고 하고, 지금은 농사일이 한창 바빠서 백성을 부릴 수 없으니, 우선 목책을 설치하였다가 가을이 되면 완성하게 하자고 하자, 연산군은 그대로 따랐다.[98]

(50) 蘆坡木柵

중종 4년 3월에 체찰사 宋軼의 장계에 이르기를 무산으로부터 서쪽으로 東良洞에 이르기 20리쯤에 노파가 있는데, 지세가 高平하고 둘레가 광활하며, 그 가운데에는 샘의 근원이 있고, 좌우에도 샘이 있어 보를 만들 만하고, 그 洞에는 경작할 만한 땅이 있으니 노파에 임시로 목책을 설치하여 만호로 하여금 군졸을 거느리고, 움직이지 말고 방수해서 농민을 보호하게 하자고 하였다.[99]

(51) 梁楊萬洞木柵

중종 7년 6월에 柳順汀 등이 議啓하기를 양양만동목책은 외로운

95) 『成宗實錄』 권197, 成宗 17년 11월 庚戌.
96) 『成宗實錄』 권253, 成宗 22년 5월 甲辰.
97) 『成宗實錄』 권254, 成宗 22년 6월 戊申.
98) 『燕山君日記』 권36, 燕山君 6년 2월 乙酉.
99) 『中宗實錄』 권8, 中宗 4년 3월 戊申.

곳에 있어 위험하니 茂山堡와 합하여 방어함이 편리한 듯하나, 다만 염려되는 것은 보와 목책이 서로 멀리 떨어져 있어 왕래하며 농사짓기가 불편할 것이다. 목책은 형세가 석성과 같지 아니하여, 특별히 방략을 쓰지 않으면 지켜낼 수 없으니, 목책을 만드는데 큰 나무로 되도록 굳고 치밀하게 세우고, 목책 안의 초가집 지붕은 진흙을 두텁게 발라 적들의 방화를 방지하게 하고, 밖에는 참호를 파고 참호 밖에는 녹각성을 설치하여 적들이 밤을 틈타 마구 들어오는 것을 방지해야 한다고 하였다.100)

(52) 寶化堡木柵

중종 7년 7월에 승정원에서 아뢰기를 함경북도의 보화보 등의 보를 적들이 목책을 부수고 노략질하였으니, 본도의 절도사, 우후, 진무 등의 죄는 常法이 있기 때문에 이미 조율하였다고 하였다.101)

(53) 鹿屯島木柵

선조 20년 10월에 북병사가 치계하기를 賊胡가 녹둔도목책을 포위하였을 때 경원부사 李慶祿과 조산만호 李舜臣이 군기를 그르쳐 전사 10여 명이 피살되고, 1백 6명의 인명과 15필의 말이 잡혀가 국가에 욕을 끼쳤으므로, 이경록 등을 囚禁하였다고 하였다.102)

(54) 良才驛木柵

선조 27년 10월에 비변사에서 아뢰기를 경성의 한강이남 直路는 모두가 쑥대밭이 되어서 백성이 모이지 않고 도적이 설치니, 얼음이 얼은 후의 일이 더욱 걱정이 되어 양재 근처에다 목책을 설치하고, 屯種을 하여 耕守할 것을 훈련주부 韓璿과 겸사복 金山守 등 9명이 스스로 모여 양재역 근처에다 목책을 설치하고, 흩어신 마을 주민과 역졸을 불러 모아 명년에 경작을 하려고 하고 있다. 그 뜻이 가상하

---

100) 『中宗實錄』 권16, 中宗 7년 6월 丁巳.

101) 『中宗實錄』 권16, 中宗 7년 7월 己丑.

102) 『宣祖實錄』 권21, 宣祖 20년 10월 乙丑. 6진에는 둔전을 할 만한 곳이 없기 때문에 鄭彦信이 녹둔도에 둔전을 설치했다가 끝내는 성공하지 못하였다(『宣祖實錄』 권187, 宣祖 38년 5월 壬寅).

니 병조로 하여금 스스로 모인 사람들을 省記에서 빼주어, 땅이 얼기 전에 목책을 설치하도록 하고, 호조에서는 農牛와 종자 등을 마련하여 주도록 하여 실효를 거둘 수 있도록 책임 지우게 하자고 하자, 선조는 이에 따랐다.103)

(55) 龍津渡木柵

선조 28년 6월에 비변사에서 아뢰기를 양근의 龍津은 당초 물을 의지할 것만 중시했으므로, 진을 설치한 곳이 믿고 의지할 만한 험함은 없었다. 방어사 邊應星은 급료를 받는 군졸을 거느리고 이곳에 주둔한지 일 년이 지났는데도 크게 조치한 것이 별로 없으며, 設柵했다는 것도 매우 엉성하니 군대가 주둔하는 땅이 어찌 아이들 장난과 같은 점이 있어야 되겠는가. 이제 다시 경영하여 형세를 중하게 해야 한다고 하자, 선조는 아뢴대로 하라고 하였다.104)

(56) 禿城木柵

수원의 독성은 방어사 邊良傑이 독성 위에 흙을 쌓아 위를 평편하게 한 뒤에 집을 세우고 창을 뚫어 내려다 보게 하였다. 石車와 砲軍은 모두 그 속에 들어가고, 성 밖에는 목책을 세워 틈 사이로 적을 쏘게 하였는데, 다만 물이 부족하여 날씨가 가물 때에는 군사들이 머물 수가 없다고 하였다.105)

(57) 婆娑城木柵

여주의 옛 파사성을 수축하였는데, 이 성의 상류를 방수하는 것이 가장 긴급하다는 대신의 건의에 따라 승장 義嚴을 보내 역사를 감독하는 한편, 小洲에 목책을 설치하여 좌방어사 邊應星 등에게 군사를 나누어 지키도록 하였다.106)

(58) 江華沿岸木柵

---

103) 『宣祖實錄』 권56, 宣祖 27년 10월 辛酉.
104) 『宣祖實錄』 권64, 宣祖 28년 6월 癸丑.
105) 『宣祖實錄』 권85, 宣祖 30년 2월 丙戌.
106) 『宣祖修正實錄』 권29, 宣祖 28년 7월 壬申.

광해군 6년 7월에 강화부사 李廷彪가 아뢰기를 강화는 하삼도의 통행 선박과 상선의 왕래가 끊이지 않고 있으며 어느 곳에나 정박하고 있는데, 만약 나루 주위의 여러 곳에 목책을 설치한다면 모든 선박이 쉽사리 정박하지 못할 것이라 하고, 만일 앞바다에 목책을 둘러 세우면 한밤중에 적선 천만 척이 오더라도 정박하기 어려울 것이다. 신이 전에 舟師에 있을 때 앞바다에 목책을 설치하였기 때문에 남김없이 포획하였다고 하였다.[107] 광해군은 비변사가 의논하여 처리하게 하였는데, 비변사가 回啓하기를 강화도는 본래 해상의 孤島이니, 의외로 적선이 정박할까 염려하여 해변의 여러 곳에 목책을 설치하자고 한 것은 일리가 있으나, 한 府의 힘으로 섬 주위의 배가 정박할 수 있는 모든 곳에 목책을 설치하기는 어려운 형편이다. 본도의 감사가 다시 자세하게 헤아려 계문한 뒤에 인근의 각 고을에 편리한 쪽으로 나누어 배정하자고 하였다.[108]

한편 인조 9년 8월에 인조가 강도를 빙 둘러 사방에 보루를 쌓아야 한다고 하자, 李時白이 아뢰기를 강화도의 형세를 살펴보니 큰 진을 설치할 만한 곳이 7곳이고, 작은 진을 설치할 만한 곳이 10곳인데, 모두 서로 바라보이는 곳이어서 성원이 될 만하다. 먼저 주둔할 곳을 결정하고 창고를 짓고 진영을 설치하고 군사를 모집한 다음, 본부에서 양곡을 지급하되 마치 糶糴처럼 하여 들어와 지켜야할 수령으로 하여금 관리토록 한다면 목책이나 假家, 창고 등의 일은 저절로 초치할 수 있을 것이라고 하자, 인조는 가을을 기다려 거행토록 명하였다.[109] 동왕 16년 1월에도 인조가 전에 강도의 연안에다 목책을 설치하자는 의논이 있었는데, 지역이 매우 넓으니 어떻게 설치할 수 있는가 라고 하문하자, 이시백은 단지 요해처에만 설치할 따름이라고 하였다. 목책은 쉽게 훼손되어 토성만 못하다는 사람도

---

107) 『光海君日記』 권80, 光海君 6년 7월 辛酉.
108) 『光海君日記』 권80, 光海君 6년 7월 辛酉.
109) 『仁祖實錄』 권25, 仁祖 9년 8월 甲辰.

있었으나, 李景奭은 나무는 물속에 있으면 썩지 않는다고 하고, 前朝(고려)때에 설치해 놓은 목책의 나무가 지금까지 보존되어 있다고 하였다.110) 또 현종 15년 7월에도 강화유수 閔蓍重이 강화도 연해에 목책을 설치할 것을 청하자, 현종은 비변사로 하여금 황해감사에게 분부하여 장산곶 목재를 가져다 쓰도록 명하였다.111)

(59) 澄波渡木柵

인조 5년 2월에 鄭忠信이 치계하기를 적(후금)이 평산의 禿丘에다 진영을 합쳐 놓고 나무를 베어다가 목책을 세우고 보루를 설치하였는데, 유격 기병이 사방으로 나와 약탈하고 있으며, 적 진영의 형세가 매우 성대한 것으로 보아 오랫동안 주둔할 계책인 것 같다. 남북의 병사들이 먼 길에 오래도록 말을 몰아 달렸으므로 피곤함이 이미 극에 달하였는데, 보졸 2천 명을 가려서 먼저 연천 澄波 나룻가로 보내어 지형을 살펴 튼튼하게 목책과 보루를 설치하여 前營을 삼았다고 하였다.112)

2) 藩籬用 木柵

(1) 珍島牧場木柵

태종 14년 2월 진도군에 목책을 세워 목장을 만들었다. 진도군은 일찍이 왜구로 인하여 내지로 옮겼다가 해변이 평안하였기 때문에 知海珍郡事에게 명하여 군민을 거느리고 다시 진도의 舊治로 들어가게 하였다. 인하여 當番船軍으로 하여금 섬 가운데 목책을 세우게 하여 목장을 만들었다.113) 그러나 목장은 풀이 모두 띠(茅)이므로 수초가 부족하여 말이 먹지 못하므로 파리해져, 목장의 땅으로 적합하지 않자 폐기한 듯하다.114)

---

110) 『仁祖實錄』 권36, 仁祖 16년 정월 戊辰.
111) 『顯宗改修實錄』 권28, 顯宗 15년 7월 丁卯. 장산곶은 부안의 邊山과 함께 목재의 산지로 유명하였다(『中宗實錄』 권48, 中宗 18년 6월 乙丑).
112) 『仁祖實錄』 권15, 仁祖 5년 2월 乙丑.
113) 『太宗實錄』 권27, 太宗 14년 2월 庚午.

(2) 鎭江 · 中場 · 吉祥牧場木柵

세조 2년 2월에 경기우도점마별감 趙淸老가 아뢰기를 강화부의 진강, 중장, 길상의 세 목장은 연하여 설치한데다 각각 목책을 설치하여 해마다 공역이 그치지 아니하고, 말도 또한 경계를 넘어서 달아나서 서로 혼동되어 牧子가 분별하기 어려워 쟁송하기에 이르니, 3목장을 합하여 하나로 하자고 하자, 세조는 그대로 따랐다.[115]

(3) 箭串牧場木柵

성종 4년 9월에 호조에서 계달하기를 살곶이목장[116]의 목책을 매번 경기 백성들로 나누어주어서 만들어 설치하게 하고, 한번 설치한 뒤에는 3년을 지탱할 만한데, 馬場 가까이 사는 사람이 대신 만들어 값을 받으려고 꾀하여 혹은 떠내려갔다 일컫고, 혹은 도둑맞았다고 하면서 여러 고을 백성들로 하여금 해마다 고쳐 만들게 하여 폐를 받음이 끝이 없다. 지금부터는 本曹에서 柵木條數를 회계에 기록하여 사복시 관원으로 하여금 解由를 전해서 맡게 하고, 봄에 방목할 때를 당하여 本寺의 여러 관원을 시켜서 排設하게 하되, 썩어서 쓸 수 없는 것은 고쳐 만들도록 하는 것을 항식으로 삼게 하자고 하였다. 목장의 목책은 호조낭청과 사복시 관원으로 하여금 나무의 수량을 헤아려서 置簿하여 목장 근처에 사는 백성들에게 나누어 주어서 간수하게 하고, 이듬해 봄철 방목할 때에 本寺의 여러 관원을 시켜 배열하여 만들게 하여, 그 가운데 썩어서 쓸 수 없는 것은 나누어 준 고을로 하여금 다시 바치게 하되, 만일 마음을 쓰지 아니하여 잃어버린 자는 즉시 징납하게 하자고 하였다.[117] 또 살곶이목장에 목책을 치는데 해마다 이를 고쳐 치므로 민력으로서 견딜 수 없고, 허술하여 말이 많이 도망치므로 군사를 풀어 쫓아 잡는데 列邑이 시끄

114) 『太宗實錄』 권28, 太宗 14년 10월 戊子.
115) 『世祖實錄』 권3, 世祖 2년 2월 己酉.
116) 류기선, 「조선 사복시 살꽂이(箭串)목장」, 『박물관휘보』 5(서울시립대학교 박물관), 1994, 33~88쪽.
117) 『成宗實錄』 권34, 成宗 4년 9월 癸巳.

러웠다. 그러나 전번에 官府가 布帛을 내어 임금을 주고 돌로 쌓았으므로 목책을 치고 말을 쫓아 잡는 폐단은 없어졌다고 하였다.118)

(4) 大部島牧場木柵

성종 18년 3월에 호조판서 李德良과 경기관찰사 成健 등이 아뢰기를 남양 대부도는 겨우 2백 여 碩을 심을 정도이니, 목장을 옮기지 말고 花梁의 수군으로서 혹은 土場을 쌓고 혹은 목책을 설치하여 경작하는 것이 좋겠다고 하자, 성종은 그대로 따랐다.119)

(5) 宮城木柵

연산군 10년 5월에 연산군은 이번에 설치한 궁성 목책 안팎에 다시 녹각성을 설치하라고 명하였다.120)

(6) 造紙署洞口木柵

연산군 10년 7월에 연산군은 조지서를 홍제원 위로 옮겨 짓고, 곁에 가까운 인가를 모두 철거하며, 藏義寺에 사는 중도 내쫓고 동리 어귀를 한계하여 목책을 설치하라고 명하였다.121)

(7) 達峴木柵

연산군 10년 8월에 연산군은 嘉麟院으로부터 昌敬陵 남쪽을 둘러 幸州의 길과 합하여 禁標를 세우고, 북쪽은 達峴으로부터 성까지의 거리가 30~40리인데, 산언덕이 끊어진 곳에는 목책을 설치하여 그 안의 인가를 모두 철거시키고, 전비도 모두 경작을 금하도록 명하였다.122)

(8) 慕華館木柵

연산군 10년 9월에 연산군은 목책을 모화관의 못 밑 담모퉁이부터 설치하여 사람들의 통행을 금하고, 오직 행행할 때만 임시로 철거토록 명하였다.123)

---

118) 『明宗實錄』 권32, 明宗 21년 3월 丙午.
119) 『成宗實錄』 권201, 成宗 18년 3월 甲辰.
120) 『燕山君日記』 권53, 燕山君 10년 5월 辛亥.
121) 『燕山君日記』 권54, 燕山君 10년 7월 壬寅.
122) 『燕山君日記』 권55, 燕山君 10년 8월 癸亥.

(9) 行宮木柵

선조 27년 1월에 선조는 행궁의 모양이 말이 아닌 것은 말할 필요가 없거니와 허술함이 이에 이르렀는데도 걱정하는 사람이 하나도 없으니, 奸細한 자들이 날뛸 것을 우려하지 않을 수 없다고 하고, 이제 남쪽 울타리를 길가까지 물리고, 서쪽에서 동쪽에까지 목책을 세우고 문을 만들어 衛士들이 모두 목책 안에 들어와 거처하라고 명하였다.[124] 또 3월에도 정원에 전교하기를 御所의 담장밖에 목책을 아직까지 설치하지 않은 것은 무슨 까닭이냐 묻고, 왜적은 褊將과 裨將의 行陣에도 오히려 목책을 세우고 寨를 설치하여 스스로 굳게 하는데, 우리나라는 임금을 가시나무 울타리(棘籬)에 두고 있으니, 옳지 못한 것이 아니겠느냐고 꾸짖었다.[125]

또 12월에는 특진관 李憲國이 아뢰기를 대궐의 건립은 쉽게 기약할 수 가 없는데, 세자궁이 평시에는 궐내에 있었으므로 세자가 문안할 때 외인들이 그것을 알지 못하였으나, 지금은 세자궁이 궐문밖에 있기 때문에 문안할 때 큰길을 따라 왕래하게 되므로 지극히 미안하다. 행궁 문밖의 앞쪽 큰길 동편에 목책을 세우고, 서편에 대문을 내어 세자궁과 통하여 한 궐내가 되게 하며, 정릉동 오른쪽에 거주하는 사대부로 대궐에 드나드는 자들은 서편의 문을 경유하여 드나들게 하는 것이 좋겠다고 하자, 선조는 該司로 하여금 헤아려서 하게 하라고 명하였다.[126] 동왕 28년 2월에는 이에 따라 병조에서 행궁 앞에 있는 큰 길의 동서 양쪽 가에다 해당 부서로 하여금 모두 목책을 설치하게 하고, 얼음이 풀리는 즉시 돌을 운반하고 재목을 모아서 역사를 일으키려 하였는데, 동궁이 행궁 앞의 길은 통행하는 큰 길이니 막는 것이 미안하고, 목책을 설치하여 길을 막는 것은 禁

123) 『燕山君日記』 권55, 燕山君 10년 8월 甲子. 9월 甲午.
124) 『宣祖實錄』 권47, 宣祖 27년 정월 己丑.
125) 『宣祖實錄』 권49, 宣祖 27년 3월 壬午.
126) 『宣祖實錄』 권58, 宣祖 27년 12월 丙辰.

衛에는 하등 상관이 없고 한갓 역사의 폐단만 끼치는 것이니, 하지 않는 것이 좋겠다고 하여 설치하지 않았다.[127]

(10) 東宮木柵

선조 27년 9월에 선조가 전교하기를 세자가 매번 문안 때문에 閭巷 사이를 왕래하는 것은 사체가 온평하지 못하니, 동궁을 목책 안에 설치하라고 명하였다.[128]

2. 지리지

1) 『경상도지리지』

木柵二 慶州東面 下西知(慶尙道)

2) 『세종실록지리지』

① 下西知木柵 在府東六十里 周回七百三十尺 內有小池一 井二(慶尙道 慶州府)

② 海際木柵塗泥城 周回一百四十三步二尺(全羅道 咸平縣)

③ 荳原木柵塗泥城 周回八十步(全羅道 長興都護府)

④ 麗水木柵塗泥城 周回一百四十三步(全羅道 順天都護府)

⑤ 陽江驛木柵塗泥城 周回八十三步(全羅道 寶城郡)

⑥ 回山木柵 在縣西二十五里 周回一百三十六步 內有井泉一(黃海道 瓮津縣)

⑦ 熊沉里木柵 在縣西三十里 周回一百二十二步 內有井二(黃海道 長淵縣)

⑧ 碧潼木柵 周回五百七十一步(平安道 碧潼郡)

⑨ 小甫里口子木柵 周回一百三十二步(平安道 閭延郡)

⑩ 慶源邑木柵 周回七百三十八步(咸吉道 慶源都護府)

⑪ 高郎歧木柵 在府東北 周回一百六十六步(咸吉道 慶源都護府)

---

127) 『宣祖實錄』 권60, 宣祖 28년 2월 丁巳.
128) 『宣祖實錄』 권55, 宣祖 27년 9월 丁酉.

⑫ 靑巖木柵 在府西 周回三百步(咸吉道 慶源都護府)

⑬ 夫里下木柵 在府西 周回二百一步(咸吉道 慶源都護府)

⑮ 古長城基 在郡南德化峴及廣城峴 諺傳萬里長城 接于道麟浦水中列木柵 其遺根尙存 浦東長城連木柵 跨山十里許 至于海涯(咸吉道 預原郡)

3) 『경상도속찬지리지』

縣東豆洞里 去乙亥年鎭軍二百五十名加設 置木柵防禦 戊寅年罷 古基可用(熊川縣)

4) 『신증동국여지승람』

① 下西知木柵 在府東六十里 內有一池二井(慶尙道 慶州府 古跡)

② 海際木柵 周一千四百七尺 今廢 (全羅道 咸平郡 古跡)

③ 道陽廢縣 世宗朝來屬爲牧場 立木柵 泥塗其上 周八十三步(全羅道 興陽縣 古跡)

④ 回山木柵 在縣西二十五里(黃海道 瓮津縣 古跡)

⑤ 熊沉木柵 在縣西三十里(黃海道 長淵縣 古跡)

⑥ 甫老知柵 在府南四十三里(咸鏡道 鏡城都護府 關防)

⑦ 甫化德柵 在府南五十四里 吾村以下 俱分兵防戍. 甫化堡 在府南五十四里 石築城 周一千二十三尺 高六尺(咸鏡道 鏡城都護府 關防)

⑧ 德萬洞小堡 在縣西九十一里 木柵 周二百四十八尺 高八尺 正德癸酉 始築石城 周五百尺 高八尺(咸鏡道 吉城縣 關防)

⑨ 行城 石築 長六萬二千四百八尺 土築 長八萬五千六百尺 木柵 長三千五百八十二尺(咸鏡道 鍾城都護府 城郭)

⑩ 松山堡 在州東十二里 築甎城 城周八百五十五尺 高八尺 嘉靖丙戌 堡內失火 民家及城子盡燒 節度使鄭允謙改設木柵(平安道 義州牧 關防)

⑪ 牛仇里柵 在府東四十二里(平安道 昌城都護府 關防)

⑫ 古哈堡 在府南九十里 正德戊寅 設木柵 周五百尺 高五尺(平安道 江界都護府 關防)

⑬ 黃青堡 在府北三十里 弘治庚申 設木柵 周七百二十尺 高六尺(平安道 江界都護府關防)

⑭ 從浦堡 在府北二十五里 弘治庚申 設木柵 周七百尺(平安道 江界都護府 關防)

⑮ 南坡堡木柵 在郡西二十五里 周五十五尺 高十八尺 正德辛巳設(平安道 渭原郡 關防)

⑯ 央土里木柵 在郡東五里(平安道 理山郡 古跡)

⑰ 吾音會木柵 在郡東八十里 周六百二十六尺 高十二尺(平安道 碧潼郡 關防)

⑱ 亏農怪木柵 在郡東五十里 周六百十二尺 高十二尺 內有一泉(平安道 碧潼郡 關防)

⑲ 多大洞木柵 在郡東三十里 周八百三十尺 高十二尺(平安道 碧潼郡 關防)

⑳ 獐項木柵 慈城廢郡(平安道 江界都護府 古跡)

5) 『대동지지』

① 下西知木柵 東六十里 內有一井二池 革廢(慶尙道慶州 鎭堡)

② 月牙山木柵 東十五里 壬辰倭亂時 義兵將金德齡設置 有遺址(慶尙道 晉州 城池)

③ 海際木柵 周一千四百七尺(全羅道 咸平 城池)

④ 熊沈里木柵 西三十里 古有之(黃海道 長淵 城池)

⑤ 回山木柵 西二十五里(黃海道 甕津 城池)

⑥ 中嶺堡 舊有木柵 肅宗十四年 設堡 二十一年 築城 北拒舊長津柵一百九十里(咸鏡道 咸興 鎭堡)

⑦ 赴戰嶺堡 肅宗二十八年 竪柵設堡(咸鏡道 咸興 鎭堡)

⑧ 江口堡 東北一百四十里 距三水二百里 有權管 木柵 周五百

二尺 革廢(咸鏡道 長津 鎭堡)

⑨ 西北鎭 西北四十里 一名陽山鎭 木柵 一千五百五十尺 革廢(咸鏡道 吉州 鎭堡)

⑩ 德萬洞堡 西北九十一里 中宗八年築 城周五百尺 舊設木柵(咸鏡道 吉州 鎭堡)

⑪ 豆滿江行城 在豆滿江邊 石築 長六萬二千四百八尺 土築 長八萬五千六百尺 木柵 五百八十二尺(咸鏡道 鍾城 城池)

⑫ 松山堡 東十二里 舊甕城 中宗二十一年 失火 節度使鄭允謙改設木柵(平安道 義州 廢鎭堡)

⑬ 後浦鎭 北二十五里 燕山六年 設木柵 肅宗十七年 築石城(平安道 江界 鎭堡)

⑭ 古洽堡 南九十里 中宗十三年 設木柵(平安道 江界 廢堡)

⑮ 黃靑堡 北三十里 燕山時 設木柵(平安道 江界 廢堡)

⑯ 牛九里堡 東四十里 差權管戍之 木柵(平安道 昌城 廢堡)

Ⅱ. 검토

1. 책목

柵木은 곧고 굵은 큰 나무여야 목책이 튼튼하였을 것이다.[129] 현종 5년에 강화유수 趙復陽이 아뢰기를 李曼과 徐元履가 일찍이 유수가 되었을 때 참나무를 많이 사다가 浦口에 묻어두고, 난리를 당하면 목책 감으로 쓰려고 하였는데, 이제는 모두 썩어서 못쓰게 되었다. 신의 생각에는 본부의 사면이 모두 산인데, 벌겋게 벗겨져 나무가 없으니, 移轉太 1백 섬을 가져다가 상수리 열매 2백 섬과 바꾸어서 성과 가까운 산에 심는다면, 10년이 지나지 않아서 참나무가 무

129) 『成宗實錄』 권57, 成宗 6년 7월 己巳.

성해질 것이라고 하여,130) 현종의 허락을 받았다고 한다. 여기서 책목의 품종으로 참나무를 썼음을 알 수가 있다. 이밖에도 완도의 청해진성 목책에서는 소나무류와 참나무류가 확인이 되었으며,131) 곧게 자라는 품종일수록 좋았을 것이다.

한편 남부주부 申忠一의 서계에는 누루하치(老乙可赤)의 성 밖에 이르렀을 때 길이 10여 척씩 되는 아름드리나무를 소에다 실어 들이는 사람들이 길가에 잇달았는데, 이는 외성에 목책을 설치할 나무라고 하였다.132) 또 선조 28년에는 방어사 변응성이 용진에 설치한 목책이 마른 나무가지를 가로 세로 매우 엉성하게 엮어 놓아 문제가 되기도 하였다.133) 동왕 27년에는 木柵軍들이 마을 가옥의 서까래 재목을 마구 걷어갔다고 하였다.134) 이처럼 여진 사람들은 길이가 10여 척씩 되는 아름드리나무를 책목으로 사용하였다고 하는데, 이에 반해 우리나라에서는 마른나무 가지를 사용하는 경우도 있고, 경우에 따라서는 가옥의 서까래까지도 뜯어다 사용하는 일도 있었음을 알 수가 있다. 일반적으로는 목책을 설치한 주변에서 직접 베어낸 생나무인 圓木을 주로 책목으로 사용했을 것으로 짐작된다. 즉 목책을 설치할 지역에는 책목으로 사용할 나무들이 빽빽하게 자라고 있는 것이 좋았을 것이다.135) 그렇지 못하면 먼 곳에서 소나 말로 운반하든가 아니면 인력을 이용하여 목도로 운반하는 등 운반상의 어려움이 컸을 것으로 짐작된다. 청해진성의 책목 중에는 하단으로부

130) 『顯宗改修實錄』 권11, 顯宗 5년 8월 己巳.

131) 莞島文化院, 『張保皐의 新硏究』, 1985, 241쪽.

132) 『宣祖實錄』 권71, 宣祖 29년 정월 丁酉.

133) 『宣祖實錄』 권64, 宣祖 28년 6월 癸丑. 선조도 우리나라 장사들이 마른가지로 목책을 세워 어떻게 왜적을 막겠는가라고 탄식을 하기도 하였다(『宣祖實錄』 권55, 宣祖 27년 9월 癸卯). 유성룡도 「戰守機宜十條」에서 마른 나뭇가지를 둘러서 목책을 만든 점을 지적하였다.

134) 『宣祖實錄 권49, 宣祖 27년 3월 丁亥.

135) 단종 3년에는 경상도 관찰사 황수신의 건의에 따라 각 성마다 나무를 심게 하였다(『端宗實錄』 권14, 端宗 3년 6월 壬寅).

터 12cm 위쪽의 가장자리에 도끼로 홈을 파거나, 깊이 7cm 정도의 네모난 홈을 파서 끌고 운반하도록 한 흔적이 보였다.[136]

한편 책목은 보존성을 높이기 위해 녹각목처럼 책목의 껍질을 벗기고 사용하였을 것으로 짐작된다. 왜냐하면 껍질이 있는 책목을 그대로 사용할 경우 마르면 껍질에 벌레가 침입하여 책목을 쉽게 손상시키기 때문이었다. 한편 壁堡에 柧木 즉 角木을 사용하였다는 것으로 보아 도끼로 다듬어서 책목을 사용했던 경우도 있었음을 알 수가 있다. 한편 일본의 경우에도 拂田柵(和田縣 仙北郡 仙北町)과 城輪柵(山形縣 酒田市)에서도 角木을 사용했고, 德丹城(紫波郡 矢巾町 德田)에서는 圓木(丸太木)을 사용했다고 하여 우리에게 참고가 된다.

또 책목의 길이는 누루하치성에는 10여 척이었다고 하며, 拂田柵에서 발굴된 책목의 길이는 3.6m였는데, 이를 자료로 이 책의 높이를 10~12척으로 추정하는 견해도 있었다. 우리 목책의 높이는 5척(古哈堡木柵)~18척(南坡堡木柵)사이라고 하였다. 즉 높이가 표시된 9개소의 자료 중에서 10척 이상이 4개소, 10척 이하가 5개소이다.

한편 남성골산성의 목주 직경은 20~30cm 정도, 목주 간격은 1,5~1,8m 정도였고, 도기동산성도 목주 직경은 20~30cm 정도, 목주 간격은 1.2~1.9m내외였다. 내 · 외 목책렬의 간격은 남성골산성은 대체로 4~4.5m 정도였고, 도기동산성은 3.5~3.8m 정도였다. 남성골산성에서는 목주 사이에 보조 기둥을 사용한 흔적이 있었는데, 귀틀무덤처럼 목주 사이에 횡장목을 설치하면서 보강한 것으로 보인다. 도기동산성의 2중목책렬 내부는 성토하여 채웠을 것으로 보고 있다.[137] 남성골산성, 도기동산성, 무등리 2보루[138] 목책렬의 외측 하부를 석축으로 보강한 것을 보면, 목책 상부로부터의 하중도 많았음을 알 수가 있다. 또 외측 목책열 하부의 석축의 외면에 점토를 두텁게

136) 莞島文化院, 『張保皐의 新硏究』, 239쪽.
137) 기남문화재연구원, 『安城道基洞山城』, 307쪽.,
138) 서울대학교박물관, 『연천 무등리 2보루』, 2015.

바르고 불로 지져 경화시킨 것을 보면, 목책의 겉면도 점토로 두텁게 바르고, 불로 지져 경화시키면서 함께 행하여졌을 가능성도 생각해 볼 필요가 있다, 하여튼 이들 고구려의 목책유적에서 이러한 공통적인 현상을 보이는 것은 고구려 축성술의 하나이기 때문에 주목하여 볼 필요가 있다. 청해진성의 목책은 원목으로 직경은 20~37cm이고, 모두 하단이 같은 레벨의 71cm 깊이로 수직으로 박혀있었다.139)

2. 규모

압록강 연변의 목책은 모두 견고하고 크지 못하며, 군인과 馬匹, 農牛를 두는 곳이 몹시 협착하다고 하였다.140) 또 세종 22년 4월에는 회령부 圓山木柵의 장내에서 불이나자 민가 57호가 불타고, 어린이 셋이 불타죽었는데 목책이 협착한 때문이었다.141) 동왕 22년 7월에 황보인은 평안도 각 口子木柵은 모두 비좁은 까닭에 만약 화재가 나면 人民老小가 피할 수 없으며, 부방하러 온 남도 군사가 민호에 寄宿하므로 남녀가 섞여 있으니 점차로 물려 쌓아야 한다고 하였다.142)

실제로 지리지에 기록된 목책의 규모를 보면 下西知木柵 730척, 海際木柵塗泥城 860척, 荳原木柵塗泥城 480척, 麗水木柵塗泥城 858척, 陽江驛木柵塗泥城 498척, 回山木柵 816척, 熊沈里木柵 732척, 碧潼木柵 3,426척, 小甫里口子木柵 792척, 慶源邑木柵 4,428척, 高郞歧木柵 996척, 靑巖木柵 1,800척, 夫里下木柵 1,206척, 龍城木柵 1,650척, 德萬洞小堡木柵 248척, 松山堡木柵 855척, 古哈堡木柵 500척, 黃靑堡木柵 720척, 從浦堡木柵 700척, 南坡堡木柵 55척, 吾音會木柵 626척,

139) 莞島文化院, 『張保皐의 新硏究』, 238쪽.
140) 『世宗實錄』 권73, 世宗 18년 6월 癸未.
141) 『世宗實錄』 권89, 世宗 22년 4월 丙子.
142) 『世宗實錄』 권90, 世宗 22년 7월 己巳.

亐農怪木柵 612척, 多大洞木柵 830척이었다. 이 중에서 南坡堡木柵이 55척으로 가장 규모가 작고, 慶源邑木柵이 4,428척으로 邑木柵의 위용을 갖추었으며, 碧潼木柵 3,426척, 靑巖木柵 1,800척, 龍城木柵 1,650척 순이다. 이밖에 700~900척 사이가 11개소로 전체의 48%를 차지한다. 이는 지방의 성곽 계측에 많이 사용된 포백척인 준수척 46.73㎝로 계산하면 327~421m 사이였다. 이처럼 목책은 보편적으로 소규모였음을 알 수가 있다. 참고로 僉使鎭과 萬戶口子의 병력은 많게는 50~150명이었고, 부방하는 군사는 대개 100명이었다. 權管口子 소속 사병 병력의 규모는 50명 미만이었다고 한다.

3. 구조

세종 18년 7월에 영중추원사 崔潤德이 獻議하기를 목책 안에 높은 누각(飛樓)를 지어 그 위에서 망을 보게 하고, 밤에는 목책 위에서 巡更을 돌게 하되, 刁斗(쟁개비와 징을 겸한 軍用道具)를 두드리며 방비하도록 하자고 하였다.[143] 동왕 22년 4월에는 회령부의 圓山木柵이 불탔을 때 壁城과 瓮城의 72칸이 함께 연소되었다고 하였다.[144] 西生浦에도 성책 안에 망루가 있었다고 한다.[145] 한편 임진왜란 때 명나라 劉總兵(劉綎)이 진을 쳤던 목책 위에 여장 같은 것을 설치하였으며, 목책은 한 아름되는 큰 나무를 세워 반은 땅속에 묻고, 진흙을 바른 것인데 그 밑에다 참호를 팠다고 하였다.[146] 이상의 자료로 볼 때 우리의 목책에는 柵門(岊嶺木柵) 이외에도 망루와 옹성이 있고, 목책 위에는 巡更을 돌 수 있는 구조물이 있었음을 알 수 있으나 구체적인 형태는 알 수가 없다. 남성골산성에서는 치성이 확인 되었다. 목책의 구조를 살필 때는 木柵塗泥城을 언급하지 않을

143) 『世宗實錄』 권74, 世宗 18년 7월 壬寅.
144) 『世宗實錄』 권89, 世宗 22년 4월 丙子.
145) 『宣祖實錄』 권70, 宣祖 28년 12월 辛丑.
146) 『宣祖實錄』 권49, 宣祖 27년 3월 丁亥.

수 없다. 목책도니성은 목책에 화공을 막기 위해서 진흙을 바른 것이다. 그런데 중종 8년에 경상도를 살피고 돌아온 어사 尹殷輔의 보고에는 경상우도의 각 포구는 왜변이 제일 급한 곳이기 때문에 본래부터 성이 있지만, 좌도는 왜변이 심하지 않았기 때문에 본래부터 성이 없었다. 중종 5년의 삼포왜란이 있는 뒤에는 壁堡를 쌓아 성으로 쓰고 있는데, 벽보 위에는 이엉을 씌우고 안팎을 진흙으로 발랐다. 이 지대는 땅이 다 모래와 돌이므로 먼데서 진흙을 메여다가 바르는데 한번 바람과 비를 맞으면, 거의 다 허물어지므로 허물어지는 족족 보수를 하는 통에 分戍하는 군사들은 날마다 그것을 업으로 삼고 있다고 하였다.147) 여기서 壁城(벽보)이라는 것은 柩木을 세우고 안팎에다 진흙을 벽처럼 발랐기 때문에 벽성이라고 한다는 것이다. 이 벽성이라는 것이 목책도니성을 지칭하는 것이다.148) 남성골산성과 도기동산성의 목책이 목책도니성으로 추정되기 때문에, 목책도니성의 기원은 상당히 오래되었음을 알 수가 있다.149)

한편 유성룡이 임진왜란 이후로 보고 들은 것과 思慮로 터득한 것을 收拾하여 10조로 올린 것 중 設柵이라는 항목에서는 인가에서 이중으로 벽을 만드는 것처럼 책을 만들어 나무를 엮고 흙을 바르면 성이나 다름없고 일하기가 수월하다고 하였다.150) 『서애집』雜著 戰守機宜十條 설책에서는 이에 대한 보다 구체적인 내용을 서술하고 있다.151) 즉

먼저 나무기둥을 땅속으로 약 30㎝~60㎝ 가량 묻어 견고하게 세운다.

---

147) 『中宗實錄』 권18, 中宗 8년 6월 癸卯.

148) 민덕식, 「특수한 형태의 성곽」, 『關防遺蹟의 硏究』(백산자료원), 2024, 156~166.

149) 忠北大學校博物館, 『淸原 南城谷 高句麗遺蹟』, 39쪽. 기남문화재연구원, 『安城道基洞山城』, 301쪽.

150) 『宣祖修正實錄』 권28, 宣祖 27년 10월 乙巳.

151) 유성룡은 이 목책을 만드는 방법을 대개 고금의 營壁 및 倭陣의 제도에서 좋은 점을 더하고 나쁜 점을 빼서 만드는 것이라고 하였다.

> 다음에는 이 기둥 위에 2~3개의 구멍을 뚫어서 구멍 사이로 짧은 빗장 모양으로 나무(短杠)를 끼우는데 끼운 부분이 대략 나무 길이의 중간에 오도록 한다. 나무의 길이는 약 90㎝가량이다. 그 다음 빗장 목의 양 끝에 다시 구멍을 뚫어서 横木을 차례로 끼워 연결하되 네모반듯한 모양을 이루게 한다. 안팎에서 모서리를 묶어 매어 집지을 때 벽체를 만드는 모양으로 하면 안팎으로 네모진 벽의 칸이 이루어져 이중의 벽을 이루게 되고 중간이 텅 비어 이곳에 흙을 채울 수 있게 된다. 그 다음에는 책의 바깥쪽에 길게 구덩이를 파서 점토 흙을 여물 썰은 것과 섞어서 물을 넣되 반쯤 물기가 있게 하여 비어 있는 벽속에 채워 넣고, 마르면 또 채우고 하여 꼭대기까지 쌓아 높이가 1丈半에서 2丈쯤 되게 한다. 그 후 몇 일이 지나면 흙과 나무가 서로 마치 돌과 같이 단단히 되는데, 이때에 안팎을 아주 고운 점토로 벽을 바르듯이 곱게 바른다.

이와 같은 구조물은 적의 화공을 방어하기 위한 것이 주목적이었다.[152] 유성룡은 「戰守機宜十條」에서 왜군의 목책은 우리가 활과 화살만 사용한다는 것을 알기 때문에 흙을 발라서 壁壘를 만들어 겨우 화살을 막을 만하게 하였다고 하였다. 또 같은 「戰守機宜十條」에서 유성룡은 목책의 바깥쪽은 흙을 두텁게 발라서 적이 불을 질러도 타지 않게 해야 한다고 하였다. 목책에 진흙을 바르는 것은 우리나라의 목책뿐만 아니라 이웃 일본과 여진에도 있었다는 기록이 있다. 즉 누루하치의 외성은 먼저 돌로 쌓아 위가 2~3척의 높이이며 또 椽木을 깔았는데, 높이는 10척 가량 되고 안팎에는 진흙을 발랐으며, 雉堞, 射臺, 隔臺, 壕子는 없었다고 하였다.[153] 한편 순조 11년 홍경래난 때 정주성을 攻圍하던 관군의 營柵을 보면 柵列은 청해진성의 책렬처럼 일렬로 촘촘하게 세워져 있다. 책렬에는 중앙쯤에 횡

152) 이는 마치 夾板을 사용하여 토성벽을 만드는 것과 흡사하나, 여기에 사용된 목재는 모두 희생목이 된다. 여장도 설치할 수 있고, 아울러 성벽 위에서의 활동도 편리하다고 하였다.

153) 『宣祖實錄』 권71, 宣祖 29년 정월 丁酉.

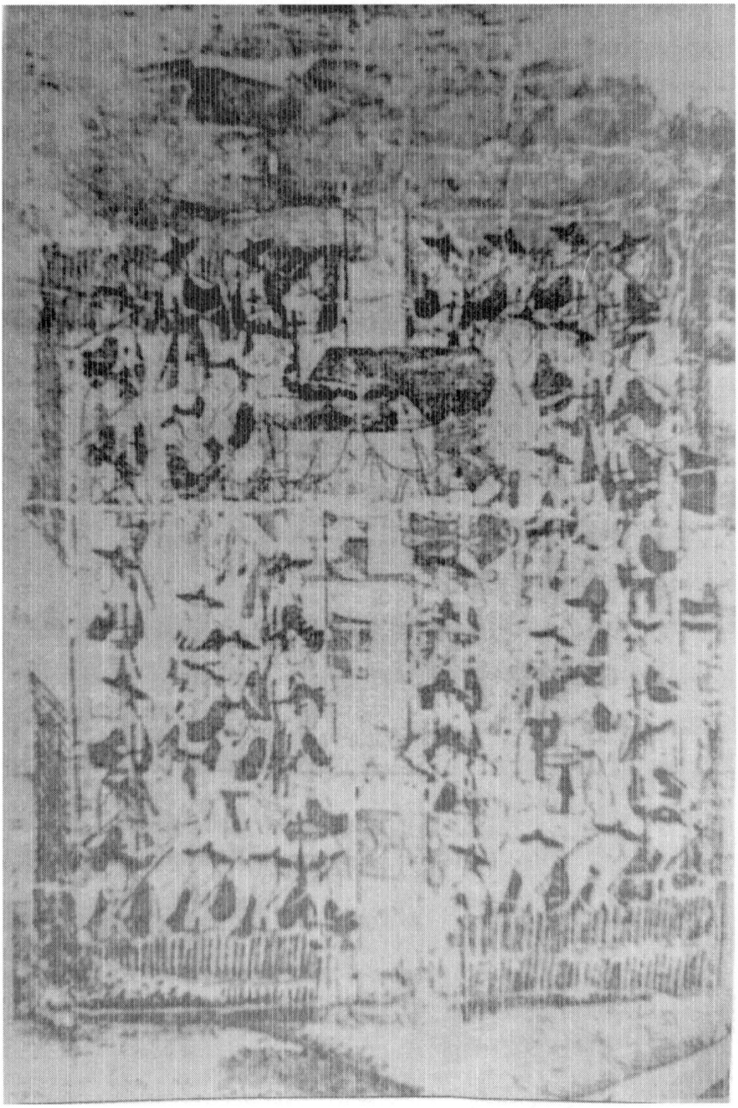

<사진 1> 신미 정주성 공위도(일부)

장목을 한 줄로 고정시켰으며, 네모진 영책의 4벽 중앙에는 하나씩

의 문이 대칭되게 그려져 있고, 다른 부대시설은 그려져 있지 않다. 이 영책의 그림은 당시 防柵의 모습을 알려주는 귀한 자료이나, 임시 영책을 그린 그림이기 때문에 간소한 구조를 이루고 있다고 하겠다. 한편 고흥 鉢浦鎭城에서는 남쪽 해안의 護岸施設을 하던 중 당시의 황토 바닥에서 2개의 책목이 확인되었는데, 직경 30~35cm의 소나무를 약 12cm 간격으로 박아 놓은 것이었다.[154]

4. 방어시설과의 결합

1) 토성 · 석성과의 결합

수원의 禿城(독산성)은 성 밖에 목책을 세우고 틈 사이로 적을 쏘게 하였다고 하였다.[155] 석보인 安原堡(경원)에도 목책을 주밀하게 설치하였다고 한다.[156] 임진왜란 때 小西行長의 동생이 주둔하던 竹島의 진영은 3면이 강에 임해 있었는데, 목책으로 둘러싸고 토성으로 거듭 쌓은 다음 안에는 석성을 쌓았다고 하였다. 또 소서행장이 주둔하던 진영(順天倭城)은 해안에 있는 산에 설치하였는데 산세가 매우 험준하였고, 석성을 둘러쌓고 목책을 첨가하였는데 주위가 6~7리나 되었다고 하였다.[157] 또 왜군의 울산 島山城 내성도 밖에다 목책을 치고 그 안에다 성을 쌓았다고 하였다.[158]

2) 坑坎과의 결합

중종 7년 2월에 美錢의 城底野人 買禿阿哈을 吾里洞으로 옮기고 坎을 파고 목책을 설치하도록 하였다.[159]

---

154) 崔夢龍, 「高興 鉢浦鎭城 發掘調査 報告書」, 『白山學報』29, 1984, 134~135쪽.

155) 『宣祖實錄』 권85, 宣祖 30년 2월 丙戌.

156) 『宣祖實錄』 권199, 宣祖 39년 5월 丁亥.

157) 『宣祖實錄』 권60, 宣祖 28년 2월 癸丑.

158) 『宣祖實錄』 권99, 宣祖 31년 4월 癸未.

159) 『中宗實錄』 권15, 中宗 7년 2월 甲辰.

3) 녹각성과의 결합

중종 7년 6월에 유순정 등이 議啓하기를 목책을 만들 때는 큰 나무로 되도록 굳고 치밀하게 세우고, 목책 안의 초가집의 지붕은 진흙을 두텁게 발라 적들의 방화를 방지하게 하고, 밖에는 참호를 파고, 참호 밖에는 녹각성을 설치하여야 한다고 하였다.160)

4) 해자와의 결합

富寧府城은 호를 파고,161) 목책을 둘렀으며, 회령의 高嶺鎭城에도 호 안에다 목책을 설치하고 濠岸을 따라 品方을 팠다고 하였다.162) 여기서 품방은 陷馬坑이다. 사실 여진족도 마병 중심이었고, 우리의 진과 구자에서도 전체 병력의 ⅔를 마병이 차지할 정도로 방위 전술에서 기동력이 중시되었다.

5. 설치장소

1) 水邊으로 성을 쌓기에 어려운 지역

세종 14년 4월에 함길도도체찰사 황희들의 장계에 龍城 이북과 獐項 이남에 묵은 땅이 매우 많으니, 獐項川으로부터 동쪽으로 큰 산의 기슭에 이르는 5백여 보의 땅에 성을 쌓고, 그중 水邊으로서 성을 쌓기 어려운 곳에는 목책을 설치하자고 하였다.163)

2) 주변에 돌이 없으며 나무가 많은 지역

주변에 돌이 없으면 석성으로 쌓기가 어렵고, 나무가 없으면 목책을 만들 수가 없다.164)

---

160) 『中宗實錄』 권16, 中宗 7년 6월 丁巳.

161) 종성의 潼關鎭城(석성)에는 해자에 林木을 파서 박았다고 하였다(『宣祖實錄』 권199, 宣祖 39년 5월 丁亥).

162) 『宣祖實錄』 권199, 宣祖 39년 5월 丁亥.

163) 『世宗實錄』 권56, 世宗 14년 4월 庚子.

3) 산의 능선이나 험준한 지역

선조 28년 1월에 영의정 유성룡이 올린 차자에 지형이 험고하고, 사면에 수목과 암석이 없는 땅이나, 土山이라 하더라도 기어오를 수 있거나 굽어볼 수 없는 땅을 택하여 柵壘를 설치하고, 사방에 돌 실은 수레를 많이 대기시켜 둔다면 비록 천만 명의 적이라 하더라도 함락시키기 어려울 것이라 하였다.165)

4) 평편한 지역

주민들의 주거를 겸한 목책은 평지에 위치하여 생활에 편리한 것이 좋을 것이다. 한편 녹각성과 결합된 목책은 험한 곳에는 녹각성을 설치하고, 평지에는 목책을 설치하는 예도 있었다.166)

5) 산골짜기 사이의 지역

세종 22년 7월에 평안함길도도체찰사 황보인이 연변의 비어책을 올리는 중에 평안도 연변의 각 고을 백성의 전지가 모두 강변에 있는데, 구자는 모두 산골짜기 사이에 설치되었으므로, 만약 적이 허한 데로 타서 突入한다면 미처 구원할 도리가 없으니, 의주의 方山, 벽동의 碧團, 이산의 山羊會 등의 목책을 모두 강변으로 물려서 설치하여 농민을 보호하고, 적의 형편을 살펴서 시기에 應變하자고 하였다.167)

---

164) 『世宗實錄』 권58, 世宗 14년 12월 丙申.

165) 『宣祖實錄』 권59, 宣祖 28년 정월 己亥. 유성룡은 「戰守機宜十條」에서 험하다는 것은 높은 산과 큰 내와 같은 적군은 전진하기 어렵고 아군은 수비하기 쉬운 곳이며, 큰 내의 험난한 곳을 이용하는 것이 높은 산보다 더욱 낫다고 하였다.

166) 『中宗實錄』 권11, 中宗 5년 5월 癸亥.

167) 『世宗實錄』 권90, 世宗 22년 7월 己巳.

6) 물이 얕은 지역

세조 1년 7월에 우참찬 黃守身이 웅천 薺浦의 恒居倭人이 관방이 없기 때문에 분쟁을 일으키니, 왜인이 거주하고 있는 북쪽 산등성이로부터 서쪽으로 萬戶營 앞까지와 동쪽으로는 熊浦까지 城子를 쌓고, 물이 얕은 곳에는 목책을 세우고 이어서 관문을 세우자고 하였다.[168]

7) 여울(灘)과 나루가 있는 지역

세조 6년 2월에 세조는 평안도도순찰사 金礩에게 유시하기를 滿浦의 앞 여울이 평편하고 얕아서 쉽게 건널 수 있다고 하는데, 비록 얼음이 녹더라고 賊路가 될까 두려우니 목책을 설치하여 방어하자고 하였다.[169] 성종 6년 4월에는 만포의 앞 여울에 강 이쪽편의 건널만한 여울이 있는 곳에 작은 목책을 세우고 망대를 세워서 여울의 길을 지키라고 유시하였다.[170] 또 선조 때 양근의 龍津이나,[171] 인조 때 연천의 澄波渡[172]의 예도 이에 속한다.

특히 여울은 옷을 걷거나 옷을 입은 채로 건널 수 있는 곳이기 때문에 여울 속에 마름쇠를 깔고, 배가 다닐만한 곳은 鐵網을 치기도 하였으며,[173] 쇠꼬챙이를 벌려 심어 놓기도 하고,[174] 또는 機木을 설치하기도 하였다.[175] 한편 여울이 있는 강 연안의 적이 다니는 길에는 함정을 파고, 목책을 설치하기도 하고, 혹은 直城을 설치하기도 하였다.[176] 여울이 있는 곳에는 부근에 나루가 이루어지곤 한다. 이

168) 『世祖實錄』 권1, 世祖 원년 7월 乙未. 『世祖實錄』 권2, 世祖 원년 8월 壬戌.
169) 『世祖實錄』 권19, 世祖 6년 2월 丁丑.
170) 『成宗實錄』 권54, 成宗 6년 4월 乙未.
171) 『宣祖實錄』 권64, 宣祖 28년 6월 癸丑.
172) 『仁祖實錄』 권15, 仁祖 5년 2월 乙丑.
173) 『世宗實錄』 권73, 世宗 18년 6월 癸未. 『宣祖修正實錄』 권28, 宣祖 27년 10월 乙巳.
174) 『宣祖實錄』 권199, 宣祖 39년 5월 丁亥.
175) 『成宗實錄』 권275, 成宗 24년 3월 己卯.

때문에 여울과 나루를 함께 방어하는 효과를 갖고 있다고 하겠다.

8) 연대의 주위

성종 1년 2월에 성종이 평안서도절도사 하숙부에게 준 의주 三島를 起耕하는 事目에 전에 보낸 연대에 목책을 설치하는 도면을 자세히 상고하여, 견실하게 배치하라고 명하였다.[177]

9) 우물의 주위

성종 6년 4월에 성종이 평안도관찰사 鄭文炯과 영안도관찰사 金瓘에게 유시하기를 邊鎭의 城中 우물이 작은 것은 먼 장래를 내다보는 계획이 아니니, 만약 성 밖에 우물이 있으면 壅城을 쌓거나 목책을 둘러서라도 그 물을 쓸 수 있도록 하라고 명하였다.[178]

10) 강이나 바다의 연안지역

평안도의 仇寧口子는 압록강을 따라 목책을 만들고,[179] 강화도 연안의 배가 정박할 수 있는 곳에도 목책을 설치하였다.

11) 驛館의 주위

성종 8년 6월에 성종이 평안도관찰사 金之慶에게 하서한 내용 중에 소곶이역관(所串驛館)에 설치한 목책은 견고하지 못하여, 사신에게 보일 수 없다고 하였다.[180]

12) 임시 군영의 주위

---

176) 『成宗實錄』 권275, 成宗 24년 3월 己卯. 『世宗實錄』 권75, 世宗 18년 11월 壬辰.

177) 『成宗實錄』 권3, 成宗 원년 2월 辛未.

178) 『成宗實錄』 권54, 成宗 6년 4월 辛巳.

179) 『成宗實錄』 권57, 成宗 6년 7월 庚午.

180) 『成宗實錄』 권81, 成宗 8년 6월 壬子.

이시애의 난 때 관군이 북청에 이르러 급히 목책을 설치하였는데, 그 둘레가 경복궁의 성보다 크고 매우 견고하였다고 하였다.[181] 또 성종 22년에는 우디거족이 영안도 造山堡에 침입하여 경흥부사 羅嗣宗을 죽였으므로, 관찰사 許琮을 도원수로 하여 8도병사 보 · 기 2만 4천으로 온성에서 도강하여 우디거의 제 부락을 소탕하였으나, 여진인들이 모두 이를 알고 遁走하여 큰 성과 없이 귀환하였다. 이 北征의 군공을 논할 때 成俊에게는 목책(營柵)을 설치한 공이 적지 않다고 하여 唐表裏를 주고 代加하도록 하였다.[182]

13) 장성의 수구가 있는 지형

성종 17년 6월에 영안도관찰사 성준의 서계에 장성의 수구를 가시나무로 막았으므로, 한 번 장마를 만나면 곧 떠내려가 흩어지고, 떠내려가 흩어지지 않더라도 적이 불을 놓아 태우면 한꺼번에 재가 되어 없어질 것이니, 수구에는 다 목책을 설치하자고 하였다. 그러나 城堡가 있고 해자 밖에 나무를 심었으므로 그대로 두는 것이 편할 것이라 하여 실행하지 않았다.[183]

14) 해변의 바다 안 지역

강화부사 李廷彪는 舟師로 있을 때 앞바다에 목책을 설치하였기 때문에 적선을 남김없이 포획할 수 있었다고 하였다.[184] 실제로 三浦의 하나였던 薺浦(웅천) 앞 바다에 배를 통제하기 위해 박아 놓았던 밀집된 나무 기둥들이 1975년에 발견된 일이 있었다.

6. 장단점

---

181) 『成宗實錄』 권95, 成宗 9년 8월 己亥.
182) 『成宗實錄』 권265, 成宗 23년 5월 庚午.
183) 『成宗實錄』 권192, 成宗 17년 6월 癸卯.
184) 『光海君日記』 권80, 光海君 6년 7월 辛酉.

1) 장점

토성이나 석성은 인력과 기일이 많이 소모되고, 비용도 많이 드는데 비해 목책은 보다 손쉽게 만들 수 있다는 장점이 지적되고 있다.[185] 그러나 세종 즉위년 8월에는 거제나 남해가 땅이 기름져 농사를 지을 만 하다하여, 목책을 설치하여 농민을 보호하고자 하였을 때, 세종은 풍년이 되기를 기다려 목책을 설치하라고 명하였다고 한 것으로 보아,[186] 목책의 설치도 많은 인력과 비용이 드는 만만치 않은 역사였음을 알 수가 있다. 하여튼 목책은 토성이나 석성보다 인력과 비용이 훨씬 적게 들었기 때문에 우선 목책을 설치한 후에 여건이 마련되면 반영구적인 토성이나 석성으로 바꾸어 쌓았다. 이때에도 주로 토성보다는 튼튼한 석성으로 쌓는 경우가 대부분이었다.

2) 단점

(1) 내구성이 약한 점

세종 10년 5월에는 순천, 보성, 합평에 큰 바람이 불어서 목책이 무너져 떨어졌다고 한다.[187] 또 동왕 14년 4월에는 용성의 축성에 대해 함길도도체찰사 황희가 아뢰기를 옛날에는 목책을 설치하여 수비하였더니, 목책은 썩기가 쉬워서 한 해를 지나지 못하고 무너져 헐어졌다. 석성을 쌓으려면 드물게 있는 적은 수의 백성으로는 쌓기가 지극히 어렵다. 당분간 토성을 쌓아서 방어하게 하는 것이 좋겠습니다라고 하였다.[188] 실제 목책은 내구성 이외에도 견고성에도 문제가 있었는데, 목책이 비록 견고하더라도 토성이나 석성에 비해 믿을 만한 것이 못되었다. 빙어시설이 만약 견고하지 못하다면, 우리 백성을 몰아 적에게 넘겨주는 꼴이 되기 때문에 목책을 석보로 바꾸

185) 孔錫龜, 「百濟 城郭의 類型과 築造技法」, 『大田의 城廓』(大田直轄市), 1993, 117쪽.
186) 『世宗實錄』 권1, 世宗 즉위년 8월 丙申.
187) 『世宗實錄』 권40, 世宗 10년 5월 甲寅.
188) 『世宗實錄』 권56, 世宗 14년 4월 庚子.

어 쌓아 邊備를 엄하게 하는 방향으로 나아갔다.[189]

(2) 잦은 수리를 요하는 점

세종 15년 2월에는 金敬이 변장으로서 목책을 수리하지 아니하여, 적이 突入하여 백성을 살해하고 노략하였으며, 賊變을 듣고도 즉시 군마를 거느리고 달려가서 힘써 싸우지 아니하였다 하여 벌을 받은 예가 있었다.[190] 이처럼 목책은 토성이나 석성에 비해 자주 수리해야 하는 어려움이 있었다.

(3) 수비에 약하다는 점

세종 30년 3월에 세종의 말 중에 신하들은 목책이 능히 대적을 막을 수 없으니, 돌로 쌓는 것만 못하다고 한다 하였다. [191] 실제로 적이 사다리나 層樓를 만들어 한꺼번에 목책을 넘어오는 등의 취약점도 있었다.[192]

(4) 화공에 약하다는 점

세조 5년 4월 병조에서 함길도도체찰사 신숙주의 계본에 의해 아뢰기를 회령부 甫乙下煙臺는 斡朶里가 거주하는 곳과 매우 가까워서 소나 말을 놓아먹이므로 禾穀을 밟아 손상시키며, 또 봄철을 당하여 산과 들판에 불을 놓아 불길이 번져서 목책을 태우면 농민으로 하여금 뒤따라 즉시 修補하게 하니, 보을하연대를 폐하고 행성의 윗머리에서 禿山煙臺에 이르기까지 석성을 쌓아서 관문의 방비를 튼튼하게 하자고 하여 세조의 허락을 받았다.[193] 또 중종 18년 6월에 南袞도 목책은 화재의 위험이 있다는 점을 지적하였다.[194]

---

189) 『世宗實錄』 권73, 世宗 18년 6월 癸未. 文宗이 棘城, 遂安 등지에 설치한 목책을 제거하고, 점차 석성으로 쌓게 한 것도 이런 때문이었다(『文宗實錄』 권5, 文宗 원년 정월 癸亥).

190) 『世宗實錄』 권59, 世宗 15년 2월 癸丑.

191) 『世宗實錄』 권119, 世宗 30년 3월 壬辰.

192) 『宣祖實錄』 권166, 宣祖 36년 9월 甲寅.

193) 『世祖實錄』 권16, 世祖 5년 4월 壬申.

194) 『中宗實錄』 권48, 中宗 18년 6월 乙丑.

7. 입보용 목책

세종 2년 1월에는 거제, 남해, 창선 3개 섬 가운데 전지가 많은 곳에다 목책을 만들거나, 혹은 토성을 쌓고, 백성이 무기를 가지고 들어가서 농사를 짓게 하며, 낮에는 망을 보아서 변고에 대응하고, 밤에는 성에 들어가서 굳게 지키게 하였다.[195] 또 동왕 15년 12월에는 경원 寧北鎭을 이설할 사목에 읍성에서 멀리 떨어져 있고 백성이 많이 모여 사는 요해처에 목책을 만들고, 부근의 백성들을 모두 입보하게 하여 사태에 대비토록 하였다.[196] 동왕 16년에는 강계에서 許憐까지의 120리에 사는 3백여 호가 겨울철을 당할 때마다 입보하니 滿浦口子의 목책을 헐어 치우고, 석성을 쌓아 근처에 사는 백성들로 하여금 들어가서 안전하게 살며 환란을 피하게 하여, 본부로 왕래하는 폐단을 덜게 하라는 하교가 있었다.[197] 동왕 17년 4월에는 양계의 邊邑에 튼튼하게 성을 쌓아서 여러 목책에 사는 백성들을 겨울이면 읍성에 모아 보호하게 하였다. 동왕 17년 7월에는 갑산군 三水이하 無路를 閭延에 소속시키고 목책을 설치하여, 매번 얼음이 얼 때를 당하면 무략이 있는 사람을 뽑아서 거주하는 백성을 통솔하여 직업에 안정케 하면서 굳게 지키도록 하였다.[198] 동왕 17년 10월에는 평안도도안무사 최윤덕이 상서하기를 연변 지방은 민가가 빽빽이 들어섰는데도 토지가 비고, 넓은 곳은 목책을 배치하여, 봄철의 경작을 당해 장사들에게 둔을 치게 하고, 병기를 만들게 하였으니 밤에는 돌아다니면서 수비하고, 낮에는 높은 곳에 올라 먼 곳을 바라보아 적이 움직이는 기세가 없어야, 그들에게 명하여 농사를 짓게 하되, 만약 급한 警報가 있으면 목책의 문을 닫고 둔쳐 지키다가 추수

195) 『世宗實錄』 권7, 世宗 2년 정월 丙申.
196) 『世宗實錄』 권62, 世宗 15년 12월 辛酉.
197) 『世宗實錄』 권64, 世宗 16년 6월 丙午.
198) 『世宗實錄』 권69, 世宗 17년 7월 癸未.

뒤에 들어와 읍성을 지키어 뜻하지 않는 변고에 대비하게 하자고 하였다.199) 이에 따라 연변의 각 고을 목책에는 밤에는 순행하면서 굳게 지키고, 낮에는 賊變을 망보게 하면서 농사를 짓게 하였다.200)

이때 여연, 자성 등 고을의 압록강 강변 상하에 살고 있는 사람들은 여름철에는 들에 흩어져 농사에 종사하였는데, 목책의 排設도 거리가 멀리 떨어져 있기 때문에, 적들이 돌입하게 되면 들에 흩어져 있던 농민들이 미처 입보하지 못하고, 또 서로 구원하지 못하며, 장병들은 해빙이 되었다 하여 본영에 물러와 있으면서, 순시와 점검도 하지 않는 실정이었다라고 하였다.201)

동왕 21년 3월에도 평안도도절제사 이천이 치계하기를 의주의 淸水萬戶로 하여금 여름이면 전처럼 청수목책을 지키게 하면서 농민을 보호하게 하고, 겨울이면 소삭주석성으로 가게 하자고 하였다.202) 동왕 22년 3월에도 영중추원사 최윤덕이 상언하기를 경상, 전라도의 여러 섬과 串에는 평안, 함길도의 예에 의해 千戶, 百戶를 임명하고, 백성들이 깊이 곶 안에 들어가 있으니, 농사를 짓느라고 왕래할 때에 도적이 더욱 두렵다. 小堡와 목책을 설치하고 천호, 백호로 하여금 領率하고 경작하게 하는 것이 便益할 것이다라고 하였다.203) 동왕 24년 12월에도 좌참찬 황보인이 갑산군의 賊路 요해처를 살펴서 나무를 베어 막고 목책을 설치하여, 여름에는 목책 안에서 모여 살면서 농사를 짓게 하고, 갑산의 천호와 진무로 하여금 수호하게 하고, 겨울에는 혜산과 삼수의 석보에 입보하게 하자고 하였다.204)

문종 1년 8월에는 의정부에서 아뢰기를 평안도의 箭竹洞口子는 전에는 해빙한 뒤에 百戶나 천호중에서 적당한 수효의 군인을 거느

---

199) 『世宗實錄』 권70, 世宗 17년 10월 辛丑.
200) 『世宗實錄』 권72, 世宗 18년 5월 戊子.
201) 『世宗實錄』 권73, 世宗 18년 6월 癸未.
202) 『世宗實錄』 권84, 世宗 21년 3월 丁卯.
203) 『世宗實錄』 권88, 世宗 22년 3월 癸卯.
204) 『世宗實錄』 권98, 世宗 24년 12월 戊子.

리고서 농민을 수호하고, 얼음이 얼면 도로 읍성으로 들어갔는데, 지금부터는 그 군사의 인솔이 불과 10명이라서 그대로 멀리 관망하며 살피게 하자고 하고, 淸水口子의 淸水萬戶는 군졸을 거느리고 방어하다가 얼음이 완전히 얼고, 어떤 聲息이 있기를 기다린 뒤에 정령 읍성으로 들어가 지키는 것이 비록 전례로 되어 있으나, 지금부터는 얼음이 얼었을 때에도 그대로 머물러 있으면서 관망하여 살피고, 큰 성식이 있은 연후에야 정령읍성으로 물러가 지키게 하자고 하자, 문종은 그대로 따랐다.[205] 또 문종은 강계 지방의 滿浦堡는 城子가 견고하고 또 행성이 있으므로, 보 안의 백성은 읍성으로의 입보를 제외하고, 그대로 本堡에 있게 하며, 高山里 안의 백성은 임시 읍성의 입보를 면제하고 그대로 본보에 있게 하고, 만약 강물이 얼어붙고 聲息이 긴급하게 되면, 만포보로 입보하게 하라고 명하였다.[206]

이러한 성격의 목책들을 비롯한 세종 14년부터 갖추어지기 시작한 邊鎭 중심의 국방체제는 어디까지나 여진족의 소규모 침입을 막는데 주안점이 주어졌다. 한편 변장의 관할 하에 있던 口子(堡)에 만든 목책에는 만호나 천호, 權管이 임명되었으며, 木柵權管이라는 기록이 나오는 것으로 보아,[207] 이들 직명 앞에 목책을 붙여서 부르곤 하였던 모양이다. 또 성종 8년에는 평안도의 내지에 목책을 설치하고, 황해도 군사로 하여금 留防하게 하였는데, 유방하는 군사가 목책을 방수하지 않고 변진에 방수하고 있으니, 개천, 선천, 곽산, 철산, 용천, 순천, 박천, 증산 등 8 고을의 수령을 보내 木柵將으로 삼아, 목책을 부방하는 황해도 군사를 지휘하여 內地에서 성원하게 하였다. 목책장을 맡도록 되어 있는 선천군수가 助防將으로 호칭된 것으로 보아, 목책장은 하급 조방장이었던 것으로 보인다.[208]

---

205) 『文宗實錄』 권9, 文宗 원년 8월 辛未.
206) 『文宗實錄』 권9, 文宗 원년 8월 甲戌.
207) 『成宗實錄』 권282, 成宗 24년 9월 丁未.
208) 『成宗實錄』 권84, 成宗 8年 9월 戊辰.

8. 존속기간

전술한대로 우리나라에서 목책이 출현한 것은 지금까지의 자료로는 청동기시대부터였다. 이러한 목책은 조선시대에까지 줄곧 이어져 왔다. 임진왜란이후 것으로는 江華沿岸木柵에 대한 언급은 현종대까지 계속되며, 澄波渡木柵은 인조 때에 설치된 임시 營柵이었다. 또 赴戰嶺堡木柵은 숙종 28년(1702)에 만들어진 것이다. 이처럼 우리나라의 목책은 임진왜란을 분기점으로 하여 급속하게 쇠퇴한 것을 알 수가 있다. 오랜 기간 사용된 목책의 소멸에는 무엇보다도 화포와 같은 무기의 발달과도 무관하지 않을 것으로 여겨진다. 또한 목책 자체가 안고 있는 단점도 한몫을 하였을 것으로 보인다.

9. 실록과 지리지 자료

1) 실록자료

실록자료 중 군사적 목책의 분포를 보면 동해안 2개, 남해안 6개, 서해안 1개, 두만강 연변 21개, 압록강 연변 33개, 내지 6개로 모두 69개소이다. 앞서의 실록자료 중에는 設柵에 대한 논의만 진행된 것이 있고, 설책에 대한 결정은 되었으나 사정으로 실제로는 설책이 안된 것도 있었을 것이기 때문에 앞의 통계는 대략적인 참고 정도만 될 뿐이다. 여기서 동해안, 남해안, 서해안의 9개소는 왜구를 방어하기 위한 목책이고, 두만강과 압록강 연변의 54개소는 여진의 침입을 막기 위한 것이다. 여진을 방어하기 위한 것이 전체의 78%를 차지하고 있다.

또 목책이 만들어진 시기를 보면 15C가 59개소, 16C 8개소, 17C 2개소로 15C가 전체의 86%를 차지하고, 이 중에서 세종대가 36개소로 전체의 52%나 차지한다.

이는 세종대에 양계의 4군, 6진의 설치라는 영토 확장이 강력히 추진되면서 변장의 설치가 본격화되었는데, 이에 따라 자연 목책의 설치가 많아졌다고 볼 수가 있다. 우선 4군의 설치를 보면 압록강 하류의 서북면은 고려 말에 이미 창성, 벽동, 강계의 선까지 모두 고려의 영역이 되었으나, 그 상류인 동북면은 공양왕 3년에 甲州(지금의 갑산)에 만호부를 둔 이래, 태종 1년에는 강계만호부의 인근지역인 立石, 古哈 등의 땅을 합하여 石州라고 하였다가 3년에 강계부로 승격 復稱하였다. 13년에는 갑주만호부를 갑산군으로, 16년에는 본래 갑산 관하의 일부를 분리하여 지금의 중강진 부근에 여연군(지금의 자성군 下長洞)을 설치하고, 이를 함길도로부터 평안도로 이관하였다. 세종 15년에는 여연과 강계 중간인 慈作里(지금의 자성)에 성을 쌓고 자성군이라고 하였다. 22년에는 여연군의 동방 압록강 연변의 上無路堡(지금의 厚昌郡 河山堡)에 茂昌縣을 두고 이어 군으로 승격시켰다. 25년에는 여연과 자성의 중간인 虞芮堡(지금의 자성군 土城洞)에 우예군을 두었다. 이상의 4군 이외에도 갑산군 내의 三水堡가 야인 내습의 요충이라 하여 여기에 만호를 두었다가, 28년에 삼수군으로 승격하였다. 그러나 세조 1년에는 여연, 무창, 우예 3군을 폐하고, 이곳 백성을 구성, 강계부로 옮기는 한편, 4년에는 자성군마저 폐하여 백성을 강계로 옮기니, 이 뒤 이 지방을 廢四郡이라고 불렀다.

6진의 설치 과정을 살펴보면, 세종 15년에 우디거족이 五音會(斡木河, 지금의 회령) 방면의 오도리족을 습격하여 추장인 童猛哥帖木兒 부자를 죽이고 약탈 도주한 여진의 내분이 일어나자, 세종은 김종서를 함길도도절제사로 삼아 이 지방의 경영을 맡기었다. 16년에는 石幕의 寧北鎭을 伯顔愁所(지금의 行營)로 옮기고, 다음해에 종성군으로 삼았다. 16년에는 斡木河에 會寧鎭을 신설하고, 그 해에 회령부를 삼았다. 또 이 해에 富居에 있던 경원부를 會叱家(지금의 경원)로 옮기고, 孔州의 古地에는 孔城縣을 두었다가 19년에 경흥군으로, 25년에는 경흥부로 삼았다. 22년에는 종성군치를 伯顔愁所로부터 愁州(지금의 종성)로 옮기고, 多溫平(지금의 온성)에 온성군을 두었다가, 23년에 종성, 온성 양군을 각각 종성부와 온성부로 삼았다. 31년에는 마지막으로 石幕의 舊地에 회령부를 두었다. 하여튼 전술한 목책 자료 속에는 이러한 4군과 6진 설치과정과 관련된 것들도 들어 있기 때문에 참고가 되고 있다. 한편 진, 구자 중심의 국방체제는 세종 30년부터 평안도를 중심으로 내륙 국방 강화를 위한 여러 조치가 취해지면서, 진과 구자의 일부가 폐지되고, 세조년간에도 양계의 鎭管體制는 내륙 국방에 치중되어 편성 운영되었다. 『경국대전』 단계에 이르면 양계의 진관체제는 평시에는 국경지역 진관 중심으로 국방이 이루어지고, 유사시에는 내지의 巨鎭이 국방 거점으로 기능할 수 있도록 짜여져 있었다고 한다.[209] 이와 같은 국방체제의 변천에 따라 목책도 영향을 받은 것 같다.

한편 〈표 1〉은 실록에 나오는 목책을 『신증동국여지승람』의 해당 자료와 비교한 것이다. 실록의 목책은 『신증동국여지승람』에 와서는 阿吾知木柵, 鹿屯島木柵, 央土里木柵을 제외하고는 모두 반영구적인 석축으로 쌓여지게 된다. 석축으로 쌓는 데는 목책 자리에 그대로 쌓거나, 혹은 보다 넓혀 쌓는 경우가 있겠으나, 방어에 유리한 지형을[210] 부근에서 새롭게 선정하여 쌓는 경우도 있었을 것이다. 실록의 목책 중 央土里木柵은 유일하게 그대로 목책으로 남았고, 아오지목책과 녹둔도목책은 토축으로 쌓여졌음을 볼 수가 있다

2) 지리지자료

세종 7년에 일부를 제외하고 대부분이 편찬된 『경상도지리지』에는 경상도 지방에 오직 경주부에만 동면과 하서지에 목책이 있는 것으로 기록하고 있다.

---

209) 吳宗祿, 「朝鮮初期 兩界의 軍事制度와 國防體制」, 216~218쪽.

210) 유성룡은 「戰守機宜十條」에서 방어시설을 설치하는 데는 반드시 지형을 얻어야 하며, 지형이라는 것은 산세가 매우 험준하며 사방으로 오를 길이 없고, 시계가 넓어서 수십여 리가 다 보이며, 좌우에 가린 것이 없어서 적의 무리가 오가는 것을 환하게 알 수 있는 곳이라고 하였다.

세종 14년에 편찬된 『세종실록지리지』에는 下西知木柵, 海際木柵塗泥城, 荳原木柵塗泥城, 麗水木柵塗泥城, 陽江驛木柵塗泥城, 回山木柵, 熊沉里木柵, 碧潼木柵, 小甫里口子木柵, 慶源邑木柵, 高郎歧木柵, 靑巖木柵, 夫里下木柵, 龍城木柵 등 14개소가 사용된 것으로 기록되어 있다. 분포를 보면 동해안 1개소, 남해안(전라도) 4개소, 서해안(황해도) 2개소, 압록강 연변(평안도) 2개소, 두만강 연변(함경도) 5개가 있다. 즉 이 목책들이 동해안, 남해안, 서해안에 분포하여 왜구의 침입을 방어하는 것이 7개소이고, 압록강 연변, 두만강 연변에 분포하여 여진을 방어하는 것이 7개소로 반반을 차지하고 있다. 특히 두만강 연변 것은 모두 경원지방에 분포하는 특징을 보인다. 이 중 목책도니성은 왜구의 침범이 빈번한 전라도 해안지대에 집중적으로 축조되었다.

한편 동왕 15년 5월에 전라도도관찰사 朴習의 啓에는 전라도의 장흥, 고흥, 광양 등 3읍이 濱海이고, 왜구가 舶船하는 곳인데, 전에 설치한 城子가 모두 隘窄하고, 立木泥塗한 것이 세월이 오래되어 심히 무너지고 기울어졌으며 井泉도 없다고 하였다.211)

그 후 예종 1년에 팔도지리지의 하나로 편찬된 『경상도속찬지리지』에는 웅천현에 豆洞里木柵 하나만이 기록되어 있는데, 문종 3년에 設柵하였으나, 세조 4년에 파하였다고 하였다.

중종 25년에 개편 작업이 완료된 『신증동국여지승람』에는 下西知木柵, 海際木柵, 道陽牧場木柵, 回山木柵, 熊沉木柵, 甫老知木柵, 甫化德木柵, 德萬洞小堡木柵, 鍾城行城木柵, 松山堡木柵, 牛仇里木柵, 古哈堡木柵, 黃靑堡木柵, 從浦堡木柵, 南坡堡木柵, 央土里木柵, 吾音會木柵, 亏農怪木柵, 多大洞木柵, 獐項木柵 등 20개소이다. 이 중에서 道陽牧場木柵은 牧場木柵이기 때문에 防柵은 19개소이다. 또 이 중에서 下西知木柵, 海際木柵, 回山木柵, 熊沉木柵, 央土里木柵, 獐項木

---

211) 『太宗實錄』 권30, 太宗 15년 8월 乙丑.

柵 등 6개소는 고적조에 기록된 것으로 보아, 이미 폐책화 된 것으로 볼 수 있기 때문에 실제로는 13개소만이 방책으로서의 기능을 하고 있었다고 하겠다. 또 종성행성목책은 석축 62,408척, 토축 85,600척과 함께 3,582척을 목책으로 만들었다는 것이다. 구조상 獨立木柵이 아니고 結合木柵인 셈이다.

당시 사용되었던 防柵 13개소의 분포를 보면 동해안, 남해안, 서해안의 목책은 하나도 없고,212) 압록강 연변 9개소, 두만강 연변 4개소가 있다. 이중 松山堡木柵은 중종 21년, 古哈堡木柵은 중종 13년, 黃靑堡木柵과 從浦堡木柵은 연산군 6년, 南坡堡木柵은 중종 16년에 設柵된 것들이다. 또 甫化德木柵은 석축하여 甫化堡가 되고, 德萬洞小堡木柵은 중종 8년에 석축으로 크게 고쳐 쌓았다. 이처럼 『세종실록지리지』의 동해안, 남해안, 서해안 연안에 있던 목책들은 왜구의 침범이 뜸해지면서 소멸하고, 대신 여진을 대비하기 위한 압록강 연변과 두만강 연변으로 방비가 집중되었다. 이 때문에 이 지역에는 방어상 요충지에 목책이 새롭게 설책되기도 하고, 기존의 목책을 석축으로 쌓아 방어를 강화하기도 하였음을 알 수 있다.

고종 1년에 완성된 것으로 보이는 『대동지지』에는 17개소의 목책명이 나오나 대부분 이미 없어진 것들이다. 赴戰嶺堡, 豆滿江行城, 回山木柵, 海際木柵 만이 존속된 것처럼 되어 있으나, 이중 두만강행

212) 세조 · 성종대에 이르러서 왜구에 대비한 관방은 沿海邑城의 完築에 이어 읍성에서 멀리 떨어져 있으면서도, 인구가 밀집된 방어의 취약지에도 柵 · 堡가 시설되는 단계로 발전하였다. 연해지역의 柵堡는 아마도 고려 말에서부터 기원한 것으로, 해안이 복잡한 지역이거나 바다에 깊숙이 들어간 串 등으로 경작할 비옥한 토지가 많아 인구가 많아지므로, 이들을 보호하기 위하여 목책을 세우거나 목책도니성을 두었던 것인데, 이것이 세종대의 말기에 활발히 논의되었다. 군사적인 요충이면서도 인구가 밀집된 취약지에 목책을 시설하고, 營 · 鎭의 군사를 배치하여 지키다가 차츰 石堡로 대체되었다. 영 · 진의 성과 보는 관리체계상의 등급의 상하와 함께 규모의 대소로서 구분되어졌다고 할 수 있다고 한다(車勇杰, 『高麗末·朝鮮前期 對倭 關防史 硏究』(忠南大大學院 博士學位論文), 1988, 174~175쪽).

실록 명칭	신증동국여지승람 명칭	재료	둘레(尺)	소속	비 고
慶源邑木柵	蘇多老營	—	—	경원	蘇多老木柵, 고적조
阿吾知木柵	古阿吾地堡	토축	—	경원	1488년 혁파
鏡城木柵	鏡城邑城	석축	5,381	경성	
富居站木柵	富居廢縣	석축	2,731	부령	세종10년 置縣 세종 31년 혁파
多曷洞木柵	—	—	—	—	
萬浦口子木柵	滿浦鎭	석축	3,172	강계	
寧北鎭木柵	寧北堡	—	—	회령	고적조
石幕木柵	富寧邑城	석축	3,139	부령	
碧潼木柵	碧潼邑城	석축	8,045	벽동	
碧團木柵	碧團鎭	석축	13,032	벽동	
山羊會木柵	山羊會堡	석축	914	이산	
方山木柵	方山鎭	석축	8,742	의주	세종조 석축
淸水口子木柵	靑水堡	석축	1,686	의주	1493년 석축
圓山木柵	圓山堡	석축	20,000여	회령	고적조
趙明干木柵	趙明干堡	—	—	강계	고적조
央土里木柵	央土里木柵	木柵	—	이산	
都乙漢口子木柵	都乙漢堡	—	—	위원	고적조
多溫木柵	穩城邑城	석축	5,560	온성	

小虞芮口子木柵	小虞芮堡	—	—	강계	고적조
泰日口子木柵	泰日堡	—	—	강계	고적조
下無路口子木柵	下無路堡	—	—	강계	고적조
薫豆口子木柵	薫豆堡	—	—	강계	고적조
小波兒口子木柵	小坡兒堡	석축	425	벽동	
柳浦木柵	柳浦石堡	—	—	울산	今廢, 고적조
吾村口子木柵	吾村堡	석축	1,291	경성	
上奉浦木柵	奉浦堡	—	—	강계	고적조
下奉浦木柵	奉浦堡	—	—	강계	고적조
廣平里木柵	廣坪堡	석축	56	벽동	
楸坡口子木柵	楸坡堡	석축	2,230	강계	
上土口子木柵	上土堡	석축	530	강계	
仇寧口子木柵	仇寧堡	석축	2,817	삭주	
所串驛館木柵	所串堡	석축	7,712	의주	1492년 석축
彌助項木柵	彌助項鎭	석축	2,146	남해	1486 置鎭 1522 復設石築
魚面乫坡木柵	魚面堡 加乙波知堡	석축 석축	— 610	삼수	1500년 석축
梁楊萬洞木柵	梁永萬洞堡	석축	670	부령	1513년 석축
寶化堡木柵	甫化堡	석축	1,023	경성	
鹿屯島木柵	鹿屯島農堡	토축	1,247	경흥	

〈표 1〉 실록 목책 명칭과 신증동국여지승람 목책 명칭 비교

성, 회산목책, 해제목책은 『신증동국여지승람』의 자료를 그대로 인

용한 것이다. 赴戰嶺堡木柵 만은 숙종 28년에 만들었다고 하였다.[213]

맺 음 말

柵木은 주로 참나무나 소나무를 사용한 듯하며, 주변에서 직접 베어낸 껍질 벗긴 圓木이나 角木을 사용했던 것 같다. 경우에 따라서는 마른 나뭇가지나 가옥의 서까래까지도 사용했다고 하였다. 목책의 높이는 5~18척 사이라고 하였다. 책목의 길이는 땅에 묻히는 것을 계산하면 이 보다는 길었을 것이다.

목책의 규모를 보면 慶源邑木柵 4,428척, 碧潼木柵 3,426척, 靑巖木柵 1,800척, 龍城木柵 1,650척으로 이들은 비교적 큰 규모이고, 700~900척 사이가 전체의 48%를 차지한다. 이는 포백척인 준수척 46.73㎝로 계산하면 327~421m가 된다. 이처럼 우리나라의 목책은 비교적 소규모였음을 알 수가 있다.

목책에는 망루와 옹성이 있었고, 목책 위에는 巡更을 돌 수 있는 구조물이 있었다고 하나, 구체적인 것은 알 수가 없다. 목책도니성처럼 목책에 적의 화공을 막기 위해서 진흙을 바른 경우도 있었는데, 진흙을 바르고 불로 지져서 경화를 시킨 것으로 추정이 된다. 실록에 많이 나오는 같은 구조였던 것으로 보이는 壁城은 안팎을 진흙으로 바르고 이엉을 씌웠으나, 한번 바람과 비를 맞으면 거의 다 떨어져 내렸다고 하였다.

책렬은 고구려의 무등리 2보루, 통일신라의 청해진성처럼 일렬로 세우는 것이 일반적이었던 것 같으나, 도기동산성과 남성골산성은 2중책렬이었다. 일본의 城輪柵에서도 원칙적으로 일렬로 책목을 밀착

213) 숙종 38년에도 백두산정계비를 세운 곳에서부터 아래로 내려오면서 나무가 없고 돌만 있으면 돌로 쌓고, 나무만 있고 돌이 없으면 목책을 세웠다고 한다(『肅宗實錄』 권52, 肅宗 38년 12월 丙辰).

해서 세웠고, 희귀하게는 2열의 것이 있었다고 한다. 책렬의 간격이 鉢浦鎭城처럼 촘촘하지 못하면 견고하지 못했을 것이다. 촘촘히 세울 경우는 청해진성이나 일본의 拂田柵처럼 도랑을 파놓은 후 기둥을 세웠을 것으로 추정이 된다.

목책은 단독으로 사용하기도 하였으나, 석성, 토성, 갱감, 녹각성, 해자와 같은 방어시설과 결합하여 방어력을 높이는 경우도 있었다.

목책은 주로 水邊으로서 성을 쌓기 어려운 지역, 주변에 돌이 없고 나무가 많은 지역, 평편한 지역, 산 능선이나 험준한 지역, 산골짜기 사이의 지역, 물이 얕은 지역, 여울과 나루가 있는 지역, 강이나 바다의 연안 지역, 해변의 바다 안 지역 등에 설치되었다.

목책은 토성이나 석성에 비해 손쉽게 만들 수 있다는 장점은 있으나, 내구성이 약한 점, 잦은 수리를 요하는 점, 수비에 약하다는 점, 화공에 약하다는 점들이 단점으로 지적되고 있다.

堡(口子)의 목책 책임자는 만호나 천호, 권관이 임명되었으며, 木柵權管이라는 기록이 있는 것으로 보아, 이들 직명 앞에 목책을 붙여서 부르곤 하였던 모양 같다. 목책은 지금까지의 자료로는 청동기시대에 출현하여, 임진왜란을 분기점으로 급속히 쇠퇴하여 갔다고 볼 수가 있다.

실록자료 중 여진의 침범을 막기 위해 두만강과 압록강 연변에 만든 것이 전체의 78%를 차지하고, 세종대의 것이 52%나 차지하여, 4군과 6진의 설치와의 관련성을 보이고 있다. 이들 목책도 『신증동국여지승람』의 편찬시기가 되면 대부분이 반영구적인 石堡로 바뀌었음을 볼 수 있었다. 또 『세종실록지리지』의 14개소 목책 중 왜구와 여진을 방어하는 것이 반반이었다. 그러나『신증동국여지승람』에는 실제로 사용되었다고 보이는 13개소의 목책 중 동해안, 남해안, 서해안 연안에 있던 기왕의 목책들은 왜구의 침범이 뜸해지자 소멸되어지고, 대신 여진을 대비하기 위한 압록강 연변이나 두만강 연변으로 집중되는 현상을 보이고 있음을 볼 수 있었다.

제5장 녹각성

머리말

『陔餘叢考』에는 「사슴은 성품이 본래 서로 경계하기를 잘하여 여럿이 있을 때는 뿔을 둥글게 쌓아 진을 치듯이 하여 사람들의 해를 막게 된다. 이 때문에 군중에서도 목책을 만들 때 녹각처럼 생긴 나무를 밖으로 향하도록 심어서 이것을 鹿角이라고 한다.」라고 하였다.[1] 녹각시설은 중심 방어시설인 석성, 토성, 목책의 보조시설로써 많이 이용되었기 때문에, 그 성격이 잘 부각되지 못한 탓인지 문헌자료에서도 조선시대의 자료 이외에는 전무한 실정이다. 이 때문에 우리들은 녹각시설에 대해 거의 이해를 하지 못하고 있는 실정이며, 심지어 어느 곳에서는 울타리 정도로 언급하여 놓은 경우가 많다.

본고에서는 실록을 중심으로 녹각시설에 대해 전반적인 면을 검토하여 보도록 하겠다.

Ⅰ. 문헌자료

1. 녹각시설

1) 鹿角城

1) 청나라 趙翼의 『陔餘叢考』 卷十五.

① 평안도도절제사 崔潤德이 朴好問을 보내 치계한 내용 중 吒納奴 동쪽 산으로부터 哈剌 등 寨里에 이르기까지 산 위에는 左軍이, 냇가에는 右軍이, 중앙에는 中軍이 종일토록 탐색하고, 石門으로 물러나와 영을 베풀고 인하여 녹각성을 설치하였다고 하였다.[2)]

② 좌의정 최윤덕이 아뢰기를 금년 가을에 강계와 碧潼城을 쌓는 데에 필요한 쇠는 황해도로 하여금 각각 3,000근을 주게 하고, 閭延, 慈城, 理山, 昌城, 義州 등의 성으로서 퇴락한 곳과 낮은 곳을 또한 수축하게 하고, 인하여 사면에 모두 녹각성을 베풀겠다고 하였다.[3)]

③ 우헌납 皇甫恭이 아뢰기를 이제 듣건대 녹각성을 만들고서 남은 소나무를 興天寺에 부역하는 중들에게 주어서 밥 짓는 땔감으로 쓰게 한다고 하니, 그 소나무를 사재감에 붙여 國用에 이바지하게 하자고 하자, 세종은 소나무는 잠실을 짓는데 다 쓴 것을 알지 못하고 주게 하였다. 이제 이미 다 써버렸는데 중들이 무엇을 쓰겠느냐고 하였다.[4)]

④ 평안함길도도체찰사 皇甫仁이 건의한 연변의 비어책 중에 理山의 婆猪江이 합류하는 양쪽 언덕에 가지가 많은 큰 나무를 베어 녹각성의 예에 의하여 세워 두되, 강물이 얼기 시작하거든 물위에서 칡덩굴로 비껴 얽고 가지가 많은 큰 나무에 돌을 매어 달아 물속에 넣어 함께 얼어붙도록 하자고 하였다. 또 평안, 함길 양도의 큰 강 건너 오랑캐가 침입하는 길은 평안도 의주에서 함길도 갑산까지이고, 압록강 건너는 산세가 험하고 간혹 낮은 곳이 있기는 하나, 말 탄 오랑캐는 넘어오기 어려우므로 모두 산골 물이 통하는 곳을 지나서 오니, 산골짜기 험한 곳에다 적당하게 防塞한다면 적이 출입하지 못할 것이다. 만약 돌을 쌓아서 방새한다면 역사가 매우 커서 갑자

2) 『世宗實錄』 권60, 世宗 15년 5월 己未.
3) 『世宗實錄』 권68, 世宗 17년 6월 戊午.
4) 『世宗實錄』 권85, 世宗 21년 4월 丙申.

기 마련하기가 어려우며, 구덩이를 판다면 土性이 부드러워 쉽게 메워질 것이니, 가지가 많은 큰 나무를 베어서 녹각성의 예와 같이 세워 두는 것이 편리하겠다고 하였다.[5]

⑤ 도체찰사 종사관 朴根을 보내 평안도 趙明干行城을 쌓게 하니, 평안도의 정부 8,390명을 사역하여 석축의 길이 50,947척, 녹각성의 길이 5,807척 7촌을 쌓았고, 종사관 鄭而漢을 보내서 碧團行城을 쌓게 하니, 평안도의 정부 8,263명을 사역하여 석축의 길이 30,795척 6촌, 녹각성의 길이 5,218척 4촌을 쌓았는데, 모두 2월 15일부터 시역하여, 3월에 이르러 필역을 하였다.[6]

⑥ 함길도 종성부의 행성을 쌓았다. 함길도의 정부 15,000명과 강원도의 정부 8,000명을 역사시켜 8월 15일에 시작하여, 9월 15일에 이르러 역사를 마쳤으니, 석축의 길이가 85,205척이요, 녹각성의 길이가 46,717척이었다.[7]

⑦ 좌참찬 황보인이 아뢰기를 지금 축조한 평안도와 함길도 강변의 석성과 녹각성, 坑塹 등은 있는 곳의 각 고을 수령들과 각 口子의 만호 등이 마음을 써서 수호하지 않는다면 혹은 무너지고 메이게 될 것이니, 『續典』에 의거하여 매 3,000척마다 監考 1인을 나누어 정하여 수호하게 하되, 뒤따라 즉시 修補하게 하고, 관찰사와 절제사는 엄하게 고찰하도록 하며, 이를 어긴 사람은 논죄하게 하자고 하자, 세종이 그대로 따랐다.[8]

⑧ 평안도에서 정부 3,000명과 황해도에서 6,000명을 징발하여 창성군 昌州口子의 石堡와 행성을 쌓게 하였는데, 석보는 둘레가 4,533척이고, 행성은 길이가 21,573척내에 석축이 18,804척이고, 녹각성이 2,769척이었다.[9]

---

5) 『世宗實錄』 권90, 世宗 22년 7월 己巳.
6) 『世宗實錄』 권92, 世宗 23년 3월 壬子.
7) 『世宗實錄』 권93, 世宗 23년 9월 戊申.
8) 『世宗實錄』 권96, 世宗 24년 5월 丁丑.
9) 『世宗實錄』 권99, 世宗 25년 3월 乙丑.

⑨ 함길도 온성군의 행성을 쌓았는데 돌로 쌓은 것이 380척이고, 또 종성군의 행성을 쌓았는데 돌로 쌓은 것이 19,917척, 내 가운데 녹각성을 세운 것이 175척, 흙을 깎은 것이 2,219척인데, 함길도 군사 8,000명을 역사시켜 8월 20일에 시역하여, 9월 20일에 필역하였다.[10)]

⑩ 세종이 승정원에 이르기를 예전 불당에 금으로 만든 인왕불, 미타삼존, 玉佛, 佛齒, 佛骨 등의 法寶가 모두 있었으나, 담 안에 있어서 도둑의 근심이 없었는데, 지금 불당은 궁성 밖에 있어서 도둑이 염려스럽다. 원나라 때에 금으로 神主를 만들었는데 도둑에게 도둑을 맞았으니, 만약 불당의 금부처를 도둑에게 도둑맞는다면 진실로 불가하다. 鄭苯이 말하기를 좌우에 警守를 두고, 주위에 荊棘을 심어서 도둑을 방지하자고 하고, 혹은 말하기를 녹각성을 설치하라, 사람으로 하여금 巡更하게 하라고 하였는데, 내가 이미 정분의 말에 좇아 경수를 두려고 한다. 사람으로 하여금 순경하는 것은 영구히 행하기 어렵고, 녹각성도 역시 長久할 수 없으니 淨業院의 노비를 불당에 붙이고자 한다고 하였다.[11)]

⑪ 姜孟卿이 치계하여 役徒 1,000명으로써 假屋은 40칸을 짓고 녹각성을 설치하기를 청하자, 세종은 내가 溫井에 가고자 하는 것은 어쩔 수 없음에서이다. 병의 차도가 있고 없음은 아직 기필할 수 없다. 맹경은 내가 하고자 한다 하여 크게 행궁을 지으려 하니, 황해도의 백성이 굶주림과 질병을 앓은 나머지 이 같은 폐를 준다면 내 어찌 가겠느냐. 욕실과 거처할 집은 그전 것을 그대로 수리하여 다시 짓지 말 게하고, 녹각성도 설치할 필요가 없다고 하였다.[12)]

⑫ 문종이 황보인에게 묻기를 황해도체찰사 정분이 아뢰어 청하기를 녹각성은 장구한 계책이 아니므로, 흙을 쌓아 성을 만들고

---

10) 『世宗實錄』 권101, 世宗 25년 9월 辛未.
11) 『世宗實錄』 권122, 世宗 30년 12월 辛酉.
12) 『世宗實錄』 권126, 世宗 31년 12월 丁巳.

자 한다고 하니 경의 뜻은 어떠한가 묻자, 황보인은 무릇 城堡는 돌로 쌓는 것이 제일이나 일이 커서 하기 어려우니, 흙으로 쌓는 것이 좋겠다고 하였다.[13)]

⑬ 문종은 승정원에 전교하기를 이제 토목 역사를 일으켜서 민력이 매우 고되니, 급하지 않은 일은 모두 정지함이 마땅하다. 동소문에는 우선 녹각성을 설치하고, 영응대군의 집에 담 쌓는 일도 또한 정지하라고 하였다.[14)]

⑭ 의정부에서 병조의 呈文에 의하여 아뢰기를 황해도체찰사 정분의 계본 안에 防垣은 옛터 437척이 석성이고 삼등, 상원으로 통하는 중로인데 녹각성을 설치하였다고 하였다.[15)]

⑮ 함길평안도도체찰사가 아뢰기를 앞서 평안도와 함길도 양도에서 장성을 축조할 때 물이 나서 성을 쌓을 수 없는 곳에는 녹각성을 만들었으나, 수년이 안 되어 모두 썩어 버렸으니, 『周禮』에 따라 소재한 각 고을로 하여금 올봄부터 荊棘을 심게 하고, 도절제사로 하여금 순행하여 살피게 하자고 하자, 단종은 그대로 따랐다.[16)]

⑯ 경상도관찰사 黃守身이 아뢰기를 柳浦에 堡를 두고 우선 녹각성을 설치하여, 좌도도절제사에 소속시켜 무재가 있는 군관을 택하여 군사 400명을 거느리고 4번으로 나누어 수어하게 하고, 풍년을 기다려 石堡를 쌓게 하자고 하자, 단종은 그대로 따랐다.[17)]

⑰ 의금부에서 아뢰기를 안치한 李瓔, 이어, 李瑔, 鄭悰에 대한 禁防條件 중에 欄墻밖에 녹각성을 설치하자고 하자, 세조는 그대로 따랐다.[18)]

⑱ 병조에서 경상도관찰사의 계본에 의거하여 아뢰기를 목장

---

13) 『文宗實錄』 권6, 文宗 원년 2월 丁亥.
14) 『文宗實錄』 권7, 文宗 원년 4월 辛未.
15) 『文宗實錄』 권7, 文宗 원년 5월 壬寅.
16) 『端宗實錄』 권5, 端宗 원년 2월 庚寅.
17) 『端宗實錄』 권14, 端宗 3년 윤6월 己酉.
18) 『世祖實錄』 권10, 世祖 3년 11월 戊寅.

의 녹각성과 雨雪을 피하는 間架를 제 읍으로 하여금 조성하게 하였는데, 典守者가 삼가서 간수하지 않을 뿐 아니라 때때로 군인을 침어하려고 한다. 그러므로 철거하게 되고, 해마다 군인을 발하여 수즙하니 그 폐단이 적지 않다. 청컨대 이제부터는 3년을 기한하여 수즙하게 하되, 그 기한 안에 허물고 무너진 곳은 본관의 전수자와 牧者로 하여금 수즙하게 하자고 하자, 세조는 그대로 따랐다.[19]

⑲ 세조는 온양행궁에 녹각성을 설치하게 하였다.[20]

⑳ 진북장군 康純이 이시애난을 진압하기 위해 북청의 부내에 군영을 베풀 때, 사졸로 하여금 사람마다 각각 나무를 벌채하여다 안에는 木寨를 설치하고, 밖에는 녹각성을 설치하게 하였더니, 사졸들이 忿氣를 다투고 힘을 다하여 잠깐 만에 이루었는데 매우 견고하였다. 또 성 밖에다 坑坎을 파게 하였다.[21]

㉑ 의금부에서 아뢰기를 전번 왕자녀들을 안치할 때에 사람들이 맞아 위로할 것이 염려되므로 유시를 내려 금지하게 하였는데, 충청도관찰사 安琛이 이 뜻을 알지 못하고, 정배한 곳에 녹각성을 만들어 사람들이 供饋하는 것을 금하니 이렇게 하면 생활이 어려울 것이다. 안치라는 것은 거기에 두고 다른 데로 가지 못하게 하는 것이요, 사람들의 공궤를 금하는 것이 아니기에 감히 품한다고 하자, 연산군은 전교하기를 다만 사람들의 출입을 금하여 다른 데로 가지 못하게 할뿐 녹각성은 설치하지 말라고 하였다.[22]

㉒ 연산군이 전교하기를 이번에 설치한 목책 안팎에 다시 녹각성을 설치하라고 하였다.[23]

㉓ 강원도관찰사 安潤孫이 치계하기를 강릉 3곳, 평해, 울진, 삼척, 양양, 간성, 고성, 통천에 각각 2곳, 흡곡에 1곳을 설치하여 험

---

19) 『世祖實錄』 권12, 世祖 4년 3월 辛亥.
20) 『世祖實錄』 권32, 世祖 10년 3월 辛酉.
21) 『世祖實錄』 권42, 世祖 13년 6월 丁巳.
22) 『燕山君日記』 권52, 燕山君 10년 4월 己酉.
23) 『燕山君日記』 권53, 燕山君 10년 5월 辛亥.

한 곳에는 녹각성을 설치하고, 평지에는 목책을 설치하여 도내의 군사를 왜구가 그칠 때까지 上番을 덜어다가 방호하고, 강릉, 삼척의 留防軍은 모두 權道로 파하는 것이 마땅하다고 하였다.24)

㉔ 유순정, 성희안 등이 議啓하기를 梁楊萬洞의 목책은 외로운 곳에 있어 위험하니, 茂山堡와 합하여 방어함이 편리한 듯하나, 다만 염려되는 것은 보와 목책이 서로 멀리 떨어져 있어 왕래하며 농사짓기에 불편할 것이다. 목책은 형세가 석성과 같지 아니하여 특별히 방략을 쓰지 않으면 지켜낼 수 없다. 목책을 세우되 큰 나무로 되도록 굳고 치밀하게 세우고, 목책 안 초가집의 지붕은 진흙을 두텁게 발라 적들의 방화를 방지하게 하고, 밖에는 갱감을 파고, 갱감 밖에는 녹각성을 설치하여 적들이 밤을 타 마구 들어오는 것을 방지해야 한다고 하였다.25)

㉕ 선조가 별전에 나아가 비변사 당상을 인견할 때 지중추부사 申礫이 아뢰기를 독노강 어구 및 압록강 등 처는 相距가 혹 50리 사이가 떨어진 곳도 있다. 강물이 얼 때에 얼음을 뚫어 굴혈을 만들고, 가지가 많은 나무를 심어서 녹각성처럼 막는다면 적의 기병이 감히 돌격해 들어오지 못할 것이다라고 하였다.26)

2) 鹿角

① 의정부에서 형조의 呈文에 의해 아뢰기를 따뜻한 獄을 짓되, 남녀와 輕重의 옥 수효는 서늘한 옥과 같이 모두 토벽으로 쌓고, 그 바깥 4면에는 棖木 다섯 줄을 심어서 그것이 무성하기를 기다려 문을 만들어 열고 닫게 하고, 아직 무성하기 전에는 우선 녹각을 설치하게 하며, 평안도, 함길도 같은 곳은 토질이 장목은 마땅치 아니하니 棘木을 심게 하 되, 두 옥의 相距와 4면 垣墻의 상거라든

24) 『中宗實錄』 권11, 中宗 5년 5월 癸亥.
25) 『中宗實錄』 권16, 中宗 7년 6월 丁巳.
26) 『宣祖實錄』 권68, 宣祖 28년 10월 丙辰.

가 넓고 좁은 것은 땅의 형편에 따를 것이나, 囚徒가 넘어가지 못하게 하소서. 이 도면과 설계를 각도에 반포하여 관찰사로 하여금 도면에 따라 형편을 참작하여 점차로 축조하게 하자고 하자, 세종은 그대로 따랐다.27)

② 도체찰사 황보인을 함길도에 보내어 행성을 쌓게 하였는데, 종성부 북쪽 嘯巖으로부터 부의 남쪽 烟臺峰에 이르기까지 돌로 쌓은 것이 24,540척이고, 흙을 깎은 것이 20,500척이며, 질벅질벅한 웅덩이에는 녹각, 杙木을 세운 것이 3,680척인데 리수로 계산하면 모두 28리 151보 4척이요, 함길도의 백성을 역사시킨 것이 14,900명, 강원도가 2,500명이었다. 8월 15일에 역사를 시작하여, 9월 15일에 이르러 끝났다.28)

③ 성종이 경상도관찰사 尹慈에게 교서를 내려 이르기를 죄인 구성군 李浚이 寄寓할 집은 주위에 담을 쌓고 녹각까지 설치하여 출입을 방지하라 하였다.29)

④ 성종이 영돈영 이상의 지위에 있는 사람을 불러 변방의 일을 의논하도록 할 때, 평안도는 갱참, 抹木30)과 城上의 녹각, 塊石 등의 일을 이미 준비하였는데, 6진에서는 요사이 큰 변고가 없어 방어가 해이하여 졌으니 절도사로 하여금 賊路의 요해처에다 모두 갖추어 배치하게 하자고 건의하였다.31)

⑤ 도원수 유순정이 장계하기를 右道 거제 땅의 영등포, 옥포, 지세포, 조라포와 고성 땅의 당포와 웅천 땅의 안골포 등 처는 모두 방어의 가장 긴요한 땅인데, 성을 모두 碎石으로 쌓아서 여러

27) 『世宗實錄』 권84, 世宗 21년 2월 辛亥.
28) 『世宗實錄』 권109, 世宗 27년 7월 己卯.
29) 『成宗實錄』 권2, 成宗 원년 정월 癸巳.
30) 나무를 깎아 그 끝을 뾰족하게 하여 坑塹에 박아 놓는 것을 抹木(抹杙)이라고 한다.
31) 『成宗實錄』 권250, 成宗 22년 2월 甲寅.

해가 되어 무너져 내리고 높이도 5~6척에 불과하다. 적이 만일 크게 쳐들어온다면 임의로 들어오기가 어렵지 않으니, 급히 고쳐 쌓아야 수어할 수 있다. 그러나 바로 농사철을 당하여 백성을 부리기가 어려우니, 우선 城頭[32]와 성 밑에 녹각을 설치하고 갱감과 말목 등을 엄하게 설비하며, 또 성문의 문짝이 모두 얇은 木板이라 적이 오면 불태우거나 부수기가 쉬우니, 도내 會計에 있는 철물의 수를 헤아려 題給하여 얇은 철판을 만들어서 문짝 외면을 싸게 하는 것이 어떻겠느냐고 하자, 중종은 그대로 따랐다.[33]

⑥ 경기순찰사 權徵이 치계하기를 제독의 대군이 이달 23일에 개성부에 도착하였고, 파주에 주둔해 있던 적은 이달 23일 경성을 향하여 떠났다고 한다. 그리고 김화, 김성의 적은 17일부터 이틀간 잇따라 올라와 동대문 밖에 진을 치고 여인 15명을 사로잡아 갔다가 모두 포천현 앞길에다 버렸다. 성에 있는 적들도 나와서 동대문 밖과 남대문 밖의 沙漢里와 한강 등 처에다 진을 쳤고, 4대문 밖에는 녹각을 많이 설치하고, 경성의 젊은 사람들은 머리를 깎게 하고 노인들은 모두 죽였으며, 卜馱(짐바리)를 잇따라 한강 건너편으로 내보낸다고 하였다.[34]

⑦ 전라도관찰사겸순찰사 權慄이 행주에서 왜적을 대파하고, 고산현감 申景禧를 보내어 승첩을 아뢸 때 선조가 그 곳에 성이 있는가 묻자, 신경희는 먼저 녹각을 설치한 뒤에 토석성을 쌓았다고 답하였다.[35]

⑧ 11월 10일에 成貼한 도원수 지중추부사 권율의 書狀에 의논하는 자가 만약 산성이 없는 공허한 곳에 갑자기 設險하는 것을 어렵다고 여긴다면, 또 한 가지 의견이 있다. 소위 설험이란 것은 반

32) 성두는 雉城을 의미하는 우리 고유의 성곽 용어이다.
33) 『中宗實錄』 권11, 中宗 5년 5월 戊寅.
34) 『宣祖實錄』 권34, 宣祖 26년 정월 乙酉.
35) 『宣祖實錄』 권35, 宣祖 26년 2월 己酉.

드시 모두 석성을 쌓아야 하는 것이 아니다. 다만 녹각, 拒柴를 벌여 놓고 그 위에 亂石을 많이 포개 石東으로 버티어 놓으면, 비바람에 무너져 수년 동안 길게 지키지는 못한다 하더라도 한때의 험저에 웅거하는 계책에 있어서는 바깥의 적이 안으로 침입하지 못하므로, 도리어 돌로 쌓은 것보다 나은데, 이것은 신이 이미 경험한 일이라고 하였다.36)

⑨ 광해군이 전교하기를 6진과 삼수, 갑산에서는 오랑캐의 기마병을 차단하는 대책을 다방면으로 강구하되, 속히 녹각을 견고하게 설치하고, 혹은 끓는 물과 숯불, 灰石 등을 쏟아 붓는 방법으로 견고하게 지키며, 적이 쳐들어오면 조금도 착오 없이 엄격하게 방어하도록 하는 일을 함경감사에게 하유하라고 하였다.37)

3) 鹿角棘

평안도도관찰사 朴安臣이 연변방어의 계책을 올린 중에는 강 언덕에 적의 기병이 지나가기 쉬운 곳에 녹각극을 설치하고, 말뚝을 박아서 말뚝과 녹각극이 서로 움직이지 않게 하여, 끌어서 허물어뜨려 쉽게 올라갈 수 없게 하면, 이것도 한 關이 된다. 또 녹각극을 설치한 내면에 깊게 파서 坎을 만들어서, 안에는 木釘을 세우고, 그 坎의 위에는 풀과 흙으로 덮어서 그들이 침입할 때 이르러 한번 빠지게 하면, 여러 도적들이 모두 의심하여 진퇴가 어려워서 어찌할 바를 모를 것이니, 우리 군사가 기회를 타서 치면 오르는 것을 제어하는 계책이 되지 않을 수 없다고 하였다.38) 또 우의정 盧閈은 녹각극을 설치하는 계책은 우리가 설치하는 녹각극은 다만 땅위에 설치하고 뿌리를 심지 아니하여 끌어 허물어뜨리기가 쉬우니, 마땅히 중국

36) 『宣祖實錄』 권82, 宣祖 29년 11월 戊寅.
37) 『光海君日記』 권143, 光海君 11년 8월 戊寅.
38) 『世宗實錄』 권77, 世宗 19년 5월 庚戌.

에서 하는 법에 의하여 뿌리 5, 6척을 세우고, 단단하고 실하게 흙을 쌓아서 끌어 허물어뜨리는 일을 방지함이 좋을 것이라고 하였다.39)

4) 鹿角木

성종은 평안도절제사 河淑溥에게 유시하여 성첩의 무너진 곳을 녹각목으로 막고, 물을 대어서 이를 얼어붙게 하라고 명하였다.40)

5) 鹿角柵

① 연산군 10년 5월에 궁궐 담장에 녹각책을 설치하였다.41)

② 선조 26년 1월 9일에 제도체찰사 유성룡의 치계 중에는 이달 6일에 欽差提督薊遼保定山東等處防海禦倭軍務總兵官都督同知李如松이 대병력의 관군을 거느리고 곧바로 평양성 밖에 다다라 제장에게 부서를 나누어 本城을 포위하였다. 왜적 2,000여 명이 성 북쪽의 모란봉으로 올라가 靑旗와 白旗를 세우고 함성을 지르며 총포를 쏘았다. 한편 왜적 10,000여 명이 성 위에 벌여 서서 앞에 鹿角柵子을 세우고 방패로 가리면서 칼을 휘둘러 기세가 심히 강성하였다. 또 왜적 4,000~5,000명이 대장기를 세우고 북을 울리고, 나팔을 불고 성중을 순시하며 여러 적들을 지휘하는데, 본성 안팎에 장애물을 설치하여 갑자기 공격하기가 어려워, 총병이 군사를 거두어 진영으로 되돌아 왔다고 하였다.42)

---

39) 『世宗實錄 권77, 世宗 19년 5월 庚戌.

40) 『成宗實錄』 권48, 成宗 5년 10월 丙戌. 助戰節制使가 가지고 간 事目에는 城堡가 퇴락하여 미처 수축하지 못한 곳에는 녹각목으로 막고, 물을 대어서 얼게 한다고 하였다.

41) 『燕山君日記』 권53, 燕山君 10년 5월 庚子.

42) 『宣祖實錄』 권35, 宣祖 26년 2월 乙未. 같은 기록이 『宣祖實錄』 권34, 宣祖 26년 정월 병진조와 『宣祖修正實錄』 권27, 宣祖 26년 정월 병진조에도 실려 있다.

2. 杙木(木杙)

① 세종이 평안도도절제사에게 전지하기를 행상호군 崔寶老의 상언에 의하면 閭延 등지에는 적들이 물을 건널 만한 곳이 한두 곳이 아니고, 또 물 바닥이 모두 돌이라서 목익을 설치하기가 어려우니, 얼음이 굳게 얼기를 기다려서 큰 돌을 빙판 위에 운반하여 쌓아두면 해빙함에 따라 저절로 물속으로 침몰하게 되고, 이것이 險阨으로 변하여 말이 건너오지 못하게 될 것이며, 비록 도보로 잠입하여 온다 하더라도 역시 우마를 노략해 갈 마음을 갖지 못할 것이라고 하였다.43)

② 도체찰사 황보인을 함길도에 보내어 행성을 쌓게 하였는데, 종성부 북쪽 嘯巖으로부터 부의 남쪽 烟臺峰에 이르기까지 돌로 쌓은 것이 24,540척이고, 흙을 깎은 것이 20,500척이며, 질벅질벅한 웅덩이에는 녹각, 익목을 세운 것이 3,680척인데, 리수로 계산하면 모두 28리 151보 4척이요, 함경도의 백성을 역사시킨 것이 14,900명, 강원도가 2,500명이었다. 8월 15일에 시역하여, 9월 15일에 필역하였다.44)

③ 의정부에서 병조의 呈文에 의해 아뢰기를 연변의 各處 烟臺는 영조척으로 높이 25척, 둘레 70척, 臺下의 사면 30척 규모로 만들고, 밖에는 갱참을 파는데 깊이와 넓이를 각 10척으로 하고, 갱참 밖에는 목익을 10척의 폭으로 세운다. 목익의 길이는 3척으로 하고, 껍질을 벗기고 위를 예리하게 다듬어서 땅에 심는다. 연대 위에는 假屋을 만들어서 병기와 조석으로 쓸 물과 불을 간수하는데, 필요한 기물들을 보관해야 한다고 하였다.45)

④ 도체찰사 황보인을 함길도에 보내서 회령 등 처 행성 터

43) 『世宗實錄』 권82, 世宗 20년 7월 乙未.
44) 『世宗實錄』 권109, 世宗 27년 7월 己卯.
45) 『世宗實錄』 권115, 世宗 29년 3월 丙寅.

를 살펴 정하고, 본도 백성 11,750명을 역사시켜 회령부 북쪽으로부터 쌓아서, 읍성 앞 平江가에 이르렀는데, 길이가 3만 1천 1백 74척이었다. 석축은 1만 2천 6백 62척이고, 흙을 깎은 것이 1만 7천 8백 12척이며, 익목을 설치한 것이 8백척이니. 이를 리로는 17리 1백 12보 2척이었다. 8월 15일에 시역하여, 9월 15일에 필역하였다.46)

⑤ 도체찰사 황보인을 평안도에 보내서 행성을 쌓았다. 이산군 央土里에서 위원군까지 7천 4백 78척은 돌로 쌓고, 1만 1천 6백 60척은 흙을 깎아 벽을 만들고, 4백척은 익목을 박았다. 관문을 앙토리에 두고, 연대를 쌓았는데, 둘레가 88척이었다. 본도의 군사 13,987명을 사역하여, 2월 10일에 시역하여, 3월 6일에 필역하였다. 리수로 계산하면 10리 2백 70보 4척이었다.47)

⑥ 함길도의 행성은 온성의 동쪽 入巖에서 시작하여, 두만강변을 거슬러 올라가서 종성을 지나, 회령부의 성 앞들에 이르러 그치는데, 높고 험한 곳에는 흙을 깎아내리고, 평지에는 돌로 쌓아 올리고, 습한 곳에는 녹각과 익목을 설치하여 무릇 200여 리나 되었다.48)

⑦ 형조판서 鄭文炯이 평안도감사의 벼슬을 내놓고 돌아와서 복명하기를 신이 연변의 口子를 지키는 사람을 보건데, 柴草를 마련하고 익목을 설치하며, 참을 파는 등의 역사를 하는 것은 심히 긴요한데도, 군관 1명이 부리는 자로서 밥을 짓고 나무와 풀을 베며, 房을 지키는 자가 무릇 6, 7명이 된다고 하였다.49)

⑧ 왜군이 평양성의 서북쪽 안팎에 목책과 익목을 설치했고, 대동문 안에 또 重城을 쌓고, 모란봉에 토굴을 파서 병사를 주둔시켜 수비를 하였다고 하였다.50)

---

46) 『世宗實錄』 권121, 世宗 30년 7월 丙申.
47) 『世宗實錄』 권123, 世宗 31년 정월 甲申.
48) 『世宗實錄 권155, 地理志 咸吉道 三水郡.
49) 『成宗實錄』 권59, 成宗 6년 9월 辛亥.
50) 柳成龍, 「往視順安軍還到永柔馳啓狀」(1592년 11월), 『西厓集』 書狀.

Ⅲ. 검토

1. 녹각시설

1) 녹각목

趙禹錫(1782~1863)의 『武備要覽』 卷二에는 「녹각목은 녹각과 같이 생긴 견고한 나무를 자른 것인데, 길이는 수척이고, 땅속에 뿌리를 1척 여를 묻어서 馬足을 막는다」 라고 하였다.[51] 녹각목의 나무 품종은 녹각성 ③에서는 소나무라고 하였다. 녹각목은 익목 ③의 자료에 언급된 익목의 형태처럼 보존성을 높이기 위해서 나무의 껍질을 벗기는 경우가 많았던 것이 아닌가 싶다. 녹각성 ④에서는 가지가 많은 큰 나무를 베어서 만든다고 하였고, 녹각성 ㉕에도 강물의 얼음구멍에 가지가 많은 나무를 많이 심어서 녹각성처럼 만든다고 한 점도 녹각목의 형태를 이해하는데 참고가 되겠다.

부여 松菊里遺蹟[52]의 구멍의 형태는 柱孔은 풍화암반층을 파고 마련하였으며, 평면은 원형, 타원형 등 여러 가지이나 원형이 기본이었다. 구멍의 크기는 주공은 동서 5m, 남북 9m의 조사구역에서 100여 개 이상이 빽빽하게 밀집되어 군을 이루고 있었다. 그 범위는 4.5m의 폭에 걸친 경사면에 설치되어 있었고, 길이는 9m에 걸쳐 확인되었으나, 북쪽으로 계속해서 연장되고 있었다. 구멍의 크기는 10㎝에서 40㎝에 이르기까지 다양하였다. 구멍의 단면은 수직으로 된 것과 경사면 외측으로 경사진 것 등 무질서하게 되어 있었다. 목책

51) 趙禹錫, 『武備要覽』(一潮閣), 1982, 249쪽.

52) 송국리유적은 우리나라 무문토기 중기의 대표적 취락유적으로 알려져 있고, 중심년대는 대략 B.C. 5C경으로 추정하고 있다. 국립공주박물관에 의해 1992년과 1993년에 실시한 발굴조사 결과에 의하면 57지구 서쪽으로 돌출한 구릉의 서남 斜面(N60E23그리드와 N61E23)에서 소형의 柱孔群이 확인되었다고 한다.

과 결합은 소형 주공군이 형성되어 있는 경사면 상부의 동쪽에는 그 남쪽에서 연장되는 목책렬과 일직선상을 이루면서, 폭 50~60㎝의 비교적 큰 주공들이 130㎝의 등간격으로 연결되어 있었는데, 그 내부에서는 소형 주공들이 확인되지 않았다. 보고자는 경사면 상부의 대형 주공렬은 목책렬의 주공이 아닌가 추정하면서, 취락의 방어기능을 강화하기 위해 목책의 외곽 완경사면에 설치했던 녹각시설이었을 것으로 보았다. 이 녹각시설은 취락내부로 통하는 출입구의 左右岸에 시설되었던 것으로 보인다.53)

일본의 환호취락유적인 吉野ケ里(요시노가리)遺蹟에서도 彌生時代 後期前半~中頃(吉野ケ里遺蹟 Ⅵ期, A.D.1~2C경)이 되면 환호취락의 외호를 포함한 외곽 라인 상에는 녹각목을 비스듬히 경사지게 세웠던 것으로 추정되는 녹각시설을 갖춘 돌출부와 인공적인 급경사지, 토루 등의 방어시설이 내호 구획 동쪽의 田手川 西岸 谷部에 만들어지고, 이 곡간이 환호취락에의 중요한 출입구였던 것 같다고 한다.54) 즉 이 유적 녹각시설의 기둥구멍이 밀집되어 있었고, 단면이 비스듬하게 경사지게 설치된 장소가 출입구 부근이었다는 점이 우리의 송국리유적 녹각시설과 일치한다.

2) 설치장소

(1) 녹각성

a. 장성(행성)에 설치

녹각성 ⑤에서의 조명간행성과 벽단행성에 각각 5,807척 7촌, 5,218척 4촌의 녹각성을 설치하고, 녹각성 ⑥에서는 온성부행성에 46,717척의 녹각성을 설치하였다. 녹각성 ⑧에서는 평안도행성에

---

53) 國立公州博物館, 『松菊里』 Ⅴ 木柵(1), 1993, 85~87쪽.

54) 佐賀縣教育委員會, 『吉野ケ里遺蹟發掘調查概報』, 1990, 18~19쪽. 佐賀縣教育委員會, 『吉野ケ里』(本文編), 1990, 9쪽, 464쪽. 일본에서는 녹각목을 逆茂木(사가모기)라고도 부른다.

2,769척의 녹각성을 설치하고, 녹각성 ⑨에서는 종성군행성에 175척의 녹각성을 세웠다. 또 녹각성 ⑮에서는 평안도와 함길도의 행성에 물이 나서 성을 쌓을 수 없는 곳에는 녹각성을 설치하였다고 하였다. 이들 행성들은 석성을 중심으로 하고, 녹각성과 삭토법으로 만든 토성을 결합한 것이었다.

b. 목책밖에 설치

녹각성 ⑳에서는 북청부 안에 군영을 木寨(목책)으로 만들고 목책밖에 녹각성을 설치하고, 녹각성 밖에는 갱감을 파게 하였다. 녹각성 ㉒에서는 목책 안팎에 녹각성을 설치하였다. 녹각성 ㉔에서는 목책밖에 갱감을 파고 갱감 밖에는 녹각성을 설치해야 한다고 하였다.

c. 군영 주변에 설치

녹각성 ①에서는 군영을 베풀고 녹각성을 설치하였다.

d. 성문에 설치

녹각성 ⑬에서는 도성 동소문에 녹각성을 설치하였다.

e. 성벽 사면에 설치

녹각성 ②에서는 여연 · 자성 등의 성으로서 퇴락한 곳과 낮은 곳을 수축하고, 인하여 사면에 모두 녹각성을 설치하였다.

f. 석성에 설치

녹각성 ⑭에서는 防垣은 옛터 437척이 석성이고 삼등, 상원으로 통하는 중로여서 녹각성을 설치하였다고 하였다.

g. 川中에 설치

녹각성 ⑨에서는 종성군행성을 쌓는데 내 가운데에 녹각성을 세운 것이 175척이라고 하였다.

h. 강이 합류하는 양쪽 언덕에 설치

녹각성 ④에서는 왕보산의 파저강이 합류하는 양쪽 언덕에 가지가 많은 큰 나무를 베어 녹각성의 예에 의하여 세우자고 하였다.

I. 산골짜기 함한 곳에 설치

녹각성 ④에서는 산골짜기 험한 곳에다 가지가 많은 큰 나무를 베어서 녹각성의 예와 같이 세워두는 것이 편리하겠다고 하였다.

j. 험처에 설치

녹각성 ㉓에서는 험한 곳에는 녹각성을 설치하자고 하였다.

k. 얼음 위에 설치

녹각성 ㉕에서는 강물이 얼 때에 얼음을 뚫어 굴혈을 만들고, 가지가 많은 나무를 심어서 녹각성처럼 막자고 하였다.

l. 물이 나서 성을 쌓을 수 없는 곳에 설치

녹각성 ⑮에서는 물이 나서 성을 쌓을 수 없는 곳에는 녹각성을 만들었으나, 수년이 안 되어 모두 썩어 버렸다고 하였다.

m. 목장에 설치

녹각성 ⑱에서는 목장의 녹각성과 우설을 피하는 間架를 제 읍으로 하여금 조성하게 하였는데, 典守者가 잘 간수하지 않을 뿐 아니라 때때로 군인을 침어하려고 한다하였다.

n. 온정행궁에 설치

녹각성 ⑪에서는 온정에 행궁과 녹각성 설치를 청하였고, 녹각성 ⑲에서는 온양행궁에 녹각성을 설치하게 하였다.

o. 유배인의 配所에 설치

녹각성 ⑰에서는 이영 등의 배소 欄墻 밖에 녹각성을 설치하고, 녹각성 ㉑에서는 정배한 곳에 녹각성을 만들어 사람들이 供饋하는 것을 금하게 하였다.

p. 石堡 전에 임시로 설치

녹각성 ⑯에서는 柳浦에 堡를 두고, 우선 녹각성을 설치하였다가 풍년을 기다려 석보를 쌓았다.

(2) 녹각

a. 행성에 설치

녹각 ②에서 종성부 북쪽 嘯巖으로부터 부의 남쪽 烟臺峰에 이르기까지 행성에 녹각, 익목을 세운 것이 3,680척이었다. 이 행성 역시 석성과 익목, 삭토법에 의한 토성과 복합된 것이었다.

심게 하자고 하였다.

(2) 녹각

녹각 ⑧에서는 녹각, 拒柴를 벌여놓고, 그 위에 亂石을 많이 포개 石東으로 버티어 놓으면 비바람에 무너져 수년 동안 길게 지키지는 못한다 하더라도 한때의 계책은 된다고 하였다.

이처럼 녹각시설은 석성이나 토성의 축성에 비해 인력이나 경비가 적게 들고, 역사기간이 짧다는 장점은 있으나, 내구성이 부족하고, 견고하지 못하며, 우설로 수년이 못되어 썩어 버리는 단점과 화공에 약하고, 적에게 파괴당하기가 쉽다는 결함이 있어 장구지책으로 설축하기는 어렵다고 볼 수가 있다.

4) 형태

녹각시설은 전술한 것처럼 문헌자료에서는 녹각성, 鹿角垣,[57] 녹각, 녹각극, 녹각목, 녹각책 등 다양한 명칭으로 표현하고 있다. 우리 문헌자료에 녹각성, 녹각 등으로 표기된 녹각시설은 녹각을 연결하여 성처럼 세운 형태나, 또는 『大淸會典圖』에 그려진 長木에 X字形의 빗장쐐기를 박아 놓은 녹각을 옆으로 벌려 놓은 형태를 이르는

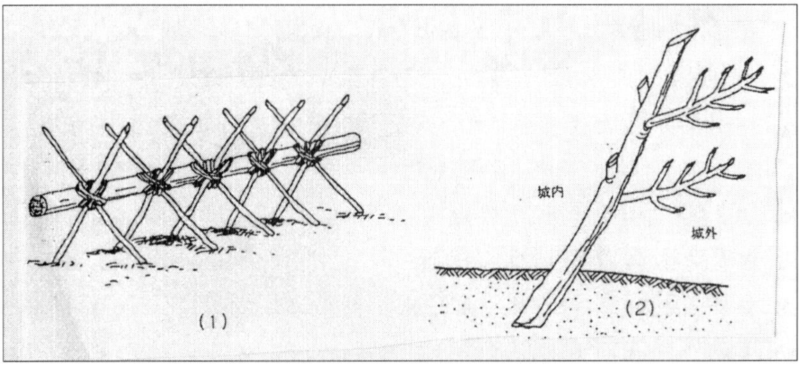

<그림 1> 녹각 설치방법(손영식)

57) 『高麗史節要』 권15, 高宗 4년 9월.

것일 것이다.[58]

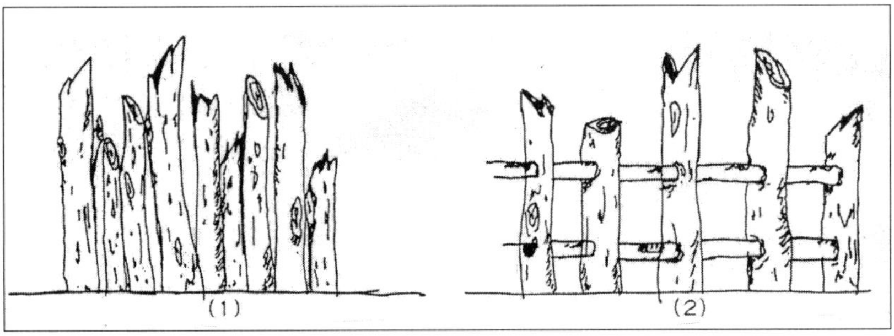

<그림 2> 익목 설치방법(손영식)
)

孫永植은 녹각 설치방법으로 두 종류를 추정한 바 있었다.[59] 그 중 其2는 고식으로 전술한 발굴조사자료의 기둥 구멍들에 이러한 형태의 녹각목이 심어졌다고 짐작된다. 그러나 其1은 其2 보다는 발달된 형태로 『대청회전도』의 녹각도와 유사하다. 즉 오늘날의 바리케트와 같이 뿌리를 땅속에 심어 고정시키지 않는 형태이다. 그런데 『무비요람』에 실린 近守拒馬鹿角鎗이 전술한 其1과 흡사하다고 하겠다. 즉 근수거마녹각창이라는 것은 「횡으로 대목 1개를 쓰고 뿌리의 長短은 같지 않으며, 상부에는 鐵鎗을 쓰며 철창의 개수는 9개 혹은 10개가 되고, 모양새가 녹각과 같다. 역시 적을 물리치고, 적의 예봉을 방어한다.」고 하였다.[60] 근수거마녹각창도 其1의 녹각과 비슷하나, 상부에 철창을 부착시킨 것에 차이점이 있다고 하겠다. 우리의 고려시대 劍車도 이와 같은 원리에서 착안된 것이 아닌가 싶다. 한편 전술한 녹각극에서 언급한 것처럼 녹각극을 설치하고, 말뚝을 박아서 말뚝과 녹각극이 서로 움직이지 않게 하여 끌어서 허물어뜨리지 못하게 한다고 하였다. 이와 같은 녹각극의 자료에서 녹각극의

58) 이런 시설물을 鹿角砦, 鹿砦라고도 부른다.
59) 孫永植, 「木柵施設의 小考」, 『文化財』21, 1988, 70~71쪽.
60) 趙禹錫, 『武備要覽』, 239쪽.

뿌리가 본래 땅속에 심어지지 않았음을 알 수가 있다. 이는 전술한 우의정 노한의 말에서도 우리나라에서 설치하는 녹각극은 다만 땅위에 설치하고, 뿌리를 심지 아니하여 끌어 허물어뜨리기가 쉬우니, 중국에서 하는 방법에 따라 뿌리 5, 6척을 세우고, 단단하고 실하게 흙을 쌓아서 끌어 허물어뜨리는 일을 방지함이 좋겠다고 한 것과 일치한다. 아마도 전술한 녹각시설 중 사람들의 접근을 막기 위해 온정, 행궁, 유배인의 배소, 궁궐 담장 등에 설치된 녹각시설은 뿌리를 땅에 심지 않는 경우가 많았을 것으로 짐작되지만, 이 밖의 방어용 군사시설인 녹각시설물도 이러한 형태가 있었을 것으로 짐작된다. 한편 송국리유적처럼 녹각이 일정한 장소에 밀집된 경우도 있었으나, 목책처럼 외줄로 설치하는 경우도 있었다고 보아야 하며, 이러한 형태에서 녹각책이란 명칭이 나온 것이 아닌가 짐작된다.

5) 다른 방어시설과의 결합

석성, 토성과의 결합 이외에도 녹각성 ⑳에서는 목책을 설치하고 목책 밖에는 녹각성을, 녹각성 밖에는 갱감을 팠다고 하였다. 녹각성 ㉒에서는 목책의 안팎에 다시 녹각성을 설치하라고 하였다. 녹각성 ㉔에서는 목책을 세우고 목책 밖에는 갱감을, 갱감 밖에는 녹각성을 설치해야 한다고 하였다.

또 평안도도관찰사 박안신의 계책 중에는 녹각극을 설치하고, 내면에 坎을 깊이 파자고 하였다. 그런데 문제는 갱감의 성격문제이다. 이 밖에도 전술한 자료 중에는 녹각성 ⑦, 녹각 ④⑤, 익목③의 坑塹, 익목⑤의 塹이라는 명칭도 보인다. 여기서 갱감이나 감, 소갱 등은 표현상의 차이는 있지만 陷馬坑을 지칭하는 것으로 이해하면 좋을 것 같다. 즉 함마갱에 대해 『무비요람』 卷二에서는 「함마갱의 규모는 길이가 5척, 폭 3척, 깊이가 4척인데, 구덩이 안에는 鹿角鎗과 竹籤을 심는다. 녹각창과 축첨은 모두 뾰족하게 깎거나 불에 넣어 단단하게 만든다. 구덩이의 배열은 卜字모양으로 하고, 혹은 槍을 풀어서 만들기도 한다. 함마갱은 芻草로 덮든가, 위에 草苗를 심어 적들로 하여금 알아차리지 못하게 한다. 적이 침입하는 길목이나 성문의 안팎에 설치한다.」61)라고 하였다.

전술한 녹각극 자료에서 坎안에 木釘을 세우고, 감위에는 풀과 흙으로 덮어서 적들이 침입할 때 빠지게 한다든가, 녹각 ⑥에서 갱감과 나무를 깎아 그 끝을 뾰족하게 하여 갱참에 박아 놓는 말목 등을 설비한다는 자료가 이에 해당된다. 즉 목정과 말목은 함마갱 안에 심어 놓는 녹각창 및 죽첨과 같은 기능을 했다고 볼 수가 있다.62) 『고려사』에서 小坑을 품자형으로 판다는 것도,63) 『무비요람』에서 함마갱의 배열을 卜字形으로 한다는 것과 일치한다. 품자형과 卜字形으로 표현된 것은 함마갱을 전면과 측면에서 본 것에 차이가 있을 뿐이다. 한편 『신증동국여지승람』 진주목 성곽조의 河崙城門記에는 진주 矗石城에 「品字隍列於東」이라고 하였는데, 이곳 品字隍도 品字坑과 크게 다르지는 않았을 것으로 보인다. 또 선조 39년 5월에 고령첨사 李伯福은 城廊을 새로 만든 것이 40여 곳이고, 호 안에는 목책을 설치한 것이 매우 견고하며, 壕岸에 연달아서 品方을 파고 쇠꼬챙이를 많이 만들어 江灘에 벌려 심어 놓았다는 품방도 함마갱을 지칭하는 모양 같다.64)

塹은 익목⑤의 예로 보아 참호 즉 해자를 지칭하는 것으로 여겨

---

61) 趙禹錫, 『武備要覽』, 248쪽. 당나라 杜佑의 『通典』卷 第一百五十二 兵五 守拒法條에는 陷馬坑은 길이 5척, 넓이 1척, 깊이 3척으로 하고, 坑중에 鹿角槍과 竹籤을 매설하며, 坑은 亞字가 서로 이어지는 것 같이 하고,, 형상은 구쇄처럼 하며, 풀과 고운 흙으로 그 위를 덮는다. 軍城, 營壘, 要路에 모두 설치한다고 하였다.

62) 일본 야요이시대 환호취락유적인 朝日遺蹟에서는 환호 안에 가지가 뻗은 떡갈나무를 밖으로 향하여 나란히 세운 녹각시설과 환호 밖에는 말뚝을 빽빽하게 박아놓은 구조물이 확인되었다고 한다(『季刊考古學』31(雄山閣), 1990, 도판).

63) 『高麗史』권112 列傳 25 偰遜傳.

64) 『宣祖實錄』권199, 宣祖 39년 5월 丁亥.

진다. 한편 말목은 함마갱과 해자에 함께 심어졌다고 보아야 하기 때문에 녹각 ⑤의 坑塹은 함마갱과 해자의 합성어로 볼 수가 있지 않겠나 생각된다. 그러나 익목 ③의 연대 밖에 파는 갱참의 규모가 깊이, 폭이 각각 10척이라고 하는 것으로 보아 이는 함마갱으로 짐작되기 때문에 갱참이 반드시 함마갱과 해자의 합성어로 쓰인 것만은 아닌 듯싶다.

6) 기능

전술한 것처럼 녹각시설은 온정행궁, 감옥, 유배인의 배소, 궁궐담장 등에 설치된 예처럼 사람들의 출입을 막는 차단물65)로 오늘날의 바리케트와 같은 기능을 하기도 하고, 목장의 담장처럼 울타리의 역할을 하기도 하였다. 그러나 군사적 목적으로 설치된 녹각시설은 녹각 ⑨와 녹각극의 자료에서 본 것처럼 주로 기마병을 막는 기능을 하였다고 볼 수가 있다. 즉 녹각 가지 끝을 뾰족하게 다듬어 기마병이 녹각시설을 넘으려 할 때 말의 다리나 배가 찔려 人馬를 살상하게 하는 기능을 하였다고 하겠다. 특히 군사적 목적으로 만든 녹각시설은 주로 우리나라 중심 방어시설인 석성, 토성, 목책에 해자, 함마갱 등과 함께 보조적으로 쓰였음도 지적할 수 있겠다. 이처럼 녹각은 軍事用鹿角과 藩籬用鹿角으로 구분된다.

7) 계승성

지금까지의 발굴조사자료에서는 송국리유적이 가장 올라간다. 이 유적의 중심년대는 대략 B.C. 5C경으로 보고 있다. 문헌자료로서는 녹각 ⑨의 자료가 광해군 11년(1619)으로 가장 늦다. 즉 녹각시설은

65) 작은 芭籬 4浮와 長木 4개로 試場이 있던 敦化門에 가로막는 시설을 하였는데, 이를 棘圍라고 잘못 알았다는 기록이 있다. 여기서의 극위도 성문 앞에 설치하여 출입을 막던 장애물의 일종이라고 볼 수가 있겠다(『肅宗實錄』 권 52, 肅宗 38년 10월 乙亥).

우리나라에서 2,000년 이상이나 존속했던 셈이다.

송국리유적처럼 출입구 주변에 부분적으로 심어졌던 녹각시설이 조선시대에 이르면 다양한 기능을 갖게 되어, 그 동안 많은 발달을 하게 된 점을 알 수가 있다. 그러나 현재까지 발굴조사자료도 부족하고, 문헌자료도 『삼국사기』나 『삼국유사』에는 전혀 보이지 않을뿐더러, 고려시대의 자료도 극소수이기 때문에 녹각시설의 발달과정을 체계 있게 이해한다는 것은 대단히 어려운 일이다. 앞으로 발굴조사자료로서 이를 보완하지 않으면 안 될 것이다. 이처럼 고려 이전의 문헌자료가 거의 없는 것은 아마도 녹각시설이 군사적으로 방어시설물 중에서 석성, 토성, 목책처럼 중심적 위치를 차지하지 못했기 때문이 아닌가 짐작된다. 한편 녹각시설은 임진왜란을 분기점으로 점차 소멸되었다. 이는 무기의 발달로 녹각시설은 더 이상 존속하기가 어려웠기 때문으로 보인다.66)

2. 杙木

1) 설치위치

① 川中에 설치

익목 ①에서는 적들이 물을 건널 만한 곳이 한두 곳이 아니고 또 물 바닥이 모두 돌이라서 익목을 설치하기가 어렵다고 하였다.

② 행성에 설치

---

66) 경성은 토성혼축성을 광해군 8년부터 6년여에 걸쳐 석축으로 다시 쌓은 성인데, 임진왜란 후에 화포가 광범위하게 사용한데 기초하여 새로운 축성에서는 구조면에서 과거의 성곽과는 달리 발전된 면모를 갖추었다. 특히 무기에서도 이 성을 쌓기 30여년전에 발간한 『制勝方略』에서는 弓矢가 가장 주된 무기였고 조총은 물론 화포류도 보이지 않는다. 그 후 兵案表에 의하면 本營의 무기고에는 佛狼機砲와 大小勝字銃 외에 조총 1,675 자루와 많은 화약과 刀槍, 弓矢 등이 있었다(박승동, 「경성 성제와 그 방어 체제에 대하여」, 『문화유산』 6, 1961, 20쪽).

익목 ②에서는 익목을 석성, 토성, 녹각과 함께 행성에 쓰였고, 익목 ④에서도 역시 석성, 토성, 녹각과 함께 행성에 쓰였다.

③ 질벅질벅한 웅덩이에 설치

익목 ②에서는 행성 중 질벅질벅한 웅덩이에는 익목과 녹각을 세웠다.

④ 습한 곳에 설치

익목 ④에서는 행성 중 습한 곳에는 익목과 녹각을 함께 세웠다.

2) 다른 방어시설과의 결합

익목 ②④에서는 석성, 토성, 녹각과 함께 결합되고, 익목 ③에서는 갱참 밖에 익목을 설치하였다.

3) 형태

익목 ③에서는 익목의 길이는 3척으로 하고 껍질을 벗기고, 위를 예리하게 다듬어서 폭이 10척이 되게 땅에 심는다고 하였다. 하여튼 익목은 말목과 같은 형태로 녹각시설과는 모양새가 다름을 알게 한다.

4) 기능

익목 ①에서는 익목은 기마병을 막는다고 하였다.

5) 계승성

군사적 목적의 익목은 아니지만 『春秋』 卷 第十四 左氏傳 襄公三 襄公 17년조에는 다음과 같은 기사가 실려 있다. 「제나라 사람이 노나라의 臧堅을 사로잡았다. 齊侯가 夙沙衛[67]로 하여금 가서 위로하면서 죽지는 말아라 하니, 장견이 머리를 숙여서 대답하기를 명을 받들기가 욕스럽다.[68] 또 제후가 내려준 것이 좋지 못하다. 숙사

---

67) 註에서 夙沙衛는 刑臣을 말한다고 하였다.

68) 註에는 賤人인 숙사위로 하여금 와서 위로하게 하니, 이것은 은혜를 주는 것

위로 하여금 士에게 하례를 하게하고는 杙[69]으로써 자기의 상처를 트집 내어 죽었다.」 고 하였다. 발굴조사에 따르면 한대 서북변경의 鎭守城堡의 하나인 한 무제 말년이전에 창건한 甲渠候官이 주둔한 破城子의 塢壁은 사방 주변 3m이내에 4열로 나무 말뚝을 설치하였는데, 이를 虎落, 僵落으로 보고 있다.[70] 하여튼 우리나라에서도 人馬를 살상시키는 익목의 기원은 상당히 오래된 것 같으나, 조선시대 이전의 문헌자료에서는 익목에 대한 자료는 발견할 수 없다. 앞으로 취락지 주변이나 성곽 주변의 발굴조사에서 작은 구멍들이 밀집되어 있고, 단면이 수직으로 된 유구는 조심하여 볼 필요가 있겠다. 조선시대의 문헌자료에서도 익목은 ⑥처럼 선조 25년(1592)의 자료가 마지막이고, 그 이후에는 보이지 않는다. 전체적으로 보아 익목도 녹각시설처럼 임진왜란을 분기점으로 점차 소멸되어간 것이 아닌가 추정된다.

맺 음 말

발굴조사자료에서 송국리유적의 녹각시설은 취락내부로 통하는 출입구의 좌우측에 국부적으로 만들어진 것이었다. 빽빽하게 밀집된 기둥구멍들은 수직으로 된 것과 경사면 외측으로 경사진 것 등 무질서하였는데, 경사진 구멍에 있던 녹각목은 적의 침입 방향 쪽을 향하게 비스듬하게 심어져 있었다고 짐작된다. 또 목책과 결합되어 있었던 것으로 보인다는 점도 주의해 볼 필요가 있다.

녹각시설을 문헌자료에는 녹각성, 녹각, 녹각극, 녹각목, 녹각책 등 다양하게 표기되어 있다. 녹각시설은 형태면에서 이동식과 고정

으로는 좋지 않은 것이라 하였다.

69) 註에는 小木이라고 하였다.

70) 杜正勝, 「野城과 山城」, 『百濟硏究』19(忠南大學校百濟硏究所), 1988, 98쪽.

식의 두 가지로 구분되며,『대청회전도』에 보이는 長木에 X자형의 빗장쐐기를 박아 놓은 녹각의 형태처럼 이동식인 바리케트 모양의 형태와 송국리유적의 녹각시설처럼 녹각목의 뿌리를 적이 침입하는 방향을 향해 비스듬히 심어놓는 고정식이 있었다. 녹각을 연속하여 세우면 녹각성이 된다. 녹각목의 품종은 소나무류와 참나무류가 있었다. 녹각시설은 석성이나 토성에 비해 설비에 따른 인력과 경비가 적게 들고, 역사기간이 짧다는 장점은 있으나, 내구성이 부족하고, 화공에 약하다는 결점이 있었다.

녹각시설의 기능은 사람들의 접근을 막는 차단물, 목장의 울타리, 기마병을 막는 군사적 방어시설물 등 다양하게 쓰였으며,[71] 군사적 방어시설물로 쓰인 경우 석성, 토성, 목책의 보조적 기능을 갖는 경우가 많았다. 한편 석성과 토성을 쌓기 전에 임시로 설축하는 등 임시적인 기능도 있었다.

군사적 방어시설물인 경우 지형에 따라서는 녹각시설만을 설치할 필요가 있는 곳이 있었던 것 같다. 특히 질벅질벅한 웅덩이, 내 가운데, 물이 나서 성을 쌓을 수 없는 곳이 그것이다. 또 군사적 방어시설물인 경우 이밖에 행성, 목책 밖, 군영 주변, 성벽 밖, 성문, 성첩이 무너진 곳에 많이 설치되었다. 한편 사람들의 접근을 막는 시설물인 경우 궁궐담장, 행궁, 감옥, 유배인의 배소 등에 설치되었다.

---

71) 『通典』 守拒法條에는 拒馬槍이라는 것이 있다. 거마창은 나무 기둥 지름이 2척이고, 길이의 길고 짧음은 사정에 따라한다. 나무기둥에 十字 모양의 구멍을 뚫고, 길이 1丈으로 그 끝이 뾰쪽한 나무를 종횡으로 끼운다. 이 거마창은 城門, 巷, 要路에서 설치하여 人馬가 빨리 달려 들어오는 것을 막는 기능을 한다고 하였다. 이 구조물도 역시 녹각시설과 같이 주로 기마병을 막던 구조물이었던 것 같다.

第6장 수원 고읍성

머 리 말

수원 고읍성은 경기도 화성시 안령동에 위치한 평지성이다. 이곳은 수원부의 읍치를 화성으로 옮기기 전까지 조선시대 이전부터 수원부의 읍치였다.

정조는 사도세자의 묘소인 배봉산의 영우원의 형국이 옅고 좁다고 하여, 영조 50년부터 이장할 뜻을 품었으나, 즉위 초부터 자신을 둘러싸고 있는 조정 내외의 정국 동향과 왕권의 위협 속에서 이를 실현할 수 있는 기회를 갖지 못하였다. 그러다가 정권이 안정기에 접어든 정조 13년인 己酉年이 年運, 山運, 本人의 命運이 上吉年에 해당되므로, 정조는 地師들을 파견하여 문의 兩星山, 장단 白鶴山, 광릉 達摩洞, 용인, 獻陵內의 梨樹洞, 厚陵局內, 康陵 白虎坐, 가평 등지에서 길지를 물색하였다. 7월 11일에는 마침 정조의 심중을 잘 알고 있던 금성위 朴明源이 영우원은 청룡이 뚫리고, 뒤를 받치고 있는 곳이 물결이 심하게 부딪친다는 점 등을 들어 서둘러 遷葬을 해야 한다고 상소를 하자,[1] 즉위 초부터 천장의 뜻이 간절하던 정조는 이를 게기로 천장문제를 표면화시키고, 전부터 마음에 두고 있던 수원 花山을 천장지로 결정하였다.[2] 즉 수원 읍내의 封標해둔 3곳 중에서 관가 뒤에 있는 곳이 일찍이 玉龍子(道詵)가 盤龍弄珠의 형

---

1) 『正祖實錄』 권27, 正祖 13년 7월 乙未.
2) 『正祖實錄』 권27, 正祖 13년 7월 乙未 · 丁酉.

국이라 하여 이곳을 천장지로 정하고, 癸坐丁向으로 결정하였다.[3] 정조는 이곳을 하늘이 아끼고 땅이 숨겨 오늘까지 기다려 주었으니, 어디 사람의 힘으로 될 일인가라고 만족하였다고 한다.[4] 또 이날에는 이를 위해 遷園都監과 園所都監을 설치하여, 金熤을 總護使와 양도감의 도제조로 임명하였다.[5] 천장은 계축년 寧陵 천장 때와 신해년 長陵 천장 때의 의궤를 참고하여 행하여 졌다. 새로 옮겨지는 陵園의 山役은 7월 하순부터 시작되고,[6] 8월에는 新園의 園號를 顯隆園이라고 정하고, 工役은 10월 16일에 완공되었다.[7]

수원 고읍성은 바로 융릉 앞에 있으나, 융 · 건릉을 찾아오는 사람들이 이곳이 수원의 고읍치인지를 아는 사람들은 만치가 않다.

본고에서는 우선 수원 고읍성에 대하여 살펴보고, 고읍성과 관련이 있는 성황산성, 토루, 독성산성, 여기산성에 대해서도 간략하게 살펴보도록 하겠다.

Ⅰ. 수원 고읍성

古邑城은 한신대학교 박물관이 1999년 5월 18일부터 7월 1일까지 약 500평을 발굴조사 하였다. '가'지구의 지층은 Ⅰ층은 표토층(10~12㎝, 회갈색 가는 모래층), Ⅱ-1층은 조선후기문화층(50~55㎝, 암갈색토), Ⅱ-2층은 조선전기문화층(암갈색토), Ⅲ-1층은 고려후기문화층(20~30㎝, 회갈색토), Ⅲ-2층은 고려전기문화층(명갈색토), Ⅳ층은 통일신라문화층(16~30㎝, 암갈색토), Ⅴ층은 고토양층(명황갈색토)였

3) 『正祖實錄』 권27, 正祖 13년 7월 乙未 · 丁酉.
4) 『正祖實錄』 권54, 附錄 行狀.
5) 『正祖實錄』 권27, 正祖 13년 7월 乙未.
6) 『正祖實錄』 권27, 正祖 13년 7월 丙午.
7) 園을 이장할 때 소요된 총 경비는 돈이 184,600여 냥, 쌀이 6,326석, 목면이 279동 여, 베가 14동이었다(『正祖實錄』 권28, 正祖 13년 10월 庚申).

다.[8] 고려시대에서 조선시대에 걸치는 관아터에서 조선시대의 건물지 3기,[9] 석렬유구 8기, 고려시대의 적심석 2기가 발굴조사 되었고, 조선시대의 현륭원 재실지에서 담장시설이 확인되었다. 또 성벽 3곳를 절개 조사하였다.

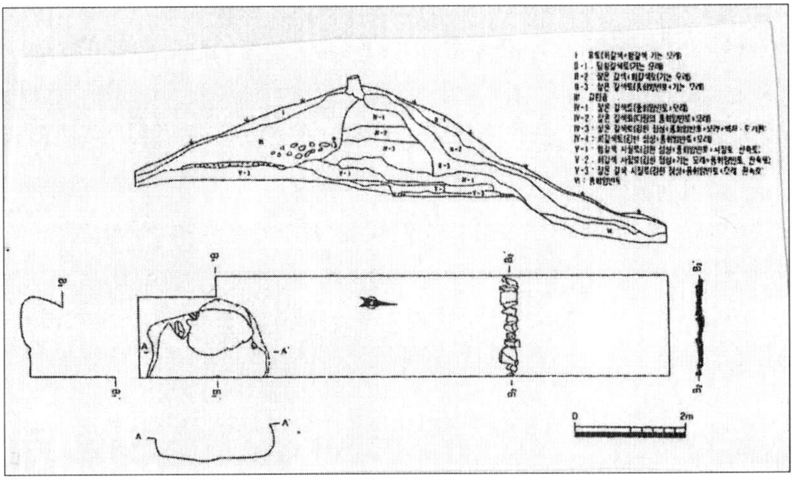

<그림 1> 수원 고읍성 나지구 성벽 평 · 단면도

수원부 관아터의 건물지는 초석이나 장대석 등 중요 시설물들은 거의 훼손된 상태로 정확한 형태와 규모를 파악하기가 힘들었다. 1호 건물지는 ㄱ자형의 건물지로 동서 방향의 길이와 폭은 880×350㎝였고, 남북 방향의 길이와 폭은 1,280×470㎝의 규모로 평균 20×25㎝ 정도의 돌을 바닥에 시설하였다. 2호 건물지도 ㄱ자형의 건물지로

8) 한신大學校博物館 외, 『水原 古邑城』, 2000, 32쪽.

9) 읍성 내에는 客舍, 東軒인 隱若軒, 숙종과 영조가 온천 행차시 묶었던 內衙인 禦牧軒, 講武堂 등 4개의 중요건물과 府衙 三門樓인 拱極樓, 禦牧軒 池上의 愛蓮堂, 司倉, 軍餉庫, 軍器庫 등이 있었으며(『水原府邑誌』 廨 · 樓亭 · 倉庫條), 이밖에 『顯隆園謄錄』(1789~1797)에는 裨將廳, 裨將廳行閣, 公須, 使令房, 內外三門, 前排廳, 樓上庫, 工房, 下人廳, 防營廳, 執事廳行廊(草家), 禦牧軒三門 등의 명칭이 보인다. 본래 163.5칸의 관아건물이 있었다(정해득, 「正祖代 水原移邑과 以後의 변화 양상—수원지역 邑誌를 중심으로—」, 102쪽).

남북장축의 길이가 1,245㎝였다. 내부에는 대략 20×30㎝ 정도의 할석들이 깔려 있었다. 3호 건물지는 장방형의 건물지로 가로 세로 340×340㎝, 150×280㎝, 220×280㎝ 크기의 방이 동측에서 서측으로 일렬로 배치되어 있었는데, 행랑채로 보였다고 한다. 적심석 2기는 고려시대 유구로 직경이 2m에 달하고, 중심부간 거리가 대략 360㎝ 정도로 수원부 관아의 중요한 건물이 이곳에 위치했던 것으로 짐작되었다. 수원부 관아터 남측에서 노출된 현륭원재실터의 담장의 기초부는 2중의 석렬로 북쪽 담장은 대략 50~60㎝ 정도의 대석, 괴석을 이용하였고, 남쪽 담장은 40~50㎝ 정도의 돌들을 이용하였으며, 장축 75.5m, 단축 53.5m 정도의 장방형 담장이었다.[10)]

'가' 지구의 성벽은 서벽 및 북벽의 2개 지점을 절개하였다. 북벽의 절개 성벽은 표토층으로부터 황갈색 점토층과 사질층, 판축한 토층, 할석을 놓기 위한 층, 수성 퇴적층 순으로 되어 있었다. 성벽의 중심부는 깊이 60㎝부터 판축한 것으로 보였으며, 성내외로 길이 40㎝ 정도의 할석을 일렬로 놓았다.[11)] 또 다른 북벽의 顯隆園御道에 의해 절단된 절개면(높이 140㎝, 길이 770㎝)은 표토층으로부터 명갈색의 가는 모래층, 고동색의 점토층, 굵은 모래가 섞여 있는 명갈색층, 초콜릿 빛의 단단한 점토층의 순으로 되어 있었다. 서벽은 표토층으로부터 적갈색 · 암갈색층, 석영이 포함된 회색 사질토 · 회색니층[12)]으로 되어 있었다. 성벽의 중심은 깊이 80㎝부터 단단하게 다진 암갈색 토양층 위에 자연석을 쌓은 것으로 보였는데, 석렬이 붕괴되어 흘러내려 있었다. 회색니층의 바닥면에서 호미가 출토되었다.[13)]

한편 북벽과 곡선을 이루며 접합된 서벽은 높이 1~2m 정도로 곡선을 이루며 남쪽으로 이어지다가 도로(폭 8m, 280번 郡道)에 이

---

10) 한신大學校博物館 외, 『水原 古邑城』, 38~57쪽.
11) 기단석축이다.
12) 지하수의 湧出를 막는 차단층이다.
13) 한신大學校博物館 외, 『水原 古邑城』, 35~38쪽

르지 못하고 단절되었다.[14] 둥근 곡선을 이루는 북벽은 1~2m 높이로 남아 있고, 현륭원어도에 의해 단절되었다. 절단된 북벽의 동쪽부분의 성벽은 健陵初葬地를 조성하는 과정에서 크게 파괴되었으나, 성벽이 돌아갔던 윤곽은 어느 정도 파악할 수가 있다. 파괴된 성벽은 서쪽 부분처럼 둥글게 곡선을 이루며 동벽으로 이어지고, 동벽의 북쪽 부분도 곡선을 이루며 뻗어 나갔다. 성벽은 건릉초장지까지는 이르지 못하였다. 동벽의 남쪽 부분은 직선을 이루며 남쪽으로 이어지고, 도로(폭 8m) 남쪽으로는 56m가 3~4m 높이로 남아 있다. 동벽의 남단은 직각을 이루며 서쪽으로 이어지면서 남벽을 이루는데, 남벽은 현재 68.5m가 1~3m 높이로 남아 밭둑으로 이용되고 있다.[15] 서벽 남부와 남벽 서부는 현륭원어도의 입구이기 때문에 지형을 알아볼 수 없을 정도로 파괴되었다. 장헌세자의 묘를 천장할 때는 章陵(인조의 아버지 원종과 어머니 인헌왕후의 능)을 천장할 때 성내로 경유하도록 길을 냈던 것과는 달리 혜경궁 홍씨가 靈轝가 성내로 지나가는 것을 보게 될 경우 상심할 것을 염려하여 성외로 길을 냈다고 한다.[16] 즉 이곳의 파괴는 영여가 지나갈 때 파괴된 것이 아니라, 현륭원어도를 만들 때 파괴된 것임을 알 수가 있다. 또한 서벽 남부는 龍珠를 만들면서도 파괴된 것 같다. 현재 성벽은 도로 북쪽에 440m, 도로 남쪽에 124.5m가 남아 있다. 직선으로 서쪽으로 이어지는 남벽 서부와 서벽의 남부와의 접합점 등을 추정하면 본래의

---

14) 없어진 서벽 남쪽의 성벽 방향은 역시 해자인 개울의 방향과 관련이 있을 것이다. 아마도 동쪽으로 가까이 있는 용주를 만드는데, 파서 쓴 것이 아닌지 모르겠다.

15) 남벽 안쪽도 최근까지 소나무가 자라는 임야였던 것으로 보면, 조선시대에는 이 일대가 隆(莊祖와 獻敬王后 洪氏)健(正祖와 孝懿王后 金氏)陵(사적 206호)으로 인해 왕실의 능원관리구역인 火巢에 대대적인 植木事業이 이루어졌다는 기록을 뒷받침 한다.

16) 『正祖實錄』 권27, 正祖 13년 7월 丁酉. 예부터 상여가 마을의 가운데를 통과하는 것을 꺼려왔는데, 혜경궁 홍씨도 상여가 고읍성을 지나는 것을 반대했었다.

고읍성의 길이는 대략 800m 전후였던 것으로 추정이 된다.[17)]

<사진 1> 수원 고읍성 용주

또 주목되는 점은 동벽과 남벽이 직선을 이루며 직각으로 접합되는 것은 고려 말~조선 초의 평지읍성에서 흔히 볼 수 있는 방형 성곽의 영향인 듯하고, 북벽과 서벽이 마치 타원형처럼 곡선을 이루는 것은 隆陵 쪽에서 흘러내린 개울물이 북벽과 서벽 밖으로 2~3m 폭을 이루며 흐르는 垓子와 관련이 있는 것으로 보인다. 해자는 인공

17) 『世宗實錄地理志』 水原都護府條에는 邑土城의 둘레는 270보이고, 안에 우물 2기가 있다고 하였고, 『新增東國輿地勝覽』 水原都護府 城郭條에는 邑城은 토축으로 둘레가 4,035척인데, 지금은 모두 頹廢되었다고 하였다. 築城에 관련된 척도는 地尺 (1척이 35.56cm)을 사용하다가, 세종대에 이르러 布帛尺(1척이 46.73cm)으로 변화되었다고 한다면(慶州文化財硏究所, 『長鬐邑城地表調査報告書』, 1991, 93쪽), 『세종실록지리지』의 270보를 포백척으로 환산하면 757m가 되고, 『신증동국여지승람』의 4,035척을 포백척으로 환산하면 1,886m가 된다. 현재 남은 성벽의 길이로 보아 4,035척은 주척으로 계측된 것으로 추정이 된다. 세종대의 주척은 20.81cm이었기 때문에(朴興秀, 「李朝尺度에 關한 硏究」, 『大東文化硏究』 4, 成均館大學校 大東文化硏究院, 1967, 17쪽), 4,035척은 839.7m가 된다.

해자로 보인다. 현재도 고읍성 안에는 비만 오면 저습지를 이루며 웅덩이에 물이 고인다. 이 때문인지 『水原府邑誌』에는 禦牧軒池, 官廳前池(今塡), 司倉前池, 門樓前池, 客舍後池(今塡) 등 5개소의 연못 이름이 보인다. 현재도 고읍성 건물지 동북쪽에는 네모진 연못터가 남아있다. 한편 고읍성 건물지 서쪽에는 마치 고분처럼 용주 1기가 솟아 있다.[18]

고읍성은 도호부의 읍성으로서는 규모가 작은 편인데, 읍성 내에는 주로 관아건물이 중심을 이루었던 것으로 보인다. 도로 남쪽의 고읍성 성벽 안에도 와편들이 널리 산란되어 있는 것을 보면 관아의 건물은 이곳까지 이어졌던 것이 아닌가 싶다. 후술하듯이 현종 초에 500여 채의 민가를 옮겨야 한다고 한 것을 보면 민가들은 고읍성 주변에 많이 분포하고, 특히 고읍성 북쪽에서 융릉으로 이어지는 평지에도 많이 분포했던 것으로 보인다. 이 일대에 많은 와편들이 산란되어 있는 점과 후술할 것처럼 戶長집 뒷산이 龍穴이라는 점이 이를 말해준다고 하겠다.[19]

2006년에는 기전문화재연구원에서 추정 남벽 남쪽의 평지부분을 발굴조사를 하였다.

고읍성은 북쪽에 화산 줄기가 동서로 길게 이어지는 것이 방어상의 큰 약점이었다. 평지토성인 고읍성 뒤에 화산 줄기가 있어 窺峰의 역할을 하기 때문이다. 우리나라의 성곽축조에서는 규봉을 피하는 것이 상례였다.[20] 이러한 불리한 조건에서 고읍성을 이곳에 축조한 것은 고읍성을 축조한 고려말~조선초 이전에 이곳이 고읍의 자리이기 때문에 읍성을 축조할 때 이러한 방어상의 불리한 점이 있더라도 읍성을 축조한 것이 아닌가 추정된다.[21] 이 때문에 동서로 뻗

18) 花山의 형상이 서린 龍이 구슬을 가지고 노는 모습이라고 하여(『正祖實錄』 권28, 正祖 13년 10월 癸亥), 인공적으로 만든 것이다.

19) 正祖 13년 新邑으로 옮길 때도 封標穴 民戶가 20호였다.

20) 丁若鏞의 『民堡議』 上卷 民堡擇地之法에는 앞은 낮고 뒤는 높아 내부를 적에게 드러내 보이는 곳은 아무 쓸데가 없다고 하였다.

은 화산 줄기에는 방어가 필요하였을 것이다. 물론 대규모의 외적이 침입하는 유사시에는 가까운 독성산성으로 입보하게 되어 있었다.

이처럼 수원부 고읍성에 대한 발굴조사가 일부만 이루어진 현재로서는 1659년 5월에 효종이 승하한 후 효종의 山陵論議資料를 통해 고읍성의 모습을 좀 더 구체적으로 알아볼 필요가 있다. 즉 현종 즉위년 6월에 尹善道는 수원의 산(花山)은 上格이며 龍大風水가 英陵에 비해 조금 못하지만, 천리를 가도 이러한 곳은 찾을 수 없으며, 천년에 한 번 만날 수 있는 곳으로 비록 도선이나 무학이 다시 살아난다고 하여도 다른 말이 없을 것이라고 하였다.[22] 총호사 좌의정 沈之源도 수원은 지형산세가 매우 훌륭하고 둘러싸인 형세가 흠결이 없다고 하였다.[23] 또 예조판서 尹絳도 수원의 戶長 집 뒷산의 龍穴이 砂水가 眞善眞美하여 그야말로 천재일우의 곳이라고 하였다.[24] 이에 따라 6월 19일에는 현종도 수원은 가깝고 흉해도 없다고 하니 산릉을 수원으로 정하도록 명하였다.[25] 이어 인산을 위한 산릉도감이 설치되고, 인가가 일부 철거되고 돌들이 운반되는 등 역사가 시작되었다.[26] 이때 移邑地로는 읍의 북쪽 高等村[27]이었다.[28]

그러나 판중추부사 宋時烈은 수원부는 6~7천의 병마를 보유한 삼남의 요충이고, 국가의 관방지대이며, 수백 채의 민호를 일시에 철거하면 조상의 분묘를 잃고 가산을 파하게 되므로, 읍과 마을을 철

---

21) 동벽의 일부가 隆陵의 좌측으로 뻗어 내린 능선의 下麓에 위치하는 것도 방어에 매우 불리하였다.

22) 『顯宗實錄』 권1, 顯宗 즉위년 6월 戊申. 『顯宗實錄』 권1, 顯宗 즉위년 9월 己未. 윤선도는 풍수지리에도 밝았다.

23) 『顯宗實錄』 권1, 顯宗 즉위년 6월 戊申.

24) 『顯宗實錄』 권1, 顯宗 즉위년 6월 甲辰.

25) 『顯宗實錄』 권1, 顯宗 즉위년 6월 戊申.

26) 『顯宗實錄』 권1, 顯宗 즉위년 6월 乙卯. 『顯宗改修實錄』 권1, 顯宗 즉위년 7월 庚午.

27) 『水原府邑誌』 坊里條에는 古等村面은 府北距 10리라고 하였으며, 읍치와 光敎面 사이에 있었다.

28) 『顯宗實錄』 권1, 顯宗 즉위년 6월 戊申.

거하고 전답과 민가를 폐기시켜서는 안 된다는 점 등을 들어 이에 반대하였다.29) 함릉군 李澥도 수원은 3도의 도회지로서 五患의 자리가 된다는 이유로 반대하고,30) 영도영부사 李景奭도 많은 인가를 철거하고 백성의 뿌리를 뽑는 일이라는 이유로 반대하였다.31) 이처럼 수원으로 정한 후 흠이 있다는 논의가 분분하고, 대신과 중신들까지도 잇따라 반대하는 상소를 올려 모두 쓸 수 없는 곳이라는 말들을 하자,32) 결국 7월 5일에 역사가 정지되고 말았다.33) 여기에는 우리나라의 祕記에 나라 안에 일이 있으면 수원에서 변이 일어나고, 畿輔와 나라 안이 어지럽게 된다는 이유도 한 몫 한 것으로 보인다.34) 그러나 수원은 지금 비록 능을 쓰지 않더라도 이미 園陵의 장부에 편입시켰으므로, 穴道 근처에 나무를 많이 심고, 개간하여 경작하는 것을 금하며, 관에서 다른 전답을 주어 산맥을 해치지 못하도록 하였다.35) 한편 이때 뜯어 옮겨야할 민가의 가구 수가 500여 호,36) 경작을 못하게 될 전답이 700여 결이라는 점37)과 호장집 뒷산의 용혈이 훌륭하다는 점, 정조 13년 천장 때 封標穴 앞 至近處의 민호가 20호였다는 점38) 등으로 미루어 보면, 수원 고읍성에는 관아를 비롯하여 주변에 많은 인가와 전답이 있었음을 알 수가 있다.

---

29) 『顯宗實錄』 권1, 顯宗 즉위년 6월 乙巳. 『顯宗改修實錄』 권1, 顯宗 즉위년 6월 己未. 『顯宗實錄』 권1, 顯宗 즉위년 7월 壬戌. 『顯宗改修實錄』 권1, 顯宗 즉위년 7월 壬戌.

30) 『顯宗實錄』 권1, 顯宗 즉위년 6월 庚戌.

31) 『顯宗實錄』 권1, 顯宗 즉위년 7월 壬戌.

32) 『顯宗實錄』 권1, 顯宗 즉위년 7월 丁卯. 『顯宗改修實錄』 권1, 顯宗 즉위년 7월 丁卯.

33) 『顯宗改修實錄』 권1, 顯宗 즉위년 7월 甲子.

34) 『顯宗改修實錄』 권1, 顯宗 즉위년 7월 庚午.

35) 『顯宗改修實錄』 권1, 顯宗 즉위년 7월 庚午. 『水原府邑誌』 山川條에는 府의 主山인 花山에는 園陵을 두었는데, 標가 산의 下麓에 있다고 하였다.

36) 正祖 13년에 이주할 民戶는 244호로서(『水原下旨抄錄』 己酉 7월 19일. 『日省錄』 正祖 13년 7월 20일), 이 보다는 적었다.

37) 『顯宗實錄』 권1, 顯宗 즉위년 6월 戊申.

38) 『日省錄』 正祖 13년 7월 20일.

하여튼 고려 말~조선 초에 왜구의 침입에 대비하기 위해 축조된 것으로 추정되는 수원부의 고읍성은 15C 말경에는 성벽이 상당히 무너져 있었으며, 17C 중반 경에는 읍성이 있는 것조차 인식되지 않을 정도로 퇴락하였다.[39] 즉 이 시기에는 군사적 기능은 상실한 채 163.5칸의 관아 건물[40] 외곽을 두른 담장 정도의 기능을 하는데 불과하였고, 특히 북벽은 홍수 때 범람을 막는 제방의 역할도 하였다고 볼 수가 있다. 대신 고읍성에서 동쪽으로 약 2km 떨어진 입보산성인 독성산성이 군사적 기능을 대신하게 되었다.

2. 성황산성과 방장

1) 城隍山城

성황산(해발 142m)은 한가운데를 동서로 길게 절개하여 남수원 골프장을 만들어 산은 남, 북으로 갈라져 있다. 산성은 갈라진 남쪽 봉우리 정상에 위치하며, 토성으로 규모는 둘레가 197m로 소규모이다. 전체적으로 지형이 西高東低를 이룬다. 남, 서, 북벽의 밖은 경사가 급하며, 동벽 쪽은 지세가 낮기 때문에 본래 이곳에 성문이 있었을 것으로 보인다. 북벽 밖은 골프장으로 인해 파괴되었다. 성벽이 제일 잘 남아 있는 서벽의 규모는 상폭 180cm, 안쪽 경사면 650cm 정도이다. 서벽 남단에는 능선과 이어지는 지점에 길이 500cm, 폭 510cm 정도의 雉가 설치되어 있고, 서벽의 북단에도 치의 흔적이 남아 있으나 부분적으로 파괴되었다. 지형이 낮은 동벽 안쪽은 削平하여 약 100평 정도의 평지를 만들어 활용하였고, 위쪽으로도 단을 만들어 활용한 흔적들이 남아 있다. 성안에서 우물터는 발견 할 수가 없다.

성안에서 수집된 유물로는 약간의 토기편과 와편이 있다. 이중에서 삼국시대 토기편으로는 승문이 시문된 연갈색 연질토기편과 격자

39) 『顯宗實錄』권1, 顯宗 즉위년 6월 乙巳.
40) 정해득, 「正祖代 水原移邑과 以後의 변화 양상—수원지역 邑誌를 중심으로—」, 『京畿史學』 3(京畿史學會), 1999, 102쪽.

<사진 2> 성황산성 서벽

문에 횡선이 시문된 회청색 경질토기편이 있다. 이밖에 와편은 무문의 갈색 와편과 복합문이 시문된 회색 와편이 있다.

이 성은 지형상으로 보아 培養里로부터 치리고개를 넘어 오는 적들을 막기 위해 축조된 것으로 보이며, 이곳이 무너지면 독성산성으로 곧 바로 이어진다. 독성산성에 딸린 보루가 아닌가 추정이 된다.

2) 防墻

안령동토루는 화산의 서단에서 시작하여, 화산의 서단쪽 산등성이에는 169m가 남아 있다. 여기서 산기슭을 따라 뻗어 내려간 곳에서도 99m가 남아 있다. 평지부분에는 토루가 약 270m 정도가 잘 남아 있다. 이 지역은 토루의 폭이 넓고 높이가 비교적 높으며, 현재 윗부분 2~2.5m, 높이 4~5m, 바깥쪽 경사면이 7~8m 정도가 된다. 토루의 경사도를 보면 북쪽을 방어하기 위해 축조되었음을 알 수가 있다. 용담으로 통하는 도로가 關門인 옛 고수문(古西門인듯)터라고 전하여 온다. 한신대학교 박물관에서 '나' 지구(안내표지판에서 동쪽으로 약 180m 지점) 토루를 폭 230㎝, 길이 1,120㎝, 깊이 198㎝ 규모로 절개하였는데, 바닥부의 외측 경계면에서 25㎝ 정도 크기의 돌을 일렬로 쌓은 할석이 노출되었다. 절개면의 중심으로부터 성내

<사진 3> 안령동 토루

부는 파괴되어 교란되어 있었다. 토층은 표토층 아래에 가는 모래가 혼입된 담황색층이 있었는데, 별도의 판축을 하지 않고 적갈색 토양을 두껍게 성토하여 축조하였다. Ⅳ-3층의 짙은 갈색토층에서 15C로 추정되는 순백자 대접과 17C로 추정되는 순백자 호가 출토되었다.[41)]

필자가 1983년에 조사할 때는 고수문터에서 안령동토루 반대편인 지금의 수원대학교 방향으로 臥牛洞土壘가 곧게 뻗어 올라간 흔적이 남아 있었다. 그 후에 조사하여 보니 이곳에 건물들이 들어서 대부분 없어지고, 건물 사이 텃밭의 밭둑에 분간하기조차 어려울 정도로 파괴된 채 희미하게 흔적만이 일부 남아 있었으나, 지금은 완전히

41) 한신大學校博物館 외, 『水原 古邑城』, 142~144쪽.

없어지고 말았다.

아무튼 화산에서 수원대학교로 이어지는 토루는 북쪽 봉담방면에서 내려오는 적들을 막는 방장의 역할을 제대로 하고 있다. 한양에서 삼남지방으로 통하는 대로를 막는 차단성으로 이곳이 무너지면 곧바로 독성산성에 이르게 된다. 즉 이 방장은 수원 고읍성의 보호뿐 만아니라 독성산성의 방어에도 효과적인 것이었다.

Ⅱ. 주변의 성곽

1. 禿城山城

독성산성(사적 140호)은 오산시 지곶동 산 155번지 일대의 해발 207.6m의 禿城山(洗馬山, 老城山, 石臺山, 香爐峰)에 쌓은 둘레 1,095m의 산복식산성이다.[42] 독성산은 평야 중에 一峰이 돌기하고, 성의 4면이 斗絶하며, 성안의 지세는 東高南低이다. 성벽의 안쪽으로는 3~5m 정도의 내환도가 둘러 있다. 독성산성은 입지조건으로 보아 북쪽에서 침입하는 적을 의식하고 축조된 것으로 보인다.

남문에서 암문까지는 성안에서 지형이 가장 낮은 지점으로 성안에서는 비교적 넓은 거주공간을 갖추고 있다. 이곳의 경사면에는 층층이 돌축대(잘 남은 곳은 높이 1.3m)나 토단을 만들어 활용한 흔적들이 남아 있다. 서문 안쪽도 넓지는 않으나, 어느 정도 거주공간이 형성되어 있다. 그러나 북문과 동문 안쪽은 협소하며, 동문 안쪽에는 寶積寺(경기도 전통사찰 34호)가 자리하고 있다. 한편 정상부로 올라가는 경사면에도 터를 닦아 활용한 흔적들이 곳곳에서 확인되고 있다. 이처럼 성안의 거주공간을 최대한으로 활용하려고 했던 노력들

---

42) 성벽의 둘레는 『海東地圖』 829보, 『增補文獻備考』 · 『水原府邑誌』 5리, 『正祖實錄』 1,004보, 『萬機要覽』 1,800보, 『華城誌』 1,010보, 『大東地志』 1,800보로 표기되었다.

을 엿볼 수가 있다.

또 洗馬臺 주변은 장축 114m, 단축 73m 정도로, 독성산성 안에서 가장 높은 곳이며 성안의 중심지역이다. 주위를 인위적으로 평탄지로 만든 후 석축을 하여 내성처럼 활용하였다. 둘레는 350m이다. 현재 높이 230cm 정도의 석축이 남아 있는 곳이 있으며, 보적사 방향으로는 양측에 석축의 흔적이 있는 문지가 남아 있다. 정상부에는 네모진 축대를 쌓고 장대인 세마대를 건립하였다. 축대는 높이가 200cm 정도 남아 있는 곳이 있다. 세마대는 정면 3칸, 측면 2칸이며, 「洗馬坮」라는 편액은 이승만의 글씨이다. 1957년에 복원된,[43] 본

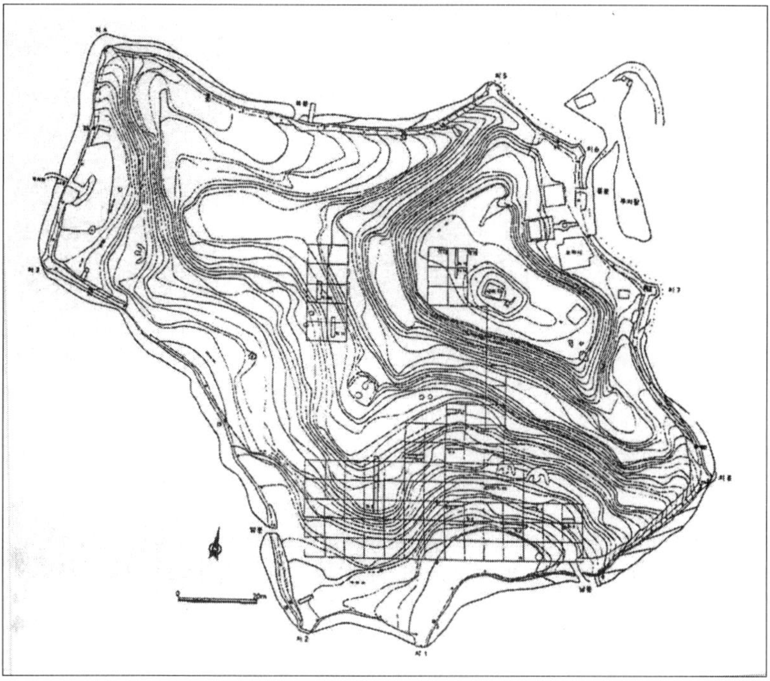

<그림 2> 독성산성 평면도

---

43) 「세마대 중건기」.

세마대는 원 위치를 약간 벗어난 것으로 보고 있다.

문지는 동, 서, 남, 북 4곳과 암문 1곳이 있었고, 남문과 서문(문루 주초석 1점 출토)에는 문루가 있었으나, 동문과 북문에는 문루가 없었다. 암문은 순조 5년(1805)에 축조된 것이다.[44] 수문은 3곳이 있었다고 전하며, 성안에는 작은 우물 6~7기가 있었으나, 조그만 가물면 물이 말라버리므로 성안에 있는 민가들은 평상시 성문밖에 나가 물을 길러다가 조석을 해결하는 형편이었다고 한다.[45]

독성산성에 대한 조사는 1982년 8월 13일부터 12월 27일까지 보수와 정비를 위한 정밀조사가 이루어졌고,[46] 이어 성벽이 복원되었다.[47] 1999년 6월 14일부터 6월 25일까지 한신대학교 박물관에 의해 성내부에 대한 정밀지표조사가 실시되었으며,[48] 2000년 10월 15일부터 12월 22일까지 기전문화재연구원에 의해 성안의 시굴조사가 실시된바 있었다.[49]

1979년에는 북문과 남문을 비롯하여 북벽과 남벽 일부가 보수되고, 1982년에는 동문을 해체 보수하고 서문과 암문을 발굴하였으며, 동벽 일부와 북벽일부가 보수되었다. 또 1999년 한신대학교 박물관

---

44) 『純祖實錄』 권6, 純祖 4년 10월 乙酉. 『華城誌』 권2 山城.

45) 宋奎斌, 『風泉遺響』, 水原禿城山城形便(國防部戰史編纂委員會, 1990). 『風泉遺響』은 正憲大夫行同知中樞府事를 지낸 宋奎斌(1696~1778?)이 83세 때인 정조 2년에 저술한 책이다.

46) 京畿道, 『禿山城 洗馬臺址 調査 및 修理報告』, 1982, 19~69쪽.

47) 北門의 동쪽 복원 성벽의 4m 밖에서 원 성벽의 기단부로 추정되는 석렬이 확인되었다(畿甸文化財硏究院 · 烏山市, 『오산 독산성 · 세마대지 시굴조사보고서』, 2001, 29쪽). 즉 현 성벽의 상단부는 복원 성벽으로 인해 원래 성벽에서 5~10m 안쪽으로 들여쌓았다. 원 성벽의 기단은 90×60cm 크기이며, 높이는 약 1.8m 정도였다. 내벽은 풍화암반층위에 약 3개의 성토층이 있었고, 성벽 쪽으로 20cm 크기의 납작한 할석을 1줄 깔았다고 한다(畿甸文化財硏究院 · 烏山市, 위의 책, 24쪽).

48) 한신대학교박물관, 『독성산성 지표조사 결과보고서—독성산성 내부를 중심으로—』, 1999.

49) 畿甸文化財硏究院 · 烏山市, 『오산 독산성 · 세마대지 시굴조사보고서』, 2001.

에 의한 지표조사에서는 진남루 부근, 암문과 치1 중간, 북문 밖에서 각각 1기씩의 우물터를 확인하고, 진남루 부근, 암문과 치1 중간에서 각각 1기의 수구를 확인하였다. 후자의 수구 크기는 출수구 폭 45cm, 높이 52cm, 입수구 폭 30cm, 높이 45cm였다. 또 2000년 기전문화재연구원에 의한 시굴조사에서 수습된 유물은 무문토기로부터 조선시대 백자에 이르기까지 다양하였다. 이 중에서 조선시대의 도기류, 백자류, 기와류가 다수를 차지하였다. 이밖에 소량의 승문이나 격자문의 백제 토기편과 대부완, 주름무늬병 등 통일신라 토기편 수점과 철정 등의 철기류가 소량 수습되었다. 기와류는 청해파문이 있는 조선시대 기와가 주종이고, 통일신라나 고려시대의 기와류는 소량에 불과하였다.50)

현재 보수된 남문(鎭南樓)은 측면 길이 660cm, 문폭 260cm, 높이 238cm로 開据式이고, 서문은 측면 길이 650cm, 문폭 260cm, 높이 170cm로 역시 개거식이다. 북문은 측면 길이 355cm, 문폭 200cm, 높이 210cm로 平据式이며, 동문은 측면 길이 291cm, 문폭 176cm, 높이 190cm로 역시 평거식이다. 암문은 측면 길이 280cm, 문폭 225cm, 높이 215cm로 개거식으로 성 밖으로는 계곡으로 통한다. 현재 성벽에는 8개소의 치가 복원되어 있는데, 이 중에서 치6의 규모는 길이 300cm, 폭 730cm이다.

필자가 1983년에 이 성을 조사한 후 2006년 4월에 다시 와서 보니 크게 달라진 것은 성벽 전체를 보수한 모습이었다. 보수시에는 옛 성돌을 주로 사용하였는데, 면석의 크기는 앞면이 56cm(폭)×14cm(높이), 34cm×21cm, 30cm×16cm 정도로 마름돌이나 막돌이다. 보수된 성벽은 치8 주변의 높이는 불과 1m 정도에 불과할 정도로 전체 성벽의 높이가 낮다. 이는 본래의 성벽에서 안으로 들여 성벽을 보수했기 때문이었다. 이는 보수 경비를 줄이는 효과는 있을

50) 畿甸文化財硏究院 · 烏山市, 위의 책, 114~119쪽.

지 모르나 우리 고유의 축조공법과도 맞지 않으며, 더구나 독성산성의 본래 위상을 크게 손상시키는 결과를 초래하였다.

이어서 독성산성에 대한 문헌자료를 간단하게 살펴보면, 선조 25년 6월에는 李洸 등이 용인의 왜적을 공격하려고할 때 어떤 사람은 먼저 수원의 독성산성에 웅거하여 적을 유인하여 싸운 뒤 승리할 때를 틈타 진격하는 것이 좋을 것이라고 하였다.[51] 또 6월 23일에는 宋濟民이 의병장(金千鎰인듯)을 따라 水原山城(독성산성)에 이르러 5일간 머물렀다고 한다.[52]

선조 36년 9월에 李廷龜[53]가 지은 「鎭南樓記」에는

경기의 읍이 37개 읍인데 그 중 水州가 가장 크다. 인망이 무거운 사람을 選用해서 수주에 3도호부(富平, 南陽, 仁川) 2군(安山, 安城) 7현(振威, 陽川, 龍仁, 衿川, 陽城, 通津, 金浦)을 예속시켜 漢南의 巨鎭으로 삼았다.[54] 고을은 平原 廣野 가운데 있어 山溪險隘의 막음이 없고, 읍의 동쪽 10리에 산이 우뚝하게 길옆에 솟았는데, 수목이 없어 바라보기에 민둥하다고 하여 禿城山이라고 부른다. 사람들이 바라볼 때 범상하여 기이하게 여기지 않았다. 임진왜란 때 왜적의 대군이 나라 안의 견고한 성들을 함락시키고 유린하였는데, 도원수 權慄이 殘兵을 이끌고 轉鬪하며 이곳에 점거해서 서울의 적과 항거를 하게 되었다. 적이 병을 몰아서 여러 번 핍박을 하려 하였으나 감히 가까이 하지 못했다.[55] 이에 사람들이 이 성의 형편이 나라의 요충

51) 『宣祖修正實錄』 권26, 宣祖 25년 6월 己丑.

52) 趙慶南, 『亂中雜錄』 권1 壬辰 七月.

53) 경기감사 李廷龜는 江華, 禿城, 竹城은 성지가 완벽하고 형세가 좋아서 위급할 때 믿을 만 하다고 하였다(『宣祖實錄』 권192, 宣祖 38년 10월 庚戌).

54) 鄭尙驥도 수원부사가 경기 서남쪽 여러 고을 군사를 거느리고 독성산성을 지키면서, 광주와 더불어 도성 남쪽의 犄角으로 삼아야 한다고 하였다(鄭尙驥, 『農圃問答』 守都城作保障).

55) 이때 권율은 성안에 샘이 적어 오래도록 지키기가 어렵게 되었는데, 왜적이 이를 알고 독성산성을 急攻하려고 하였다. 이에 권율은 병졸들로 하여금 적

이 되는 바를 알게 되었다. 다음해 적이 물러가자 조정에서 산성을 수축할 것을 급히 논의해서 왜적을 지키도록 하였는데, 임금이 첫 번째로 禿城에 관한 것을 물었다. 柳成龍[56]·柳根이 찬성을 하자, 방어사 邊應星[57]에게 명해서 이 성을 巡審하게 하였다. 또 綿布 수백 필을 하사하여 편의에 따라 조치하도록 하였다. 邊侯가 丁壯 500인을 모집하여 射軍으로 삼았는데, 선조의 명으로 상을 내리고 이어서 이들을 陣卒로 삼았다. 이 문제를 올리면서 이 성을 지킬 수 있다고 진언하자, 선조가 유사에게 명하여 경영하였는데 비록 크게 확장하거나 설치하지는 않았으나, 성의 창설은 대체로 이때에 비롯된 것이다.[58] 정유재란에 적이 경내로 침범하자 府民들이 이곳에 들어왔는

을 향해 말을 세우게 하고 쌀가루를 날려 뿌리게 하자, 적이 이를 보고 성 안에 물이 풍족하여 洗馬를 하는 것으로 알고 포위를 풀고 퇴각했다는 이야기가 전한다(『華城誌』 권2 山城). 후인들이 그 장소를 洗馬臺라고 부렀는데 오늘날의 장대지이다. 즉 선조 25년 12월에 전라순찰사 권율이 독성산성에 진을 치자 경성의 적들이 진을 나누어 공격하였으나, 권율은 성곽을 튼튼히 지키고 응하지 않았다. 이에 왜적이 군영을 태우고 퇴각하자, 권율은 가끔 날랜 군사를 출동시켜 낙후된 적을 습격하였다. 이로써 畿內에 주둔했던 적이 모두 경성으로 들어가 西路에 행인이 다닐 수 있게 되어 여러 의병들이 차례로 경기지역에 진출하였다(『宣祖修正實錄』 권26, 宣祖 25년 12월 丁亥). 또 동왕 26년 2월에는 권율은 그의 군사 4,000명을 반으로 나누어 절도사 宣居怡로 하여금 陽川江 언덕(공암성인 듯)에 진을 치게 하고, 그는 2,300명의 군사를 거느리고 독성산성으로부터 행주산성으로 진을 옮겼다(『宣祖實錄』 권35, 宣祖 26년 2월 己酉). 16일에는 적병이 재차 침범하려고 계획한다는 소문을 듣고 권율은 급히 진을 파주로 옮기고, 陽川 이남에 주둔하던 충청감사 許頊과 전라병사 선거이는 물러나 독성산성을 지키도록 하였다(『宣祖實錄』 권35, 宣祖 26년 2월 庚戌).

56) 유성룡은 독성산성은 지형이 험한 요새로 꼭 방어해야 할 요지라고 보았다(『宣祖實錄』 권43, 宣祖 26년 10월 壬寅. 『萬機要覽』 軍政編4 關防 京畿).

57) 수원부사 邊應星은 무관으로 선조 35년 2월에 부임하여, 동왕 37년 7월에 체직되었다(『水原府邑誌』 府使先生案).

58) 선조 27년 9월 11일부터 14일까지 독성산성을 수축하고(『宣祖實錄』 권55, 宣祖 27년 9월 甲午), 10월에는 中使 李奉貞과 注書 李德溫을 보내서 독성산성에서 試才토록하였다(『宣祖實錄』 권56, 宣祖 27년 10월 辛酉). 또 동왕 28년에는 독성산성은 성의 형태가 이루어지고 鎭守 할 精兵의 수효는 많으나, 守禦에 필요한 여러 가지 기구가 아직 갖추어지지 않았다고 하였다

데,[59] 성이 견고한 것을 믿고 두려워하지 않았다.[60] 그 후 이를 지키는 자가 적임자가 아니어서 軍心과 성이 해이해지고 무너졌다.[61] 그러므로 尹斗壽가 죽음에 임하여(선조 34년 5월 사망 : 필자주) 遺表를 올려 禿城을 수리하고 부사를 폐하고 帥臣을 보내어 방어사로 삼아 부사를 겸하게 하는 것을 영변 ·경성의 제도와 같이 하기를 청하였다.[62] 이에 그 논의를 조정에 내리자 모두들 옳다고 하였다. 드

(『宣祖實錄』 권67, 宣祖 28년 9월 庚午). 그러나 다음 달에는 城堞은 대충 성취되었고, 砲樓도 설치하였으므로 백성들은 성을 지킬 의사가 있다고 하였다(『宣祖實錄』 권68, 宣祖 28년 10월 丙辰).

59) 당시에 수원사람들은 모두 독성산성으로 들어가고자 하였다고 한다(『宣祖實錄』 권84, 宣祖 30년 정월 甲寅. 『宣祖實錄』 권85, 宣祖 30년 2월 丙戌). 선조 30년 2월에는 방어사 邊良傑이 독성산성 위에 흙을 쌓아 위를 평편하게 한 뒤에 집을 세우고 창을 뚫어내려다 보게 하고, 石車와 砲軍은 모두 그 속에 들어가고, 성 밖에는 木柵을 세워 틈 사이로 적을 쏘도록 하였는데, 다만 물이 부족하여 가물 때에는 군사들이 머물 수가 없었다고 한다(『宣祖實錄』 권85, 宣祖 30년 2월 丙戌). 변양걸이 흙을 쌓아 평편하게 하였다는 것은 지금의 세마대 주변을 의미하는 것이 아닌가 싶다.

60) 정유재란으로 왜적이 재차 준동하여 전라도와 충청도가 붕괴되자, 선조는 선조 30년 8월 7일에 유성룡으로 하여금 경기지방을 순찰토록 하였다. 이에 유성룡은 京畿右防禦使 柳濂을 陽城 無限山城, 別將 趙撥을 禿城山城, 京畿左防禦使 邊應星을 驪州 婆娑城을 지키게 하여, 江 일대를 따라 왕래하면서 물살이 세고 얕은 곳을 잘 지키도록 하였다(『西厓集』 西厓先生年譜). 유성룡은 선조 29년 4월에 禿城營將 趙撥이 근실하고 재주가 있어 실효를 거두었다고 칭찬하고(『宣祖實錄』 권74, 宣祖 29년 4월 癸丑), 京畿防禦使에 추천하기도 하였다(『宣祖實錄』 권74, 宣祖 29년 4월 甲辰). 조발은 그 후 독성산성의 守將으로 수원판관을 겸하였으며(『宣祖實錄』 권90, 宣祖 30년 7월 戊戌), 선조 30년 9월에는 수원부사로 부임하여, 12월에 체직된 후에도 독성산성 守城將과 助防將의 직임을 겸대하였다(『宣祖實錄』 권95, 宣祖 30년 12월 乙亥).

61) 선조 33년에는 방어사 權俊이 자주 왕래할 수 없어 金希契를 시켜 지킬 뿐 황폐하여 버린 땅이 되었다고 한다(『宣祖實錄』 권124, 宣祖 33년 4월 丁丑).

62) 선조 28년 9월에는 비변사에서 독성산성에 수령만을 믿을 수 없으니 방어사를 差遣하여 책임을 지우도록 하자고 건의 한 일이 있었고(『宣祖實錄』 권67, 宣祖 28년 9월 庚午 · 壬申), 동왕 37년에는 사간원에서 반대로 독성산성 때문에 방어사를 두어 부사의 직임을 겸하게 하는 데 문제가 많으니, 변응성이 체직되므로 대임을 뽑지 말고, 부사를 제수하여 독성산성을 아울러 살

디어 本州의 육군이 도성을 上衛하는 것을 除하여 주는 대신 이들로 독성의 병졸로 삼게 하고, 田稅로서 京倉에 들어가는 것을 水州에 속하게 하여, 이들 병사들의 양식으로 삼도록 하였다. 또 문무관으로 위풍이 있고 일과 사무에 숙련된 자를 뽑아서 守將으로 삼게 되었는데, 邊侯가 두 번씩이나 이 명에 응하였다. 변후가 이에 이르러 禿城을 쌓아 높게 하고,[63] 溝를 파고 깊은 샘을 만들어서 백성들로 하여금 목마르지 않게 하고, 밭을 갈아서 백성을 배고프지 않게 하며 弓弩, 石車, 砲火 등 기계들을 설치해서 틈나는 대로 군대를 훈련시켜서 수어하는 대비와 화살을 쏘고 창을 찌르는 훈련들을 적을 대하듯 하여 모두가 전쟁에 쓰일 만 하게 되었다. 1년 만에 성안의 주민이 200호가 되었고,[64] 사찰, 관사가 100여 채나 되었다. 이러한 사실을 임금에게 알리자, 선조는 근신을 보내 군대를 호궤하고 그 기량을 시험하게 하였다. 임금이 아름답게 여겨 사졸들에게 차등 있게 상을 내리고, 변후에게는 특별히 太僕馬를 내리고 따뜻이 장려하니 軍心이 기뻐하였다. 衆心이 안정되고, 성벽이 정연해지고 旗幟가 일신해지니 屹然히 도성을 지키는 雄關이 되었다. 변후가 성의 남쪽에 깎아지른 벼랑이 있어 누각을 세워 손님들이 모이는 곳으로 만들었다. 앞이 탁 트이어 넓게 전개된 모양이 즐길 만하였는데, 누각의 이름을 鎭南樓라 하였다.[65]

라고 하였다. 본 「鎭南樓記」[66]에는 선조 25년에 도원수 권율이

피게 하자고 건의하였으나(『宣祖實錄』 권177, 宣祖 37년 8월 丙午), 실현되지 않았다.

63) 『水原府邑誌』 城址條에는 선조 35년에 석성을 쌓았다고 하였다.

64) 1750년대의 『海東地圖』에는 城内民戶가 51호, 정조 16년(1792)에 대대적으로 수축된 후의 1831년의 『華城誌』에는 126호라고 하였다. 한편 독성산성 안에 들어와 거주하는 사람들에게는 부역을 다 면제하여 주었다(『宣祖實錄』 권69, 宣祖 28년 11월 壬申).

65) 『水原府邑誌』 樓亭.

66) 영조 29년(1753) 6월에 수원부사 李義豊이 지은 「鎭南樓重修記」에는 진남루는 선조 32년 (1599)에 初創되었고, 숙종 2년(1676)에 중수되었으며, 영조 29

殘兵을 이끌고 이 성에서 왜적을 물리쳤다는 점, 동왕 26년에는 방어사 변응성이 射軍과 장정을 모집하여 방어태세를 갖추었다는 점, 동왕 30년에는 수원부민들이 이 성으로 입보하였다는 점, 동왕 35년에는 방어사겸 수원부사 변응성이 성을 수축하여 성안의 주민이 200호나 되고, 사찰과 관사가 100여 채나 되었다는 점 등을 언급하고 있다.

광해군 14년 7월에도 광해군은 독성산성를 요새로 만들고 굳게 지켜서, 후금군의 침략을 막도록 전교하였다.67) 또 인조 2년 1월 이괄의 난에 인조는 공주로 피난하면서 독성산성에 행차하였다.68)

숙종 8년 5월에는 독성산성은 지세가 뛰어나 편리한데도 中軍만 있고, 달리 담당할 사람이 없다고 하여 새로 별장을 선발하여 보내고, 또 총융청의 軍餉을 독성산성에 옮겨 저장토록 하였다.69) 동왕 9년 7월에는 총융청에서 차출하던 독성산성 별장을 수원부에서 自辟하여 節制토록 하였고,70) 또 동왕 16년 4월에는 독성선성에 봉수대를 설치하자는 건의가 있었다.71)

영조 26년 9월 영조는 온양에 행차하였다가 돌아오던 중 독성산성에 들렀는데, 이때 독성산성의 弓矢와 劍戟, 旗鼓가 모두 낡아서 성을 지킬 수 없는 형편이므로, 영조는 이를 개수하라고 엄하게 명하였다.72)

정조 14년에 정조는 현릉원을 배알하고 주위 산들을 두루 살펴본 다음 독성산성으로 가서 장헌세자가 영조 36년(1760) 온천 행행 때 구경나왔던 父老들을 불러 접견하고 쌀을 내려 주었다.73)

년에 營將 金景游가 중수하였다고 하였다. 정조 14년(1790)에도 정조의 特敎로 改建하였는데, 규모는 6칸으로 단청을 하였다(『華城誌』 권2 山城).

67) 『光海君日記』 권179, 光海君 14년 7월 甲寅.

68) 『仁祖實錄』 권5, 仁祖 2년 3월 癸亥.

69) 『肅宗實錄』 권13, 肅宗 8년 5월 丙辰.

70) 『肅宗實錄』 권14, 肅宗 9년 7월 丁丑.

71) 『肅宗實錄』 권22, 肅宗 16년 4월 甲申. 이러한 건의는 영조 30년 7월에도 있었다(『英祖實錄』 권82, 英祖 30년 7월 庚子).

72) 『英祖實錄』 권72, 英祖 26년 9월 乙丑.

동왕 16년 7월에는 독성산성을 수축하기 위한 고유제를 지냈는데, 부사가 獻官, 中軍 및 읍내의 堂上, 宣薦 朝官을 次獻으로 삼았다.[74] 또 이해 10월에는 독성산성의 수축이 완료되었는데 성의 주위는 1,004보였고, 전체 성벽 중 신축이 732보, 수축이 272보였다. 수문 3곳을 개축하고, 여장 309보를 신축하였으며, 남장대는 옛터에서 3척을 옮겨 다시 지었다. 정조는 독성산성이 중요한 요해지이고, 園寢에서 가까우며, 특히 영조 36년에 장헌세자가 숙박하던 곳이라 하여,[75] 비문을 지어 올리도록 명하였다.[76] 이처럼 이때 독성산성은 대대적으로 수축된 것을 알 수가 있다. 한편 동왕 17년 1월에는 京畿左防營을 독성산성으로 옮겨 설치토록하고, 중군이 겸하던 討捕使도 새로 설치한 곳의 방어사가 겸하도록 하였다.[77]

또 동왕 17년 1월에는 총융청 소관이었던 壯抄 2초, 牙兵 1초, 屯壯抄 68명, 軍需保 125명을 독상산성의 소관 아래 모집해 들인 군관 30명, 守堞軍官 130명, 아병 2초, 保軍 400명, 別武士 1,523명과 합해서 성을 수비하는 명목으로 독성산성에 전속시키고, 그중 장초 2초, 아병 1초, 둔장초 68명, 군수보 125명은 본래 쌀을 납부하는 군인들

---

73) 『正祖實錄』 권54, 附錄 行狀. 이때 정조는 父老들을 뜰 안으로 불러드리게 하였으며, 부노들에게는 加資하고 성안의 民戶에게는 米를 내리고, 禿城中軍 柳爾胄는 陞敍하고, 迎接軍校들도 본도로 하여금 시상토록 하였다고 한다(『華城誌』 권2 山城).

74) 『正祖實錄』 권35, 正祖 16년 7월 乙卯.

75) 장헌세자가 온천에서 돌아오던 중 세남교의 물이 불어 건널 수 없자, 독성산성 남문에 임하여 하교하기를 「이 성은 들 가운데 이와 같이 우뚝 솟아올랐으니, 적이 만약 이를 멸시하고 가벼이 침범할 때는 낭패할 것이다. 권율이 勝捷을 거둔 것은 본래 이러해서이다.」 라고 하고, 이어서 20석의 倉米를 방출해서 호위하는 군졸들에게 내려 주고, 성안의 民人에게 음식을 나누어 주었다. 運籌堂에서 하루 밤을 묶었다. 이때 화살 5발을 쏘았는데, 4발이 적중하였다고 한다(『華城誌』 권2 山城). 세람교는 독성산성 아래에 있었으며, 黃口池川을 건너 수원 고읍성으로 이어지던 다리였으나 유실되었다. 한양에서 과천, 수원, 진위, 평택 을 경유하여 삼남지방으로 내려가는 대로상에 위치했던 다리였다.

76) 『正祖實錄』 권36, 正祖 16년 10월 戊辰.

77) 『正祖實錄』 권37, 正祖 17년 정월 庚戌.

이었으므로, 그 납부한 쌀은 外營에서 받아 유치토록 하였다.78)

동왕 23년에 편찬된 『風泉遺響』에는 독성산성은 주먹만 한 돌과 흙으로 낮게 쌓았기 때문에 사람들이 도보로 걸어서도 올라갈 수 있는 상황에 있으며, 垜의 높이가 겨우 몇 자에 불과하여 女墻의 모양을 제대로 갖추지 못하였고, 銃眼이 지나치게 크며, 砲穴을 어지럽게 뚫어놓아 아이들 장난과도 같다고 하였다.79)

또 순조 31년(1831) 10월에 수원유수 朴綺壽가 지은 『禿城重修記』에는 城根이 태반이나 무너지고 여장도 붕괴되었으며, 남문도 거의 무너질 지경이 되자, 중군 金相順의 董役下에 순조 31년 8월부터 10월까지 수축역사를 실시하였다고 하였다.80)

한편 정조 9년경에 편찬된 것으로 추정되는 『水原府邑誌』81)城池條에는 독성산성은 城堞 303堞, 高 3丈, 守堞軍 11, 使令 14, 衙前 13, 知印 9, 軍牢 4, 奴子 2명이 있었다고 하고, 창고조에는 山倉 26칸이 있었다고 하였다. 또 순조 31년에 편찬된 『華城誌』에는 성안의 호수가 126호이며, 남문과 서문은 문루가 있고, 남문의 문루인 진남루에는 영조 36년에 장헌세자가 臨御하였고, 순조 31년에 편액을 걸었다고 하였다. 또 城上에는 정조 11년에 건립한 3칸 규모의 장대가 있었으며, 정조는 14년에 이곳에 임어하였고, 運籌堂은 성안의 남쪽에 있는데, 규모는 9칸으로, 정조 11년에 개건하고 14년에 중수하였으며, 장헌세자가 영조 36년에 임어하여 經宿하고, 정조 14년에도 정조가 임어하였다고 하였다. 또 三門은 3칸으로 단청을 하였는데,

---

78) 『正祖實錄』권37, 正祖 17년 정월 己未.

79) 『風泉遺響』 水原禿城山城形便.

80) 『華城誌』권2 山城.

81) 정조년간에 나온 『水原府邑誌』는 奎10743과 奎17364의 두 종류가 있다(崔洪奎編, 『水原 · 華城郡邑誌』, 國學資料院, 2001, 50~141쪽). 작성년대는 전자는 정조 9년경으로, 후자는 정조 15년경으로 보는 견해가 있다(정해득, 「正祖代 水原移邑과 以後의 변화 양상―수원지역 邑誌를 중심으로―」, 92~95쪽).

行廊 11칸(吸唱房 5칸, 使令房 4칸, 馬廊 1칸, 空廊 1칸)이 딸렸으며 운주당 앞에 있고, 정조 14년에 改建하고 禿城衙門이라는 편액을 걸었다고 하였다. 이밖에 運籌堂 동쪽의 衙前廳(吏廳, 9칸), 아전청 서쪽의 將校廳(9칸), 장교청 서쪽의 官廳(4칸 반, 순조 5년 建), 관청 서쪽의 四倉(大廳 3칸, 倉 60칸, 本城軍餉所儲), 四倉 동북쪽의 五倉(本府還上所儲), 五倉 서남쪽의 軍器庫(28칸 반, 2칸은 火藥庫, 순조 5년 建), 武庫, 東庫, 西庫, 保別庫와 동문 안에 보적사(21칸 반)가 있었다고 하였다.[82]

한편 『海東地圖』에는 步軍 및 輜重軍 560명, 守堞軍官 및 別武士弓矢人 1,600명이 있었다고 하였으며,[83] 『華城誌』에는 독성산성은 본부의 中軍이 예겸하는 별장아래 留鎭將 1명, 弓箭監官 1명, 各倉庫監官 3명, 別軍官 6명, 城門將 4명, 哨官 5명, 衙前 21명, 通引 10명, 使令 7명, 官奴 7명, 官婢 2명, 巡牢 7명, 城門卒 4명, 山直 5명 등의 조직과 守城軍 2,226명, 納米軍 1,946명으로 편제된 군사조직을 갖추고 있었다고 하였다.[84]

한편 『風泉遺響』에는

호서와 호남에서 상경하는 길은 평탄하기가 마치 숫돌과 같고, 금강 이북에는 賊侵路를 차단할 만한 한 쪽의 城堡도 없다는 점이다. 오직 이 성만이 한수 이남의 관문이 되고 있으며, 또 호서와 호남 두 길의 요충지에 위치해 있을 뿐이다.[85]

라고 하면서 독성산성의 전략상 중요성을 강조하였다.

---

82) 『華城誌』 권2 山城.
83) 『海東地圖』 上(서울大學校 奎章閣), 1995, 58쪽.
84) 『華城誌』 권2 山城.
85) 『風泉遺響』 水原禿城山城形便.

하여튼 독성산성은 높이는 그다지 높지는 않으나 성 밖이 급경사를 이루고, 성안 역시 정상을 향하여 암석으로 이루어진 급한 경사도를 이루며, 앞으로는 黃口池川이 자연해자를 이루는 등 천연의 요새를 이루고 있다. 이러한 입지조건 때문에 도성 남쪽의 요충지로서 도성의 방어에 중요한 역할을 하였으며,[86] 특히 園陵이 화산으로 천장되면서 전일에 비교가 안 될 정도로 중요시되었고, 화성이 축조되면서는 함께 協守體制를 구축함으로써 경기 남부지역의 군사적 비중을 높이게 되었다.[87] 그러나 독성산성이 이처럼 요충이기는 하였으나, 성안의 활용면적이 협소한 점, 뱀의 피해를 막기 위해 儀方銘 土製品을 사용하는 등 민간인들이 평상시에 거주하기에는 생활조건이 좋지 않은 점, 동북쪽에 陽山峰(해발 180.8m)이 가로 막고 있어 양산봉까지 방어에 포함을 하여야 한다는 점, 성 안에 샘물이 모자라 대군이 주둔하기가 마땅하지 않은 점 등의 단점이 있었다.[88] 비록 이러한 결함이 있다고 하더라도 이 정도의 조건을 갖춘 산성을 찾기는 그리 쉽지가 않다고 하겠다.

2. 麗妓山城

여기산성은 수원시 권선구 서둔동 1번지 일대 해발 104.8m의 여기산 정상에 위치하는 산정식산성이다. 필자는 1982년 2월과 1989년 10월에 조사한 바 있었고,[89] 2010년 4월에도 조사하였다. 산성은 농

---

86) 『光海君日記』 권62, 光海君 5년 정월 甲子. 『光海君日記』 권129, 光海君 10년 6월 丙子. 숙종 36년 10월에 사직 李光迪은 장단의 임진은 오른쪽을 방어하는 信地가 되고, 수원의 독성산성은 왼쪽을 방어하는 신지가 되니, 총융사가 重兵을 통제하여 북한산 아래의 병영에 머물면서, 좌우 방어사를 통제하면 도성의 방책이 될 것이라고 상소를 하기도 하였다(『肅宗實錄』 권49, 肅宗 36년 10월 甲子).

87) 『正祖實錄』 권49, 正祖 22년 10월 己酉.

88) 『宣祖實錄』 권124, 宣祖 33년 4월 丁丑.

89) 閔德植 · 金洸, 「三國志의 蘇塗關係記事에 관한 檢討—꽃뫼(花山)유적을 중심으로—」, 『白山學報』 37(白山學會), 1990, 54~57쪽.

촌진흥청 구내에 있는데, 현재는 여기산이 중백로, 쇠백로, 해오라기, 황로, 왜가리의 서식지로 특정조수서식보호구역(22.457ha)으로 지정되어 철책이 쳐져 있기 때문에 농촌진흥청의 허락이 없이는 들어갈 수가 없다. 여기산은 비록 낮은 야산이나 넓은 들판 가운데 솟아 있기 때문에 정상에서 보면 사방 전체가 한눈에 내려다보인다. 정상에는 현재 시멘트로 높이 7m 정도의 감시용 관망대가 세워져 있다. 남벽 안에 있는 바위에는 소원을 빌던 구멍들도 남아 있다.

성벽은 정상부에서 10m 정도 아래에 돌려 있으며 토축 성벽이다. 성벽의 둘레는 443m인데, 鄭南圭墓의 축대를 만드는 과정에서 남벽의 일부가 없어졌다. 성벽 밖은 서벽 밖 경사면은 비교적 완만하지만, 동벽 밖은 경사도가 심하고 내외협축의 토루가 잘 남아 있다. 전체적인 지형으로 보아 여기산성은 동쪽으로부터의 적을 막는데 유리하게 되어 있다.[90] 즉 삼남대로를 타고 내려오는 적을 의식했던 것 같다. 특히 동벽에는 토루가 비교적 잘 남아 있는데, 그 중에 上幅 1.4m, 內高 1.25m의 토루 안쪽에 2.3m 폭의 내환도가 남아 있는 곳이 있고, 남벽에도 상폭 1.9m, 내고 1.42m의 토루 안쪽에 1.8m의 내환도가 남아 있는 곳이 있다. 그러나 대부분은 토루가 붕괴되었다. 성벽 안쪽의 내환도는 대체로 3.6~4.5m 정도인데, 토루는 성벽 안쪽의 경사면을 삭토하여 만든 것으로, 이 과정에서 토루 안쪽에 내환도가 형성되었다.

문지로는 동문지로 추정되는 곳이 있는데, 문폭은 2.6m이고 문지 안쪽으로 폭 7.3m를 삭평하여 평지를 만들어 공간을 활용하였다. 또 문지로 추정되는 곳은 서문지가 있는데, 문지가 안쪽으로 들어와 있으며, 문지 남쪽으로는 길이 6.7m를 밖으로 돌출시켜 적대처럼 활용하였다. 여기에는 자연 암벽에 잇대어 1m 높이의 석축을 쌓았다.

성안에서는 집자리유적에서 출토되는 것과 같은 청동기시대에서

---

90) 동벽 밖으로는 작은 시내가 흘러 祝萬堤(西湖)로 유입되는데, 자연해자로 이용할 수가 있다.

초기철기시대에 걸치는 토기편들이 보이고, 고려시대와 조선시대의 것으로 보이는 와편들이 보인다.

본 여기산성은 조선시대의 지지류에도 보이지 않고, 웬일인지 1942년에 간행된 『朝鮮寶物古蹟調査資料』에도 언급이 없다.

2. 집자리

1979년부터 1981년까지 숭실대학교 박물관이 3차에 걸쳐 발굴조사를 실시하여 7기의 집자리를 발굴하였다. 여기산 전체에서 무문토기를 출토하는 집자리와 김해식토기와 무문토기가 함께 출토하고 철기가 반출하는 집자리가 층위를 이루거나 혹은 별개 지점에서 발굴되었다고 한다. 무문토기만을 출토하는 집자리가 시기적으로 선후하여 있고, 그 후에 철기를 반출하는 후대의 집자리가 형성되어 있었다고 한다. 보고자는 이 유적이 무문토기 중기부터 김해식토기가 출현하는 초기철기시대까지 장기간에 걸쳐 형성된 주거지역이라고 하였다. 또 채집한 토기바닥에서 볍씨 자국이 있었고, 난방시설을 한 진흙 속에서 볏짚을 혼합한 흔적이 뚜렷하여 저습지인 이 지역에서 벼농사가 무문토기 중기부터 시작하여 초기철기시대에 들어와서는 볏짚을 사용하는 등 벼농사가 일반화된 것으로 추측된다고 하였다.

(1) 청동기시대 집자리

장방형의 수혈 집자리로 벽면을 따라 柱孔이 약 1m 간격으로 배치되었고, 장축으로 가운데에도 주공이 있었다. 공렬문토기, 가락리식토기와 석촉, 숫돌 등이 출토되었다.

(2) 초기철기시대 집자리

한 변이 4m 전후의 방형 집자리와 장방형 집자리 등 3기가 발굴되었다. 모두 벽면에 주공이 있고 가운데에도 주공이 있었다. 특히 7호 방형 집자리에서는 난방시설이 되어 있었다. 난방시설은 북벽에 붙여 한 변이 약 30cm의 얇은 흙벽돌을 30cm 간격을 두고 양편에 세우고, 그 위에 똑같은 크기의 벽돌을 덮어서 方 30cm 크기의 터널형의 구들 불고래를 만들고, 양단에서 다시 서벽을 따라 굽혀서 아궁이를 만들었다. 동단에도 역시 벽에 붙여 높이 굴뚝을 쌓아 지붕 위로 뽑아 올렸던 것으로 보인다고 한다. 출토유물은 김해식토기와 무문토기 후기형이 함께 출토되었다. 김해식토기는 회청색태토에 승석문이 시문된 硬陶와 회색에 극히 연질인 태토에 승석문을 시문한 것들인데 후자가 더 많았다고 한다. 시루바닥 파편도 여러 점이 출토되었다. 철제품으로는 철부, 철촉, 철도자, 쇠톱 등 주로 생활 공구들이 출토되었다.[91]

여기산성의 기능을 살피는데 우선 유념해야 할 것은 여기산성과 교통로와의 관계이다. 삼남대로는 한양에서 동작진을 건너 남태령, 과천, 인덕원,[92] 의왕을 거쳐 지지대고개를 넘게 된다. 1750년대에 만든 『海東地圖』의 수원부[93]에는 삼남대로가 沙斤峴(지지대고개)에서 後坪橋[94]를 건너 串山(古琴山) 서쪽, 수원고읍성, 洗南橋, 독성산성으로 통하는 것으로 되어있다.[95] 즉 사근현에서 泉川洞[96]을 거쳐 여기산성 서쪽, 西屯洞 塔里, 古索洞,[97] 芝長洞, 旗安里,[98] 수원고읍성으로 통하는 길이 삼남대로였다.[99] 하여튼 여기산성은 삼남대로상에 위치하여, 삼남대로를 타고 내려오는 적을 막도록 축조된 것으

---

91) 林炳泰, 「水原西屯洞住居址發掘概報」, 33~35쪽.

92) 인덕원에서 학고개를 넘으면 영남대로와 김해로의 판교원에 닿는다(민덕식, 「樂生驛과 板橋院」, 『城南文化硏究』26, 城南文化院, 2019, 140~150쪽).

93) 서울大學校 奎章閣, 『海東地圖』上, 1995, 58쪽.

94) 『華城誌』에는 수원부의 서남 15리 龍伏面에 後坪川大橋와 後坪川小橋가 있다고 하였다(『華城誌』권2 橋梁).

95) 고금산유적, 기안리제철유적이 이 길의 부근에 위치하고 있다.

96) 수원시 장안구 천천동이다.

97) 수원시 권선구 고색동이다.

98) 화성시 태안읍 기안리이다. 정조가 현릉원에 제사를 드릴 때 이 마을에 旗를 꽂게 하였는데, 기 안쪽에 위치하여 기안에 있는 마을이라 하여 기안말이라고 하였다 한다(水原市, 『水原市史』中, 1997, 716쪽).

99) 이 길은 1918년에 발행된 1만분의 1 지형도와 1922년에 발행된 5만분의 1 지형도에서도 확인된다.

로 보이며, 여기산성의 구조도 이와 일치하고 있다. 여기산성은 이 지역의 거점성인 독성산성의 전초기지 역할을 한 것이 아닌가 싶다.

맺 음 말

고려 말~조선 초에 왜구의 침입에 대비하기 위해 축조된 것으로 추정되는 수원부의 고읍성은 15C 말경에는 성벽이 상당히 무너져 있었으며, 17C 중반 경에는 읍성이 있는 것조차 인식되지 않을 정도로 퇴락하였다. 관아건물의 외곽을 두른 담장 정도의 기능을 하는데 불과하였고, 특히 북벽은 홍수 때 범람을 막는 제방의 역할도 하였다고 볼 수가 있다. 대신 고읍성에서 동쪽으로 약 2km 떨어진 입보산성인 독성산성이 군사적 기능을 대신하게 되었다. 유사시에는 이곳 주민들은 독성산성으로 들어가게 되어 있었다.

성황산성은 배양리에서 치리고개를 넘어 오는 적들을 막기 위해 축성된 것으로, 독성산성의 보루 역할을 한 것이 아닌가 싶다. 안령동토루와 와우동토루는 한양에서 삼남지방으로 통하는 대로를 막기 위한 防墻이었다. 이들 방어시설이 붕괴되면 곧바로 독성산성에 닿게 된다. 이처럼 이들 방어시설은 수원 고읍성을 보호하는 한편 독성산성의 방어에도 중요한 역할을 한 것으로 짐작된다.

독성산성은 한양 남쪽의 요충지이며, 園陵이 화산으로 천장되면서 전일에 비교가 안 될 정도로 중요시되었고, 화성이 축조되면서는 함께 協守體制를 구축함으로써, 경기 남부지역의 방어에 중요한 역할을 하게 되었다.

여기산성은 삼남대로상에 위치하여, 삼남대로를 타고 내려오는 적을 막도록 축조된 것으로 보이며, 이 지역의 거점성인 독성산성의 전초기지 역할을 한 것이 아닌가 싶다.

제3부 기타

제1장 성곽과 역참
—栗峰驛을 중심으로—

머 리 말

우선 주제가 되는 율봉역의 栗峰의 연원에 대해서는 현재 잘 알 수가 없다. 혹시 이 일대에 밤나무가 많아 栗峴(밤고개), 율봉이라는 명칭이 생겼는지도 모르겠다. 전에는 내덕동의 진천과 충주로 가는 길이 갈라지는 삼거리에서 진천과 충주로 가는 고개를 밤고개(방고개)라고 불렀다. 이곳 삼거리에 있는 천주교성당 자리는 주변보다 지형이 높아서 이곳 언덕에서 보면 청주 시내가 환히 내렸다 보였다. 이곳 언덕이 栗峰일 가능성이 있다. 예전에는 밤고개가 내덕동을 상징하여 밤고개 일대를 밤고개라는 지명으로 넓게 불리어졌듯이, 고려시대 이전에는 율봉이 이 일대의 지명으로 넓게 불리어졌던 것은 아닌지 모르겠다. 이는 물론 이곳 삼거리가 당시 驛路로서 교통상 중요한 지점이었기 때문이었을 것이다.

驛站은 중앙집권체제를 유지하고, 중앙과 지방의 행정명령 계통을 확립하기 위하여 설립한 교통시설이었다. 설치목적은 王命 및 긴급한 軍機事項의 전달, 奉命使臣의 왕래에 따른 迎送支待, 進上·貢賦의 운송,[1] 왕래인의 규찰[2]에 있었다. 조선시대에 충청도에는 좌도

1) 역참의 轉輸機能에는 진상과 공물 이외에도 官物이나 使臣의 卜物(짐) 등이

에 連原道(충주), 栗峰道(청주), 成歡道(직산), 우도에 金井道(청양), 時興道(온양), 利仁道(공주) 등 6개의 驛道가 있었는데, 율봉역은 율봉도의 本驛인 察訪驛이었다.

율봉역은 淸州牧 北州內面 栗峰里에 있던 역이고, 오늘날의 청주시 청원구 율량동 395번지 일원에 있었다. 10여년전만 해도 중리라는 마을이 있던 곳이다. 율봉역이 있던 지형은 背山臨水의 형태를 취하고 있다. 즉 뒤로는 백화산이 배산을 이루고 있는데, 백화산 줄기는 동남쪽으로 뻗어 올라가 上黨山城[3]으로 이어진다.[4] 앞으로는 율량천을 끼고 있는데, 현재 율량천에는 길이 23.0m, 폭 6.9m의 율량교가 놓여 있다. 율량천은 말을 사육하는 데 유용하게 활용되었을 것이다. 동남쪽으로는 멀리 상당산성이 조망되고, 남쪽으로는 가까이에 牛岩山城(唐羡山城)[5]이 위치한다. 개발되기 이전의 옛 중리의 사진이 남아 있어 참고가 된다. 율봉역 자리에는 청주읍성 안에 있던 충청도병마절도사영(兵營)의 관사로 사용했던 건물로 추정되는 건물이 옮겨져 있다. 1923년에 율량동 300번지로 이전되어 민가로 사용되었는데, 율량동 일대가 택지지구로 개발되면서 2014년에 지금의 위치로 옮겨 놓은 것이다.[6] 정면 4칸, 측면 2칸의 겹처마 맛배지붕

포함되어 있었다. 이러한 진상과 공물 등은 모두 역마를 사용하여 실어 나르고 부족하면 소바리로 실어 나르며, 소가 부족하면 남녀가 이고 지고하여도 지탱하지 못하여 그 괴로움은 이루 말할 수가 없었다(『燕山君日記』 권36, 燕山君 6년 정월 辛巳).

2) 『太宗實錄』 권19, 太宗 10년 정월 乙未.

3) 상당산성은 김유신의 셋째 아들인 金元貞이 仇近 등을 거느리고 쌓았다는 西原述城에 비정된다(『 三國史記』 권47 列傳7 裂起傳).

4) 이들 산줄기는 우암산성의 중요한 방어선 역할을 하였던 것으로 추정된다.

5) 우암산성은 내성에 고려 태조 13년에 외성이 증축된 복곽식산성이다(『高麗史』 권1 世家1 太祖 13년 8월. 『高麗史』 권82 志36 兵2 城堡). 내성 중에서 약 1.4km의 제1곽은 삼국시대~통일신라시대에 축성된 것이고, 제2 · 3곽은 외성보다 늦은 시기에 축성된 것이라고 한다(청주시 · 호서문화유산연구원, 『청주 우암산성 I 』, 2015, 154쪽).

6) 「淸州 栗陽洞 古家」 안내문.

이다. 남쪽 담장 밖에는 「察訪金公重△善政碑」(1656년), 「行察訪李公翼年善政碑」(1694년), 「行察訪許公稷永世不忘碑」(1865년), 「行察訪兼外史官金公河璉去思碑」(1895년)가 옮겨져 세워져 있다.

율봉역이 있던 중리유적은 중리마을 중앙부에 해당하는 지역인데, 2008~2009년에 중앙문화재연구원에 의해 발굴조사가 이루어지고, 지금은 공원으로 꾸며 놓았다.

한편 옛 도로망을 파악하기 위해서는 半官半民的 성격을 띤 역의 보조기능을 가진 숙박시설인 院(院宇)에 대한 조사도 이루어져서 역참과 원이 종합적으로 연구되어지는 것이 바람직 한데, 청주 일대에서는 아직 원에 대한 연구가 잘 이루어지지 않고 있는 실정이다. 원은 17C 초를 전후하여 그 기능을 상실하게 되는데, 18C에 이르면 정상적인 기능을 가진 원은 별로 없는 실정이었다. 즉 원은 임진왜란 이후 점차 소멸되고 店(주막)이 발달하였다.[7] 이 때문에 원에 대한 조사가 쉽지 않다. 필자가 1975년에 차령산맥을 조사할 때 진천의 脇呑嶺 아래에 있던 脇呑院을 조사한 일이 있었는데, 여기서 협탄원의 원집으로 쓰였다고 전해지는 한 채의 매우 오래된 작은 초가집을 본 일이 있었다. 이 일대에서 처음으로 본 옛 원집이었다.

Ⅰ. 율봉역

1. 構造

1) 驛舍

(1) 문헌자료

『李喬徵栗峰道察訪解由文書』(1660년)에는 당시 율봉역의 역민

7) 金鍾憲, 「朝鮮時代 交通建築으로서의 院宇에 관한 硏究」, 『건축역사연구』 17, 1998, 105쪽. 민덕식, 「朝鮮時代의 板橋 硏究—漢陽都城 硏究를 위한 일환으로—」, 『鄕土서울』 83(서울特別市 市史編纂委員會), 2013, 166~172쪽.

들이 각자의 직임에 따라 사무를 보던 건물인 역사는 모두 89칸이었다고 하였다. 역사는 上道와 下道로 구분되었다. 상도에는 上房 8칸, 미상이 6칸, 창고 3칸, 樓上庫 3칸, 行廊 3칸, 公須廳 5칸, 作廳大門 7칸, 別庫 3칸, 행랑 4칸이고, 하도는 상방 14칸, 누상고 3칸, 下庫 3칸, 공수청대문 14칸, 作廳 4칸, 下館 9칸이 있었다고 하였다.

구분	건물명칭	형태	칸수
上道	上房	와가	8
	△△	〃	6
	倉庫	〃	3
	樓上庫	〃	3
	行廊	초가	3
	公須廳	와가	5
	作廳大門	〃	7
	別庫	〃	3
	行廊	〃	4
下道	上房	〃	14
	樓上庫	〃	3
	下庫	불명	3
	公須廳大門	〃	14
	作廳	와가	4
	下館	불명	9
계			89

<표 1> 율봉역의 역사 현황(『李耈徵栗峰道察訪解由文書』)

역사 중에서는 1992년까지 남아 있다가 화재로 소실된 찰방집이라고 전하는 사진이 남아 있다.[8] 현재 남아 있는 찰방집의 사진 중

에서 가장 뚜렷한 사진은 1988년에 김동복씨가 촬영했다는 컬러사진이다.[9] 이 사진을 보면 정면 4칸, 측면 3칸의 건물에 측면으로 2칸을 덧붙인 정면 4칸, 측면 5칸으로 된 14칸의 ㄴ자 건물이었다. 규모로는 전술한 하도의 상방 14칸과 같다.

율봉역에는 이상하게도 두 곳에 上房이 있었다. 상방은 본래 관청의 우두머리가 거처하는 방이란 의미인데, 黃山驛은 內東軒과 東軒이, 幽谷驛, 安奇驛, 松羅驛, 昌樂驛, 金泉驛, 召村驛 등에는 동헌이 있었다.[10] 이들 동헌은 찰방의 집무소인 衙舍였다. 율봉역의 상방도 호남 景陽驛의 外正廳, 內正廳처럼 正廳인 동헌과 같은 건물이 아닌가 의심되는데,[11] 이와 같은 추측이 옳다고 한다면, 위치로 보아 상도의 상방이 동헌으로 쓰이고, 하도의 상방은 찰방의 관사로 쓰인 것이 아닌가 싶다. 공수청은 公須位田을 관장하던 건물이고, 作廳은 본래 군현행정의 실무기구로 조선 초기에 六房體系가 도입된 아전들의 집무처이며, 임진왜란을 계기로 戶長(아전의 최상위 직임)중심의 邑司에서 작청이 분리된 것인데, 人吏廳, 吏廳, 衙前廳, 星廳, 秩廳이라고도 불렀다.[12] 역참에서는 역의 행정업무를 실제로 담당한 아전 즉 驛吏들이 중앙 胥吏들의 6房體制와 같이 6방 分任에 따라 업무를 나누어 보던 곳이었다.[13] 하도의 下館은 규모도 9칸으로 큰 규모였다. 『湖南驛誌』(1896년)에는 靑巖驛(長城)의 驛舍 모습에 역사로 들어가는 鎭南樓 옆으로 길게 하관(6칸)이 그려져 있다.[14] 하관은 창

---

8) 강민식, 「흑백사진에 남은 율봉역」, 『청주문화』30(청주문화원), 2015, 75쪽.

9) 『충청리뷰』, 2016년 1월 28일.

10) 『嶺南驛誌』(奎章閣圖書番號 12185).

11) 『大明律』 郵驛條에는 사객이 역사의 正廳上房에 占宿하는 자는 笞 50이라고 하였다.

12) 裵基憲, 「朝鮮後期 作廳의 運營과 그 性格」, 『啓明史學』6(啓明史學會), 1995, 51~56쪽.

13) 趙炳魯, 「조선시대 충청지역 交通路와 驛站운영—淸州 『栗峯道察訪解由文書』 및 『栗峯驛事例』를 중심으로—」, 『충북의 옛길』(충북향토사연구협의회), 2014, 16쪽.

락역, 안기역처럼 館舍가 아니었나 추정된다. 이들 驛館(客館, 外館)은 역을 이용하는 使客들이 유숙하던 곳이었다.[15] 그러나 고위 사객들은 이곳 역관보다는 시설이 비교적 좋은 청주목의 客館(客舍)을 즐겨 이용하였을 것이다.[16]

창고에는 역의 역마를 雇立하기 위하여 馬戶 등의 역민으로부터 징수한 身貢錢이나, 復戶田에서 징수한 復戶價를 비축하는 雇馬廳, 역민들을 구제하기 위한 賑恤穀이나 還穀을 저장 , 관리하는 賑恤庫, 역의 소요비품을 보관하는 工庫, 역리, 역노비 등 역민의 호구대장이나 각종 토지대장 등의 形止案을 보관하는 形止案庫 등이 있었을 것이다.[17] 한편 「連原道察訪解由文書」(철종 2년, 1851년)에는 연원역에서 비치된 물품 중에 驛吏奴婢形止案冊(82권), 各等重記(60권), 各種 立案(17장), 新迎時雜物謄錄冊(1권), 雨具謄錄冊(1권), 本各驛馬位田畓案冊(1권), 式年馬位田案及馬籍案冊(23권), 本各驛馬位詳定冊(1권) 등 역리, 역노비의 인구 동태, 찰방의 영송에 따른 접대, 역마를 기르는 데 필요한 마위전 보유 실태를 알 수 있는 서책들이 있었다고 하는데.[18] 물론 율봉역의 창고에도 이러한 서책들이 이었을 것이다.

---

14) 『湖南驛誌』 靑巖道驛誌及事例成冊(奎章閣圖書番號 12190).

15) 北院은 청주목 관아에서 북쪽으로 7리에 있었는데(『輿地圖書』 淸州牧 驛院), 율봉역과 관련된 院宇로 北州內面 院里에 있었으며, 정확한 위치는 알 수 없으나 내덕동일대에 있었던 것으로 보고 있다. 지형상으로 보아 진천로와 청안로의 분기점 부근이 아니었나 싶다. 이곳은 바로 김해로의 역로에서 율봉역으로 들어가는 시작점이기도 한다. 주로 진천로나 청안로를 왕래하던 旅客들이 이용하였을 것으로 추정된다. 율봉역의 역관을 이용하지 못하는 使客들은 이곳 북원을 이용하는 경우도 있었을 것이다.

16) 樂生驛(성남시 분당구 수내동)은 奉命使臣 및 公私의 過客과 각 고을의 수령 가족 등이 모두 이 역에서 숙박하게 되는데, 이 역이 잔폐되었기 때문에 사람들이 유숙하지 않고, 모든 공사의 일행들이 전부 果川縣에서 숙박을 하였다. 이 때문에 과천도 폐해를 받아 지탱하지 못하게 되었다고 하였다(『中宗實錄』 권65, 中宗 24년 5월 甲寅).

17) 趙炳魯, 「조선시대 충주지역의 교통체제―驛院과 酒幕을 중심으로―」, 『藥城文化』 25, 2005, 77쪽.

18) 趙炳魯, 위의 논문, 78쪽.

아무튼 율봉역의 역사는 동헌, 공수청, 작청, 驛館, 각종 창고 등으로 구성되었음을 알 수가 있다.

한편 이웃 연원역에는 馬廐(9칸)가 있었는데, 역마를 대기시키는 마구간은 바닥은 마른 나무판자를 깔고, 구유를 설치하고, 外三門 근처에 배치한 경우가 많았다. 물론 율봉역에도 이러한 시설이 있었을 것이다.

(2) 발굴조사자료

㉮ 1호 건물지

1호 건물지는 건물지가 밀집되어 있는 중리유적의 동쪽 모서리에 자리 잡고 있었으며, 유구의 남서쪽으로 약 1m 거리에 2호 건물지가 위치하고, 북서쪽으로 약 1m 거리에 3호 건물지의 적심렬이 놓여 있었다. 유구 내부에서 적심 등 건물지의 존재를 확인할 적극적인 증거는 확인되지 않았으나, 할석을 깔아 지반을 단단히 고르고 다듬은 것으로 보아, 건물지에 준하는 시설이 있었던 것으로 판단되었다.

유구의 규모는 할석이 깔려있는 범위인 길이 12m, 너비 7.5m이고, 장축방향은 북서—남동이었다. 1호 건물지와 관련된 시설로 유구의 북동쪽 장변에서 각각 1m와 2m 떨어진 곳에서 2열의 석렬이 유구의 방향과 나란히 놓여 있는 것이 확인되었다. 잔존양상으로 보아 담장으로 판단되었는데, 북쪽에 놓여 있는 석렬이 비교적 정연하며 ㄱ형태로 꺾이는 것이 확인되어, 유구 주변에 둘러진 담장의 기초로 판단되었다.

유구의 잔존양상이 정형성이 없고 잔존상태가 양호하지 못하여 정확한 성격이나, 규모, 구조는 파악할 수 없었고, 건물지의 기초만 남아 있는 것으로 판단되었다.[19]

㉯ 2호 건물지

2호 건물지는 중리유적의 건물지가 밀집되어 있는 곳의 중앙부에

19) 中央文化財硏究院 · 韓國土地住宅公社, 『淸州 栗陽洞遺蹟 Ⅲ』, 2011, 1~5쪽.

위치한다. 2호 건물지의 북동쪽으로 1m 거리에 1호 건물지가 자리하고, 남쪽으로 약 3.5m 거리에 1호 연못지가 자리한다. 2호 건물지의 북서쪽으로 2호 건물지보다 약 50cm 높은 위치에 6호 건물지가 자리하고 있어, 2호 건물지의 정확한 범위와 구조를 확인할 수 없었다. 유구의 노출상으로 보아 2호 건물지가 폐기된 후에 6호 건물지가 들어선 것으로 확인되었다.

2호 건물지의 정확한 범위는 파악하기 어려우나, 노출되어 확인되는 양상은 12기의 적심으로 이루어진 정면 4칸, 측면 2칸의 평면 형태가 ㄴ자형 건물지이다. 적심은 원형으로 규모는 지름 약 1~2m였다. 건물지의 장축방향은 북동—남서로 건물지 정면은 남동쪽을 향하고 있는 것으로 판단되었고, 건물지의 규모는 정면 9.6m, 측면 4.8m였다.[20]

㉰ 3호 건물지

12기의 적심으로 이루어진 정면 3칸, 측면 2칸의 장방형 건물지이다. 장축방향은 북서—남동으로 정면이 남서쪽을 향하고 있었다. 적심과 적심 사이의 주칸거리는 정면, 측면 모두 240cm로 균일하고, 건물의 규모는 정면 7.2m, 측면 4.8m였다. 건물지의 기단 기초가 남아 있었다.[21]

㉱ 4호 건물지

8기의 적심으로 이루어진 정면 2칸, 측면 2칸의 정방형으로, 남쪽 모서리의 적심은 유실된 것으로 추정되었다. 적심과 적심 사이의 주칸거리는 2.25m로 균일하며, 정면 4.5m, 측면 4.5m였다. 건물지의 기단 기초가 남아 있었고, 3호 건물지와 축선을 나란히 하고 있었으며, 같은 높이의 터 위에 조성되어 동시기에 사용되었던 것으로 판단되었다.[22]

---

20) 中央文化財硏究院 · 韓國土地住宅公社, 위의 책, 5~13쪽.
21) 中央文化財硏究院 · 韓國土地住宅公社, 위의 책, 13~14쪽.
22) 中央文化財硏究院 · 韓國土地住宅公社, 위의 책, 14~15쪽.

㉮ 5호 건물지

5호 건물지의 북쪽으로 약 3.5m 거리에 2호 건물지와 3호 건물지가 나란히 놓여 있었고, 5호 건물지의 남쪽 모서리 일부분이 6호 건물지와 중복되어 있었다. 20기의 적심으로 이루어진 정면 4칸, 측면 3칸의 장방형 건물지로 남쪽 모서리의 적심 2기는 유실된 것으로 보이고, 18기의 적심이 잔존하였다. 적심의 규모는 지름 약 1.2m이고, 일부는 적심석 위에 초석이 놓여 있었다. 적심과 적심 사이의 주칸거리는 정면 2.25m, 측면 2.5m로 건물지의 규모는 정면 9m, 측면 7.5m이고, 장축방향은 북서—남동이었다. 건물지의 기단기초, 출입시설, 보도시설이 남아 있었다. 적심석의 중복과 잔존양상으로 미루어 5호 건물지 보다 후대에 조성된 6호 건물지가 5호 건물지의 남쪽 모서리를 훼손하고 조성된 것으로 판단되었다.23)

㉯ 6호 건물지

6호 건물지는 5호 건물지의 남동쪽 모서리와 중복되어 있었는데, 적심의 중복과 잔존양상으로 미루어 6호 건물지가 5호 건물지보다 후대에 조성된 것으로 판단되었다. 6호 건물지의 동쪽으로 2호 건물지가 자리하는데, 2호 건물지는 6호 건물지와 약 60cm의 높이차를 두고 하부에 자리하고 있어, 6호 건물지가 후대에 조성된 선 · 후 관계를 확인할 수 있었다. 8기의 적심으로 구성된 정면 3칸, 측면 1칸 건물로 서쪽 모서리의 적심 1기가 유실된 것으로 보였다. 적심의 지름은 약 1m이고, 적심 사이의 한 칸의 간격은 모두 2.8m였고, 건물의 규모는 정면 8.4m, 측면 2.8m로, 장축방향은 북동동—남서서였다. 6호 건물지는 서쪽으로 더 연장된 것이나 유실된 것으로 보였다.24)

㉰ 7호 건물지

7호 건물지의 가장 북쪽 적심으로부터 북동쪽으로 약 1m 거리에 5호 건물지의 기단석이 자리하고, 남쪽으로 약 70cm 거리에 매우 인

23) 中央文化財硏究院 · 韓國土地住宅公社, 위의 책, 15~16쪽.
24) 中央文化財硏究院 · 韓國土地住宅公社, 위의 책, 17~24쪽.

접하여 8호 건물지가 있었다. 14기의 적심으로 구성된 정면 5칸, 측면 2칸 건물로, 북동쪽으로 열이 맞는 1기의 적심석이 확인되어 북쪽으로 측면 칸이 더 있었을 가능성도 있다. 건물지의 규모는 정면 11m, 측면 5m이고, 평면형태는 ㄱ자형으로, 장축방향은 북서—남동이다.[25]

㉳ 8호 건물지

8호 건물지의 동쪽으로 약 5m 거리에 1호 연못이 자리하고 있었다. 10기의 적심으로 구성된 정면 4칸, 측면 1칸 건물로 평면은 一자

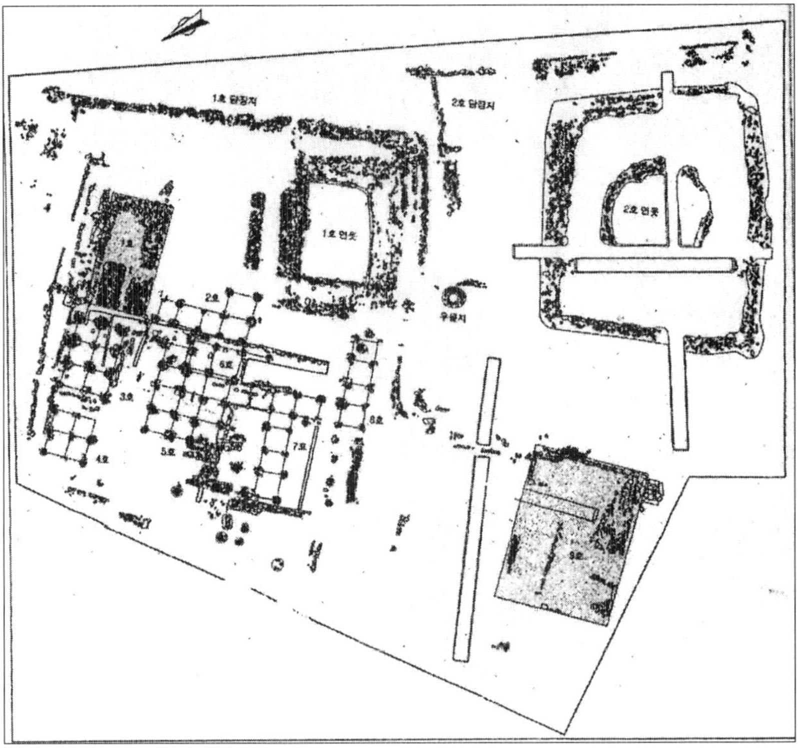

<그림 1> 율봉역의 건물 배치도

25) 中央文化財硏究院 · 韓國土地住宅公社, 위의 책, 24~25쪽.

형이다. 적심칸의 간격이 2.3m로 균일하며, 건물지의 규모는 정면 9.2m, 측면 2.3m이고, 장축방향은 북서—남동이다.[26)]

㉶ 9호 건물지

9호 건물지의 동쪽으로 약 12m 거리에 2호 연못이 있고, 북동쪽으로 약 17m 거리에 8호 건물지가 자리하고 있었다. 건물의 구체적인 구조를 확인할 수 있는 적심 등은 확인되지 않았고, 바깥쪽으로 면을 맞추어 놓여있는 석렬이 부분적으로 확인되었다. 할석렬이 여러 겹 확인되는 것으로 보아 건물지 기단이 여러 차례 증 · 개축된 것으로 판단되었다. 적심이 확인되지 않아 건물지의 구조는 파악할 수 없었고, 평면형태는 장방형으로 건물지의 규모는 정면 16m, 측면 11.2m이며, 장축방향은 북서—남동이다. 건물지 남쪽 모서리에 길이 1m이상의 장대석을 장방형으로 놓고 내부에 납작한 할석을 깐 시설이 맞닿아 있는 것이 확인되어, 건물지 출입시설의 하부구조가 남아 있는 것으로 판단되었다.[27)]

하여튼 동북쪽에 자리 잡은 1호 담장지가 1호 연못지와 1 · 2호 건물지를 모두 포함하고 있어, 남서쪽에 자리한 2호 담장지와 관련이 있었을 것으로 추정되는 2호 연못지와 9호 건물지와는 별개의 권역을 이루고 있다. 1호 담장지와 관련된 동북쪽 건물군이 밀집되어 있는 1구역이 중심구역이고, 2호 담장지와 관련이 있었을 2구역은 부속되어 있는 것처럼 보인다. 1구역에서는 출입시설과 보도시설을 갖춘 5호 건물지가 중심을 이루고, 2구역에서는 9호 건물지가 중심을 이룬다. 이들 건물지 중에서 2호 건물지와 6호 건물지는 정면이 동남쪽이고, 나머지는 모두 남서쪽이었다. 8호 건물지는 下館과 관련이 있던 것은 아닌지 모르겠다. 만약 이와 같은 추측이 옳다고 한다면 靑巖驛처럼 1구역의 출입시설은 이쪽으로 나 있었을 가능성을 상정할 수 있다.

---

26) 中央文化財研究院 · 韓國土地住宅公社, 위의 책, 26쪽.
27) 中央文化財研究院 · 韓國土地住宅公社, 위의 책, 27~28쪽.

이들 건물지에서 출토된 유물로는 기와와 백자류가 중심을 이루고 있었는데, 출토유물로 보아 15C 후반이전에서 19C까지 오랜 동안 사용되었던 것으로 판단되었다.[28]

2) 연못

(1) 문헌자료

徐居正의 율봉역에 題하다라는 7언시에는[29]

耿耿銀河月欲低(은하수는 반짝 반짝 달빛은 나지막하고)
藕花開盡小樓西(작은 누각 서쪽으로 연꽃은 만발했는데)
美人睡起話離別(미인이 자고 일어나 이별 인사 나눌제)
鐵笛一聲心轉迷(鐵笛[30] 한 소리에 마음이 헷갈리네)

이 시를 통해 작은 누각 서쪽으로 연못이 있었음을 알 수가 있다. 여기서 미인은 기생을 의미한다. 이들 기생들은 이곳을 지나는 奉命使臣이나 過客들의 접대를 하였으며, 율봉역에 官妓가 있었다는 기록이 없는 것을 보면 관기는 아닌듯하다.

또 서거정의 옛 일을 생각하여 西原의 율봉역에 제하다라는 7언시에는[31]

隴麥初胎梅已仁(밭두둑에 보리는 싹트고 매실은 이미 시들었는데)
江南行客動傷神(강남에서 온 나그네 마음 절로 상하네)
小塘依舊荷花淨(작은 연못은 예나 다름없고 연꽃은 청초하건만)
不見當時勸酒人(그때 술 권하던 사람은 볼 수가 없구나)

한편 서거정의 『東人詩話』에는 다음과 같은 이야기를 전하고 있다.[32]

세종 19년에 權擥, 韓明澮,[33] 李文炯 등 수십 명의 동지가 서원

28) 中央文化財硏究院 · 韓國土地住宅公社, 위의 책 , 97~98쪽.
29) 『四佳集』 四佳詩集 권2 詩類 題栗峰驛.
30) 옛날 隱者나 高士가 이 젓대를 잘 불었다고 한다.
31) 『四佳集』 詩集 補遺3 栗峰驛.
32) 『東人詩話』卷下.

(청주)에서 노닐었는데, 권람은 기생 一枝紅을 사랑하고, 이문형은 銀臺月을 마음속으로 사랑하였다. 몇 년 뒤에 권람과 이문형이 다시 서원에서 노니는데, 일지홍은 이미 세상을 떠나 버렸다. 이에 이문형이 권람의 마음을 헤아려 시 한수를 읊었는데, 「지난 무오년에 놀던 일 생각하면, 일지홍의 요염한 자태 선비의 간장 녹였는데. 오늘 다시 오니 감개가 무량하나, 가련하구나 외로운 무덤 인간을 등졌구나.」 라고 하였다. 또 19년 뒤에 이문형이 좌승지로서 역마를 타고 서원을 지나게 되었을 때 은대월은 오히려 건강하게 말술(斗酒)과 닭 한 마리를 가지고 와서 은근하게 회포를 풀고 즐거움을 극진히 한 다음 헤어졌다. 권람은 이때 정승이 되어 이문형의 말을 듣고 金守溫에게 전하였다. 김수온도 젊은 시절의 일을 말하기를, 젊은 시절에 서원 기생 鳳凰池와 함께 고을 북쪽 율봉역에서 이별을 슬퍼하였다고 하였다. 누각 아래에는 작은 연못이 있었고 연못에는 때마침 연꽃이 활짝 피어 있어 소년은 넋을 잃고 저도 모르게 연못으로 굴러 떨어졌다고 하였다. 7년 뒤에 다시 서원에 이르러서 보니 봉황지가 세상을 떠난 지 이미 두 해째였다.[34] 감상에 젖어 驛樓에서 시 한수를 읊으니, 「밭두둑에 보리는 싹트고 매실은 이미 시들었는데, 강남에서 온 나그네 마음 절로 상하네. 작은 연못은 예나 다름없고 연꽃은 청초하건만, 그때 술 권하던 사람은 볼 수가 없구나.」 라고 하였다. 권람이 웃으며 말하기를 서원은 본래 미인이 많은 곳인데, 지금 이문형이 역마를 타고 고을로 달려가자 반갑게 앞을 가로막는 사람을 보게 되었으니 그 얼마나 영광스러운 일인가. 나와 그대가 비록 서원에 이른다 하더라도 시에서 한탄한 그대로일 것이다. 이문

33) 한명회는 청주 대머리 한씨로 청주에 農莊이 있었다. 그가 정승이 되어 권세를 누릴 때는 농장에 올 때에 진천현감과 율봉도찰방이 境上(광혜원)에서 영접할 정도였다(『成宗實錄』 권201, 成宗 18년 3월 甲午). 이번 모임도 한명회가 주선한 듯하고, 이들은 후일 수양대군의 수족이 되었다.

34) 원문의 奔月은 羿의 처가 不死藥을 훔쳐 달나라로 달아났다는 고사로 세상을 떠났다는 의미이다.

형과 같은 한이 어찌 이루어지랴. 옛 사람이 말한 「旌旗를 앞세우고 지나가건만 누각 위에는 이 행차 바라보는 이 없네.」라는 시구는 나와 그대를 두고 한 말일 것이다라고 하면서 손뼉을 치고 크게 웃었다고 하였다.

여기서 김수온은 영동 사람으로 慧覺尊者 信眉의 아우인데,[35] 세종 말년에 신미와 함께 세종에게 佛心을 심어준 사람이었다.[36] 문제는 서거정의 『東人詩話』로 보면, 전술한 서거정의 「懷舊題西原栗峰驛」이라는 시는 서거정의 시가 아니고 김수온의 시라는 점이다. 이렇다면 「題栗峰驛」이라는 시도 김수온의 시가 아닌가 싶으며, 이럴 경우 여기서 미인은 봉황지일 것이다.

한편 성종대 율봉도 찰방 金哲孫은 어떤 한 過客이 갑자기 이르매 역리가 암행어사라고 잘 못 전하자, 두려운 나머지 급하게 어찌할 바를 모르고 거느리고 있던 기생을 가려진 곳에 숨기려다 잘 못하여 溷廁(뒷간) 가운데에 빠뜨렸다. 김철손은 이를 분하게 여겨 과객이 속여서 거짓으로 어사라고 일컬었다고 감사에게 보고했다는 우스운 이야기가 전한다.[37] 김철손은 뒤에 성환도 찰방이 되었다가 이 일로 인해 탄핵을 받고 파직되었다.

(2) 발굴조사자료

㉮ 1호 연못지

1호 연못지는 중리유적 중 건물지가 밀집되어 있는 곳의 남쪽 모서리에 자리 잡고 있었다. 평면형태는 장방형으로 장축방향은 북서—남동이고, 규모는 장축 9.6m, 단축 6.75m였다. 북동벽과 북서벽은 할석을 단이 지도록 쌓은 벽의 형태가 비교적 잘 남아 있었으나, 남동벽과 남서벽은 축대가 모두 유실되고 흙이 드러난 상태로 심하게 훼손되어, 그 형태가 정연하지 못하였다. 4단이 잔존한 북동벽은 계

35) 閔德植, 「慧覺尊者와 福泉寺」, 『年報』21(충북대학교박물관), 2012, 84쪽.
36) 『世宗實錄』권123, 世宗 31년 2월 丙子.
37) 『成宗實錄』권297, 成宗 25년 12월 丙子.

단식으로 쌓아올렸으며, 벽의 동쪽부분은 크기가 30~70cm의 할석을 이용하여 가로쌓기를 하였고, 서쪽부분은 동쪽에 비하여 작은 10~50cm의 할석을 이용하여 쌓아 확연히 구분되어 벽면의 증축 또는 개축이 이루어진 것으로 판단되었다. 3단이 잔존한 북서벽은 북동벽과 마찬가지로 10~50cm의 할석을 이용하여 쌓았으나 정형성이 없어 훼손된 것으로 판단되었다. 연못의 잔존 최대 깊이는 약 110cm였다. 북동벽과 북서벽을 따라 역 ㄱ자형으로 잡석이 깔려 있었는데, 북동벽쪽으로는 5.5m 너비이고, 북서벽쪽으로는 4.0m 너비로 남아 있었다. 잔존상태로 보아 연못을 끼고 남쪽을 향하여 누각이나 보도 등의 시설이 있었던 것으로 추정되나, 정확한 성격은 파악하기 어려웠다. 남동벽과 남서벽은 잔존양상이 북동벽과 북서벽에 비하여 양호하지 못하였고, 남쪽 모서리의 구획이 명확하지 않고, 연못가의 축대가 양호하지 못한 것으로 미루어 연못의 남쪽 모서리가 연못의 증개축 혹은 축소에 의해 다소 훼손된 것으로 판단되었다.[38] 1, 2호 건물지와 거의 같은 높이에서 호안석축의 상면이 노출된 것으로 보아 1, 2호 건물지와 함께 중리유적 내에서 이른 시기에 조성된 것으로 판단되었다.[39]

㉯ 2호 연못지

2호 연못지는 중리유적의 남쪽 모서리에 자리하고, 북서쪽으로 약 14m거리에 9호 건물지가 자리하고 있었다. 평면형태는 사다리꼴이며 장축방향은 북서—남동이다. 규모는 평행한 두 벽인 남서벽은 24.75m, 북동벽은 20.25m이고, 북서쪽으로 좁아드는 두 벽인 남동벽은 16.5m, 북서벽은 18m였다. 네 벽면에 할석을 이용하여 축대를 쌓았던 것으로 추정되나, 벽면을 이루고 있던 할석들이 밀려 무너져 내린 상태로 그 형태가 정연하지 못한 상태였고, 북서벽에서만 열을 맞춘 할석렬이 일부 확인되었다. 연못의 중앙에 원형으로 흙을 돋우

38) 中央文化財硏究院 · 韓國土地住宅公社, 『淸州 栗陽洞遺蹟 Ⅲ』, 28~31쪽.
39) 中央文化財硏究院 · 韓國土地住宅公社, 위의 책, 98쪽.

어 쌓고 가장자리에 할석을 돌려 섬을 만들었던 것이 확인되었으나, 거의 훼손되어 그 흔적만 확인할 수 있었다. 섬의 규모는 지름이 약 10m였다.[40] 이는 天圓地方을 상징한 것이다.

2. 察訪

『輿地圖書』에는 율봉역에 율봉도를 관장하는 文 종6품인 찰방 1명이 있었으며, 30개월에 교체되었다고 하였다.[41] 찰방은 驛道를 순찰하면서 驛政을 살피고, 역참을 지휘 감독하는 驛官으로, 주요 소관업무는 역도 안에 분포하는 驛의 운영, 驛民의 통솔, 驛路의 관리였다.

찰방은 조선 초에는 教授, 生員, 成衆去官人, 文臣인 朝士, 武臣 등이 임명되었으나, 중종 · 명종대 이후에는 門蔭出身들이 대거 찰방에 제수되었다.[42] 율봉도 찰방이 문과출신으로 지정 된 과정을 보면, 인조 20년 7월의 이조 啓目에 따라 경상좌도의 昌樂驛은 죽령으로 향하는 대로에 있고, 경상우도의 金泉驛은 추풍령으로 향하는 요로에 있고, 전라도의 獒樹驛은 호남 감영으로 향하는 요로에 있고, 충청도의 율봉역은 충청좌도의 대로에 있고, 강원도의 保安驛은 營下의 일이 많은 곳이기 때문에 이 다섯 역의 음관을 제수하던 자리에 성균관 參下 遞兒를 陞遷하는 것으로 영구한 정식으로 삼았다.[43] 또 『文谷集』에서 金壽恒은 「옛날에 參下官의 적체가 성균관이 가장 심했기 때문에 5驛의 찰방을 성균관 참하관의 자리로 정하여 승진하는 발판으로 삼았는데, 그 뒤에 承文院 참하관의 적체가 성균관

---

40) 中央文化財硏究院 · 韓國土地住宅公社, 위의 책, 32쪽. 한편 1호 연못과 2호 연못 사이에는 원형으로 된 우물지 1기가 조사되었다. 할석으로 면을 맞추어 조성한 우물의 내부 지름은 상면이 80~86cm이고, 바닥쪽은 약 95cm로 밑으로 내려가면서 벌어지는 형태였고, 잔존 최대 깊이는 약 170cm였다(中央文化財硏究院 · 韓國土地住宅公社, 위의 책, 37쪽).

41) 『輿地圖書』 淸州牧 驛院.

42) 趙炳魯, 『韓國驛制史』(한국마사회 마사박물관), 2002, 212~213쪽.

43) 『承政院日記』 책82, 仁祖 20년 7월 戊子.

보다 심했기 때문에 啓稟하여 변통해 5역 가운데 두 곳과 기타 3역의 찰방을 승문원 참하관 자리로 바꾸었다. 그러나 지금은 성균관의 참하관을 예전 그대로 5역 가운데 3역을 차출하여 보내고, 승문원 자리 5역은 율봉역 한 곳 외에는 모두 蔭官으로 차출하여 보내고 있다. 승문관과 성균관에서 차출하여 보내는 馬官의 자리를 이전에 정한 숫자에 구애받지 말고 적당히 기한을 정하여 참하관이 적체되는 동안 그대로 준행해야 한다.」고 하였다.[44] 이처럼 율봉도 찰방은 음관직이었다가, 인조 20년 7월에 문과 출신직으로 바뀐 것이다. 하여튼 율봉역이 있던 청주목의 목사는 정3품이지만 蔭敍 출신도 제수될 수 있기 때문에 문과 출신인 율봉도 찰방은 힘은 없는 職任이지만,[45] 그만큼 자부심이 있었을 것이다.

한편 찰방은 到任한 날로부터 가산하여 30朔이 되면 遷轉되었으나, 상당수는 瓜遞되기 전에 교체되거나 파면되었다. 즉 병조[46]와 함께 찰방을 지휘 감독하던 관찰사의 憑考에 따라 근무상태나 작폐를 참고하여 黜陟되었다.[47]

역대 율봉도 찰방들을 살펴보면 성종 8년 5월에는 율봉도 찰방 全重孫이 昌原君 李晟에게 정한 수 밖의 역마를 지나치게 준 죄로 사헌부의 탄핵을 받은 일이 있었다.[48] 동왕 14년 7월에는 대왕대비인 세조비 貞憙王后의 국상 중에 수고한 신하들을 논상하는 가운데 율봉도 찰방 尹繼丁이 벼슬을 올려 받았다.[49] 대왕대비는 온양온천(온양행궁)에서 승하하여 경기도 樂生驛를 거쳐 도성 밖 永順君의 집에 殯殿을 마련하였기 때문에 율봉도 찰방도 여기에 참여하였던

---

44) 『文谷集』 권17 議 文臣參下積滯變通議.

45) 찰방은 縣監과 같은 종6품관으로서 無祿官이지만, 奉使를 목적으로 설치한 관직이기 때문에 서열이 현감보다 상위였다(『成宗實錄』 권207, 成宗 18년 9월 庚戌).

46) 程驛은 병조의 乘輿司가 맡았다(『經國大典』 권1 吏典 京官職).

47) 趙炳魯, 『韓國驛制史』, 216~224쪽.

48) 『成宗實錄』 권80, 成宗 8년 5월 丙戌.

49) 『成宗實錄』 권156, 成宗 14년 7월 甲辰.

모양이다. 또 동왕 25년 12월에는 성환도 찰방 金哲孫이 율봉도 찰방으로 있을 때의 죄과로 사간원의 탄핵을 받고 파직되었다.[50)]

효종 7년에는 金重△가 찰방으로 이었는데, 「察訪金公重△善政碑」가 있다. 현종 1년 3월 15일에는 李耉徵이 찰방으로 부임하여 8월 29일에 교체되고, 후임으로는 尹△△가 부임하였다.[51)] 숙종 11년 10월에는 呂必容이 찰방으로 부임하였다.[52)] 또 숙종 19년에는 李翼年이 찰방으로 있었다. 이익년은 동왕 19년 12월에 사헌부 持平이 되었는데,[53)] 찰방을 거쳐 지평(정5품)이 된 것이다. 「行察訪李公翼年善政碑」가 있다. 숙종 20년에는 權以鎭이 승문원 부정자에서 율봉역 찰방에 제수되었는데, 상사와 인척이 되는 혐의 때문에 김천역 찰방으로 교체되었다.[54)]

영조 40년 10월에 새로 檢閱로 제수된 李亨元이 율봉역 任所에서 역마를 타고 상경했다는 것으로 보아,[55)] 이형원도 찰방으로 있었다고 볼 수가 있다.

정조 10~11년은 申驥顯, 정조 12~13년은 趙景逵, 정조 14~15년은 金和鍾, 정조 16~19년은 趙秀民, 정조 19~21년까지는 姜時煥이 이어서 찰방을 맡았다.[56)] 이중에서 조수민은 정조 17년에 자비로 조 48섬 10두를 마련하여 율봉역에서 饑民 730명을 구휼하고,[57)] 동왕 19년에도 자비로 쌀 4섬 7두 6승을 마련하여 기민 179명을 구휼하였다.[58)]

---

50) 『成宗實錄』 권297, 成宗 25년 12월 丙子.

51) 『李耉徵栗峰道察訪解由文書』.

52) 『承政院日記』 책319, 肅宗 12년 11월 己丑.

53) 『肅宗實錄』 권25, 肅宗 19년 12월 乙亥. 이익년은 전주이씨로 德泉君 李厚生의 후손인데, 문과에 급제하여 진주목사를 지냈다.

54) 『星湖全集』 권64 墓誌銘 戶曹判書有懷堂權公墓誌銘.

55) 『承政院日記』 책1235, 英祖 40년 10월 己卯.

56) 『日省錄』 正祖 21년 3월 1일.

57) 『日省錄』 正祖 17년 5월 24일.

58) 『日省錄』 正祖 19년 5월 22일.

고종 2년에는 철종 12년에 문과에 급제한 許稷이 찰방으로 있었다. 허직은 고종 9년에 慈仁縣監을 지내고,[59] 11년 9월에는 眞殿에서 작헌례를 거행할 때 典祀官을 맡았다.[60] 그는 승정원 假主書를 시작으로 율봉역 찰방을 거쳐 예조정랑 등 여러 벼슬을 역임하였다.「行察訪許公稷永世不忘碑」가 있다. 또 金河璉도 찰방을 지냈는데, 그는 고종 24년 5월에 가주서,[61] 9월에 權知承文院 副正字가 되고,[62] 이때 承文分館人으로 나이가 50세라 하여 陞六(6품이 됨)되었다.[63] 고종 31년에 찰방을 지냈다. 「行察訪兼外史官金公河璉去思碑」가 있다. 이 비는 본래에 세워져 있던 사진이 남아 있다.

3. 驛吏

『여지도서』[64]에는 율봉역에 240명의 역리가 있었다고 하였다.[65] 또 율봉역은 율봉도의 本驛이기 때문에 별도로 內下吏 43명과 知印 16명을 두었다.[66] 한편 호남의 參禮驛에는 察訪, 將校(2), 衙典(25), 知印(8), 使令(12), 官奴(6), 官婢(2), 書者(12), 馬戶(15), 驅從(8)이 있었다.[67] 여기서 장교는 조선후기에 承發로 일컬어 졌는데, 각종 使行

---

59) 『各司謄錄』 慶尙監營啓錄 高宗 9년 6월 4일.

60) 『高宗實錄』권11, 高宗 11년 9월 壬子.

61) 『承政院日記』책2961, 高宗 24년 5월 乙酉.

62) 『承政院日記』책2965, 高宗 24년 9월 辛巳.

63) 『備邊司謄錄』책268, 高宗 24년 9월 25일. 김하련은 關北 사람으로 사간 金鍾善의 제자인데, 명성황후를 시해하는 亂逆에 가담한 공으로 吉州 군수가 되어 친일 행위를 하고(『毅菴先生文集』 권43 題跋 書吉州李石南三篇文後), 광무 3년 10월에는 宮內府 通信司 電話課의 主事에서 中樞院議官이 되었다(『高宗時代史』4, 光武 3년 10월 22일).

64) 『輿地圖書』에 수록된 各邑의 邑誌는 영조 33년에서 영조 41년간에 이루어진 것으로, 대부분 영조 36년 이후에 修輯 編成된 것이다.

65) 영조 14년의 金泉道에서는 1,483명의 역리 중에서 未立役者가 528명으로 35.6%를 차지하는데(趙炳魯, 『慶尙道 金泉驛戶口臺帳』, 國學資料院,, 2002, 30쪽), 율봉역의 역리 중에서도 미입역자가 상당히 포함되었을 것이다.

66) 『輿地圖書』 淸州牧 驛院.

67) 『湖南驛誌』 參禮道驛誌事例.

의 迎送과 支待, 공문서의 수발 등을 맡았으며,[68] 사령은 조선후기에 日守(日守兩班)를 대신한 것이고,[69] 서자(書員)는 문서작성, 전답의 답험, 전세징수 등을 맡은 吏屬으로 서리층의 하나였다.[70] 삼례역의 장교와 아전은 율봉역에서는 리로,[71] 삼례역의 사령과 서자는 율봉역에서는 내하리로 분류된 것이 아닌가 싶다. 이웃 連原驛에도 지인과 사령이라는 驛屬이 있었다.[72] 또 知印은 『掾曹龜鑑』에는 印信을 담당하였다고 하였는데,[73] 주로 찰방 遞等(신관과 구관이 갈마듦) 때 通謁 引接의 업무를 담당하던 通引의 역할도 겸한 것이 아닌가 싶다. 실제로 지인이 있던 율봉역, 參禮驛, 松羅驛, 沙斤驛 등에는 통인이 없고, 통인이 있던 大同驛, 魚川驛, 景陽驛, 濟原驛, 楘樹驛, 碧沙驛, 沙斤驛, 幽谷驛, 黃山驛 등에는 지인이 없다. 지인과 통인은 주로 찰방의 陪從을 하며, 역할이 서로 유사했던 것으로 보여 진다.

여기서 역리(郵吏, 站吏)는 16세에서 60세까지[74] 郵傳이라는 力役을 담당한 吏胥로 外衙前인데,[75] 별도의 驛吏案(形止案, 驛戶口臺帳)을 가지고, 거주하는 역을 본관을 삼고,[76] 신분은 일반적으로 良人에

---

68) 裵基憲, 「朝鮮後期 作廳의 運營과 그 性格」, 58쪽.

69) 日守의 충원대상은 本驛 근처에 거주하는 자, 鄕吏, 閑良 등이고, 배정 액수는 大路驛 20명, 중로역 15명, 소로역 10명이었다(『經國大典』 권4 兵典 外衙前). 일수도 苦役 때문에 도망하기도 하고, 他役에 投托하는 경우도 많았다.

70) 裵基憲, 「朝鮮後期 驛村에 대하여—驛村의 內部構造 및 性格變化와 관련하여—」, 『大丘史學』 43(大丘史學會), 1992, 67쪽.

71) 역리 가운데 解文能事者는 아전으로 선임되어 역의 실무행정을 담당하였다.

72) 趙炳魯, 「조선시대 충주지역의 교통체제—驛院과 酒幕을 중심으로—」, 73쪽.

73) 『掾曹龜鑑』 권1 吏職名目解.

74) 『經國大典』 권5 刑典 公賤.

75) 역리나 역노비는 1~15세는 未立役이고, 60세 이상은 老除였다. 또 역리나 역노비는 逃亡, 物故, 病廢, 投托, 軍功, 納粟, 私賤出給 등으로 역에서 벗어났다.

76) 세종 6년 7월에는 수령들로 하여금 역호는 그 所從來와 자손의 이름, 나이를 평민의 호구조사 하는 예에 따라 갖추어 기록하고, 本驛으로 하여금 本貫을 삼게 하여, 각기 호구 장부를 만들어 주고 문부 4벌을 만들어서 한 벌은 병조, 한 벌은 監司營, 한 벌은 본 郡, 한 벌은 본 역에 두도록 하였다(『世宗實錄』 권25, 世宗 6년 7월 癸巳). 실제로 1738년의 김천도의 속역별 역리의 성씨구성을 보면 김천역의 경우 平澤林氏 208명, 金山林氏 97명, 淸州韓氏

속하며, 세습되는 것이 원칙이었다.[77] 역리들은 迎送, 支待, 運輸, 立馬, 赴防役 등의 立役(時役, 時仕, 使役)을 부담하였으며, 일부 역리는 행정 실무를 분임하여 집행하는 아전으로서의 역할을 맡았다.[78] 역리는 驛役을 부담하는 댓가로 人位田, 馬位田을 지급받아 경작하여 그 수확으로써 경제적 기반을 마련하였다. 조선후기에는 以身應役하는 立役驛吏와 散居하면서 1년에 2兩씩의 身貢을 납부하는 納貢驛吏로 분화되었다.[79] 즉 입역형태가 身貢錢을 납부하는 納貢役과 時使役으로 나누어진 것이다.

한편 정조 16년 12월에 충청병사 李光燮이 부임하여 連源과 율봉의 역리를 刑訊하자, 충청감사 李亨元이 병사가 법을 어겼다고 그에게 죄를 내릴 것을 장계하였다. 이에 備局에서 군량 창고를 연 일 이외에는 역리들을 형신할 수 없게 하고, 만일 이를 어겼을 때는 濫刑律에 의해 처리토록 하였다.[80]

54명, 羅州林氏 53명, 玄風 林氏 38명, 陜川李氏 34명, 軍威李氏 2명이었다. 여기서 金山은 김천역이 있던 고을 이름이다. 김산임씨는 김천도의 속역인 김천역, 秋風驛, 文山驛, 楊川驛, 楊原驛, 踏溪驛 등에 넓게 분포되고 있었다(趙炳魯, 『慶尙道 金泉驛戶口臺帳』, 32~33쪽). 여기서 김천역, 추풍역, 문산역은 金山郡 관내이다. 또 주목되는 것은 조선 초에 향, 소, 부곡, 처, 莊 등이 철폐되었을 때 이곳에 본관을 둔 氏姓들이 本邑의 이름으로 改貫한 것과 김산임씨와의 관련 여부이다. 『慶尙道地理志』와 『世宗實錄地理志』에는 林氏는 김산군 助馬部曲의 續姓이었다. 속성은 鄕吏를 맡았는데, 이들 향리의 역리로의 진출 여부가 문제이다.

77) 김천도의 경우에도 역리의 身分世襲性이 강하였다(趙炳魯, 『慶尙道 金泉驛戶口臺帳』, 34쪽).

78) 아전은 6房 分任에 따라 吏 · 禮 · 戶 · 兵 · 刑 · 工房으로 나누어 역에서의 인사, 호적, 재정, 형옥, 도구 등의 행정업무를 분담하였다(趙炳魯, 「조선시대 충청지역 交通路와 驛站운영—淸州 『栗峯道察訪解由文書』 및 『栗峯驛事例』를 중심으로—」, 23쪽).

79) 趙炳魯, 『韓國驛制史』, 239~283쪽. 청암역은 1896년 현재에 역리가 527명인데 時仕가 20명, 역노는 58명인데 時使가 31명, 역비는 29명인데 時使가 1명이었다(『湖南驛誌』 靑巖道驛誌及事例成冊).

80) 『正祖實錄』 권36, 正祖 16년 12월 辛卯.

4. 驛奴婢

『여지도서』에는 율봉역에 노 102명, 비 30명이 있었다고 하였다.[81] 驛奴婢(驛卒)는 驛에서 立馬役, 駄運役, 雜役 등의 勞役을 제공하는 公賤이었다.[82] 역노비는 力役에 따라 사신의 卜物이나 進上, 貢賦 등의 관수품을 운반하는 轉運奴婢, 脚力을 이용하여 문서를 전송하는 急走奴婢로 나눌 수 있다.[83] 이들은 立役의 댓가로 口分田을 지급 받았다. 驛奴婢는 馬位田을 지급 받아 말을 사육하여 入代시키거나 말 값을 내는 立馬役을 지고 있었다.

5. 驛馬

『李耉徵栗峰道察訪解由文書』에는 율봉역에 상등마 3필, 중등마 8필이 있다고 하였고, 『여지도서』에는 상등마 3필, 중등마 10필이 있다고 하였다.[84]

6. 財政

1) 歲入

(1) 公須位田

---

81) 『輿地圖書』淸州牧 驛院.

82) 김천도의 역노비의 경우에도 역노의 父는 양반은 전무하고, 양인 7.9%, 역노 79.0%, 기타 천인 5.5%, 기타 7.6%로 천인이 84.5%였다. 母는 양인 36.5%, 역비 34.0%, 私婢 24.0%, 기타 1.8%로 양인 36.5% 대 천민 58.0%였다. 즉 역노의 父系血統은 역시 역노신분의 세습성이 강하게 나타나고, 모계혈통은 양인신분의 職役者와의 혼인관계가 다양해지고 있었다. 역비의 경우는 부는 양반은 없고, 중인 1.5%, 양인 18.5%, 역노 70.1%, 사노 6.2%, 관노 2.6%, 기타 5.4%로 천인 74.6% 대 양인 18.5%였고, 모의 경우 역비 56.1%, 사비 6.3%, 양인 37.6%로 천인대 양인의 비율은 62.4% 대 37.6%로 부계혈통은 역노와 같이 약 79%정도로 신분세습이 강하게 나타나고, 모계혈통은 약 30%정도로 다양한 양인신분의 직역 대상자와의 혼인관계가 나타난다(趙炳魯, 『慶尙道 金泉驛戶口臺帳』, 36~39쪽).

83) 趙炳魯, 『韓國驛制史』, 311~312쪽.

84) 『輿地圖書』 淸州牧 驛院.

『賦役實摠』(1794년)에서는 청주, 옥천, 문의, 회덕, 영동, 황간, 청안, 진천. 보은 등 屬邑 9개 읍에서 거두어들이는 公須位米가 24석 10두,[85] 太가 24석 10두라고 하였다.[86]

또 『栗峰驛事例』(1871년의 『湖西邑誌』 청주목읍지에 포함)에서는 청주는 공수위미 6석 8두 5홉, 태 3석 8두 7승 7홉, 청안은 공수위미 1석 5두, 진천은 공수위미 4석, 태 4석, 보은은 公須位木 8필 16척 3촌, 문의는 공수위목 13필 10척, 옥천은 공수위미 5석 9두 4승 8홉, 영동은 공수위미 2석, 태 2석, 황간은 공수위미 1석 13두 1홉 2夕, 태 2석 5두 9승 8홉 8석, 회덕은 공수위미 12두 4승 8석, 태 7두 5승 6홉 8석이라고 하였다.[87] 이상은 9개 읍에 지급된 公須(需)位田(公須田, 廩給田)에서 나오는 收稅였다. 즉 각 읍에 분포되어 小作制에 의해 位田 耕作者로부터 수세한 것이다. 전체는 쌀이 21석 7두 9승 5홉, 콩이 12석 2두 3승 2홉 6석, 포목이 21필 26척 3촌이었다.

여기서 公廨田인 공수위전은 驛舍의 수리, 사신지공비 등 역 운영의 전체적인 재정을 마련하기 위해 지급된 토지였다. 역의 공수위전은 대로 20결, 중로 15결, 소로 5결씩을 지급하는 것이 원칙이었으나,[88] 實結은 이에 미치지 못하는 경우가 많았다.[89] 즉 공수위전은 각 지방 군현에 분포되어 있는 驛位土로 位田 경작자로부터 소작제에 의해 수세하였다.[90]

---

85) 參禮驛에서는 使客支供米가 33석 13두라고 하였는데(『賦役實摠』5 全羅道 參禮驛), 율봉역에서도 공수위미 등이 이러한 용도로 쓰였을 것으로 추정된다.

86) 『賦役實摠』2 忠淸道 栗峰驛.

87) 『湖西邑誌』 淸州 栗峰事例.

88) 『經國大典』권2 戶典 諸田.

89) 세종 10년에 量田을 할 때에(『世宗實錄』권41, 世宗 10년 8월 丙戌), 역이 있는 곳의 길의 대, 중, 소를 생각하지 않고, 당시 마필의 유무만 따라서 주었기 때문에 역로가 날이 갈수록 피폐하게 되었다고 한다(『燕山君日記』권36, 燕山君 6년 정월 辛巳).

90) 趙炳魯, 『韓國驛制史』, 469~474쪽.

읍명	쌀	콩	포목	비고
청주	6석 8두 5홉	3석 8두 7승 7홉		1석은 20두(섬)
청안	1석 5두			
진천	4석	4석		
보은			8필 16척 3촌	1필은 4丈 1장은 10척
문의			13필 10척	
옥천	5석 9두 4승 8홉			
영동	2석	2석		
황간	1석 13두 1홉 2석	2석 5두 9승 8홉 8석		
회덕	12두 4승 9석	7두 5승 6홉 8석		
계	21석 7두 9승 5홉	12석 2두 3승 2홉 6석	21필 26척 3촌	

<표 2> 율봉역의 공수위전 수세 현황(『栗峰驛事例』)

(2) 馬位田

『栗峰驛事例』에는 율봉도 17참역 詳定位田畓(位畓과 位田) 1,094결안에서 1,006결은 馬戶에게 분급하고, 이 중에서 88결은 川陳이라고 하였다.[91] 즉 88결은 하천에 의한 覆沙로 인해 陳荒地가 되어, 마호에게 분급을 못하는 땅이 된 것이다.[92] 정조 2년 1월에는 洪忠監司 徐有麟의 각 고을의 폐단을 조목별로 열거한 장계에 따라 영의정 金尙喆의 아룀으로 율봉도 3역의 마위전에 징수하는 卜數(稅)

91) 『湖西邑誌』 淸州 栗峰事例.

92) 공식적으로는 이러한 驛位田은 廢寺田이나 屬公田으로 充給하도록 되어 있었다(『續大典』 권2 戶典 諸田).

를 너무 많이 징수한 것에 대하여 앞으로 양전할 때 전체를 조사하여 바로잡도록 한 일이 있었다.[93)]

馬戶에게 지급되어 입마자의 公役에 대한 보수와 入馬役에 쓰이는 경제기반인 마위전은 역마를 사육하여 역에 雇立하고자 입마대상자에게 지급하는 토지로, 주로 역리 · 역졸 · 館軍 등에게 지급되었으나, 점차 역호의 조잔으로 助役人이나 평민도 그 대상이 되어 입마역을 담당하였고, 역 근처의 良田으로 지급하는 것이 원칙이었다.[94)] 마위전은 각 역의 역마의 숫자에 따라 지급되었는데, 대마는 7결, 중마는 5결 50負, 소마는 4결씩 차등 지급하였으나, 역의 긴요도에 따라 가급 되었다.[95)]

官有地의 일종으로 有役人田인 마위전은 본래 自耕無稅地인 公田의 성격을 띠는 토지였다.[96)] 그러나 본 역에서 멀리 떨어진 곳에 있는 땅을 받아 役事는 번거롭고 직접 경작할 겨를이 없어, 혹은 남에게 주어 같이 경작하기도 하고, 혹은 그 租만 받고 있어 생계가 날로 더 곤란하게 되었다.[97)] 이처럼 마위전은 역 근처의 토지를 지급하는 것이 원칙이었으나 각 읍에 산재되어 있어, 마호는 대부분 소작제에 의해 賭租를 징수하여 입마가를 충당하였다. 또 마위전은 본래 매매를 할 수 없는 토지였으나, 마호가 과중한 立馬 · 改馬費의 경비를 마련하기 위해 법을 어기고 함부로 驛位土인 마위전을 賭地로 매매하여 土豪兩班, 饒戶富民에 의한 마위전 잠식은 그치지를 않았다.[98)] 주로 도지로 매매되는 權賣는 경우에 따라서는 永賣가 되어

93) 『正祖實錄』 권5, 正祖 2년 정월 辛未. 『備邊司謄錄』 책159, 正祖 2년 정월 16일.
94) 趙炳魯, 『韓國驛制史』, 474쪽.
95) 『經國大典』 권2 戶典 諸田. 대개 量田할 때 명목이 마위전이라면 실제 없는 卜數를 結數에 넣어, 10결이라는 땅이 백성의 전지와 비교하면 2~3卜에 불과하였다고 한다(『農圃問答』 袪弊瘼).
96) 『經國大典』 권2 戶典 諸田.
97) 『世宗實錄』 권27, 世宗 7년 2월 乙丑.
98) 『成宗實錄』 권72, 成宗 7년 10월 辛未. 『中宗實錄』 권13, 中宗 6년 2월 丁

역위토 자체가 없어지기도 하였다. 이러한 역의 경제적 기반인 역위토의 無實化는 농토를 주 생활기반으로 하는 역호의 몰락과 역참의 衰殘을 초래하였다.

(3) 復戶田

『栗峰驛事例』에는 율봉도 17참역의 立役吏卒에게 지급하는 복호전(給復田, 復戶結)이 1,260결이고, 이 중에서 34결 2부는 京畿營에 除出되었고, 나머지 實結은 1,225결 98부라고 하였다.[99] 경기감영에 34결 2부를 준 것은 畿驛의 事役이 煩重하므로 連原驛과 金井驛처럼 복호전을 떼어서 기역에 이송한 것이다.[100]

驛戶에 대한 復戶는 전기에는 徭役(잡역)을 면제하여 주던 것이, 선조 33년에는 驛路蘇復策의 일환으로 復戶免貢(貢納免除)으로 대체되고, 인조 1년경부터 自己所耕田에 대한 給復인 田結復戶로, 숙종년간에 民結復戶로 확대된 것이다. 민결복호의 실시로 所耕田을 가진 역호는 自己結負에 복호되고, 그렇지 못한 경우는 各邑의 民田을 복호하여 거기에서 감면된 大同稅를 관에서 징수하여 일부를 역호에 분급해 주고, 일부는 역재정에 전용하였다.[101]

경기 諸驛의 驛吏卒에게는 1인당 1결, 충청 · 전라 · 경상도와 관동의 제역에는 5결(大同米 60두), 海西 제역에게는 12결이 지급되었다.[102] 이러한 역이졸에 지급된 복호전에서 대동미를 收取作錢하여 이것으로 驛馬價 · 養馬費를 마련하거나 역의 재정에 충당하였다. 그러나 역호나 巡營에서 糶稅時 지급받을 대동미를 수개월 앞당겨서 부유층에 헐가로 放買하는 私賣나 預賣가 성행하였는데, 지역에 따

未. 『顯宗實錄』권5, 顯宗 3년 8월 甲辰. 『英祖實錄』권51, 英祖 16년 4월 辛巳.

99) 『湖西邑誌』 淸州 栗峰事例.

100) 『承政院日記』책1058, 英祖 26년 7월 辛丑.

101) 裵基憲, 「朝鮮後期 驛村에 대하여—驛村의 內部構造 및 性格變化와 관련하여—」, 106~110쪽.

102) 『備邊司謄錄』책90, 英祖 7년 9월 30일.

라서는 관에서 변통책으로 이를 바탕으로 고리대를 하여, 여기서 나온 수익으로 驛屯土를 매입하여 지대수입을 역재정에 충당하기도 하였다. 한편으로는 변통책으로 마련한 營補廳 등에 마호에게 지급되는 復戶結이 移付되어 마호에게는 단지 每結에 2량씩만 지급되고, 나머지는 찰방과 역리들의 수중으로 들어가기도 하는 등,[103] 각 읍에 손실을 주면서까지 중앙정부에서 어렵게 마련한 복호를 둘러싼 제반 협잡과 비리도 자행되었다.

(4) 各驛收捧

『賦役實摠』에는 支供米가 34석 6두인데, 찰방이 거주하는 율봉역과 증약역을 제외하고, 나머지 15역에서 172馬戶가 每戶에 쌀 3두씩이라고 하였다. 또 眞麥(찰보리)은 4석 2승인데, 매호에 진맥 3승 5홉이고, 生鷄(생닭)는 516首인데 매호에 생계 3수라고 하였다. 眞荏(참깨)은 1석 7두 3승 6홉인데, 매호에서 진임 1승 3홉이고, 水荏(들깨)은 1석 7두 3승 6홉인데, 매호에서 수임 1승 3홉이라고 하였다. 또 木花는 172근인데, 매호에서 목화 1근이고, 生麻는 172근인데, 매호에서 생마 1근이고, 炭(숯)은 72석인데, 6驛에서 역마다 매달 탄 1석이라고 하였다. 또 籠衫丁은 15浮인데, 율봉역과 증약역을 제외한 15역에서 매 역마다 농삼정 1부씩을 거두어서 使客行에 사용하였다고 하였다.[104] 또 『栗峰驛事例』에는 17참역에서 봄, 가을 나누어 收捧하는 품목이 錢 1,470량 3전 5푼, 壯紙 48束, 別白紙 48속, 白紙 448속, 正鐵 160斤, 馬鐵 194部, 生麻 23丹, 木花 142근, 米 33석 10두, 眞麥 3석 10두, 眞荏 1석 4두 5승, 水荏 2석 4두 5승, 生鷄 432首라고 하였다.[105]

(5) 吏奴貢錢

『賦役實摠』에는 17역의 應貢吏奴는 그들의 빈부에 따라 分等하

103) 『備邊司謄錄』 책235, 憲宗 14년 정월 7일.
104) 『賦役實摠』 2 忠淸道 栗峰驛.
105) 『湖西邑誌』 淸州 栗峰事例.

여 收捧하는데, 一等吏奴의 貢錢은 884량이며 442명이 2량씩이고, 二等吏奴의 貢錢은 1,057량 5전으로, 705명이 1량 5전씩이라고 하였다.[106]

(6) 吏奴貢品

『賦役實摠』에는 三等吏奴貢은 馬鐵(말편자) 203部로 三等馬의 遠近行 및 赴燕等役에 지급하며, 29명이 마철 7부씩이다. 吏奴貢은 正鐵 175근을 수봉하며, 삼등마 원근행 出使時 마철 대신 지급하는데, 25명이 정철 7근씩이다. 또 白紙 420束으로 매달 얼마씩 公事의 下紙로 사용하며, 60명이 백지 7속씩이라고 하였다.[107]

앞서의 이노공전은 생활이 어느 정도 나은 1등이노와 2등이노가 바치는 身貢錢이고, 본 이노공품은 신공전도 낼 수 없는 생활이 곤궁한 3등이노가 바치는 身貢品이라고 볼 수가 있다. 이처럼 驛吏奴가 入役하지 않는 경우 신공전이나 신공품을 상납하고 면역되었다.

(7) 婢貢給代錢

『賦役實摠』에는 비공급대전이 199량 5전이라고 하였다.[108] 또 『栗峰驛事例』에도 비공급대전이 199량 5전으로, 매년 섣달에 營門에 보고하여 청하면 영문에서 本驛에 劃下한다고 하였다.[109]

(8) 婢役價錢

『賦役實摠』에는 비역가전이 70량 5전인데, 235명이 3전씩이라고 하였다.[110]

2) 歲出

(1) 情錢

『賦役實摠』에는 式年(子 · 午 · 卯 · 酉)에 吏奴의 形止案 개정

106) 『賦役實摠』 2 忠淸道 栗峰驛.
107) 『賦役實摠』 2 忠淸道 栗峰驛.
108) 『賦役實摠』 2 忠淸道 栗峰驛.
109) 『湖西邑誌』 淸州 栗峰事例.
110) 『賦役實摠』 2 忠淸道 栗峰驛.

시 吏奴 862戶에 매호 1전씩 합 86량 2전을 거두어서, 紙筆墨 및 磨勘雜費로 쓰였다고 하였다.[111] 또 『栗峰驛事例』에는 3년에 한 번씩 形案을 병조에 磨勘할 때의 정전이 45량이고, 重記情錢이 4량이며, 四季朔(사계절)에 문서를 보고할 때의 정전이 매달 3량씩이라고 하였다.[112] 즉 形止案이나 文書 修報時의 情錢(情費錢)이다.

(2) 成歡急走錢

『賦役實摠』에는 45량을 급주전으로 성환역에 보냈다고 하였다.[113] 또 『栗峰驛事例』에서도 성환급주전이 봄에 20량, 가을에 25량이라고 하였다.[114]

(3) 入居木上納錢

『賦役實摠』에는 194량 7전을 入居木代錢으로 경기 中營에 납부하였다고 하였다.[115] 또 『栗峰驛事例』에는 入居木上納錢이 봄에 78량 9전 6푼이고, 가을에 108량 3전 2푼이라고 하였다.[116] 입거목은 三南 및 嶺東 지방의 각 역의 人馬를 경기감영에 立番하게 하였는데, 京驛의 侵虐이 심하여 폐지하는 대신 입거목이라는 명목으로 거두어 들여 六驛에 분급한 것인데, 지방의 각 역들은 역민들로부터 징수하여 경기감영에 상납하였다.[117]

(4) 赴燕馬資裝錢

『賦役實摠』에는 360량 3전은 三等馬 改立 添價 및 赴燕夫馬資裝雨具價 등 각양하게 쓰였다고 하였다.[118] 또 『栗峰驛事例』에도

---

111) 『賦役實摠』2 忠淸道 栗峰驛.
112) 『湖西邑誌』淸州 栗峰事例.
113) 『賦役實摠』2 忠淸道 栗峰驛.
114) 『湖西邑誌』 淸州 栗峰事例.
115) 『賦役實摠』2 忠淸道 栗峰驛.
116) 『湖西邑誌』 淸州 栗峰事例.
117) 『備邊司謄錄』책90, 英祖 7년 9월 30일. 趙炳魯, 「조선시대 충청지역 交通路와 驛站운영—淸州 『栗峯道察訪解由文書』및『栗峯驛事例』를 중심으로—」, 28~29쪽.
118) 『賦役實摠』2 忠淸道 栗峰驛.

赴燕馬資裝錢[119]이 馬 매 匹에 10량이고, 情錢이 10량이라고 하였다.[120]

중국으로의 使行에는 명에 가는 것을 朝天, 청에 가는 것을 燕行이라고 하였는데, 정례사행으로는 冬至, 正朝, 聖節, 千秋 등이, 임시사행으로는 謝恩, 奏請, 進賀, 陳慰, 進香 등이 있었다. 赴燕馬資裝錢은 이러한 사행에 지출된 錢이다. 『湖南驛誌』 獒樹道驛誌及事例에는 赴燕馬의 정전 및 노자는 각역 馬戶에게 分排한다고 하였다. 한편 숙종 38년의 동지사 겸 사은사에는 정사로 판중추부사 金昌集, 부사 尹趾仁, 서장관 盧世夏가 맡았는데,[121] 율봉역의 驛子(驛奴) 金禾延은 押物通事 金昌夏의 卜刷馬 마부로 참여하였다.[122]

(5) 邸吏役價錢

『賦役實摠』에는 저리역가전이 180량인데, 17역에서 200馬戶가 每戶 6전씩, 馬夫가 每名 3전씩을 거두어서 지급하였다고 하였다.[123] 이는 호남 碧沙驛의 京邸吏役價錢 200량, 營邸吏役價錢 130량에 비하면 너무 적기 때문에 경저리역가전인 듯하다. 즉 충청병영이 청주에 있었기 때문에 영저리역가전이 필요 없었던 것이다.

(6) 兵營守番雇價錢

『賦役實摠』에는 兵營에 守番하는 書者 1명과 驅從 1명에게 주는 고가전이 매 달 7량 2전씩인데, 馬戶 등에게서 돌아가며 받아서 지급하였다고 하였다.[124]

(7) 기타

『賦役實摠』에는 京城의 各司, 各營門, 各邑의 公事 수행자의 雇

---

119) 경상도 黃山驛의 세출항목에도 赴燕馬資裝錢 70량이 들어 있다(『賦役實摠』8 慶尙道 黃山驛).

120) 『湖西邑誌』 淸州 栗峰事例.

121) 『肅宗實錄』권52, 肅宗 38년 11월 壬午.

122) 『老稼齋燕行日記』(金昌業) 권1.

123) 『賦役實摠』2 忠淸道 栗峰驛.

124) 『賦役實摠』2 忠淸道 栗峰驛.

價가 120량이고, 各班下人의 원근행 路糧 및 邸吏의 饌價가 220량이며, 기타 油淸紙地, 饌肉 등을 구입하는데 1,178량 5전이 쓰였다고 하였다.[125]

7. 還穀

율봉역의 정조 6년조의 체납된 환곡은 416섬 2두 7홉 남짓이었는데, 정조 19년에 이를 탕감하여 주었다.[126] 또 정조 18년의 환곡 作來錢은 2,012냥이었다.[127]

정조 21년 3월에 충청도관찰사 林濟遠이 율봉역의 환곡을 虛錄, 反作(번질)[128]한 것에 대하여 조사하여 장계한 내용을 보면 문적이 있는 정조 10년부터 조사하여 보니, 정조 10년에는 米 · 租 · 太도 697섬 남짓을 거두어들이지 못하였으면서 거두어들인 것으로 허록하였고, 미 대신 太 · 租도 653섬 남짓을 單代捧[129]으로 거두어 들였다.

정조 11년에는 허록된 각종 곡물과 그 耗租까지 합쳐 767섬 남짓되는 것을 그대로 번질한 상태로 둔 것 외에 미와 조 및 미를 태로 대신한 것도 도합 660섬을 허록하였고, 예전부터 해 왔던 대로 미를 태와 조로 대신한 것은 그 모조까지 합쳐 718섬 남짓을 단대봉으로 거두었다. 그 당시에 찰방은 申驥顯이었다.

정조 12년에 허록된 각종 곡물과 모조까지 합쳐 1,570섬 남짓되는 것 중에서 조 279섬 남짓은 거두어 들였고, 나머지 1,290섬 남짓은 그대로 번질한 상태로 두었으며, 단대봉하는 태와 조는 모조까지 합쳐 790섬 남짓을 그대로 다른 것으로 대신 바친 것 외에 미를 대신한 조 39섬 남짓은 또 다른 것으로 대신 바쳤다.

---

125) 『賦役實摠』 2 忠淸道 栗峰驛.
126) 『日省錄』 正祖 19년 6월 29일.
127) 『賦役實摠』 2 忠淸道 栗峰驛.
128) 번질은 吏屬들이 허위문서를 작성하여 환곡을 부정하게 출납하는 행위이다.
129) 단대는 단일 품목으로 대신하여 바치는 곡식인 單代穀이다.

정조 13년에는 허록된 각종 곡물과 그 모조까지 1,419섬 남짓되는 것을 그대로 번질한 상태로 둔 것 외에 미 211섬 남짓을 허록하였다. 단대봉하는 태와 조는 모조를 합쳐 913섬 남짓을 그대로 다른 것으로 대신 바쳤다. 그 당시의 찰방은 趙景逵이었다.

정조 14년에는 허록된 각종 곡물과 그 모조까지 합쳐 1,794섬 남짓 되는 것 중에서 미 74섬 남짓과 조 462섬 남짓을 거두어들였고, 그 나머지 1,256섬 남짓은 그대로 번질한 상태로 두었으며, 단대봉하는 조와 태는 모조까지 합쳐 1,004섬 남짓되는 것 중에서 태 170섬을 本米로 도로 바꾸었고, 그 나머지 834섬 남짓은 그대로 다른 것으로 대신 바쳤다.

정조 15년에 허록된 각종 곡물과 그 모조까지 합쳐 1,382섬 남짓 되는 것을 그대로 번질한 상태로 둔 것 외에 조 667섬을 허록하였고, 단대봉하는 태와 조는 그 모조까지 합쳐 917섬 남짓은 그대로 다른 것으로 대신 바쳤다. 그 당시의 찰방은 金和鍾이었다.

정조 16년에는 허록된 각종 곡물과 그 모조까지 합쳐 2,254섬 남짓 되는 것을 그대로 번질한 상태로 둔 것 외에 조 613섬 남짓을 허록하였고, 단대봉하는 태와 조는 모조까지 합쳐 1,009섬 남짓을 그대로 다른 것으로 대신 바쳤다.

정조 17년에는 허록된 각종 곡물과 그 모조까지 합쳐 3,155섬 남짓되는 것을 그대로 번질한 상태로 둔 것 외에, 미 310섬 남짓을 허록하였고, 단대봉하는 태와 조는 모조까지 합쳐 1,110섬 남짓되는 것 중에서 태 69섬 남짓과 조 13섬 남짓을 본미로 도로 바꾸었으며, 그 나머지 1,028섬 남짓은 그대로 다른 것으로 바꾸었다.

정조 18년에는 허록된 각종 곡물과 그 모조까지 합쳐 3,812섬 남짓되는 것을 그대로 번질한 상태로 둔 것 외에, 조 272섬 남짓과 미를 태로 대신한 314섬 남짓을 허록하였고, 단대봉하는 태와 조는 모조까지 합쳐 1,130섬 남짓을 그대로 다른 것으로 대신 바쳤다. 그 당시의 찰방은 趙秀民이었다.

정조 19년에는 허록된 각종 곡물과 그 모조까지 합쳐 4,839섬 중에서 미와 조 및 미를 태로 바꾼 것 도합 895섬을 거두어 들였고, 그 나머지 3,944섬 남짓은 그대로 번질한 상태로 두었으며, 단대봉하는 태와 조는 모조를 합쳐 1,243섬 남짓되는 것을 그대로 다른 것으로 대신 바쳤다.

정조 20년에는 허록된 각종 곡물과 모조까지 합쳐 4,339섬 남짓되는 것 중에서 미와 조 및 미를 대신한 태 도합 3,527섬 남짓을 거두어 들였고, 그 나머지 811섬 남짓은 그대로 거두어들이지 못한 채로 두었으며, 단대봉하는 태와 조는 모조까지 합쳐 1,368섬 남짓 가운데 태 78섬 남짓과 조 14섬 남짓을 본미로 도로 바꾸었고, 그 나머지 1,275섬 남짓은 그대로 다른 것으로 대신 바쳤다. 시임 찰방인 姜時煥이 사실대로 마감하였다. 정조 19년에 마감한 것은 시임 찰방이 같은 해 11월에 부임하였으므로, 이전부터 전해 내려온 번질과 逋欠(未納稅), 단대봉에 대해 즉시 營內에 보고한 것이다.

율봉의 단대봉은 증거로 삼을 만한 문적이 없고 年條도 상세하지 않은데, 1,000포의 미를 대신한 租와 太로 만약 한결같이 本色으로 도로 바꾼다면(還作) 곤궁한 民情으로 볼 때 장차 역참이 사라지게 될 우려가 없지 않을 것이고, 막중한 나라의 곡물을 해마다 번질하여 풍년이 든 해에도 기준 수량대로 거두어들이지 못하는 폐단이 있게 하였으니, 전후의 찰방의 죄상을 법에 따라 엄하게 다스려야 한다고 하였다.[130]

이에 우의정 李秉模가 충청도관찰사 임제원의 장계 내용을 정조에게 아뢰자, 각 연도에 허록하여 마감한 당시의 충청도관찰사를 추고토록 조치하였다.[131] 이때 정조 14년조를 허록하여 마감한 관찰사는 朴宗岳이었고, 정조 15년조를 허록하여 마감한 관찰사는 朴天衡이며, 정조 16 · 17년조를 허록하여 마감한 관찰사는 李亨元이었

130) 『日省錄』 正祖 21년 3월 1일.
131) 『備邊司謄錄』 책185, 正祖 21년 4월 29일.

다.[132)]

한편 驛舍에는 역호들을 구제하기 위한 진휼곡이나 환곡을 저장, 관리하는 賑恤庫(倉)가 있었으며, 환곡을 관리하는 倉色吏들은 還政의 문란으로 환곡 운영을 둘러싼 고질적인 포흠을 파생시켰다. 결국 奸吏들의 偸食으로 과다한 환곡은 역호들의 생활을 어렵게 하였다.

8. 徒配

인조 6년 7월에는 함부로 역마를 탄 柳山立을 율봉역으로 정배하고,[133)] 숙종 32년 7월에는 전 군수 宋相會를 徒 2년으로 율봉역에 정배하였다.[134)] 영조 15년 7월에는 정배죄인 李錫杓를 放還하고,[135)] 동왕 40년 4월에는 금주령을 제대로 시행하지 못한 과천현감 徐好修를 도 3년으로 율봉역에 정배하였다.[136)] 그는 5월에 放送되었다.[137)] 영조는 조선의 왕들 가운데 가장 강력하게 금주령을 시행했다. 백성의 주식인 쌀이 술을 빚는데 쓰이는 것을 못마땅하게 여겼던 영조는 금주령을 어기는 사람을 최대 참형에 처할 정도로 중죄로 다스렸다.[138)]

정조 7년 6월에는 呂萬永을 도 3년으로 율봉역에 정배하고,[139)] 10월에는 崔雲羽를 도 2년 반으로 율봉역에 정배하였다.[140)] 동왕 8년 11월에는 具明謙을 도 2년으로 율봉역에 정배하고,[141)] 동왕 9년 2월에는 李羽晋을 도 2년으로 율봉역에 정배하였다.[142)] 동왕 11년 4

---

132) 『日省錄』 正祖 21년 4월 25일.
133) 『承政院日記』 책22, 仁祖 6년 7월 丙子.
134) 『承政院日記』 책431, 肅宗 32년 7월 癸酉.
135) 『承政院日記』 책894, 英祖 15년 7월 庚戌.
136) 『承政院日記』 책1229, 英祖 40년 4월 庚戌.
137) 『承政院日記』 책1230, 英祖 40년 5월 戊寅.
138) 『英祖實錄』 권100, 英祖 38년 11월 戊寅.
139) 『承政院日記』 책1534, 正祖 7년 6월 甲戌.
140) 『承政院日記』 책1543, 正祖 7년 10월 丁丑.
141) 『承政院日記』 책1571, 正祖 8년 11월 壬申.
142) 『承政院日記』 책1577, 正祖 9년 2월 辛丑.

월에는 예빈시 참봉 鄭濂을 도 3년으로 율봉역에 정배하였는데,143) 5월에 放送되었다.144) 동왕 13년 7월에는 金興澤이 馬牌를 분실한 죄로 도 3년으로 율봉역에 정배가 결정되었으나, 연로한 부모를 모시고 있었기 때문에 방송되었다.145) 마패를 분실하여 처벌을 받은 귀한 자료이다. 使行을 마치고 復命한 후에는 마패를 尙瑞院에 반납해야 되며, 왕권의 상징인 마패를 분실하면 가중처벌 되었다.146) 국립고궁박물관에 소장되어 있는 「雍正元年正月金字號二馬牌」의 구멍에는 당시에 마패를 묶었던 끈이 남아 있다. 이 끈을 사용하여 마패를 허리에 차게 된다. 이 때문에 몸을 움직이던가 말이 움직일 때에는 마패와 끈이 서로 마찰이 되므로 마패의 구멍에는 사용 흔적이 남게 된다. 이는 마패의 주조 형태, 마패 표면에 생긴 녹의 상태, 字號의 형태와 함께 마패의 진위를 판별하는 중요한 자료가 된다.147) 간혹 분실되었던 마패가 출토되는 일이 있다.148) 또 동왕 14년 4월에는 전 덕천군수 申曮을 도 3년으로 율봉역에 정배하고,149) 동왕 15년 1월에는 宋持敬을 도 1년으로 율봉역에 정배하고,150) 동왕 17년 10월에는 전 비안현감 鄭東杓를 도 3년으로 율봉역에 정배하였다.151)

순조 2년 5월에는 金熙朝를 도 1년 반으로 율봉역에 정배하고,152) 동왕 7년 12월에 徐永輔를 도 2년 반으로 율봉역에 정배하

143) 『承政院日記』 책1624, 正祖 11년 4월 癸亥.
144) 『承政院日記』 책1625, 正祖 11년 5월 癸酉.
145) 『承政院日記』 책1661, 正祖 13년 7월 戊申.
146) 『續大典』 권4 兵典 驛馬. 마패를 파손한 자는 杖 90, 徒 2년이다(『新補受教輯錄』 兵典 驛路).
147) 閔德植, 「馬牌의 形態와 機能」, 『馬事博物館誌』(마사박물관), 2003, 47쪽.
148) 閔德植, 「華城郡 靑園里出土 雍正八年銘五馬牌」, 『年報』 8(忠北大學校 博物館), 1999, 63~102쪽.
149) 『承政院日記』 책1677, 正祖 14년 4월 庚午.
150) 『承政院日記』 책1686, 正祖 15년 정월 丙申.
151) 『承政院日記』 책1722, 正祖 17년 10월 乙亥.
152) 『承政院日記』 책1852, 純祖 2년 5월 辛巳.

고,[153] 동왕 8년 8월에 權煥을 도 2년으로 율봉역에 정배하고,[154] 동왕 12년 5월에 柳基恒을 도 1년 반으로 율봉역에 정배하고,[155] 동왕 14년 11월에 徐章輔를 도 1년 반으로 율봉역에 정배하였다.[156]

헌종 11년 12월에는 金益根을 도 2년으로 율봉역에 정배하였다.[157]

철종 1년 4월에는 裵相奎를 도 3년으로 율봉역에 정배하고, 李允植을 도 2년 반으로 영동현 會洞驛에 정배하였다.[158] 또 동왕 3년 7월에 金彝淳을 도 2년으로 율봉역에 정배하고,[159] 동왕 5년 9월에 趙有淳을 도 2년 반으로 율봉역에 정배하였다.[160]

徒罪人들을 정배할 때는 의금부에서 왕의 윤허를 받아 羅將이나 京驛子를 보내서 율봉역까지 押領(호송)하였다. 이들 도죄인들은 助役人인 日守(조선후기는 사령)로 예속시켰다가 徒刑이 만기되면 놓아 보냈으며,[161] 역에서 잡무인 給事(使喚)의 일을 맡았다.[162]

9. 驛村

역촌은 고려의 것을 잇거나, 신설된 역참은 새로 생기게 되었는데, 역참의 곁에는 주민이 없기 때문에 도적들이 행려자와 한양으로 올라가는 각도의 貢物, 각 官司의 奴婢身貢을 약탈하여 그 폐단이 많게 되자 백성들을 역 근방에 모여 살게 하였다고 한다.[163]

己卯帳籍(영조 35년, 1759)을 바탕으로 한 『여지도서』에는 율봉

---

153) 『承政院日記』 책1938, 純祖 7년 12월 丁酉.
154) 『承政院日記』 책1953, 純祖 8년 8월 辛酉.
155) 『承政院日記』 책2015, 純祖 12년 5월 己丑.
156) 『承政院日記』 책2052, 純祖 14년 11월 戊申.
157) 『承政院日記』 책2445, 憲宗 11년 12월 辛卯.
158) 『承政院日記』 책2504, 哲宗 1년 4월 辛卯.
159) 『承政院日記』 책2532, 哲宗 3년 7월 癸亥.
160) 『承政院日記』 책2559, 哲宗 5년 9월 戊辰.
161) 『世宗實錄』 권119, 世宗 30년 3월 己酉.
162) 『世宗實錄』 권28, 世宗 7년 4월 庚申.
163) 『燕山君日記』 권47, 燕山君 8년 12월 丁未.

역이 있던 율봉리에는 호구 162호에 인구는 남자 252명, 여자 237명으로 489명이며, 이 중에서 驛民(驛戶, 驛屬人, 驛人)은 驛吏 240명, 驛奴 102명, 驛婢 30명, 內下吏 43명, 知印 16명으로 모두 431명으로 驛民層의 인구수에 대한 비율이 88%를 차지하였다.[164] 또 같은 청주목의 雙樹驛이 있던 쌍수리는 호구 22호에 인구는 남자 27명, 여자 30명으로 57명이며, 이 중에서 역민은 역리 40명, 역노 10명, 역비 7명으로 모두 57명으로 비율은 100%이다. 猪山驛이 있던 저산리는 호구 14호에 인구는 남자 15명, 여자 16명으로 31명이며, 이 중에서 역민은 역리 30명, 역노 7명, 역비 3명으로 모두 40명으로 비율은 129%이다. 이들 역민층은 역촌(역말)에만 거주하는 것은 아니고, 소수이기는 하나 여러 面里에 산재하여 거주하였다.[165] 하여튼 율봉역이 있던 율봉리는 역민층의 인구수에 대한 비율이 88%로 역촌의 성격을 뚜렷하게 나타내고 있음을 볼 수가 있다. 한편 율봉리 주변의 德坪里가 남자 26명, 여자 35명, 斜川里가 남자 75명, 여자 68명, 善才洞里가 남자 17명, 여자 13명인 것과 비교하여, 율봉리가 大里[166]였던 것은 역촌이었기 때문이었다.

율봉역과 이웃하여 역대골유적에서는 주거지 16기,[167] 당골Ⅰ유적에서는 주거지 3기가 조사되고,[168] 당골 Ⅱ유적에서는 주거지 53기가 조사되었다.[169] 이들 주거지는 대부분 구릉 경사면에 조성되었

---

164) 『輿地圖書』 淸州牧 坊里 · 驛院.

165) 崔虎, 「朝鮮後期 驛村에 대한 一考察—丹城縣 戶籍大帳을 중심으로—」, 『中央史論』 4(중앙대학교 사학연구회), 1985, 135~137쪽.

166) 五家作統에 대한 事目에서는 5家를 1統으로 삼고, 5통~10통은 小里, 11통~20통은 中里, 21통~30통까지는 大里라고 하였다(『備邊司謄錄』 책31, 肅宗 원년 9월 26일).

167) 中央文化財硏究院 · 韓國土地住宅公社, 『淸州 栗陽洞遺蹟 Ⅰ』, 2011, 45~65쪽.

168) 中央文化財硏究院 · 韓國土地住宅公社, 『淸州 栗陽洞遺蹟 Ⅱ』, 2011, 100~103쪽.

169) 中央文化財硏究院 · 韓國土地住宅公社, 위의 책, 181~249쪽.

으며, 평면형태는 대부분 말각방형이고, 잔존깊이는 10~88cm였다. 내부시설로 구들, 아궁이, 배연부 등을 갖추고 있었다. 대부분의 주거지는 벽면에 밀착된 아궁이를 설치하였고, 온돌을 갖춘 주거지는 당골 I—2호, 당골 Ⅱ—23호, 당골 Ⅱ—41호 뿐이었다. 전체적인 조성시기는 15세기 전반에서 16세기까지였다.[170] 또 당골 Ⅱ유적에서는 조선시대에 조성된 2기의 건물지도 조사되었다. 1호 건물지는 52호 주거지가 폐기된 후 그 위에 조성되었는데, 모두 4개의 적심석이 남아 있었다. 건물지의 크기는 길이 340cm, 너비 240cm로 평면이 장방형의 단칸 건물지였다. 2호 건물지는 건물지의 기단이나 초석은 모두 유실되고 적심 5개가 잔존하였다. 건물지의 크기는 길이 420cm, 너비 210cm로, 정면 2칸, 측면 1칸이었다.[171] 이로써 보면 서로 인접하여 당골 Ⅱ유적을 중심으로 상당규모의 조선시대 집단취락이 존재하였음을 알 수가 있다. 이곳은 율봉역과 관련된 역민들의 공동체적 집단취락일 가능성이 높다고 보고 있다.[172] 당골 Ⅱ유적은 율봉역에서 약 400m 거리에 위치하기 때문에 역촌의 거리를 가늠하여 볼 수가 있다.

驛役을 부담하는 역민이 모여 사는 공동체적 성격을 띤 집단취락인 역촌의 주민구성은 뚜렷한 동족부락의 성격을 띠었고,[173] 常·賤戶가 대부분이고 兩班戶는 거의 존재하지 않았으며,[174] 역역을 담당

---

170) 中央文化財硏究院·韓國土地住宅公社, 『淸州 栗陽洞遺蹟 Ⅲ』, 102쪽.

171) 中央文化財硏究院·韓國土地住宅公社, 『淸州 栗陽洞遺蹟 Ⅱ』, 181~183쪽.

172) 中央文化財硏究院·韓國土地住宅公社, 위의 책, 134쪽.

173) 역호의 구성에 있어서 조선 초기에는 이처럼 동족부락적 요소가 강했으나, 후기에 이를수록 他職役者와의 혼인관계로 인적 구성이 비교적 다양하게 되었다(趙炳魯, 『慶尙道 金泉驛戶口臺帳』, 40쪽).

174) 18세기 말이 되면 역촌의 주민구성에 있어서 職役上의 양반 또는 准兩班層의 증가가 두드러지고, 또 역민층보다는 비역민층의 수가 많게 된다(崔虎, 「朝鮮後期 驛村에 대한 一考察—丹城縣戶籍大帳을 중심으로—」, 148쪽). 즉 18세기 후반이후 역리를 비롯한 역민이 전반적으로 감소되며, 양반 또는 준양반층의 증가는 재정난의 타개를 위한 천민까지의 納粟授職(影職)과 관

또는 助役하는 한편 타 분야에 종사하는 자는 전혀 없는 순수한 농업취락의 성격을 띠었고, 동질집단으로 구성된 만큼 배타적 단결심이 강하고, 마을의 행정도 자치적으로 이루어졌다고 한다.[175] 또 馬堂(馬神堂, 馬壇)을 중심으로 자신들의 결속을 다지기도 하였는데,[176] 이곳 당골이라는 명칭도 여기서 유래된 것은 아닌지 모르겠다. 마당에서는 馬神에 대하여 제사를 지내고, 역마와 역로의 안녕을 위해서 설치된 제단으로 堂祭를 지냈다.

한편 철종 8년에는 충청좌도 암행어사 金益容이 율봉역에 행차하였을 때 어사의 종들이 율봉역의 역촌에 나타나자, 역리들이 어사 下隷들의 노자 몫으로 돈을 준 일이 문제가 되었다. 김익용은 이일로 인해 대간의 탄핵을 받아 廢錮되고, 長興府로 유배되었다.[177]

Ⅱ. 栗峰道

1. 屬驛

세종 14년에는 율봉도 소관은 雙樹, 德留, 金沙, 楮山, 台郎, 長楊, 時化 등 7역이었고, 增若道는 嘉禾, 化仁, 原巖, 含林, 土坡, 順陽, 會同, 新興, 田民 등 9역이었으며, 驛道에는 驛丞 1명이 맡아 관리하였다.[178]

세조 3년 9월에는 栗峰道 · 增若道의 모든 역과 전에 경기 · 충

련이 있으며, 驛役의 과중으로 역노비도 격감과 소멸현상이 나타나고, 역촌도 民村化하여가는 변화가 일어났다.

175) 崔虎, 위의 논문, 144~146쪽.

176) 裵基憲, 「朝鮮後期 驛村에 대하여—驛村의 內部構造 및 性格變化와 관련하여—」, 60쪽.

177) 『承政院日記』 책2603, 哲宗 9년 5월 甲午. 『備邊司謄錄』 책245, 哲宗 9년 5월 20일.

178) 『世宗實錄地理志』 忠淸道.

청좌도 程驛察訪 소관이던 괴산의 仁山驛과 음성의 甘門驛을 한 도로 통합하여 증약도라 하고, 驛丞을 혁파하고 정역찰방을 두었다.[179]

세조 6년 2월에는 병조의 건의에 따라 율봉도 소관인 청주목의 栗峰驛 · 雙樹驛 · 猪山驛, 진천현의 台郎驛 · 長楊驛, 문의현의 德留驛, 청안현의 時化驛, 連原道 소관인 충주목의 連原驛 · 丹月驛, 연풍현의 安富驛 · 新豊驛, 음성현의 用安驛 · 坎原驛, 괴산군의 仁山驛, 黃江道 소관인 청풍군의 黃江驛 · 水山驛 · 安陰驛, 단양군의 長林驛 · 令泉驛, 영춘현의 吾賜驛, 제천현의 泉南驛 등 총 27역을 한 道로 하고, 율봉도라 칭하여 京畿忠淸右道察訪으로서 이를 맡게 하였다. 또 增若道 소관의 옥천군의 增若驛 · 加禾驛 · 土禾驛 · 順陽驛, 회덕현의 田民驛, 영동현의 會同驛, 보은현의 原巖驛 · 含林驛, 황간현의 新興驛과 율봉도 소관인 연기현의 金沙驛 등 22역을 합하여 한 道로 하고, 成歡道라 칭하여 增若道察訪으로서 이를 맡게 하였다.[180]

세조 8년 8월에는 栗峰驛, 雙樹驛, 猪山驛, 長楊驛, 台郎驛, 時化驛, 增若驛, 嘉禾驛, 土坡驛, 順陽驛, 化仁驛, 田民驛, 德留驛, 會同驛, 新興驛, 含林驛, 原巖驛 등 17역을 栗峰驛道로 하고 율봉역도찰방을 두었다.[181] 율봉도는 전체 41개 驛道의 하나로, 17개 역을 거느리고 있었다. 율봉도는 세종대의 8개 역에서 17개 역으로 증설된 것이다. 이처럼 충청도 左道의 율봉도에 17역을 둔 체제는『경국대전』에서 법제화된 이후,[182] 1894년 갑오경장으로 驛站制가 폐지되고 郵遞司가 신설될 때까지 유지되었다.[183]

---

179) 『世祖實錄』 권9, 世祖 3년 9월 癸酉.
180) 『世祖實錄』 권19, 世祖 6년 2월 壬子.
181) 『世祖實錄』 권29, 世祖 8년 8월 丁卯.
182) 『經國大典』 권1 吏典 外官職.
183) 『新增東國輿地勝覽』 淸州牧 驛院. 『輿地圖書』 淸州牧 驛院. 『萬機要覽』 軍政篇1 驛遞 各道 屬驛. 『大東地志』 忠淸道 驛站. 『增補文獻備考』 권126 兵考18 驛遞. 인조 10년경에 만들어 졌다고 하는 『湖西勝覽』에 長

2. 驛路

조선시대에 율봉역을 통과하는 역로는 漢江渡(한강나루)—良才—樂生(이상 광주)—駒興—金嶺(이상 용인)—佐贊—分行(이상 죽산)(이상 良才道)[184]—長楊—台郞(이상 진천)—栗峰—雙樹(이상 청주)—德留(문의)—增若—嘉和[185]—土坡[186](이상 옥천)—會同(영동)[187]—新興(황간)[188](이상 율봉도)—(秋風嶺)—秋豊(金山)(金泉道)으로 이어졌다. 추풍령을 넘은 역로는 金山, 星州, 昌寧, 靈山, 漆原을 거쳐 김해에 이른다.[189] 즉 金泉道, 自如道로 하여 김해에 이르렀다. 이처럼 율봉역을 지나는 역로는 한양을 출발하여 良才道—栗峰道—金泉道—自如道를 거쳐 김해에 이르는 김해로였다. 율봉도 중에서 장양역에서 신흥역까지의 역로는 中路였다.[190] 한편 율봉역에서 내려가는 전술한 추풍령로는 고려시대에 이미 구축되어 있었다고 볼 수가 있다. 또 고려시대에 南京(한양)으로 올라가는 길은 忠淸州道의 長楊驛에서 竹州(죽산)의 分行驛 · 佐贊驛, 龍狗(용인)의 金領驛, 廣州의 安業驛,[191] 果州(과천)의 良梓驛을 거쳐 올라가는 廣州道가 이용되었을 것으로 추정된다.[192]

임진왜란 때도 동래성을 함락시킨 왜군은 세 방향으로 한양을 향하여 북진하였는데, 右道는 김해를 경유하여 성주 茂溪縣을 따라 강을 건너 知禮, 金山을 거쳐 추풍령을 넘어서, 영동으로 하여 청주로

命驛이 율봉도 소속이라고 하였다 하나, 자료의 신빙성이 문제이다.

184) 『增補文獻備考』 권126 兵考18 驛遞.
185) 가화역은 오늘날의 옥천군 옥천읍 삼양리에 있었다.
186) 토파역은 고려시대 土峴驛이며, 오늘날의 옥천군 이원면 이원리에 있었다.
187) 회동역은 고려시대의 역으로, 오늘날의 영동군 영동읍 회동리에 있었다.
188) 신흥역은 오늘날의 영동군 황간면 신흥리에 있었다.
189) 趙炳魯, 『韓國驛制史』 朝鮮時代 驛路圖.
190) 『續大典』 권4 兵典 驛路. 『大典會通』 권4 兵典 驛路. 나머지는 小路였다.
191) 안업역은 조선시대의 낙생역이다(『世宗實錄地理志』 廣州牧).
192) 『高麗史』 권82 志36 兵2 站驛.

진출하였다.[193] 또 통신사의 回路에는 驛路 주변의 민폐를 줄이기 위해 正使는 조령로, 副使는 추풍령로, 從事官은 죽령로로 나누어서 귀환하였는데, 부사는 釜山, 密陽, 靈山, 昌寧, 星州, 金山, 永同, 淸州, 鎭川, 竹山, 陽智, 龍仁, 板橋를 거쳐 入京하였다.

한편 조선은 한양천도를 계기로 한양을 기점으로 하는 새로운 교통망을 구축하였는데, 이때에 설정된 幹線交通路는 한양에서 結節하는 X자형 패턴을 기본 골격으로 삼고 있었다. 한양에서 서북지방으로 뻗은 도로를 西路라 하고 의주를 종착지로 삼고, 동북지방으로 향하는 도로는 北路라 하고 종점은 함경도의 西水羅로 정하고, 충청도 서쪽을 지나 전라도로 연결되는 도로를 三南路라 하였는데, 강진을 종점으로 하였으나 여기서 제주까지는 뱃길로 이어지고, 한양에서 충청도의 동북부지방을 거쳐 경상도의 동래로 뻗은 길은 嶺南路라고 하여 釜山浦가 종점이었다.[194] 추풍령을 넘는 김해로는 영남대로와 삼남대로 사이의 間路였다.

김해로는 한양에서 출발하여 영남대로와 갈라져 조령로 대신 추풍령로를 통과하는 것이다. 김해로가 영남대로와의 분기점에 대해서는 확실하지 않다. 『대동여지도』에는 白岩, 分行驛[195]을 지나 죽산에서 갈라진다고 하였다. 또 『대동지지』 程里考에서는 이보다 북쪽인 陣村[196]에서 분기한다고 하고, 백암에서 진촌까지 10리(옛 10리는 5.1km), 진촌에서 碑立巨里까지 10리라고 하였다. 『증보문헌비고』에도 분기점을 진촌이라고 하고, 진촌에서 죽산까지 20리, 죽산에서 광혜원까지 20리, 광혜원에서 장양역까지 20리라고 하였다.[197] 실제로는 분행여을 기쳐 비립서리에서 분기한다고 한다.[198]

---

193) 『宣祖修正實錄』 권26, 宣祖 25년 5월 庚申.

194) 崔永俊, 『嶺南大路—韓國古道路의 歷史地理的 硏究—』(高麗大學校 民族文化硏究所), 1990, 131~132쪽.

195) 분행역은 오늘날의 경기도 안성시 이죽면 매산리에 위치하였다.

196) 진촌은 오늘날의 경기도 안성시 삼죽면 진촌리에 위치하였다.

197) 『增補文獻備考』 권24 輿地考12 道里.

한편 임진왜란으로 영남대로가 피해를 입게 되고, 임란 후 경상감영이 상주에서 대구로, 충청감영이 충주에서 공주로 옮겨지면서 대구, 추풍령, 청주, 천안, 수원을 경유하는 새로운 교통망이 형성되어, 한반도 동남부의 영남대로와 서남부의 삼남대로가 중간에서 結節하는 人字型을 이루게 되었다.[199] 이럴 경우 추풍령에서 황간, 영동, 赤登,[200] 增若驛, 문의, 청주, 鵲川(鵲院)[201], 薪院倉(薪院),[202] 목천, 천안(삼거리)으로 이어진다.[203] 청주에서 이 길은 鵲川大路로 신원창까지 30리, 목천 松亭界까지 55리였다.[204] 이 길 중에서 청주에서 신원창까지를 좀 더 살펴보면 청주읍성에서 서문을 지나 鳳鳴里(과상미, 果商山), 花溪里, 上新里, 新垈里에서 까치내를 건너 신원창(倉里)으로 이어진 것으로 추정된다. 이 길은 육지측량부의 1914년 측도 5만분의 1 지형도에도 聯路로 표시되어 있다.

『海東地圖』[205]에는 율봉역 인근에서 진천과 청안으로 가는 길이 나 있다. 육지측량부의 1914년 측도 5만분의 1 지형도에도 청주에서 栗峴을 지나 內德里에서 진천과 충주로 가는 길이 갈려져 있다. 진천 길은 율봉역에서 梧根津(八結津)[206]을 거쳐 台郞驛으로 통

---

198) 韓柱成, 「청주지역의 옛 도로망에 관한 一考察」, 『地理學硏究』24(국토지리학회), 2005, 42쪽.

199) 崔永俊, 『嶺南大路—韓國古道路의 歷史地理的 硏究—』, 163쪽.

200) 영동군 이원면 원동리에 있으며, 영동의 회동역에서 금강의 赤登津을 건너 옥천의 토파역으로 이어진다.

201) 까치내는 겨울에는 다리를 이용하고, 여름에 비가 내려 물이 불으면 나룻배를 이용하였다.

202) 薪院은 옥산면 신원에 있었고, 원간 평균 직선거리 약 25리에 비하면 鵲院과는 너무 가까운데, 이는 장명역의 역로인 천안, 취성산, 황골고개, 강정, 백현(오창면 백현리), 오근장, 청주로 이어지는 것과 관련이 있기 때문이라고 한다(韓柱成, 「청주지역의 옛 도로망에 관한 一考察」, 38쪽). 이 길은 梧根場에서 청안으로도 이어진다.

203) 『增補文獻備考』권24 輿地考12 道里.

204) 『輿地圖書』 淸州牧 道路.

205) 서울大學校 奎章閣, 『海東地圖』上 淸州牧圖, 1995, 104쪽.

206) 吳根川에는 겨울에는 나무다리를 설치하고, 여름에 비가 와서 물이 불어나

하는 역로였다.[207] 태랑역은 고려시대 堆粮驛인데, 퇴량역(오늘날의 玉城里)에서 북쪽 8리로 옮겨진 것이다.[208] 오늘날의 문백면 태락리이다. 역리 동쪽에 있는 마을이 다랭이인데, 이곳에 큰 역원이 있어 그 이름을 태락역이라 부르던 것이 다랭이가 되었다고 한다.[209] 역참 옆에는 台郞院이 있었다.[210] 태랑역에서는 士石里의 文案山城과 봉화산 사이의 높은 고개(잣고개) 길을 넘어 진천현 관아(현 상산초등학교)로 가게 되어 있었는데, 육지측량부의 1914년 측도 5만분의 1 지형도에는 이등도로로 표시되어 있다. 또 태락리에서 豆城, 文德里, 院德里를 거쳐 진천현 관아로 통하는 길은 진천으로 가는 지름길로, 필자가 豆城을 조사할 때 답사하여 보니 비교적 평탄한 편이었다. 두성에는 삼국시대의 두성이라는 산성이 있는 것으로 보아, 이 길이 옛날부터 잣고개를 피하여 많이 활용되었음을 알 수가 있다. 진천현 관아에서 思美里, 中山里, 中伏里를 거쳐 고려시대 長楊驛이었던 이월면 장양리의 長陽驛에 이른다. 이곳이 율봉도의 시작점이다.

율봉역 서쪽 약 950m에서 酒城里(수름재), 杏亭里(살구정이),[211] 源通里(원통이), 桃源里, 細橋里(가는다리), 椒井里(椒井院),[212] 淵亭里를 거쳐 청안으로 가는 길이 청주에서 청안으로 가는 청안로였

면 나룻배를 이용하였다.

207) 이 길은 梧根津大路로 北倉(梧根倉)까지가 32리, 진천 項谷界까지가 32리였다(『輿地圖書』 淸州牧 道路).

208) 『新增東國輿地勝覽』 鎭川縣 驛院.

209) 常山古蹟會 · 鎭川文化院, 『鎭川郡 地名誌』, 1997, 203쪽.

210) 청주에서 진천로에는 北院에서 金院(외평리 원터, 外坪을 쇄내라고 부름), 吳根院(원리)을 거쳐 이곳 태랑원으로 하여 진천현 읍치 남쪽의 時泰院(원덕리 원동), 廣惠院으로 이어졌다. 이들 원들을 지나가는 역로는 중로이므로, 院主에게는 90負의 院主田이 지급되었다(『經國大典』 권2 戶典 廩田).

211) 이곳에는 신장로가 나기 이전의 옛 길이 일부 남아 있다.

212) 청주에서 청안로에는 청주의 北院에서 이곳 椒水 옆의 초정원을 거쳐 직접 청안현 읍치로 이어진다. 초수와 관련된 원이다. 한편 세종은 당뇨의 합병증인 안질을 치료하기 위해 세종 26년 1월에 內贍寺尹 金侻之를 보내 이곳에 行宮을 세웠다(『世宗實錄』 권103, 世宗 26년 정월 丁丑).

다.[213] 육지측량부의 1914년 측도 5만분의 1 지형도에는 達路로 표시되어 있다. 율봉역에서 직접 증평읍 미암리의 시화역으로 가려면, 세교리에서 북이면 靈下里의 老姑城, 釜淵里의 산성으로 하여 증평을 거쳐 가게 된다. 이 길은 이들 산성이 삼국시대의 산성인 만큼 오래된 길이었음을 알 수가 있다. 삼국시대에는 노고성에서 세교리, 풍정리, 묵방리, 구성리, 주성리를 거쳐 청주의 우암산성으로 연결되는 길을 많이 이용했던 것으로 추정된다. 이 길은 예전에도 많이 이용했다고 한다. 한편 노고성에서 세교리를 거쳐 초정리에 이르면 청안방면에서 오는 길과 합쳐지는데, 여기서 謳羅山城(九女城) 옆 고개길(이티고개)을 넘으면 미원면 대신리가 되고, 세교리에서 관동리를 거쳐 온 길과 이어진다. 여기서 미원을 거치면 보은 삼년산성으로 연결된다. 이 때문에 신라에서는 이곳에 구라산성을 축성했다고 볼 수가 있다. 하여튼 이들 부연리의 산성, 노고성, 구라산성은 도안의 이성산성(추성산성)에 주둔하던 고구려군을 방어하기 위하여 축조된 것으로 추정이 되는데, 고구려군의 남하를 막기 위하여 이 지역에서 치열한 전투가 전개되었음을 말해주는 것이다.[214]

한편 율봉역은 태랑역으로 가는 역로에서 약 2,000m 거리에 위치하였다. 영남대로상의 역촌 가운데 반 정도는 도로변에 입지하였으나, 나머지는 도로에서 수백 또는 수천 미터나 떨어져 있었다. 柳馨遠은 역은 반드시 도로에 임하여 있어야 하는데, 많은 역이 도로에 임하지 않고 3~4리나 떨어져 있으니, 이는 역을 설치한 본의가 아니며, 이러한 역들은 옮겨서 역 사이를 30리[215]로 하여야 한다고

213) 이 길은 栗峰小路로 율봉역까지 7리, 청안 帶水里界까지 42리였다(『輿地圖書』 淸州牧 道路).

214) 만약 부연리의 산성과 노고성이 무너지면, 청주의 거점성인 우암산성이 위험에 놓이게 되기 때문에 이 지역이 전략상 중요한 것이다.

215) 태종 14년 10월에 10리에 小堠, 30리에 大堠를 설치하여 1息으로 삼았다(『太宗實錄』 권28, 太宗 14년 10월 丁亥). 거리를 재는 데는 記里鼓車을 이용하였는데, 이는 자동적으로 路程을 표시하게 만든 수레로 10리를 가면

하였다.[216]

梨峙小路에 있던 猪山驛[217]은 고려시대부터 있던 역으로, 猪山城(猪山 혹은 恩積山, 해발 206m) 남쪽에 있었는데 청주에서 燕岐로 가는 역이다.[218] 우암산성에서 저산성을 거쳐 彌串江(미호천)을 건너 唐山城(城山城)으로 이어지는 길은 삼국시대에 전략적으로 매우 중요한 통로였다. 연기의 거점성인 당산성에서 곧바로 웅진(공주)으로 통하였기 때문이었다.[219] 이곳 저산역의 설치도 저산성과 관련이 있었을 것으로 추정된다. 율봉역에서 강내면 저산리의 저산역으로 가려면, 청주읍성의 북문(玄武門)과 서문(淸秋門)을 지나 서문 밖 무심천을 건너게 된다. 『신증동국여지승람』에는 이곳에 신교가 있었다고 하였다. 西門外橋, 서문다리라고 불려졌던 이 다리는 겨울이면 설치하였다가, 여름이면 철거하는 나무다리였다. 서문에서 司倉里, 盤松里, 虎岩里, 上鉢里, 猪山里, 松龍里 길이 역로였던 것으로 추정된다.

한편 율봉역에서 務農亭兩南大路[220]에 있던 쌍수역으로 가려면 청주읍성의 북문과 남문(淸南門)을 지나 남문 밖 무심천의 大橋(情

자동적으로 木人이 나와 북을 치게 장치를 하였다고 한다(『文宗實錄』 권4, 文宗 즉위년 10월 癸巳). 이 기리고차는 톱니바퀴를 이용한 것으로, 세종 23년에 처음으로 사용하였고 한다. 한편 역 사이가 1站이므로, 30리를 가자면 한참이 걸리게 된다는 말이 나왔는데, 예전에는 아침 일찍 일어나 하루에 150리를 걷는 사람도 있었다고 한다.

216) 『磻溪隧錄』 권22 兵制後錄 郵驛.

217) 역사의 대지면적은 144평이었다고 한다(韓柱成, 「청주지역의 옛 도로망에 관한 一考察」, 37쪽). 저산역과 같은 屬驛은 역리로서 驛戶를 통솔하고, 사객을 접대하는 등 업무를 관장하는 驛長(長田 2결)과 部長(副長田 1결 50부)이 있었고, 역사가 없는 속역도 있었다.

218) 梨峙小路는 저산역까지 30리, 연기 新院界까지 38리, 전의 深川界까지 54리였다((『輿地圖書』 淸州牧 道路).

219) 조선시대에도 이 길은 청주에서 공주로 가는 監營路였다.

220) 務農亭은 남일면 지북리에 있는데, 고려 太尉 韓蘭이 농사를 힘써 하던 장소에 정자를 짓고 무농정이라 扁名한 것이다(淸州市誌編纂委員會, 『淸州誌』, 1961, 69~70쪽).

盡院)를 건너게 된다. 南石橋, 淸南橋, 남문다리라고 불렸던 이 다리는 사람들의 왕래가 많은 대로상에 있었기 때문에 석교를 설치하였다. 쌍수역은 고려시대부터 있던 역으로 남일면 쌍수리에 있었다. 역의 主山은 金鷄山인데, 세조가 복천사로 행행하며 피반령 밑에서 駐蹕할 때 세조가 금계산을 바라보니, 金鷄가 飛舞를 하는 모습을 보고 산위에 절을 짓게 하였는데, 후인들이 이 산을 금계산, 절을 王庵이라고 불렀다는 일화가 전한다.[221] 쌍수역이 피반령로의 길목인 館基里(관터) 부근에 위치했던 것으로 보아, 역로는 남문에서 粉坪里, 池北里, 관기리(쌍수역),[222] 高隱里(삼거리), 省南里, 문의현 관아(전 문의초등학교), 德留驛(고려시대 燕山驛 추정)으로 이어졌던 것으로 추정된다.

덕유역이 있던 문의 덕유리에서는 荊角津을 건너 회덕을 거쳐 옥천 增若驛으로 가게 된다. 대청댐 수력발전소 부근에 있던 下垈里와 芝茗里 사이의 금강을 荊江이라고 불렀으며, 나루를 형각진(利遠津)이라고 하였는데, 이곳에 荊角院이 있었다.[223] 여기서 三山里, 孝坪里, 馬山里, 龍溪里, 新上里를 거쳐 고려시대부터 있던 군북면 증약리의 增若驛에 이르게 된다. 필자가 대청댐수몰지역 발굴조사에 참여하여 본 바로는 佳湖里 길도 이용할 수가 있었을 것이다. 즉 덕유역에서 熊谷里, 新垈里, 後谷里(뒷골), 阿德里(아득이), 佳湖里로 이어지는 길이다. 이 길은 매우 평탄했으며, 지금은 물속에 잠겨 있다. 가호리의 나루에서 금강을 건너게 되는데, 이곳 나루에서는 나룻배를 이용하였으며, 나루 아래쪽의 여울에는 여러 사람들이 서로 손을 잡고 걸어서 건너기도 하였다. 『대동여지도』에는 금강을 건너면 청주목의 월경지인 周岸(주안면)이라고 하였는데, 옛 周岸鄕이 있던

---

221) 『輿地圖書』 淸州牧 山川.

222) 쌍수역에서 斗山(말미)를 거쳐 피반령을 넘는 길이 회인대로이다.

223) 청주의 情盡院에서 仁濟院(분평리 원평), 德山院(가산리 원동), 廣濟院(미상)을 거쳐 형각원으로 이어졌다. 이들 역로도 중로였다.

곳이다. 이곳 上倉(周岸倉)에서 丸亭里, 恒谷里를 거쳐 증약역에 이른다. 『대동여지도』에는 가호리 나루의 금강을 荊江이라고 하고, 여기서 증약역으로 이어진다고 하였다. 또 『대동지지』 程里考에서는 문의에서 형강까지 20리, 형강에서 증약역까지 20리라고 하였다. 즉 김정호는 가호리길을 덕유역에서 증약역으로 가는 역로로 본 것이다.

청안의 時化(和)驛은 도안의 뉴성산성 아래에 있었는데, 청안에서 長候院,[224] 磻灘, 調風院(청주목의 월경지인 調豊部曲, 용기리 조풍이),[225] 草坪을 거쳐 진천현의 관아나 장양역으로 이어진다. 초평에서 진천으로 가는 길에 통일신라시대에 조성된 마애불이 있는 것을 보면, 이 길이 오래된 길임을 알 수가 있다. 시화역이 청안현 관아에서 떨어져 있는 것은 태종 5년 이전 道安縣의 관아와 관련이 있는지 모르겠다. 이와 같은 추정이 옳다고 한다면, 당시의 역로는 진천현 관아나 장양역에서 도안현 관아를 거쳐 淸塘縣 관아로 이어졌을 것으로 보인다. 한편 시화역이 있는 도안에서는 頭陀山城 옆의 고개를 넘어 초평면 芝田으로 하여 진천으로 가는 길이 지름길이다. 필자가 두타산성을 조사할 때 이 嶺路를 걸어 보니 소로 길로 계곡이 깊은 길이었는데, 지름길이기 때문에 옛날부터 도보로 많이 이용하였을 것이다. 이는 이곳에 있는 두타산성을 보아도 알 수가 있다.

회덕의 貞(田)民驛은 고려시대의 貞民驛으로, 대전 유성구 전민동에 있었는데 회덕에서 공주로 가는 역이다.

보은의 原(元)岩驛은 고려시대 猿岩驛으로 삼승면 원남리에 있었는데, 청주에서 斗山, 皮盤嶺, 懷仁, 報恩,[226] 原岩驛을 거쳐 青山으로 이어지는 청산로상에 위치하였다[227] 보은에서 원암역까지 30리, 원암역에서 청산까지 20리이다.[228] 청산로에서 가장 험준한 곳은 피반

---

224) 古道安 부근에 있었다고 하며, 시화역과 관련이 있는 원이다(『新增東國輿地勝覽』 淸安縣 驛院).

225) 淸州市誌編纂委員會, 『淸州誌』, 102쪽.

226) 청주에서 말구리재, 밑에재, 사흘티(三日峙)를 넘는 보은로도 있었다.

227) 『增補文獻備考』 권24 輿地考12 道里.

령재라고 불리는 피반령이다. 세조는 세조 10년 2월에 慧覺尊者를 만나기 위해 속리산 福泉寺로 행행할 때 청주에서 皮嶺(피반령)을 넘고 회인, 보은을 거쳐 복천사에 이르렀는데, 세조 일행은 피반령을 넘으면서 고생을 한 것 같다.[229] 또 보은의 含林驛은 고려시대의 역으로, 외북면 함림리에 있었는데, 신라의 중요한 산성이었던 含林山城 아래에 위치하였다. 함림산성과 관련이 있었던 것으로 추정된다. 『대동여지도』에는 보은에서 함림역으로 하여 龜峙, 柤峙를 거쳐 華陽洞에 이르고, 화양동에서는 萬東廟, 窟峴을 거쳐 괴산군 읍치에 이르며, 또 화양동에서 延豊縣의 읍치에 이른다고 하였다. 이 길은 청주의 竹嶺小路와 화양동에서 만난다. 『여지도서』에는 죽령소로는 상당산성까지 15리, 青川倉까지 60리, 화양동까지 80리라고 하였다.[230] 『대동여지도』에는 청주에서 華淸嶺을 넘어 청천창으로 하여 화양동에 이른다고 하였다. 청천로이기도한 이 길은 上峰재를 넘는데, 청주읍성의 동문(闢寅門)에서 龍潭里, 明岩里, 玄岩里, 葛山里를 지난다. 전에도 이 길은 꽤 넓었다. 상당산성으로 가는 사람과 물자는 이 길에서 상당산성의 남문으로 들어간다. 이는 통일신라시대에도 같았을 것으로 추정된다.

옥천의 化仁驛은 고려시대의 利仁驛으로, 안내면 인포리에 있었으며 옥천에서 보은으로 가는 역이다. 『대동여지도』에는 옥천에서 금강의 化仁津을 건너 화인역, 安邑倉을 거쳐 文峙를 넘어 보은현 읍치에 이른다고 하였다. 또 옥천의 順陽驛은 고려시대의 역으로, 영동군 학산면 박계리에 있었으며, 옥천에서 무주로 가는 역이다. 『여지도서』 옥천군지도에는 옥천군 관아에서 남쪽으로 금강의 虎灘津을 건너 陽山倉, 순양역으로 하여 무주로 통한다고 하였다.

---

228) 『大東地志』 程里考.
229) 閔德植, 「慧覺尊者와 福泉寺,」, 98쪽.
230) 『輿地圖書』 淸州牧 道路.

3. 驛民

『여지도서』에는 율봉도의 역참에서 驛役을 부담하며 驛戶에 편성된 역민은 시화역을 제외하고 1,662명이라고 하였다. 이 중에서 역리가 1,098명, 역노가 426명, 역비가 138명이었다. 역별 역민의 평균은 103.8명, 역리의 평균은 68.6명, 역노는 26.6명, 역비는 8.6명이다. 역노비는 전체 역민의 34%를 차지하였다. 율봉역의 역민은 372명으로 찰방역답게 전체의 22%을 차지하고, 증약역은 405명으로 전체의 24%나 차지하여 주목을 끈다. 이는 증약역이 본래 증약도의 찰방역이었고, 또 율봉도 찰방이 율봉역과 함께 증약역에 거주했기 때문으로 보인다. 이에 반해 회동역은 19명으로 매우 빈약하다. 율봉역은 역노도 102명으로 24%를 차지하고, 역비도 30명으로 22%를 차지하였다. 특히 역비는 138명으로 율봉역 · 장양역 30명, 태랑역 23명, 증약역 22명이고, 나머지 역은 10명 미만으로 극소수였다. 이러한 현상은 김천도와 마찬가지였다.[231] 또 남녀별 역호의 구성을 보면 男은 역리 1.098명, 역노 426명으로 전체 1,524명으로 92%를 차지하고, 女는 역비 138명으로 8%에 불과하다. 여 중에서 驛女는 형지안에 기록되지 않기 때문에 여기에 들어 있지 않은 것으로 보인다.[232] 또 역민의 職役別 구성을 보면 역리 66%, 역노 26%, 역비 8%인데, 이는 1738년의 『金泉道形止案』의 역리 61.6%, 역노 17.2%, 역비 7.8%, 驛保 9.6%,[233] 日守 3.9%와 비교된다.[234]

한편 吏房은 式年마다 形止案色을 차출, 本 · 屬驛(外驛)의 인구를 推刷하고 형지안을 작성하여, 병조, 감영(巡營), 병영, 본역에 보관하였다.

---

231) 趙炳魯, 『慶尙道 金泉驛戶口臺帳』, 26~27쪽.
232) 『備邊司謄錄』 책39, 肅宗 39년 9월 5일.
233)『輿地圖書』에는 율봉도의 역보가 기록되지 않은 것이다.
234) 趙炳魯, 『慶尙道 金泉驛戶口臺帳』, 39쪽.

4. 驛馬

『李翥徵栗峰道察訪解由文書』에는 현종 1년 10월 현재 율봉도는 전체 17역참에서 大馬인 상등마가 25필, 騎馬인 중등마가 66필, 卜馬인 하등마가 43필로 三等馬가 모두 134필을 보유하고 있다고 하였다. 상등마가 25%, 중등마가 49%, 하등마가 32%를 차지하였다. 각 역당 평균 7.8필로, 10필 이상을 보유한 역은 율봉역, 덕유역, 장양역, 증약역 뿐이었다. 증양역은 13필로 가장 많은 역마를 보유하고 있었다. 또 저산역, 원암역, 화인역, 전민역은 상등마를 보유하지 못하였고,[235] 원암역은 하등마 7필만 보유하고 있었다. 하여튼 임진왜란을 격은 후 역로소복책에도 불구하고 율봉도의 역참은 아직도 회복되지를 못하고 있었다.

숙종 12년 11월에 율봉도 찰방 呂必容이 숙종에게 율봉도에는 상등마가 30필, 중등마가 67필, 하등마가 75필이고, 본래 정해진 필수는 200필인데, 임진왜란과 병자호란을 격은 후 조정에서 임시로 감축시켜, 정해진 숫자로 복구하지 못하였다고 아뢰었다.[236]

『여지도서』에는 시화역을 제외하고 16역참의 상등마가 24필,

중등마가 62필, 하등마가 58필로 모두 188필이라고 하였다. 각 역당 8~15필 사이로 평균 11.8필이었다.

『栗峰驛事例』에는 고종 8년에 17역참의 마필은 모두 219필인

---

235) 역마는 매우 귀하여 그 값이 면포 15~16同을 밑돌지 않고, 비쌀 적에는 20동에까지 이르렀다고 하며(『中宗實錄』권67, 中宗 25년 2월 丁卯), 민간에 말이 극히 귀하여 조금 잘 달리는 말이라면, 값이 극히 높으므로 역리들이 비록 열 사람의 재산을 턴다고 하더라도 말 한 마리의 값을 치르기가 부족하고, 비록 그 만한 값이 있다고 하더라도 말을 구하기가 어려웠다고 한다(『中宗實錄』권84, 中宗 32년 4월 戊午). 중등마와 하등마는 어느 정도 채울 수가 있었으나, 고가인 상등마가 죽게 되면, 가산을 다 팔고 일족에 까지 도움을 얻어 겨우 세우게 된다. 그러나 새로 세운 상등마 마저 곧 여위어 죽게 되면, 다시 채울 수가 없게 되어 집을 비우고 달아나게 된다고 한다(中宗實錄』권25, 中宗 11년 7월 甲午).

236) 『承政院日記』책319, 肅宗 12년 11월 己丑.

역명	상등	중등	하등	계
율봉역	3	8		11
쌍수역	2	4	2	8
저산역		3	1	4
덕유역	2	6	4	12
태랑역	1	5	1	7
장양역	3	6	2	11
시화역	2	3	2	7
함림역	1	3	4	8
원암역			7	7
증약역	3	6	4	13
가화역	2	7		9
토파역	2	2	1	5
순양역	1	2	6	9
화인역		2	7	9
회동역	1	1	1	3
신흥역	2	5		7
전민역		3	1	4
계	25	66	43	134

<표 3> 율봉도의 역마 보유 현황(『李耈徵栗峰道察訪解由書』)

데, 이 중에서 時立(현재 立役)하는 마필은 상등마 29필, 중등마 74필, 別中等馬 2필, 하등마 78필로 모두 183필이고, 상등마 5필, 중등마 8필, 하등마 21필 등 34필은 본래 未立이었다고 하였다.[237)]

이들 역마의 종류는 빛깔에 따라 여러 종류가 있었는데, 이웃 성환역의 역마 현황에 따르면, 騅馬(검푸른 털에 흰털이 섞인 말), 白

237) 『湖西邑誌』 清州 栗峰事例.

驄(흰 바탕에 푸른 빛깔이 섞인 말), 騮馬(털빛이 붉고 갈기가 검은 말), 烏騮(온몸의 털빛이 검은 말), 青驄(총이말), 古羅, 加羅, 仇郎赤多小台星, 苧驄赤多看著 등으로 분류하였다.[238] 또 매월 보름에 그 肥瘠과 調習의 상태를 검열하여 관리하고, 역마의 점고는 대체로 봄철에는 정월에, 가을철에는 7월에 실시하는 것이 관례였다.

이들 역마의 馬籍案은 식년마다 兵房이 작성하여 병조, 감영, 병영, 본역에 보관하였다.

한편 『大明律直解』 권17 兵律 郵驛條에는 「무릇 出使人員이 탈 수 있는 역마 외에 1馬를 더하는 자는 杖 80이고, 매 1마마다 一等을 더한다. 또 중 · 하등마를 탈자가 강제로 상등마를 요구하는 자는 장 70이고, 이로 인하여 驛官을 구타하여 상해를 입힌 자는 각각 일등을 더한다. 역관이 사적인 정으로 정해진 수 외로 말을 내주든가 상등마를 내주는 것에 대해 허락하여 제공하여 주었을 때는 이들 각각의 경우마다 이를 요구한 자의 형벌에서 1등을 감한 형벌로써 역관을 처벌한다. 상등마를 탈자에게 역관이 고의로 중 · 하등마를 내어주면 역관을 죄를 주며, 本驛에 상등마가 없으면 논하지 않는다. 역로에서 길을 변경하여(枉道) 馳驛하거나 역을 지나가면서 말을 갈지(換馬) 아니한 자는 장 60이고, 이로 인하여 역마를 走死시킨 자는 일등을 더하고, 죽은 말 값을 강제 징수하여 관사에 들인다. 그러나 시급한 일이 발생하여 말을 내달리다가 말이 죽게끔 한 것도 아니고 길을 변경하지 않고 고의로 말을 죽게 한 것도 아닌 경우로서 그저 말이 달리다가 죽었을 경우에는 죽은 말의 값만 징수하고 이에 대한 형사상의 처벌은 하지 않는다.」라고 하였다. 또 『경국대전』 권5 刑典 禁制條에도 「역마를 함부로 탄 자, 사사로이 말을 내어 준 자는 장 100, 流 3,000리에 처하고, (병조의 馬文보다) 말의 수를 더한 자, 길을 변경한 자, 역을 지나가면서 말을 갈지 아니한 자[239]는 장 100,

---

238) 趙炳魯, 「조선시대 충주지역의 교통체제—驛院과 酒幕을 중심으로—」, 78쪽.
239) 換馬를 하지 않고, 너무 빨리 달려서 역참을 넘어가는 일이 많기 때문에 역

徒 3년에 처한다.」고 하였다.

맺 음 말

한양에서 김해로에 있는 율봉역은 고려시대 忠淸州道로 부터 내려오던 오래된 역참이었는데, 세조 8년에 율봉역, 쌍수역, 저산역, 장양역, 태랑역, 시화역, 증약역, 가화역, 토파역, 순양역, 화인역, 전민역, 덕유역, 회동역, 신흥역, 함림역, 원암역 등 17역을 율봉도로 하였다. 충청도 左道의 율봉도에 17역을 둔 체제는 『경국대전』에서 법제화된 이후, 1894년 갑오경장으로 驛站制가 폐지될 때까지 유지되었다. 율봉도의 본역으로 찰방역으로 역할을 하던 율봉역은 고종 건양 1년(1896) 5월 23일에 「指令公州府李乾夏第一號」로 율봉역의 印信이 나라로 회수되면서 사실상 막을 내렸다.

율봉역은 동헌(上房), 공수청, 작청, 館舍, 각종 창고 등으로 구성되어 있었다. 율봉역이 있던 중리유적은 동북쪽에 자리 잡은 1호 담장지가 1호 연못지와 1 · 2호 건물지를 모두 포함하고 있어 중리유적의 남서쪽에 자리한 2호 담장지와 관련이 있었을 것으로 추정되는 2호 연못지와 9호 건물지와는 별개의 권역을 이루고 있다. 1호 담장지와 관련된 동북쪽 건물군이 밀집되어 있는 1구역이 중심구역이고, 2호 담장지와 관련이 있었을 2구역은 부속되어 있는 것처럼 보인다. 9호 건물지로 추정되는 1992년까지 남아 있다가 화재로 소실되었다는 찰방집이 『李耉徵栗峰道察訪解由文書』의 하도 상방 14칸과 일치한다.

건물지와 연못지에서 출토된 유물로는 주로 기와와 백자류가 중심을 이루고 있는데, 출토유물로 보아 15C 후반이전에서 19C까지 오

마가 상해서 죽는 일이 흔히 있었다고 한다(『農圃問答』 祛弊瘼).

랜 동안 사용되었다. 이들 유구들은 고려시대에는 존재하지 않았으며, 이에 따라 고려시대 율봉역의 위치가 문제로 남게 된다.

율봉역의 운영은 공수위전, 마위전, 복호전에서 나오는 收稅가 기본이고, 應役價인 身貢錢, 所屬各驛所納 등으로 충당되었으며, 다른 역참에서 보이는 역둔토의 지대 수입은 확인되지 않는다. 부족시는 병조 · 충청감영 등 국가기관의 지원에 의하여 보충되었다.

율봉역의 역촌은 율봉역에서 인접한 당골, 역대골 등지에 형성되어 있었다. 역촌이 있던 율봉리는 역민의 비율이 88%로 역촌의 성격을 뚜렷하게 나타내고 있었다. 이곳 역촌은 驛役을 부담하는 驛戶가 모여 사는 공동체적 성격을 띤 집단취락이었으며, 일반 民戶도 함께 섞여 살았다.

함림역과 함림산성, 저산역과 저산성, 시화역과 이성산성(추성산성)과의 예에서 볼 수 있듯이 성곽과 역참과의 관계는 밀접하며, 성곽은 통로를 차단하기 위하여 설축하는 경우가 많기 때문에 성곽의 조사는 역로와 연결되는 간로를 파악하는 데도 중요하다. 고려시대의 율봉역도 조선시대의 율봉역 일대에 위치했다고 보여 지기 때문에, 율봉역과 우암산성 · 상당산성과는 밀접한 관련이 있었을 것으로 보인다.

(이 책은 판교의 書隱書室에서 쓰여 졌음)